21世纪经济学系列丛书

高等院校"十二五"规划教材

国际贸易与国际金融

夏英祝　郑兰祥○主编

北京师范大学出版集团
BEIJING NORMAL UNIVERSITY PUBLISHING GROUP
安徽大学出版社

图书在版编目(CIP)数据

国际贸易与国际金融 / 夏英祝,郑兰祥主编. —合肥:安徽大学出版社,2012.9
(21世纪经济学系列丛书)
ISBN 978-7-5664-0573-9

Ⅰ.①国… Ⅱ.①夏… ②郑… Ⅲ.①国际贸易 ②国际金融 Ⅳ.①F74 ②F831

中国版本图书馆 CIP 数据核字(2012)第 201364 号

国际贸易与国际金融

夏英祝 郑兰祥 主编

出版发行：北京师范大学出版集团
　　　　　安 徽 大 学 出 版 社
　　　　　(安徽省合肥市肥西路 3 号 邮编 230039)
　　　　　www.bnupg.com.cn
　　　　　www.ahupress.com.cn

印	刷：	中国科学技术大学印刷厂
经	销：	全国新华书店
开	本：	170mm×240mm
印	张：	31.25
字	数：	589 千字
版	次：	2012 年 9 月第 1 版
印	次：	2012 年 9 月第 1 次印刷
定	价：	49.00 元

ISBN 978-7-5664-0573-9

责任编辑：朱丽琴　龚婧瑶　　　装帧设计：陈　耀　　　责任印制：陈　如

版权所有　侵权必究

反盗版、侵权举报电话：0551—5106311
外埠邮购电话：0551—5107716
本书如有印装质量问题,请与印制管理部联系调换。
印制管理部电话：0551—5106311

教材编委会　**主　编**　夏英祝　郑兰祥

　　　　　　　副主编　程敏然　姜发根　傅　炜

编委会委员（按姓氏笔画为序）

王　力　王经德　叶留娟　李玲娣

张丽丽　陈春霞　郑兰祥　宫能泉

姜发根　郭美荣　夏英祝　袁敏华

曾荣芝　傅　炜　程敏然

教材合作单位

安徽大学国贸与金融专业

安徽三联学院经济系

安徽外国语学院国商系

安徽大学江淮学院国贸专业

目 录

前言 ·· 1

Ⅰ 国际贸易学

第一章 导 论 ·· 1
  第一节 国际贸易的研究对象和基本概念 ·· 1
  第二节 国际贸易的分类与特点 ·· 8
  第三节 对外贸易与经济发展的关系 ·· 15

第二章 国际分工与国际分工理论 ·· 22
  第一节 国际分工的形成和发展 ·· 22
  第二节 国际分工和国际贸易的关系 ·· 30
  第三节 国际分工理论 ·· 33

第三章 世界市场与国际贸易方式 ·· 46
  第一节 世界市场的形成与世界市场的分类 ·· 46
  第二节 当代世界市场的变化与特点 ·· 49
  第三节 世界市场的主要贸易方式 ··· 52
  第四节 进入世界市场的方式 ·· 65

第四章 地区经济一体化与国际贸易 ··· 69
  第一节 地区经济一体化的概念和形式 ·· 69
  第二节 地区经济一体化的发展与原因 ·· 72
  第三节 地区经济一体化的有关理论及对国际贸易的影响 ······························ 76

第五章 跨国公司与国际贸易 ··· 83
  第一节 跨国公司概述 ·· 83
  第二节 跨国公司内部贸易 ··· 90
  第三节 跨国公司对国际经济贸易的影响 ·· 94
  第四节 跨国公司理论 ·· 99

第六章 国际服务贸易和国际技术贸易 ……………………………………… 109
- 第一节 国际服务贸易的定义和内容 ……………………………… 109
- 第二节 国际服务贸易的发展与地位 ……………………………… 112
- 第三节 国际技术贸易 ……………………………………………… 129

第七章 国际贸易政策 ……………………………………………………… 138
- 第一节 国际贸易政策概述 ………………………………………… 138
- 第二节 国际贸易政策的类型及理论基础 ………………………… 139

第八章 国际贸易措施 ……………………………………………………… 159
- 第一节 关税措施 …………………………………………………… 159
- 第二节 非关税措施 ………………………………………………… 170
- 第三节 鼓励出口与出口管制措施 ………………………………… 175

第九章 关贸总协定与世界贸易组织 ……………………………………… 189
- 第一节 从关贸总协定到世界贸易组织 …………………………… 189
- 第二节 WTO法律框架与基本原则 ………………………………… 204

II 国际金融

第一章 国际收支与储备 …………………………………………………… 210
- 第一节 国际收支导论 ……………………………………………… 210
- 第二节 国际收支平衡表 …………………………………………… 214
- 第三节 国际收支的不平衡问题 …………………………………… 224
- 第四节 国际收支不平衡的调节 …………………………………… 230
- 第五节 国际储备 …………………………………………………… 239

第二章 外汇与汇率 ………………………………………………………… 248
- 第一节 外汇的种类与作用 ………………………………………… 248
- 第二节 外汇汇率与汇率制度 ……………………………………… 253
- 第三节 汇率的决定基础与影响汇率变动的因素 ………………… 265
- 第四节 汇率变动对经济的影响 …………………………………… 270
- 第五节 人民币汇率 ………………………………………………… 273

第三章 外汇交易与外汇市场 ……………………………………………… 280
- 第一节 外汇交易 …………………………………………………… 280
- 第二节 外汇市场和汇率折算 ……………………………………… 287
- 第三节 即期和远期外汇交易 ……………………………………… 298

目录

第四节 套汇和套利交易 305
第五节 外汇掉期、期权和期货交易 308

第四章 外汇风险及其管理 319
第一节 外汇风险及其管理概述 319
第二节 企业外汇风险管理 332
第三节 银行外汇风险管理 344

第五章 国际贸易融资 352
第一节 对外贸易短期融资 352
第二节 对外贸易中长期融资 355
第三节 国际租赁 364

第六章 国际金融市场 373
第一节 国际金融市场概述 373
第二节 欧洲货币市场 376
第三节 国际其他代表性金融市场 385
第四节 国际金融衍生品市场 391

第七章 国际货币制度 398
第一节 国际货币体系概述 398
第二节 国际金本位制度 401
第三节 布雷顿森林体系 403
第四节 牙买加货币体系 408
第五节 欧洲货币体系与欧元区 412

第八章 国际金融组织 421
第一节 国际金融组织概述 421
第二节 国际货币基金组织 423
第三节 世界银行集团 429
第四节 区域性国际金融机构 437

第九章 国际金融危机与金融监管 442
第一节 国际金融危机概述 442
第二节 当代频发的国际金融危机 457
第三节 "巴塞尔协议"全球金融监管 472

主要参考文献 482

后 记 487

前　言

《国际贸易与国际金融》是高等院校财经、商务管理类相关专业的一门核心课程。编写本教材的目的缘于以下几方面原因：

第一，从全国范围内教材的编写和使用情况来看，绝大多数教材均为《国际贸易》和《国际金融》，适合作为两门独立的课程，而实际中，考虑到《国际贸易》和《国际金融》两方面专业知识的相互关联性，某些专业通常将两门课程专门设立为一门独立的课程。因此，把《国际贸易》和《国际金融》统编为一本《国际贸易与国际金融》就是为了适合实践教学要求而编写的。

第二，从上世纪80年代以来，随着世界范围内经济全球化的发展，特别是1995年WTO正式诞生并发生作用以及经历了1997年亚洲金融危机和2008年以来的世界金融危机的动荡、冲击，世界国际经济贸易领域和国际金融领域都发生了深刻的新变化，编写本教材的目的也在于努力反映和探求这些最新的变化，以在教学中体现"与时俱进"，凸显教学内容的新颖性。

第三，努力适应教育部教学评估的教学要求。教育部对高等教育评估的一项重要标准就是要求全国高等教育应当鼓励和支持专业教材的建设，编写出具有各专业特色的、适合各地高等院校不同学生要求的高档次、高质量的教材，为了适应这一标准，我们将具有多年高等教育教学经验的、学术造诣水平较高的专业教师组建成教研团队。编写这门教材，将更加能够增强好的教学效果，提高教学水平。

本教材的特色是：

第一，通俗性。《国际贸易和国际金融》课程是具有很强的专业理论和专业知识的课程，许多领域具有较深的难度，不易理解且不易掌握。为此，本教材在编写过程中始终强调注意深入浅出，从而使教师容易备课、学生容易听懂。

第二，实践性。财经、商务类专业均为应用型专业，教师教学必须始终与实践相结合。因此，本教材在编写方面基本上体现了理论知识与实践的结合，专业知识与案例的结合。

第三，即时性和前瞻性，教材编写者深刻体会到当前信息科技革命的大发展，世界经济、贸易、金融都在不断发生深刻的变化。因此，教材编写应该始终关注、密切联系最新的国际贸易和国际金融发展态势，运用最新的研究资料，同时不断探求未来的发展前景，在教材中反映出这种探讨和预测的成果。

本教材的编写是在安徽大学、安徽三联学院，安徽外国语学院以及安徽大学江淮学院相关专业众多教师的合作和努力下完成的。编写人员均为具有丰富教学经验的教师和其他教学工作者。由于水平所限，缺点、不足在所难免，诚恳希望各方面专家、学者不吝赐教。

编 者

2012 年 6 月 16 日

Ⅰ 国际贸易学

第一章 导论

第一节 国际贸易的研究对象和基本概念

一、国际贸易的研究对象

国际贸易是研究国际商品与劳务在交换过程中的一般经济关系的学科。国际贸易的主要任务是要研究国际贸易产生与发展的原因和贸易利益在各国间如何进行分配,并揭示其中的特点与运动规律。具体研究内容包括以下四个方面:

(一)国际贸易的发展历史

国际贸易作为一个历史范畴,在不同的社会发展阶段展现出了不同的特点。在奴隶社会和封建社会时期,由于各种条件和技术水平的限制,生产力水平低下,社会分工程度不高,国与国之间的商品交换并不普遍,国际贸易还未真正形成。到封建社会晚期,随着城市手工业的发展,商品经济也有了明显发展。这一时期开始出现早期的国际贸易中心,如中世纪著名的三大贸易城市,君士坦丁堡、威尼斯和亚历山大。国际贸易的主要商品以奢侈品为主,如象牙、丝绸、香料、宝石、瓷器等。

资本主义的萌芽,不仅带动了意大利北部以及波罗的海和北海沿岸的一些城市(如佛罗伦萨等)成为繁华的贸易中心,同时也开启了区域性的国际商品交换市场。在西方国家相继完成了产业革命以后,资本主义生产方式在全世界范围内发生了巨大变化,由工厂手工业过渡到大机器生产,从而导致国际分工体系转化为世界范围内的生产力,促成了世界市场的形成,也为国际贸易的发展奠定了坚实的基础。从17世纪开始到19世纪末,资本主义国家的对外贸易额不断上升。处于贸易主导地位的国家为英国,参与国际交换的商品也由最初的奢侈品演变为工业原料、一般生活消费品等,世界市场开始形成。

在资本主义从自由竞争向垄断过渡时期,以内燃机为代表的第二次工业革命为国际贸易的快速发展铺平了道路。这源自以下原因：其一，内燃机取代了蒸汽机，促进了内陆运输的便利化；其二，轮船的运载能力加大，提高了海洋运输这种国际贸易主要运输方式的装载量；其三，电话的发明，为各国间的贸易沟通和交流提供了极大的便利。这一时期主要的贸易产品也较之前发生了变化，原材料、纺织品等在贸易中所占比重下降，逐渐增加的是矿产品和金属产品的贸易量。在这一时期，矛盾也在加剧，经历了第一次世界大战和世界经济危机的冲击，资本主义世界经济遭到破坏，贸易保护主义盛行。

二战以后，由于第三次科技革命的作用，投资与贸易更趋于国际化和自由化，这推动了国际贸易的重大发展，交易方式也日趋多样化。随着全球经济一体化的趋势不断加强，国际贸易在各国经济中发挥着愈加重要的作用，而国际贸易自身结构也在国际贸易发展的过程中不断发生变化。国际贸易中高科技产品和服务业在整个世界贸易中所占的比重不断上升，跨国公司成为世界贸易的主要力量。

(二)国际贸易理论

国际贸易的演变和发展一直被各国经济学家和学者所关注与研究，出现并形成了各种关于国际贸易方面的学说和理论。这些理论主要分为自由贸易理论和保护贸易理论。

在资本主义萌芽时期出现的重商主义理论，是资产阶级最初所信仰的国际贸易理论。它主张国家干预经济生活，禁止金银输出，增加金银输入。重商主义理论并未反映出国际贸易的意义和本质。随着资本主义的深入发展，以亚当·斯密和大卫·李嘉图为代表的英国古典经济学派先后提出了绝对优势理论和比较优势理论，对国际分工产生的原因做出了科学的解释。他们认为各个国家由于劳动生产率不同，可以专门生产本国具有绝对优势或者相对优势的产品，然后通过国际贸易获取收益。但是李嘉图的理论并没有试图去解释各国生产率的重要差异，这种差异致使各国比较成本不同，并由此引起国际贸易。瑞典经济学家赫克歇尔和俄林就此提出了要素禀赋理论，该理论认为各国生产要素的禀赋差异所引起的产品成本差异是产生国际贸易的主要原因。上述的各种理论由于鼓励国家间积极进行自由贸易，因而被纳入自由贸易理论的范畴。

与自由贸易理论相对的是保护贸易理论。美国学者汉密尔顿首先提出要对本国的幼稚产业进行保护，强调通过关税来保护和发展民族工业。德国的李斯特作为保护贸易理论的代表人物对保护贸易理论进行了系统的完善，他认为要提高本国的生产力以及经济地位，就必须在国际贸易中对国内的工业部门进行保护，只有本国国内工业的腾飞才能与各国在世界市场进行有力竞争。这种理论不是要求完全封闭或是闭关锁国，而是强调在对本国产业进行保护的基础上参与国际竞争，这种理论对于落后国家特别是许多发展中国家的经济发展产生了深远影响。

(三)国际贸易的政策和措施

贸易政策是指一国政府在其经济发展战略的指导下,运用经济、法律和行政手段,对外贸活动的方向、数量、规模、结构和效益所进行的一系列有组织的干预和调节的行为。对外贸易会影响一国的社会经济发展以及其他利益因素,因此各国在进行对外贸易的过程中,必然会基于本国的某种利益考虑而颁布政策来对对外贸易活动进行有组织的管理和调节。贸易政策具有一定的社会历史性,是社会生产力发展到一定阶段的产物,它随着本国经济条件的变化而不断得到完善和调整。各国在各个时期由于竞争能力强弱的变化将会采取完全不同或者相互交叉的贸易政策。

对外贸易政策从总体上可以分为三种类型:

1. 自由贸易政策

自由贸易政策指国家取消对进出口商品和服务的限制及障碍,取消对本国进出口商品、服务和企业的各种特权和优惠,使其在国内外市场上自由竞争。

2. 保护贸易政策

保护贸易政策指国家广泛利用各种法规限制商品和服务的进口,保护本国国内市场免受国外商品的竞争,给予本国出口的商品和服务以优惠或补贴以鼓励出口。

3. 协调贸易政策

协调贸易政策指国家制定一系列政策、法规加强对外经贸管理,使之有序且健康发展,对外通过谈判签订双边、区域或多边贸易条约或协定,协调与其他贸易伙伴在经济贸易方面的权利与义务。

一国的对外贸易政策总是要通过其具体的政策措施加以体现的,这些措施主要分为关税壁垒和非关税壁垒。随着时代以及全球经济环境的不断变化,各国也在相应调整着各自的对外贸易政策。现代实践表明,国际贸易中不仅存在不同国家之间的竞争,也存在国与国之间的依赖,所以各国一般会在制定对外贸易政策时通过签订各种协定、条约或是参加经济组织来维护本国利益。

(四)国际贸易的现实问题和发展趋势

社会生产力的发展、国际分工的深化以及科技进步的加速造就了当代国际贸易的繁荣和发展,国际贸易对各国经济的促进作用也越来越显著,这使得各国愈加重视本国的对外贸易发展。在一国对外贸易发展的进程中,必然会遇到各种现实问题,这些问题对本国的经济发展产生正面或者负面影响。例如,国际贸易引起的生产国际化,在此基础上形成了许多大型跨国公司,区域经济一体化趋势也由此加强,区域性组织出现,贸易中的摩擦与利益矛盾日益凸显。这些都成为学习国际贸易所必须研究的现实问题。在对国际贸易这个领域进行研究的同时,必然会涉及汇兑、结算、货币收付等一系列问题,从而国际贸易在一定程度上也加速了资金在国际范围内的流动,促成了国际金融市场的形成和发展。因此,人们通常会把国际金融的有关理论和实际问题,作为国际贸易学科研究的一部分内容。深入分析当前国际贸易的总体发展趋势和各国对外贸易的政策特点,对本国在更大范围、更高层次和更广领域上参与世界经济合作、进行国际竞争等方面具有重要的实践意义。

二、国际贸易的基本概念

(一)国际贸易与对外贸易

国际贸易(International Trade)是指世界各国之间进行的商品和劳务的买卖与交换活动。它既包括本国与他国之间的贸易活动,也包括其他国家之间的贸易活动。国际贸易是由各国的对外贸易所构成的,它是世界各国对外贸易的总和。因此,国际贸易通常也被称作"世界贸易"。

对外贸易(Foreign Trade)是指一个国家(或地区)与其他国家(或地区)之间进行的商品和劳务的买卖与交换活动。对外贸易是相对于国内贸易而言的,主要由进口和出口两大部分组成。因而对外贸易也被称作"进出口贸易"或"输出入贸易"。

国际贸易与对外贸易在概念上既有区别又有联系。一方面,二者都是跨越国界所进行的商品或劳务的买卖与交换活动。一般来说,各国对外贸易的总和构成了国际贸易,从而可以得出国际贸易的蓬勃发展离不开各个国家对外贸易的发展,这是二者相互联系的地方。另一方面,二者的显著区别在于,从一个国家(或地区)的角度来看待的贸易活动,就是对外贸易;而从国际范围的角度来看待的贸易活动,才称为"国际贸易"。

(二)出口与进口

出口是指从本国输出商品和劳务至他国市场销售的贸易活动,因此又被称为"输出贸易"。进口是指从国外输入商品和劳务至本国市场销售的贸易活动,因此又被称为"输入贸易"。

与进、出口贸易相关联的贸易活动概念还包括:

1. 净出口和净进口

净出口,也就是很多国家在同类商品上既有出口又有进口时,在一定时期内的出口量大于进口量,超出的部分为净出口。净进口,也就是在一定时期内一国的进口量大于出口量,超出的部分为净进口。

净出口和净进口能够反映一国在某种商品的贸易上所处的地位。若一国的某种商品贸易存在净出口,说明该国在这一特定商品的生产上具有较强的竞争能力,其生产和出口在国际贸易中处于优势;净进口说明该国对特定商品的生产能力较弱,在国际贸易中处于劣势和依赖地位。净出口和净进口都是以商品数量来表示的。

2. 复出口和复进口

复出口(Re-Export Trade),又称"再出口",是指外国商品进口后未经再加工和重新制造或未进入本国市场又出口的活动;复进口(Re-Import Trade),又称"再进口",是指本国出口到别国产品,在国外未经加工又重新输入国内的活动。

复出口的产生主要同经营转口贸易有关。至于从国外进口商品再加工后又输往国外,或以国外进口原料制造成另一种商品后再出口到国外,各国均不列入复出口。在我国外贸业务中,进口外国原料加工成成品后再出口,习惯叫做"加工复出口"。复进口往往由于商品在国外未能销售,或者被损毁等偶然原因造成,不具有实际经济意义。

(三)贸易额与贸易量

1. 贸易额(Trade Value)

贸易额又称"贸易值",是以货币表示的反映贸易规模的经济指标。一般分为对外贸易总额和国际贸易额两种。

对外贸易总额,又称"对外贸易值",是用货币表示的反映一国一定时期内对外贸易总体规模的统计指标,由一国一定时期内的出口总额与进口总额之和构成。针对对外贸易总额,各国一般用本国货币表示,但为了国际比较,许多国家又同时用美元计算。联合国编制和发表的世界各国对外货物贸易额是以美元表示的,它反映在各国的海关统计中。国际贸易额,又称"国际贸易值",是指世界各国和地区在一定时期内的进口总额或出口总额,它用来表示国际贸易的规模大小。统计国际贸易额,必须把世界各国或地区的出口总额折算成同一货币后相加,特别注意不能简单地把世界各国或地区的对外贸易总额相加,而只能把世界各国或地区的出口总额相加。

2. 贸易量(Trade Quantum)

贸易量是以基期价格指数计算的、反映贸易总额的经济指标,或者是以数量、重量、面积、体积等计量单位表示的反映贸易规模的指标。由于国际市场上的物价经常发生变动,用价值表示的国际贸易额并不能真实地反映该国外贸的实际规模。为了反映进出口贸易的实际变化,通常以不变价格计算的贸易额表示贸易量,以贸易量表示贸易的实际规模。因为按照实物计量单位进行计算时,可以剔除价格变动带来的虚假成分,能更加准确地反映实际贸易情况。贸易量的计算公式为:

进(出)口贸易量=进(出)口额/进(出)口价格指数(确定基期价格指数为100)

由此,得出贸易量的实际含义是以固定年份为基期而确定的进出口价格指数去除报告期的进出口额而得出的按不变价格计算的贸易额。

(四)贸易差额(Balance Of Trade)

贸易差额是指一个国家在一定时期内出口贸易总额与进口贸易总额相比的差额。当出口额大于进口额时叫做"顺差"、"盈余"或"出超";反之,当进口额大于出口额时,则被称为"逆差"、"赤字"或"入超"。若两者相等,就称为"贸易平衡"。

贸易差额是衡量一国对外贸易水平以及整体经济状况的重要指标。一般来说,贸易差额应该保持平衡,盈余并不是越多越好,顺差或逆差过大都会对经济稳定造成影响。过高的顺差意味着本国经济的增长对外依赖程度过高,这会引起本国经济平衡的失调。主要表现为:外汇储备过多,造成资金的闲置浪费,不利于本国经济的发展;储备货币汇率下跌时,外汇储备会遭受损失;一国的外汇储备增加,本币发行也必然相应增加,从而产生潜在的通货膨胀压力;本国货币可能被迫升值,使本国产品出口处于不利的国际竞争地位。因此,面对贸易差额的变化必须考虑国民经济的长远健康发展而对其加以调节,不能滞留在短期的静态利益上。

(五)贸易条件(Term Of Trade)

贸易条件又称"进出口交换比价",指一国在一定时期内的出口商品价格与进口商品价格之间的比率。人们通常用计算一国贸易条件指数的方法来了解该国贸易条件的变化情况。计算公式如下:

贸易条件＝出口价格指数/进口价格指数×100％(确定基期价格指数为100)

计算得到的结果,如果指数上升,大于100,表明与基期相比贸易条件改善。换言之,表明出口价格较进口价格上涨,意味着每出口一单位商品能换回的进口商品数量比原来增多,也就是贸易条件比基期有利,贸易利益增大;如果指数下降,小于100,则表明与基期相比贸易条件恶化。换言之,表明出口价格较进口价格相对下降,意味着每出口一单位商品换回的进口商品数量比原来减少,也就是贸易条件相比基期变得不利,贸易利益减少。

(六)外贸商品结构

外贸商品结构是指一定时期内各类商品在进出口总额中所占的比重,分为对外贸易商品结构和国际贸易商品结构。

1.对外贸易商品结构(Foreign Trade By Commodities)

对外贸易商品结构是指一国一定时期内进出口贸易中各类商品的构成情况,也就是某大类或某种商品的进出口贸易额占整个进出口贸易额的比重。一国的对外贸易商品结构可以反映该国的经济发展水平、产业结构状况以及科技发展水平等。具体又可以分为出口贸易商品结构和进口贸易商品结构。一般来说,一个国家出口制成品或技术密集型产品所占比重越大,其在国际分工中的优势就越大,在国际贸易中获利就越多。

2. 国际贸易商品结构(International Trade By Commodities)

国际贸易商品结构又称"进出口商品结构",是指在一定时期内各大类商品或某种商品在整个国际贸易中所占的比例,用各类或某种商品的贸易额与国际贸易总额之比来表示。它反映的是世界总体的经济发展状况、产业结构水平以及各类商品在国际贸易中的不同地位。在二战以后,伴随着全球范围内社会生产力的发展以及科技水平的快速提高,各类商品在国际贸易中所占比重也相应发生了很大变化。初级产品的比重下降,而制成品的比重不断上升、贸易额加大,这种现状和趋势对发达国家经济和发展中国家经济分别产生了不同的影响。

(七)外贸地理方向

外贸地理方向是指国际贸易的地区分布和商品流向,也就是各地区或各国在国际贸易中所占的贸易比重或贸易地位。可以分为对外贸易地理方向和国际贸易地理方向。

1. 对外贸易地理方向(Direction Of Foreign Trade)

对外贸易地理方向又称"对外贸易地理分布",是指一个国家在一定时期内对外贸易的地区分布和国别分布情况,通常以一定时期内世界上一些国家或地区与该国的进出口额在该国进出口贸易总额中所占的比重来表示。由于它指明了本国进口商品的来源和出口商品的去向,所以其能够反映世界上一些国家或地区在该国对外贸易中所占的地位,或者说该国与世界各国或地区经济贸易联系的程度。一国对外贸易地理方向的决定因素主要有对外贸易政策、国际分工地位以及经济上的互补性等。

2. 国际贸易地理方向(International Trade By Region)

国际贸易地理方向又称"国际贸易地区分布",是指国际贸易值的国别或洲别的组成情况,也就是各国进出口总额在世界进出口总额或世界进出口贸易总额中的比重。它能够反映各国或地区在国际交换中的地位以及在国际贸易中的作用。研究国际贸易地理方向对于我们了解世界各国的经济联系以及开拓新的国际市场具有重要意义。

(八)对外贸易依存度(Ratio Of Dependence On Foreign Trade)

对外贸易依存度也称"外贸系数",是指一国在一定时期内的对外贸易总额(进口额与出口额之和)在该国国民生产总值(或国内生产总值)中所占的比重。它表示一国的国民经济对进出口贸易的依赖程度,也可以表明该国经济的国际化程度。

外贸依存度可以具体分为出口贸易依存度和进口贸易依存度。出口贸易依存度是指一国在一定时期内出口值在国内生产总值中所占的比重。同样,进口贸易依存度是指一国在一定时期内进口值在国内生产总值中所占的比重。进口贸易依存度可以用来表示一国的市场开放度。各个国家在不同时期对外贸易依存度是不同的,随着国际贸易的纵深发展,大多数国家的外贸依存度也将趋于上升。

第二节　国际贸易的分类与特点

一、国际贸易的分类

国际贸易发展到今日,形式愈来愈多样化。这里从不同的角度将其主要分类进行归纳。

(一)按商品流向划分

国际贸易按商品流向的不同,可以分为出口贸易、进口贸易和过境贸易。

1. 出口贸易

出口贸易(Export Trade)是指一国将自己生产或加工的商品输往国外市场销售。其不包括非外销类的货物,比如本国游客出境时携带的个人使用的物品等,不列入出口贸易。

2. 进口贸易

进口贸易(Import Trade)是指一国从国外市场购入用以生产或消费的商品在本国市场进行销售。其不包括非用于内销的货物,如外国使馆从境外运进的供工作人员使用的货物等,不纳入进口贸易的范畴。

3. 过境贸易

过境贸易(Transit Trade)是指当某种商品从甲国经由乙国输往丙国销售时,对乙国而言这就是过境贸易。这种贸易对乙国来说既不是进口,也不是出口,仅仅是商品过境而已。过境贸易具体可以分为直接过境贸易和间接过境贸易。直接过境贸易是指外国商品单纯为转运性质经过本国,并不存放在本国海关仓库,在海关监督下,通过国内港口或者车站再输往国外。间接过境贸易是指外国商品运到本国国境后,先存放在本国海关保税仓库,以后未经加工改制,又从海关保税仓库提出再运往国外。

(二)按商品形态划分

国际贸易按商品的形态不同,可以划分为有形贸易和无形贸易。

1. 有形贸易

有形贸易(Visible Trade)是指买卖那些看得见、摸得着的物质性商品的活动,也被称为"货物贸易(Goods Trade)"。由于国际贸易中有形贸易商品的种类繁多,为了便于统计和分析,联合国秘书处于1950年起草了《国际贸易标准分类》(Standard International Trade Classification,SITC),并经过了多次修订,最近一次修订的版本是2007年开始实施的SITC第4版。

在SITC第4版中,有形贸易商品被分为10大类、67章、262组、1023个分组和2970个基本项目。其中十大类商品如表1-1所示。

表1-1 国际贸易标准分类

大类编号	类别编号
0	食品及主要供食用的活动物
1	饮料及烟类
2	燃料以外的非食用粗原料
3	矿物燃料、润滑油及有关原料
4	动植物油脂、油脂和蜡
5	化学品及有关产品
6	主要按原料分类的制成品
7	机械及运输设备
8	杂项制成品
9	没有分类的其他商品

(资料来源:经济和社会事务部统计司,M辑第34号统计文件。)

为了使用上的简便,人们一般把SITC的0~4类商品称为"初级产品",把5~8类商品称为"制成品"。但是需要注意的是,这种初级产品和制成品的分类是一种粗略的分法,严格的区分还要做出有关细类的调整。

2. 无形贸易

无形贸易(Invisible Trade)是指买卖那些不具有物质形态的商品活动,也称其为"劳务贸易(Service Trade)"。如运输费、装卸费、法律咨询费以及国际旅游费用等。无形贸易不经过海关办理手续,其金额不反映在海关统计上,但显示在一国国际收支平衡表上。

(三)按贸易有无第三国参加划分

国际贸易按交易对象(即有无第三国参加)的不同,可以划分为直接贸易、间接贸易和转口贸易。

1. 直接贸易

直接贸易(Direct Trade)是指商品生产国与商品消费国不通过第三国直接进行买卖商品的行为,也就是双方直接进行货物买卖。商品生产国将货物直接卖给消费国,对生产国来说表现为直接出口;而对消费国来说,表现为直接进口。由于直接贸易减少了中间环节,为交易双方节省了流通费用,因此国际贸易中大多采用直接贸易的方式。

2. 间接贸易

间接贸易(Indirect Trade)是指商品生产国和消费国没有直接发生贸易关系,而是通过第三国来开展买卖商品的行为。商品通过第三国销售到消费国,对生产国来说是间接出口,对消费国来说是间接进口。产生间接贸易的原因主要是由于运输航线不通、外汇结算困难、销售渠道不畅或存在政治障碍等。发展中国家在间接贸易中所占的比重相对较大。

3. 转口贸易

转口贸易(Transport Trade)是指商品生产国与消费国之间,或商品供给国与需求国之间,经由第三国贸易商分别签订进口合同和出口合同所进行的贸易。也就是商品生产国与商品消费国之间未发生直接的交易关系,而是通过第三国进行贸易,那么对于第三国来讲就属于转口贸易。一般而言,第三国主要是通过转口贸易来获得转口利润,而非为了本国的生产和消费需求。从世界范围来看,从事转口贸易的国家或者地区大多拥有便利的运输条件、优越的地理位置、便捷的信息交流系统以及发达的商业等优势,如新加坡、鹿特丹等与世界贸易联系频繁的地区。

转口贸易具体包括两种经营方式:一是间接转口,就是把商品从生产国输入进来,然后由该国商人再销往商品的消费国;二是直接转口,就是转口商人仅参与商品的交易过程,但商品仍从生产地直接运往消费地。

(四)按统计标准划分

国际贸易按照不同的统计标准,可以划分为总贸易、专门贸易和边境贸易三大类。

1. 总贸易

总贸易(General Trade)是以进出国境为标准来划分和统计的进出口贸易,具体分为总出口和总进口。凡是进入国境的商品一律列为总进口,离开国境的商品一律列为总出口,总出口加上总进口就是一国的总贸易额。中国、日本、英国、加拿大、澳大利亚等国家均采用此种划分标准进行统计。

2. 专门贸易

专门贸易(Special Trade)是以关境为标准来划分和统计的进出口贸易,具体分为专门出口和专门进口。凡是进入关境的商品一律列为专门进口,运出关境的商品一律列为专门出口,专门出口加上专门进口就是一国的专门贸易额。美国、德国、意大利、瑞士、法国等国家均采用此种划分标准进行统计。

3. 边境贸易

边境贸易(Border Trade)是指两个毗邻国家通过协议,在两国的边境接壤地区准许当地居民在指定的集市和边境口岸上,按照规定的金额、品种进行生活必需品和生产资料的小额贸易。边境贸易作为国际贸易中一种特殊的形式,一般不是为了赚取外汇,而是为了边民互通有无,因此一般无需办理海关手续,也不计入当事国的外贸总额。具体包括两种形式:一是边民互市贸易,就是两国的边境居民在规定的开放点或指定的集市上,以不超过规定的金额,买卖准许交换的商品;二是边境小额贸易,就是边境地区的外贸公司与邻国边境地区的贸易机构或企业之间进行的小额贸易。

(五)按参与国家多少划分

国际贸易按照参与国家多少的不同,可以划分为双边贸易和多边贸易。

1. 双边贸易

双边贸易(Bilateral Trade)指两个国家之间开展的贸易活动。两国之间相互进行贸易往来,一般会为进行双边贸易而达成协议,该协议被称为"双边协定",其内容包括:两国间交换商品的种类、范围和程度,以及进行贸易往来所采用的支付条件和方法等。

2. 多边贸易

多边贸易(Multilateral Trade)又称"多角贸易",指三个或三个以上的国家共同开展的贸易活动。目的是为了维护相互之间的贸易平衡。多边贸易的产生原因往往是由于两国间彼此供应的商品不对路或价格不相当,以致进出口不能平衡,从而需要第三国或更多的国家参加协议,以使彼此间的进出口达到基本平衡。多边贸易具体分为地区多边贸易和全球多边贸易。

(六)按清偿工具划分

国际贸易按照清偿工具的不同,可以划分为自由结汇贸易和易货贸易。

1. 自由结汇贸易

自由结汇贸易又称"现汇贸易(Cash-Liquidation Trade)",是指以货币作为清偿工具的贸易。通过自由结汇贸易获得的外汇称为"现汇"。由于自由结汇贸易灵活便捷,在国际贸易中应用十分广泛,是使用最多、最普遍的贸易方式。

2. 易货贸易

易货贸易(Barter Trade)是指以货物经过计价作为清偿工具而开展的国际贸易,是两国间直接以货物交换货物的贸易。易货贸易一般是通过单据的交换,而无需支付外汇即可完成交易。这种贸易方式的好处主要是可以缓解买卖双方之间的外汇紧缺状况,去除由此造成的交易障碍,同时也避免了汇率波动对于买卖双方造成的不稳定影响,促进了国际贸易的多向发展。但是易货贸易的局限性也很明显,如能够进行贸易的商品种类有限,交易的商品必须是双方正好需要的货物,另外进口和出口还要保持大体平衡,这也就是在一定程度上限制了贸易的规模;易货贸易的交易过程比较复杂,货物计价需要通过政府间谈判来确定,而不是由市场竞争决定的,这使得贸易条件往往不那么合理。因此,在国际贸易中一般较少采用严格的和单纯的易货贸易。

(七)按货物运送方式不同划分

国际贸易按照货物运送方式的不同,可以划分为陆路贸易、海运贸易、航空贸易、邮购贸易四大类。

1. 陆路贸易

陆路贸易(Trade By Roadway)是指通过陆上各种交通工具(火车与汽车等)运输商品的贸易行为。在各大陆内部陆地相连的国家之间,大多采用此种贸易方式。

2. 海运贸易

海运贸易(Trade By Seaway)是指在国际贸易中通过各种船舶运送货物的贸易行为。一直以来海运都是国际贸易中最主要的运输方式。

3. 航空贸易

航空贸易(Trade By Airway)是指以航空运输方式运送货物的贸易行为。对于价值较高、体积和重量都相对不大的货物一般可以采用此种方式。

4. 邮购贸易

邮购贸易(Trade By Mail Order)是指通过邮政包裹方式寄送货物的贸易行为。对于买卖双方交易前的样品传递和数量不多的个人购买适用于此种方式。

二、国际贸易的特点

随着世界经济一体化的趋势不断增强,各个国家的国际市场和国内市场之间的相互作用和影响愈来愈明显。从本质上说,二者都属于商品买卖的活动。但是国际市场和国内市场在融合的过程中还是存在一些差异的。国际贸易是指发生在不同国家或地区之间的交易行为,而国内贸易则一般是指发生在同一国家或地区不同经济主体间的交易行为。所以,在国际贸易中必然会存在着空间上以及时间上的复杂性,综合归纳为以下六大特点。

(一)语言与风俗习惯不同

国与国之间进行商品交换时,面临的首要问题就是买卖双方的语言差异。要保证交易的顺利进行,就必须能够准确以及流畅地进行语言交流和文字交流,否则,交易很难开展或者存在各种误解和障碍。目前,世界上最通行的语言是英语,但并不是所有国家在交流时都会使用英语,因此就要求贸易过程中配备掌握特定语言的专业人员。另外从文字使用方面来说,有些国家要求凡是进口至本国的商品必须有2种甚至3种文字来对照说明包装商标或说明书。在这一方面国际贸易相对国内贸易,无疑增大了难度。

除了语言的差异,各国的风俗习惯、宗教信仰等也具有显著差别。一些国家对颜色、图案和特定数字等存在不同的忌讳和偏好,如西方国家忌讳13这个数字,日本忌讳4这个数字等等。这就要求进行对外贸易的商品在包装、数量以及特性等方面,必须要符合目标国家的习惯,尊重其宗教信仰,并要针对不同的国家提供有针对性的商品进行贸易。这也在一定程度上提高了对国际贸易的出口商以及贸易商的要求。

(二)面对的市场环境不同

与相对平稳而又熟悉的国内贸易所面对的市场环境相比,国际贸易所面对的市场则要复杂得多,主要涵盖两个层次。第一层是国际经济大环境。将本国产品输入世界市场,其一,会受到世界性经济周期波动的影响。其二,一些国际贸易保护主义势力、汇率的波动以及其他大环境中不稳定因素都会对一国的对外贸易产生影响。国际贸易面对的第二层环境是国别经济环境。将本国的产品输入国外市场,那么这个特定市场是否受到严格的贸易保护政策的限制或者是否具有优惠的外贸政策,都会直接影响本国企业的出口贸易。另外,各国的市场环境包括需求结构、消费习惯、供销渠道等都各不相同,而收集和分析国际贸易的信息资料比国内贸易又困难得多。因此,在这一国际贸易的特点下,进行对外贸易的主体必须进行目标市场调研,掌握国外的市场动态,了解贸易对象和合作伙伴所处的不同市场环境。

(三)各国的政法制度和货币制度不同

国际贸易的顺利进行也会受到各国政治制度、法律规范和货币制度差异的影响。进行国际贸易的各个国家不仅要遵守国际的通用准则,更要遵循贸易目标国的商业法律以及惯例。在长期的贸易发展进程中,各国都制定了各自相应的贸易体制和法规,形成了各自不同的商业惯例。与制定自由贸易政策的国家进行贸易,一般阻碍较少,受到对方政府的限制较小;而与实行贸易保护政策的国家进行贸易,常常会由于各种原因而发生贸易摩擦。因此,要保证国际贸易的顺利开展,就必须熟悉有关各国的商业法律、政府政策以及商业习惯等。另外,在国际贸易中,各国所使用的货币制度并没有统一。由于各国都有自己的货币,货物买卖中计价与结算货币如何选择,不同国家的货币如何兑换等等,都成了为顺利开展国际贸易所必须解决的复杂问题,这也是国际贸易相对于国内贸易的特点。

(四)手续与操作较复杂

其一,国际贸易中买卖的货物一般都要经过海关。关于货物的进出口,海关方面有许多详细规定。履行报关手续是国际贸易活动要进行的复杂事务。一般要向海关提供进口许可证、海运提货单、进口报关单、商业发票、产地证明书、卫生检验检疫证明等。海关要求的手续必须提供完备,否则进口企业会由于进口的商品无法取得而遭受损失。其二,在前期的市场调查方面,国际市场不稳定因素多,变化快,为交易前的考察决策带来很大困难。在合同磋商方面,不仅要了解各种国际贸易惯例,还要清楚对方国家的商业规定。其三,国际贸易货款的收付是跨越国界的,要通过有关国家经营国际汇兑业务的银行进行。因此,支付方式、支付工具和承办银行的选择也是一个复杂的决策过程。其四,国际贸易的货物运输由于要跨越国界,而且大多数采用海运,运输环节多、耗时长、影响因素多,一般都需要办理运输保险来降低风险。所有这些特点都增加了国际贸易的手续和环节,使整个交易的操作环节繁多复杂。

(五)面临的风险较大

国际贸易不仅需要跨越国界,经历货物的长途运输,而且贸易中的双方也身处不同的国家,相互了解甚少,这些都加大了从事国际贸易的各种风险。归纳起来主要有以下种类:

1. 商业风险

由于国际贸易涉及的因素较多,贸易的周期较长,某个环节的失误或延误都有可能导致一方拒收货物或拒付货款而另一方不能顺利结清货款,如单证不符、交货延迟、货样不符以及价格波动等,极易引起商业纠纷,给买卖双方造成各种损失和影响,从而加大了商业风险。

2. 信用风险

信用风险主要是指在交易期间买卖双方的财务、经营状况发生变化,影响顺利履约甚至危及履约的情况。各方由于处于不同的国家或地区,要对对方的财务状况、经营情况以及资信进行彻底的调查和了解存在很大困难。而从合同的订立到合同的履行,中间一般需要经历较长时间,最终的付款交货环节很有可能由于某一方的信用问题而导致未能实现。

3. 汇兑风险

国际贸易中的双方在收付货款时,至少有一方是以外币来进行计价和结算的。外汇汇率的不断波动,会使货款在交付时发生汇率风险,导致进口商的成本增加或者出口商的收入减少。

4. 运输风险

相对于国内贸易,国际贸易中的货物需要经过长途跋涉才能到达目标国。大部分要通过海洋运输的方式或者国际多式联运,历经较长时间和较多环节,这就增加了遭受自然灾害或意外事故的风险因素。可见在进行国际贸易时,面临的运输风险较大。

5. 价格风险

价格风险主要是贸易双方在签订合同以后,货物价格的上下波动对买卖双方造成的风险。因为在国际贸易中较为常见的是大宗货物,货价的上升或下跌涉及的损益金额也相对较大。另外由于国际贸易周期长,价格上下浮动的可能性非常大,从而给买卖双方带来的价格风险也很大。

6. 政治风险

当贸易的一国出现了政局变动或者对外贸易政策的变化,都会影响国际贸易的正常进行,甚至导致交易的暂停和无法完成。

(六)对业务人员的素质要求较高

从事国际贸易的专业人员除了具备扎实的专业知识(如国际贸易惯例、货运、保险、结汇等)、必要的业务能力(如外语能力、商务谈判能力等)外,还应该拥有长远的眼光、敏捷的思维以及应变能力以应对在对外贸易过程中的各种突发状况和风险。因此,对于国际贸易的业务人员所提出的要求比国内贸易要高,素质要求要更全面。晚期重商主义者托马斯·曼认为商业和贸易是一种技艺,应该培养全才型商人。他提出的标准有 12 条:"1.应当擅长书法、算术、会计,了解通行的票据、保险单等的规则和形式;2.了解外国的各种度量衡和货币;3.了解各种商品在对外贸易的输出、输入时应交纳的各种关税和其他各种费用;4.了解各国市场的供求情况;5.了解汇率;6.了解各国有关进出口的规定和禁令;7.了解运输以及有关运输的国内外保险事宜;8.了解制造和修理船舶材料的质量、价格、船上各种人员的工资等;9.了解商品性能;10.了解海运;11.能说几种语言,了解各国国情,知道各国的经济、政治、军事以及法律、风俗等情况,并经常向国家报告;12.学会拉丁语及其他语言。"[①]

第三节 对外贸易与经济发展的关系

对外贸易在一国经济发展中占据越来越重要的位置。对外贸易与经济发展两者之间互相作用,联系愈加紧密,这主要体现在两个方面:对外贸易对经济发展的影响和作用;经济发展对一国对外贸易的影响和作用。一般来说,两者的关系主要体现为一国的经济发展决定本国的对外贸易;反过来,对外贸易对一国的经济发展也具有巨大的推动作用。从世界经济的实践结果来看,贸易与经济增长之间的确存在具有相互作用的紧密联系。一个国家特别是发展中国家和地区,应采取何种贸易发展战略以更好地利用贸易与经济发展之间的关系来促进本国经济的腾飞,这成为值得深入研究的问题。

---

① 国彦兵:《西方国际贸易理论历史与发展》,杭州:浙江大学出版社,2004 年。

一、国际贸易对经济发展的影响

（一）国际贸易促进经济发展的一般作用

由于各国在社会历史、自然资源、经济结构、科技发展水平等方面存在较大差异，任何一个国家都不可能独自生产和供给本国所需的一切产品，这种差异要求世界各国要参与国际分工，大力发展国际贸易，充分利用本国优势资源，与其他国家调剂余缺。国际贸易出现后，对各国经济和世界整体经济的发展发挥着十分积极的促进作用。主要表现为：

第一，有利于深化国际分工，节约社会劳动，生产出更多的使用价值。

国际分工是社会分工发展到一定阶段、国民经济内部分工超越一国界限的发展结果。国际贸易的发展建立在国际分工的基础上，同时又推动了国际分工的深化。面对世界各个国家在自然资源、劳动力资源、科技发展水平以及其他社会经济条件等方面的差异，国际分工以及在此基础上的国际贸易使各国能够充分利用国内的优势资源，大量生产本国的优势产品，也就是生产那些利益较大而不利因素较小的产品，以此与别国进行交易，换取本国生产成本高、经济效益低的产品，相互弥补短缺、趋利避害。从而通过节约社会劳动时间来使生产总量得到增加，提高劳动生产率，实现社会劳动和物质消耗的节约，增加国民财富，以较少的投入获得最大的经济效益，生产出更多的使用价值。

第二，有利于生产要素的充分使用。

生产要素是进行社会生产的基本条件。纵观全世界，生产要素（如土地、资本、劳动力、技术等）在各个国家的分布是十分不平衡的。有的国家劳动力丰富但资本短缺，有的国家资本充足但土地匮乏，有的国家土地广阔但技术相对落后。另外，可能某些国家或地区大量拥有某种生产要素，但本国生产对该要素的需求不大，对某种拥有量稀少的生产要素却大量需要，这种不平衡性的存在是非常普遍的。如果没有国际贸易，这些国家生产的扩大、社会生产力的进步以及经济的长足发展都会受到某些生产要素缺乏的限制，生产潜力得不到发挥。而由于国际贸易的存在，这些国家可以采取国际劳务贸易、土地租赁、资本转移、技术贸易等方式，将本国富余的生产要素与他国的其他生产要素进行交换，来获取国内短缺的生产要素，从而缓解国内对某种要素的需求压力，同时也能使本国相对富余的生产要素能够与其他要素配合使用而达到充分利用的最佳效果，从而扩大本国生产规模，促进本国经济快速发展。国际贸易将一国的经济运作从国内的狭小市场中带出，并将其扩大到世界范围内，从深度和广度上优化了本国的资源配置，使各国不同的生产要素得到有效开发和充分利用。

第三，有利于发挥规模经济效益，促进社会生产的专业化。

国际贸易使各国摆脱了国内市场的束缚，扩大了企业所面临的市场范围。

从微观角度来看,规模经济就是机会成本递减而规模报酬递增。根据规模经济原理:平均成本的下降取决于生产规模,而生产规模的扩大取决于市场需求量的扩大,市场需求量受到商品价格和平均成本的制约,从而成为一个循环性的制约机制。这说明生产规模和市场规模是相互作用、相互决定的。企业的长期平均成本随着产量的增加而下降,而企业所面对的市场需求量却随着价格的下降而上升。当企业参与国际贸易时,产品所面对的市场容量将会扩大。由于市场需求的增加,企业会通过改进生产技术和方法,从而使产量相应地提高以适应市场变化,发挥规模效益,获取规模报酬;同时产品的平均成本降低,在国际竞争中处于有利地位,竞争力增强。从宏观角度看,通过国际贸易能够发现本国的比较优势部门,特别是资源利用率较高的部门,并且促进这些部门的产量增加,将社会生产资源集中于效率较高的部门,有利于发展本国的优势产业及社会生产的专业化。

第四,有利于解决劳动力就业问题。

随着社会生产率的提高以及世界人口的不断增加,各国政府越来越重视本国存在的劳动力过剩问题。国际贸易在解决就业问题中发挥的作用主要体现为在不断发展和深入扩张的同时对国内相关产业会产生影响,发挥关联效应,从而影响劳动力的就业。一国的对外贸易特别是出口状况对国内的就业结构和就业数量有着重要的影响。随着国际贸易的发展,出口产品的需求扩大,实际出口量会不断增长,从而刺激相关行业的发展和壮大。出口需求会导致对本国生产要素,如劳动力、资本、企业家才能等要素的需求,对原材料等中间产品的需求,对金融保险运输等服务产品的需求,促进相关行业就业数量的上升,进而改变国家的劳动就业结构。各国政府所制定的各种鼓励出口的措施在一定程度上也是为了增加本国的就业机会。因此,国际贸易在一定程度上有利于降低失业率,扩大就业。

第五,有利于提高国民的生活水平及多样化的消费水平。

众所周知,国民生活水平的提高主要来源于收入水平的提高、消费品价格的降低以及产品的充分供给。一方面,一国对外贸易规模扩大,能够通过对外贸易顺差的乘数作用使国民收入和国内的劳动力就业水平都得到提高;另一方面,通过国际贸易,国际分工不断加深,各国生产各自的优势产品,节约社会生产成本,提高资源使用效率,可以降低消费品的价格;最后,由于国际交换的范围和种类扩大,使各国国民能够消费的产品类型更加丰富和多样化,留给消费者更广阔的选择空间,保证了充足的产品供给。这些都能体现国际贸易对国民生活水平提高的重要作用。对于多样化的消费水平,世界各国或地区由于受到自身的社会、自然或者科技条件的限制,不可能完全依靠本国的生产来满足国民的各种消费需求,必须通过对外贸易引入新产品来调剂国内市场的余缺。特别是对于落后国家来说,只有对外开放,积极参与国际贸易,才能刺激国民的新需求。这样,不仅能够提高本国的消费水平,还能带动本国相关产业的革新和升级,促进经济的协调发展。

第六,国际贸易是世界经济变化的重要传递渠道。

国际贸易是世界经济的重要组成部分,世界经济的发展也决定了国际贸易的发展规模和速度,二者相互联系、相互促进。当今世界经济已经从简单的国与国之间的商品交换发展成为全面的经济合作,主要表现为各国之间经济、贸易以及金融的不可分割性,且相互间的联系日益紧密。因此,一国或地区的经济变化势必会影响到其他国家或地区。而国际贸易的存在,使这一联系的影响增强。当世界经济发生动荡或者国际市场价格有较大波动时,首先受影响的是各国的国际贸易部门,然后通过这些部门与本国其他部门的经济联系影响各国的生产规模、产量、产品价格以及劳动就业等,从而使各国的国内经济都受到世界经济变化的影响。例如,二战后,美国经济的高速发展就在一定程度上通过对外贸易的传递作用带动了日本和西欧国家的经济复苏。可见,国际贸易已经成为世界经济变化的重要传递渠道,其主要传递过程为:当世界经济处于上升时期时,国际市场的商品需求增加,价格上涨,各国的外贸收益也相应增加。这不仅会刺激一国的出口产业部门的生产,推动产业规模扩大,也会为其他国内相关部门的生产创造机遇。随着每个部门与周边部门的关联效应的增强,整个社会的各个部门都被相继带动起来,这就为经济的协调发展和总体腾飞创造了条件。以具体部门为例,生产部门的快速发展,可使保险业、运输业等行业扩大规模,增加投资,为国家减少剩余劳动力。国际贸易的这种传递作用,一方面使各国的经济发展速度加快,让落后国家也能够与世界经济发展步伐同步;而另一方面,世界经济危机和经济衰退也会沿着这一传递渠道,对进行国际贸易的各个国家造成影响。由于世界经济整体衰退造成的商品需求下降等,同样会抑制国内出口相关部门的生产规模和生产量,而已经生产出来的产品只能转向国内市场,造成国内同行业产品的价格下跌,从而引发全社会的产品过剩,甚至大范围失业的增加。

(二)国际贸易与发展中国家经济

从上述作用可以看出,国际贸易在任何国家的经济发展中都具有不可缺少的静态或者动态利益。对于发展中国家来说,进行对外贸易是帮助其引进现代经济结构、实现经济现代化的重要途径。国际贸易对发展中国家经济的影响作用,除了上述的一般作用之外,还包括以下几点内容:

1.国际贸易是获得外国先进技术的主要渠道

20世纪下半叶以来,面对科学技术的飞速发展,许多发展中国家都在依靠技术进步来发展本国的生产力。依靠技术进步所实现的经济增长占各国全部经济增长的比重越来越大。但是,随着现代科学技术涉及的领域越来越广,所需资源的投入规模也越来越大,科技创新过程也越来越复杂,科学技术发展所涉及的矛盾也越来越多。世界上任何一个国家都不可能完全依靠自身的力量来不断保持创新动力和科技领先地位,发展中国家更是无法在世界科技日益尖端的情况下闭门创新。西方国家首先经历了工业革命,从而集中了现代经济中的大部分科学技术和方法,发展中国家要想实现经济快速发展,就必须积极引进这些已有的先进技术。国际贸易为发展中国家进行技术交流和合作提供了广阔的平台。通过国际贸易,特别是技术贸易,发展中国家的相关企业能够从国外引入先进的技术和设备,从而促进世界科技资源的交流与整合。

2.国际贸易增强了国内企业的竞争压力,能够刺激生产效率的提高

在竞争激烈的世界市场中,各个国家都在努力提高本国技术水平、降低生产成本、提高产品质量以求在国际贸易中占据优势地位。发展中国家在参与国际贸易过程中,其国内企业必须要面对国际市场的各种压力和竞争,而其商品大多处于劣势地位,难以同同类国际产品相抗衡。如果发展中国家的商品想在国际市场上占有一席之地,就必须要求本国的生产企业尽可能地去研发或者引入新技术来提高产品质量和产品科技含量,通过技术的改进来提高生产效率、降低生产成本。从发展中国家长期参与国际贸易的实践来看,各国的技术创新能力显著提高、与发达国家的技术交流不断加强,这些进步有效推动了本国的技术进步和商品开发,也不同程度地促进了生产效率的提高。

3.国际贸易的开展,有利于改善国内落后的产业结构

国际贸易的深入发展对发展中国家的产业结构变化有着重要意义。一方面,由于世界贸易结构的变化是世界产业结构演变的反映,发展中国家可以通过参与国际贸易了解先进产业结构演变的方向,及时对本国的产业结构进行调整和完善;另一方面,发展中国家一般存在资本短缺的情况,从而只能选择不均衡的产业发展模式,而参与国际贸易能够为产业的不均衡发展提供必要条件;最后,发展中国家通过对外贸易,可以在商品交换以及国际分工的过程中吸纳发达国家转移进来的处于成熟期的产品和产业,从而有利于改善国内落后的产业结构,推动本国产业结构的不断升级和演进,促进国民经济的整体协调发展。

4.国际贸易是保障经济协调发展的重要环节

国际贸易作为联结本国和世界经济的桥梁与纽带,在社会再生产中处于中介地位,对世界各国各部门间产品价值的实现以及实物形态的补偿都发挥着重要作用。各个国家通过国际贸易能够在更大的市场范围内实现商品的价值形态与使用价值的转化,有利于社会产品价值的实现。世界各个国家,特别是发展中国家可以从中获取扩大再生产所需的物质资源,如原料、半成品材料、先进设备及科技知识,利用国际贸易来补充本国稀缺的生产资源,改善落后的技术状况,提高劳动生产率,节省资本,促进经济协调、平稳发展。从一国范围来看,国民经

济的各个部门是紧密相连的,外贸部门的发展必然会对其他部门的运作造成影响,有效带动各个部门共同发展,从而为国民经济的整体协调发展带来保障。

二、经济发展对国际贸易的影响

国际贸易在促进世界经济和各国经济发展方面发挥了重要作用。相反,经济发展也会对国际贸易的运行产生重大影响。主要体现在以下几个方面:

(一)经济发展水平影响着一国进出口贸易的商品结构

对外贸易商品结构,也就是进出口商品结构,表示一国在一定时期内对外贸易中各种商品所占比重,具体表现为某类商品进出口贸易额与进出口贸易总额之比。一国经济发展水平的提升能够对本国的需求变化造成很大影响,而需求的变化又会影响本国进出口贸易的商品结构。在一国经济不断增长的同时,人均国民收入也会随之增长,这将在很大程度上导致国民的消费构成发生变化,包括消费种类增多以及消费档次和质量的提升。在这种情况下,一国的进出口商品构成会因此发生改变,从初级产品向制成品转化,从粗加工产品向精加工产品转化。同时,一国在对外贸易中交易数量及类型的变化也会影响贸易方式的完善和多样化。

(二)经济发展水平影响着一国对外贸易政策的制定

对外贸易政策是一国政府为了贯彻自身的价值观念,弥补包括市场机制发育不成熟或者市场失灵等市场缺陷而制定的对外贸活动进行管理的原则和方针。对外贸易政策是各国总的经济政策和对外政策的重要组成部分,是为各国整体经济服务的,因而在很大程度上受到本国经济发展水平的影响。一国政府在确定本国的基本对外贸易政策前,必须先考察国内的经济发展水平,对比国内外经济环境,从而通过控制对外商品交换来维护本国经济秩序,调节外贸活动(如增加出口、改变贸易结构等)来实现国内经济增长及产业结构升级,调整对外关系来避免贸易摩擦和其他政策冲突。对外贸易政策的基本类型分为自由贸易政策和贸易保护政策。各国政府一般都会针对本国经济发展水平而制定相应的外贸政策,调节本国的贸易规模、贸易结构、贸易收支等各方面,从而达到保护国内市场和国内经济长期稳定发展的目的。

(三)经济发展水平影响着一国国际贸易发展的深度和广度

世界各国经济发展水平不同,其在对外贸易的进程中所拥有的深度和广度也就存在很大差异。以国际贸易中较为明显的技术贸易来举例说明。国际技术贸易的标的物是技术,而技术是一种无形的商品。这种贸易是随着国际贸易发展进程的不断深化而出现的。从经济发展水平不同的国家来看,发达国家的技术贸易额占据世界技术贸易总额的主要部分,而且主要集中在美、英、法、日、德等国家,它们不仅是技术出口大国,同样也是技术进口大国。虽然发展中国家的技术贸易在全球化的大趋势下取得了数量和种类上的快速发展,但在国际技术市场上所占的份额仍然十分有限,并且在大部分情况下处于技术转移的被动接受者位置。发展中国家的经济发展水平不高,技术资源创新以及利用程度相应受到限制,难以在国际贸易深度较大的领域与发达经济体相抗衡。而发达国家拥有较高的经济发展水平,在国际贸易的广度上也能够占据优势。从国际技术市场的竞争来看,主要是来自发达国家之间的竞争。美国的技术出口覆盖全球,日本主要辐射亚洲市场,而东欧则是德国的主要技术出口市场。这些都能够说明一国的经济发展水平会对该国对外贸易发展的深度和广度产生重大影响。

复习思考题

1. 国际贸易主要有哪些分类?
2. 国际贸易的特点有哪些?
3. 本章所涉及的国际贸易基本概念有哪些?
4. 发展中国家参与国际贸易有什么好处?

第二章 国际分工与国际分工理论

第一节 国际分工的形成和发展

一、国际分工的概念和形式

（一）国际分工的概念

自人类社会初期开始，劳动分工就存在于人类社会活动之中，它是技术进步和生产社会化的产物。从早期的自然分工到三次社会大分工，人类的劳动分工形式逐步演变。当社会生产力发展到一定阶段，一国社会分工由国内向国际延伸发展时，国际分工便应运而生了。因此，国际分工是世界不同国家间的劳动分工，表现为国与国间货物、服务与要素的交换。

（二）国际分工的形式

国际分工的形式具有多样化特征，可以从不同的角度按不同标准进行划分：

1. 不同部门或者不同产业的国际分工

不同部门或者不同产业的国际分工如工业和农业间的分工；纺织业和机械制造业间的分工；汽车制造和飞机制造间的分工；电子工业和食品工业间的分工等等。

2. 产业之间或者产业内部（部门内部）的国际分工

（1）产业间的国际分工。在第二次世界大战前，国际分工主要表现为产业间的国际分工。二战之后，受第三次科技革命的影响，国际分工向部门内部分工深化发展。所谓"产业间国际分工"就是不同产业部门间生产的国际专业化。例如，第二次产业革命期间发达国家间的国际分工，挪威专门生产铝，而芬兰和丹麦专门生产农产品。

（2）产业内国际分工。科技革命促使产品的品种、规格、质量、生产过程、技术含量等差异化增大，在这种情况下，贸易参与国所获得的利益不对等。而产业内贸易不仅可以增加贸易参与国的收益，还能提高参与国的生产技术与产品质量甚至能够促进参与国产业结构的升级，实现规模经济。因此，产业内分工逐渐

成为国际分工发展的趋势,其主要表现为以下3种形式:

①相同产品不同的性能、质量之间的生产分工。不同国家对同类产品按不同性能和质量进行分工,实现专业化生产。比如,大型的军用运输机,美国着重生产C-17,俄罗斯正在发展的伊尔76,欧洲研制出A400M。

②相同产品不同的零部件之间的生产分工。各个国家对同一产品不同配件的生产拥有各自的优势,于是就出现了零部件的国家专业化生产。例如,美国波音787的研制生产涉及中国、日本、加拿大等在内的10个国家的43个一级供应商。

③相同产品不同工艺程序之间的生产分工。德国拜耳公司以它所生产的中间产品提供给世界各地工厂,由这些工厂生产各种化学产品,这种专业化生产分工就是对产品的生产工序也就是生产过程的不同阶段进行专业化分工。

3.垂直型国际分工、水平型国际分工及混合型国际分工

垂直型国际分工、水平型国际分工及混合型国际分工是以参与分工国家的生产力发展水平和生产技术水平作为划分的依据。

(1)垂直型国际分工。垂直型国际分工是发达国家和发展中国家间主要的分工形式,它一般指发生在生产力发展水平不同国家间的国际分工。最早的表现形式是殖民地和宗主国间的分工,殖民地在宗主国的支配下成为其原料来源地和产品销售市场。垂直型国际分工又可分为2种类型:一种是不同国家在不同产业间的国际分工,如发展中国家供给初级产品(农业、矿业),发达国家生产制成品,这种初级产品和制成品的分工生产就是垂直分工;另一种是不同国家在同一产业内部的分工,这是由于技术差异引起的。

(2)水平型国际分工。水平型国际分工是当代主流的国际分工类型,它是发生在生产力发展水平相同的国家间的国际分工,主要指的是发达国家间在工业部门上的分工。二战之前表现为产业间的分工,二战之后随着技术的进步和产业的发展,工业部门内部生产专业化程度越来越高,形成了部门内分工。

(3)混合型国际分工。混合型国际分工是垂直型分工和水平型分工相结合的国际分工形式,也就是一国在国际分工体系中既参与垂直型分工也参与水平型分工。如某些发达国家与发展中国家间形成垂直型分工,而与发达国家之间进行水平型国际分工。

4.外包型国际分工

外包型国际分工指的是企业将某些业务外包给国外厂商或公司,以便利用外部资源达到降低成本、提高效率的目标。外包型国际分工可以充分发挥企业的核心竞争力,增强企业对环境变化的应变能力。现在正兴起的离岸外包就是外包型国际分工的重要形式之一,企业授权一家合作伙伴管理自己部分业务(非核心)及服务。目前,很多发达国家的公司或企业将自身非核心业务外包给发

中国家企业或公司,以实现自身资源的优化配置。

二、国际分工的形成和发展

(一)国际分工的萌芽阶段——地理大发现(16世纪~18世纪中叶)

11世纪,随着生产力的发展,欧洲城市开始兴起,商品经济也逐渐得到发展。14~15世纪,在地中海沿岸部分城市已经稀疏地出现了资本主义萌芽,工厂手工业有所发展,市场规模也不断扩大。1453年,随着君士坦丁堡被攻陷,整个中东及近东地区基本上都被穆斯林控制。然而,君士坦丁堡是欧洲开展贸易往来的重要通道,它的封锁直接促使欧洲人必须找到新的贸易路线。而且出于对财富的渴望和当时盛行的寻金热,欧洲新兴的资产阶级开始积极寻找新航线,由此引发15世纪末至16世纪上半期的地理大发现。地理大发现之后,欧洲商人开始同世界各大洲发展海外贸易,这不仅加速了国际贸易的发展,而且还将欧洲市场同亚洲、非洲等地区的市场紧密联系起来。在生产力迅速发展的同时,社会分工水平不断提高,实现了手工业向工厂手工业的过渡,为国际分工的产生奠定了基础。为了满足统治者资本积累的需要,他们在这些地区进行掠夺性贸易,大肆推行殖民政策,利用暴力和超经济强行手段逼迫亚、非、拉殖民地的人民开矿山、建立种植园。殖民地生产的原料和农作物运往宗主国,宗主国则扩大本国的工业品的出口,由此产生了国际分工的早期形式——宗主国和殖民地之间的垂直型国际分工。然而,当时的国际分工在很大程度上是靠暴力和超经济手段维持的,国际分工的水平不高,仅处于萌芽时期。

(二)国际分工的形成阶段——第一次工业革命(18世纪60年代~19世纪60年代)

这个阶段发生了第一次工业革命,在英国最先出现,之后法、德、美等发达国家也相继完成了产业革命。英国的工业革命首先发生在纺织业,机械师凯伊发明了飞梭,之后棉纱出现了供不应求的情况。1765年,哈格里夫斯发明了珍妮纺织机,提高了棉纱的产量,至此引起了棉纺织业中的连锁反应,不断涌现新的发明,推动了技术革新。随着瓦特改良蒸汽机,在冶金、采掘等部门陆续都出现了机器生产,大大推动了大机器工业的发展。工业革命完成之后,大机器工业代替工厂手工业,资本主义经济体系得到确立,国际分工体系也逐渐形成。这一时期国际分工表现为垂直型国际分工,一部分国家主要是沦为世界农村的亚、非、拉国家和殖民地从事农业生产,另一部分国家则以英国为首的少数发达国家主要进行工业生产。欧洲殖民者不再采取暴力的手段而是运用隐蔽的手段与和平的方式剥夺殖民地国家的财富,他们倾销商品,使殖民地、半殖民地沦为殖民者的商品销售市场和原料产地。

第二章　国际分工与国际分工理论

1. 大机器工业代替工厂手工业是国际分工得以发展的重要原因

马克思在《资本论》中提到:"机器生产用相对少量的工人所提供的原料、半成品、工具等的数量日益增加了,与此相适应,对这些原料和半成品的加工就越分越细,因而社会生产部门也越来越多样化。机器生产同手工业相比使社会分工获得无比广阔的发展,因为它使它所占领的行业的生产力得到无比巨大的增加。"

(1)在大机器生产的背景下,生产能力大大增强,生产规模得到极大扩张。大量的商品充斥在国内市场,使得国内市场逐渐饱和。与此同时,为了满足生产的需要,需解决原料供给有限的问题。为了突破这些障碍,资本主义国家将目标投向了国外及殖民地国家,一大批国家被卷入了国际分工和国际贸易当中。资本主义国家主动寻求国际分工,经济落后国家则被强制纳入国际分工的轨道,机器大工业的建立促使国际分工正式形成。此时的国际分工表现为资本主义宗主国和殖民地之间的分工,工业制成品和初级产品或农产品之间的分工。

(2)大机器工业推动了交通运输工具的革新,出现了汽船、火车等新的运输工具,以及电报等新的通讯工具。这不仅降低了运输费用,还使得通讯更加便利和快捷,加强了各国之间的经济交往,有助于促进国际分工的发展。

(3)大机器工业的发展提高了生产率,加上交通、通讯工具的改革,资本主义国家生产产品的价格变得低廉。这种产品一旦进入落后国家市场,便会影响当地传统的民族手工业。自给自足和闭关自守的市场被打破,使经济落后的国家被迫参与国际贸易,至此经济发展水平不同的各个国家都被卷入了国际分工体系之中。

2. 国际分工以英国为中心

英国最先完成工业革命,成为世界工厂。马克思曾说过:"英国是农业世界伟大的中心,是工业的太阳,日益增多的谷物生产和棉花的卫星都围着它运转"。一方面,英国的生产发展速度和规模与其他国家相比具有竞争优势;另一方面,从国外获取原料有利于降低国内生产成本、提高利润。重商主义无疑阻碍了英国的对外扩张,因此英国放弃了自15世纪开始推崇的重商主义,转而实行自由竞争和自由贸易政策,将经济落后国家纳入世界市场的漩涡之中。①

3. 国际贸易中不再只是交换奢侈品,而是出现了新的商品种类

之前世界市场交易的主要是满足地主贵族阶级和商人阶级所需要的奢侈品,第一次工业革命后世界市场上开始出现大宗商品,包括羊毛、棉花、咖啡、小麦、铜等产品。

---

① 马克思、恩格斯:《马克思恩格斯全集》,第4卷,北京:人民出版社,1962年。

（三）国际分工的发展阶段——第二次科技革命(19世纪中叶~第二次世界大战)

第二次产业革命以电力的广泛应用为标志,各种新发明被广泛应用于工业生产,这极大地推动了生产力的发展。尤其是电力的应用,内燃机和新交通工具(汽车、飞机、远洋轮船等)、新通讯手段(海底电缆等)的发明及化学工业等新兴部门的建立为世界贸易及国际分工的进一步发展奠定了重要基础。在第二次工业革命的影响下,生产和资本高度集中,资本主义进入了垄断时期,19世纪末出现了垄断组织。为了增加利润,资本输出代替了商品输出,这种输出为国际分工的新发展提供了可能。他们可以根据需要在殖民地建立符合自身利益的部门或产业,从而使得工业发达国与初级产品生产国之间的分工程度加深。这段时期国际分工呈现出新的特点,体现在以下几个方面:

1. 国际分工的发展使世界各国联系更加紧密

参与国际分工体系的各个国家的产业、部门所生产的产品都是为了满足世界市场和国际贸易的需求,而这些国家自身所需要的各种产品都来自于其他国家和地区,国际分工的发展使世界各国联系更加紧密。

2. 无论是发达国家还是落后国家都加深了对国际分工的依赖性

(1)发达国家对国际分工的依赖性。其一,第二次产业革命中出现的新发明和新技术的发展引发了对初级产品的需求,导致宗主国和殖民地、半殖民地之间的分工扩大,国际分工扩大为制造工业和初级产品之间的分工。而资本输入的方式使这种分工进一步深化,国际分工的中心由英国变为多个国家。其二,发达国家之间也形成了产业间的分工。比如,芬兰专门生产木材和木材加工产品、美国主要从事谷物生产等。马克思曾指出:"过去那种地方的和民族的闭关自守和自给自足的状态已经消逝,现在代之而起的已经是各个民族各方面互相往来和各方面互相依赖了。"

(2)落后国家对国际分工的依赖性。发达国家凭借暴力、商品输出、资本输出等方式进一步加深了发达国家与落后国家之间的垂直型国际分工,落后国家的经济发展主要是依靠向发达国家出口一两种产品。长此以往势必造成落后国家过度依赖发达国家的市场,经济结构畸形,发展空间有限。

（四）国际分工的深化阶段——第三次科技革命(第二次世界大战结束至今)

第三次科技革命是以新能源、电子计算机、空间技术和生物工程的发明和应用为主要标志的,囊括了新能源技术、新材料技术、生物技术、空间技术等领域,极大地推动了社会各个领域的发展。第二次世界大战前的殖民体系瓦解,殖民地国家要求政治独立,发展本国经济;发达国家推动跨国公司的建立与发展等因素都导致了国际分工的深化。

1. 发达国家之间的分工占据国际分工的主导地位,这些国家间的分工由产业间分工向产业内分工深化发展

其一,战前国际分工的主要形式为工业制造品与初级产品之间的分工,但由于科技的迅猛发展和新兴部门的崛起,国际分工格局得到改变,技术水平相似的工业国之间的分工成为国际分工的主要形式。其二,二战前发达国家间的分工表现为不同工业部门间的分工。马克思说:"交换使不同的生产领域发生关系,并把它们变成社会总生产的相互依赖的部门。"战后科技的进步使得部门内部分工更加细化,一国产业部门内的分工跨越国界,形成零配件和部件生产的专业化分工、工艺过程的专业化分工等分工形式,并发展成为国际的产业内分工。

2. 发达国家与发展中国家之间的分工形式发生变化

战前宗主国与殖民地、半殖民地之间属于垂直型的国际分工,也就是工业制造与农、矿产品之间的分工。战后发达国家以工厂外迁的方式在发展中国家建立跨国公司,实现全球经营。在这种背景下,发达国家与发展中国家之间的工业分工发展起来,原有的工业品与农、矿产品间的分工逐渐被资金、技术密集型产品(发达国家)与劳动密集型产品(发展中国家)之间的分工所取代。

3. 出现了国际分工新类型

战前基本都是以垂直型分工的形式参与国际分工体系,虽然战后水平型、混合型、外包型等国际分工形式在全球兴起,但是垂直型分工仍然是国际分工的重要类型之一。

4. 国际分工渗透到服务领域

20世纪80年代以后,因国际服务贸易的迅速发展,国际分工开始进入国际服务领域。然而,发达国家和发展中国家在这一国际分工领域的发展出现了差异,发达国家以高水平的服务业占据国际服务业的主导地位,他们通过资金密集型服务参与服务业的国际分工。以美国为例,2009年美国服务贸易出口达5074.86亿美元,进口达3640亿美元,贸易顺差为1390亿美元。美国的服务贸易出口额约为中国的4倍,占世界服务贸易出口总值的14%,进口额占世界服务贸易进口额的10%。发展中国家的服务业发展水平较低,他们以建筑工程承包等劳动密集型服务参与国际分工。

5. 区域性经济组织兴起,地区一体化内部分工日益加强

为了加强经济协作,促进经济增长,世界上很多地区建立了区域性经济组织。这些组织虽然建立在自由贸易的基础之上,但是存在着明显的外部排他性。组织内部通过降低关税、非关税壁垒加强组织成员间的经济交往,扩大成员之间的产业分工,增加内部贸易额。1980年到2004年亚太经济合作组织内部贸易额占整个对外贸易额的比重由57.9%上升到72.2%。对外它们则采取各种限制措施,减少了与外部国家的经济往来。

总之,战后发达国家间的分工发展成产业内分工,发达与发展中国家间的分工由工业制造与农、矿业分工转变为资金、技术密集型产业与劳动密集型产业的分工等等都体现了在现代科技水平下国际分工的发展与变化。其实伴随着殖民地、半殖民地国家走上独立发展的道路,国际分工的性质不再具有殖民性质,但是它仍然存在不公平和不合理的地方。少数发达国家在国际分工中占据主导地位,控制着国际分工,发展中国家依旧处于不合理的国际经济秩序之中。

三、影响国际分工形成、发展的主要因素

自然条件和社会经济条件是影响国际分工的主要因素。自然条件包括气候、土壤、自然资源、国土面积等,社会经济条件指的是各国的生产力发展水平、人口数量、市场规模等因素。自然条件是国际分工产生的基础,但是国际分工得以产生和发展的关键还是归功于人类社会的三次科技革命的影响,生产力的快速提高使国际分工进入到深化发展阶段。

(一)自然条件是国际分工形成和发展的重要前提,但是它对国际分工的制约作用正逐渐削弱

一个地区的自然条件与该国能够发展的产业有关,自然条件是一国发展经济的基础。每个地区自然资源状况不同,所以各个地区发展经济的方式各异。例如,北海道附近的海域之所以渔业资源丰富,成为世界著名渔场,主要是由于千岛寒流与日本暖流的交汇。位于东南亚的马来西亚锡矿储量丰富,它的锡矿在世界市场占据重要位置,锡矿的开采促成了马来西亚现代城市的崛起。显然,自然条件在国际分工的发展过程中发挥着重要作用,但是生产力才是影响国际分工的决定性因素。尤其是随着人类利用自然资源的能力不断提高以及替代产品的出现,同类资源之间的差异逐渐缩小,这种因素对人类社会的制约作用日益减弱。

(二)生产力是国际分工形成和发展的主要原因或决定性因素

1.每一次生产力的显著发展都会推动国际分工发展到新的阶段

每一次世界性的技术革新都会通过生产力反映到国际分工的新发展中,技术革新深刻地改变了人类社会。第一次产业革命,大机器工业代替了工场手工业,发明了新的交通工具,生产能力提高。殖民地、半殖民地民族经济被摧毁,从此落后国家成为工业国的附属国。第二次科技革命之后,资本主义国家倾向资本输出,随之而来的是加深了宗主国与殖民地之间的垂直型分工。在第三次科技革命的影响下,国际分工的形式、涉及的领域、国际分工的格局等发生了重大变化,世界各国之间的交往更加密切,这表明国际分工之所以能够在短期内发生变化,与各国的科学技术水平、生产力水平有着密切的关系。

2. 生产力的发展水平与各国在国际分工的地位相关

产业革命之后,英国的生产力发展水平居于世界首位,并且它在国际分工体系中居于主导地位。随着法、美等国相继完成工业革命以及第二次产业革命的刺激作用,生产力的发展扩大了这些国家与殖民地国家间的分工,于是它们与英国一起占据着国际分工的核心位置。战后殖民体系虽然瓦解,一些国家也开始独立发展,但是与发达国家相比其生产力和科技水平仍然存在巨大差距,它们在国际分工体系中仍处于不利的地位。

(三) 国际生产关系是国际分工的重要因素并决定国际分工性质

经过几次产业革命,国际分工体系开始形成并深化发展,在这个过程中资本主义国家一直处于主导地位,即使在二战之后,发展中国家的地位有所改变,但是整个国际分工体系仍然表现为资本主义生产关系。这种方式的国际分工在一定程度上促进了各国经济的发展,但是发达国家一直控制着国际分工体系,导致分工的利益分配不平等,损害了发展中国家的利益。

(四) 社会上层建筑可以促进或延缓国际分工的形成或发展

所谓"上层建筑"指的是建立在一定经济基础之上的社会意识形态以及相应的政治法律制度、组织和设施的总和。一方面,它可以积极推动国际分工的形成与发展。在国际分工萌芽阶段,殖民者可以通过殖民统治强迫殖民地以建种植园等方式参与国际分工。或者是发动商业战争,比如,在第一次鸦片战争和第二次鸦片战争后,中国与英、法、美等多国相继签订了《南京条约》、《天津条约》等各种不平等的条约和协定,使我国也被动地参与国际分工体系;又或者是通过建立各种经济组织,内部成员采取降低关税壁垒等政策,提高内部成员国的经济利益。另外,还有一些国家依据自身经济体制来决定对外贸易政策,如果一国奉行市场经济体制则采取自由贸易政策。总之,各个国家都旨在增加自身在国际分工中的利益,提升自身在国际分工中的地位。另一方面,实行贸易保护政策和建立关税同盟等组织虽然维护了内部利益,但是却阻碍了国际分工的发展。

实际上影响国际分工的因素还有很多,比如,人口数量和市场规模、现代信息技术等因素。信息技术的发展扩大了世界市场的范围,形成了全球范围内的无国界市场,降低了交易成本,促使交易的效率大大提高,加速了国际分工的深化发展。显然这些因素不是单一的影响国际分工的形成与发展,而是相互作用、共同促进国际分工的深化发展。随着人类社会各领域的进步,将有更多潜在因素,尤其是科学技术的发展会促进国际分工的新变革,这将有利于建立起更加合理、更加公平的国际经济新秩序。

第二节 国际分工和国际贸易的关系

人类社会几次科技革命的发生导致世界范围内生产力发展水平的差异,从此,建立在不同生产力水平基础之上的国际分工逐渐形成和发展。分工差异使得各国生产不同类别的产品,于是国际贸易得以产生。因此,国际贸易是以国际分工为基础的,国际分工的发展过程也就是国际贸易形成和发展的过程。反过来,各国的对外贸易又是国际分工得以实现的枢纽,它制约和影响着国际分工。所以说,国际分工和国际贸易之间是相互促进、相辅相成的关系。

一、国际分工影响国际贸易的发展

(一)国际分工是国际贸易形成和发展的基础

生产力的发展和国家的形成是国际贸易产生的必要条件,也就是说社会生产力的发展和社会分工的扩大是国际贸易形成和发展的基础。马克思说生产是第一性的,交换是第二性的,生产决定交换,因此,国际分工具有决定性的作用。第一次工业革命之前,世界大部分地区都处于农业文明时期。由于自然条件的差异,经济发展水平不同的国家间形成了社会分工。从畜牧业和农业之间的分工、手工业从农业中分离出来到以货币为媒介的商品流通,科技革命之前的这三次社会大分工都为国际分工的形成提供了可能性条件。三次社会大分工之后,国家产生了早期的对外贸易。工业革命之后,科技的进步带动了社会生产力的快速发展,引起了国家间技术水平的差异,使局部性的社会分工发展为国际分工与交换。与此同时,贸易跨越国界,从一国内部和地区之间发展到世界各国之间。科技革命使商品流通超出了国界,世界性的贸易得以发展,国际分工体系逐渐形成。

(二)国际分工的规模、地位决定国际贸易规模的大小

其一,在国际贸易早期,由于技术水平低下、交通工具简陋,对外贸易的范围有限。当时的国际贸易只存在于局部地区,随着生产力的发展以及国际分工的形成与扩大,国际贸易才开始真正发展起来。国际分工的形式和存在领域逐渐演变,国际贸易交易量也随之日益增长,贸易方式也日渐多样化,出现了对外加工贸易、补偿贸易、对等贸易、商品期货贸易、经销和独家代理和招标与投标等贸易形式。

其二,一国在国际分工体系中处于主导地位,那么该国也会在国际贸易中居于支配地位。第一次工业革命后,英国成为国际分工的中心国家,以英国为核心的世界贸易迅猛发展。它在世界贸易中所占的比重逐年增加,从 1750 年的

13%提高到了1870年的22%,垄断了大部分的世界贸易量。随着美、法等资本主义国家相继完成产业革命,它们打破了英国一国占据国际分工核心位置的局势,一批国家提高了自身在国际分工中的地位。这些国家占世界贸易的比重由1750年的34%上升到1860年的54%。自工业革命以来,发达资本主义国家一直在国际分工体系中独占鳌头,主导世界贸易的发展。

(三)国际分工的形式决定国际贸易商品结构的变化

第一,在奴隶社会时期,手工业有所发展,但对外贸易规模、范围受到限制。当时盛行奴隶贸易,希腊的雅典曾经是贩卖奴隶的中心。对外贸易中交换的商品都是满足奴隶主阶级需要的粮食、酒以及宝石、香料、各种丝织物等奢侈品。进入封建社会,城市受工业发展的影响,对外贸易中除了交换奢侈品外,还有日用品和食品交换,比如地毯、瓷器、谷物等。地理大发现引起了欧洲国家对殖民地、半殖民地的暴力掠夺,开始了真正意义上的世界贸易。当时对外交易的主要商品是金银、香料、象牙等高档消费品,还开始了贩卖黑人的罪恶勾当。

第二,第一次工业革命之后,机器大工业的出现,宗主国和殖民地之间表现为垂直型国际分工,生产领域和交通领域的变革改变了国际贸易的商品结构。其一,纺纱机和织布机的发明使英国的纺织业尤其是棉布业发展增速,出口商品中至少有1/3的产品是纺织品;其二,运输工具和机器贸易有所发展,如汽船、纺纱机的贸易,煤炭、钢铁等原料的贸易逐渐增加;其三,运输成本的降低促使粮食贸易兴起。

第三,第二次科技革命扩大了制成品与初级产品的分工,这段时期工业制成品和矿产原料的国际贸易量大幅增长,尤其是重工业产品和石油、稀有金属等产品的交易。

第四,第三次科技革命后,各国第三产业迅猛发展,服务贸易专业化程度日益提高。此外,发达国家与发展中国家间的工业分工发展起来,发展中国家出口工业制成品的比例得到提高。发达国家生产的资金、技术密集型产品比重逐渐上升,发达国家之间还出现了部门间的国际分工,中间产品的贸易量增加。

(四)国际分工的发展决定对外贸易依存度的提高

对外贸易依存度是指一国国民经济对对外贸易的依赖程度,是以本国对外贸易额在本国国民生产总值或国内生产总值中所占的比重表示的。国际贸易在国际分工的深化发展下也加速发展,已经占据一国经济的半壁江山,现在各国对外贸易依存度呈现上升的趋势。这主要是由于在经济全球化发展的背景下,国际分工使各国、各地区经济联系加强,经济发展相互影响、相互依赖。根据海关总署的信息显示,我国对外贸易依存度在2006年一度高达67%,直到2011年对外贸易依存度依然达到了50.1%。这说明我国经济已经融入经济全球化之中,并且深度参与国际分工和国际贸易。

(五)各国在国际分工体系的地位影响着国际贸易利益的分配

在国际分工体系里,各国生产的是具有比较优势的产品。然而,由于各国生产力和经济技术发展水平存在差异,导致各国在国际分工体系中的地位不同。第二次世界大战以前,发达国家依靠暴力和垄断等手段操控落后国家,压制其经济的发展。结果导致殖民地国家出口几种初级产品、进口工业品以维持国内经济的运行,落后国家严重依赖世界市场。发达国家掠去国际贸易的大部分利益,落后国家经济依旧贫困且发展滞后。二战之后,虽然发展中国家可以独立发展本国经济,学习国外技术,引进国外资本,但是它们仍旧摆脱不了旧经济秩序的影响。此时的发达国家已经开始出口高附加值的资金、技术密集型产品,在生产力和技术方面早已超越了发展中国家。而且它们还在全球范围内建立跨国公司,加速全球并购,建立起全球性营销网络。这一方式加强了对世界市场的控制,跨国公司已经成为了新的国际交换主体。国际市场的格局有所改变,但仍然是以发达国家为主体的。

二、国际贸易促进国际分工的深化发展

其一,人类社会科技日益进步,产品更新换代日益加速。新产品通过国际贸易参与到国际分工之中,给分工国带来了新的贸易利益。在利益的驱动下,各国将新的资源、新的投资投入到新产品的生产之中,无形之中改善了商品出口结构,提升了产业结构,深化了国际分工的格局。

其二,国际贸易不仅仅是联系国际分工的纽带,同时也起着一种导向作用。通过国际市场的调节,引导各国把生产资源转移到效率较高的部门中,促进了国际分工的深化发展。

在对外贸易中,各国积极生产具有比较优势的产品,扩大这种商品的出口,通过国际交换获取国际分工的利益。这种贸易方式会促使各国将更多的资源投入到比较优势产品的生产中,这不仅优化了资源配置,提高了资源使用率,减少了资源的浪费,还最大限度地获得了分工带来的收益。同时用具有比较优势的产品去换取相对劣势的产品,有利于实现全球资源的合理配置,提高各国专业化分工的水平,进一步促进国际分工的深化发展。当代发达国家大量出口资金、技术密集型产品,作为发展中国家应加大投资力度,提高产品附加值。以高技术含量的产品参与国际分工,换取相对劣势产品,提高各国技术水平,实现国际分工的深化发展。

总的来说,在国际分工发展加速的时期,国际贸易发展速度也会加快;一旦国际分工发展减缓,国际贸易发展的规模和速度也要受到影响,二者互为因果关系。如果说国际分工体系的形成和发展推动了世界经济的发展,那么通过国际贸易又实现了分工参与国的利益,深化了国际分工的发展。

第三节 国际分工理论

西方自由贸易理论主要包括古典学派、现代学派以及二战后新兴的自由贸易理论。自由贸易理论认为自由贸易可以形成相互有利的国际分工,每个国家依据自身条件发展相关产业,积极参与国际竞争,防止垄断,增加贸易收益。

一、绝对成本国际分工理论

(一)理论产生的背景

亚当·斯密(1723~1790)是著名的古典政治经济学家,也是国际分工和国际贸易理论的创始者。他站在产业资产阶级的角度,提出了自由竞争和自由贸易理论。18世纪中叶,英国开始产业革命,生产力的快速发展使得产品竞争力大大增强。为了满足工业生产和资产阶级对贸易利益的需求,新兴资产阶级迫切需要进一步扩大国外市场,从其他国家获取粮食、原料和市场,同时向它们供应工业制成品。但是,产生于15世纪的重商主义政策鼓励"奖出限入",反对贵金属外流,束缚了英国对外经济的发展。在此期间成长起来的产业资产阶级在功利动机的刺激下,开始推崇经济活动的自由化,要求在国际市场上实行自由贸易政策。在这种背景下,亚当·斯密在1776年发表了《国民财富的性质和原因的研究》,简称"国富论"。在这本书中他提出了国际分工和自由贸易理论,认为自由市场有一只看不见的手在指引,批判了资本积累时期盛行的"重商主义"和"保护贸易政策"。

(二)理论内容

1. 前提假设条件

(1)世界上只有两个国家,并且只生产两种可进行贸易的商品。

(2)两种商品的生产只投入劳动力要素,劳动力具有同质性。劳动力要素可以在国内不同部门之间流动,但是不能在国家间流动。

(3)各国内部所有企业生产技术都相同,但是两国之间生产技术水平各异,且各国技术水平保持不变。

(4)规模报酬不变。

(5)市场是完全竞争市场。

(6)运输成本和交易费用为零。

(7)两国间贸易平衡。

(8)生产以利润最大化为目标。

2. 核心内容

(1)交换促进了分工的产生。亚当·斯密认为交换是出于利己心并为得到利己的目的而进行的活动,要进行交换,就要生产产品,于是分工得以产生。"由于我们所需要的相互帮助,大部分是通过契约、交换和买卖取得的,所以当初产生分工的也正是源于人类要求相互交换这个倾向。"因此,分工是交换引起的,它来源于人类互通有无,物物交换和互相交易的天性,"这种倾向为人类所共有,亦为人类所特有,在其他各种动物中是找不到的。"此外,由于人类可以从交换中获取利益,于是他"鼓励大家各自委身于一种特定的业务使他们在各自的业务上磨炼和发挥各自的天赋或才能"。

(2)分工可以提高劳动生产率。斯密在《国富论》中曾指出:"劳动生产率上最大的增进,以及运用劳动时所表现的更大的熟练、技巧和判断力,似乎都是分工的结果"。他还举了"扣针制造"的例子证明自己的观点,仅仅雇佣10名工人的小工厂,每个人各司其职,每天一共可以生产48000枚扣针,但是倘若没有分工则每天可能连一根扣针都制造不出来。他强调分工对生产率的推动作用,分工能够提高生产率是因为分工可以使劳动者的熟练程度增加,节省了劳动时间,有利于劳动者改进和发明生产工具。

(3)在分工的基础上交换产品给交易各方都带来收益并增加了财富收入。"各行各业的产量由于分工而大增。各劳动者,除自身所需要的以外,还有大量产物可以出卖;同时,因为一切其他劳动者的处境相同,各个人都能以自身生产的大量产物,换得其他劳动者生产的大量产物。换言之,都能换得其他劳动者大量产物的价格。别人所需的物品,他能予以充分供给;他自身所需的,别人亦能予以充分供给。于是,社会各阶级都普遍富裕。"

(4)国际分工建立在有利的自然条件及后天有利的生产条件基础之上。各国发展产业的环境不同,它们应该利用自身优越的自然条件和后天的生产条件去生产绝对成本低于其他国家的产品,这样该国才能在国际交换和国际分工中居于优势地位。只有这样资源才能得到合理配置,才能提高分工国家的利益。

(5)按绝对优势进行国际分工。斯密举了一个例子表明自己的观点,在气候寒冷的苏格兰,人们可以利用温室生产出极好的葡萄,并酿造出与国外进口一样好的葡萄酒,但是要付出30倍的代价。他认为如果真的那么做,明显就是愚蠢的行为。每个国家都有自己在生产条件方面的优势,按照各自拥有的优势生产产品并进行交换,可以为各自带来利益和财富的增加。"如果外国能以比我们自己制造还便宜的商品供应我们,我们最好用自己的产业生产出来的物品的一部分向他们购买。有时在某些特定的商品生产上,某一国占有那么大的自然优势,以致全世界都认为,跟这种优势作斗争是枉然的。只要一国具有这种优势,另一国无此优势,后者向前者购买,总是比自己制造有利。一种技艺的工匠比另一种技艺的工匠具有优势地位,只是后来获得的,但他们两者都认为互相交换彼此生产的产品比自己制造更有利。"

3. 实例说明

假设现有两个国家(英国和法国)均生产小麦和铁,生产情况如表2-1所示:

表2-1 分工前

产品 国别	铁	小麦
英国	50天生产1吨	100天生产1吨
法国	100天生产1吨	50天生产1吨
产品总量	2吨	2吨

(资料来源:薛荣久:《国际贸易》,北京:对外经济贸易大学出版社,2005年。)

由上表可知,英国在铁的生产上处于绝对优势地位,因为英国生产1吨铁只需50天,而法国生产1吨铁则需要100天,英国生产铁的成本低于法国。法国具有生产小麦的绝对优势,法国50天就可生产1吨小麦,而英国生产1吨小麦则需要100天。在这种情况下,斯密主张英国专门生产铁,法国专门生产小麦。

表2-2 分工后

产品 国别	铁	小麦
英国	(50+100)/50=3吨(150天)	
法国		(50+100)/50=3吨(150天)
产品总量	3吨	3吨

(资料来源:薛荣久:《国际贸易》,北京:对外经济贸易大学出版社,2005年。)

由上表可知,分工后,两国投入的总劳动量未变,但是产量却增加了,铁和小麦的产量比分工前各增加了1吨。分工之后,两国生产出更多的铁和小麦,这是分工带来的利益。如果两国按照1∶1的比例交换铁和小麦,英国可以用1吨铁换取法国1吨小麦,法国用1吨小麦换取英国1吨铁。

表2-3 交换后

产品 国别	铁	小麦
英国	2吨	1吨
法国	1吨	2吨
产品总量	3吨	3吨

(资料来源:薛荣久:《国际贸易》,北京:对外经济贸易大学出版社,2005年。)

分工之前,英国1吨的铁在国内只能换到50/100=0.5吨的小麦,法国1吨的小麦在国内只能换到50/100=0.5吨铁。然而,在分工并进行交换后,英国获得了2吨铁,1吨小麦,相比分工之前多获得了1吨铁;法国获得了1吨铁,2吨小麦,相比分工之前多获得了 1 吨小麦。显然各国按照绝对优势进行生产,通过贸易交换两国都获得了经济利益,生产总量也增加了。

4. 理论评析

如果各国利用自身的有利条件进行专业化生产,参与国际分工和交换,就会出现双赢的局面。各国资源的有效利用率得到提高,继而推动世界范围内的国际贸易的发展。在 18 世纪英国产业革命蓬勃发展的时期,这种理论迎合了当时英国经济发展的需要。恩格斯曾说:"英国制造业者及其代言人经济学家的今后任务,便是使其他一切国家依自由贸易的福音,来建立以英国为最大的工业中心,而其余一切则是以国家为依存这个中心的农业地域的世界。"自由贸易政策推动了机器大工业的继续发展,扩大了英国对外贸易的规模。

然而,绝对成本国际分工理论也存在着局限性,并未能正确说明国际分工形成的真正原因,仅仅从客观条件来分析国际分工的形成,其他因素都被忽略。斯密认为交换源自利己心,交换引起分工。实际上交换是分工和生产力发展的结果,这种观点是资产阶级功利主义在经济学上的体现。绝对成本论只适用于两个国家都各自存在绝对优势的产品,倘若其中一个国家在这两种产品生产上都存在绝对优势,另一个国家都存在绝对劣势,那么该国家参与分工和贸易后是否还能获利,对于这一问题绝对成本论并未给予解释。

二、比较成本国际分工理论

(一)理论产生的背景

大卫·李嘉图(1772~1823)是古典政治经济学理论的主要代表,他于 1817 年出版了《政治经济学及赋税原理》一书,解决了斯密未给予回答的问题,提出了"比较优势理论"。李嘉图所处的时代是资本主义高速发展时期,这段时期工业资产阶级同地主贵族阶级之间的矛盾异常尖锐,矛盾核心指向《谷物法》。该法令导致英国谷物价格不断上涨,不仅间接造成产业成本增加,还减少了社会各阶层对工业品的消费支出。《谷物法》限制进口的规定,甚至招致其他国家以高关税阻挡英国工业品的出口,影响了英国国际贸易的展开。总之,这一法令的颁布直接削弱了产业资产阶级的利益,满足了地主阶级的利益需求。产业资产阶级急需废除《谷物法》,李嘉图从产业资产阶级的利益出发,提出了比较成本国际分工理论。他认为英国在纺织品的生产上相对于谷物生产具有比较优势,所以英国应大力发展纺织业,加大纺织品的出口,以纺织品换取其他国家的谷物,从而获得分工利益。

(二)理论内容

1. 前提假设条件

比较优势论和绝对优势论的假设条件基本一致,但是前者更强调两国之间生产技术上存在的相对差异,以及由此而产生的成本差异。

2. 核心内容

李嘉图发展了亚当·斯密的理论,他认为比较优势才是影响一国参与国际分工的决定性因素。如果一个国家在两种产品的生产上都具有绝对优势,另一个国家在两种产品的生产上均具有绝对劣势,并且国际劳动生产率存在相对差异,那么商品的生产成本就会不同,各国在不同商品的生产上便会存在比较优势。因此,两国需按比较优势进行国际分工(两优相较取其大,两劣相较取其小),一国应该专门生产比较优势较大的产品,另一国则集中生产比较劣势较小的产品。在此基础上形成的国际分工仍旧可以优化资源配置,增加双方收益。

3. 实例说明

假设现有两个国家(葡萄牙和英国)均生产呢绒和酒,生产情况如表 2-4 所示:

表 2-4 分工前

产品 国别	呢绒	酒
葡萄牙	90人1年生产1单位	80人1年生产1单位
英国	100人1年生产1单位	120人1年生产1单位
产品总量	2 单位	2 单位

(资料来源:卜伟:《国际贸易》,北京:清华大学出版社、北京交通大学出版社,2006年。)

分工之前,葡萄牙在呢绒和酒的生产上都具有绝对优势,而英国在这 2 种产品的生产上均具有绝对劣势。但是,葡萄牙生产呢绒比英国少用 10 人,生产酒比英国少用 40 人,葡萄牙在 2 种产品生产上所具有的绝对优势是明显的。葡萄牙呢绒的生产成本为英国的 $90/100=0.9$ 倍,酒的生产成本为英国的 $80/120=0.67$ 倍,显然,葡萄牙在酒的生产上更具有比较优势。英国呢绒的生产成本为葡萄牙的 $100/90=1.1$ 倍,酒的生产成本为葡萄牙的 $120/80=1.5$ 倍,相比较而言,英国生产呢绒的成本相对较低。根据李嘉图的比较优势成本论,葡萄牙应该生产其优势较大的酒,英国则应该生产其劣势较小的呢绒。

表 2-5 分工后

产品 国别	呢绒	酒
葡萄牙		$(80+90)/80=2.125$ 单位
英国	$(100+120)/100=2.2$ 单位	
产品总量	2.2 单位	2.125 单位

(资料来源:卜伟:《国际贸易》,北京:清华大学出版社、北京交通大学出版社,2006年。)

分工之后,两国投入的劳动总量未变,但是产量却增加了,酒和呢绒比分工前各增加了 0.125 和 0.2 个单位。两国生产出更多的酒和呢绒,这是分工带来的利益。如果两国按照1∶1的比例交换酒和呢绒,则如表2-6所示。

表2-6 交换后

产品 国别	呢绒	酒
葡萄牙	1单位	2.125－1＝1.125单位
英国	2.2－1＝1.2单位	1单位
产品总量	2.2单位	2.125单位

(资料来源:卜伟:《国际贸易》,北京:清华大学出版社、北京交通大学出版社,2006年。)

与分工之前相比,葡萄牙多获得了0.125单位的酒,而英国多得了0.2单位的呢绒。从这个角度看,根据比较优势参与国际分工可以增加各国的生产总量。

4.理论简评

萨缪尔森曾这么称赞过比较优势论,他说:"如果理论能够参加选美比赛的话,那么比较优势理论一定能够夺得桂冠"。在比较优势理论的影响下,英国废除了《谷物法》,消除了英国对外贸易的障碍,推动了英国机器大工业的继续发展。相比绝对优势论而言,比较优势论更具有普遍意义,有利于推动全球范围内的国际贸易的发展。但是,比较优势论未能正确说明国际分工的真正原因也就是社会生产力的发展,还否认了资本主义国际分工的不合理性质。该理论某些条件甚至与现实存在差距,李嘉图将国际贸易中动态的经济状况固定为静态的状况。例如,各国劳动生产率和技术水平等因素不是固定不变的,那么各国在国际贸易中获得的收益也会产生动态变化。但是,比较优势论却认为不存在技术进步,国际经济是静态的。

三、要素禀赋国际分工理论

(一)理论产生的背景

1919年,埃利·赫克歇尔(1879~1952)发表了题为《国际贸易对收入分配的影响》的论文,对要素禀赋理论的核心思想——要素禀赋差异是国际贸易比较优势形成的基本原因作了初步的分析。1933年,柏蒂尔·俄林出版了著名的《域际和国际贸易》一书,书中对其老师的思想做了清晰而全面的解释,因其贡献俄林与詹姆斯·米德分享了1977年度的诺贝尔经济学奖。

(二)理论内容

1.前提假设条件

(1)贸易中只有两个国家(A、B),两种产品(X、Y)及两种生产要素(劳动、资本)。

(2)两国技术水平和生产函数相同。

(3)无运输成本、关税或影响国际贸易自由进行的其他壁垒。

(4)在两个国家中,商品X都是劳动密集型产品,商品Y均是资金密集型产品。

(5)两国在生产中均为不完全分工,也就是说,即使在自由贸易条件下,两国也要继续生产这两种商品。

(6)在两个国家中,两种商品的生产都是规模报酬不变的。

(7)在两个国家中,两种商品市场和两种生产要素市场都是完全竞争市场。

(8)在两个国家中,需求偏好是相同的。

(9)两种要素可以在国内自由流动,但是在国家间不能自由流动,而且要素均得到充分利用。

2. 核心内容

(1)与李嘉图理论的主要区别。其一,商品价值由两种要素(劳动、资本)所决定;其二,商品价值不仅适用于国内贸易也适用于区际贸易和国际贸易;其三,排除了各国在技术和劳动生产率方面的差异。

(2)按要素禀赋差异建立国际分工。其一,国际贸易产生的第一个原因是不同国家生产同种产品的成本绝对差。其中,价格绝对差是国际贸易发生的直接原因,成本绝对差是根本原因。其二,国际贸易产生的第二个原因是不同国家生产同种产品的成本比例不同。所谓"成本比例"是指不同国家内部生产不同产品成本比较表现的比例关系。这种比例关系对不同国家来说可能是相同的,也可能是不相同的。

①成本比例相同会发生暂时贸易。

表 2-7 美、英生产成本比例相同

设定 1 美元＝1 英镑

国别 产品成本	美国(美元)	英国(英镑)
小麦单位成本	1	2
纺织品单位成本	2	4
成本比例	1∶2	2∶4＝1∶2

(资料来源:刘庆林、孙中伟:《国际贸易理论与实务》,北京:人民邮电出版社,2004年。)

②成本比例不同会发生长期贸易。

表 2-8 美、英生产成本比例不同

设定 1 美元＝1 英镑

国别 产品成本	美国(美元)	英国(英镑)
小麦单位成本	1	3
纺织品单位成本	2	1
成本比例	1∶2	3∶1

(资料来源:刘庆林、孙中伟:《国际贸易理论与实务》,北京:人民邮电出版社,2004年。)

③成本比例不同的原因在于不同国家要素价格的比例不同。

表 2-9 美、英要素价格比例不同

要素价格　　国别　　产品	美国（美元）	英国（英镑）
小麦	土地 0.2 劳动 0.3 资本 0.5	土地 2.2 劳动 0.4 资本 0.4
纺织品	资本 1.5 劳动 0.3 土地 0.2	资本 0.2 劳动 0.3 土地 0.5

（资料来源：刘庆林、孙中伟：《国际贸易理论与实务》，北京：人民邮电出版社，2004年。）

④要素价格比例不同的原因在于不同国家要素的供求关系不同。在各国要素需求相似的情况下，供给丰裕的生产要素价格便宜，稀缺要素的价格则比较昂贵。

⑤要素供求关系不同的原因在于不同国家要素禀赋的不同。

(3) 总之，要素禀赋差异是各国具有比较优势的关键性因素，一国应当出口其要素供给丰裕且用便宜要素生产的产品，进口用相对稀缺要素生产的产品，并按此模式进行国际分工。

3. 理论评析

(1) 对李嘉图理论作出了新的发展。相比李嘉图认为劳动生产率差异是各国在国际贸易中产生比较优势的原因，赫克歇尔和俄林从各国生产同一产品的成本国际绝对差推理到各国要素禀赋供给比例的差异，他们研究得更深入，正确指出了多种要素结合对参与国际竞争发挥比较优势起着十分重要的作用。

(2) 要素禀赋理论也存在着严重缺陷。首先，抹杀了马克思的劳动价值论。马克思认为地租和资本利润等是剥削收入，而俄林则认为它们是正当收入。其次，该理论歪曲了国际分工的真正原因，认为国际分工完全是由自然方面的原因和条件决定的。再次，该理论的假设条件都是静态的，忽视了影响经济各因素的变化。最后，与当代发达国家间的贸易发展不相符合。依据要素禀赋论，国际贸易应该发生在要素禀赋不同的制成品和初级产品生产国之间，而实际上当代国际贸易主要是发生在要素禀赋相似的工业国之间。

四、当代国际分工理论新发展

(一) 里昂惕夫之谜

1. 背景

1953年，经济学家瓦西里·里昂惕夫（1973年诺奖得主）在美国《经济学与统计学杂志》上发表了一篇文章,他利用美国1947年进出口行业所用资本存量与工人人数的数据来检验 H－O(赫克歇尔－奥林)模型,其结果引发了一代人富有成效的争论。

2. 核心内容

根据要素禀赋理论,各国应该出口密集使用其充裕要素的产品,进口密集使用其稀缺要素的产品。20世纪40年代,美国被认为是资本相对丰裕的国家,所以美国应当出口资本密集型商品而进口劳动密集型商品。这意味着美国出口行业的资本劳动比率应该大于进口行业的资本劳动比率,即$(K/L)X>(K/L)M$或$(K/L)X/(K/L)M>1$(K、L分别代表资本和劳动,X、M分别代表出口和进口)。

于是,里昂惕夫用投入产出分析法对1947年美国200个行业进行分析,然后选出具有代表性的一揽子出口品和一揽子进口替代品,计算出每百万美元的出口品和每百万美元进口替代品所使用的国内资本和劳动量及其比例,从而可以了解美国进出口商品的资本与劳动要素的密集程度。

表2-10 每百万美元产品国内资本和劳动力的使用量(1947年)

	出口品	进口替代品
资本K(美元)	2550780	3091339
劳动力L(人/年)	182.313	170.004
资本/劳动力(K/L)	13991	18184
比例关系	13991:18184=1:1.30	

(资料来源:卜伟:《国际贸易》,北京:清华大学出版社、北京交通大学出版社,2006年。)

表2-11 每百万美元产品国内资本和劳动力的使用量(1951年)

	出口品	进口替代品
资本K(美元)	2256800	2303400
劳动力L(人/年)	173.91	167.81
资本/劳动力(K/L)	12977	13726
比例关系	12977:13726=1:1.06	

(资料来源:卜伟:《国际贸易》,北京:清华大学出版社、北京交通大学出版社,2006年。)

从以上两个表格可以看出,1947年和1951年的美国出口行业的资本劳动比率均小于进口行业的资本劳动比率。这说明美国出口的主要是劳动密集型产品,主要进口资金密集型产品,然而这与要素禀赋理论的结论是相矛盾的,这就是著名的"里昂惕夫之谜"。"里昂惕夫之谜"激发了许多国家经济学家对这一问题的研究,从而导致了新的国际分工理论的产生。

(二)解释里昂惕夫反论的原因

不少西方学者尝试解释"里昂惕夫之谜",在这一过程中逐渐形成了新的国际贸易理论。

1. 劳动熟练说

最初是由里昂惕夫自己用这一理论来解释"里昂惕夫之谜"的,之后又由经济学家基辛深化这一理论。里昂惕夫认为美国工人由于教育、培训等原因使得国内工人的劳动生产率高于其他国家工人的劳动生产率,并且有将近3倍的差距。从这个角度看美国就变成劳动充裕、资金稀缺的国家,然而这种观点并不为多数研究学者所接受。之后美国经济学家基辛以美国1960年人口普查资料和当时14个国家的进出口商品结构资料为基础进行分析,得出的结论是美国既是资本丰裕的国家,同时也是熟练劳动较丰裕的国家,主要出口熟练劳动密集型产品,否则该国就应该出口非熟练劳动密集型产品,那么美国作为资金充足国家应该倾向出口熟练劳动密集型的商品。

2. 人力资本说

人力资本说表明了当时研究者对资本的新认识,该理论是由经济学家舒尔茨、凯南等人提出的。他们将劳动区分为熟练和非熟练劳动,于是便有生产率高低之分。高生产率来源于教育等资本的投资,人力资本的投资提高了职业技能及劳动熟练程度。美国工人劳动熟练程度较高,如果美国出口商品所含资本量包含了人力资本投资,那么美国出口产品仍然属于资本密集型商品。

3. 技术差距说

要素禀赋理论前提假设两国生产技术和生产函数是相同的,但是两国对技术的利用是动态变化的,当两国生产函数不同时,要素禀赋理论就出现了局限性。于是在1961年波斯纳(M. A Posner)发表《国际贸易和技术变化》一文,运用技术创新理论修正了赫克歇尔和俄林的要素禀赋论,提出了技术差距论,对里昂惕夫之谜进行了解释。

该理论认为一国在技术方面的比较优势是国际贸易产生的主要原因,技术可以改变各种生产要素的投入比例,提高其利用效率,所以技术决定一国在国际分工中的收益。技术进步主要表现为两种方式,一种是发明新产品,另一种是改进工艺,以提高劳动生产率和资源的利用效率。世界各国技术改进的进程不一致,导致了各国技术的差距,进而影响了各国在国际分工中的地位。当一国拥有技术比较优势,该国就可以垄断该产品的生产和出口,保持出口的商品在世界市场上具有国际竞争能力。随着时间流逝,进口国逐渐可以模仿该产品的生产技术,生产并出口该产品至出口国。此时,由于技术的改进使得两国生产函数相同,这在一定程度上解决了要素禀赋理论的局限性。渐渐地,创新国出口市场缩小,而进口国则占领了国际市场。然而,技术创新国会不断革新技术,新的产品不断创造出来,这样就会令技术模仿不断延续下去。

技术差距理论从技术的角度解释了两国间形成国际贸易的原因,这与要素禀赋理论的研究是一致的。根据技术差距说,如果技术作为一种资本投入生产,也就是资本加技术与劳动的比率(K+T/L),那么一些技术先进国家在出口上则具有优势。美国属于技术领先国家,因此在技术密集型产品的出口方面存在优势。出口的虽是技术密集型产品,其实是资金密集型商品,所以美国是资本丰裕的国家。但该理论仅仅说明了两国技术差距会消失,并未探析技术差距产生的原因以及技术差距如何在两国间逐渐消失。

4. *产品生命周期理论*

产品生命周期理论由美国经济学家弗农于1966年发表的《生命周期中的国际投资与国际贸易》一文中首先提出,他在技术差距说的基础上,进一步说明了技术变化对贸易格局的影响,后由威尔斯、赫希哲等人不断完善。该理论认为由于技术进步的变化,产品先后要经历不同的阶段,包括创新期、成熟期、标准化时期等阶段。在不同时期,产品生产对生产要素的需求不同,而各要素禀赋各异,这就影响了各国在国际贸易中的优势地位。

(1)产品生命周期。其一,创新阶段。在这段时期,产品的生产表现为技术革新,创新国需投入大量研发费用支持产品生产,产品主要是满足国内消费者的需要,至于国外基本无竞争者。其二,成熟阶段。产品生产技术成熟,开始为国外消费者所接受。虽然其他国家开始模仿生产,但是创新国仍旧垄断着国内、国际市场。这段时期竞争力增加,降低成本、增强在国际市场上的竞争力才是关键。其三,标准化阶段。国外生产者生产技术和能力变得成熟,创新国逐渐丧失市场优势,大规模生产导致劳动力成本代替技术和资金成为了加强竞争的主要因素。

(2)以美国为例(X、M代表出口和进口,T代表时间段)。

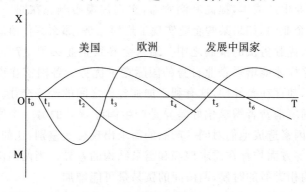

图 2-1

(资料来源:卜伟:《国际贸易》,北京:清华大学出版社、北京交通大学出版社,2006年。)

美国资金、技术实力雄厚，t_0时美国开始生产，产品主要是供给国内消费者。随着商品被国外消费者认可，从t_1时起美国开始出口该产品至欧洲。由于技术的溢出，t_2时起国外厂商开始生产该产品成为技术模仿国，美国出口有所减少。此时，美国产品在世界市场上仍有很强竞争力，并且开始向发展中国家出售商品。t_3时起由于欧洲各国生产逐渐标准化，美国出口量大减，直至t_4时美国成为净进口国。$t_4 \sim t_5$阶段发展中国家开始部分生产，t_5之后发展中国家以低劳动成本与欧洲国家竞争，并取代欧洲生产者占据国际市场。这就是整个产品生命周期的过程，当创新国发明新产品时，其他国家则会进行技术模仿，后起的另一些国家则相继效仿，而创新国则不断开展革新技术、创造新工艺、新技术及新产品，于是便周而复始地推动国际市场上产品的更新换代。

5. 产业内贸易理论

要素禀赋理论无法解释为什么要素禀赋相似的工业国之间贸易量也很大以及他们之间兴起产业内贸易的问题，于是美国经济学家格鲁贝尔（H. G. GRUBEL）等学者对此进行系统性研究并提出产业内贸易理论。产业内贸易理论又称"差异化产品理论"，是指同一产业部门内部的差异产品的交换及其中间产品的交换。两国之间要素禀赋越是相似，生产同种产品的可能性就越大，产业内贸易量也将增大。形成产业内贸易主要有3个方面的原因：

(1) 不同国家生产同种产品的差异性是产生国际贸易的第1个原因。由于各国劳动力资源、技术水平、资金等因素存在差异，各国生产的同种商品也自然会有差别。相同产品具有不同的质量、规格、型号、设计、品牌、包装、服务等，这些差异化产品存在的目的就是为了满足各国不同消费者和市场需求的多样化。正是因为这样，各国才会对其他国家同种产品产生需求，从而促进国际贸易的发展。

(2) 规模经济或规模报酬递增是产生国际贸易的第2个原因。实现规模生产可以降低企业生产成本，提高利润收益，实现规模报酬。在同一产业内部，生产相同产品的企业中，如果某些企业实现了规模经济，那么其他落后企业则失去比较优势，陷入优胜劣汰的漩涡之中。结果会导致企业必须生产自己具有优势的产品，只有这样才能增强企业自身的国际竞争优势。各国家在市场上交易的虽是同种产品，却存在差异性，这有利于加强各国之间的经济交往。

(3) 不同国家消费者需求偏好差异是产生国际贸易的另一个原因。各国消费者因收入等因素造成他们对同一产品的需求出现层次差别，比如，在产品的质量、档次、价格等方面均存在需求偏好和需求结构的差异。当两国消费者收入和偏好、需求结构相类似的时候，两国间的贸易量可能增加。

总的来说，解释"里昂惕夫之谜"的这些新学说弥补了要素禀赋等理论的不足，使其更加完善。并且各位学者综合考虑各种影响国际贸易和国际分工的因素,不再只是静态的看待经济发展,理论和学说也更加符合现实经济的发展。从某些角度来看,当代国际分工新理论深化了传统的理论,但是仍然存在其局限性和不系统性。

复习思考题

1. 什么是国际分工?国际分工有哪些类型?
2. 国际分工得以发展的自然和社会经济条件是什么?
3. 试分析国际分工与国际贸易之间的关系。
4. 简述李嘉图比较成本国际分工论的主要内容。
5. 要素禀赋论是如何分析国际分工产生原因的?
6. 什么是里昂惕夫之谜?

第三章 世界市场与国际贸易方式

第一节 世界市场的形成与世界市场的分类

一、世界市场的含义

世界市场是社会生产力发展到一定阶段的产物,它反映了世界各国在国际分工的基础上,通过国际交换而形成的生产者与消费者之间的供求关系,是反映流通领域国际生产关系的一个重要经济范畴。

世界市场有广义和狭义之分,狭义的世界市场主要是指世界商品市场也就是货物贸易市场;广义的世界市场包括世界商品市场、世界服务市场和世界金融市场。

二、世界市场的形成与作用

(一)世界市场的形成

1.国际分工的形成与发展是世界市场形成的基础

国际分工是国际贸易和世界市场产生的前提条件,对于世界市场的形成具有基础性的作用。市场是在生产发展的基础上,随着商品交换的发展而逐渐形成和扩大的。在奴隶社会、封建社会以及资本主义社会发展的初期,由于自然经济长期占据统治地位,社会生产力水平低下,商品经济得不到充分发展,国际分工程度不高,无法形成真正意义上的世界市场。后来随着资本主义商品经济的深入发展,分工和交换日益扩大,各国的社会生产逐渐被吸纳到国际分工体系中,国际分工的深度和广度得到大幅度提高,这时世界市场才具备了普遍性,并发展成为真正意义上的世界市场。

2.地理大发现为世界市场的形成准备了地理条件

15世纪末16世纪初的地理大发现大大扩展了人类已知的地球面积,有力地推动了国际分工的发展,随着新航路的开辟,原本局限于地中海、波罗的海的贸易,扩展到了大西洋沿岸。西方殖民者通过暴力和超经济的强制手段促进了西欧国家与殖民地、落后国家的国际分工,使欧洲、亚洲、非洲、拉丁美洲逐渐联系在一起,各个国家和地区间的贸易往来得到加强,从而进一步为真正意义上的世界市场的形成准备了地理条件。

3. 科技革命是世界市场形成的关键因素

机器大工业的出现,对世界市场的形成发挥了决定性的作用。18世纪60年代,第一次科技革命爆发,建立起机器大工业的生产方式,这一生产方式极大地推动了社会生产力的发展,商品生产和交换的规模空前扩大,各国日益被卷入世界市场,世界市场获得了迅速发展。不断扩大的机器大工业迫使生产者一方面要到国外去开辟新的销售市场,另一方面也需要到国外寻找原材料来源地。同时,现代交通运输业和通讯业的进步,为世界范围内的商品交换提供了更便利的条件,国际贸易大为活跃,世界各国和各地区的市场更紧密地连为一体。

19世纪中叶,随着第二次科技革命的发生和自由资本主义向垄断资本主义的过渡,随着资本输出的增加和金融资本在世界范围内统治地位的建立,资本主义生产规模急剧膨胀,世界市场的范围继续扩大,国际分工在原有的基础上不断发展和深化,通过商品交换、资本输出,借助于更为完善和发达的国际交通、通讯网络,资本主义把越来越密切的经济关系网铺到了世界的每个角落,把世界各国在经济上互相联系起来,构成了世界各国市场及其在商品流通形式中产生的经济联系的总体,世界市场最终形成了。

由此可见,世界市场是社会生产力发展到一定阶段的产物。

(二)世界市场的作用

世界市场的形成与发展对经济全球化的影响是非常巨大的。世界市场的形成打破了许多国家和地区自给自足的封闭状态,取而代之的是各个国家和地区之间的相互贸易往来和各方面的相互依赖,从而使一切国家的生产和消费都具有世界性。由此可见,世界市场在国际经济发展中起到了巨大的作用。在当代世界,没有哪个国家能够不与世界市场联系而孤立存在,世界市场大大加深了世界各国和地区经济的相互依赖。

1. 世界市场对世界范围的生产活动起资源配置的基础性作用

商品生产是资本主义生产的基础,资本主义生产是商品生产高度发展的形式,它是立足于市场和世界市场的基础之上的。市场是资源配置的最基本的经济手段。市场竞争通过供求关系的变化和价值规律的作用,使资源流向效益相对较好的部门、地区和国家,从而实现资源的有效配置,提高资源的使用效率。当国内资源价格较高时,资本家就会把眼光转向世界市场。

2. 世界市场是资本主义生产不可缺少的商品销售地和原料采购地

各经济体不但需要把大量产品销售到世界市场,而其所需要的原料也依赖于世界市场的供应。大工业造就的新的世界市场关系引起产品的精致化和多样化,这样一来,不仅有更多的外国消费品同本国的产品进行交换,而且有更多的外国原料、材料、半成品等作为生产资料进入本国工业体系中。到了垄断资本主义时代,随着垄断竞争的加剧和新技术革命突飞猛进的发展,垄断资本为了确保它的垄断地位,首要的条件就是对国内外的原料产地取得尽可能多的控制权,以获得超额利润。

3. 世界市场有助于缓和资本主义社会各个生产部门发展的不平衡性

资本主义社会各个生产部门发展的不平衡性是资本主义经济发展的一个规律性现象。竞争引起一些生产部门比较迅速的发展和另外一些生产部门的落后。这种发展的不平衡性迫使较为发达的部门不断扩大生产并为自己寻求更为广阔的国际市场。当然,在资本主义条件下,世界市场有助于缓解本国各社会生产部门之间不平衡性的矛盾,但这并不能从根本上解决整个资本主义世界生产的不平衡性问题,而且把供求矛盾转移到世界市场上去,还会加剧世界经济发展的不稳定性。这也就是为什么发达的资本主义国家一旦发生生产危机或出现麻烦时,就会波及和影响到其他国家生产发展的原因。

4. 世界市场是资本扩张的结果和条件

资本主义生产规律是生产方式的不断变革和生产规模的无限扩大。资本主义企业必然要跨越国家界限,寻求国外市场。资本的本性就是扩张性,资本扩张已经成为一种强制性的规律。因为商品经济的发展离不开竞争。竞争规律作用的结果,是诱致资本家积极采用先进技术,以提高劳动生产率,降低成本,用丰富的、廉价美观的商品去占领市场。而要降低成本、提高劳动生产率,必要的条件之一,就是不断扩大生产规模,获取规模经济效益。任何停滞不前的资本家都有被消灭的危险。资本总是在扩大生产规模,创建新的生产部门,创立新的劳动形式,提高劳动生产率,全面改进微观经济效果,并把科学技术直接运用于生产。所有这一切都造就了资本主义生产方式的巨大扩张力,并给一切过时的生产方式以强大破坏力。

综上所述,世界市场对于资本主义国家的重要性是不言自明的。其实,对发展中国家而言,世界市场的作用也同样是举足轻重的。资本主义开拓了世界市场,使世界各国的生产与消费都具有世界性,这样,广大发展中国家与世界市场的联系便客观上得以建立。

三、世界市场的分类

世界市场是各国国内市场和各国间市场的总和,是由相互关联而又相互区别的部分构成,其中不仅有各种类型的国家和地区、身份各异的买方和卖方,还有难以计数的商品和纷繁多样的购销方式。世界市场可以根据不同的标准划分为不同的类型。

其一,按地区范围划分,世界市场可分为欧洲市场、北美市场、南美市场、中东市场、东亚市场、南亚市场、东南亚市场、西非市场等。

其二,按重要程度划分,世界市场可分为主要商品市场和次要商品市场。主要商品市场是国际贸易大量、集中进行的场所,次要商品市场是相对主要市场而言的规模稍小的商品交易场所。

其三,按商品种类划分,世界市场可分为生产资料市场和消费品市场。而生产资料市场又可以进一步分为制成品市场和原料市场、半成品市场;消费品市场也可细分为生活必需消费品市场和耐用消费品市场。

其四,按产品类别划分,世界市场可分为世界纺织品市场、世界粮食市场、世界钢铁市场、世界汽车市场、世界飞机市场、世界电子产品市场等。

其五,按要素密集程度划分,世界市场可分为国际劳动密集型产品市场、资本密集型产品市场、技术密集型产品市场等。

其六,按交换时间划分,世界市场可以分为世界期货市场和世界现货市场。

总之,对世界市场进行分类的方法有很多,除了以上划分形式外,还可按国家的政治性质或国家类型、按区域性经济集团组织等来划分。如何划分,主要应视研究世界市场的目的而定。

第二节 当代世界市场的变化与特点

二战后,许多发展中国家先后独立,并且在第三次科技革命的推动下,世界市场对商品、资本、技术、劳务等各种需求更加旺盛。世界商品的进口和出口、资本输出与输入及各种知识产权、技术、服务等无形贸易也有了迅速的发展,世界市场规模不断扩大。世界市场商品结构中的工业制成品贸易量扩大,初级产品市场前景暗淡,产品替代周期缩短,流转速度加快。中间产品贸易量大大增加,大量的合成材料代替了原先的初级产品原料,发达国家农产品自给率提高,知识经济在产品价值中的含量提高。与此同时,国际协调介入世界市场,世界市场上的竞争关系出现多样化特征,既存在于发达国家之间、发达国家和发展中国家之间、跨国公司和大企业之间,也存在于地区性经济贸易集团之间及跨国公司、大企业与中小企业之间,并且竞争的范围与程度也日益广阔和深化。各国政府为了维护本国的经济发展,运用国家权力对竞争进行保护和干预,利用产业政策和措施改善本国企业参与国际竞争的环境和条件,使当代世界市场出现了很多新的特点。

一、自发性

世界市场是资本主义在世界范围的扩张中自发发展起来的。资本主义的各种经济规律自发的在世界市场上起着作用。例如,一国之内,剩余价值规律的自发作用使资本主义生产和交换呈现盲目增长和扩大的趋势,导致资产阶级财富的积累和无产阶级贫困的积累。而在世界市场上,这一规律的自发作用则导致世界范围的两极分化,造成发达资本主义国家和经济不发达国家之间出现越来越深的鸿沟。又如,竞争和生产无政府状态规律的自发作用,必然使劳动力和生产资料在各部门、各国之间自发地进行分配,各部门、各国的生产在剧烈的竞争中盲目发展,因而造成各种生产资源得不到合理安排和充分利用,造成社会生产力的严重破坏和浪费。社会主义在一系列国家取得胜利和许多发展中国家在政治上取得独立,使资本主义各种经济规律在世界市场上受到一定范围、一定程度的限制和制约。但是,发达资本主义国家仍在世界市场上占据主要地位和起着主导作用,资本主义经济规律仍在自发地影响着世界市场的发展和变化。

二、经济全球化

经济全球化是指商品、服务、生产要素与信息的跨国界流动的规模和形式不断增加和变化,通过国际分工,在世界市场范围内提高资源配置的效率,从而使各国间经济相互依赖程度日益加深。实质上,经济全球化也就是世界范围内的市场化。各国市场都将逐步放开,贸易、投资、金融领域的自由化程度将大为提高,突破国界而进行的国际分工、国际投资、国际生产和贸易等,使世界统一市场的范围和领域迅速扩大,全球性市场的开放广度也达到了空前的水平。

(一)生产的国际化

新科技革命,使世界出现了一个庞大的产业技术群和种类繁多的新产品,各国在新的科技革命中各有优势。为了更快地发展自己,各国都必须扬长避短,在生产领域内积极参与国际分工与协作,以达到节约本国社会劳动,获得较好效益的目的。

(二)市场的国际化

建立在新科技革命基础上的现代经济活动,不仅规模巨大,而且发展速度极快。它使得一国国内的生产与消费、产品与市场、资源的供应与需求之间的矛盾逐渐加深,要解决这些矛盾,必须到国际市场上去寻找更加广阔的空间。

(三)资本的国际化

新科技革命导致一系列新兴企业的崛起和一部分传统产业的改造、更新,国际范围内产业结构的调整,必然要求各国资本的大规模跨国运动,形成资本的国际化。

（四）科技开发和应用的国际化

由于新科技革命带动的新产业技术群涉及范围广泛，科技开发投入多、风险大，仅靠个别国家完全独揽新技术已不可能，要想最大限度地分享新技术革命的成果，必须走科技开发与应用的国际化道路。

（五）信息传播全球化

新技术革命带来的新技术还使全球性经济信息的传播速度越来越快，规模越来越大。

三、区域集团化趋势加强

所谓"区域集团化"是指同一区域内的一些国家在维护共同利益的基础上加强经济合作，通过某种形式（如条约、协定或其他组织方式）组成贸易集团。其目的是巩固和扩大集团内部市场，增强集团整体经济实力，加强同外部世界的竞争能力。区域贸易集团是与经济全球化进程同时并进的，是经济全球化的产物。有一部分国家通过结成地区性经济集团，在一个区域的范围内追求更加紧密的国际经济联系。于是在一个世界市场的范围内，存在许多跨国家的区域性市场。这些地区性经济集团，对内实行较高程度的自由贸易，对外则实行一定程度的歧视或排斥，如欧洲联盟（EU）；美国、加拿大和墨西哥在"美加自由贸易协定"的基础上成立了北美自由贸易区（NAFTA）；东南亚国家联盟（ASEAN）向自由贸易协定的方向发展；亚太经合组织（APEC）等。一些发展中国家为了与发达国家抗衡，也组织建立了各种经济贸易集团。到2007年，向世贸组织通报的区域贸易安排（Regional Trading Arrangements, RTA）有385项，其中197项已在实施。经济贸易集团的大量出现，使世界市场出现多极化的趋势。战后的贸易自由化打破了国际的关税和非关税壁垒，使国与国之间或板块与板块之间的经济联系进一步增加。因此，战后的地区经济一体化并没有使世界市场变小，而是在世界自由贸易程度提高的同时，在某一区域内实行更高程度的自由贸易，因而区域经济一体化起着促进世界市场发展的作用。

四、跨国公司迅速发展

跨国公司是指在本国拥有一个基地，并在其他国家或地区拥有子公司的大企业。第二次世界大战以后，跨国公司的迅速发展，有力地推动了世界市场与国际贸易的发展。因为，第三次科技革命的兴起，为世界市场和国际贸易的发展奠定了坚实的基础，而跨国公司正是战后技术发展的重要力量。其一，跨国公司为了争夺国内、外市场，获取高额利润，花费了巨大的研究与发展费用，进行新技术的开发，并且不断地把得到的科技成果应用于各个工业部门。大量新工艺、新产品的出现，使国际贸易商品范围不断扩展。其二，跨国公司为了寻求生产资源的最佳配置,在全球范围内设立生产点,进行国际化生产,这种国际化生产使国际分工进一步发展,专业化、协作化进一步加强,有力推动了国际贸易的发展。其三,跨国公司进行的直接投资也带动了本国机器设备的大量输出。所以跨国公司在全球范围内所进行的国际化生产范围越广,生产的分工协作越细,所引起的国际贸易总额就越大。

五、竞争更剧烈

世界市场的竞争性垄断和竞争并存是当代资本主义经济的重要特点,也是资本主义世界市场的重要特点。垄断之所以不能消除竞争,根本原因在于资本主义对生产资料的私人占有制与国际经济中存在着相互对立的经济集团和国家,在于垄断高价和高额利润本身提供了开展激烈竞争的条件。在帝国主义条件下,由于市场问题空前尖锐,各国普遍采取"奖出限入"的政策,以便能够占领国际市场。在垄断组织之间,垄断组织与局外企业之间,以及局外企业之间都存在着激烈的竞争。生产同类产品的各国企业之间的竞争,叫做"直接竞争"。这种竞争常常使世界市场上的力量对比发生明显变化。例如,日本垄断公司在钢铁、汽车、造船、电子等商品市场同美国和欧洲的垄断公司进行贸易战,并在竞争中不断扩大所占市场份额的事实是众所周知的。各国生产相互替代产品的厂商之间的竞争,叫做"间接竞争"。如煤炭企业与石油企业之间,铜和铝、铝和锡生产者之间,人造原料和天然原料生产者之间的竞争。垄断高价和主要商品需求的扩大刺激着这种竞争。随着世界市场的发展,世界市场上的竞争方式也日趋复杂。发达资本主义国家的许多企业和垄断组织,在争夺国外市场的过程中不但采用价格竞争方式(即利用低价倾销打击和排挤竞争对手),而且日益注重非价格竞争方式(即通过改善商品的品质、性能和包装装潢、更新花色品种、加强广告宣传、保证及时交货和售后服务等办法扩大商品销路)。同时,它们还日益广泛地采用复杂多样的贸易方式,如商品交易所、国际拍卖、博览会、招标、补偿贸易、寄售和包销等以争夺国外市场。所有这些都使世界市场上的竞争日趋复杂和激烈。

第三节　世界市场的主要贸易方式

贸易方式是指国际商品流通所采取的形式和具体做法。由于国际交易的商品种类繁多,千差万别,加之各国和各地区交易的习惯做法各不相同,故贸易方式也多种多样。除了逐笔售定外,还有经销、代理、寄售、展卖、招标与投标、拍卖、网上交易、期货交易、对销交易、加工贸易,以及由信息技术的发展而产生的无纸贸易与电子商务等新的贸易方式。

一、逐笔售定

逐笔售定又称"单边进(出)口",是指买卖双方以函电或口头方式就商品交易的相关条件进行具体磋商,通过发盘,也就是报价的方式来接受,在达成交易的基础上,签订具体的出口(进口)合同,然后由买卖双方根据合同条件分别履行发货和付款的义务。这一交易方式比较灵活,其缺点是交易分散,且大多属于一次性买断性质,竞争比较激烈。它是国际贸易中最常见、最基本的一种交易做法。

二、经销与代理

经销与代理是国际贸易中常见的出口推销方式,通过这两种方式,出口商可以利用国外经销商的销售渠道来推销本企业的产品,从而起到扩大出口的作用。二者的具体做法相似,但在当事人关系上有着本质的区别。

(一)经销

经销是指出口企业与国外经销商达成书面协议,在约定的经销期限和地区范围内,利用经销商就地推销某种商品的一种销售方式。出口企业和国外经销商订立经销协议,确立经销业务关系,就可以凭借双方的密切合作,达到推销约定商品的目的。

经销的类型按照经销商所拥有权限的不同,分为一般经销和独家经销。

1. 一般经销

一般经销也称"定销",出口企业根据经销协议向国外经销商提供在一定地区、一定时期内经营某项(或某几项)商品的销售权,经销商则有义务维护出口企业的利益,必要时,还要对经销商品组织技术服务、进行宣传推广,而出口企业也需向经销商提供种种帮助。经销商虽享有经销权,在购货上能得到一些优惠,但没有专营权利,出口企业可以在同一地区指定几个经销商。

2. 独家经销

独家经销也称"包销",是指出口企业与国外一个客户或几个客户组成的集团(即独家经销商)达成书面协议,由前者将某一种商品或某一类商品的独家经营权利在约定地区和一定期限内授予后者。独家经销方式也可以看作承包方式,也就是由后者向前者承包一定商品在一定期限和地区内进行销售,在该指定区域内其他任何人不得销售此种商品,独家经销商享有排他性的经营权。

(二)经销协议的内容

经销协议是供货商和经销商订立的、确立双方法律关系的合约,其内容可根据商品的特点、经销地区的情况以及双方当事人的意图加以确定。经销协议主要包括以下几方面的内容。

其一,经销协议的名称、双方当事人的名称、签约日期和地点。

其二,是否有独家经销权。此处应该注意的是,规定独家经销可能会触犯某些国家有关禁止独占的法律,因此签订协议前应作好调查,研究其禁止独占法的内容,避免被动。

其三,经销商品的范围。为避免争议,最好在协议中明确经销商品停止生产或供货人有新产品推出时协议是否适用等内容。

其四,经销地区,也就是经销人行使经营权的地理范围。经销地区一旦确定,出口方负有不向经销地区内的其他商人直接售货的义务。

其五,经销期限。经销期限一般规定为1年,在协议里也可规定期满后续约或终止的办法。

其六,经销数量或金额。这既是买方应承购的数量或金额,也是卖方应供应的数量或金额,对双方有同等的约束力。协议中一般还规定超额承购的奖励条款和不能履约的罚金条款。

其七,作价方法。商品可一次性作价,也可分批作价,视商品的特点和市场情况而定。

其八,个别销售合同与一般交易条件协议的关系。

其九,广告宣传、市场情况报道和商标保护。

三、代理

代理是指卖方作为委托人通过其委派的代表,也就是代理人在国外向客户招揽生意、订立合同,或办理与交易有关的其他事宜的一种销售关系。销售代理人根据委托人授权进行活动所产生的权利和义务,直接对委托人发挥效力。代理是许多国家商人在从事进、出口业务中习惯采用的一种贸易做法。

(一)代理的特点

其一,代理人必须在委托人授权的范围内进行活动。

其二,代理人只负责居间介绍和招揽订单,不承担履行合同的法律责任。

其三,代理人一般以委托人的名义与第三者订立合同。

其四,代理人通常不垫付资金,不承担经营风险。

其五,代理人按交易量和事先议定的比率收取佣金。

(二)代理的种类

在国际销售代理中,根据委托人对代理人授权的大小,可以将代理分为一般代理、总代理和独家代理等三种方式。

1. 一般代理

在一般代理中,代理商除了不享有独家代理的专营权外,其他内容与独家代理基本相同。也就是说，委托人可以同时在同一地区选定一家或几家代理商，同时代销同一产品。一般代理人根据自己推销货物的实际金额和数量向委托人索取佣金，而不介于委托人直接成交的买卖，因此，这种代理方式也可称为"佣金代理"。

2. 总代理

在总代理方式中，代理商不仅享有在指定地区独家代理的专营权利，而且还可以代表委托人进行全面的业务活动，如代表货主与买方签订合同等，甚至可以参加一些非业务性的活动。因此，总代理人实际上是指定地区的全权代表。由于总代理人权限大，其行为效果能直接影响到委托人的切身利益，所以必须慎重择定总代理人。在我国出口业务中，一般不签订总代理协议，多是指定我国驻外贸易机构作为我国进出口公司的总代理。

3. 独家代理

独家代理是委托人授予代理人在一定地区和期限内享有代销指定货物独家专营权的代理方式。若无特殊规定，按照国际贸易习惯做法，只要在这一规定的地区范围和期限内做成指定货物的交易，则无论是由代理商间接介绍做成，还是委托人直接与买方洽商做成，独家代理商都可以按照成交额数提取佣金。我国的出口代理业务大多采用独家代理，一般都给予独家代理商上述权力，或者规定不将该项商品直接销售给消费者。

另外，根据代理的具体作用和范围，还可以将其分为销售代理、采购代理、佣金代理、运输代理、广告代理等等。

(三) 独家代理与经销的主要区别

1. 当事人关系不同

独家代理的委托人与代理人之间的关系是委托代理关系；经销的卖方与经销人之间是买卖关系。

2. 履行合同义务的主体不同

独家代理人不是买卖合同履行合同义务的主体；经销中则由经销商自己买货付款，所以其为履行合同义务的主体。

3. 承担的风险不同

代理人依合同收取佣金，不承担经营风险；经销商则需承担全部经营风险，自负盈亏。

4. 承担的销售义务不同

独家代理人一般不承担在一定时期、一定地域内销售一定数量商品的义务；经销商一般按协议负有销售一定数量商品的义务。

5. 广告等费用支付不同

在独家代理中，由委托人承担此项费用；而在经销中则由经销商自行承担销售中的广告费用。

由于独家代理与经销一样,均在规定期限和地区内对特定商品授予专营权,所以,对卖方委托人来说,能起到减少自相竞争、扩大销售的作用,但由此受到的约束也比较大,因此,选择好代理人是出口销售成败的关键。在确定对象前必须对其资信和经营能力等方面进行充分了解,在经过慎重考虑、确实认可之后,才能与之建立相应的代理关系。

三、寄售与展卖

寄售与展卖都能在一定程度上保证买主能直接见到交易商品,便于买主选购。因此,它们也是国际贸易中常见的方式。

(一)寄售

寄售是出口商委托国外代销商向用户进行现货买卖的一种交易方式。出口商作为寄售人,将准备销售的货物先行运往国外,委托当地的销售商按照寄售协议规定的条件在当地市场上销售。商品售出后,代销商扣除佣金和其他费用后,将货款交付给寄售人。

1.寄售的特点

(1)寄售是一种先发运后销售的现货买卖方式。货物在销售前的所有权仍然属寄售人。寄售人同代销商签订寄售合同,出口商(寄售人)先将寄售商品运送给国外代销人,代销人出售商品后,扣除佣金及其他费用,将货款汇交寄售人,所以它是一种先出口、后售货的贸易方式。

(2)双方当事人只是委托关系。在寄售方式下,寄售人就是委托人、货主。代销人就是受托人、国外客户。双方是一种委托和受托的关系,而非买卖关系。

(3)代销商不承担市价涨落与销售畅滞的风险和费用,只收取佣金作为报酬。在寄售方式下,只有当寄售的货物售出时,货物风险才由寄售人转移给代销商。

(4)代销商在寄售人不执行寄售协议时,可以对寄售人的货物行使留置权,或将货物作为担保或抵押品。

(5)代销商有权先行代货主收取和保管货款,而后再行结算。根据寄售合同的规定,由货主先把货物运往国外市场,待货物售出后,由代销人扣除费用和佣金后汇给货主,货主收到货款后,再向当地的银行办理结汇手续。

2.寄售协议的内容

寄售协议规定了有关寄售的条件和具体做法,其主要内容如下:

(1)双方的基本关系。寄售人和代销人之间的关系是一种委托——代理关系。货物在出售前所有权仍属寄售人。代销人应按协议规定,以代理人身份出售商品,收取货款,处理争议等,其中的风险和费用由寄售人承担。

(2)寄售商品的价格。寄售商品价格有三种规定方式:其一,规定最低售价;其二,由代销人按市场行情自行定价;其三,由代销人向寄售人报价,征得寄售人同意后确定价格,这种做法较为普遍。

(3)佣金条款。规定佣金的比率,有时还可增加佣金比率增减额的计算方法。通常佣金由代销人在货款中自行扣除。

(4)代销人的义务。包括保管货物,代办进口报关、存仓、保险等手续并及时向寄售人通报商情。代销人应按协议规定的方式和时间将货款交付寄售人。有的寄售协议中还规定代销人应向寄售人出使其银行保函或备用信用证,保证承担寄售协议规定的义务。

(5)寄售人的义务。寄售人按协议规定时间出运货物,并偿付代销人所垫付的代办费用。

(二)展卖

展卖是利用展览会和博览会及其他交易会形式,对商品实行展销结合的一种贸易方式。

1. 展卖的作用

(1)为来自世界各地的商家提供集中、全面、广泛的交易平台,这样使他们既有更多的选购余地,又可节约交易成本。

(2)有利于宣传出口商品、扩大销路、招徕潜在买主。

(3)利用展卖收集市场信息,开展市场调研。

(4)通过举办国际性展览会扩大知名度,达到招商引资的目的。

2. 展卖的类型

展卖方式灵活,可由货主自己举办,也可由货主委托他人举办。

(1)博览会。博览会是一种以国家组织形式在同一地点定期由有关国家或地区的厂商举行商品交易的贸易方式。参加者展出各种各样的产品和技术,以招揽国外客户签订贸易合同,扩大业务活动。

(2)展览会。展览会是指举办国通过选择适当的场所,将商品集中进行展卖的贸易方式。当代的国际展览会是不定期举行的,举办地点也不确定,可在国内也可在国外,还可以以流动方式在各地进行轮流展出。通常展示各国在产品、科技方面所取得的新成就。

(3)展销会。展销会是指出口商自己或者联合其他出口商共同在国内举办的展销活动。一般是农产品、食品、纺织品等中、小型展览会,也有的展销会是由大型企业集团展销自己的核心产品。

四、招投标与拍卖

招投标与拍卖体现了竞争性买卖的特点。在一些特定的领域或针对一些特殊商品,这类交易方式更有利于发现和实现商品价值。

(一)招标与投标

招标与投标是指交易双方通过招标和投标过程而最终达成交易的方式。所谓"招标"是指买方(招标人)通过报刊、杂志、电视、信函或者其他方式,向国内、外发出招标通告或招标单,提出购进商品或选择劳务的有关交易条件,邀请卖方投标的行为过程;所谓"投标",是指卖方(投标人)在看到(或收到)招标通知或招标单后,按有关规定向招标人递盘报价的行为过程。

在国际上,招标与投标大多用于国际承包工程、政府机构或大型企业营建工程项目、购买成套设备和大宗商品等。

1. 招标与投标的特点

(1)从交易磋商的角度来看,一项成功的招标与投标主要有询盘、发盘、接受、签约四个环节,并且这四个环节缺一不可。

(2)在投标人投标之前,它与招标人并无法律关系,但投标信件一经发往招标人,则在投标有效期内不得撤回,如被招标人选中,则要按投标信件的有关条件与招标人签订交易合同。

2. 招标、投标的一般程序

国际招标、投标的一般程序包括招标、投标、开标与评标、中标签约四个阶段。

(1)招标。国际上采用的招标,一般有三种基本方式:一是公开招标,也就是招标人公开发布招标通告,投标人自行投标,无数量限制。如果公开招标的对象涉及多个国家,则称之为"国际竞争性招标"。按规定,凡利用世界银行贷款的建设项目都必须采用国际竞争性招标;二是选择招标,也就是招标人根据自己掌握的有关客户的情报资料,不公开地、有选择地邀请他们参与投标;三是谈判招标,也就是招标人有选择地、不公开地与几家客户直接就有关的各种交易条件进行谈判。除上述三种方式外,有时还会将公开招标与选择或谈判招标结合起来运用,先公开招标再择定一些客户进行有选择地或直接谈判招标,也就是综合招标。目前政府采购物资或发包工程,大多采用公开招标办法。

(2)投标。在投标阶段,投标人收到标单后,应认真研究标单的全部内容和条件,并在此基础上仔细拟出自己争取中标的各项条件,包括价格、交货期限、品质规格、各技术指标等,做到量力而行。然后按要求填写投标文件,在规定期限内密封交寄招标人。同时按招标单规定提交投标保证金或保函。

(3)开标与评标。在开标阶段,若采用公开招标,应由招标人和公证人在规定时间和地点当众拆开密封的投标单,宣布其内容,并比较选择最有利的递价,凡参加投标者均可派代表监督开标。不公开招标则由招标人在没有投标人参加的情况下自行选定中标人。开标后,对较复杂的标项有时还要由招标人组织人员进行评标,选定中标人。另外,按国际惯例,招标人在开标后,若发现所有投标都不符合要求,可全都拒绝,宣布招标失败。

(4)中标签约。招标人选定中标人后,要以书面形式通知中标人,约定双方签约的时间、地点,并按约定签订协议(合同)。中标人在签约时要缴付履约保证金。

(二)拍卖

拍卖,是国际贸易中一种古老的交易方式,最早出现在古希腊、罗马集市上对奴隶和战利品的交易中。拍卖是指专营拍卖业务的拍卖行在规定的时间和地点,按照一定的章程和规则,将货物向买主公开展示后,由买主相互出价竞购,最后由拍卖人把现货卖给出价最高的买主的一种贸易方式。

通过拍卖进行交易的商品一般是品质难以标准化的商品。如皮毛、烟草、茶叶、香料、木材、花卉、观赏鱼类等;某些贵重商品或习惯上采用拍卖的商品(如贵金属、首饰、地毯、古董及其他艺术品)、有些商品(如水貂皮、澳洲羊毛等),大部分交易是通过拍卖方式进行的,其所形成的价格,对这些商品的行市有很大影响。

1. 拍卖的形式

(1)增价拍卖。这种方式也称"买方叫价拍卖"或"英式拍卖"。是最常见的一种拍卖方式。由拍卖人对拍卖物品宣布预定的最低价格,然后由竞买者竞相加价,直至叫价最高时,拍卖人击槌宣告交易达成,从而价最高者获得拍卖物品。这尤其适用于文物艺术品的售卖,它能够促成本身就具有收藏价值、观赏价值、研究价值的物品的拍卖。

(2)减价拍卖。这种方式也称"卖方叫价拍卖",或称"荷兰式拍卖"。是由拍卖人先开出最高价格,然后由拍卖人逐渐减低叫价,直到有人表示接受而达成交易。减价拍卖经常用于拍卖鲜活商品和水果、蔬菜等。

(3)密封递价拍卖。这种方式也称"招标式拍卖",是由拍卖人事先公布每批商品的具体情况和拍卖条件,然后,竞买者在规定的时间内将密封标书递交拍卖人,由拍卖人选择条件最合适的标书予以接受并达成交易。与前两种公开拍卖方式相比,这种方式公开性差、选择性小、透明度低,通常用于某些国家的政府或海关处理库存物资或没收货物。另外,在美国政府发行国债、国际货币基金组织出售黄金时也都采用这种拍卖形式。

2. 拍卖的特点

采用拍卖方式,对卖方来说,可通过买方的相互竞购,卖出较好的价格。同时,拍卖是现货交易,买方付款提货,卖方收取货款较安全,成交速度快,有利于资金周转,也有利于打开销售渠道,扩大国外市场。对买方来说,有利于根据市场和自身情况,实地看货,购进满意的货物。但采用拍卖方式,交易过程一般要花费较多时间。

五、期货交易

期货交易是众多的买主和卖主在商品交易所内按照一定的规章制度,用喊叫并借助手势进行讨价还价,通过激烈竞争买进或卖出期货标准化合约的一种贸易方式。

期货交易是一种特殊的交易方式,早期的期货交易产生于11～14世纪的欧洲。现代期货市场起源于19世纪中叶的美国,以1848年美国芝加哥期货交易所的成立为主要标志。通过商品期货市场所进行的交易大都是以金属及农产品为主的初级产品,例如金、银、粮食、棉花、糖、橡胶等的大宗交易。

现代期货交易是在期货交易所内进行的。目前,期货交易所已经遍布世界各地,特别是在美国、英国、日本、香港、新加坡等地的期货交易所在国际期货市场上占有非常重要的地位。其中,交易量比较大的著名交易所有:美国的芝加哥商品交易所、芝加哥商业交易所、纽约商品交易所、纽约商业交易所;英国的伦敦金属交易所;日本的东京工业品交易所、谷物交易所;香港的期货交易所,以及新加坡的国际金融交易所等。

(一)期货交易的特点

其一,期货交易不规定双方必须提供或者接受实际货物。

其二,交易的结果不是转移实际货物,而是支付或者取得签订合同之日与履行合同之日的价格差额。

其三,期货合同是由交易所制定的标准化期货合同,并且只能按照交易所规定的商品标准和种类进行交易。

其四,期货交易的交货期是按交易所规定的交货期确定的,不同商品的交货期不同。

其五,期货合同都必须在每个交易所设立的清算所进行登记及结算。

(二)期货交易与现货交易的区别

1. 交易对象不同

现货交易的范围包括所有商品;而期货交易的对象是交易所制定的标准化合约。合约中的各项条款,如商品数量、商品质量、保证金比率、交割地点、交割方式以及交易方式等都是标准化的,合约中只有价格一项是通过市场竞价交易形成的自由价格。

2. 交易目的不同

在现货交易中,买方是为了获取商品,卖方则是为了卖出商品而进行交易。期货交易的目的是为了转移价格风险或进行投机获利。在全部期货交易中只有不到1‰的交易需进行交割。

3. 交易程序不同

现货交易中卖方要有商品才可以出卖,买方须支付现金才可购买,这是现货买卖的交易程序。而期货交易可以把现货买卖的程序颠倒过来,也就是没有商品也可以先卖,不需要商品也可以买。期货合约是在将来某时买卖特定数量和质量的商品的一项"协议",并不是做某种实物商品的实买实卖。因此,出售期货合约就意味着签订在将来某时交割标的物的一项协议。

4. 交易的保障制度不同

现货交易以《合同法》等法律为保障,合同不能兑现时要用法律或仲裁的方式解决;而期货交易是以保证金制度为保障来保证交易者的履约。期货交易所为交易双方提供结算交割服务和履约担保,实行严格的结算交割制度,违约的风险很小。

5. 交易方式不同

现货交易是进行实际商品的交易活动,交易过程与商品所有权的转移同步进行。而期货交易是以各种商品的期货合约为内容的买卖,整个交易过程只是体现商品所有权的买卖关系,而与商品实体的转移没有直接的联系。无论买卖多少次,只有最后的持约人才有履行实物交割的义务。而其他人只需在合约期满之前做相反方向的买卖,了结原有交易,把买卖差价结算完即可。另外,现货交易活动随时随地可以进行,具体交易内容由交易双方一对一谈判商定,有较强的灵活性。而期货交易必须在规范化的市场中依法公开、公平、公正地进行,交易中买方、卖方互不见面,不存在买卖双方的私人关系。

(三)期货市场的业务方式

1. 投机交易

投机交易就是"买空卖空"。"买空"又称"多头",是指投机者估计价格要涨,买进期货;一旦期货涨价,再卖出期货,从中赚取差价。"卖空"又称"空头",是指投机者估计价格要跌,卖出期货;一旦期货跌价,再买进期货,从中赚取差价。

2. 套期保值

套期保值又称"对冲交易"。其基本做法是在买进(或卖出)现货的同时,在期货市场卖出(或买进)相等数量的期货合同作为保值保障。该方式也称为"海琴"。

套期保值在期货市场上有两种:买期保值和卖期保值。买期保值是指经营者卖出一笔日后交货的实物,为了避免在以后交货时该项商品的价格上涨而遭受损失,则可在交易所内买进于同一时期交货的同样数量的期货合同。这样,将来货物价格上涨,他可以用期货交易的盈利补偿实物交易的损失。卖期保值是指经营者买进一批日后交货的实物,为了避免在以后交货时该项商品的价格下跌而遭受损失,则可在交易所内卖出于同一时期交货的同样数量的期货合同。

这样,如果将来货物价格下跌,他就可以通过期货合同交易所获得的盈利来对现货交易损失进行补偿。

六、加工贸易

加工贸易是指一国通过各种不同的方式,进口原材料或零件,利用本国的生产能力和技术,加工成成品后再出口,从而获得以外汇体现的附加价值。

加工贸易最显著的特点就是"两头"在外,也就是加工产品的原材料大部分或全部来自国外,加工产成品的绝大部分或全部销往国外。

(一)加工贸易的方式

加工贸易是以加工为特征的再出口业务,其方式多种多样,厂家的加工贸易方式有:

1. 进料加工

进料加工又称"以进养出",指用外汇购入国外的原材料、辅料,利用本国的技术、设备和劳力,加工成成品后,销往国外市场。在这类业务中,经营的企业以买主的身份与国外签订购买原材料的合同,又以卖主的身份签订成品的出口合同。两个合同体现为两笔交易,它们都是以所有权转移为特征的货物买卖。进料加工贸易要注意所加工的成品在国际市场上要有销路。否则,进口原料外汇很难平衡,从这一点看,进料加工要承担价格风险和成品的销售风险。

2. 来料加工

来料加工通常是指加工一方由国外另一方提供原料、辅料和包装材料,按照双方商定的质量、规格、款式加工为成品,交给对方,自己收取加工费。有的是全部由对方来料,有的是一部分由对方来料,另一部分由加工方采用本国原料的辅料。此外,有时对方只提出式样、规格等要求,而由加工方使用当地的原、辅料进行加工生产。这种做法常被称为"来样加工"。

3. 装配业务

装配业务是指由一方提供装配所需设备、技术和有关元件、零件,由另一方装配为成品后交货。来料加工和来料装配业务包括两个贸易进程:一是进口原料,二是产品出口。但这两个过程是同一笔贸易的两个方面,而不是两笔交易。原材料的提供者和产品的接受者是同一家企业,交易双方不存在买卖关系,而是委托加工关系,加工一方赚取的是劳务费,因而这类贸易属于劳务贸易范畴。

4. 协作生产

协作生产是指一方提供部分配件或主要部件,而由另一方利用本国生产的其他配件组装成一件产品进行出口。商标可由双方协商确定,既可用加工方的,也可用对方的。所供配件的价款可在货款中扣除。协作生产的产品一般规定由对方销售全部或一部分,也可规定由第三方销售。

（二）国际加工贸易的作用与不足

1. 国际加工贸易的作用

在国际加工贸易业务中，虽然加工方通常面对外汇资金短缺、技术不十分发达，但却是劳动力资源丰裕的发展中国家。就我国而言，开展此项业务有以下作用：

(1) 有效利用外资。

(2) 发挥本国生产潜力及利用国外市场，提高资源配置效率。

(3) 可提高我国国内企业技术及管理水平，便捷地获取国际市场信息，扩大出口规模。

(4) 可促进我国经济结构调整和产业升级。

2. 国际加工贸易的不足之处

国际加工贸易的不足之处：一是对成品品质规格要求的主动权掌握在外商手中，我方处于被动地位，这限制了我方企业业务的拓展；二是可能会造成对同类产品正常出口的冲击。

七、对销贸易

（一）对销贸易的含义

对销贸易是指在互惠的前提下，由两个或两个以上的贸易方达成协议，规定一方的进口产品价款可以部分或者全部以相对的出口产品来计价支付的一种复合贸易方式。

对销贸易的一个基本特征就是互惠，也就是贸易双方进行"物物交换"，相互提供出口机会。在对销贸易中，一方既是买方，又是卖方，各方都"有买有卖"。在这种贸易方式下，贸易方可以在无须动用国家过多外汇的基础上获得经济发展中所需要的货物和技术，同时以进口带动出口，开辟各自的出口市场。由于不良的国际收支状况，许多发展中国家为了在外汇短缺的情况下，维持进口、扩大出口、引进先进的技术，对发展对销贸易非常重视，对销贸易实际上为这些国家提供了进口融资手段。发达国家的政府和企业为了有效开拓发展中国家的市场，也越来越重视对销贸易。

（二）对销贸易的基本特征

尽管对销贸易已发展为一种全球性的贸易方式，但目前国际上对其仍没有统一的解释，一般将其理解为：在互惠的前提下，由两个或者两个以上的贸易方达成协议，将进口和出口相结合，以出口抵补进口为共同特征的一系列贸易方式的总称。

对销贸易不同于传统的现汇进、出口贸易。对销贸易方式将进、出口相结合，一方的出口必须以进口为条件，体现了互惠的特点，也就是双方相互提供出口机会;此外,对销贸易是以出口抵补或部分抵补进口为基本特征。一方从国外进口,不用或不完全用现汇支付,而是以向对方反向的出口来抵补或部分抵补进口所需款项。这样做,有利于保持国际收支平衡,对外汇储备较紧张的国家具有重要意义。

对销贸易有很多种形式。如:易货、互购、回购、转手贸易和抵消。在各种形式的对销贸易中,除易货贸易双方根据协议可以要求交易数额基本相等外,其他形式的对销贸易,无论从含义还是习惯做法上,都不要求完全相等,在许多情况下,对方所交换商品的数额相差悬殊。

对销贸易源自易货,它包含的各种交易形式,都具有易货的基本特征,也就是商品交换,但它又不是简单的易货,而具有时代的烙印和新的经济内涵。

八、电子商务

电子商务是利用现代计算机技术、网络技术和远程通信技术,实现整个商务(或商品买卖)过程中的电子化、数字化和网络化。世界贸易组织《电子商务专题报告》将电子商务定义为:通过电信网络进行的生产、营销、销售和流通等活动,不仅包括基于因特网上的交易,而且还包括所有利用电子信息技术来解决问题、降低成本、增加价值和创造商机的商务活动,包括通过网络实现从原材料查询、采购、产品展示、订购到出品、储运以及电子支付等一系列的贸易活动。

电子商务的广泛应用降低了企业经营、管理和商务活动的成本,促进了资金、技术、产品、服务和人员在全球范围的流动,推动了经济全球化的发展。在企业与企业之间,通过企业内联网与计算机国际互联网相连,使企业能在跨地区、跨国之间方便地收集市场信息,宣传自己的产品和企业形象,并进行购销洽谈。采用电子数据交换替代传统的纸介单据(包括现金)贸易方式,加上完善的物流配送系统,通过方便安全的电子网络资金结算系统进行交易。电子商务减少了商品流通的中间环节,节省了大量的开支,大大降低了商品流通和交易的成本。

九、无纸贸易

无纸贸易(即通常我们指的 EDI)是一种在公司之间传输订单、发票等作业文件的电子化手段。它通过计算机通信网络将贸易、运输、保险、银行和海关等行业信息,用一种国际公认的标准格式,实现各有关部门或公司与企业之间的数据交换与处理,并完成以贸易为中心的全部过程。它是 80 年代发展起来的一种新颖的电子化贸易工具,是计算机、通信和现代管理技术相结合的产物。由于使用 EDI 可以减少甚至消除贸易过程中的纸面文件,因此 EDI 又被人们通俗地称为"无纸贸易"。

第四节　进入世界市场的方式

企业可以利用许多机会进入世界市场,以扩展业务,增加盈利。但是,由于不同国家的市场环境不同,各个企业的具体条件又有差别,因而其进入世界市场的程度也不相同,出现了许多不同的进入形式。过去,直接出口商品是传统的国际市场进入方式,而现代,有形商品、无形商品和伴随融资的商品出口,则形式多样。

一、出口商品与易货贸易

出口是指企业向国外市场出口商品或劳务。由于这种方式投资风险小、方便易行,一般适用于刚刚从事国际市场经营活动的企业。采用这种方式进入国际市场往往强调将产品摊销出去,很少考虑对产品作出修改,甚至没有考虑销售服务。这种方式实际上是一种"甩脱"多余产品的方法,往往使买卖双方都不满意。

易货贸易,既是古老的出口形式,又是现代条件下的新形式。易货贸易是指在商品进、出口业务中,用易货代替现金交易的贸易方式。易货贸易在发展中国家对外贸易中颇为流行。易货贸易的方式有很多,包括:纯易货安排、转手贸易安排、补偿贸易和清算账户贸易等。这些方式从单纯的物资交换,到涉及多种货物与信贷关系的现代易货贸易,复杂程度也有区别。对于易货贸易的利弊,历来存在争论。发展中国家认为实行易货贸易对于推动本国商品出口有积极作用,可以利用卖主地位扩大商品出口额,冲破国外贸易保护壁垒,缓解货币与信用风险,有助于开拓新市场。但是,易货贸易程序复杂,往往由于一方不能提供对方所需商品,难以充分发挥互补作用,因此具有一定局限性。

二、许可贸易

随着现代科学技术与商品经济的发展,技术已经商品化了。技术贸易是一种有偿的技术转让。技术转让可以是非商品性的、无偿的,如技术情报资料、技术考察、技术交流活动,也可以是商业性知识转让的商品交易活动。许可贸易是技术贸易的主要形式。许可贸易的主要内容有:专利使用权的转让和商标所有权的转让等。许可贸易授权的方式通常有:独占性许可、排他性许可、普通性许可和可转让性许可等形式。通常许可贸易是通过签订许可协议进行的。在签订许可协议时,还可根据技术引进方的需要,签订技术援助协议、生产保证协议和供应合同,要求技术贸易出口方提供购买设备、培训人员、保证产品质量、产量和生产消耗,供应特定物资等。许可贸易是进入国际市场的方便途径。从出售许可贸易的企业看,可以在不需投资的情况下获得盈利;可以通过技术出口代替产品出口,打破贸易壁垒,扩大国际市场收益;还可以向国外输出落后技术,建立自己的技术派系,提高产品竞争能力。对许可贸易的购买者来说,利用别国的现成技术,可以节省研制费用,尽快提高产品质量;可以及时购买新技术,试制新产品,尽快投放与占领市场;同时,也有利于加速企业的技术改造。

三、加工贸易

加工贸易是国际市场经营中以加工为主的再出口形式。一般由加工方提供设备和劳动力,来料方提供原材料或零部件,加工企业生产的产品由来料方负责销售,加工企业则根据来料多少和要求加工的程度,收取加工费及其他费用。加工贸易的形式主要有:进料加工、来料加工和装配业务等形式。加工贸易一般都签订加工协议,其内容主要是规定双方的贸易内容和各自的权责。加工贸易是一种迅速有效地进入国际市场的形式。对来料方来说,它是一种输出资本和商品的好形式。对加工方来说,它是引进外资和技术的一种方式,可以利用本国的生产潜力和资源,扩大出口以增加外汇收入;可以使产品一问世就达到国际先进水平,增强本国产品在国际市场上的适应性;也有利于学习国外的先进技术和管理经验。采取这种形式出口商品,销路一般都有保证,经营风险小,从事国际市场经营的企业很乐意采用。

四、合作生产

合作生产是指从事国际市场经营活动的双方企业,按照签订的协议,由一方出技术或专家,另一方提供厂房、设备、劳动力和原材料,合作生产产品,并按销售总额由双方按比例分成。合作生产方式,可以尽快引进国外的先进科学技术,节省自行设计、试制的资金与时间。借助引进的技术,快速投产,以产品外销节省技术费用,少花外汇现金。这种形式还有利于在实践中培养技术力量,提高经营管理水平。

五、跨国租赁

租赁是指在约定的期限内,将设备或产品租给用户并收取租金,用户在租赁期内则取得产品或设备的使用权。在现代市场经济中,人们的消费观念发生变化,认为"收益产生于使用,而不在于占用",租赁业务蓬勃发展,现已遍及全球。租赁不同于一般的商品买卖(在商品买卖中商品的所有权会发生转移)。在租赁过程中,出租人始终对商品保留所有权。租赁业务的特点是信贷、融资相结合,一般涉及三边或多边贸易。租赁的方式有经营租赁和融资租赁两种。租赁业务是在资金融通基础上,以商品作信贷的特殊方式。承租人只付一定的租金,不需大量贷款,即可租到新的设备或机器,争取时间带来的效益(不必担心设备陈旧造成的损失),租赁手续简便,避免受通货膨胀之害。由于出租人对设备享有所有权,交易安全可靠,是扩大推销商品的重要补充手段。但是,租赁比购买的费用高,定期缴纳租金会形成长期负债,租赁合同条款严格,中途不许废约。因此,应在可行性分析基础上慎重决策。多数跨国企业都看中了租赁的融资共享性质,所以跨国租赁成为企业进入国际市场的又一途径。

六、合作经营

合作经营是一种建立在合同基础上的中外经济实体间契约式的经济合作形式。中外合作者提供的投资或提供的合作条件,可以是现金、土地使用权、工业产权、非专利技术和其他财产权利。中外合作是指双方各自出资承担风险,按合同规定的比例分离利润的一种合作方式。在中国,中外合作经营企业有两种类型:一种是"法人式(设立具有法人资格的合营实体)";另一种是"非法人式(对经营实体的财产没有所有权只有使用权)"。合作双方以自身的法人资格在法律上承担责任并对合作经营的债权、债务按合同比例分担,合作企业依照批准的合作企业合同、章程进行经营活动,并成立董事会或者联合管理机构协商决定企业的重大问题。

七、合资经营

合资经营专指建立在股权形式上的合资经营企业,也指中外双方共同投资、共同管理、共担风险和共享利润的企业。合资经营企业有自己独特的优点:第一,合资经营双方的利益紧密结合,投资稳定可靠;第二,合资企业一般引进适用技术,可以迅速产生经济效益;第三,可以节省资金与外汇,利用外商的销售网扩大国际市场;第四,可以密切东道国与国际经济的联系。目前,我国在政策、法律等方面为中外合资企业的发展提供了一个良好的发展空间。我国也有一部分企业同国外的企业进行合资,直接将部分资本和设备等投到了国外,为国内产品开辟了广阔的国际市场。

八、国外(外国)独资经营

国外(外国)独资经营是现代国际直接投资的重要方式,它是某国企业在国外单独投资建立企业,独立经营、自担风险、自负盈亏。发展国外(外国)独资经营对于东道国与投资者都有一定的好处,这种方式受到各国的重视且发展很快。从东道国的角度来看,可以吸取先进技术、培养人才、带动工业的发展。从投资国的角度来看,可以利用东道国的资源、就地生产、有利于占领市场、可以享有收益丰厚的优势、发挥经营管理上的优势、扩大出口市场。

九、跨国公司经营

跨国公司经营指一个公司在若干国家直接投资并以该国的资源条件为基础进行经营的形式。一般而言,一个母公司在国外至少有六个子公司,且其国外营业额占总公司营业额的25%以上,才可称为"跨国公司"。跨国公司的出现是社会生产力快速发展和资本高度集中的产物。资本、劳动力、资源和科技力量高度集中,生产经营规模庞大,许多跨国公司的年销售额超过了一个中等国家的国民生产总值。联合国在《世界发展中的跨国公司》报告中指出:"它已成为国际经济生态系统中的一个重要现象",联合国经济组织负责人指出:谁不重视跨国公司的作用谁就不了解新时代的特点。从国际市场经营角度看,跨国公司资本雄厚、技术力量高度集中、生产规模巨大,有利于国际市场竞争;可以利用各国、各地区的优势,开发新技术、新产品;其产品就地销售、可以绕开关税壁垒的限制;能利用当地资源,适应各民族风俗习惯,建立起经营伙伴关系,减少经营风险等。因此,对于跨国公司应当重视研究,认真对待。

复习思考题

1. 简述当代世界市场的变化和特点。
2. 简述世界市场在经济全球化中的作用?
3. 简述期货贸易。
4. 电子商务和无纸贸易有什么优点?
5. 企业应如何进入世界市场?

第四章　地区经济一体化与国际贸易

地区经济一体化是世界经济一体化的重要体现和组成部分,对国际贸易的发展产生了巨大的影响。本章主要论述了地区经济一体化的概念、形式、产生原因及其对国际贸易发展的影响。

第一节　地区经济一体化的概念和形式

一、地区经济一体化的概念

"经济一体化"这个词是近些年来出现的。据考证,1940年以前没有"经济一体化"这一概念。1950年,经济学家开始将其定义为单独的经济整合为较大的一种状态或过程。到目前为止,学术界比较普遍的是将其定义为世界或世界某一地区间不同国家相互消除歧视和限制,实现生产和流通的有机统一。

按照涉及的国家范围划分,经济一体化可分为两种形式。

(一)全球一体化

全球一体化(即广义一体化)是指世界范围内不同国家通过签订协议,结成经济贸易集团,实现流通甚至整个生产过程的统一。

(二)地区一体化

地区一体化(即狭义一体化)也称为"区域经济集团化",是指世界某一地区范围内不同国家通过签订协议,结成经济贸易集团,实现流通甚至整个生产过程的统一。

就目前经济一体化的实践和理论来看,经济一体化主要是地区一体化。

二、地区一体化的形式

目前存在的地区一体化组织,无论从内容还是层次上来看差异都很大。根据不同的标准可以分为不同的类型。

(一)按一体化程度(贸易壁垒取消程度)划分

1. 优惠贸易安排(Preferential Trade Arrangements—PTA)

优惠贸易安排是一体化最低级、组织最松散的一种形式,是指成员国通过签订协议,对相互之间全部或部分商品的进口规定特别的关税优惠,也可能包含小部分商品完全免税的情况。1932年英国与其帝国成员间建立的"帝国特惠制"以及1967年成立的"东南亚国家联盟"就属于此种类型。

2. 自由贸易区(Free Trade Area)

自由贸易区通常是指成员国之间通过签订自由贸易协定组成的经济贸易集团。它的基本特征是成员国之间彼此取消了关税与数量的限制,使得商品在经济集团内部实现了自由流动。由于自由贸易区对外不实行统一的共同关税,因此,不同成员国的对外关税差别很大,这就为非成员国的出口避税提供了可能。因为,原产自非成员国的商品可以先进入自由贸易区中关税较低的成员国,然后再转入关税较高的成员国,用这样的方法来逃避较高的关税。自由贸易区需要制定统一的原产地规则。自由贸易区的原产地规则是非常严格的。例如,一般规定只有商品在自由贸易区内增值50%以上才能享受免税待遇,有的商品甚至被规定只在自由贸易区内增值60%以上时才能享受免税待遇。1960年成立的欧洲自由贸易联盟和1994年1月1日建立的北美自由贸易区就属于此种类型。

3. 关税同盟(Customs Union)

关税同盟是指两个或两个以上的国家通过签订条约或协定,取消区域内关税或其他进口限制,并对非成员方实行统一的关税壁垒而缔结的同盟。同自由贸易区相比,关税同盟的一体化程度较高。它不仅包括自由贸易区的基本内容,而且对外统一了关税税率。结盟的目的在于使成员方的商品在统一的关税保护下,在内部市场上排除非成员方商品的竞争,它开始带有超国家的性质。例如,欧洲共同体已于1968年达到这个层次,东非共同市场(EAEC)、中美洲共同市场(CACM)、安第斯条约等也属于此种类型。

4. 共同市场(Common Market)

共同市场是指各成员方不仅实行区内商品自由贸易和统一对外的共同贸易政策,而且实行资金、劳动力等生产要素的自由流动。这无疑给资金的合理流向、资源的有效配置、市场的扩大等带来好处。共同市场下的区域内贸易自由化程度大大高于关税同盟。20世纪70年代初期的欧洲经济共同体(EEC)已基本达到这一发展阶段。目前,除欧盟以外,世界其他地区还没有建立起成功的共同市场。

5. 经济同盟(Economic Union)

经济同盟指在成员方间,除实现商品与生产要素完全自由流动、对非成员方建立共同关税壁垒外,还要求成员方之间制定和执行某些共同的经济政策和社会政策,逐步消除政策方面的差异,使一体化的范围从商品生产扩展到生产、分配乃至整个资源配置领域,形成庞大的经济实体。

6. 完全经济一体化(Complete Economic Integration)

完全经济一体化是经济一体化的最高阶段。在此阶段,各成员方在完全消除商品、资本、劳动力等自由流通的人为障碍的基础上,成员国内部各国在经济、金融和财政等方面均实现完全统一,国家的经济权利全部让渡给一体化组织的共同机构,各成员国不再单独执行经济职能,仅具有政治、军事职能。欧盟制定的发展战略就是要实现完全经济一体化,然而从目前的欧债危机来看,实现这一目标的难度很大。

表4-1　六种一体化形式结合程度的比较

基本特征	优惠关税待遇	内部关税取消	设立共同壁垒	要素是否自由流动	某些共同的经济和社会政策	完全统一的经济和社会政策
优惠贸易安排	√					
自由贸易区	√	√				
关税同盟	√	√	√			
共同市场	√	√	√	√		
经济同盟	√	√	√	√	√	
完全经济一体化	√	√	√	√	√	√

以上六种地区经济一体化形式,虽然依次反映经济一体化程度的逐步深化,但一体化的不同层次并不意味着不同的一体化集团必然从现有的形式向较高级形式发展和过渡。也就是说,阶段之间不一定具有必然关系,并且实际中的一体化集团由于其合作的广泛性,往往不能归于一种类型。随着各国间经济合作的加深与协作内容的拓宽,势必会出现新的地区经济一体化的组织形式。

(二)按一体化经济范围不同划分

1. 部门一体化(Sectoral Economic Integration)

部门一体化指区域内各成员方的一个部门或几个部门(或商品)因达成共同的经济联合协定而产生的区域经济一体化组织。如1952年建立的欧洲煤钢共同体与1958年建立的欧洲原子能共同体均属此类。

2. 全盘一体化(Comprehensive Economic Integration)

全盘一体化是指对区域内各成员国的所有经济部门加以一体化的形态。欧洲共同体和解体的经济互助委员会就属此类。

(三)按一体化组织内不同国家经济发展程度不同划分

1. 水平一体化(Horizontal Integration——HI)

水平一体化,又称"横向一体化",是指经济发展水平相近的国家之间结成的经济一体化组织,也就是成员国都是发达国家或都是发展中国家的一体化组织,如欧盟、东盟、阿拉伯国家共同市场等。

2.垂直一体化(Vertical Economic Integration)

垂直一体化,又称"纵向经济一体化",它是由经济发展阶段不同的国家所形成的地区经济一体化。如北美自由贸易区、亚太经合组织等。

第二节 地区经济一体化的发展及原因

地区经济一体化是二战后世界经济发展中出现的新现象。20世纪50年代,地区经济一体化最初兴起时主要局限于欧洲,如1957年3月西欧6国签订《罗马条约》,那时候一体化程度也比较低。一体化在欧洲所获得的不同程度的成功,引发了世界其他地区的效仿,导致20世纪60年代地区经济一体化获得较大发展,如1960年英国等7国成立"欧洲自由贸易联盟"。20世纪70年代中期到20世纪80年代中期,西方发达国家处于滞胀阶段,发展中国家也由于缺乏经济基础,国家之间经济融合度不高,使得一体化的发展处于停滞时期。20世纪80年代中期以来,地区经济一体化进入新的发展时期。20世纪90年代以后特别是21世纪以来,地区经济一体化达到鼎盛时期,不仅表现为一体化组织数量的增多,更表现为一体化组织规模的扩大和程度的加深。

一、地区经济一体化形成和发展的动因

地区经济一体化组织的产生和发展形成了当今世界经济发展的一个重大趋势,它的产生有着深远的历史与现实根源。

(一)社会生产力的高速发展推动了经济国际化的发展

在战后新技术条件下,各国、各地区之间的分工与依赖日益加深,生产社会化、国际化程度不断提高,使得各国的生产和流通及其经济活动进一步越出国界。这就必然要求清除阻碍经济国际化发展的市场和体制障碍,实现各国间商品、生产要素、资本以及技术生产和流通的国际化。经济国际化主要通过以下两种形式促成了地区经济一体化的发展:

其一,经济国际化的流通。国际化要求各国相互开放市场,实现贸易自由化;

其二,经济国际化的生产。国际化要求各国加强合作实现生产要素的自由流动。由于在全球范围内目前难以实现,通过地区一体化可以率先实现。

(二)维护地区范围内不同国家共同的经济利益,促进共同发展

建成经济一体化组织后,市场扩大了,竞争加剧了,并且伴随着国际分工的

深化,导致贸易与生产规模的不断扩大,各成员国之间的信息交流及科技合作日益加强。同时,经济一体化组织各成员国的利益也联系在了一起,在国际舞台上,发挥集体力量,大大加强了为争取自身利益和地位的谈判力量。通过地区经济一体化组织,有利于成员国之间保护内部共同市场;增强共同竞争力,提高竞争地位;实现各成员国改善国际收支,增强经济实力;从而最终进一步加强合作,实现共同发展。

(三)有利于大国扩展实力,争夺世界经济领导权

这是世界大国加紧组织和巩固地区经济集团的一个重要动因。在新的形势下,任何大国想独自实现一国超强垄断地位是很难的,所以他们希望通过一体化组织达到这个目标。美国参与跨地区的亚太经合组织,意在抗衡不断扩大的欧盟。而欧盟希望作为一个更强大的整体,用一个强音更有力地在国际上与美、日等大国抗争,不仅在自家门口加紧对外经济扩展,在拉美和亚洲等地也积极开展经济合作,而且致力于"大欧洲自由贸易区"的构想。俄罗斯以独联体为依托,已经建立或正在构建一些区域经济集团,如独联体国家经济联盟、欧亚经济共同体等,以巩固和加强俄罗斯的大国地位。日本极力在亚太地区推行"雁阵模式",巩固和扩大"大东亚经济圈",同时采取各种措施打入欧美腹地,并期望借此获取安理会常任理事国地位。东盟通过加强内部协调与合作,在世贸组织、联合国贸发会议等多边经济组织中用一个声音说话,来维护日益增强的自身利益。在世界经济活动中,经济一体化组织之间的对抗与竞争正在取代国家之间的对抗与竞争,并将形成各经济一体化组织划分世界势力的新格局。

(四)人类谋求和平的愿望

第二次世界大战后,作为世界大战主战场的欧洲各国受到了毁灭性的破坏,人们在战争废墟上进行了深刻的反思。他们认识到,欧洲作为两次世界性战争的发源地,并且近代以来各国间的战争从未间断过,和平是一个最迫切的愿望。因此,各国积极谋求和平共处,走共同繁荣道路,通过经济合作,促进共同的发展与稳定就成了他们必然的选择,而建立经济一体化组织就是实现这种选择最恰当的方法。

此外,维护民族权益与发展的需要,政治上的需要,以及打开一些一贯封闭保守的国家的市场以降低两国间的贸易差额等,亦是导致地区经济一体化组织形成和发展不容忽视的原因。

二、世界上主要的地区经济一体化组织

(一)欧盟(EU)

欧洲联盟(European Union)简称"欧盟",是在欧洲共同体基础上发展而来的。欧盟总部设在比利时的首都布鲁塞尔。

欧洲共同体包括欧洲煤钢共同体、欧洲原子能共同体和欧洲经济共同体,其中以欧洲经济共同体最为重要。1951年4月18日,法国、联邦德国、意大利、荷兰、比利时和卢森堡在巴黎签订了建立欧洲煤钢共同体条约,该条约自1952年7月25日生效。1957年3月25日,六国又在罗马签订了建立欧洲经济共同体条约和欧洲原子能共同体条约,统称《罗马条约》。1958年1月1日条约生效,上述两个共同体正式成立。1965年4月8日,六国签订《布鲁塞尔条约》,决定将三个共同体机构进行合并,统称"欧洲共同体",但三个组织仍各自存在,以独立的名义活动。《布鲁塞尔条约》于1967年7月1日生效。1986年2月17日,欧共体各成员国政府首脑在卢森堡签署了旨在建立欧洲统一大市场的《欧洲单一文件》。1991年12月,欧共体政府间会议在荷兰的马斯特例赫特签订了旨在使欧洲一体化向纵深发展和成立政治及经济货币联盟的《欧洲联盟条约》(也称《马斯特例赫特条约》)。1993年11月1日,该条约获得所有成员国批准并生效,欧洲联盟正式成立。

欧盟目前是世界上最大的经济贸易集团,也是世界上最大的经济体。现有27个成员国,分别是:法国、德国、意大利、荷兰、比利时、卢森堡、丹麦、爱尔兰、英国、希腊、西班牙、葡萄牙、奥地利、芬兰、瑞典、波兰、匈牙利、捷克、斯洛伐克、斯洛文尼亚、爱沙尼亚、拉脱维亚、立陶宛、塞浦路斯、马耳他、罗马尼亚、保加利亚。

欧盟是当今世界发展最为完善的地区经济一体化组织。最初该联盟只涉及两项主要产品,在之后50年的发展中,随着地区经济体系的扩大和完善,不仅带动了地区内其他产业一体化进程的发展,也推动了区域内产业与区域外产业之间的联合。而且,欧洲一体化步伐的加快,大大刺激了其他地区的一体化发展。

(二)北美自由贸易区(NAFTA)

北美自由贸易区(North American Free Trade Area)包括加拿大、墨西哥和加勒比海诸国在内的北美共同市场。

20世纪80年代中期以后,美国在国际经济中的优势地位逐渐丧失,而日本的实力在急剧增强,欧洲统一大市场在迅速发展。

美国和加拿大为了加强北美地区的竞争能力和各自经济发展的需要,从1986年开始谈判签订"自由贸易协定",作为建立北美自由贸易区的第一步。经过漫长的谈判历程,1988年1月2日,美、加两国正式签订美加自由贸易协定,建立了美加自由贸易区,1989年1月1日协定正式生效。按照这个协定,两国将在10年内分3次取消一切关税,大幅度降低非关税壁垒。1994年1月1日,由美国、加拿大、墨西哥3国共同签署的北美自由贸易协定正式生效,北美自由贸易区宣告诞生。协议的宗旨是:取消贸易壁垒;创造公平的条件,增加投资机会;保护知识产权;建立执行协定和解决贸易争端的有效机制,促进三边和多边合作。

北美自由贸易区是世界上第一个由发达国家和发展中国家联合组成的贸易集团,成员国之间经济上既有较大的互补性和相互依存性,又有明显的不对称性。北美自由贸易区的建立,对北美、拉美,以致对冷战结束后新的世界经济格局的形成,都产生了重大而深远的影响。

(三)亚太经合组织(APEC)

亚太经济合作组织(Asia-Pacific Economic Cooperation)是亚太地区最具影响力的经济合作官方论坛。

亚太经合组织诞生于全球冷战结束的年代。20世纪80年代末,随着冷战的结束,国际形势日趋缓和,经济全球化、贸易投资自由化和区域集团化的趋势逐渐成为潮流。同时,亚洲地区在世界经济中所占的比重也明显上升。在此背景下,1989年1月,澳大利亚总理霍克访问韩国时建议召开部长级会议,讨论加强亚太地区经济合作的问题。1989年11月5日~7日,澳大利亚、美国、加拿大、日本、韩国、新西兰和东南亚国家联盟在澳大利亚首都堪培拉举行亚太经济合作会议首届部长级会议,这标志着亚太经济合作会议的成立。1993年6月改名为"亚太经济合作组织"。1991年,中国以主权国家身份,中国台湾和香港(回归中国后改为"中国香港")以区域经济体名义正式加入亚太经济合作组织。其宗旨是通过贸易、投资自由化和经济技术合作促进亚太地区的经济发展和共同繁荣。

APEC成立之初是一个区域性经济论坛和磋商机构,经过几十年的发展,已逐渐演变为亚太地区重要的经济合作论坛,也是亚太地区最高级别的政府间经济合作机制。它在推动区域贸易投资自由化,加强成员间经济技术合作等方面发挥了不可替代的作用。

目前,亚太经合组织的21个成员分别是:澳大利亚、文莱、加拿大、智利、中国、中国香港、印度尼西亚、日本、韩国、马来西亚、墨西哥、新西兰、巴布亚新几内亚、秘鲁、菲律宾、俄罗斯、新加坡、中国台北、泰国、美国和越南。

(四)中国—东盟自由贸易区(CAFTA)

东南亚国家联盟,简称"东盟",正式成立于1967年8月,是一个在政治、经济和安全问题上协商合作的区域性组织,由文莱、柬埔寨、印度尼西亚、老挝、马来西亚、缅甸、菲律宾、新加坡、泰国和越南10国组成。其宗旨是"提倡以平等及合作精神共同努力,促进东南亚地区的经济成长、社会进步与文化发展"。

中国—东盟自由贸易区(China—ASEAN Free Trade Area)是中国与东盟10国组建的自由贸易区。中国—东盟自由贸易区指在中国与东盟10国之间构建的自由贸易区,即"10+1"。中国—东盟自由贸易区是中国对外商谈的第一个自由贸易区,也是东盟作为整体对外商谈的第一个自由贸易区,同时也是发展中国家间最大的自由贸易区。

中国与东盟国家,山水相连,双方资源禀赋各具优势,产业结构各具特点,互补性强,合作潜力巨大。如今,东盟国家已成为中国吸引外资的重要来源地和中国企业"走出去"的首选地之一。

2010年1月1日,世界上最大的自由贸易区——中国-东盟自由贸易区正式全面成立,这一自由贸易区拥有19亿人口、接近6万亿美元的年国内生产总值和4.5万亿美元的年贸易总额;双边90%的贸易产品实现零关税,相互开放服务贸易和投资市场。自由贸易区的正式启动,标志着中国与东盟之间的经济联系已上升至新的历史水平。2011年11月18日,国务院总理温家宝在印度尼西亚巴厘岛举行的第十四次中国-东盟(10+1)领导人会议暨中国-东盟建立对话关系20周年纪念峰会上发表讲话,指出中国-东盟关系的基础是牢固的,潜力是巨大的,前景是广阔的。中国愿与东盟永做好邻居、好朋友、好伙伴,密切协调与配合,努力推动落实达成的各项共识,更多的造福人民,为地区和平与繁荣做出更大贡献。

第三节　地区经济一体化的有关理论及对国际贸易的影响

一、地区经济一体化的相关理论

第二次世界大战后,地区经济一体化现象引起广泛注意,许多经济学家对其形成条件和效益进行研究和探讨,从而形成了一些理论。其中具有代表性的有关税同盟理论、大市场理论和协议性国际分工理论等。

(一)关税同盟理论(Tariff Ally Theory)

美国经济学家卜范纳与K.G.李普西先后研究并完善了关税同盟理论。他们认为,关税同盟应具备三个条件:其一,完全取消各参加国之间的关税;其二,对来自非成员国或地区的进口设置统一的进口关税;其三,通过协商方式在成员国之间分配关税收入。这使得关税同盟自始至终存在着两种矛盾的功能:对内实行贸易自由化;对外则实行差别待遇。这样,使得关税同盟具有以下静态和动态效果。

1. 关税同盟的静态效应

(1)贸易创造效果。贸易创造效果是由生产利得和消费利得构成。关税同盟建立以后,在比较优势基础上使生产更加专业化。这样,关税同盟某个成员国的一些国内生产品将被其他生产成本更低的产品所取代。

假定有 A、B、C 三国，X 商品的价格在商定的固定汇率下，分别为 A 国 35 美元，B 国 26 美元，C 国 20 美元。缔结关税同盟之前，A 国对 X 商品进行保护的前提下自行生产。假设 A 国 X 商品的进口关税税率为 100%，则 A 国不会进口 X 商品，而是自行生产。如果 A、B 两国结成关税同盟，则 A、B 两国间取消关税，对 C 国实行统一关税，假设税率仍为 100%。那么 A 国从 B 国进口 X 商品只需 26 美元，而自己生产则需要 35 美元，很明显 A 国将停止自行生产，转而向 B 国进口，而 C 国的商品仍被排斥在外。缔结关税同盟后，产生由 B 国向 A 国的贸易，创造了新的国际分工，这就是贸易创造效果。A 国原本生产 X 商品的生产资源将会转而生产其他成本降低的产品，促进了资源的优化配置。同时扩大了 A、B 两国间的贸易，而且由于 X 商品的价格降低，从而可以提高消费者的实际收入水平，增加消费量，因而将提高福利水平（如图 4-1 所示）。

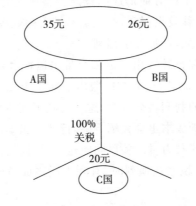

图 4-1 贸易创造效果

（2）贸易转移效果。在关税同盟成立以前，关税同盟国从世界上生产效率最高、成本最低的国家进口产品；关税同盟成立以后，关税同盟国该项产品转由向同盟内生产效率最高的国家进口。但如果同盟内生产效率最高的国家不是世界上生产效率最高的国家，则进口成本比过去增加，消费开支扩大，使同盟国社会福利水平下降，这就是贸易转移的效果。

仍采用上例，假设缔结关税同盟前 A 国对 X 商品征收 50% 的关税，则从 C 国进口的 X 商品是最便宜的（30 美元），所以 A 国将从 C 国进口 X 商品，如果 A、B 缔结关税同盟后，对外统一关税仍为 50%，那么 A 国从 B 国进口商品 X 是最便宜的（26 美元），所以 A 国转而从 B 国进口 X 商品，这就发生了贸易转移（如图 4-2 所示）。

发生贸易转移效果后，A 国进口的 X 商品从 30 美元下降到 26 美元，会给消费者带来一定的福利增加。但这种转移是从生产效率高的 C 国转移到生产效率低的 B 国，因而降低了资源的配置效率，引起包括 A 国在内的全世界的福利水平的下降。

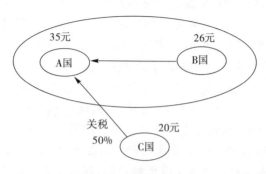

图 4-2 贸易转移效果

（3）贸易扩大效果。贸易扩大效果是从需求方面形成的概念,而贸易创造效果和贸易转移效果是从生产方面形成的概念。整体而言,关税同盟无论是贸易创造效果还是在贸易转移效果,都能产生贸易扩大的效果。在这个意义上,关税同盟可以促进贸易的扩大,增加经济福利。

（4）可以减少走私和行政支出。走私会带来巨额利润,在建立关税同盟后,同盟内商品实现了自由流动,这就在同盟内消除了走私;同时,同盟内部的商品价格会有所下降,走私的利润将会减少,这又会减少同盟外部的走私活动。与此同时,成员国的海关监管成本也会大幅下降,行政支出缩减。

（5）可以增强集体谈判力量。关税同盟建立后,同盟内整体的经济实力大大增强,统一对外,进行关税减让谈判时,有利于同盟成员国地位的提升和贸易条件的改善。

2. 关税同盟的动态效果

关税同盟的建立,必然会对成员国的经济结构产生较大的影响,这种影响对成员国的经济与社会发展都是十分重要的。

（1）规模经济效应。关税同盟建立以后,突破了单个成员国内市场的限制,原来分散的国内小市场结成了统一的大市场,使得市场容量迅速扩大。各成员国的生产者可以通过提高专业化分工程度,组织大规模生产,降低生产成本,使企业获得规模经济效益。尽管向世界其他国家的出口也可以达到规模经济的要求,但是世界市场存在激烈竞争和许多不确定性,而地区性经济集团的建立则可以使企业获得据已实现规模经济的稳定市场。但也有学者认为,如果成员国的企业规模已达到最优,则建立区域性经济集团后再扩大规模反而会使平均成本上升。

（2）竞争效应。关税同盟的建立促进成员国之间的相互了解,但也使成员国之间的竞争更加激烈。参加关税同盟后,由于各国的市场相互开放,各国企业面临着来自其他成员国同类企业的竞争,在这种竞争中,必然有一些企业会被淘汰,从而形成关税同盟内部的垄断企业,这有助于抵御外部企业的竞争,甚至有助于关税同盟的企业在第三国市场上与别国的企业开展竞争。

(3)技术创新效应。当一些国家组成关税同盟后,在同盟内部,各成员国的厂商失去了贸易壁垒的保护,都在统一的同盟市场销售其产品,因此竞争的压力会迫使厂商们加大对研发的投入、加快技术革新的步伐。

(4)投资效应。关税同盟的建立会促使投资的增加。一方面,随着市场容量的扩大将促使同盟内企业为了生存和发展而不断地增加投资;另一方面,同盟外的企业为了绕开关税同盟贸易壁垒的限制,纷纷到同盟内部设立"关税工厂"(Tariff Factory),这样,就客观上增加了来自关税同盟以外的投资。

(二)大市场理论(Macro Market Theory)

大市场理论的代表人物是西托夫斯基和德纽。他们认为,在实行经济一体化之前,各国之间推行狭隘的只顾本国利益的贸易保护政策,把市场分割得狭小且缺乏适度的弹性,使本国生产商无法实现规模经济和大批量生产的利益。大市场理论的核心是:其一,通过国内市场向统一的大市场延伸,扩大市场范围,获取规模经济利益。其二,通过扩大市场,创造激烈的竞争环境,进而达到实现规模经济和技术利益的目的。

德纽对大市场理论作了如下表述:"大市场化导致机器的充分利用、大量生产、专业化、最新技术的应用、竞争的恢复,所有这些因素都会使生产成本和销售价格下降;再加上取消关税商品的数量增加以后,又可能使这种消费和投资进一步增加。","这样一来,经济就会开始其滚雪球式的扩张。消费的扩大引起投资的增加,增加的投资又导致价格下降、工资提高、购买的全面增加……只有市场规模迅速扩大,才能促进和刺激经济扩张。"

西托夫斯基则以另一种方式论述欧洲共同市场产生和发展的原因,也就是西欧有一个"小市场与保守的企业家态度的恶性循环。"他认为,西欧与美国相比,陷入了高利润率、低资本周转率、高价格的矛盾。又由于人们交往甚少与狭隘的市场、竞争不激烈、市场停滞与阻止新竞争企业的建立等原因,使企业长期处于高利润状态。因为价格昂贵,而使消费品等普及率较低,不能进行大量生产。因此,西欧陷入"两高一低"的矛盾之中。打破这种恶性循环的办法就是实现共同市场或贸易自由化条件下的激烈竞争。如果竞争激化,价格下降,就会迫使企业家把过去小规模的生产停滞下来,转向大规模生产。同时,随着消费者实际收入的增加,过去只供高收入阶层消费的高档商品将被多数人消费。其结果是产生大市场→生产成本下降→大众消费增加(市场扩大)→竞争进一步激化,最终出现一种积极扩张的良性循环。

大市场理论,对于共同市场的建立提供了有利的理论基础,但是仍然不十分完善。其主要原因有两个:其一,大市场理论所强调的扩大市场后出现的累积的动态过程,不一定要通过共同市场的形态才能完成。只要企业家的经营方式从保守的消极状态转变为积极进取的态度,引进先进技术、扩大市场规模,同样可以实现;其二,即使不组成共同市场,只要有世界性的自由贸易,也可以取得大规模市场下的各种利益,而且就市场规模的大小而言,世界性的自由贸易,远远大于区域性的共同市场。

(三)协议性国际分工理论

协议性国际分工理论是由日本教授小岛清提出的。他认为在经济一体化组织内部不能完全依靠传统的国际分工理论进行分工,因为传统的国际分工理论是以成本差异和递增为基础的,没有考虑成本相同和递减的情况。如果完全依靠这一原理,不可能完全获得规模经济的好处,反而有可能导致各国企业的集中和垄断,影响经济一体化组织内部分工的和谐发展和贸易的稳定。因此,小岛清认为有必要推行一种与传统的理论不同的国际分工原理,也就是协议性国际分工原理。

协议性国际分工理论的基本内容是,在成本递减的条件下,两国达成相互提供市场的协议,共同分享规模经济效益。这种协议性国际分工不能通过价格机制自动的实现,而必须通过当事国之间的某种协议来实现,也就是通过经济一体化的制度把协议性国际分工组织化。如拉美中部共同市场统一产业政策,由国家间的计划决定的分工,就是典型的协议性国际分工。

二、地区经济一体化对国际贸易的影响

地区经济一体化是世界经济和国际贸易发展的产物。它反映了社会生产力高度发展的要求,体现了通过国际经济合作发展经济,维护地区经济利益和政治权益的愿望。因此,无论是何种形式的地区经济一体化集团,都会对国际贸易产生一定的影响,而影响程度的大小则取决于不同集团本身的实力以及地区经济一体化的发展程度。

(一)对成员国内部经济贸易的影响

1.促进了集团内部贸易的自由化,促进了各成员国对外贸易的发展

无论是哪种形式的地区经济一体化组织,都是以减免关税和减少贸易限制为基础的。集团化程度高的组织内部甚至取消了关税和非关税壁垒,消除了集团内关税,逐步实现以集团内的进口替代本国产品生产的趋势。这必然在不同程度上减少了贸易障碍,使成员国之间的贸易比第三国贸易容易得多,从而大大促进了集团内成员国对外贸易的自由化。

由于成员国之间生产要素实现了更大程度的自由流动,为小范围内资源的合理利用和配置提供了可能,从而在一定意义上促进了成员国对外贸易的发展。

2. 增强了地区整体经济实力，提高了该地区在国际贸易中的地位

地区经济一体化组织的成立，对成员国经济的发展具有一定的促进作用，使地区经济实力大大增强。而且将单个的经济力量变为整体的力量出现在世界经济舞台上，其经济地位明显提高，也使其谈判力增强，从而在一定程度上维护了地区整体的贸易利益。

3. 有助于集团内部国际分工和国际技术合作

超越国界的大市场的建立，不仅解决了高度发展的生产力与狭窄的国域之间的矛盾，而且通过企业间互相兼并和采取优化组合以及更为合理的专业分工，使成员国之间在经济上的互补性越来越大。因此，地区经济一体化的发展必然促使国际分工向着纵深方向发展，这在国际技术合作方面有着突出的表现，如在欧共体共同机构的推动和组织下，成员国在许多单纯依靠本国力量难以胜任的重大科研项目中（原子能利用、航空航天技术、大型电子计算机等高精尖技术领域）进行合作。

4. 加强了经济集团内部资本的集中和垄断，促进区域内的相互投资

由于贸易自由化和统一市场的形成，加剧了成员国间对市场的竞争，导致优胜劣汰，一些中小企业遭淘汰或被兼并。同时，大企业在市场扩大和竞争的压力下，力求扩大生产规模，增强资本实力，趋向于结成或扩大为一国的或跨国的垄断组织，从而促进了区域内的相互投资。

5. 促进了成员内各国产业结构的优化和外贸结构的优化

经济一体化给区域内企业提供了重新组织和提高竞争能力的机会和客观条件。通过兼并或企业间的合作，促进了企业效率的提高。同时，各成员国将根据专业分工的需要去调整其产业结构，实现了产业结构的高级化和优化。

为了获得长期利益，在产业结构的调整过程中，各成员国更加注重外贸结构的优化，充分利用扩大了的市场内的人力资源、自然资源、资本资源。各成员国扬长避短，争取从市场上获取最大限度的经济利益，促进经济长期稳定的发展。

此外，地区经济一体化对于推动技术革新、加快商品的更新换代、改善商品的结构等，也将产生积极的影响。但地区经济一体化也使成员国经贸政策的自主权受到相应约束。在地区经济一体化内，地区性国际协调必然渗透到成员国经贸政策的制定中，成员国经济体制和政策的制定，都要遵守一体化组织中的法则和规范，承担相应的义务，并不断的协调彼此之间的实施步伐和利益分配。随着一体化程度的加深，成员国的经济自主权将日益缩减。

（二）对世界经济贸易的影响

地区经济一体化对集团外的经贸活动也会产生一定的积极影响。这表现为：地区经济一体化实现后，成员国经济实力增强，对外需求扩大，从而促进并带动了国际贸易的发展，也为区外国家的经济发展提供了更多的机遇，也就是会产生"收入溢出效应",加速国际分工的不断深化。此外,由于地区经济一体化在技术开发领域创造的新成果也会向外扩散,区外国家也可受益,世界范围的科技开发水平会得以提高。

然而,地区经济集团内外有别的歧视性政策,对集团外的国家更多的是产生消极影响。

1.地区经济一体化对区内国家的保护加强,容易产生地区保护主义和集团保护主义

扩大内部贸易是以牺牲与集团外国家的部分贸易额为代价的,使得区外国家本可以进入区内的商品和劳务受到严厉的保护主义的打击,降低集团外国家在一体化组织成员国中的地位,这反映了其固有的排他性和歧视性。随着一体化的深化和扩大,世界范围内的贸易保护主义将随之加强。这样就恶化了国际贸易环境,尤其是使区外发展中国家的贸易环境雪上加霜,从而加剧了国际贸易发展的不平衡。

2.地区经济一体化改变了国际投资的地区流向,产生国际贸易中的贸易转移效果

地区经济一体化的内外差别待遇,使集团外的企业处于相对的竞争劣势,吸引区外的跨国公司以直接投资取代出口,在一体化集团内部生产,以绕过关税与非关税壁垒,保护其传统市场,显然,流入的外部直接投资是从世界其他地区潜在的投资中转移来的,所以,一体化区域内,外国直接投资的增加,意味着一体化区域外的投资相应下降。

3.地区经济一体化不利于多边贸易体制的改进和完善

世界经济区域化、集团化趋势的加强,将使若干个实力相当或相似的地区性经济集团出现在世界经济的大舞台上。这样,现在国与国之间的协调,将转化为地区与地区之间的国际经济协调。相比之下,由于经济集团具有复杂的利益格局,而任何一种国际协调都不可能完全符合各国的经济利益,因此,不可避免地会出现反对国际协调的情况,从而使世界经济被分割成若干个相对独立的区域,这将不利于世界经济一体化的发展。

复习思考题

1.地区一体化有哪几种形式?
2.地区一体化形成和发展的原因何在?
3.什么叫"贸易创造效果"与"贸易转移效果"?
4.地区一体化对成员国内部经济贸易的影响是什么?
5.地区一体化对世界经济贸易的影响是什么?

第五章 跨国公司与国际贸易

第一节 跨国公司概述

一、跨国公司的定义

(一)定义标准

跨国公司,又称"多国企业"、"国际公司"、"国际企业"、"全球企业"或"宇宙公司"。各种机构和学者根据不同的标准对其下了各种各样的定义,现介绍以下三种标准定义:

1. 结构标准

凡采用"企业经营的跨国程度"、"企业的所有权"、"企业高级经理人员的国籍"和"企业的组织形式"作为划分标准和尺度的,都属于结构性标准。在这种体系下,跨国公司需满足以下条件之一:

(1)在两个以上的国家经营相关业务。

(2)公司的所有权由两个以上不同国籍的人所拥有。

(3)公司的高级经理人员分别来自两个以上的国家。

(4)公司的组织形式以全球性地区和全球性产品为基础。

2. 营业实绩标准

营业实绩标准是指跨国公司在国外活动的生产值、销售额、盈利额、资产额和雇员人数,要在整个公司业务活动中达到一定的比例。目前,对于百分比的具体值还没有统一的标准,但在实践中通常采用25%作为衡量标准。

3. 行为标准

行为标准是指跨国公司要具有全球战略目标和动机,站在全球范围整体利益最大化的角度,公平对待世界各地的商业机会和分支机构。随着公司经营活动由一国走向多国,直到定位于全球化目标,它的行为决策也由以母国为中心到兼顾国外子公司的要求,再到以全球利益为目标。公司只有进入到"以全球为中心"的状态,才称得上是真正的跨国公司。

(二)基本要素

联合国经济和社会理事会在 70 年代初召开的会议上,较全面地讨论了跨国公司的定义及各种准则,并于 1974 年做出决定,统一采用"跨国公司"这一名称。

1986 年联合国《跨国公司行为守则》里对跨国公司的定义是:"本守则中使用的跨国公司一词系指在两国或更多国家之间组成的公营、私营或混合所有制的企业实体,不论此等实体的法律形式和活动领域如何;该企业在一个决策体系下运营,通过一个或一个以上的决策中心使企业内部协调一致的政策和共同的战略得以实现;该企业中各个实体通过所有权或其他方式结合在一起,从而其中的一个或多个实体得以对其他实体的活动实施有效地影响,特别是与别的实体分享知识、资源和责任。"

综合上述定义标准以及联合国的观点,我们认为跨国公司应该包括以下三种要素:

其一,在两个或两个以上的国家从事经营活动。

其二,有一个统一的中央决策体系和全球战略目标。

其三,其遍布全球的各个实体分享资源和信息并分担相应的责任。

二、跨国公司的形成和发展

(一)早期跨国公司

一般我们将第二次世界大战之前形成的跨国公司称为"早期跨国公司",它的前身多为殖民地企业和贸易企业。

17、18 世纪重商主义时期,带有股份公司性质的大型殖民地贸易公司开始出现,如东印度公司、弗吉尼亚公司、马萨诸塞湾公司、哈德逊湾公司等。这些公司以经营贸易和航运为主,逐步扩大到银行和金融业,但它们的经营带有掠夺性,不利于各国民族工业的发展,因此遭到了各国强烈的抵制。

欧洲工业革命之后,西方国家为了获得原材料和争夺市场,改变股份公司的海外经营策略,在自己具有比较优势的产业领域积极开展对外直接投资。1865 年,德国弗雷德里克·拜耳公司在美国纽约的奥尔班尼开设一家制造苯胺的工厂;1866 年,瑞典制造甘油、炸药的阿佛列·诺贝尔公司在德国汉堡开设炸药工厂;1867 年,美国胜家缝纫机公司在英国的格拉斯哥创办缝纫机装配厂。这三家公司被西方看作对外直接投资的先驱、早起跨国公司的代表。19 世纪末到 20 世纪初,由于第二次科技革命的影响和现代企业组织的发展,欧美很多大企业都开始向海外投资、设立工厂或分公司,实行国内工厂和国外工厂同时生产、同时销售,成为现代跨国公司的先驱。代表的有美孚石油公司、通用电气公司、伊斯特曼·柯达公司、英荷壳牌公司、西门子公司、飞利浦公司、雀巢公司等。

总的来说,跨国公司是垄断资本主义发展的产物,资本输出是其形成的特质基础。随着资本主义从自由竞争逐渐向垄断阶段过渡,"过剩资本"的大量形成直接成为资本国际流动的动力和源泉。早期跨国公司将业务活动的重心由各自的殖民地向其他国家扩展,由经营商品买卖转向投资生产活动,资本输出成了普遍和大规模的现象,真正意义的跨国经营已经形成。

(二)现代跨国公司

第二次世界大战以后至今,跨国公司进入了空前发展的新时期,我们一般称为现代跨国公司。

1. 原因

战后跨国公司迅速发展的根本原因是第三次科技革命的发生和经济国际化的发展,具体来说有以下几点:

(1) 大量垄断资本寻求高利润。主要垄断资本主义国家经过半个多世纪的垄断统治,尤其经历了战后资本主义经济的黄金发展时期,积累了大量的垄断资本,国内有限的投资场所和相对昂贵的投资成本促使这些大量的过剩资本向外寻求发展机会,以获得更高利润。

(2) 科技革命提供了前提条件。战后科技革命为跨国公司的迅猛发展提供了基本前提条件。现代交通技术使原料、劳动、产品能便捷安全地从一地移动到另一地,通讯技术则使以思想、指令、符号等体现的信息在各地之间输送,这两类技术使得要素与产品以前所未有的速度在世界范围内流动,全球市场得以形成。

(3) 国际分工的深化提供了现实基础。第三次科技革命后,以自然资源为基础的传统国际分工已经逐步转变为以产品、零部件、工艺专业化为基础的国际分工,这种由垂直型逐渐变为水平型的国际分工为垄断资本主义各国在全球最佳地点配置生产力提供了现实基础。

(4) 产业结构调整带动跨国生产与经营。科技革命使垄断资本主义国家从工业经济向信息经济转变,随着产业结构在国际上的梯度转移,发达国家可以将其相对落后的"夕阳"产业移出本土,使其在发展中国家进行生产和经营。

2. 发展情况

现代跨国公司发展可以分为三个阶段:战后初期至20世纪60年代末为第一阶段,这一阶段,美国跨国公司占绝对优势地位,是唯一有能力出口并在国外扩展的公司,可概括成"世界的美国化";自70年代初开始至80年代末为第二阶段,国际直接投资格局逐步由美国占绝对优势向多极化方向发展,西欧和日本经济在二战后得到迅速恢复,它们的对外直接投资也很快发展起来,跨国公司数量增加,可概括成"美国的世界化";自90年代初期至今为第三阶段,对外直接投资持续大幅增长,跨国公司数目空前增长,在全球经济一体化时代获得长足发展。

随着世界经济加速走向市场化、自由化和网络化,作为对外直接投资主要载体的跨国公司对全球产生的影响越来越大,其国外销售额、雇员人数和资产也在不断增加。根据联合国贸发会议发布的《世界投资报告(2011)》公布的统计数据显示,2010年,跨国公司的全球生产带来约16万亿美元的增值,约占全球GDP的1/4;其中外国子公司的产值约占全球GDP的10%以上和世界出口总额的1/3,销售额比去年增加了9.1%,雇员数目也有所提高;全球至少有650家国有跨国公司及其8500家外国子公司,这一数目不到跨国公司总数的1%,但其对外投资占全球直接投资的11%。

总的来说,二战后跨国公司的迅猛发展大大推动了资本国际化和生产国际化的进程,促进了各种生产要素在国家间的移动与重新组合。跨国公司是推动经济全球化和一体化的主要力量之一。

(三)跨国公司发展新动向

跨国公司未来发展的新趋势和新动向主要体现在以下几个方面。

1. 世界跨国投资主体发生变化

近年来,世界跨国投资主体发生了显著变化,由单一中心变为多极中心。所以,未来不仅发达国家跨国公司相互之间的投资仍会继续增加,发展中国家之间不同层次的"水平式"投资也会迅速发展;发展中国家的跨国企业到发达国家投资的"逆向流动"会增多且向深度发展;亚洲仍是跨国公司直接投资最活跃地区;拉美、非洲等国家和地区跨国公司的直接投资也将继续增加。

2. 跨国公司对发展中国家的直接投资将进一步加强

根据联合国贸发会议发布的《世界投资报告(2011)》,2008年经济危机使我们看到了发展中国家和新兴经济体的重要性,特别是巴西、印度、中国和俄罗斯等国,其具有的廉价劳动力和广阔的市场都是吸引投资者的地方。另外,发展中国家经济的快速复苏对受危机影响的跨国公司的恢复和发展也起到很大作用。对于很多跨国公司来说,其在发展中国家和新兴经济体的营业收入已经占据了总营业收入的很大一部分,比如美国可口可乐公司、瑞士Holcim公司和日本Toyota公司,这一比例都超过了三分之一;通用电气公司也宣布要将其重心放在新兴市场上,以减少成本和增加利润。

3. 战略联盟成为跨国公司的重要发展模式

面对国际经济中日益激烈的竞争,国际市场的进入方式也在不断创新。跨国公司之间缔结战略联盟,是指两个或两个以上的跨国公司在共同投入、互补优势资源的基础上,在某些方面(如研发、生产、开拓市场等)形成协力运作的战略合作伙伴关系。这种合作使双方既能从对方获得各自所需,又能保持经营上的独立性。目前,跨国公司战略联盟涉及的领域十分广泛,主要集中于国际竞争异常激烈的半导体、信息技术、电子、生物工程、汽车制造、仪器、食品饮料、航运和银行等资本、技术密集型行业,并且其战略合作覆盖领域从科研开发到生产、销售、服务的全过程。

4.跨国公司的研究与开发(R&D)更趋国际化

全球化趋势下生产要素资源的全球可获得性已经被跨国公司很好的利用起来,争夺最有利的人力资源,使用最廉价的自然资源,成为跨国公司价值链增值的主要手段。所以很多跨国公司一改以往以母国为技术研究和开发中心的传统布局,根据不同东道国在人才、科技实力以及科研基础设施上的比较优势,在全球范围内有组织的安排科研机构,从而促使跨国公司的研究与开发活动朝着国际化、全球化方向发展。

三、跨国公司的组织形式

(一)法律组织形式

跨国公司的主要法律组织形式有母公司、分公司和子公司。

1.母公司

母公司是指通过拥有其他公司一定数量的股权,或通过协议方式能够实际上控制其他公司经营、管理、决策的公司,使其他公司成为自己的附属公司。

对于上述"一定数量的股权"各国有不同的规定。美国《公共事业法》规定是10%以上;法国规定控制一半以上的股本;英国法律规定,符合下列三项条件之一就能构成母公司与子公司的关系:

(1)A公司是B公司的在册股东,并能实际控制B公司的董事会。

(2)A公司拥有B公司一半以上的股票。

(3)B公司是A公司的子公司所拥有的子公司。

中国一般规定在25%以上。

母公司具有独立的法人地位,对子公司承担有限责任。母公司实际控制子公司的经营管理权,以参股或非股权安排形式行使其对子公司的控制权。

2.子公司

子公司是指一定比例的股份被另一家公司拥有或通过协议方式受到另一公司实际控制的公司。

子公司在经济上受母国公司的控制,但在法律上是独立的法人;拥有自己的公司名称和章程,可独立进行诉讼活动;财务独立、自负盈亏,可公开发行股票,并可独立借贷;停业撤出时可出售股票或与其他公司合并或变卖资产。

设立子公司有很多有利之处,由于子公司在东道国是以一个"本国"公司的身份开展业务的,受到的限制较少,可以更好地开拓当地市场、进行融资和开展创造性的经营管理;子公司在避税方面也具有更大的灵活性,因为其财务独立、自负盈亏,可以不将利润汇回母公司,而汇到避税地的另一子公司,享受"合法"避税的利益。但是,子公司在东道国是一个独立法人,要建立东道国公司法所规定的行政管理机构,因而设立手续复杂,行政管理费用较高,这是设立子公司的不利之处。

3. 分公司

分公司是母公司的一个分支机构或附属机构,在法律上、经济上没有独立性,只是总公司的一个组成部分。

分公司不具有法人资格,不能独立承担法律责任,其一切后果及责任由总公司承担;分公司由总公司授权开展业务,自己没有独立的公司名称和章程;分公司没有独立的财产,其所有资产属于总公司,母公司对分公司的债务承担无限责任;分公司从东道国撤出时,只能出售其资产,不能转让其股权,也不能与其他公司合并。

设立分公司有一定的优势,其设立手续比较简单;便于母公司全面直接的管理;由于不是独立核算的法人,与母国公司同属一个法律实体,故可享受税收优惠。但是,分公司在登记注册时需披露母公司的全部业务活动和财务收支状况,这会给母公司的业务保密带来损害;分公司在东道国被当作"外国公司",因此在当地开展业务有一定的困难。

(二)管理组织形式

跨国公司从事全球生产经营活动,业务内容丰富、分支机构众多、经营地区广泛、产品多种多样,所以要采用科学合理的组织结构以充分利用全球资源,实现公司全球利润最大化。通常跨国公司采用的管理组织形式包括:国际业务部、全球性产品结构、全球性地区结构、全球性职能结构和矩阵式结构,跨国公司会根据自身的规模、经营产品、地区等实际情况来选择适合自己的公司组织结构。

1. 国际业务部

跨国公司设立国内业务部和国际业务部,其中,国际业务部直接负责公司的出口、许可证贸易和对外直接投资业务,并负责协调公司所有的国际业务活动。它可以利用各种投资手段为子公司筹措资金,充当各子公司交流经验的渠道,还可以利用转移价格来减轻公司的纳税负担。

这种组织结构的优点在于能够加强对国际业务的管理、提高企业的国际市场意识、实现公司业务更好地与世界市场接轨、利于培养国际型经营管理人才,缺点在于人为地将国内业务部与国际业务部分开,造成它们在内销外销、技术支持上的对立,容易引发争议,不利于公司有限资源的优化配置。

通常,当一家公司处于由单纯出口走向国际经营的阶段时,适合采用这种组织方式,有利于其收集信息、探索经验、培养人才,为进一步开展全球性经营打下基础。

2. 全球性产品结构

跨国公司在全球范围内设立各种产品分部,每一个产品分部都具有较为完备的职能,负责与本部门产品相关的一切生产、销售、研发、人事及财务决策。

这种组织结构的优点在于强调产品制造和市场销售的全球性规划;有利于加强产品的技术、生产、销售和信息的统一管理;最大限度的缩小国内外业务的差别。缺点在于不利于公司对长期投资、市场营销、资源配置和利润分配等全局性问题进行集中统一的决策;不同产品机构设施重叠,造成人、财、物的浪费,并且增加了内部协调工作的困难。

对于那些产品种类繁多,产品的最终用户市场存在较大差异,以及产品类别之间生产技术自成体系的企业,比较适合采用全球性产品结构。

3. 全球性地区结构

跨国公司以地区为单位,设立地区分部从事经营活动,每一个地区分部均具有企业的所有职能,可以在主管的区域内调节销售、生产和财务方面的工作。

这种组织结构的优点在于有利于制定出地区针对性强的产品营销策略,适应不同市场的需要,发挥各分支机构的积极性、创造性。缺点在于不能适应产品多样化的要求;地区利益与总体利益易产生冲突;地区之间难以展开新技术和新产品的研究和开发。

对于那些产品种类不多,而产品的质量、包装、生产技术比较统一,同时销售市场分布比较广泛的企业,比较适合采用全球性地区结构。

4. 全球性职能结构

跨国公司按照生产、销售、科研、财务等主要职能分别设立职能部门,各个职能部门都负责该项职能的全球性业务。

这种组织结构的优点在于公司可以在世界范围内充分发挥其职能优势,提高效率;易于实行严格的规章制度;有利于统一成本核算和利润考核。缺点在于较难适应产品的多样化和经营区域的扩展;各个职能部门的分割可能导致各部门目标的分离和失调,不利于企业发展。

全球性职能结构主要适用于产品系列比较简单、市场经营环境比较稳定的跨国公司。

5. 矩阵式结构

跨国公司在明确权责关系的前提下,对公司业务实行交叉管理和控制,将产品分部与地区分部结合起来纵横交错,构成矩阵式,以在全球效率和地区适应性方面寻求平衡。

这种组织结构的优点在于增强了公司整体实力,有利于将产品生产和销售与市场竞争、环境变化、东道国政府政策等因素进行综合分析和处理,使公司具有较强的应变能力。然而,矩阵式组织结构过于复杂,难以协调各层次之间的利益关系;产品经理和地区经理统一决策的过程缓慢而繁琐,地域、时间、语言、文化之间的差异会使他们相互之间产生很多的争论和矛盾,不利于管理。

当跨国公司的规模已经十分庞大、产品种类繁多、业务内容丰富、经营地区广泛时,矩阵式组织结构是较为理想的选择。

第二节　跨国公司内部贸易

一、跨国公司内部贸易的含义及其产生的原因

(一)跨国公司内部贸易的含义

跨国公司内部贸易,是指在跨国公司内部产生的国际贸易,也就是母公司与国外子公司之间以及国外子公司之间在产品、技术和服务方面所进行的交易活动。这种交易虽然导致商品、原材料、技术等跨越国界进行流动,但是交易行为主体实际上是同一个所有者,既具有国际贸易的特征,又具有公司内部商品调拨的特征,故称为"内部贸易"。

据统计,上世纪70年代,跨国公司的内部贸易仅占世界贸易总额的20%,80~90年代上升到40%,目前这一数字已经达到80%左右,且有进一步上升的趋势。

跨国公司内部贸易与正常的国际贸易存在着很大的不同:公司内部交易动机不是以单次交易而是以综合交易为基础的,贸易的商品数量、商品结构以及地理流向等都要受公司长远发展战略计划、生产投资计划、市场营销计划和利润分配计划的控制和调节;交易价格不是由国际市场供求关系所决定的,而是公司内部自定,公司通过实行转移定价来平衡跨国公司总体利益与各子公司局部利益之间的矛盾和冲突。关于转移定价的具体问题我们将在后文详细叙述。

(二)跨国公司内部贸易产生的原因

从总体来看,跨国公司内部贸易的开展是现代国际经济发展的一种必然趋势。当企业的发展扩展到国际范围时,贸易保护主义造成的国际贸易障碍和国际市场不完全,国内、外两个市场的差异造成的额外风险和不确定性,都会成为跨国公司谋求利润最大化的桎梏。同时,技术进步和国际分工的发展使传统的水平分工逐步让位于垂直分工,公司间分工转化为公司内部分工。因此,外部环境和内部因素都促使跨国公司将相当一部分的国际贸易转化为公司内部贸易。

具体来说,跨国公司开展内部贸易的原因有以下几个方面:

1. **降低交易成本**

国际贸易在国际市场上运作必须付出成本代价,为寻找交易对象、获取价格信息形成搜寻成本,为达成有利的交易价格和条件形成谈判成本,为保证合同顺利执行形成监督成本。而在内部贸易中,交易双方都是一个统一经济利益主体的内部成员,所以可以避免上述外部交易市场所特有的成本支出。当然,为了组

织和安排内部贸易也会产生一些额外成本,但这些成本却是少于外部市场交易成本的。正是出于这种考虑,跨国公司的部分交易就会优先选择以内部贸易的方式开展。

2. 消除外部市场的不确定性

在跨国公司的生产过程中,有些中间投入是高度特定的,在质量、性格、规格上都有特殊要求,如果由外部市场供应,会产生很多的不确定性。原材料的供应也有类似的问题,由于供给地点分散、质量差异大、自然条件不同以及人为限制,出现价格波动和供给中断的可能性比较大。只有把这些经营活动纳入整个跨国公司的体系,才能大大降低不确定性,确保中间产品和原材料的供应符合公司的整体要求,保证产品质量的稳定和生产过程的持续。

3. 提高交易效率

跨国公司内部贸易的效率高于通过外部市场进行交易的效率,一来内部贸易可以消除因所有权独立所造成的利益对立,避免交易过程中因所有权交换引起的摩擦;二来面对内部贸易,跨国公司能有更强的决策能力和应变能力,使交易活动更顺畅。另外,信息的传递在跨国公司管理层级组织内部更具有权威性,从而减少了信息的不对称。

4. 防止技术优势丧失

对技术的垄断是跨国公司的特有优势,也是其存在和发展的关键。但由于技术具有容易扩散和使用上的排他性等特点,公司高技术产品在外部市场交易中可能被仿制,只有通过内部转移和内部出口才能使跨国公司保持其技术优势。所以,技术性产品交易多以内部贸易形势开展。

5. 利用转移定价获得高利润

转移定价不受市场供求影响,只取决于公司经营管理上的需要。转移定价有很多优势,其中一个便是可通过转移高价和转移低价使公司获取高额利润,同时巩固自己的垄断地位。

二、跨国公司的转移定价

(一)转移定价的含义及定价方法

1. 含义

转移定价是指跨国公司内部,在母公司与子公司、子公司与子公司之间相互销售货物、提供劳务、借贷资金以及租赁和转让有形或无形资产等时,人为确定相关价格的方法。这种价格通常不按市场供求关系变化,而是根据跨国公司的战略目标和整体利益最大化的原则由上层决策人直接确定。

2. 定价方法

跨国公司实行转移定价的商品有两大类:一是有形商品,如零部件、半成品和机械设备;二是无形商品,如技术、咨询服务等。确定这两大类商品的转移定价的原则是不同的。

对于有形商品的转移定价,又可分为两种定价体系,一种是内部成本加调高(或调低)的转移价格的定价体系,这里的"内部成本"根据企业实际情况的不同可能是成本、成本加一定百分比毛利、成本加管理费用;另一种是外部市场价格加调高(或调低)的转移价格的定价体系,这里的"市场价格"一般为国际市场价格,当没有国际市场价格时则以中间产品按成本加成作为定价的基础。

对于无形产品的转移定价,如专利费、佣金、技术服务费、管理费等,由于缺少相应的可比价格和定价基础,没有具体的定价方法,主要取决于掌握市场信息的情况和谈判中讨价还价的能力。

(二)转移定价的动机及其实现

转移定价所确定的价格是跨国公司的一种战略性价格,它为公司克服贸易障碍,减轻税收负担,降低交易风险,提高经济效益提供了合法有效的手段,使跨国公司在国际市场中获得竞争优势。转移定价的动机具体有以下几点:

1. 减少所得税支出

在讨论之前先了解一下"避税地"这一概念。世界上有少数国家和地区(代表有百慕大群岛、开曼群岛、巴哈马群岛、瑞士、卢森堡、中国香港等),对设在其境内的公司实行免税或低税政策,因此,它们被称为"避税地"。通常跨国公司都会在避税地设立子公司,以方便进行国际业务和财务调动。

企业所得税是跨国公司最大的税负,各子公司要根据其在经营业务中所取得的利润向东道国缴纳所得税。合理利用转移定价,跨国公司就可以把高税率国家子公司的利润转移到低税率国家或者避税地的子公司,来减少所要缴纳的所得税。下面举例说明,假设某跨国公司要把中间产品从英国子公司销售到日本子公司(假设两国的所得税率都较高),它就会先以低价将产品从英国子公司销售到避税地子公司,再由避税地子公司以高价销售到日本子公司。这样的话,英、日子公司的利润都由避税地子公司获得,公司整体的税负减少。当然,在实际业务中,产品可由英国直接发往日本。

2. 减少关税支出

子公司若处于高关税国家,跨国公司可以通过转移定价降低该公司的进货价格和进口额,从而减少进口关税。举例说明,假设某跨国公司要把一批半成品从英国子公司运往日本子公司(假设进口关税较高),制成成品后再销售到免税区,母公司就会压低半成品的售价,使产品尽可能在日本得以增值,这样整体所需缴纳的关税就会减少。

值得注意的是,若同时考虑所得税和关税,情况就会变得复杂。跨国公司应当通过仔细的计算和比较,选择使两种税负之和最小的转移定价方法。

3. 绕过东道国的价格管制

东道国政府为了维护本国市场,通常对于进口到国内的商品价格有一定的控制,这里主要针对倾销和垄断。

构成倾销的条件是商品在国外的销售价格低于正常价格,这里的正常价格有三种表示方式,一是出口国或原产地的国内市场销售价格,二是第三方国内市场价格,三是成本＋运费＋利润＋税收(成本加成)。如果可以争取到以第三种方式定价,母公司就可以将原材料等以低价出售到国外子公司,这样子公司产品的价格低未必就是倾销,而是由成本低造成的。

同理,母公司有时还可以提高出口到国外子公司的原材料、零部件、半成品等的价格,这样子公司产品的价格高未必就是垄断,而是由成本高造成的。

4. 方便调拨资金

跨国公司所实行的多国经营,需要利用众多资本市场,实现资金的自由调拨与配置。若直接通过国际市场调拨资金,会受到东道国的外汇管制和其他方面的限制,因此跨国公司选择通过转移定价在公司内部配置资金。

比如,某子公司急需资金来开发新技术和新产品,母公司在向其出售原材料等时,就可降低销售价格,使子公司有更多的利润和可利用资金。再比如,某子公司所在国的利率较高,那么就可通过转移定价将利润转移出该子公司,使资金流向收益高的地方。

5. 在合资企业中占优势

假设某合资经营企业,东道国和跨国公司子公司的起初各持股分别为70%和30%,由于按投资比例分红,跨国公司获利较少。那么跨国公司可利用转移定价从一些子公司高价购买原材料,再低价出售给另一些子公司,长期下去合资企业就会表现为亏损。若此时要追加资金进行生产,东道国往往会因为缺乏资金而力不从心,此时,跨国公司便可以以资金换取股权,增大其持股比例直到超过东道国。

6. 其他动机

某些工会组织会代表工人利益,要求公司为职工增加工资和福利,公司可通过转移定价减少子公司利润,以缓解加薪压力。

某子公司出现资金短缺需要向银行借款时,可通过转移定价将利润集中在该公司,以提高它的信用评级,方便借款。

假设子公司 1 所在国的货币为硬币(汇率稳定或趋于升值),子公司 2 所在国的货币为软币(汇率不稳定或趋于编制),为了尽可能地减少汇率波动带来的风险,可通过转移定价增加子公司 1 的利润,减少子公司 2 的利润。

第三节　跨国公司对国际经济贸易的影响

一、跨国公司对世界范围内国际经济与贸易的影响

跨国公司已成为当代国际经济、科学技术和国际贸易活动中最活跃、最有影响力的因素。从宏观角度看,跨国公司的演变和发展对世界经济的变化和政治格局的演变产生了战略性影响;从微观角度看,一国的国际收支增减、资本流动、传统工业的兴衰、新兴工业的崛起,都与跨国公司的经营相关。在世界范围内,跨国公司对经济与贸易产生的影响如下:

(一)积极方面

1.跨国公司使国际分工演变为世界分工

二战之后,国际分工的深化加速了跨国公司的发展;反过来,跨国公司的巨大发展,也深刻影响着当代国际分工,使其向纵深发展,形成世界性的分工。

传统的国际分工只发生在最终产品之间,国际贸易是国际分工实现的唯一途径。而跨国公司可以在其占据的区域市场甚至全球市场内,将某一产品的生产过程进行更加细密的专业化分工,并将其部署在不同的国家,以充分利用当地的竞争力优势,实现资源、物流和市场的有机结合。这样的话,世界市场就会日益建立在由跨国公司统一指挥的整个生产体制之间的竞争之上,而不是个别工厂或企业之间的竞争之上,公司体系内产品、技术和人员的跨国界流动程度也会更高,分工联系更为紧密。

2.跨国公司是经济增长的引擎

跨国公司发展迅速,它们的资产额和销售额甚至可以与世界上很多国家的国民生产总值相比,而且规模仍在不断扩大。正如1973年联合国经社理事会在《世界发展中的多国公司》报告中所指出:跨国公司引人注目的发展已"成为国际经济关系中的一个重要现象"。1992年联合国跨国公司中心在《世界投资报告(1992)》中,进一步提出"跨国公司——世界经济的引擎"。

促进经济增长的基本要素在各国是相同的:有一国生产活动中储蓄和投资的能力;开放、吸收和利用技术的效益;改善劳动者的素质以提高人力资源的生产力;参与国际贸易的程度;实现工业化的同时,采取有效的环境保护措施等。这些要素的实现都与跨国公司全球经营战略密切相关。

另外,跨国公司还是当代各种形态的资本进行国际运动的主要承担者,大多数的国际贸易、国际直接投资、国际货币流动和国际技术转让,都要通过跨国公司进行,可见其对世界经济增长的重要性。

3. 跨国公司有助于国际贸易规模的扩大

相当数量的跨国公司在国外不断新建、扩建子公司，兼并和收购国外企业，并向国外子公司提供必须的生产设备、原材料和半成品，这些做法大大带动了国内产品和技术的出口。母公司与子公司、子公司与子公司之间生产专业化和协作化程度较高，形成了各种生产要素的内部买卖，这不仅加强了国家间经济技术的合作与交流，而且使得公司内部的贸易数额不断增加，从而促进世界贸易规模不断扩大。

4. 跨国公司优化了国际贸易结构

跨国公司对外投资主要集中在制造业部门，尤其是在资本、技术密集型产业，这直接影响着国际贸易商品结构的变化，使制成品贸易所占比重上升，初级产品所占比重下降。此外，跨国公司内部专业化协作的发展也使制成品贸易中中间产品贸易比重不断上升。随着经济的发展，服务行业吸收的对外直接投资所占比重越来越大，结果就是国际服务贸易迅速发展，增长速度甚至超过货物贸易。

5. 跨国公司促进国际技术贸易的发展

国际技术贸易的快速增长在很大程度上得益于跨国公司的技术创新和技术转让活动。当代跨国公司为了在激烈的竞争中保持优势，需要不断地进行科学技术研究，推出新产品。而子公司一般不进行研究开发，都是利用公司内部技术转让从母公司引进新机器设备、半成品和技术服务。当技术处于生命周期即将结束的阶段时，跨国公司还会将技术出售给发展中国家的公司，以回收一部分费用，为下一阶段的科研活动做准备。

6. 跨国公司促进国际贸易理论和国际直接投资理论的一体化

国际贸易理论是在一般均衡分析框架中探讨国家为什么进行国际贸易的问题，国际直接投资理论是解释企业为什么在特定的国家投资，采取了所有权、内部化和区位优势等概念解释投资选择问题。过去，人们都是分别研究这两个理论，但跨国公司的巨大发展要求把贸易与投资理论结合在一起分析贸易与投资利益与效益，而不再以单纯的贸易行为来衡量国家之间的经济利益。

（二）消极方面

1. 加剧了世界市场的垄断

竞争和垄断是相辅相成的，竞争是跨国公司活力的源泉，但具有竞争优势的企业会逐步通过内部积累和外部兼并走向集中和垄断。跨国公司依仗其经济实力，操作垄断价格，在国际贸易中获取高额利润，而高额利润又增加了它在国际和国内进行扩张的能力。如此循环，加剧了其对世界市场的垄断，特别是对技术的垄断。

2. 扩大世界范围内的贫富差距

跨国公司通常在全世界范围内配置资源,实现生产要素的最佳组合,但这种配置会导致财富、贸易利益的日益集中和两极分化的现象。一些发展中国家和地区出现了"贫困性的增长",在国际分工中的地位未取得实质性的改变,在国际贸易中的地位也没有显著提高。相反,它们还廉价出卖本国资源和劳动力,从而导致其更加贫穷。

3. 干扰贸易秩序

跨国公司在内部转移产品、服务、资金时,多采用转移定价以使公司利润最大化。但是,这种定价机制削弱了自由市场竞争赖以生存的价格机制,破坏了国际市场价格与供求之间的联系。它减弱了价格作为市场信号的作用,在一定程度上干扰了原本以市场价格为基础的贸易秩序。

二、跨国公司对母国的影响

目前,跨国公司已经成为集全球生产、投资、贸易、金融与技术服务于一身的特殊而巨大的经济主体,其独特的组织形式和经营方式给企业和母国都带来了巨大的经济利益和社会效益。

(一)跨国公司对母国产业竞争力的影响

美国哈佛大学迈克尔·波特教授在继承传统的比较优势理论的基础上提出了"国际竞争优势"理论,著有《竞争战略》、《竞争优势》、《国家竞争优势》等。在后一部著作中,他提出国家竞争优势实际上是行业竞争优势的问题,关键在理解一国经济的大环境如何影响企业和行业在世界市场上的竞争地位。而一国的特定产业是否具有竞争力取决于生产要素、需求条件、相关与辅助产业的状况和企业组织、战略、竞争程度等要素,外加受到政府行为和机遇的影响。

跨国公司对母国产业竞争力的影响通过前三个要素展开:

1. 生产要素

生产要素包括人力资源、自然资源、知识资源、资本资源和基础设施。生产要素又分为初级要素和高级要素,前者是指一个国家先天拥有的自然资源和地理位置等,后者指社会和个人通过投资和发展而创造的因素。一个国家要取得竞争优势,高级要素比初级要素更重要。

传统的要素导向型跨国公司在东道国获取的是初级要素,其效果是增加了本国要素的存量,大大提高了资源匮乏型母国的竞争力。跨国公司的经营使母国能从事特定行业的生产,而这些生产原本由于要素的缺乏无法开展。比如,日本的钢铁工业和石油化工业,分别依靠子公司在澳大利亚的铁矿和中东的石油。

当代跨国公司的优势更多地体现在高级要素上,不仅技术、专利、管理技能等都掌握在母国的手中,就业结构中管理、科研人员的比例也有所上升,人力资本大增。

2. 需求条件

波特强调国内需求在刺激和提高国家竞争力优势中所发挥的作用，成熟、复杂的消费者会迫使本国企业努力达到产品的高质量标准和产品创新。比如，欧洲斯堪的纳维亚地区苛刻的消费者促使当地两大电信设备制造商——芬兰的诺基亚和瑞典的爱立信早在其他发达国家对移动电话需求形成之前就开始大规模投资移动电话技术。

跨国公司母国一方面可利用自身先进的科研技术，开发出新产品引导国内消费需求，另一方面可利用各国需求状况的时间差和需求结构的规模差，克服东道国的政治、经济、文化障碍，将本国的需求方式和偏好传递过去。美国的快餐业如肯德基、麦当劳，就凭借其品牌优势和成本优势，大规模挺进后进国家，从而在一定程度上影响当地的饮食习惯。

3. 相关及辅助产业的状况

在国内拥有具备国际竞争力的供应商和关联辅助性行业，也是一个行业取得国际竞争优势的重要条件，这一点通常表现为在地理位置上相互靠近、技术上和人才上相互支持的产业链。比如，美国计算机硬件的发展，离不开美国微软等一大批世界领先的计算机软件公司。

跨国公司经营对这一因素也有积极影响，国外子公司在全球采购中，会优先考虑母国的供应商，有益于带动国内供应商和支持相关产业的发展，特别是那些高新技术产业。这样的话，跨国公司海外市场的扩大也就意味着国内供应市场的扩大，从长期看有助于母国的发展。

(二) 跨国公司对母国产业结构优化的影响

跨国公司在国际生产领域占据了支配地位，它们在企业内部为重新配置资源而进行的垂直直接投资，实际上是母国与东道国、东道国与东道国之间的资源配置，在外部则表现为产业的国际调整，对母国产业结构的优化产生重要影响。

1. 跨国公司兼顾传统产业的退出和新兴产业的发展

产业结构的优化，必然伴随着新兴产业的兴起和传统产业的逐步衰退。如果生产要素不能及时从传统产业中转移出来，就会使人、财、物不能转移到新兴产业中去，这将会削弱产业升级的物质和技术基础，延缓升级的速度。但是，由于种种原因，传统产业的退出会遇到壁垒，比如，生产设备及人力资本的专用性、沉没成本、政策和法律等因素。跨国公司利用对外直接投资，可以同时兼顾传统产业的退出和新兴产业的发展。跨国公司向海外转移尚可利用的传统工业生产能力，既能释放出沉淀生产要素用于支持新兴产业的发展，又能实现传统产业的扶持、改造或退出，减轻传统产业带来的负担。

2. 跨国公司经营能突破资源短缺的限制

产业结构的调整会受到关键性资源短缺的限制,在母国获取这些资源的成本太高,通过进口贸易又受国际供求关系的影响。而跨国公司进行对外直接投资生产,就可以在东道国获取短缺资源,克服母国自然禀赋不足的缺点。这样一来,产业结构的优化就回避了自身资源的缺陷,同时还可发挥在技术、管理方面的优势,形成经济发展与产业结构调整互动的良性循环。

3. 跨国公司有利于整个产业的提升

跨国公司通过产业间的供求关联、技术关联和竞争关联的交叉作用发挥极大的波及效应,甚至会影响到整个产业系统的供求关系和竞争关系,导致其原材料消耗水平降低、资源利用率提高,引起产业中间需求率和中间投入率的变化,促使产业间投入、产出关系变化,从而促进整个产业技术水平的提高和产业的升级。

4. 跨国公司对外投资易造成"产业空洞化"

跨国公司的对外垂直直接投资在促进母国产业高度化的同时,不断把国内的劳动密集型、资源密集型以及部分资本密集型产业转移到海外子公司,使母国有形资本不断外移,国内产业实体空壳化,就可能造成"产业空洞化",损害母国利益。所以,母国在对外投资时要注意产业的选择和投资的度。

(三)跨国公司对母国技术创新能力的影响

技术创新能力是当代国家竞争力的重要内容之一,而跨国公司既是技术创新的主要来源,也是国际技术转移、扩散的重要渠道和载体。

母国能从跨国公司的跨国研发等活动中获得新技术,并运用新技术产生示范效应,使其他国内企业认识到新技术的市场,从而以各种方式掌握相同或相似的技术,产生技术效应,提升母国整体产业的技术水平。若对外直接投资是技术资源获取型的,便可直接增加跨国公司的技术能力,技术总量或质量发生变化,进一步研究和创新的基础就得到提高,国内的投资方向、技术资源形态、就业结构、劳动力技能的水平和结构也将逐步调整。若是母国向东道国转让已经进入生命周期的技术,既能获得转让收益,又能有充足的人、物、财力进行新的研究,从而有利于母国技术创新能力的提高。

三、跨国公司对东道国的影响

(一)积极方面

跨国公司母国对东道国的直接投资弥补了东道国资金缺乏、技术落后的缺陷,促进其国内生产和出口贸易的发展。东道国通常人口众多、劳动力成本低、资源丰富、原材料价格低廉,但往往缺乏资金和技术。而跨国公司最初的投资多半就是在劳动密集型和资源密集型地区。所以,东道国能在经济全球化过程中获得新的要素,实现现代化发展。

东道国通过引进国外的资本、技术和管理经验,一方面可以大力发展资本密集型工业、技术密集型产业,促进产业结构和对外贸易商品结构的优化;另一方面可对母国技术的学习和模仿提供方便。

跨国公司的进入或参与,对东道国本国的就业有促进作用。经济的发展会带来大量的就业岗位,同时通过产业乘数效应,带动第三产业(包括知识型服务业和一般型服务业)的发展和壮大,为东道国提供更多的就业岗位,同时还能培养大批本土业务人才、管理人才。

(二)消极方面

跨国公司容易造成对某些行业的垄断,抑制东道国民族产业的发展。母国通常看中东道国巨大的消费市场和无限商机,在该地投资和并购两种进入方式中多采用后者以达到垄断的地位。跨国公司凭借强大的经济实力挤压、吞并甚至是消灭民族企业,这就会威胁到东道国的经济安全。

跨国公司内部贸易容易造成东道国的利益损失。跨国公司利用其垄断地位,抬高产品的销售价格,压低原材料价格,以获得垄断利润,但却经常使用转移定价将利润调出东道国。同样,转移定价还能弱化东道国的价格管制,绕过其关税壁垒,减少其税收收入,最终都是侵吞东道国的利润。

跨国公司虽向东道国提供或转移技术和管理经验,但这些可能并不适用于东道国。它可能是处于技术生命周期标准期的相对"落后"技术,也可能是破坏生态、浪费资源、污染环境的,跨国公司只是为了母国利益而将其转移过来的。长期使用这些技术和管理经验,不利于东道国本身的产业成长和技术创新。

那些接受跨国公司并购和跨国公司的投资规模相对较大的东道国,其经济结构和主要产业会对母国有很强的依附性和从属性。当跨国公司母国发生经济危机时,传导机制会使这些东道国面临更大的风险。未发生危机时,跨国公司也可能通过自身的能力和行为影响一国产业或一国的政治,威胁东道国的国家安全。

第四节 跨国公司理论

第二次世界大战以后,跨国公司的快速崛起及其对外直接投资的迅速发展引起了西方经济学家的广泛关注。他们开始注意跨国公司的对外直接投资活动,并相继提出一系列理论对其进行解释。下面分别讨论几个主要的跨国公司理论。

一、垄断优势理论

(一)垄断优势理论的提出

1960年,加拿大经济学家斯蒂芬·赫伯特·海默在他的博士论文《国内企业的国际经营:对外直接投资研究》中,率先提出"垄断优势"这一概念,并用其解释国际直接投资行为。70年代,海默的导师金德伯格补充完善了这一理论,形成所谓的"海默—金德伯格传统"。

在传统的经济学理论中,对外直接投资和间接资本输出都作为资本移动来处理,资本总是从资本充裕的国家流向资本稀缺的国家。但是,海默认为直接投资和间接资本输出的目的不同,前者的目的在于控制国外企业的经营活动,而后者的目的在于获得股息、债息和利息。所以,传统国际资本流动理论的套利假设无法解释跨国公司的对外直接投资行为。

自此,跨国公司对外直接投资理论首次以独立的理论形态从传统的理论中划分出来。

(二)垄断优势理论的主要内容

垄断优势理论认为,企业对外直接投资必须满足两个条件:

其一,企业必须拥有竞争优势,以抵消其与当地企业竞争中的不利因素。

其二,不完全市场的存在,使企业得以拥有和保持这些优势。

1. 竞争优势

海默认为,东道国的当地企业与跨国公司相比有其特定的优势:

(1)较了解本国的市场需求、风俗习惯、法律规章,更能适应本国政治、经济、法律、文化诸要素所组成的投资环境。

(2)不必担负跨国公司无法逃避的费用和风险,如直接投资的开支、汇率波动的风险。

(3)常能得到本国政府的优惠和保护。

同样,跨国公司之所以面对种种不利因素,还能进入东道国市场并与当地企业进行竞争,也是因为它拥有特定的垄断优势:

(1)具有更多的高水平知识资产,如技术专利、融资能力、管理才能。

(2)具有产品市场不完全的优势,如产品差异、营销技巧、品牌商标。

(3)有内部和外部两种规模经济。

垄断优势使跨国公司能生产出当地无法供给的高质量、差异化产品,只有当这些弥补了跨国公司与当地企业竞争中面临的不利因素时,才能保证其对外直接投资的顺利实施。

2. 不完全竞争

在不完全竞争这种市场结构中,众多生产者生产和销售同一类产品,但产品在质量、性能、规格、商标等方面仍具有差异性。不完全竞争市场是企业对外直接投资的决定因素,是企业拥有和保持垄断优势的前提。

市场不完全可分为几种形式:产品市场的不完全、资本和技术等生产要素市场的不完全、规模经济引起的市场不完全、政府的关税等贸易限制措施造成的市场不完全。前三种市场不完全使企业拥有如上文所列举的垄断优势,第四种市场不完全则导致企业对外直接投资以利用其垄断优势,进入东道国市场。

(三)对垄断优势理论的评价

该理论突破了传统的贸易理论框架,开创了一条研究跨国公司理论的新思路,对西方学者产生了深刻影响,为后续其他理论的发展奠定了良好基础。

然而,海默的理论并非尽善尽美,它也存在一些不足之处:其一,垄断优势论只解释了企业进行海外直接投资的原因,至于为何不采用商品直接出口或者许可证安排的方法,并没有做出解释;其二,该理论没有讨论投资区位的选择问题,故不能解释生产部门跨国化的地理布局问题和服务性跨国公司区位选择的问题;其三,该理论以美国为研究对象,对其他发达国家具有指导意义,但无法解释发展中国家企业的对外投资问题。

二、内部化理论

(一)内部化理论的提出

内部化的思想起源于1937年科斯所著的《企业的性质》一文,他认为,"市场的运行是有成本的,通过形成一个组织,并允许某个权威(企业家)来支配资源,就能节约某些市场运行成本",但在当时并未引起重视。

内部化理论形成于20世纪70年代中期,由英国学者伯克莱和卡森于1976年在两人合撰的《多国企业的未来》中提出,后来加拿大经济学家拉格曼对其做出进一步的发展。这个理论认为,跨国公司就是将其资源在国际范围内进行内部转让的基础上建立的,并解释了企业为何不在外部市场上进行转让,而要在内部进行交易。

(二)内部化理论的主要内容

内部化理论认为,世界市场是不完全竞争的市场,跨国公司为了克服市场失效和某些产品(如知识产品)的特殊性质或垄断势力的存在,导致市场交易成本增加;而通过对外直接投资,可以将本来应在外部市场交易的业务转变为在跨国公司所属企业之间进行,降低交易成本和交易风险。

1. 内部化形成的原因

内部化理论认为,中间产品市场是不完全的,但这种不完全不是由规模经济、寡头行为、贸易保护主义和政府干预所引发的,而是由市场失效和中间产品的特殊性质所导致的。所谓"中间产品"不仅包括半加工的原材料和零部件,更主要的是指专利、专用技术、商标、商誉、管理技能和市场信息等知识产品。

知识产品的形成耗时长、费用大；若通过外部市场交易，由于存在买方不确定性，买方不愿意支付令卖方完全满意的价格；在转让的过程中易产生知识外溢现象，大批效仿者的出现会使跨国公司失去独占优势，无法回收巨额的研发费用。

为追求最大限度的利润，跨国公司必须建立内部市场以替代外部市场，利用管理手段协调资源和产品在公司内部得到合理的分配和充分的利用，避免市场不完全对企业经营效率的影响。所以，外部市场失效是内部化形成的主要原因。

2. 内部化的交易成本及影响因素

内部化的目标是获得更大的利润，只有当跨国公司的内部交易成本低于外部交易成本，内部化才有意义。外部交易成本包括寻找交易对象、获取价格信息所形成的搜寻成本，为达成有利的交易价格和条件所形成的谈判成本，为保证合同顺利执行所形成的监督成本。

内部交易成本则包括以下几个方面：

(1)将完整的市场分割为若干个独立的内部市场，只能在低于最优经济规模的水平上从事投资和生产经营活动，这就会造成资源浪费。

(2)要建立独立的通讯系统供遍布世界各地的分支机构进行联系，这会增加基础设施建设成本。

(3)东道国的干预会使跨国公司的投资和生产面临风险，从而增加风险成本。

(4)跨国公司需要对遍布世界的子公司进行严格的监督管理，这会增加管理成本。

影响企业交易成本的主要因素有：

(1)行业因素，包括产品的特性、产品外部市场的竞争结构、规模经济等。

(2)国别因素，包括东道国的政治制度、法律制度、经济制度，特别是财政金融政策对跨国公司经营的影响。

(3)地区因素，包括由于地理位置、社会心理、文化环境等不同所引发的交易成本变化。

(4)企业因素，包括企业的组织结构、管理经验、控制和协调能力等。

(三)对内部化理论的评价

内部化理论的出现标志着西方国际直接投资研究的重要转折，它站在内、外部市场差异的角度进行分析，开创了新思路。其一，该理论较好地解释了跨国公司的性质、起源和对外投资的形式，对发达国家和发展中国家的对外投资行为都能进行较为合理的解释，故被称为"一般理论"。其二，该理论较好地解释了跨国公司在对外直接投资、出口贸易、许可证安排三种方式之间选择的依据，通过对外直接投资使市场内部化,能保持跨国公司的垄断地位,实现公司利润最大化,所以在三种方式中占主导地位。其三,该理论还有助于解释战后跨国公司的增长速度、发展和盈利变动等事实。

然而,内部化理论也存在其不足之处。它不能科学解释跨国公司对外直接投资的区域分布,故经常受到奉行区域优势论的经济学家的抨击;同时,若按照内部化理论对知识产品实行内部化,就会阻碍新技术、新产品在全世界范围的迅速普及。

三、国际生产折中理论

(一)国际生产折中理论的提出

国际生产折中理论是由英国经济学家邓宁在20世纪70年代提出来的。他运用折中主义方法对各种跨国公司理论进行概括性和综合性的分析,在1976年发表《贸易、经济活动的区位与多国企业:折中理论探索》一文中,提出在研究跨国公司国际生产活动中应吸收区位理论,并融入俄林的要素禀赋论和伯克莱、卡森的内部化理论,从而形成跨国公司折中理论。1981年,邓宁又出版《国际生产与跨国企业》一书,进一步使折中理论系统化、理论化、动态化。

国际生产折中理论吸收了经济学中的各种思想,把国际贸易、对外直接投资和非股权转让三者合为一体,可以同时解释跨国公司国际经营的三种主要方式,即许可证安排、出口贸易和对外直接投资。

(二)国际生产折中理论的主要内容

国际生产折中理论认为,企业必须同时具有所有权优势、内部化优势和区位优势,才能从事有利的对外直接投资活动。

1. 所有权优势

所有权优势又称"厂商优势"、"竞争优势"、"垄断优势",是指一国企业拥有或者能够获得其他企业所没有或无法获得的资产及其所有权。这种优势主要来源于海默的"垄断优势论"。

所有权优势可归于四类:

(1)技术优势,包括专利、专用技术、销售技巧、研究与开发能力。

(2)组织管理优势,包括在组织人才、协调管理方面的优势。

(3)企业规模优势,包括在节约生产费用、市场开拓能力等方面的优势。

(4)金融和货币优势,包括因良好的企业形象和优良的资信记录而产生的融资优势。

2. 内部化优势

内部化优势主要来源于伯克莱、卡森的内部化理论。跨国公司将其所拥有的各种所有权优势加以内部化的动机在于避免外部市场的不完全对企业所产生的不利影响,从而实现资源的优化配置,并且继续保持和充分利用其所有权优势。

邓宁认为,市场的不完全性同时存在于中间产品市场和最终产品市场,大致可分为两类:

(1)结构性市场不完全,主要是由东道国政府的贸易保护主义(如关税壁垒和非关税壁垒造成的市场不完全)引发的。

(2)知识性市场不完全,主要是由于企业的生产和销售信息不灵造成的高生产成本和高交易成本。

3. 区位优势

区位优势是指东道国固有的、不可移动的要素禀赋优势。主要包括:各国生产要素的成本及质量、要素投入和市场的地理分布情况、运输成本、通讯成本、基础设施状况、政府干预范围与程度、国内外市场的差异、各国的金融制度、文化环境的差异程度、商业惯例等。

4. 三优势模式

国际生产折中理论认为:

对外直接投资=所有权优势+内部化优势+区位优势,三个变量的不同组合直接影响企业的决策。

企业必须同时具有上述三种优势,才能从事有利的对外直接投资活动;若仅具有所有权优势和内部化优势,而缺乏区位优势,则只能将有关优势在国内加以利用,而后通过出口贸易供应到国外市场;若只具备所有权优势而无其他两种,则只能进行单纯的国际技术转让(许可证安排)。

邓宁还用表5-1来表示企业所具备的优势与其国际经营方案之间的关系,其中"√"意为具备该项优势,"×"意为不具备该项优势。这样的话,上述讨论便一目了然。

表5-1 企业所具备的优势与其国际经营方案之间的关系

	所有权优势	内部化优势	区位优势
对外直接投资	√	√	√
出口贸易	√	√	×
许可证安排	√	×	×

(三)对国际生产折中理论的评价

国际生产折中理论一方面吸收了自海默以来的关于跨国公司理论各个流派的思想,另一方面利用产业组织理论、新厂商理论和区位理论中的某些观点,具有综合分析、宏观分析、区位分析和动态分析的特点,较好地回答了投资动因、方式选择、区位选择的问题。同时,该理论既可以适用于发达国家,也能适用于发展中国家。

然而,邓宁的国际生产折中理论并无很多创新,其特色在于平庸的折中和杂烩式的兼容,终究不能看作另辟蹊径的新理论。

四、产品生命周期理论

(一)产品生命周期理论的提出

"产品生命周期理论"由美国哈佛大学经济学教授雷蒙德·弗农最先提出,1966年,他在《产品周期中的国际投资与国际贸易》一文中提出,美国企业对外直接投资与产品生命周期密切相关。

这里的产品生命周期不是指其使用价值磨损殆尽的过程,而是产品在市场上的营销寿命,是产品在市场上竞争地位的变化过程:产品向市场推出;产品逐渐扩大销路,充斥市场;产品由盛至衰,最终被新一代产品替代甚至退出市场。弗农理论将国际投资同国际贸易和产品生命周期结合起来,解释美国战后对外直接投资的动机和区位的选择,故称之为"产品生命周期理论"。

(二)产品生命周期理论的主要内容

根据产品生命周期理论,产品完成一次循环,需要经历以下三个不同阶段:新产品、成熟产品和标准化产品。

1. 新产品阶段

在新产品阶段,产品的技术还未成形,研究与开发的费用在成本结构中占据的比例最大。创新国如美国或者创新企业由于拥有较高的科技水平和较多的科技人员,在技术上具有垄断优势,新产品在国内生产,大部分在国内销售,一部分出口。在这个阶段,进出口贸易主要发生在少数先进国家与其他发达国家之间,因为这些国家的收入水平相对较高且比较接近。

2. 成熟产品阶段

当产品进入成熟期,技术已经确定,产品类型从研究与开发密集型转化为资本(包括物质、管理、人力资本)密集型。这一时期产品需求扩大、产量增加、需求的价格弹性增大,同时市场竞争日趋激烈、替代产品增多,创新国企业的技术垄断和市场独占地位相对削弱。此时,创新国企业面临生产成本上升和国内市场日趋饱和的挑战,将扩大对外投资,开拓海外市场,从而弥补国内需求的减少和抑制国内外仿制的竞争。通常会把其他发达国家作为优先选择的投资区位,因为那里资本相对丰富。

3. 标准化产品阶段

在标准化阶段,产品的生产技术、生产规模及产品本身已完全成熟,趋于标准化,原材料和劳动力成为最重要的成本。这时,创新国企业的垄断优势将完全消失,成本—价格因素在市场竞争中起了决定性作用。为了进一步降低成本,创新国开始在发展中国家投资生产,再将其生产的产品返销到母国或第三国市场。此时,产品创新国成为该产品的进口国。

4. 总结

随着产品生命周期的演进,比较优势呈一个动态转移的过程,贸易格局和投资格局随着比较优势的转移而发生变化;每个国家都可以根据自己的资源条件,生产其具有比较优势、一定生命周期阶段上的产品,并通过交换获得利益。

图 5-1 就体现了不同国家在产品生命周期各个阶段的变化情况:

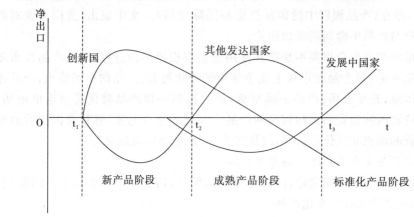

图 5-1 产品生命周期理论

(三)对产品生命周期理论的评价

产品生命周期理论反映了 20 世纪五六十年代的美国制造业对外直接投资的情况,较好地解释了美国对西欧和发展中国家的直接投资。它正确地评价了贸易、对外直接投资和企业增长之间的紧密联系,弥补了古典贸易理论的比较优势静态分析格局的不足,第一次从比较优势的动态转移角度将国际贸易和国际投资作为一个整体来考察企业的跨国经营行为。

同样,该理论也存在不少缺陷。很多跨国公司一开始就在国外研究开发、生产和销售新产品,或是在保持母国技术优势的同时,又进行大规模的国外直接投资,这都与产品生命周期理论不符。同时,该理论仅仅考察了美国企业的情况,不能解释发展中国家的对外直接投资,也不能解释日本式对外直接投资。

五、边际产业扩张论

(一)边际产业扩张论的提出

边际产业扩张论,又称"比较优势投资论"、"边际比较优势理论"或"小岛清"模式,是由日本一桥大学教授小岛清在 20 世纪 70 年代中期根据国际贸易理论中的比较优势理论和日本的对外直接投资现实提出的。

70 年代中期以前,日本学术界普遍接受的是以垄断优势论和产品生命周期理论为代表的主流跨国公司理论,但是在用这些理论研究日本大规模的对外直接投资时,却无法得出令人信服的结论。小岛清认为,垄断优势论等主流理论只适用于美国跨国公司的对外直接投资,但无法解释日本企业的对外直接投资,因此在其著作《对外直接投资论》、《跨国公司的对外直接投资》、《对外贸易论》和《外国直接投资的宏观经济方法》中,他根据日本对外直接投资的特点,创立了"小岛清"模式,用来解释和指导日本的对外直接投资活动。

(二)边际产业扩张论的主要内容

边际产业扩张论的核心思想是:"一国应该从已经或即将处于比较劣势的产业开始对外投资,并依次进行。"对母国来说,将比较不利的产业和产品分别放到别的国家生产,有利于本国产业结构的优化;不直接生产而从东道国进口,能降低生产成本、增加利润。对东道国来说,可以从母国获得自身所缺乏的资本、技术和管理知识,再与自身较富裕的劳动力等生产要素相结合,并加以合理利用,从而推动东道国的技术进步和经济增长;同时,母国还为东道国提供了市场,有利于增加东道国的出口,增强其国际购买力。

对于上述核心思想,小岛清用图为我们做出了明确的说明。通过分析图 5-2,我们还可以知道为什么要从已经处于或者即将处于劣势的产业开始投资,而不从最具优势的产业开始投资。

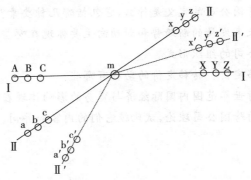

图 5-2 边际产业扩张论

图中,Ⅰ-Ⅰ线是日本企业的商品成本线,并假设 A、B、C…X、Y、Z 均可用 100 日元生产出来。Ⅱ-Ⅱ实线是东道国商品成本线,a、b、c…x、y、z,成本由低到高,比如 a 为 0.5 美元,z 为 8 美元。Ⅰ线与Ⅱ线相交于 m 点,此交点表示按外汇汇率计算(假设 100 日元=1 美元)的两国 m 商品的成本比率相同。因此,A、B、C 产业是日本的边际产业,X、Y、Z 产业是日本的优势产业。

若从边际产业开始对外投资,投资的结果是东道国的生产成本降至 a'、b'、c',这样对外直接投资就可以实现世界范围内降低生产成本,东道国增加出口量,母国从东道国进口,双方的贸易得到互补和扩大。若从优势产业开始对外投资,情况则不同,东道国的生产成本虽然降至 x'、y'、z',但仍高于母国本国生产的成本,一是母国还会自己生产,二是东道国会因为生产成本的降低而不再从母国进口。这样对母国来说,相当于用国外的生产替代本国的出口贸易,不能达到节约生产成本的目的。

(三)对边际产业扩张论的评价

小岛清是从比较优势的原则将贸易和投资看成一个相互关联的整体活动来考察的第一人,该理论较好地解释了对外直接投资的动机和区位选择的问题,符合日本在20世纪70年代的实际情况。他强调直接投资的根本特点在于"资本、技术、管理经验、营销技巧等知识的总体转移",把直接投资看作"先进生产函数的移植",关键是转移技术在东道国的适应情况。

然而,该理论也存在其不足之处。该理论将母国整体作为主体,忽视了企业之间的差别。比如,一个国家的边际产业并不代表也是一个企业的边际产业。同时,该理论未能解释为什么要以直接投资的方式进行分工,而不采用出口贸易和许可证安排。

复习思考题

1. 联合国对跨国公司的定义是什么,它包括哪几种要素?
2. 跨国公司未来发展的新趋势和新动向主要体现在哪些方面?
3. 简述跨国公司的组织形式。
4. 什么是转移定价?转移定价的动机有哪些?
5. 跨国公司对世界范围内国际经济与贸易的影响体现在哪些方面?
6. 简述主要的跨国公司理论,试比较它们的内容和异同。

第六章　国际服务贸易和国际技术贸易

随着世界经济的发展和经济全球化进程的加快,服务贸易在全球贸易往来中发挥了越来越重要的作用,并成为国际贸易的重要组成部分。国际服务贸易额已相当于国际货物贸易额的1/4,并且这一比例还会继续上升。2011年,我国商务部在《服务贸易发展"十二五"规划纲要》中指出,随着全球步入服务经济时代,服务业和服务贸易在各国经济社会发展中的地位越来越重要;大力发展服务贸易,是转变外贸发展方式的重要内容,也是推动我国经济结构战略性调整的必然要求。

第一节　国际服务贸易的定义和内容

一、国际服务贸易的概念

"服务贸易"(Trade Services)是相对于古老的"货物贸易"而言的,是指世界不同国家相互交换服务性活动的交易行为。一般来说,国际货物贸易的标的物是有形的货物;而国际服务贸易的标的物是无形的服务。

国际服务贸易可以分为服务出口和服务进口。服务出口,是指一国的服务提供者在境内或境外向别国提供劳动性服务并获取外汇收入的过程;服务进口,是指一国的消费者在境内或境外采购或接受别国提供的劳动服务并支付外汇报酬的过程。也可以说服务的出口方就是服务的提供者,服务的进口方就是服务的消费者。某国的服务贸易额由其服务出口额和服务进口额构成。

二、国际服务贸易的定义

1994年4月15日,关税与贸易总协定下的乌拉圭回合谈判签订了《服务贸易总协定》(General Agreement on Trade in Services,缩写为《GATS》)。该协定的第1条第2款将"国际服务贸易"定义为通过以下四种方式提供的服务:

(一)过境交付(Cross-Border Supply)

过境交付是指从一成员境内向任何其他成员境内提供的服务(也叫"分离式

国际服务贸易"或"过境交付型国际服务贸易")。也就是服务的提供者和消费者不离开居住地而进行服务交易,比如电视、广播、金融保险或贷款服务。

(二)境外消费(Consumption Abroad)

境外消费是指在一成员境内向任何其他成员的服务消费者提供的服务。比如,在国外留学、求医、旅游。(一是服务提供者超越边界提供服务;二是服务消费者超越边界接受服务)。

(三)商业存在(Commercial Presence)

商业存在是指一成员的服务实体(法人)在其他任何成员境内所提供的服务。比如,到国外创办银行、保险公司、饭店等。

(四)自然人流动(Movement of Natural Persons)

自然人流动是指一成员的自然人在任何其他成员境内提供的服务。比如,到国外当教师、医生、护士、司机等。

该协定第1条第3款指出,"服务"包括任何部门的任何服务,但在行使政府职权时提供的服务除外。

三、国际服务贸易的特点

与国际货物贸易相比,服务贸易有其独特的特点:

(一)贸易标的的无形性(Intangibility)

服务不可触摸、不可储存、不易运输,消费者在购买服务前,不能感知服务。比如,消费者在理发店接受了理发的服务,虽然可以在服务结束后可以看到发型的改变,但是理发师的服务是无形的。

(二)交易过程与生产和消费过程的同步性(Simultaneity)

服务的生产和消费往往是同时发生的,通常无法将服务进行转让。服务的提供者和消费者是不可以分割的,不管是在时间上还是在空间上。比如,教师作为服务提供者在课堂上讲授知识的同时,学生作为消费者在接受知识,下课时教师停止了服务,学生也随之停止了消费。

(三)进出口不经过海关

各国的海关进出口统计中没有服务贸易的统计数据,只有在各国的国际收支平衡表中有显示。因此,对服务贸易的监控不能通过海关监督和征收海关关税的方式进行,而只能通过国家立法和制定行政法规来达到目的。同时,因各国的统计范围划分不一致,很多实际上已经发生的服务贸易并没有真实反映出来,所以对服务贸易的统计较为复杂。

四、国际服务贸易的主要内容

国际服务贸易的形式多样、内容复杂,各国对服务的界定和统计并无统一的

标准,因此下面介绍几种有代表性的类型:

(一)按"移动与否"划分

1.分离式服务

分离式服务指服务的供应者与消费者不需实际接触,一般可通过一定的载体进行跨国交易。比如,随着计算机、通信技术的广泛应用,A国的公民可以通过网上购物来购买B国的产品。

2.提供者所在地服务

提供者所在地服务指服务提供者与消费者双方实际接触后进行的交易,接触方式是消费者流向提供者。比如,A国的学生到B国留学。

3.消费者所在地服务

消费者所在地服务指服务提供者与消费者双方在实际接触后进行的交易,接触方式是提供者流向消费者。比如,美国的花旗银行在世界各地设立分支机构,向当地企业和居民提供金融服务。

4.流动的服务

流动的服务指服务提供者与消费者双方在实际接触后进行的交易,接触方式是双向流动的。比如,中国的留学生在美国留学,同时也在某地的某语言培训学校兼职教汉语。

表6-1 国际服务贸易的四种形式

服务消费者 \ 服务提供者	移动	不移动
移动	流动的服务	提供者所在地服务
不移动	消费者所在地服务	分离式服务

(二)按服务与生产过程之间的内在联系划分

1.生产前服务

生产前服务是在生产过程开始前提供并完成的服务。比如,国际市场调研、市场预测、产品设计和研发等。

2.生产中服务

生产中服务是在产品生产或制造过程中提供并完成的服务,其利于生产的顺利进行。比如,企业内部的质量管理、软件开发、人力资源管理以及生产过程之间的各种服务等。

3.生产后服务

生产后服务是在生产完成后,需要有服务将产品推向市场和消费者。比如,广告、营销、销售包装、运输、销售和售后跟踪服务等。

（三）按服务内容包含的生产要素不同划分

1. 劳动密集型服务

劳动密集型服务主要有旅游、建筑、维修、消费服务等。

2. 资本密集型服务

资本密集型服务主要有航运、通信、工程建设服务等。

3. 技术与知识密集型服务

技术与知识密集型服务主要有银行、金融、法律、会计、审计、信息服务等。

目前，发展中国家由于科技研发能力差、产品技术含量低、资金不足，一般从事的是劳动密集型服务贸易，其所提供的服务技术含量小、附加值低、产出小，比如，出国务工；发达国家由于科技研发能力强、产品技术含量高、资金充裕，主要从事资本密集型和技术、知识密集型服务。其提供的服务技术含量高、附加值大、产出高，比如，银行服务。

（四）按《服务贸易总协定》中的"服务部门参考清单"划分

按《服务贸易总协定》中的"服务部门参考清单"划分，国际服务贸易可分为12大类、20个领域的160多项内容，即商业性服务、通讯服务、建筑服务、销售服务、教育服务、环境服务、金融服务、健康及社会服务、旅游及相关服务、文化、娱乐及体育服务、交通运输服务和其他服务。

第二节　国际服务贸易的发展与地位

一、国际服务贸易的产生

在人类社会的发展过程中，早期的服务贸易在原始社会末期、奴隶社会初期就开始具备雏形。

国际服务贸易的发展与货物贸易密切相关，且历史悠久。早期的服务贸易主要表现形式为伴随着国际货物贸易而产生的追加服务，如运输、仓储、包装、保管、保险、销售以及旅馆、餐饮、卫生、娱乐，等等。

15世纪，具有一定规模的国际性服务贸易开始于航运事业的兴起。随着新大陆的发现，到17世纪，也就是资本主义原始积累时期，欧洲殖民统治者为了开发新大陆，以发掘金、银等贵金属，向美洲大量输出劳动力，形成了以劳务输出与输入为主的国际性服务贸易。所以，在18世纪以前，狭义的劳务输出与输入是国际服务交换的主要内容。

18世纪中叶至19世纪中叶，英国和其他欧洲国家相继发生了工业革命，这一史无前例的革命推动了全世界的经济发展，加速了国际的货物贸易额增长。

英国第一次产业革命时期,纺织业、采矿业、冶炼业等主导产业都在发展,与此同时,获得发展的还有以金融业部门和运输业部门为代表的服务业。到19世纪资本主义经济进入自由竞争时期,伴随世界商品市场范围的扩大和产业分工的深化,服务业成为基础生产制造业以外的独立产业,但服务业与工业、农业等生产部门的关系却更加紧密。

这一时期,国际服务贸易的特点是服务贸易额少、技术知识含量低,是货物贸易的附属形式。

二、二战后服务贸易的迅速发展

(一)二战后服务贸易的发展情况

有关"无形贸易项目"的概念也只是到了20世纪60年代才开始引起人们关注的。随着世界经济的发展,到20世纪70年代末80年代初,这一概念才开始真正引起人们的重视。

第二次世界大战结束后,尤其在第三次科技革命的迅速发展的形势下,世界经济不断恢复,世界服务业市场逐步从世界商品市场和金融市场中分离出来,形成世界服务市场,为商品市场提供各种服务,服务贸易越来越成为国际贸易的重要组成部分。比如,航海航空运输、咨询、会计等专业化服务,为世界金融市场提供金融保险、通信等服务,为世界技术市场提供科技开发、软件设计、工程承包和信息服务。

1972年9月,经济合作与发展组织(OECD)首次把"服务贸易"作为一个独立的经济学概念,在文献《高级专家对贸易和有关问题的看法》中正式提出。1974年,美国的《贸易法》第301条款再次提出"世界服务贸易"的概念。

1994年4月,关税与贸易总协定下的乌拉圭回合谈判正式签署了《服务贸易总协定》(《GATS》),这成为世界服务贸易全球化发展的标志性事件。

1970~1980年,世界服务贸易的年平均增长率为18.7%,世界服务贸易出口与货物贸易出口均保持快速增长并且大体上持平的状态。1980~2010年,世界服务贸易出口总额从3673亿美元增加到36639亿美元,30年间增长了9倍,占世界贸易出口总额的比重从1/7增长到近1/5。2000年以来,世界服务贸易年均增速9.3%,超过货物贸易8.8%的增速。当前,服务业占世界经济总量的比重达到70%左右,低收入国家服务业比重达到50%。国际服务贸易发展势头强劲,特别是进入新世纪以来,服务贸易在结构性调整中爆发出新的增长力。

表 6-2　1980～2009 年世界服务贸易进出口额

金额单位:亿美元

年份	进出口				出口				进口			
	总额	运输	旅游	其他	总额	运输	旅游	其他	总额	运输	旅游	其他
1980	7676	3022	2117	2536	3650	1344	1035	1271	4025	1678	1082	1265
1981	7919	3132	2086	2701	3740	1370	1039	1331	4179	1762	1047	1370
1982	7674	2908	2019	2747	3646	1278	1012	1356	4028	1630	1007	1391
1983	7372	2738	1974	2662	3543	1207	1006	1331	3629	1531	968	1331
1984	7619	2778	2170	2671	3656	1227	1099	1330	3963	1551	1071	1341
1985	7827	2760	2284	2783	3816	1247	1158	1411	4011	1513	1126	1372
1986	9058	2923	2809	3327	4478	1332	1430	1717	4580	1591	1379	1610
1987	10744	3386	3467	3900	5314	1541	1757	2016	5439	1845	1710	1884
1988	12260	3891	4057	4311	6003	1783	2028	2192	6257	2108	2029	2119
1989	13421	4241	4397	4782	6566	1930	2207	2428	6855	2311	2190	2354
1990	16011	4861	5292	5858	7805	2233	2648	2924	8206	2628	2644	2934
1991	16754	4980	5481	6294	8244	2287	2764	3194	8510	2693	2717	3100
1992	18709	5321	6332	7056	9238	2440	3188	3610	9471	2881	3144	3446
1993	19009	4315	6318	7375	9413	2435	3230	3748	9595	2879	3091	3625
1994	20770	5813	6870	8088	10332	2658	3511	4164	10438	3155	3359	3924
1995	23864	6664	7905	9295	11849	3037	4077	4735	12015	3627	3828	4560
1996	25407	6764	8420	10222	12710	3101	4386	5222	12697	3663	4034	5000
1997	26259	6901	8469	10889	13203	3174	4414	5616	13056	3727	4055	5273
1998	26853	6824	8533	11496	13503	3143	4434	5927	13350	3681	4099	5569
1999	27939	7030	8859	12051	14056	3253	4593	6210	13883	3777	4266	5841
2000	29718	7683	9197	12838	14922	3485	4778	6659	14796	4198	4419	6179
2001	29886	7565	9000	13323	14945	3450	4668	6828	14941	4115	4332	6495
2002	31807	7776	9461	14569	16014	3605	4889	7520	15793	4171	4572	7049
2003	36363	8898	10454	17011	18340	4089	5371	8880	18023	4809	5083	8131
2004	43123	10955	12284	19884	21795	5056	6339	10400	21328	5899	5945	9484
2005	47760	12268	13453	22039	24147	5632	6977	11538	23613	6636	6476	40501
2006	53304	13722	14292	25288	27108	6259	7371	13477	26196	7463	6921	11811
2007	63163	16124	16441	30598	32572	7421	8623	16528	30591	8703	7818	14070
2008	72003	19094	17977	34932	37313	8727	9472	19414	34690	10367	8505	15818
2009	64261	15306	16343	32612	33116	7035	8543	17538	31145	8270	7800	15074

(资料来源:国际贸易统计数据库)

注:其他,指其他商业服务即新兴服务,主要包括通信服务、建筑服务、保险、金融、计算机和信息服务、专有权利使用和特许、咨询、会计、法律、广告及文体娱乐服务等。

(二)二战后服务贸易的发展特点

1. 国际服务贸易发展速度超过国际货物贸易

二战后,货物贸易平均增长速度为5%左右,服务贸易是9%左右,服务贸易在世界贸易中的比重不断上升。

2. 国际服务贸易发展规模迅速增加

二战后,60年代国际服务贸易总额为700亿美元左右,1990年服务贸易出口额为7804亿美元,2001年为14580亿美元,2008年为33100亿美元左右,增长了40多倍。20世纪70年代初,服务贸易额约占世界贸易总额的10%,现在达到25%左右。

3. 新兴服务增长较快

服务贸易结构逐渐向新兴服务贸易部门倾斜,旅游、运输等传统服务贸易部门保持稳定增长。新兴服务是指二战后新产生的或者发生升级换代的并且技术知识含量较高的服务,具体是指技术服务、计算机和信息服务、通讯服务、建筑服务、教育服务、保险和金融服务、医疗卫生、咨询、会计、法律律师、环境保护服务、专有权利使用和特许、广告及文体娱乐服务,等等。这类服务的发展已经超越了传统服务的发展,比如,在通讯服务中传真比传统电话、电报所能提供的服务更高效便捷,还有远程办公等。

4. 国际服务贸易的发展呈现不平衡性

目前,发达国家的服务贸易额在世界服务贸易总值中约占70%以上,而发展中国家约占30%左右。发达国家始终是服务贸易的主要输入国和输出国,在世界服务贸易中占据着主导地位。美国在世界服务贸易中占第1位,而我国约占第6或第7位。发达国家的生产性服务贸易增长较快,比如,金融、科技、通讯等行业。而发展中国家的劳务贸易发展较快,比如,建筑工程承包、劳务输出等。2008年世界服务出口前10位中除中国(排第5位)和印度(排第9位)外均是发达国家;服务进口前10位中除中国(排第5位)外也均是发达国家。

表 6-3 2008年世界服务贸易前30位出口和进口国家(地区)

金额单位:十亿美元

排名	出口国家(地区)	金额	比重(%)	增长(%)	排名	进口国家(地区)	金额	比重(%)	增长(%)
1	美国	522	14.0	15	1	美国	364	10.5	8.5
2	英国	283	7.6	7	2	德国	285	8.2	16.1
3	德国	235	6.3	19	3	英国	199	5.7	2.9
4	法国	153	4.1	17	4	日本	166	4.8	5.5
5	中国	146	3.9	20	5	中国	158	4.6	22.0

续表

排名	出口国家（地区）	金额	比重（%）	增长（%）	排名	进口国家（地区）	金额	比重（%）	增长（%）
6	日本	144	3.9	6	6	法国	137	3.9	14.1
7	西班牙	143	3.8	12	7	意大利	132	3.8	13.1
8	意大利	123	3.3	13	8	西班牙	108	3.1	11.5
9	印度	106	2.8	…	9	爱尔兰	103	3.0	11.3
10	荷兰	102	2.7	12	10	韩国	93	2.7	9.7
11	爱尔兰	96	2.6	10	11	荷兰	92	2.7	3.4
12	中国香港	91	2.4	11	12	印度	91	2.6	…
13	比利时	89	2.4	22	13	加拿大	84	2.4	5.0
14	韩国	74	2.0	15	14	比利时	84	2.4	26.7
15	瑞士	73	2.0	19	15	新加坡	76	2.2	8.4
16	新加坡	72	1.9	8	16	俄罗斯联邦	75	2.2	31.8
17	丹麦	72	1.9	17	17	丹麦	63	1.8	13.2
18	瑞典	71	1.9	13	18	瑞典	54	1.6	12.5
19	卢森堡	68	1.8	13	19	泰国	46	1.3	21.2
20	加拿大	62	1.7	1	20	澳大利亚	45	1.3	18.0
21	奥地利	62	1.7	15	21	中国香港	44	1.3	10.1
22	希腊	50	1.3	16	22	挪威	44	1.3	18.5
23	俄罗斯联邦	50	1.3	31	23	巴西	44	1.3	30.8
24	挪威	46	1.2	18	24	奥地利	42	1.2	12.6
25	澳大利亚	45	1.2	13	25	卢森堡	40	1.2	12.7
26	波兰	35	0.9	25	26	瑞士	37	1.1	13.5
27	土耳其	34	0.9	25	27	中国台北	34	1.0	−3.5
28	中国台北	33	0.9	9	28	波兰	30	0.9	32.7
29	泰国	32	0.9	14	29	马来群岛	29	0.8	7.0
30	马来群岛	30	0.8	7	30	墨西哥	25	0.7	2.8
	合计	3142	84.2	13		合计	2824	81.4	11.0
	世界	3731	100.0	15		世界	3469	100.0	13.0

（资料来源：WTO. 其中中国数据来自中国商务部服务贸易统计）

表 6-4　2008 年世界主要国家(地区)服务贸易与货物贸易占比情况

金额单位:亿美元

国家/地区	对外贸易总额	服务贸易		货物贸易	
		金额	占比(%)	金额	占比(%)
美国	4353	886	20.4	3467	79.6
德国	3191	520	16.3	2671	83.7
日本	1854	310	16.7	1544	83.3
英国	1572	482	30.7	1090	69.3
法国	1606	290	18.1	1316	81.9
意大利	1351	255	18.9	1096	81.1
中国	2866	304	10.6	2562	89.7
西班牙	921	251	27.3	670	72.7
荷兰	1402	194	13.8	1208	86.2
印度	559	197	35.2	362	64.8
欧盟	15435	3254	21.1	12181	78.9
世界	39742	7200	18.1	32542	81.9

(资料来源:国际贸易统计数据库)

(三)全球服务外包市场结构状况

到目前为止,全球服务外包市场的产业格局依旧较为稳定,服务外包的需求方——美、日、欧等发达国家仍然主导整个产业的发展。从发包国来看,美国、日本、欧洲是主要的发包方,占据了全球服务外包业务的绝大多数份额。美国占了全球市场的 64%,欧洲占了 18%,日本占了 10%,留给其他国家的还不到 10%。美、日、欧凭借巨大的国内市场、发达的科技和创新能力,以及数量众多的大型公司的优势,仍然是全球服务外包市场上重要的需求方。例如,美国是全球主要的软件生产和出口大国,国内软件公司占据了 2/3 以上的世界软件市场,目前其提供了大约 70% 的全球服务外包合同;日本拥有索尼、夏普、佳能等国际 IT 巨头,国内信息服务产业销售额已经超过 1000 亿美元。全球服务外包市场严重依赖于美、日、欧,使服务业的产业格局呈现出一种"中心—外围"的发展格局。因此,在未来相当长的时间内,全球服务外包的主要需求方仍然是美、日、欧等发达国家,其仍能通过需求控制服务外包行业。

从承接国来看,服务外包承接国数量激增,但是发展的层次是不一样的。从发达国家来看,服务外包承接大国如澳大利亚、新西兰、爱尔兰、加拿大等国国内服务外包行业走向成熟,已经形成了一定的产业规模和发展优势,但是和发展中国家相比,人力资源优势已经不复存在。因此,其在最近几年的发展中明显落后。从发展中国家来看,最近几年承接服务外包的发展中国家数量激增,已经成为全球服务外包市场上重要的承接方。拉美、亚太地区的服务外包行业发展极为迅速,正在成为服务外包行业发展的重要引擎。亚太地区已经成为全球最具吸引力的服务外包投资地,中国、印度、菲律宾承接了全球服务外包业务总额60%以上的份额。拉美的巴西、墨西哥等国也是世界上重要的服务外包承接国,2010年,拉美的服务外包IT市场承接规模达到了2300多亿美元,2011年,其增长率达到9.2%。另外,近几年许多中小贫困、落后国家,如柬埔寨、肯尼亚、斯里兰卡等,国内的服务外包行业也得到了飞速的发展。例如,2010年斯里兰卡IT与商务外包产业产值达到3.9亿美元,同比增长了25%,目前国内从业人员达到35000人,相关企业达到150家。

但是,这种产业格局正在改变。目前以印度、中国为代表的新兴国家快速崛起,其国内市场巨大、产业发展迅速。如果这些国家通过发展,国内需求能得到进一步的释放,则很可能成为新的服务外包需求方,打破现在的产业垄断格局。印度IT行业发展迅速,目前已经开始与中国、蒙古等周边国家开展合作,共同发展服务外包行业,其国内的离岸自建中心发展迅速,保持着21%的年复合增长率;中国国内市场巨大,国内服务外包行业的发展主要依靠自身的需求。随着市场规模的壮大,中国将成为世界上重要的服务外包发包国。

随着发包方更加看重成本优势,那些拥有大量低廉、高质劳动力的发展中国家成为服务外包重点发展的地区,这就导致承接国数量的急剧增多,进而不可避免导致承接国之间竞争的加剧。为了实现发展,避开同质化竞争,承接国必须找准自身的优势和特点,把握整个行业的发展趋势,向特色化、差异化的方向发展。例如,乌克兰、俄罗斯等国的信息技术比较发达,国内相关行业的人力资源比较丰富,就选择IT行业作为重点发展方向;埃及拥有地缘、多文化汇集的优势,因此,其大力发展针对英国、法国、德国等欧盟国家的服务外包产业;南非的基础设施优越、使用英语的人口数目巨大、金融服务世界一流,因此,其通过重点发展语音业务,打开了英国、美国、澳大利亚、欧洲其他国家的市场。澳大利亚、爱尔兰等发达国家虽然不具有人力成本优势,但是凭借产业成熟度、地缘等优势,开始向高端服务外包业务的方向转移。而那些刚刚进入服务外包行业的国家,如斯里兰卡、柬埔寨等国,则凭借成本优势,承接低端的服务外包业务。

服务外包产业已经进入产业上升期,未来发展将十分迅猛。因此,随着新兴国家的兴起,服务外包产业的产业格局有可能得到修正,出现多极化的发展趋势。

三、国际服务贸易迅速发展的原因

二战后,当代国际服务贸易迅速发展的根本原因在于世界经济结构发生了

第六章 国际服务贸易和国际技术贸易

历史性的变化。20世纪60年代兴起的新科技革命加速了这种历史演变的进程。具体来说,当代国际服务贸易的发展主要有以下几个方面的原因:

(一)世界产业结构的调整,服务业的发展促进了服务贸易的发展

二战后,在第三次科技革命的推动下,生产的社会分工不断深化,原先存在于企业内部的服务性机构开始分离出来,成为服务性公司,各国的服务业也随之得到发展。发展经济学的经济增长阶段论提到,随着国家经济能力的增长,该国的产业结构将依次提升,逐步由农业经济过渡到工业经济,再由工业经济发展到服务经济。传统制造业的比重相对下降,服务业地位提升,在各国GDP和就业中的比重不断提高。发达国家的服务业在国民经济中的比重一般占45%~65%,从业人员占50%~75%;发展中国家的服务业在国民经济中的比重一般占30%~45%,从业人员占20%~55%。尤其是美国,作为服务贸易最为发达的国家,服务贸易的规模和发展水平均居世界领先地位。发达国家的产业结构逐渐向资本密集和技术知识密集的高科技产业转移,把劳动密集型产业转移到新兴工业化国家和部分发展中国家和地区;而发展中国家和地区则能够利用本地区丰富廉价的劳动力资源,赚取服务性外汇收入,从而形成大规模的境内服务输出。

(二)国际货物贸易的增长带动了服务贸易的发展

随着经济全球化和世界经济的发展,国际货物贸易额不断增长,1950年总计为611亿美元,1990年达33949亿美元,40年时间增长了近56倍。这必然会引起国际货物运输、通讯、金融保险、劳务输出等服务活动的产生及其在规模、数量上的增长。货物贸易与服务贸易之间存在着螺旋式的上升关系。在货物贸易高速增长的带动下,如国际运输服务、国际货物保险、国际结算服务等同货物进出口直接关联的传统服务贸易项目,都相应在规模、数量上成倍增长。

(三)跨国公司的服务理念和完备服务促进了国际服务贸易的发展

在上世纪60年代以后,全球的跨国公司进入高速发展阶段而且开始谋求全球扩张,这直接推动了国际服务贸易的发展。很多跨国公司在银行、金融理财、保险、法律、技术、运输、计算机和信息咨询等方面在全球范围内向他国公众提供服务、出售产品。国际投资的迅速扩大和向服务业倾斜,不仅带动了国际货物贸易的增长,而且带动了国际服务贸易的迅猛增长。自上世纪90年代以来,全球海外直接投资(FDI)总额的一半以上流向了服务业。一些制造型的跨国公司在海外直接投资,随着技术和设备的转移,技术和管理人员也随之转移,这个过程也带动了服务贸易的出口和转移。跨国投资也加深了各国经济间的依存度,增加了彼此间对对方服务产业的需求。

(四)科技发展促进了新兴服务贸易的产生发展

较强的科技竞争力是国家发展的动力。20世纪60年代兴起的信息技术革

命,有力地推动了国际服务贸易的发展,尤其是新兴服务贸易的迅猛发展。通讯、信息技术、交通运输等行业的迅速发展和在世界范围内的广泛应用,为服务贸易的发展提供了必要的和坚实的基础。许多原先"不可贸易"的服务转化成"可贸易"的服务,国际服务贸易的种类随之增加,范围逐渐扩大。例如,一些传统的教育培训服务、医疗服务,现今可被储存在磁盘或软件中进行买卖。科技革命也加快了劳动力和科技人员的国际流动,特别是促进了专业科技人员和高级管理人才向他国流动,推动了国际服务贸易流量的增加。

(五)世界各国政府的重视和支持

随着服务贸易自由化进程的加快,无论是发达国家还是发展中国家,都在普遍采取措施放开本国服务领域的投资,大力扶植和发展本国的服务业,同时也会采取措施保护本国的国内服务市场不受国外的冲击,这可以提升本国的经济实力、保护国民利益。

比如,世界经济论坛发布的《2011~2012 全球竞争力报告》显示,以色列的全球竞争力排名第 22 位,较 2009 年和 2010 年分别上升 5 位和 2 位,排名上升得益于领先的创新力(第 6 位)、高数量的专利(第 4 位)、良好的金融环境(第 10 位)和稳定的风险基金(第 2 位)。在过去,以色列经济是由传统的农业、手工业、轻工业和劳动密集型产业构成,雅法柑橘曾是其标志性出口商品。20 世纪 60 年代后期,以色列确立了科技立国方针,重点发展高科技和出口导向型产业,政府预算中每年约有 20 亿美元用于研发,其中 90% 投向高科技产业。现在,以色列的标志性出口商品已经被以软件、精密仪器、电子产品等为代表的高科技产品所取代。

(六)世界经贸组织以及《GATS》的协调和规范

以 WTO 为代表的世界经贸组织和《服务贸易总协定》(《GATS》)是世界贸易组织成员国在开展服务贸易方面必须遵守的国际准则。相对于货物贸易,服务贸易更加复杂。因此,面对一些有关服务贸易的争端纠纷时,必须有争端解决机制。

四、国际服务贸易在世界经济中的地位

(一)国际服务贸易是世界贸易的重要组成部分

20 世纪 60 年代以来,随着全球经济的发展、科技革命的演变和产业结构的不断调整,国际服务贸易额不断增加,增幅甚至会高于传统的国际货物贸易。1979 年,国际服务贸易的增速首次超过国际货物贸易的增速。从 1990 年开始,国际服务业占 GDP 的比重超过 60%,这标志着全球服务经济的形成。在发达国家,该比重可高达 72%,发展中国家也已达到 52%。

(二)国际服务贸易是提高国家和企业竞争优势的重要因素

服务贸易的繁荣已经成为判断国家现代化水平的重要标志。服务贸易是高

附加值、高利润的产业,它在产业链中的位置可以通过"微笑曲线"理论说明。"微笑曲线"就是一条两端朝上的曲线。在产业链中,附加值曲线由研发、生产、流通诸环节组成,呈现两端高而中间低的形态,也就是研发和流通环节附加值高、制造加工环节附加值低。该曲线得到大量国际贸易数据的印证:在全球产业链中,高端环节获得的利润占整个产品利润的 90%~95%,而低端环节只占 5%~10%。目前,我国一些加工贸易企业获得的利润甚至只有 1%~2%。

虽然发达国家和发展中国家的经济发展阶段和发展水平各不相同,但彼此间也有着自己的一些比较优势。目前,发达国家主要是输出资本密集型和知识、技术密集型服务,而发展中国家主要是输出劳动密集型服务。发展中国家的服务贸易比重较小,并且总体呈逆差的状态。目前,发展中国家已经充分意识到抓住新一轮国际产业转移趋势对本国经济发展的重要性,开始利用比较优势大力发展服务业和服务贸易。

具体来看,在全球分工体系中,发包国集中在北美、西欧和日本等发达国家和地区,美国所占比例最大约为 2/3,其他部分几乎全部来自欧洲和亚太地区的日本。而发展中国家占据了大部分承包商市场的主要是印度、爱尔兰、中国、菲律宾等国家。印度因其语言和文化的相容性具有开展国际化服务等方面的独特优势,使其成为服务外包的最大目的地。而中国基于其人才及成本优势,仅次于印度,成为全球第二大离岸外包承接地。

(三)国际服务贸易可以促进一国经济发展和改善民众生活水平

在服务业国际化的过程中,以世界贸易组织为核心的多边贸易体制以及区域经济合作共同推动的贸易自由化进程,为服务贸易的发展构建了一个稳定的、具有可预见性的自由贸易框架,各国部分取消了服务市场的进入壁垒,促进了服务业的国际化进程。

跨国公司加快全球资源整合,通过离岸服务外包、服务业跨国投资加快了服务业的国际化进程。服务业发达国家,通过大力扶持服务贸易发展,巩固和增强了本国服务业在国际市场上的竞争优势。新兴经济体通过大力扶持服务外包等新兴领域的发展,抓住服务业跨国转移的机遇,创造了新的比较优势。

联合国认定,2008 年为世界城市人口超过农村人口的第 1 年。随着人均收入水平的增加和全球城市化进程的加快,需求结构升级,服务消费将成为消费需求的重要内容。在服务经济发达国家,服务消费已经是私人消费的主要形式,服务消费支出迅速扩张,成为拉动经济增长的强劲动力;在发展中国家,收入增长、公共服务和社会保障逐步完善,也刺激了服务消费方面的有效需求,优化了消费结构,改善了民众的生活水平。

五、中国国际服务贸易概况

我国商务部在《服务贸易发展"十二五"规划纲要》中指出,大力发展服务贸易,是转变外贸发展方式的重要内容,也是推动我国经济结构实现战略性调整的必然要求。

(一)中国国际服务贸易发展的3个不同阶段

1.第一阶段(1949~1979年),服务业起步较晚,发展迟缓,服务贸易发展处于低谷期

1949年,新中国建立,此后国内的工商企业开始恢复发展。随着产品生产规模的扩大和进出口的增加,相伴实物贸易的服务贸易才开始产生并获得发展。但是,处于该阶段的服务贸易主要是紧随实物贸易的物流、仓储以及签约安排等最基础的服务贸易形势,其水平较低,发展比较迟缓,受实物贸易的发展影响大,完全依附于实物贸易的发展。因此,此阶段的服务贸易处在发展的低谷期。

2.第二阶段(1980~2001年),服务业的发展得到政府支持,服务贸易迅速发展

改革开放以来,在中国的传统货物贸易迅速发展的同时,服务贸易也有了长足的发展。1998年,中国的服务出口额为230亿美元,占世界服务出口总额的比重为1.8%,在全球排名第15位。

3.第三阶段(2002~至今),中国服务贸易得到蓬勃发展

在采取措施增加出口的同时,我国也积极履行加入WTO的承诺义务,开放了国内服务市场,增加了服务进口。2006年,中国的服务出口额为910亿美元,占世界服务出口总额的比重为3.4%,在全球排名第8位;进口额为1000亿美元,占世界服务进口总额的比重为3.7%,在全球排名第7位。2010年,中国服务出口和进口总额增长到3624亿美元,世界排名提升,出口居世界第4位(前3位依次为美国、德国、英国);出口与进口世界排名均比2009年上升1位,5年间年均增长17.3%。其中,服务出口年均增长16.8%。中国服务进、出口仍集中于中国香港、欧盟、美国、日本、东盟等国家(地区)。

但是长期以来,我国服务贸易与货物贸易不同,服务贸易长期处于逆差状态,逆差行业主要集中在运输、保险、专有权利使用和特许费、旅游等领域。根据商务部初步统计显示,2011年前3季度,中国服务贸易进、出口总额为3081亿美元,同比(比去年同期)增长18.7%。其中,出口同比增长10%,进口同比增长26.5%,逆差进一步扩大。

我国政府十分重视服务贸易在国民经济中发挥的巨大作用,商务部于2011年制定了《服务贸易发展"十二五"规划纲要》,对我国"十二五"期间的服务贸易发展作了具体的规划。《规划》选定的"十二五"时期(2011~2015)30个重点发展

第六章 国际服务贸易和国际技术贸易

领域分别是：旅游服务、信息技术服务、技术贸易、对外劳务合作和承包工程、建筑服务、海洋运输服务、航空运输服务、铁路运输服务、公路运输服务、货运代理服务、医疗和生物医药服务、教育服务、会计服务、文化艺术服务、广播影视服务、新闻出版服务、保险服务、证券期货服务、银行和其他金融服务、电信服务、邮政和快递服务、环境及节能服务、律师服务、租赁服务、广告服务、会展服务、分销服务、住宿餐饮服务、体育服务、国际人才交流与合作服务等。

表 6-5 1982～2007 年中国服务贸易进出口在全球的排名表

中国服务贸易在全球的排名不断上升

单位：位

年份	出口排名	进口排名	进出口总额排名
1982 年	27	39	32
1983 年	26	37	37
1985 年	23	32	32
1990 年	24	30	30
1995 年	15	11	15
2000 年	12	9	12
2005 年	9	7	9
2006 年	8	7	8
2007 年	7	5	5

中国服务贸易出口世界排名由 1982 年的第 27 位上升到 2007 年的第 7 位，进口世界排名由第 39 位上升到了第 5 位。

（资料来源：商务部）

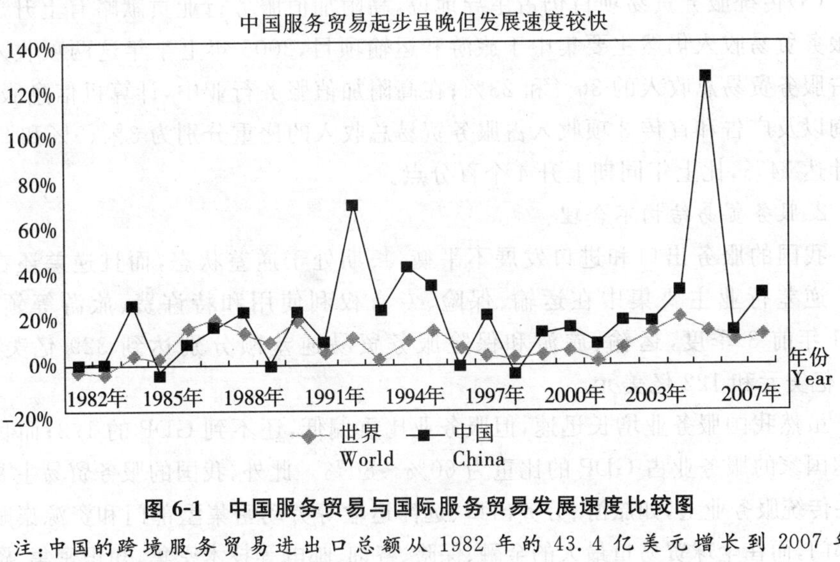

图 6-1 中国服务贸易与国际服务贸易发展速度比较图

注：中国的跨境服务贸易进出口总额从 1982 年的 43.4 亿美元增长到 2007 年的

2509.1亿美元,25年间增长了近57倍。其中,服务贸易出口2007年达到了1216.5亿美元,比1982年增长近48倍,年均增长16.9%;比2006年增长30.6%,是同期世界服务贸易平均出口增速的2.4倍。

(资料来源:商务部)

(二)中国的服务贸易存在的问题

虽然中国的服务贸易发展面临人力资源丰富、基础设施完善、社会稳定、政策环境良好、产业发展前景广阔等诸多发展优势,但是仍存在很多问题,主要表现如下:

1. 服务贸易总体水平还不高

(1)中国当前正处于工业化加快发展的阶段,第二产业得到了较快发展,第三产业发展则长期相对滞后,第三产业不发达的现状从根本上限制了服务贸易的发展。服务贸易在GDP中的比重持续偏低,2005年仅为39.9%,2006年上半年为39.8%,而发达国家一般在60%以上。第三产业不发达导致服务贸易发展的空间受限,特别是由于国内服务业企业缺乏竞争力,服务贸易出口增长的动力不足。

(2)虽然我国的服务贸易经济规模很大并且还在继续扩大,但专业化分工水平却较低,知识水平不高,发展仍然滞后于货物贸易。服务贸易规模不及货物贸易规模的1/9,远低于世界平均水平约1/4。国际服务贸易对社会化的生产者服务需求不足;同时,收入水平较低,消费结构仍以实物消费为主。因此,消费者对服务的需求也不足。而服务需求不足既抑制了进口需求,又制约了服务业的发展,从而削弱了服务出口能力。

(3)传统服务贸易项目仍占主导地位,高附加值服务行业贡献略有上升。中国服务贸易收入仍然主要集中于旅游和运输项目,2006年上半年这两项收入分别占服务贸易总收入的36%和23%;在高附加值服务行业中,计算机信息服务、咨询以及广告和宣传3项收入占服务贸易总收入的比重分别为3%、9%和2%,合计达14%,比上年同期上升4个百分点。

2. 服务贸易结构不合理

我国的服务出口和进口发展不平衡,长期处于逆差状态,而且逆差还在扩大。逆差行业主要集中在运输、保险、专有权利使用和特许费、旅游等领域。2011年前3季度,运输、旅游和保险服务贸易逆差额分别达到329亿美元、193亿美元和122亿美元。

虽然我国服务业增长迅速,但服务业比重偏低,还不到GDP的1/3;而目前发达国家的服务业占GDP的比重为60%~80%。此外,我国的服务贸易主要集中在传统服务业上,如旅游、劳务出口、远洋运输等劳动密集型部门和资源禀赋优势部门,而在全球贸易量最大的金融、保险、咨询、邮电等技术密集、知识密集、资本密集型服务行业,我国增长速度虽然很快,但仍处于初步发展阶段,2006~2010年的年均增速达到22.4%,但是它们在中国服务进出口总额中的比重仍然偏低,5年间仅从16.3%上升到19.4%。与此同时,运输、旅游、建筑等传统服务贸易仍占据中国服务贸易的主导地位。2006~2010年,它们的增速为年均16.4%,低于高附加值服务贸易增速,但是它们占中国服务进出口总额的比重仍高达60%以上,5年间仅从61.8%调整到60.1%。

中国的服务贸易伙伴高度集中,对前10名服务贸易伙伴的收支总额占服务贸易总收支额的3/4。其中,服务贸易收入来源国(地区)前3位和支出目的国(地区)前3位均是中国香港、美国和日本。

3. 服务贸易法规不健全

法律法规的不尽完善制约了服务贸易的规范化发展。近年来,我国加快了服务贸易的立法步伐,先后颁布了一批涉及国际服务贸易领域的重要法律、法规。但是,由于我国的服务贸易立法起步晚,同发达国家相比,仍存在较大差距。像电信、银行、保险、旅游、教育、知识产权等方面的法律要么是空白,要么不符合国际运作惯例,即使已颁布的一些有关服务贸易的法、律法规,也是比较抽象的,缺乏可操作性,难以对"入世"后的国内市场进行规范,也不利于国内企业与外资企业的公平竞争。近年来,随着《海商法》、《商业银行法》、《保险法》、《民用航空法》等法律、法规的颁布,中国在涉及服务贸易领域的立法方面有所改观,但总体来看仍有待完善。

4. 需要进一步增加服务贸易开放度

同发达国家相比,发展中国家一般缺乏技术和资金,而劳动力要素会比较丰裕。按比较优势原则发展劳动密集型产业,从制造加工环节参与国际分工,是发展中国家经济起步时的必然选择。但产业链低端的被动性和比较利益的低下性,决定了发展中国家不能永久地停留在这一阶段。发展中国家应把握产业链动态组合与创新的规律,善于在某些产品或产业中找到突破口,敢于投入、大胆创新,通过掌握核心技术、创立自主品牌以及争取国际流通渠道的主动权、终端市场的控制权,向产业链高端延伸升级,并通过创新性整合,最终建立起以本国跨国公司为核心的、新的全球产业链条,从而更好地利用国内、国外两种资源、两个市场,最大限度地增加本国福利。

比如,2011年安徽省共有72家企业承接服务外包业务,业务额过千万美元的企业有10家。合肥水泥研究院服务外包金额为5233万美元,科大讯飞为5993万美元,讯飞智元信息为3559万美元。其中,合肥市作为全国服务外包示范城市,2011年前10个月承接服务外包合同金额为2.9亿美元,同比增长3.8倍,占全省服务外包合同总额的90.6%。

表 6-6 1997～2005 年中国服务贸易进口分项目表

年 份	1997		1998		1999		2000	
	金额(亿美元)	占比(%)	金额(亿美元)	占比(%)	金额(亿美元)	占比(%)	金额(亿美元)	占比(%)
总计	277.25	100.00	264.68	100.00	309.66	100.00	358.58	100.00
运输	99.44	35.90	67.63	25.60	78.98	25.50	103.96	29.00
旅游	81.30	29.30	92.05	34.80	108.65	35.10	131.14	36.60
通讯服务	2.90	1.00	2.08	0.80	1.93	0.60	2.42	0.70
建筑服务	12.09	4.40	11.20	4.20	15.40	5.00	9.94	2.80
保险服务	10.46	3.80	17.58	6.60	19.21	6.20	24.71	6.90
金融服务	3.25	1.20	1.63	0.60	1.67	0.50	0.97	0.30
计算机和信息服务	2.31	0.80	3.33	1.30	2.24	0.70	2.65	0.70
专有权利使用费和特许费	5.43	2.00	4.20	1.60	7.92	2.60	12.81	3.60
咨询	4.68	1.70	7.58	2.90	5.24	1.70	6.40	1.80
广告、宣传	2.41	0.90	2.65	1.00	2.19	0.70	2.02	0.60
电影、音像	0.44	0.20	0.39	0.10	0.31	0.10	0.37	0.10
其他商业服务	52.53	18.90	54.36	20.50	65.90	21.3	61.17	17.10

年 份	2001		2002		2003		2004		2005	
	金额(亿美元)	占比(%)	金额(亿美元)	占比(%)	金额(亿美元)	占比(%)	金额(亿美元)	占比(%)	金额(亿美元)	占比(%)
总计	390.33	100.00	460.80	100.00	548.52	100.00	716.02	100.00	831.73	100.00
运输	113.24	29.00	136.12	29.50	182.33	33.20	245.44	34.30	284.48	34.20
旅游	139.09	35.60	153.98	33.40	151.87	27.70	191.49	26.70	217.59	26.20
通讯服务	3.26	0.80	4.70	1.00	4.27	0.80	4.72	0.70	6.03	0.70
建筑服务	8.47	2.20	9.64	2.10	11.83	2.20	13.39	1.90	16.19	1.90
保险服务	27.11	6.90	32.46	7.00	45.64	8.30	61.24	8.60	72.00	8.70
金融服务	0.77	0.20	0.90	0.20	2.33	0.40	1.38	0.20	1.60	0.20
计算机和信息服务	3.45	0.90	11.33	2.50	10.36	1.90	12.53	1.70	16.23	2.00
专有权利使用费和特许费	19.38	5.00	31.11	6.80	35.48	6.50	44.97	6.30	53.21	6.40
咨询	15.02	3.80	26.31	5.70	34.50	6.30	47.31	6.60	61.84	7.40
广告、宣传	2.58	0.70	3.94	0.90	4.58	0.80	6.98	1.00	7.15	0.90
电影、音像	0.50	0.10	0.96	0.20	0.70	0.10	1.76	0.20	1.54	0.20
其他商业服务	57.44	14.70	49.32	10.70	64.64	11.80	84.78	11.80	93.88	11.30

表 6-7 1997～2005 年中国服务贸易出口分项目表

年 份	1997 金额（亿美元）	1997 占比（%）	1998 金额（亿美元）	1998 占比（%）	1999 金额（亿美元）	1999 占比（%）	2000 金额（亿美元）	2000 占比（%）
总计	245.04	100.00	238.80	100.00	261.65	100.00	301.46	100.00
运输	29.55	12.10	23.01	9.60	24.20	9.20	36.71	12.20
旅游	120.74	49.30	126.02	52.80	140.99	53.00	162.31	53.80
通讯服务	2.72	1.10	8.19	3.40	5.90	2.30	13.46	4.50
建筑服务	5.90	2.40	5.94	2.50	9.85	3.80	6.02	2.00
保险服务	1.74	0.70	3.84	1.60	2.04	0.80	1.08	0.40
金融服务	0.27	0.10	0.27	0.10	1.11	0.40	0.78	0.30
计算机和信息服务	0.84	0.30	1.34	0.50	2.65	1.00	3.56	1.20
专有权利使用费和特许费	0.55	0.20	0.63	0.30	0.75	0.30	0.80	0.30
咨询	3.46	1.40	5.18	2.20	2.80	1.10	3.56	1.20
广告、宣传	2.38	1.00	2.11	0.90	2.21	0.80	2.23	0.70
电影、音像	0.10	0.00	0.15	0.10	0.07	0.00	0.11	0.00
其他商业服务	76.79	31.30	62.12	26.00	69.09	26.40	70.84	23.50

年 份	2001 金额（亿美元）	2001 占比（%）	2002 金额（亿美元）	2002 占比（%）	2003 金额（亿美元）	2003 占比（%）	2004 金额（亿美元）	2004 占比（%）	2005 金额（亿美元）	2005 占比（%）
总计	329.03	100.00	393.81	100.00	463.75	100.00	620.56	100.00	739.09	100.00
运输	46.35	14.10	57.20	14.50	79.06	17.00	120.68	19.40	154.27	20.90
旅游	177.92	54.10	203.85	51.80	174.06	37.50	257.39	41.50	292.96	39.60
通讯服务	2.71	0.80	5.50	1.40	6.38	1.40	4.41	0.70	4.85	0.70
建筑服务	8.30	2.50	12.46	3.20	12.90	2.80	14.67	2.40	25.93	3.60
保险服务	2.27	0.70	2.09	0.50	3.13	0.70	3.81	0.60	5.49	0.70
金融服务	0.99	0.30	0.51	0.20	1.52	0.30	0.94	0.20	1.45	0.20
计算机和信息服务	4.62	1.40	6.38	1.60	11.02	2.40	16.37	2.60	18.40	2.50
专有权利使用费和特许费	1.10	0.30	1.33	0.30	1.07	0.20	2.36	0.40	1.57	0.20
咨询	8.89	2.70	12.85	3.30	18.85	4.10	31.53	5.10	53.22	7.20
广告、宣传	2.77	0.80	3.73	0.90	4.86	1.00	8.49	1.40	10.76	1.50
电影、音像	0.28	0.10	0.30	0.10	0.33	0.10	0.41	0.10	1.34	0.20
其他商业服务	72.82	22.10	87.61	22.20	150.56	32.50	159.51	25.70	168.85	22.80

表 6-8　1997～2005 年中国服务贸易差额分项目表

单位：百万美元

年　份	1997	1998	1999	2000
总差额	3042.83	−2588.42	−4800.98	−5711.90
运输	−6939.66	−4462.49	−5477.76	−6725.15
旅游	3944.04	3396.30	3233.97	3117.31
通讯服务	−18.27	611.43	396.20	1103.48
建筑服务	−618.97	−525.61	−554.58	−392.13
保险服务	−871.36	−1373.71	−1717.16	−2363.62
金融服务	−297.55	−136.47	−56.11	−19.64
计算机和信息服务	−147.54	−159.46	41.71	90.93
专有权利使用费和特许费	−488.58	−356.97	−717.08	−1200.62
咨询	−121.56	−240.17	−244.03	−284.02
广告、宣传	−3.23	−54.05	1.59	21.02
电影、音像	−33.87	−23.66	−27.30	26.12
其他商业服务	2426.08	776.44	319.57	966.65

年　份	2001	2002	2003	2004	2005
总差额	−6128.57	−6698.78	−8477.35	−9546.15	−9263.22
运输	−6689.08	−7891.70	−10326.43	−12476.27	−13021.02
旅游	3883.17	4986.58	2218.73	6589.70	7536.98
通讯服务	−54.86	79.69	211.03	−31.74	−118.17
建筑服务	−16.82	282.59	106.42	128.66	973.57
保险服务	−2483.69	−3036.79	−4251.43	−5742.79	−6650.14
金融服务	21.66	−38.83	−80.57	−44.15	−14.24
计算机和信息服务	116.75	−494.69	66.36	384.40	217.68
专有权利使用费和特许费	−1827.96	−2981.18	−3441.15	−4260.25	−5163.85
咨询	−512.84	−1345.59	−1564.59	−1581.79	−861.41
广告、宣传	19.23	−21.60	28.38	150.29	360.52
电影、音像	−22.32	−66.35	−36.09	−134.87	−20.10
其他商业服务	1538.18	3829.11	8591.99	7472.62	7497.03

（资料来源：商务部）

第三节 国际技术贸易

技术贸易以技术为交易对象。国际技术贸易是指世界上不同国家之间进行有偿的或商业性的技术转让。要了解技术贸易,首先应了解"技术"的概念。

一、技术的含义与分类

(一)技术的含义

何谓"技术"？我国《辞海》中将"技术"定义为劳动工具和技能的总和,强调技术是人们在生产或服务过程中运用的经验、知识、技能和物质手段所结合成的系统。国际工业产权组织认为:"技术是指制造一种产品或提供一项服务的系统知识。"联合国贸发组织(United Nations Conference on Trade and Development,简称 UNCTAD)建立于 1964 年,是一个永久性的政府间组织,它是联合国大会在贸易和发展领域的一个主要机构。从世界范围看,联合国贸发组织对"技术"的定义较具有代表性:技术是指人类制造某种产品,应用某种工艺或提供某种服务的系统知识。

(二)技术的特点

1. 技术是无形的知识

技术是精神的产物,它是一种看不见、摸不着的知识性的东西,它可以以文字、语言、图表、公式、数据、配方等有形形态表现出来,也可以表现为实际生产经验、个人专门技能或头脑中的观念等无形形态。

2. 技术是一种系统知识

零星的技术知识不能成为技术,技术应包括产品的生产原理、设计、生产、操作、安装、维修、服务、管理、销售等各个环节的一整套知识。

3. 技术具有商品的属性

技术既可供发明者使用,也可通过转让等方式,供其他人使用,并取得报酬。因此,技术是一种既有使用价值,又有交换价值的商品,能够充当技术贸易的交易标的,是一种无形的特殊商品。

(三)技术的分类

技术可以从不同角度加以分类。

1. 按技术的法律地位

(1)公有技术。又称"普通技术",指向全社会公开的科学理论和实践知识,如一般的科学技术原理、报纸杂志刊载的学术论文、各种学术会议宣读的学术报告等。公有技术可以不受任何限制地自由传播和运用。

（2）工业产权技术。指经申请得到批准后受到国家法律保护且具有法定专有权的专利技术和商标。工业产权技术的内容虽向社会公开，但所有者在一定时期内拥有独占权，任何机构或个人未经允许不得任意使用。

（3）专有技术。又称"技术诀窍"，指未通过法律程序申请批准，不受法律保护而靠发明人的保密手段加以保护的技术。

专利技术和专有技术的区别是在于前者是公开的，但由于取得了有关政府所赋予的专利权，因而受法律保护，不可侵犯；后者则是秘密的，发明者通过保密手段加以独占。

2. 按技术发展的生命周期

（1）发展阶段的技术。刚刚发明创造但需要进一步研究和完善的技术。其价值、使用价值未得到充分展现。

（2）成熟阶段的技术。指已经完善的技术，其使用价值和经济效益已得到实践证明。

（3）衰老阶段的技术。也就是淘汰的技术，指逐渐被改进和发明所代替的技术，已经或将被淘汰的技术。

3. 按技术的表现形态

（1）软件技术。指无形的技术知识，如专利技术、注册商标、专有技术，其中包括理论配方、计划、培训、技术咨询服务、管理服务及工厂设备的安装、操作等所需要的技术知识。

（2）硬件技术。指作为软件技术实施手段的机器设备、测试仪器等物化技术。在国际技术贸易中，软件技术和硬件技术密不可分，在硬件贸易中必须含有软件贸易的内容，才能被视为技术贸易，否则仅被视为一般商品贸易。但在国际技术贸易的实务操作中，发达国家之间的技术贸易才会有单纯的软件贸易，而发展中国家在引进技术时，往往需要伴随着硬件贸易，比如引进进口设备。例如，某发展中国家只从国外购入机器设备而不买入软件技术，一般称之为"设备进口"；若只从国外购入软件技术或与此同时又附带购进一些设备，这种行为才能称为"技术引进"。

二、国际技术贸易的特点

国际技术贸易是指不同国家的企业、经济组织或个人之间，按照一般商业条件，向对方出售或从对方购买软件技术使用权的一种国际贸易行为。它由技术出口和技术引进两方面组成。简言之，国际技术贸易是一种国际的、以纯技术的使用权为主要交易标的的商业行为。

（一）贸易标的物与货物贸易不同

货物贸易的标的物是各类有形产品也就是物品，比如纺织品、箱包、五金、机电等,这些产品都是看得见、摸得着的有形商品。技术贸易的标的物则是无形的技术知识,也就是知识产权,它们不以物质产品形态表现,其计量、论质和定价的标准都是很复杂的。技术贸易的标的物主要是专利(Patent)、商标(Trade Mark)和专有技术(Knowhow)。在国际贸易实务操作中,技术贸易的进行依托于机械设备和相关的无形技术知识的结合。

1. 专利贸易

专利贸易指专利权的所有方将专利技术通过签订专利许可协议或合同方式转让给另一方使用。在我国,专利权是以申请在先原则授予的。专利权有其明显的特点。

(1)专利权是一种法律赋予的权力。发明人通过专利申请,专利机关经过审查批准,使他的发明获得了法律地位而成为专利发明,而他自己同时也因之获得了专利权。

(2)专利技术是一种知识财产、无形财产。

(3)专利权是一种不完全的所有权。专利权的获得是以发明人公开其发明的内容为前提的。而公开了的知识很难真正为发明人所独有。

(4)专利权是一种排他性(独占性、专有性)的权力。对特定的发明,只能有一家获得其专利权。也只有专利权人才能利用这项专利发明,他人未经专利权人的许可,不能使用该专利发明。

(5)专利权是一种有地域性的权利。专利权只在专利权批准机关所管辖的地区范围内发挥效力。

(6)专利权是一种有时间性的权利。专利权的有效期一般为10~20年。超过这个时间,专利权就会失去效力。

根据专利技术的创造性程度的高低和其他特点,常把专利分为3种类型。

(1)发明专利。所谓"发明",是指对产品、方法或者其改进所提出的新的技术方案。

(2)实用新型专利。实用新型是对产品的形状、构造或者其结合所提出的适于实用的新技术方案。

(3)外观设计专利。外观设计是指对产品的形状、图案、色彩或其结合所作出的富有美感并适于工业上应用的新设计。

2. 商标贸易

商标贸易指商标所有人通过商标许可协议或合同方式将商标转让给另一方使用。

3. 专有技术贸易

专有技术的英文名称叫"Know-How",意为"知道如何制造",它有许多中文名称:"技术诀窍"、"技术秘密"、"专门知识"等,还有直译成"诺浩"的,但最常用的名称是"专有技术"。它是指生产某种产品所需的不公开的技术秘密和经验。专有技术贸易指拥有专有技术的一方将其专有技术通过签订专有技术许可协议或合同方式转让给另一方使用。

（二）是使用权的转让，而不是所有权的转让

从有形贸易来看，双方达成协议后，一件商品只能完整地转让给另一方，也就是商品所有权和使用权同时转让给买方，卖方一旦出售了商品，就失去了对该商品的使用权和所有权。而技术贸易则不同，技术转让是指拥有技术的一方通过某种方式将其技术出让给另一方使用的行为，只不过是把技术使用权由供给方转让给了使用方，所有权依然是技术发明方的。所以，技术贸易是所有权和使用权相分离的一种贸易活动，一项技术可同时完整地转让给多个对方，且原有技术的持有者并不因转让而失去对该技术的所有权。

技术转让的类型，按其是否跨越国界，可分为国内技术转让和国际技术转让；按其是否有偿，可分为商业性技术转让和非商业性技术转让；按其方向，可分为横向技术转让（即企业之间的技术转让）和纵向技术转让（即大公司向其子公司或科研机构向企业转让技术）。

（三）协议具有长期的有效性

有形商品贸易是进行实物移交，合同履约期限一般较短（最多不过2～3年），双方当事人也不存在技术合同中的那种长期合作和限制关系。而技术贸易所签订的技术合同的履约期限一般较长，许多国家规定5～7年，甚至达10年。在合同有效期内，双方当事人传授和使用技术知识、经验和技艺是个复杂而又漫长的过程，从而构成长期的技术合作和限制关系。

（四）同效益挂钩的作价原则

技术贸易中的标价或作价一般是根据技术使用后的效益情况而定的，如通过使用某项贸易技术效益显著，则技术使用费也高，反之技术使用费也低，这与有形商品贸易标价（根据商品价值大小以及供求关系确定）是不同的。

（五）涉及的法律内容广泛

有形商品贸易一般只涉及国内外商品买卖法和合同法等。而技术贸易涉及的问题多、复杂且特殊，涉及的国内法律和国际法律、公约也比有形商品贸易多，除了适用国内外商品买卖法和合同法外，还涉及各类知识产权法规，如专利权法、商标法、著作权法、TRIPs协定等。

三、国际技术贸易的方式

国际技术贸易的发展主要有以下几种国际技术贸易方式：

(一)许可证贸易(Licensing)

1. 概念

许可证贸易又称"许可贸易",是指知识产权或专有技术的所有人作为许可方将技术使用权通过许可证协议或合同转让给技术接受方,并由被许可方支付一定数额的技术使用费的一种贸易方式。这是国际技术贸易中使用最为广泛的贸易方式。

2. 内容

在国际技术贸易实践中,许可证协议交易的内容可以选择专利技术、商标和专有技术三方面中的一项,也可以包括两项或三项,使其成为一揽子许可。

3. 特点

许可证贸易具有抢先性、地域性、时效性等特点。抢先性是指由谁先申请谁就获得的批准或注册;地域性是指获得批准或注册均有地区范围的限制,超过这一地区范围必须另外申请、注册;时效性是指获得的批准或注册都有一定的年限,超过规定年限不再享有法律保护,除非重新办理申请。

4. 类型

许可证贸易依据双方签订的条件约束和限制情况不同又可分为五种:独占许可证协议;排他性许可证协议;普通许可证协议;分许可证协议;交叉许可证协议。

(1)独占许可证协议,是指技术接受方享有在一定时间和一定区域范围内独自使用这项转让技术的权利;同时,技术的许可方不得在该地区使用该技术制造和销售商品,更不能把该技术又再授予该地区的任何第三方。因此,技术接受方支付的技术转让费比较高。

(2)排他性许可证协议,是指技术接受方和技术转让方共同享有在一定时间和一定区域范围内使用这项专门技术的权利;但许可方不得将此种权利授予该地区的任何第三方。技术接受方支付的使用费比独占许可要低些。

(3)普通许可证协议,是指技术接受方使用这项转让技术,但对许可方无任何限制,技术转让方还可以把该项技术转让给另外的第三方和第四方。技术使用费比独占许可和排他性许可要低。

(4)分许可证协议,是指技术接受方不仅独自使用这项转让技术,也可以以自己的名义把该项技术转让给另外的第三方和第四方。该类许可证协议也属于普通许可证协议。

(5)交叉许可证协议,是指交易双方签订协议相互交换技术使用,一般双方互不收取使用费。

(二)技术咨询和技术服务

技术咨询和服务是由咨询公司应委托人的要求,派遣专家或以书面形式向委托人提供技术方面的建议或解决方案,并由委托方支付一定数额的技术服务费的服务活动。技术咨询和服务的范围和内容相当广泛,如项目的可行性研究、技术方案的设计和审核、招标任务书的拟定、生产工艺的改进、工程项目的监督指导等。特别是发展中国家,生产的技术力量不足,或对某些有关技术课题缺少经验,请外国技术咨询公司提供咨询服务,可以避免走弯路或浪费资金。咨询公司掌握丰富的科学知识和技术情报,可以协助雇主选择先进适用的技术,找到较为可靠的技术供方,以较合理的价格获得质量较好的机器设备。雇主虽然要支付一笔咨询费,但所得到的资金节约远远超过支付的咨询费。总体看来,对雇主仍是有利的。咨询费一般可以按工作量计算,也可采用技术课题包干定价方式。一般所付的咨询费相当于项目总投资额的5%左右。

技术服务与协助是指一方受另一方的委托,利用自己掌握的技术经验和技术条件,协助另一方处理和完成某项特定的经济技术业务,从而达到一定的目标。

提供技术服务和协助的方式有两种,一种是由接受方派出自己的技术人员和工人,至技术出让方的工厂或使用其技术的工厂进行培训实习,另一种是由出让方派遣专家或技术人员至接受方工厂,调试设备、指导生产、讲授技术。

技术咨询和服务与许可贸易是不同的:其一,许可贸易是以技术成果为交易对象的,而技术咨询和服务则是以技术性劳务为交易对象的;其二,许可贸易的技术供方所提供的技术是被其垄断的、新的、独特的技术,这些技术属于知识产权或专有技术,而在技术咨询和服务中,服务方所提供的技术多是一般性技术,也就是知识产权和专有技术以外的技术。

(三)合作生产

合作生产是指两个不同国家的企业之间签订协议,合作生产和销售某项或某几项产品的经济合作方式。通过合作过程,企业间相互传授技术或技术较强一方将生产技术传授给另一方,甚至可由双方共同研究、共同设计、共同提高,这对双方都有利。

合作生产作为一种国际技术贸易方式,它并不是一种独立的、基本的技术贸易方式,实际上它只不过是建立在各方合作生产目的之上的许可贸易和技术服务咨询而已。这种技术贸易的目的与单纯的技术贸易不同,它是为各方的合作生产服务的。

(四)国际工程承包

国际工程承包也称"交钥匙"项目,是一国政府或企业委托另一国工程承包人,按规定条件包干完成某项工程任务,在完工后交付给委托人。为此,承包人要负责工程设计、施工、提供机器设备、施工安装、原料供应、提供技术、培训人员、投产试车、质量管理等全部过程的工作和任务。国际工程承包是种综合性的国际经济合作方式,也是国际劳务合作的一种方式,在项目建设过程中包括大量的技术转让内容,尤其是承包人要培训业主的技术人员,提供所需的技术,因此成为国际技术贸易的一种方式。

随着科技的发展,技术贸易也在不断发展,新的技术贸易方式在实践中还会不断出现。

四、国际技术贸易对一国经济发展的作用

第二次世界大战以后,世界范围内的技术贸易得到了迅速发展,已成为国际经济活动的重要组成部分。无论是科学技术比较落后的发展中国家,还是科学技术已得到迅速发展的西方发达国家,都非常重视国际技术贸易,这是因为国际技术贸易对一国的经济发展具有巨大的促进作用。不过,值得注意的是在国际技术贸易实践中,技术出口方往往凭借其技术上的优势地位而迫使引进方接受种种不公平的限制条件。这种现象在国际上逐渐被普遍化,从而使之成为国际技术贸易中的限制性商业惯例,其越来越阻碍国际技术贸易的发展。

(一)技术输出对输出国的作用

1. 通过技术输出,能够获得较高的外汇收入

通过技术输出,不仅可以补偿研究用去的投资,而且还可以获得高额利润用于新的技术研究。目前,世界上经济较发达的国家,如美国、英国、法国、德国等,均是技术贸易的出超国家。发达国家将较低端的制造技术向发展中国家进行产业化转移,比如,以纺织品为代表的传统劳动密集型产品,以中、低档汽车制造为代表的低端资本密集型制造业等。

2. 通过技术输出可以带动商品出口

技术贸易中专利和专有技术的转让常常伴随着成套设备或关键设备的出口。如日本每年输出技术的交易额超过几亿美元,但随之出口的设备的价值却达数百亿美元。技术输出积极推动了贸易的发展。

3. 通过技术输出寻求新的贸易机会,开辟新市场

尤其是对进口限制较严的国家,可以通过技术输出,打破其贸易壁垒,开拓新的市场。

4. 通过技术输出可在国外建立稳定的能源或原料供应基地

尤其是对科技发达而资源贫乏的国家而言,通过技术输出,可在国外建立本国所缺乏的能源供应基地,以保证本国工业的迅速发展。

5. 通过技术输出可以挖掘科技潜力,促进新技术发明

当前技术更新速度加快,发达国家通过技术输出,淘汰旧技术、刺激新技术再生,挖掘了科技潜力。近年来,技术出口增长较快,一批先进成熟的科技成果在国际市场上推广应用,并取得成功,这实现了资源的有效配置,大大推动和加

快了国内相关产业科技成果的产业化和商品化进程。

（四）技术引进对输入国的作用

技术引进，就是把国外的技术转移到国内。具体地说，技术引进是指一个国家或企业引入国外的技术知识和经验，以及所必须附带的设备、仪器和器材，用以发展本国经济和推动本国科技进步的做法。

1. 引进技术可以节省研究与开发费用，可以加快提高本国的技术水平

任何一项新技术的研制和开发都需要时间，需要投入大量的人力、物力和财力。若不重视技术引进，一切从头开始，不仅会付出大量重复劳动，而且会延滞技术的更新和改造。相反，若能充分重视引进先进技术，不仅可以大量节省科研费用，同时可以加快技术更新和改造的过程。

2. 引进技术，可以加速本国的发展

通过引进先进技术，经过本国的吸收、消化和创新，可以加速本国科技的发展，提高本国科技水平，促进经济结构的调整和优化。

3. 技术引进有利于降低生产成本，提高劳动生产率，提高国际竞争力

引进国外先进的技术，可以增强本国的生产能力，扩大生产规模，产生规模效益。同时，有利于降低生产成本，提高劳动生产率，改进产品质量，增强商品在国际市场上的竞争能力。

五、中国的技术贸易现状

最近几十年来，中国技术贸易进出口的发展有了新的动向，从大规模技术进口到核心技术进口，从选择性技术进口到知识产权进口，从技术内容进口到技术模式进口，从技术进口占主导地位到技术出口扮演重要角色，甚至向技术出口推动国际贸易、技术开发领跑世界市场的方向发展。中国不断开展技术贸易进口，同时也一直不断地同第三世界发展中国家开展技术贸易出口和技术援助。在中东、非洲等地区都有我国的国际援助承包工程，为不发达地区提供通讯、电力甚至油田灭火、救灾抢险等技术劳务服务。随着我国技术力量的不断强大，企业的技术贸易出口规模日益扩大，国际工程承包能力越来越强。例如，华为、中兴等通讯器材企业，在占据国内运营商市场的同时，产品远销国际市场，甚至为中东、非洲等技术相对落后的国家提供从通讯网络设计到设备供货、安装和管线铺设，最终建成整个区域通讯网络的网络工程承包服务；我国的建筑工程、电力设计等行业企业均具备了雄厚的技术能力，它们不断地开拓国际市场，将我们这几十年来引进和研发的技术不断沉淀、提炼、成熟、改良、完善后再反馈到国际市场，以国际工程承包的方式最大限度地实现我们的技术出口价值。

随着我国技术实力的提高，技术出口能力的不断增强，现在的中国应该要以技术领跑带动产品的国际化生产和销售，转变以往商品出口的低值、低端粗放化

模式,形成以技术开发为导向的出口模式,才能真正有利于我国的国际贸易实现高品质发展。

复习思考题

1. 什么是国际服务贸易?《GATS》对国际服务贸易是如何定义的?
2. 按《GATS》确定的部门、行业标准,国际服务贸易包括哪些方面的内容?
3. 二战后,国际服务贸易迅速发展的主要原因是什么?
4. 什么是国际技术贸易?国际技术贸易有什么特点?
5. 国际技术贸易有哪些不同的形式和类型?

第七章　国际贸易政策

第一节　国际贸易政策概述

一、国际贸易政策的含义与目的

(一)国际贸易政策的含义

国际贸易政策是各国根据本国的政治、经济、军事、科学技术等情况,在一定时期内所制定的指导本国开展对外贸易活动的原则、法规、法令和条例等。一国的对外贸易政策是各国总的经济政策的组成部分。它是为各国的经济发展服务的,体现了这个国家的经济利益。

(二)国际贸易政策的目的

一般情况下,各国制定对外贸易政策的目的在于:

第一,保护本国市场,发展民族工业。一国通过征收关税等贸易保护措施,限制外国商品输入,以便把本国市场留给本国生产的产品,保护本国的产业发展,特别是保护缺乏竞争力的本国幼稚工业的发展。

第二,提高本国产品的国际竞争力。一国通过对出口部门、企业提供出口补贴、出口信贷、出口信用担保等政策措施,降低出口成本,进而提高了本国产品在国际市场上的竞争能力。

第三,扩大货物或服务出口,占领国际市场。

第四,推进本国产业结构的改善与升级。

第五,积累资本或资金,缩小和弥补经济发展过程中的资金缺口。

第六,维护本国或地区的对外经济与政治关系。

二、国际贸易政策的构成

(一)国际贸易政策的要素构成

作为一项完整的贸易政策,其要素应包括政策主体、政策客体、政策目标、政策内容和政策手段五个方面。

第一,政策主体是指政策的制定者和实施者,一般来说,就是各国或地区的政府。

第二,政策客体是贸易政策所规划和指导的贸易活动以及从事贸易活动的企业、机构或个人。

第三,政策目标是贸易政策所要达到的目的。

第四,政策内容是贸易政策的具体指向,它反映了贸易政策的倾向、性质、种类和结构等。

第五,政策手段则是为了实现政策目标而采取的具体管理措施。

(二)国际贸易政策的内部构成

一国的对外贸易政策一般应包括三个层次的内容:

1. 对外贸易总政策

对外贸易总政策,包括进口总政策和出口总政策。这是根据本国国民经济的总体情况,本国在世界舞台上所处的经济和政治地位,本国的经济发展战略和本国产品在世界市场上的竞争能力以及本国的资源、产业结构等情况,制定出的在一个较长时期内实行的对外贸易基本政策。

2. 对外贸易国别(或地区)政策

对外贸易国别(或地区)政策是根据对外贸易总政策及世界经济政治形势,以及本国与不同国别(或地区)的经济政治关系,分别制定的适应特定国家(或地区)的对外贸易政策。

3. 对外贸易具体政策

对外贸易具体政策,又称"进出口商品政策"。这是在对外贸易总政策的基础上,根据不同产业的发展需要,不同商品在国内外的需求和供应情况以及在世界市场上的竞争能力,分别制定的适用于不同产业或不同类别商品的对外贸易政策。

在现实经济生活中,这三个层次贸易政策的内容并不是截然分开和完全独立的,而是互相交融、相辅相成的。

第二节 国际贸易政策的类型及理论基础

国际贸易与各国的经济发展密切相关,因此,在不同时期,由于政治经济情况的不同,各国会采取不同的贸易政策。国际贸易政策是随着时代的发展而不断发展变化的,但是不管如何变,基本上离不开两种政策类型:自由贸易政策和保护贸易政策。

自由贸易政策主要是指政府取消对外贸易的限制和障碍,取消对本国货物和服务贸易的各种特权和优待,使货物自由进出口,服务贸易自由经营,企业在国内外市场上自由竞争。

保护贸易政策是指政府广泛利用各种限制进口和控制经营领域与范围的措施,保护本国货物和服务在本国市场上免受外国货物和服务的竞争,并对本国货物和服务的出口给予优待和补贴,以加强其在国际市场上的竞争力。

当然,二者并不是完全对立的。事实上,一国实行自由贸易政策,并不意味着完全的自由;同样,实行保护贸易政策,也并不是完全闭关自守。二者的主要区别在于贸易政策中是自由的成分更多还是保护的成分更多。

一、发达国家国际贸易政策的演变及理论基础

(一)15~17世纪:古老的保护贸易政策——重商主义

1. 重商主义的产生时间和背景

重商主义是欧洲资本原始积累时期产生的代表商业资产阶级利益的经济思想和政策体系。它产生于15世纪,全盛于16世纪和17世纪上半叶,从17世纪下叶开始由盛转衰。重商主义最初出现在意大利,后来流行于西班牙、葡萄牙、荷兰、英国和法国等地。16世纪末叶以后,重商主义在英国和法国得到了重大的发展。

重商主义的产生有着深刻的历史背景。15世纪以后,特别是地理大发现扩大了世界市场,给商业、航海业、工业以极大刺激,西欧封建自然经济逐渐瓦解,商品货币经济关系急剧发展,封建地主阶级力量不断削弱,商业资产阶级的力量不断增强,商业资本开始发挥突出的作用。与此同时,社会财富的重心由土地转向了货币,货币成为全社会上至国王下至农民所追求的对象,并被认为是财富的代表形态和国家富强的象征。除了开采金银矿,金银货币主要来自商业资产阶级所经营的内外贸易,尤其是对外贸易。另外,西欧一些国家运用国家力量支持商业资本的发展,从而形成了重商主义政策。

2. 重商主义的具体内容及理论基础

重商主义的发展大致可以分为早期和晚期两个阶段,早期重商主义约从15世纪至16世纪中叶,晚期重商主义约从16世纪下半叶至17世纪。

(1)早期重商主义。早期重商主义称为"货币差额论",以英国的斯塔福为代表。绝对重视金银,视金银为国家财富的象征,且将其作为衡量一国财富的标准。金银货币被视为"一国最有用的宝藏",所以早期重商主义又被称为"重金主义"。

早期重商主义反对进口和禁止货币出口,它一方面以高关税限制商品尤其是奢侈品的进口,以防止金银流出;另一方面,以补贴方式鼓励出口,换取金银输入。在对外贸易中必须使每笔交易和对每一个国家的贸易都保持顺差。一些国

家还要求外国人来本国进行交易时,必须将其销售货物的全部款项用于购买本国货物或在本国花费掉。

(2)晚期的重商主义。晚期的重商主义注重贸易差额,所以又叫做"贸易顺差论"。16世纪下半叶,商业资本高度发展,工场手工业已经产生,信贷事业开始发展,商品货币经济迅速发展。当时的封建王朝和商业资产阶级更加需要货币,"他们开始明白,一动不动地放在钱柜里的资本是死的,而流通中的货币却会不断增值"。所以,对货币的流通,就不应过分加以限制。于是,管理金银进出口的政策变为管制货物的进出口政策。这些政策力图通过"奖出限入",保证贸易顺差,以达到金银流入的目的。

晚期重商主义的代表人物是英国的托马斯·孟,他的主要著作是1644年出版的《英国得自对外贸易的财富》,该书被认为是重商主义的"圣经"。

晚期重商主义认为增加一国财富的主要手段就是发展对外贸易,但是必须遵循一条原则,就是卖给外国人的商品总值应大于购买他们的商品总值,若一国出口值不能超过进口值,则该国的经济绝不能繁荣。所以,欲增加国民财富必须促进出口,使输出大于输入,以造成有利的贸易差额,即"顺差"。这也就是托马斯·孟认为的"货币产生贸易,贸易增多货币"。但一国追求贸易顺差的办法应是保持本国对外贸易总额的顺差,而不必要求对每个国家的每笔交易都保持顺差。晚期重商主义学者在认识上比早期向前推进了一步。这是商业资本发展更加成熟的表现。

晚期重商主义政策的主要内容:

第一,货币政策。贸易差额论的货币政策不是主张严禁金银出口,而是把对货币的追求寓于对贸易顺差的追求之中。

第二,对外贸易垄断政策。葡萄牙和西班牙在16世纪实行对外贸易垄断。葡萄牙国王直接掌握并垄断对东方的贸易,西班牙则垄断它和美洲殖民地的贸易,不许外国人插手经营。通过贸易垄断,西欧国家在其殖民地取得廉价的原料,运回本国加工成制成品,高价向殖民地或其他国家出售。

第三,保护关税政策。对进口货物几乎都要征收重税,其税负往往高到使人不能购买的地步,对原料则免税进口,同时,对出口的制成品则减免关税,或退回进口原料时征收的关税。

第四,发展本国航运业的政策。贸易差额论者认为,建立一支强大的商船队和鱼船队能够增强一个国家的经济力量。因此,应禁止外国船只从事本国沿海航运和殖民地之间的航运。

第五,发展本国工业的政策。为了实现贸易顺差,就必须多卖商品。因此,他们认为应该发展本国工业,使本国产品在世界市场上有竞争能力,保持出口优势。为此,各国都制定了鼓励本国工业发展的政策。如有些国家高报酬聘请外国工匠,禁止熟练技术工人外流和机器设备输出,给工场手工业者发放贷款和提供各种优惠条件。

3. 对重商主义的评价

(1)积极意义。重商主义对资本主义生产方式进行了最初的理论探讨,这种思想在当时是符合商业资产阶级利益的。它们促进了资本的原始积累,在一定程度上推动了资本主义生产关系的建立和发展,对于推动社会生产力的发展也起了积极的作用。

(2)局限性。第一,重商主义对经济现象的探索仅限于流通领域,而未深入到生产领域,并且重商主义认为货币是衡量一个国家富强程度的尺度,因而得出对外贸易是财富的源泉的结论,而价值是在生产过程中创造的,流通只不过是使价值得以实现的过程,因此它无法揭示出财富的真正来源。第二,重商主义认为对外贸易的目的就是从国外获得货币,它无法认识到国际贸易有促进各国经济发展的重要意义。

(二)18世纪中叶～19世纪中叶(第一次产业革命后):自由贸易和保护贸易并行

1. 英国自由贸易政策的兴起

(1)自由贸易政策兴起的背景、表现及成效。18世纪中叶至19世纪末,资本主义进入自由竞争时期,以英国为首的少数国家开始宣扬自由贸易思想。产业革命后的英国,工业迅速发展,在世界上处于绝对领先地位,成为名副其实的"世界工厂"。为了大量进口自己所需的原料和粮食,向外推销价廉物美的制成品,英国资产阶级迫切要求国内外政府放松对外贸活动的管制,实现贸易自由化,为此进行了长期的斗争,并最终取得了胜利。

自由贸易政策的胜利主要表现在:第一,1846年,废除了代表地主贵族阶级利益的限制粮食进口以维持国内粮食高价的《谷物法》,实现了粮食的自由贸易。第二,关税税率和税目逐步减少。1841年,进口须纳税的商品项目高达1163种,而1882年已减少至20种,关税税率也降低至20%～30%。第三,1824年起,逐步废除了英国船只垄断对外贸易运输的《航海法》,将外贸运输业务全部对外国开放。第四,废止了垄断经营对殖民地贸易的特权公司。如东印度公司对印度贸易的垄断权于1813年被剥夺,从此除茶叶贸易和与中国的贸易外,英国和印度的贸易被开放给所有的英国公司。第五,对殖民地的贸易政策发生转变,取消英国与殖民地间的特惠税率,使得自殖民地进口的商品和其他国家进口的商品处在同等的竞争地位。第六,与外国签订贸易条约,以实现普遍的关税减让。例如,1860年,英国与法国签订了"科伯登"条约,英国承诺降低法国葡萄酒和烧酒的进口税,同时不禁止英国煤炭的出口,而法国则保证对英国的一些制成品征收不超过30%的进口关税。

英国采用自由贸易政策后,本国的工业和对外贸易有了长足的进展。至 1870 年,英国的对外贸易额已占世界贸易总额的近 1/4,工业产量占世界工业总产量的 32%,伦敦也成为国际金融中心。

(2) 自由贸易政策理论。第一,亚当·斯密的绝对优势理论。亚当·斯密在其名著《国富论》中严厉批评了重商主义视金银为财富的错误观念,认为国家财富不能以货币多寡来衡量,而应重视货币所购买的物品,货币只是便于财富的交换,它并非真正的财富。亚当·斯密认为,各国应该集中生产并出口具有"绝对优势"的产品,进口不具有"绝对优势"的产品,其结果比什么都生产更为有利。第二,李嘉图的自由贸易理论。大卫·李嘉图于 1817 年出版了他的名著《政治经济学及赋税原理》,建立了他的国际贸易理论。大卫·李嘉图是古典经济学国际贸易理论的集大成者。李嘉图认为,在国际分工和国际贸易中起决定作用的不是绝对利益,而是比较成本。他认为,一些国家可能在许多方面(假定在两个方面)都处于优势,但其优势程度是不会绝对相同的,其中最优的方面就是该国的比较优势;另一些国家可能在对应的这些方面都处于劣势,但其劣势程度也不会是绝对一样的,而其中次劣的方面就是该国的比较优势。这两类国家都应该参与国际分工,其国际分工的原则应该是:两优取其最优,两劣取其次劣。李嘉图认为,只有各国都实行自由贸易政策,才能使各国从上述的国际分工中获得比较利益,因此,他积极主张自由贸易。

2. 美国与德国的保护贸易政策

(1) 美国与德国的传统保护贸易政策的实现。美国从其建国之初,德国从其 1871 年统一开始,就一直实行保护贸易政策。美国首个明确的保护性关税法案是在 1816 年通过的,它使棉花、羊毛制品和某些铁制品的进口关税税率达到 30%~40%。到 1890 年,美国关税税率已居世界之首。1871 年,德国统一后,采取了强有力的保护贸易政策。德国也从未放弃关税保护,1898 年,又乘关税法修订之机,再次提高关税,从而成为欧洲高度实行贸易保护的国家之一。

(2) 传统保护贸易政策的理论依据。从历史上看,工业先进国家的经济学家大多赞扬自由贸易,而后进国家的经济学家则倡导保护贸易。曾任美国第一任财政部长的亚历山大·汉密尔顿,德国经济学家、保护贸易理论的先驱李斯特都积极倡导实行保护贸易政策。其中,李斯特的"保护幼稚工业论"是最有代表性的保护贸易政策理论。

所谓"幼稚工业保护论",是指经济发展较为落后的国家,采用保护关税政策,培育或扶植其国内具有潜力的幼稚工业,使之发展到能与先进工业国家相竞争的程度,从而提高国家的地位。

第一,李斯特的"生产力理论"。李斯特以其"生产力理论"批判了英国经济学家的价值理论。"生产力理论"就是要借助于关税的保护,以发展一个国家的生产力,他主张为培养经济落后的德国生产力,宁可暂时承受实行保护关税初期工业品价格偏高的不利,以保护关税的暂时不利影响为代价,换来生产力的增长。

第二,李斯特的"经济发展阶段论"。李斯特提出了"经济发展阶段论",用于批判英国经济学家忽视各国经济发展的历史特点的错误。李斯特认为,从经济发展方面来看,每个国家都必须经过如下各发展阶段:原始未开化时期、畜牧时期、农业时期、农工业时期、农工商业时期。在这五个不同的发展阶段,应采用不同的经贸政策。在原始未开化时期、畜牧时期和农业时期,为实现迅速的转变,应对先进国家实行自由贸易政策,特别是在农业时期,实行自由贸易政策,有利于进口工业品,培育本国的工业。但在农工业时期,为扶持本国弱小的工业,应实行保护贸易政策,以提高本国工业的竞争能力。待工业有了较快、较大规模的发展,经济发展进入了农工商业时期,本国工业已具有较强的竞争实力,则又应该实行自由贸易政策。李斯特认为,当时的英国已处于农工商业时期,因而英国应极力提倡自由贸易,而当时的德国和美国尚处于农工业时期,因此,德国和美国必须实行保护贸易政策。

第三,保护的对象与时间。李斯特认为,保护的对象应是面临强手竞争的幼稚工业,保护贸易政策的目的在于促进生产力的发展。他提出保护的对象是:其一,农业不需要保护,只有那些刚从农业阶段进入农工业阶段的国家,距离工业成熟时期尚远,才需要保护;其二,一国工业虽然幼稚,但在没有强有力的竞争者时,也不需要保护;其三,只有刚刚开始发展并面对强有力的外国竞争者的幼稚工业才需要保护。李斯特提出的保护时间以30年为最高限期。

第四,保护手段。李斯特主张在国家干预和扶持下,采取禁止输入和提高关税的办法来保护幼稚工业,而用减免关税的办法来鼓励复杂机器设备的进口,以加速幼稚工业的发展。

(3)对李斯特保护贸易理论的评价。其一,积极意义。李斯特的政策主张对德国的经济发展和社会生活产生了深远的影响,促进了德国资本主义经济的发展和由封建制度向资本主义制度的过渡。其后,美国对外贸易政策的制定也以其为依据,并对美国工业的发展、经济实力的增强起到了积极作用。李斯特的保护贸易理论对如今某些发展中国家制定对外贸易政策和产业政策仍然具有借鉴意义,对经济不发达国家的贸易政策制定有重大参考价值和指导意义。其二,片面性。李斯特的贸易保护理论在具有合理性和进步性的同时,仍然具有缺陷。一是,他对"生产力"这个概念的理解是不科学的,对影响生产力发展的各种因素的分析也很混乱。二是,他以经济部门作为划分经济发展阶段的基础是片面的,歪曲了社会经济发展的真实过程。

（三）19世纪末～20世纪初：超保护贸易政策

1. 超保护贸易政策产生的原因

超保护贸易政策在第一次世界大战与第二次世界大战之间盛行。在这个阶段，资本主义经济具有以下特点：

(1) 垄断代替了自由竞争。

(2) 国际经济制度发生了巨大变化。

(3) 1929～1933年，资本主义世界发生空前严重的经济危机，使市场问题进一步尖锐化，传统的自由贸易理论陷入困境，保护主义重新崛起，各国竞相采用超保护贸易政策措施。

2. 超保护贸易政策的内容和特点

与第一次世界大战前的贸易保护主义相比，超保护贸易主义有以下特点：

(1) 保护的对象扩大了。超保护贸易不但保护幼稚工业，而且更多地保护国内高度发达或出现衰落的垄断工业。

(2) 保护的目的变了。超保护贸易不再是培养自由竞争的能力，而是巩固和加强对国内外市场的垄断。

(3) 保护转入进攻性。以前的贸易保护主义是防御性地限制进口，超保护贸易主义是要在垄断国内市场的基础上对国内外市场进行进攻性的扩张。

(4) 保护的利益阶级从一般的工业资产阶级转向保护大垄断资产阶级。

(5) 保护的措施多样化。保护的措施不仅有关税，还有其他各种各样的"奖出限入"措施。

(6) 组成货币集团，划分世界市场。1931年，英国放弃了金本位，导致了统一的世界货币体系的瓦解，主要资本主义国家各自组成了排他性的、相互对立的货币集团。1931年后，资本主义世界的货币集团有英镑集团、美元集团、法郎集团、德国双边清算集团及日元集团，等等。

3. 超保护贸易政策的理论基础

超保护贸易政策的实施，与当时各国经济学者提出的各种支持超保护贸易政策的理论是分不开的。其中，有重大影响的是凯恩斯主义有关推崇重商主义的学说，也就是超保护贸易学说。

凯恩斯(John Maynard Keynes, 1883～1946)是英国的资产阶级经济学家，是凯恩斯主义的创始人，他的代表作是其在1936年发表的《就业、利息和货币通论》。在资本主义1929～1933年大危机以前，凯恩斯是一个自由贸易论者。当时，他否认保护贸易政策会有利于国内的经济繁荣与就业。在大危机以后，凯恩斯改变立场，对重商主义进行重新评价，并对其大为推崇。以后，凯恩斯的追随者，基于凯恩斯的就业理论和对外贸易乘数论，主张国家干预经济，追求贸易顺差。

(1)对古典派自由贸易理论的批评。凯恩斯与其追随者认为古典派自由贸易理论过时了。其一,自由贸易理论关于"充分就业"的前提条件已不存在。事实上,30年代,有大量失业存在,美国等发达国家的失业率更是高达25%。其二,凯恩斯和其追随者认为,古典派自由贸易论者虽然以"国际收支自动调节说"说明贸易顺、逆差最终均衡的过程,但却忽略了在调节过程中对一国国民收入和就业所产生的影响。他们认为,应当仔细分析贸易顺差与逆差对国民收入和就业的作用。他们认为,贸易顺差能增加国民收入、扩大就业,而贸易逆差则会减少国民收入、加重失业。因此,他们赞成贸易顺差,反对贸易逆差。

(2)投资乘数理论。凯恩斯为证明增加投资能提高就业和增加国民收入,提出了"投资乘数论",也就是投资对于国民收入增长具有乘数作用或倍数作用,即投资增加一倍,可以使国民收入增长若干倍。投资的增加之所以会产生乘数作用,是因为各经济部门是相互联系的。新增加的投资引起生产资料需求的增加,从而引起生产资料部门的工作人员的收入增加。他们的收入增加又引起对消费资料需求的增加,从而又导致消费资料生产部门就业和人员收入的增加,如此推演,最终使国民收入成倍增长。

凯恩斯认为,增加的倍数取决于"边际消费倾向",也就是增加的收入中用于消费的部分与增加的收入的比值。如果"边际消费倾向"为0,就是说,人们将增加的收入全部用于储蓄,而一点也不消费,那么,国民总收入就不会增加。如果"边际消费倾向"为1,就是人们把增加的收入全部用于消费,一点也不储蓄,那么,国民收入增加的倍数将为$1+1+1+1\cdots\cdots$到无限大。如果"边际消费倾向"介于0与1之间,就是人们将增加的收入以1/2或1/3或1/4用于消费,那么国民收入增加的倍数将在1和无限大之间。

用K表示国民收入增加的倍数,用$\triangle Y$表示国民收入增量,$\triangle I$表示投资增量,则存在以下关系:

$$\triangle Y = K \cdot (\triangle I)$$

其中,$K=1/(1-c)$,c为边际消费倾向。

(3)凯恩斯的对外贸易乘数理论。在国内投资乘数理论的基础上,凯恩斯的追随者引申出对外贸易乘数理论。他们认为,一国出口额的增加,同投资额的增加一样,也可以起到增加国民收入的作用;一国的进口额的增加,则与国内储蓄增加一样,有减少国民收入的作用。因为,出口额的增加使出口产业部门的收入增加,消费也跟着增加,这必然引起其他产业部门生产的增加和就业的增加,以及收入的增加……如此反复下去,收入增加量将为出口增加量的若干倍。

他们得出结论,只有当贸易为出超或国际收支为顺差时,对外贸易才能增加一国的就业量和提高国民的收入,此时,国民收入的增加量将为贸易顺差的若干倍。这就是对外贸易乘数理论的含义。用$\triangle Y$代表国民收入的增加额,$\triangle I$代表投资的增加额，△X 代表出口的增加额，△M 代表进口增加额，K 代表乘数。

计算对外贸易顺差对国民收入的影响倍数公式为：

$$\triangle Y = [\triangle I + (\triangle X - \triangle M)] \cdot K$$

在△I 与 K 一定时，则贸易顺差越大，△Y 越大；反之，如贸易差额是逆差时，则△Y 要缩小。因此，一国越是扩大出口、减少进口，贸易顺差越大，对本国经济发展作用就越大。由此，凯恩斯和其追随者的对外贸易乘数理论为超保护贸易政策提供了理论根据。

由于贸易顺差能增加就业和国民收入，所以，超保护贸易理论主张"奖出限入"，以取得贸易顺差。

(4)对凯恩斯的对外贸易乘数理论的评价。凯恩斯主义在一定程度上反映了对外贸易与国民经济发展之间的内在规律性，这一理论对于认清国民经济体系的运行规律，制定切实有效的宏观经济政策有一定的理论指导意义，但凯恩斯主义过分夸大了顺差的意义，片面强调对外贸易顺差对增加国民收入的作用，若各国都不加节制地实行"奖出限入"政策，势必导致关税、非关税壁垒盛行，使贸易障碍增多，发生各种贸易战，从而阻碍整个国际贸易的发展。另外，凯恩斯主义旨在通过对外贸易出超来解决国内经济停滞，以摆脱周期性经济危机。但是，在资本主义制度下，要从根本上解决经济危机和就业问题是不可能的。

(四)二战后50年代～70年代：贸易自由化

第二次世界大战后，随着资本主义世界经济的恢复和迅速发展，从50年代到70年代初，发达资本主义国家出现了贸易自由化趋势。

1. 贸易自由化的主要表现

(1)大幅度降低关税。第一，在关税与贸易总协定成员国范围内大幅度地降低关税。在这一时期，关贸总协定共进行了7轮多边贸易谈判，各缔约方的平均进口关税税率从战后初期的50%降到5%左右。第二，各区域经济贸易集团特别是欧洲经济共同体对内实行优惠关税或取消关税，对外通过谈判，达成关税减让的协议，导致关税大幅度下降。欧洲经济共同体通过《洛美协定》，对来自非洲、加勒比海和太平洋地区的46个发展中国家的全部工业品和96%的农产品进口给予免税的优惠待遇。第三，普遍优惠制的实施。发达国家对来自发展中国家和地区的制成品和半制成品的进口给予普遍的、非歧视和非互惠的关税优惠。这是在1968年联合国贸易与发展会议第二届会议上通过了普遍优惠制决议后实施的。

(2)削减或撤销非关税壁垒。一些西方发达国家在实行超保护贸易政策时期实行了各种各样的非关税壁垒，主要有进口配额、进口许可证制和外汇管制等，在贸易自由化时期，这些非关税壁垒得到了不同程度的削减或撤销。

(3)放宽外汇管制。随着经济的恢复与国际收支状况的改善，发达资本主义国家都在不同程度上放宽或解除了外汇管制,恢复了货币的自由兑换,实行外汇流通自由化。

2.贸易自由化的主要特点

(1)美国积极推行贸易自由化。战后,美国成为资本主义世界最强大的经济和贸易国家。为了实现对外经济扩张,美国积极主张削减关税,取消进出口数量限制,成为贸易自由化的积极推行者。

(2)战后实行贸易自由化的经济基础雄厚。战后贸易自由化浪潮席卷全球,除去美国的对外扩张外,还有更重要的原因:诸如生产的国际化、资本的国际化、国际分工的纵横发展,西欧和日本经济的迅速恢复和发展,跨国公司的大量出现,它们都反映了世界经济和生产力发展的内在要求。

(3)主要维护垄断资本的利益。战后贸易自由化是在国家垄断资本主义日益加强的条件下发展起来的,主要反映了垄断资本的利益。

(4)通过多边贸易谈判在世界范围内进行。战后贸易的自由化主要是通过1947年关税与贸易总协定和世界贸易组织在世界范围内进行的。区域性关税同盟、自由贸易区、共同市场等区域性经济合作,也均以促进国际商品的自由流通和扩展自由贸易为宗旨。

(5)贸易自由化发展不平衡。战后贸易自由化是在新的历史条件下进行的。二战后,原来的殖民地、附属国走上了政治独立的道路。贸易自由化发展是不平衡的,主要表现在:第一,发达资本主义国家之间贸易自由化超过它们对发展中国家和社会主义国家的贸易自由化。第二,区域性经济集团内部的贸易自由化超过集团对外的贸易自由化。第三,商品上的贸易自由化范围不一致。工业制成品上的贸易自由化超过农产品上的贸易自由化;机械设备的贸易自由化超过了工业消费品的贸易自由化。

3.战后贸易自由化的作用

(1)战后贸易自由化推进了世界经济和贸易的高速发展。

(2)战后贸易自由化确立了各国贸易政策发展的总趋势。

(3)战后贸易自由化为国家贸易、经济可通过协商、协调获得发展提供了先例。

(五)20世纪70年代中后期:新贸易保护主义

新贸易保护主义(New Trade Protectionism)是指20世纪70年代中后期以来,在国际贸易理论领域中形成的贸易保护主义理论。新贸易保护主义又被称为"超贸易保护主义"或"新重商主义",以绿色壁垒、技术壁垒、反倾销和知识产权保护等非关税壁垒措施为主要表现形式。

1.新贸易保护主义产生的原因

(1)经济发展缓慢,失业率居高不下。石油危机给西方发达国家经济带来很大的压力,资本主义各国的经济增长率开始下降,特别是1974～1975年出现战后最严重的经济衰退,西方国家经济进入通货膨胀和失业率上升并存的"滞胀"状态,经济衰退和严重的失业问题给工业发达国家造成巨大的压力。

(2)主要工业发达国家的对外贸易发展不平衡。20世纪70年代初后,美国的贸易逆差急剧上升,尤其是对日本、西德的贸易逆差进一步扩大。为减少贸易逆差,美国一方面迫使日本等国开放市场,另一方面加强限制进口的报复措施,美国成为新贸易保护主义的重要发源地。

(3)国际贸易关系的失调。20世纪70年代初,布雷顿森林体系崩溃,资本主义国家普遍实行了浮动汇率制,汇率长期失调影响了国际贸易的正常发展。

(4)贸易政策的相互影响。随着世界经济相互依存性的加强,贸易政策的连锁反应也更敏感,美国采取许多保护贸易措施,而这些措施反过来也会遭到其他国家的报复,使新贸易保护主义不断蔓延与扩张。新贸易保护主义在全世界范围内迅速蔓延。

2.新贸易保护主义的主要表现

新贸易保护主义突出反映了当代国际贸易环境的新变化,这种变化又赋予它新的特点,主要表现在:

(1)被保护的商品不断增加。各国出于自身贸易利益的考虑,以保护国内产业为目的,限制对方国家的产品进入本国市场。随着这一过程的深入和贸易保护主义被各国广泛接受,被保护的商品范围日益扩大。

(2)以非关税措施为主,保护措施多样化,隐蔽性增强。新贸易保护主义政策下的一个突出特点就是种类繁多的非关税措施。非关税措施是指除传统的关税措施以外的任何限制商品进口的措施。据统计,在20世纪60年代末,发达国家实行的非关税措施共计850多项,到80年代末期已达3000多项,如进口配额、进口许可证、自动出口配额、进口和出口的国家垄断、歧视性政府采购等等。此外,各种壁垒如技术壁垒、绿色壁垒、劳工标准、知识产权标准等,运用范围更加广泛,手段更隐蔽。例如,美国制定的包括技术法规和政府采购细则等在内的标准有5万多个,私营标准机构、专业学会、行业学会等制定的标准也在4万个以上。

(3)把贸易政策法律化、制度化,使之合法化,歧视性越加明显。美欧等纷纷将其贸易政策以法律、法规形式固定成为其一国对内、对外的政策,以实现自身的贸易利益诉求。制定法律为一国主权内行为,更能为其行为的"合法"性找到根据,达到有效实现贸易保护的目的。这种手段是以一国的标准、以单边规则裁量与他国的贸易行为,具有很强的歧视性和单边性。以美国为例,美国贸易法案中赫赫有名的"301"条款,凭借此条款,美国可以对来自国外的任何"不公平"或"不合理"的贸易活动进行所谓"合法"的制裁。近年来,为维护美国自身贸易利益,美国多次启动或威胁启动该条款处理贸易纠纷,公开向 WTO 的有关规则挑战,严重损害了各国以 WTO 准则处理贸易争端的权威性和秩序性,并对其他国家在处理国际法与国内法关系上产生了负面影响。

(4)从促进出口转向对进口的限制和保护。自 20 世纪 90 年代以来,各国间的竞争在不断加剧,尤其是遭到国内经济不景气时,各国会重新重视起对本国进口的保护,这主要表现在:其一,借助 WTO 规则,滥用反倾销、反补贴与保障条款,保护国内陷入或即将陷入结构性危机的产业。以美国为例,自 1995 年 WTO 成立以来,美国的反倾销立案数呈直线上升,1998 年共 37 起,1999 年和 2000 年各 47 起,2001 年高达 74 起,2002 年共计 75 起。据统计,使用反倾销措施的国家数目从 1987 年的 7 个到 1990 年的 10 个,1995 年的 12 个,以及 2001 年的 37 个,呈上升趋势。其二,恢复传统的关税与配额手段。2002 年 3 月,美国单方面决定对部分进口钢材加征 30% 的关税,11 月又对中国进口的 3 种纺织品实行配额限制。其三,以保护消费者利益为目的,设置严格的技术壁垒和绿色壁垒,阻挡国外优势产品的进入。

(5)制定综合性的经济贸易战略和系统的贸易管理措施,强调政府对贸易的管理。克鲁格曼等提出的战略贸易理论认为,不论在促进本国具有竞争优势的企业开拓国际市场方面,还是在维护本国企业免受国外竞争对手的冲击方面,都需要国家的贸易政策发挥作用,从而为国家通过干预贸易以提高和维护本国产业提供了强有力的支持,并由此形成了战略性贸易政策体系。这一政策体系强调了国际贸易中的国家利益,确立了政府在制定贸易战略政策过程中的关键作用,政府通过确定战略性产业(主要是高技术产业),并对这些产业实行适当的保护。随着国际贸易竞争的加剧,战略性贸易政策被越来越多的发达国家和新兴工业化国家所接受,并成为新贸易保护主义的核心政策。

(6)利用区域贸易协定和双边贸易协定有选择地进行贸易保护。20 世纪 90 年代后期以来,双边层面的自由贸易协定的签订和实施成为国际贸易发展的新热点。据 WTO 统计,到 2004 年,向 WTO 正式通报的自由贸易协定已达 206 个,WTO 成员国中绝大多数参加了一个或多个双边自由贸易协定。在区域一体化方面,欧盟加快了扩员和内部建设的步伐;北美自由贸易区加强了成员国之间的联系;APEC 的影响力正逐步扩大;东盟提前制定了统一市场的时间表,积极探索区域合作的新机制。实际上,这些双边和区域贸易协定的成功实施,对双边和区域外的国家的进口构成了障碍,成为新的贸易保护形式。

3. 理论基础

新贸易保护主义政策主要以战略性贸易理论为基础。

20 世纪 80 年代以来,一些西方经济学家在规模经济和不完全竞争的基础上提出了一种新的战略性贸易理论,引起了理论界和发达国家政府的高度重视。

(1) 战略性贸易理论的含义。所谓"战略性贸易理论"(Strategic Trade Theory),是指在不完全竞争和规模经济条件下,一国政府运用政策干预手段,把国外垄断企业的一部分垄断利润转移给本国企业或消费者的贸易政策理论。通常情况下,政府可以利用关税、配额等进口保护政策和生产补贴、出口补贴或研究开发补贴等鼓励出口政策,扶持本国战略性工业的成长,增强其在国际市场上的竞争能力,从而谋取规模经济之类的额外收益,并借机掠夺他人的市场份额和工业利润。之所以称之为"战略性",是因为这种政策能够改变国内外垄断企业之间的竞争关系,使本国垄断企业在国际市场的竞争中处于优势地位,并为国内经济获得利益。

(2) 战略性贸易理论的理论分析。战略性贸易理论的创始者是加拿大英属哥伦比亚大学的教授布朗德(James Brander)和斯潘塞(Ball Spencer)。他们认为,传统的自由贸易理论是建立在规模收益不变和完全竞争的理想假设上的,但现实生活中,不完全竞争和规模经济是普遍存在的现象。在这种情况下,市场本身的运行处于一种"次优"的状态,这种状态不能保证潜在的收益一定能够实现,适当的政府干预则有可能改变市场运行的结果。

这里有一个重要条件就是规模经济。由于规模经济存在于相当的产业中,政府可以运用贸易政策对这些产业进行扶持,扩大本国企业的生产规模,使本国企业在国际贸易中处于优势地位。

其一,利用关税转移外国企业的垄断利润。在国际市场上,工业制成品市场是不完全竞争的,产品的差异性使各国厂商都可能在某些产品上具有一定的垄断力量,并利用这种力量将产品价格定在高于其边际成本的水平上,以获取超额利润。在国际贸易中,这种利润是由进口国的消费者支付的。在这种情况下,进口国政府可以通过征收关税的办法,将外国厂商从本国消费者身上赚取的超额利润转移到国内。

其二,通过补贴获得市场份额。在寡头垄断的市场上,由于存在很强的规模收益递增现象,市场份额对各国厂商变得更为重要。这时,市场竞争便成了少数几家企业之间的博弈,谁能占领市场,谁就能获得超额利润。在这场博弈中,政府可以通过提供补贴等手段,影响本国厂商及其外国竞争对手的决策行为,帮助本国厂商在国际竞争中获胜。

现在用一个假想的例子来分析政府的战略性贸易政策对寡头垄断的影响。

假定在飞机制造业中有两家厂商,美国波音公司和欧洲空中客车公司,两家公司都打算生产一种新型客机,但由于该行业规模经济巨大,在作为一个整体的国际市场上只能容纳一个获利者的进入。如果两个厂商都进入,他们都会遭受5万美元的损失,而不管哪一个厂商,如果设法让自己在该行业中立足,就能获得100万美元的利润(如图7-1所示)。

在没有战略性贸易政策时,波音公司和空中客车公司都有两种选择:生产或不生产。假设波音公司由于历史原因抢先占领了这个市场,则波音公司获取100万美元的利润,空中客车公司不生产。如果空中客车公司硬要挤进这个市场,那么两者都亏损5万美元,所以空中客车公司不会进入该市场的竞争。

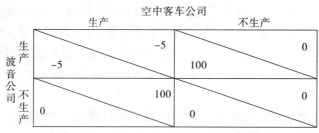

图 7-1　没有补贴的损益图(万美元)[①]

在实行战略性贸易政策时,波音公司和空中客车公司只有一种选择:空中客车公司生产而波音公司不生产。假设欧洲政府采取战略性贸易政策,补贴空中客车公司25万美元进行生产,则以上损益将发生根本性变化。如果两公司都生产,那么空中客车获得的政府补贴减去亏损后仍有20万美元的利润;如果只有空中客车公司生产,那么其总利润将达到125万美元,而波音公司没有补贴,则其损益状况并未发生变化,如图7-2所示。

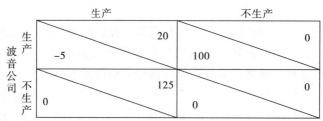

图 7-2　欧洲政府给予空中客车补贴时的损益图(万美元)

在这种情况下,不管波音公司是否生产,空中客车公司只要生产就有利润。因此,对空中客车公司来说,不生产的选择已被排除了,而波音公司则处在一种两难的境地:如果生产,那么将亏损5万美元;如果不生产,则市场将完全被空中客车公司夺走,所以波音公司只能退出竞争。这样,空中客车公司就能独占整个市场,获得125万美元的利润。欧洲政府用25万美元的补贴,就从国际竞争中获得了100万美元的利润。

由这个例子可以看出,从理论上讲,在不完全竞争的市场结构中,战略性贸易理论可以改进市场运行的效果,帮助本国企业在国际竞争中取得战略性优势,

---

[①] 卜伟、叶蜀君:《国际贸易与国际金融》,北京:清华大学出版社,2005年。

增进整个国家的经济福利。

(3)对战略性贸易理论的简评。战略性贸易理论是新贸易理论的一部分,其积极的方面有:

第一,它是以20世纪80年代发展起来的不完全竞争和规模经济理论为基础的,是国际贸易新理论在贸易理论领域的反映和体现。

第二,它是从现实经济生活中普遍存在的不完全竞争的市场状况中提炼出来的,试图设计出适宜于产业内贸易的干预政策,以改善扭曲的竞争环境,使市场运作处于次优境地,因而具有一定的积极意义。

第三,该理论广泛借鉴和运用了产业组织理论与博弈论的分析方法和研究成果,实现了国际贸易理论研究方法上的突破。

其不完善或是消极的方面有:

第一,它未就政府的贸易干预和补贴给出任何通用的解决方法。彼德·林德特指出:"寡头垄断理论在这方面没有提供什么答案,因为它提供的答案太多了,等于没说。经济学家们已经发现了一个可能结果无限之多的菜单,他们的政策建议是由看来同样不现实的技术假设的种种变化而触发的。"保罗·克鲁格曼也说:"试图获得超额垄断利润的政策很难制定。因为,适合的政策取决于不完全竞争的过程,既然对这一过程并不很清楚,也就很难判定何种设想最为合理。"

第二,该理论的实现依赖于一系列严格、苛刻的限制条件。除了要求产业必须具备不完全竞争和规模经济这两个必要条件外,还要求:政府必须有齐全准确的信息,对战略性贸易理论带来的预期收益要心中有数;接受补贴的企业必须给予恰当的配合;产品市场需求旺盛,目标市场不会诱使新厂商加入,以保证企业的规模经济效益不断提高;其他国家不会采取针锋相对的报复措施等等。一旦这些条件得不到满足,战略性贸易理论就难以取得理想的效果。

第三,该理论背弃传统的自由贸易政策,采取进攻性的保护措施,劫掠他人的市场份额和经济利益,容易成为贸易保护主义者加以曲解和滥用的借口,会恶化全球贸易环境。因此,许多经济学家都指出,必须正确把握战略性贸易理论,不可片面夸大或曲解其功效。

(六)20世纪90年代以后,贸易自由化的深化

1. 主要表现

20世纪90年代以后,贸易自由化向纵深方向发展,成为各国对外贸易政策的主流,主要表现在:

(1)地区经贸集团主动推行贸易自由化。

(2)发展中国家和地区以及转型国家也主动推行贸易自由化措施。

(3)世界贸易组织的建立。

2. 贸易自由化存在与发展的基础
(1)战后美国对外经济扩张的需要。
(2)生产的国际化与资本的国际化。
(3)国际分工向广度与深度发展。
(4)各国经济相互联系,相互依靠的加强。
(5)世界经济的恢复与发展。

3. 理论基础:管理贸易政策理论

(1)管理贸易政策的概念和特点。管理贸易政策(Managed Trade Policy)又称"协调贸易政策",是指国家对内制定一系列的贸易政策、法规,加强对内贸易的管理,实现一国对内贸易的有秩序、健康发展;对外通过谈判签订双边、区域及多边贸易条约或协定,协调与其他贸易伙伴在经济贸易方面的权利与义务。

管理贸易政策是20世纪80年代以来,在国际经济联系日益加强而新贸易保护主义重新抬头的双重背景下逐步形成的。在这种背景下,为了既保护本国市场,又不伤害国际贸易秩序,保证世界经济的正常发展,各国政府纷纷加强了对外贸易的管理和协调,从而逐步形成了管理贸易政策或者说协调贸易政策。管理贸易是介于自由贸易和保护贸易之间的一种对外贸易政策,是一种协调和管理兼顾的国际贸易体制,是各国对外贸易政策发展的方向。

(2)以美国为例,具体论述管理贸易政策。美国是奉行管理贸易最为突出的国家,是践行管理贸易的一个典型范式。美国的管理贸易具有以下的特点:

其一,管理贸易法律化、制度化。

这一特点主要体现在美国的两个贸易法中:《1974年贸易法》和《1988年综合贸易与竞争法》。第一个法案的通过标志着美国管理贸易正式开始运转;第二个法案的通过标志着美国管理贸易已走向成熟。另外,美国管理贸易的法律化与制度化体现在美国的反倾销法中。美国的这些法案一方面强化其贸易的立法作用,另一方面扩大了美国贸易立法的域外管辖范围。这充分显示了美国单边协调管理贸易的加强。

其二,管理贸易手段。

一是,采取单边、双边、多边协调管理齐头并举的方式。

美国管理贸易的手段具有多样性,除采取单边协调管理的措施外,还积极采取多边及双边的形式。

在多边协调管理方面,美国积极参加GATT的乌拉圭回台多边贸易谈判并尽可能地发挥其巨大的影响力;美国在北美自由贸易区的基础上,提出"泛美自由贸易区"的设想;美国甚至还提出"新大西洋主义",就是以北约为主,以欧共体和欧安会为辅的三环结构。这样,美国既可协调由世界格局变动所引起的美欧矛盾,又可使"新欧洲"发挥重要作用,促使美国在"新欧洲"的利益得以实现;除此之外,美国还对环太平洋经济区的设想持积极态度。

在双边协调管理方面,美国加强具有针对性的双边贸易谈判,强调"对等"及"公平"贸易的互惠条件。并在此条件下,迫使日本、德国甚至"亚洲四小龙"等对美国有大量贸易顺差的贸易伙伴作出了一些让步。比如,有限度地开放市场、扩大内需及实行出口多元化乃至货币升值等来调整与美国的贸易关系。美国还积极活动,与加拿大和墨西哥成立北美自由贸易区。这些都是美国管理贸易的重要组成部分。

二是,管理贸易措施以非关税为主。

由于GATT多年的不懈努力,关税在国际贸易中限制进口的作用已明显降低。美国在限制进口方面已经转入隐蔽性较强的非关税壁垒,出现了绕过GATT的"灰色区域"措施,其中,"自动出口限制"是"灰色区域"措施中最重要的方式。

20世纪70年代中期以来,美国对来自日本的汽车,来自亚洲其他国家或地区的纺织品、服装、鞋帽、食品、旅游箱包等实行"自动出口限额",这大大降低了这些国家相关商品在世界出口份额中的增长速度。

三是,突出对服务贸易及知识产权的管理。

美国管理贸易的重点主要是劳动密集型的制造业、农产品及劳务产品等服务贸易。美国是世界上最大的劳务贸易国,其以智力服务为主的劳务出口使美国的劳务贸易存在大量顺差,而其他国家也竭力发展其劳务出口。因此,导致了服务贸易领域的摩擦与争端激增。另外,随着国际技术贸易的迅猛发展,知识产权贸易成为当今国际贸易的重要方面。作为世界上最大的知识产权贸易国,美国更关心,也更加强调其对知识产权的保护和管理。因此,美国在贸易政策中对服务贸易与知识产权的管理更为突出。

四是,美国政府对贸易的强有力干预。

美国的国际经济地位下降及其竞争力的削弱促使美国政府改变其贸易政策,更多的是运用政府干预的手段来实现贸易干预。克林顿上台后,美国国内更出现了一种"战略贸易理论"。

该理论认为:一国政府能运用产业政策发展该国经济的动态比较优势,一旦比较优势被确立就必须、继续掌握并随经济的发展随时调整拥有比较优势的产业结构,从而提高其国际竞争力和国际地位。美国政府在此理论影响下,制定了一个产业政策与对外贸易相结合的贸易政策,就是在公平贸易的思想指导下,把"积极保护"与"主动出击"并举,在政府强有力的干预下增强经济竞争力,开拓国外市场。具体做法是:选择一些高科技产业予以保护和资助;不靠多边贸易谈判,而是靠采取单方面的行动来惩罚损害美国产业的外国竞争者。

由以上分析可见,美国的管理贸易实质是"披自由贸易外衣,行保护贸易之实"。

4. 总结

全球贸易自由化是世界经济发展所追求的目标。但在今后相当长的时期内,保护主义还会继续存在。因此,只有利用管理贸易政策对保护主义既承认又遏制,才能最终实现全球的贸易自由化。

二、发展中国家国际贸易政策及理论基础

第二次世界大战后,亚、非、拉地区大多数国家纷纷取得了政治上的独立,并开始致力于本国的工业化和民族经济的发展。在对外贸易方面,大多数发展中国家实行保护主义政策。但出于各国经济发展目标的不同,在发展中国家发展的不同时期出现了外向型保护贸易政策和内向型保护贸易政策。

由于当时发展中国家的对外贸易多以初级产品出口为主,进口工业消费品,为了发展本国经济、促进国内工业化进程,战后发展中国家大都采取了进口替代战略和出口替代战略。

(一)进口替代战略

1. 含义、产生背景与实施状况

进口替代是指一个国家采取保护措施,发展本国工业,以国内生产工业制成品代替原来的工业制成品进口,从而促进本国民族工业和经济的发展。

进口替代通常称为"国产化"。由于某些产品国内尚未生产或虽有生产却规模较小或质量较差,因而全部或部分依赖进口以满足国内需要。这种状况引起外汇支出剧增,阻碍了本国工业的发展。一些发展中国家和地区为改善贸易收支状况和发展国内生产,引进技术在国内生产替代原来依赖进口的商品,进而减少或基本上停止该种商品的进口。

20世纪50年代,发展中国家的工业化发展大都是从采用这一模式开始的。一般来说,最初阶段的进口替代产业所生产的产品主要是日用消费品,如纺织品、鞋类、加工食品和家用电器等。以后逐步发展到重工业,从而实现对资本货物的替代。如:20世纪50年代韩国的替代进口是从生产生活必需品起步的,从而引进了服装、鞋类生产线以及纺织品和食品加工厂的成套设备。

2. 具体政策

(1)采取保护贸易政策,本国对替代进口的商品采取关税和配额等限制进口措施。同时对建立替代工业所必需的机器设备、中间产品或原料的进口采取关税减免和政府补贴的优惠政策。

(2)实行比较严格的外汇管理政策,以便将有限的外汇用在经济发展急需的领域。

(3)实行优惠的投资政策,给予进口替代工业部门在财政、税收、信贷等方面

的特殊优惠。

3. 进口替代战略的成效与缺陷

(1)成效。替代战略可以减少进口、节省外汇、改善国际收支。进口替代发展战略的制定和实施不仅使战后初期困扰东亚国家和地区经济发展的高通货膨胀率和高失业率等日趋得到缓和和抑制,而且增强了发展中国家和地区的经济实力,为以后的经济起飞打下了坚实的物质基础。同时,也有力地促进了拉丁美洲国家商品经济的发展。

(2)缺陷。其一,它是一种内向型的经济战略,主要依靠内需来带动经济的发展。当发展中国家的国内市场特别是轻工业品的消费需求基本都发展到已接近饱和的状态时,经济就难以获得更进一步的发展。其二,它着眼于当前需要的日用消费品的生产,大多是附加值较低的农产品、水产品和矿产品等初级产品,这些产品对自然条件变化的敏感性大,生产和出口增长率一般都较低,换汇能力也很有限,加上需要进口大量的原材料和机器设备,因此极易导致国际收支的严重失衡。其三,它要求采取高度的贸易保护政策,在短期内,这些措施有利于国内相关部门免遭外来商品的冲击,得到正常的发展。但是从长期和根本上来说,却削弱了这些企业的国际竞争能力,阻碍了它们改进生产技术、提高经营水平、增强自身适应能力的步伐,从而使事关企业生存的关键因素——劳动生产率无法得到大幅度的提高和根本性的改观。

(二)出口替代战略

1. 含义及产生背景

出口替代又称"出口导向",是一个国家采取各种措施,促使国内工业生产的发展,面向世界市场,用工业制成品的出口代替传统的初级产品的出口,以出口为动力,带动工业体系的建立和经济的增长。

许多发展中国家和地区在实施替代进口政策的过程中逐步认识到,替代进口必须与促进出口政策配合使用。在 20 世纪 60 年代由于进口替代贸易发展模式出现严重的问题,迫使一些发展中国家转向"面向出口"的外向型模式。

2. 具体政策

(1)在贸易政策上放宽贸易保护,大力鼓励出口,对出口制成品减免关税、外销退税,或对出口给予补贴;对产品出口给予信贷和保险支持;对出口部门所需的原材料、零部件和机器设备进口,减免关税。

(2)在外汇和汇率政策上,给出口企业和出口商优先提供外汇或实行外汇留成、出口奖励措施。

(3)在投资政策上,为解决资金和技术的缺乏,吸引外国投资。

3. 对出口替代战略的评价

(1)有利影响。第一,它为亚洲新兴工业化国家和地区的经济起飞创造了有利条件,并加速了这一重要经济发展阶段的进程。出口增长与经济增长具有正相关性。第二,通过出口导向战略的实施,亚洲新兴工业化国家和地区的经济运行被纳入到整个世界经济的循环体系之中,从而大大提高了它们的国际经济地位和国际竞争能力。第三,产业结构得到明显改善。第四,扩大了贸易规模尤其是出口贸易的规模。

(2)不利影响。较高的对外贸易依存度,使得实行出口导向经济发展战略的亚洲新兴工业化国家和地区的经济较严重地受到了世界经济,尤其是美国经济的影响。当发达国家经济景气、需求旺盛、推动出口增加时,亚洲国家和地区的经济便随之跃升;而一旦发达国家经济陷入萧条困境、需求锐减、使出口萎缩时,亚洲国家和地区的经济则会随之走向衰落。

复习思考题

1. 重商主义的理论观点和政策主张是什么?
2. 李斯特的保护贸易学说的主要内容是什么?
3. 简述古典政治经济学派的自由贸易理论的政策。
4. 试述二战后,贸易自由主义的基础、表现和主要特征。
5. 简述20世纪70年代后新贸易保护主义的特点和起因。
6. 什么是进口替代战略?
7. 什么是出口替代战略?

第八章 国际贸易措施

第一节 关税措施

一、关税概述

(一)关税的定义

关税(Customs Duty or Tariff)是指进出口商品经过一国关境时,由政府所设置的海关向其进出口商所征收的税收。一般而言,关境与国境是一致的,但是有时也会出现不一致的情况。当一国境内设有自由港、自由贸易区、保税区和出口加工区时,该国的关境小于国境;当一些国家组成关税同盟时,关境大于国境。

关税的执行主体是海关,海关是国家政府设在其关境上的行政机构。它的主要任务是对进出口货物、旅客行李和邮递物品、进出境运输工具实施监督管理,征收关税,进行罚款、查禁走私物、临时保管通过货物和统计进出口商品等。同时,海关还有权对不符合国家规定的进出口货物不予放行和罚款,直到没收或销毁。

(二)关税的主要特点

首先,关税的税收主体和客体分别是进出口商和进出口货物,这与国内关税征收的主客体不同。

其次,关税具有较强的涉外性、统一性。关税是一个国家的重要税种,国家征收关税不单是为了满足政府财政上的需要,更重要的是利用关税来贯彻执行统一的对外经济政策,实现国家的政治和经济目的。在我国现阶段,关税被用来争取实现平等互利的对外贸易,保护并促进国内工农业生产的发展,为社会主义市场经济服务。

再次,关税是一种间接税。它是进出口商人先代消费者将关税交给国家,然后将关税转嫁到商品价格中,最后承担的仍然是消费者。现在我国的税收管理主要有两种,一种是直接税,主要是指企业所得税和个人所得税;另一种是间接税,是除直接税之外的税收。我国实行的价内税即间接税,也就是说,我们的每一次消费行为都在为国家纳税。

最后,关税具有强制性和无偿性,不管愿意或不愿意,它都必须上交给国家。同时它是预定的,每年年初海关会通告当年的关税税率,因此,它也是透明的。关税还是一个国家执行经济政策的重要手段。如果我国想让某种产品进入国内,那么关税一定很低;反之,关税就比较高。关税也反映了一国的经济发展水平。目前,美国的进口关税税率平均是2%,发展中国家是11%,我国已经降到了发展中国家平均税率水平以下。2007年1月1日,我国将进口关税、综合税率降到了9.8%,其中,工业品是8.95%,农产品是15.2%。我国的农业还必须有一个比较充分的保护期,所以税率偏高。

二、关税的主要作用

(一)可以增加财政收入

最初关税征收的目的主要是为了获得财政收入,以此为目的而征收的关税称为"财政关税(Revenue Tariff)"。财政关税又称"收入关税",是指以增加国家财政收入为主要目的而征收的关税,为了达到增加财政收入的目的。随着社会经济的发展和其他税源的增加,财政关税在国家财政收入中的比重已经相对下降,而对于经济落后的国家来说,财政关税仍然是其财政收入的重要来源。

(二)可以保护国内产业和国内市场

关税可以限制外国商品进入本国市场,尤其是高关税可以大大减少有关商品的进口数量,减弱以致消除进口产品对国内相关竞争企业的竞争,从而保护国内同类产业和相关产业的生产与市场。这种以保护本国产业和国内市场为主要目的而征收的关税称为"保护关税"。在其他条件不变的情况下,保护关税的税率要高,越高越能达到保护的目的。

关税的保护程度可以用两种方法表示。关税对一国经济整体或某一经济部门的保护程度,通常用关税水平来衡量;关税对某一类个别商品的保护程度,通常用保护率来衡量,包括名义保护率与有效保护率。

1. 关税水平

关税水平是指一国的平均进口税率。它有不同的计算方法,但基本上不外乎使用简单算术平均法和加权平均法两种。

(1)简单算术平均法。它是单纯根据一国税则中的税率(法定税率)来计算的。不管税目下实际的进口数量,只按税则中的税目数求其税率的平均值。可表示为:

$$关税水平 = \frac{税则中所有税目的税率之和}{税则中的税目} \times 100\%$$

(2)加权平均法。就是以进口商品的价值作为权数,结合税率进行平均,按一定时期内所征收的关税税款总金额占所有进口商品价值总额的百分比计算。由于统计的口径不同,进行比较的范围不同,又可有以下几种计算方式:

①关税水平＝进口税款总额/所有进口商品总价值包括有税商品和免税商品）×100％

②关税水平＝进口税款总额/有税进口商品总价值×100％

2. 关税保护率

关税保护率包括名义保护率和有效保护率两种形式。

(1) 名义保护率。所谓的"名义保护率"(Nominal Rate Protection, NRP)也叫"名义关税率",是指一类商品在各种贸易保护措施作用下,其国内市场价格超过国际市场价格部分与国际市场价格的百分比。它是衡量一国对某类商品的保护程度的一种计算方法。

$$名义保护率(NRP) = \frac{P - P^*}{P^*} \times 100\%$$

其中,P^* 为国际市场价格;P 是进口商品的国内价格,包括国内关税,即 $P = P^* + T$。

例如,某商品的进口税率为 10％,其进口价格为 50 美元,加收进口关税 5 美元,实际进口价格为 55 美元,多出的 5 美元即是按 10％计征的关税,这 10％的税率就是名义保护率。

以名义保护率衡量关税保护率的高低,有一定的局限性。对制成品而言,在其生产过程中会涉及不同的原材料或中间品,因此,只考察对最终产品征收关税是无法真正衡量关税对这些制成品的保护程度的。所以,我们有必要介绍"有效保护率"的概念。

(2) 有效保护率。所谓关税的"有效保护率"(Effective Rate of Protection,简称 ERP)又称"实际保护率"。指整个关税制度(含有效保护措施)对某类产品在其生产过程中给予净增值的影响,即一种产品在国内外加工增值差额与国外加工增值的百分比。也就是整个关税制度引起的国内增值的提高部分与自由贸易条件下增值部分的百分比。

$$有效保护率(ERP) = \frac{国内加工增值 - 国外加工增值}{国外加工增值} \times 100\%$$

式中,国外加工增值为自由贸易条件下,国外成品价格减去投入品费用;国内加工增值等于国内市场价格减去投入品费用。

最终产品在不征收关税时的单位产品的附加价值为 V,征收关税后的附加价值增加到 V',那么附加价值的增加率,也就是有效保护率 G。

$$ERP = \frac{V' - V}{V} \times 100\%$$

V′为征收关税后的附加值增值

V 为不征收关税时的增值额

【例1】 假定在自由贸易情况下,一辆汽车的国内价格为 10 万元,其中 8 万元是自由进口的钢材、橡胶、仪表等中间投入品的价格,那另外 2 万元就是国内生产汽车的附加价值。现在假定对每辆汽车的进口征收 10% 的名义关税,而对钢材等仍然免税进口,同时假定进口汽车价格上涨的幅度等于名义税率,即 10%。求国内汽车的有效保护率。

解:国内汽车价格为:$10+10\times 10\%=11$(万元)。

保护关税使国内制造的汽车的附加价值增加到:$11-8=3$(万元)。

如果现在对进口投入品钢材等征收 5% 的名义关税而汽车仍为 10% 的名义关税,那么钢材等的国内价格为 8.4 万元,汽车的附加价值 v 为 $11-8.4=2.6$ 万元,这时,有效保护率为:$\frac{2.6-3}{3}\times 100\%=-13.3\%$。

如果对汽车和钢材等同时征收 10% 的名义关税,那么成本和汽车价格将按同一比例上升,实际保护率也是 10%。

如果进口汽车名义税率仍旧是 10%,而进口钢材等中间投入品的名义税率增加到 20%,钢材等的国内价格为 9.6 万元,汽车的附加价值为 $11-9.6=1.4$ 万元,这时,有效保护率则为:$\frac{1.4-3}{3}\times 100\%=-53.3\%$。

结论:

当最终产品的名义税率大于原材料等中间产品的名义税率时,最终产品的有效保护率大于所征收的名义税率。

当最终产品和中间产品的名义税率相同时,最终产品的有效保护率才和名义税率相同。

当最终产品的名义税率小于原材料等中间产品的名义税率时,最终产品的有效保护率小于所征收的名义税率,甚至会出现负保护情形。

三、关税的主要类型

(一)以国际贸易商品的流向为标准分类

按照征收商品的流向,关税可分为进口税、出口税和过境税。

1. 进口税(Import Duties)

进口税是指外国商品进入一国关境时,由该国海关根据海关税则对本国进口商所征收的关税。这种进口税在外国货物直接进入关境时征收,或者外国货物由自由港、自由贸易区或海关保税仓库提出运往进口国的国内市场销售,在办理海关手续时根据海关税则征收。因此又称为"正常关税"(Normal Tariff)或

"进口征税"。

征收进口税提高了进口商品的价格,进口国家并不是对所有进口商品都一律征收高额关税。一般来说,进口税税率随着进口商品加工程度的提高而提高,也就是说,工业制成品税率最高,半制成品次之,原料等初级产品税率最低甚至免税,这种现象称之为"关税升级"(Tariff Escalate)。

2. 出口税(Export Duties)

出口税是出口国家的海关在本国商品输往国外时,对本国出口商征收的一种关税。由于征收出口税会提高出口商品的销售价格,削弱出口商品在国外市场上的竞争能力,从而不利于扩大出口。因此,大多数国家对绝大部分出口商品都不征收出口税。但是,在一些特殊情况下,一国也会征收出口税。这时,征收出口税的目的一是为了保护本国购买者的利益,使本国市场不会受到国外购买者的冲击,以防止在本国出现较高的国际价格;二是为了改善贸易条件,提高出口效益,防止"贫困化增长"[①];三是一些发展中国家利用出口税作为与发达国家跨国公司斗争的武器。

3. 过境税(Transit Duties)

过境税又称"通过税"或"转口税"。它是一国海关对于通过其关境再转运到第三国的外国货物所征收的关税。

在中世纪时,欧洲一些国家封建割据,关卡林立,纷纷征收通过税,以增加财政收入。这种关税形式在资本主义生产方式准备时期最为盛行。随着经济的发展,交通运输事业日益发达,各国在货运方面竞争变得激烈。过境货物对本国生产和市场没有影响,所以所征税率很低,且对增加财政收入意义不大,因此,过境税相继被废除。第二次世界大战之后,大多数国家都不征收过境税,仅仅在外国商品通过时,征收少量的准许税、印花费、签证费和统计费。

(二)按照征收关税的依据分类

1. 进口税

进口商品进入一国关境或从自由港、出口加工区、保税仓库进入国内市场时,由该国海关根据海关税则中颁布的税率对本国进口商所征收的一种关税,即"进口关税"或称"正常关税"。

2. 进口附加税

进口附加税是指对进口商品征收正常关税后,再额外征收的关税。

---

① 贫困化增长是某些特定发展中国家发生的情况,它的含义为:当一国由于某种原因(一般是单一要素供给的极大增长)使传统出口商品的出口规模极大增长时,结果导致该国贸易条件严重恶化,该国国民福利水平绝对下降。

一些国家对进口商品,除按公布的税率征收正常进口税外,还为了某种特定目的再加征进口税。这种对进口商品征收正常关税外再加征的额外关税,就为"进口附加税"。进口附加税主要有以下几种:

(1)反倾销税(Anti-Dumping Duties)。反倾销税是对实行商品倾销的进口商品所征收的一种进口附加税。其目的在于抵制倾销,保护国内相关产业。通常由受损害产业有关当事人提出出口国进行倾销的事实,请求本国政府机构再征进口税。政府机构对该项产品价格状况及产业受损害的事实与程度进行调查,确认出口国存在低价倾销时,即征收反倾销税。政府机构认为有必要时,在调查期间,还可先对该项商品进口暂时收取相当于税额的保证金,如果调查结果表明倾销属实,即将其作为反倾销税予以征收;倾销不成立时,即予以退还。

①倾销(Dumping)是指一国(地区)政府或企业以低于正常价值的价格将商品出口到另一国(地区)市场的行为。关于执行1994年《关贸总协定》第6条协议规定,如果在正常贸易过程中,一项产品从一国出口到另一国,该产品的出口价格低于在其本国内消费的相同产品的可比价格,即以低于其正常的价值进入另一国的商业渠道,则该现象将被认为是倾销。

②反倾销(Anti-Dumping)指对外国商品在本国市场上的倾销所采取的抵制措施。一般是对倾销的外国商品除征收一般进口税外,再增征附加税,使其不能廉价出售,此种附加税称为"反倾销税"。世贸组织(WTO)的《反倾销协议》规定,一成员要实施反倾销措施,必须满足三个条件:第一,确定倾销的事实存在;第二,确定对国内产业造成了实质损害或实质损害的威胁,或对建立国内相关产业造成实质阻碍;第三,确定倾销和损害间存在因果关系。即征收反倾销税的条件应是外国商品以低于正常价值的办法进入另一国,并对该国的某项工业造成重大损害或产生重大威胁,或对该国的新建工业产生严重阻碍。且征税幅度应该遵循对倾销产品征税数量不超过这一产品的倾销差额。

③正常价格的确定,一般有三种方法:

第一,企业在本国国内市场通常的贸易过程中所形成的确定价格。若长期以低于平均总成本的价格销售大量产品,则该价格不被视为通常贸易中的价格。

第二,若出口国国内市场的正常贸易过程中不存在该同类产品的销售,或由于出口国国内市场的销售量太小,以至于不能进行价格比较,则用同类产品出口至一适当第三国的最高可比出口价格作为正常价格。

第三,原生产国的生产成本加合理金额的管理、销售费用和一般费用以及合理的利润之和作为正常价格。

一般情况下,西方发达国家在确定正常价格时,会把所有国家分为市场经济国家和非市场经济国家两类。对市场经济国家采用上述方法,而对非市场经济国家则采用第三替代国价格法。

(2)反补贴税(Counter-Veiling Duties)。反补贴税又称为"抵消税"。它是对于直接或间接接受任何津贴或补贴的外国商品在进口时所征收的一种进口附加税,其目的在于抵消国外竞争者得到的奖励和补助所产生的影响,从而保护进口国的制造商。

(3)报复关税(Retaliatory Tariff)。报复关税指一国为报复他国对本国商品、船舶、企业、投资或知识产权等方面的不公正待遇,对从该国进口的商品所征收的进口附加税。通常在对方取消不公正待遇时,报复关税也会相应取消。

(4)紧急关税(Emergency Tariff)。紧急关税是为消除外国商品在短期内大量进口对国内同类产品生产造成重大损害或产生重大威胁而征收的一种进口附加税。

(5)惩罚关税(Penalty Tariff)。惩罚关税是指出口国某种商品的出口行为违反了它与进口国间的协议,或者未按进口国海关的规定办理进口手续时,由进口国海关向该商品的进口商征收的一种临时性的进口附加税。

3. 差价税(Variable Levy)

差价税又称"差额税"。当某种本国生产的产品的国内价格高于同类进口商品价格时,为削弱进口商品的竞争能力,保护国内生产和国内市场,按国内价格与进口商品价格间的差额征收的一种关税。

(三)按照关税优惠条件分类

1. 普通关税

适用于从与该国没有签订贸易协定的国家或地区所进口的商品。普通关税的税率最高。

2. 最惠国待遇

缔约国各方实行互惠政策,凡缔约国一方现在和将来给予任何第三方的一切特权、优惠和豁免,也同样自动给予对方。最惠国待遇又分为无条件最惠国待遇和有条件最惠国待遇。最惠国待遇内容很广,但主要是优惠关税待遇。其税率比普通税率低。

3. 特惠税(Preferential Duties)

特惠税是指对从某个国家或地区进口的全部商品或部分商品,给予特别优惠的低关税或免税待遇。它不适用于从非优惠国家或地区进口的商品。特惠税有的是互惠的,有的是非互惠的。

互惠的特惠税不一定是对等的相同税率。互惠的特惠关税主要是区域贸易协定或双边自由贸易协定成员间根据协定实行的特惠税。如欧盟成员间、北美自由贸易协定成员间、中国与东盟国家间实行的特惠税。

目前,在国际上影响最大的非互惠特惠税是《洛美协定》(Lome Convention)。它是欧洲共同市场(现为欧盟)向参加《洛美协定》的非洲、加勒比和太平洋地区的发展中国家单方面提供的特惠税。《洛美协定》关于特惠税方面的规定主要有:欧洲共同市场国家将在免税、不限量的条件下,接受这些发展中国家全部工业品和96%的农产品进入欧洲共同市场,而不要求这些发展中国家给予"反向优惠"(Reverse Preference)。又如,中国为扩大从非洲国家的进口,促进中非双边贸易的进一步发展,自2005年1月1日起,对贝宁、布隆迪、赞比亚等非洲25个最不发达国家的部分输华产品给予特惠关税待遇,对涉及水产品、农产品、药材、石材石料、矿产品、皮革、钻石等10多个大类的190种商品免征关税,其中宝石或半宝石制品的关税由35%降至0。2000年2月,非加太集团和欧盟就第五期《洛美协定》达成协议,并于同年6月在科托努正式签署《科托努协定》,《洛美协定》就此宣告结束。经欧盟15国和非加太集团76国政府的正式批准,《科特努协定》自2003年4月1日起正式生效。

(四)普遍优惠制(Generalized System of Preferences,GSP)

普遍优惠制简称"普惠制",它是发达国家对来自于发展中国家和地区的某些产品,特别是工业制成品和半制成品给予的一种普遍关税减免优惠制度。普惠制的主要原则是普遍的、非歧视的和非互惠的。

普惠制的目的是增加发展中国家或地区的外汇收入;促进发展中国家或地区的工业化;加速发展中国家或地区的经济增长。

普惠制是一项重要的贸易政策,是发展中国家长期努力的结果,是1968年通过建立普惠制决议之后取得的。根据联合国贸发会议决定,普惠制的实施期限以10年为一个阶段,1971年至1981年为第一阶段,1981年至1991年为第二阶段,1991年后为第三阶段。

目前,享受普惠制待遇的受惠国已有190多个发展中国家和地区,实施普惠制的工业发达国家即给惠国有31个,目前,除匈牙利、保加利亚和美国外,其余国家均已给予中国普惠制待遇。实行普惠制的发达国家在提供关税优惠时,还规定了种种限制措施。这些措施主要有以下几个方面:

第一,对受惠国家或地区的限制,如美国公布的受惠国名单中不包括石油输出国组织的成员国。

第二,对受惠商品范围的限制,普惠制应对受惠国的制成品和半制成品普遍实行关税减免,但实际上许多给惠国在公布的受惠商品名单中却把许多对发展中国家出口有利的一些"敏感性"商品,如纺织品、鞋类、皮革制品及石油产品排除在许多发达国家应给予的受惠商品的范围之外。一些发达国家和集团还在普惠制的实行中引入了"毕业条款"。

第三,受惠商品的关税削减幅度不同,普惠制减税幅度=最惠国税率-普惠制税率。给惠国对受惠国受惠商品的减税幅度要根据最惠国税率和普惠制税率间的差额确定,而且商品不同,减税程度也不同。一般来说,农产品减税幅度小,工业产品减税幅度大。

第四,对给惠国保护措施的限制规定。给惠国一般都规定一些针对本国相关产业的保护措施,以保护本国某些产品的生产和销售。这些措施主要包括:免责条款,就是当受惠国的受惠商品输入给惠国的数量增加到可以对给惠国国内同类产品或有竞争关系的产品的生产厂家造成或将要造成重大损害时,给惠国保留完全取消或部分取消关税优惠待遇的权利;预定限额,就是受惠国受惠商品输入到给惠国的数量不得超过预先规定的限额,超过部分按最惠国税率征收关税,这主要表现在例外条款(Escape Clause)、预定限额(Prior Limitation)及毕业条款(Graduation Clause)。

第五,原产地规则(Rules of Origin),这项规定是指受惠产品必须全部产自并直接运自受惠国家或地区,受惠产品所包含的进口原料及零件须经过加工并产生实质性变化后,才能享受关税优惠待遇。原产地规则一般包括三个部分:原产地标准(Origin Criteria)、直接运输规则(Rule of Direct Consignment)和原产地证书(Certificate of Origin)。

制定受优惠待遇的标准,其目的是确保发展中国家或地区的产品能利用普惠制扩大出口,防止非受惠国的产品利用普惠制的优惠待遇扰乱普惠制下的贸易秩序。原产地规则要求,产品必须全部产自受惠国,或产品中所包含的进口原料或零件经过高度加工后发生了实质性变化,才能享受关税优惠待遇。同时,受惠商品必须由受惠国直接运到给惠国,受惠国还必须向给惠国提交原产地证书和托运的书面证书,才能享受优惠关税待遇。

(四)按关税的征收标准分类

1. 从量税

从量税是按商品的重量、数量、容量、长度和面积等标准征收的关税。从量税税额=商品数量×每单位从量税额。

2. 从价税

从价税是按商品的价格为标准征收的关税。其税率表现为货物价格的百分率。计算公式是:税额=商品总值×从价税率。如中国1997年关税税则规定,税则号列9004.1000项下的太阳镜应征税额为其进口完税价格的20%。"从价税"为"从量税"的对称,是以课税对象的价值或价格形式为标准,按一定比例计算征收的各种税,是依税收的计税标准进行的归类。

3. 混合税(Mixed Duties)

混合税又叫"复合税"。对某一进出口货物或物品既征收从价税,又征收从量税,也就是采用从量税和从价税同时征收的一种方法。混合税综合了从量税和从价税的优点,使税负更合理、适度。在进口商品价格变动时,既可以保证有稳定的财政收入,又可以起到一定的保护作用。但混合税中从价税与从量税的征收比例难以确定。

4. 选择税（Alternative Duties）

选择税是对某一进出口货物或物品根据规定的条件，征收从价税或征收从量税。也就是对同一种物品同时订有从价税和从量税两种税率，海关在征税时选择其税额较高的一种征收关税。有时，为了鼓励某种商品的进口，也可选择其中税额较低者征收关税。

【例2】 2011年10月19日，以SolarWorld为首的美国7家光伏企业向美政府提出申诉，要求美国政府向中国进口的太阳能电池板征收超过100%的关税，其指控理由为中国光伏企业向美倾销产品且接受政府的高额补贴。美国商务部肯定了这7家光伏企业的申诉，但决定仅对中国进口的太阳能电池板征收2.90%至4.73%的反补贴税。

据印度报业托拉斯8日报道，印度政府已决定延长对中国和泰国产轮胎的反倾销税期限6个月，以保护本国轮胎产业，遭印度征收反倾销税的是用于大客车和卡车的非子午线轮胎。

印度财政部表示，将针对进口自中国和泰国的非子午线轮胎的反倾销措施延长至今年10月7日。印度自去年10月8日起开始对上述产品征收反倾销税。

去年10月，应印度汽车轮胎工业协会的要求，印度商工部反倾销局对产自中国和泰国的非子午线轮胎展开落日调查，并认定上述产品存在倾销行为。

这并非印度针对中国轮胎第一次采取反倾销措施。2010年1月1日，同样在印度汽车轮胎工业协会的要求下，印度商工部反倾销局裁定对原产于中国和泰国的子午线轮胎征收24.97%到88.27%不等的反倾销税。

此外，印度还延长了针对中国产的平底钢轮的反倾销措施。

2012年第一季度部分国家对华反倾销措施回顾：

4月6日，美国对中国产太阳能电池反补贴调查初裁，向中国企业征收2.9%到4.73%的反补贴税。

3月19日，美国对中国产荧光增白剂反倾销仲裁，向中国企业征收64%到109%的反倾销税。

3月12日，加拿大对中国产油管短节做出"双反"调查终裁，认定中国企业存在最高173.4%的倾销和44.7%的补贴。

3月1日，墨西哥对中国产石墨电极反倾销仲裁，向中国企业征收68%到250%的反倾销税。

2月17日，印度对原产中国等地的纯碱反倾销仲裁，对中国产品征收36.26美元/吨反倾销税。

1月3日，阿根廷对中国产童装、男装反倾销仲裁，对中国产品实行81.5美元/件的最低限价。

【例3】 继欧盟委员会去年对中国建筑用陶瓷发起反倾销调查后,该委员会日前又宣布对中国出口欧盟的陶瓷厨、餐具正式发起反倾销调查。调查期为2011年全年,这是一次影响范围最大、涉及金额最大的针对中国陶瓷行业的反倾销案。福建向欧盟出口陶瓷厨、餐具企业有100多家,为了应对欧盟的反倾销调查,省内58家涉案陶瓷企业已经打算抱团应诉。

欧盟初步选定俄罗斯作为计算中国涉案产品正常价值的替代国。

根据以往经验,调查机关主要是针对生产性企业进行调查,判断出口到欧盟的产品价格是否低于正常价格。业内人士称,此次以俄罗斯为第三方参照国,比如俄罗斯企业生产一个陶瓷杯子的成本要15元,而中国的产品以低于15元的价格卖到欧盟去,就属于倾销。

这个消息对于福建省众多从事日用陶瓷产品出口的企业来说,无疑是一个重大打击。相关统计数据显示,福建向欧盟出口陶瓷厨、餐具企业有100多家,其中,泉州涉案企业共有86家,涉案金额达2410万美元。德化县涉案企业52家,其中,涉案金额超百万美元的企业共有5家。

【例4】 受到欧洲陆续下砍太阳光电补助及美国反倾销、反补贴调查影响,中国国内太阳能产业链明显受到波及,国际太阳能设备业者估计,目前,中国国内太阳能电池厂至少有一半以上的产能处于停工状态。其中,包括2011年新设备进厂至今仍未启动,以及旧有产能因订单量不足,呈现相当比例的歇业状态。中国国内太阳能业者表示,由于国际环境压力大,市场供过于求,中国国内业者接单备受考验,尤其德国下砍补助后,中国国内太阳能产业供应链随即调整报价,凸显供过于求,情况严重,二、三线厂商首当其冲,产能利用率偏低。中国国内太阳能电池报价下滑幅度高,目前每瓦报价平均约0.43美元。

太阳能业者指出,由于相当大比例的停产、库存水位过高及资金周转等问题,中国国内太阳能市场运行相对混乱,抛货情况不断,影响其他业者的运行及报价,近期中国国内频传贱价出售太阳能产品,以利出场或争取现金周转的情况。

台湾地区太阳能电池市场运行相对稳定,尤其受到美国双反案及国际太阳能业者转单代工之惠,台湾太阳能电池平均报价仍维持在每瓦0.45~0.48美元水位,虽然偶有跌破0.45美元关卡,但仍相对稳定,这主要是诸多台系一线太阳能电池厂接单情况不差,虽然无法有效激励报价上扬,但已有效抑制报价下滑。

目前,台湾地区太阳能电池报价仍较中国内地高,使得中国内地业者对台下单犹豫度提升,中国内地业者指出,台湾太阳能电池质量佳,但因报价相对高,对中国内地业者而言,模块成本压力仍大。

另外,台系太阳能电池业者茂迪、昱晶、新日光、升阳科、太极、益通等,3月营收均出现 10%～20% 的增长,虽然营收明显增长,但多数台系太阳能电池业者坦言,仍处于亏钱营运状况。

(资料来源:环球光伏网)

第二节 非关税措施

一、非关税措施概述

(一)非关税措施的含义

非关税措施是指除关税以外影响一国对外贸易的主要政策措施。包括限制进口措施、鼓励出口措施、鼓励进口措施、出口管制措施、贸易制裁措施等。

(二)非关税措施的特点

关税措施是通过提高进口商品的成本,提高其价格,降低其竞争力,从而间接起到限制进口的作用。非关税措施则是直接限制进口,与关税措施相比,非关税措施的特点如下:

1.非关税措施具有较大的灵活性和针对性

关税税率的制定往往需要一个立法程序,一旦以法律的形式确定下来,便具有相对的稳定性。且受到最惠国待遇条款的约束,进口国往往难以做到有针对性的调整。非关税措施的制定和实施,通常采用行政手段,进口国可根据不同国家做出调整,因而具有较强的灵活性和针对性。

2.非关税措施更易达到限制进口的目的

关税措施是通过征收高额关税,提高进口商品的成本来削弱其竞争力的。若出口国政府对出口商品予以出口补贴或采取倾销的措施来进行销售,则关税措施难以达到预期效果。非关税措施则能更直接地限制进口。

3.非关税措施更具有隐蔽性和歧视性

一国的关税一旦确定下来之后,往往以法律、法规的形式公布于世,进口国只能依法行事。而非关税措施往往不公开,或者规定为烦琐复杂的标准或程序,且经常变化,使出口商难以适应。而且,有些非关税措施就是针对某些国家的某些产品设置的。

二、非关税措施的种类

(一)进口配额制

进口配额制又称"进口限额制",是一国政府在一定时期(如一季度、或一年)

内,对某些商品的进口数量或金额加以直接的限制。在规定的期限内,配额以内的货物可以进口,超过配额不准进口,或者征收更高的关税或罚款后才能进口。它是多数国家实行进口数量限制的重要手段之一。

进口配额制,主要有绝对配额和关税配额两种。

1. 绝对配额

绝对配额是在一定时期内,对某些商品的进口数量或金额规定一个最高数额,达到这个数额后,便不准进口。这种进口配额在实施中,又有全球配额(Global Quotas；Unallocated Quotas)、国别配额(Country Quotas)和进口商配额(Importer Quotas)三种方式。

(1)全球配额(Global Quotas),属于世界范围的绝对配额,对于来自任何国家和地区的商品一律适用。它是指主管当局通常按进口商的申请先后或其过去某一时期的实际进口额批给一定的额度,直至总配额发放完为止,超过总配额就不准进口。

(2)国别配额(Country Quotas),又称"地区配额",是进口配额制的一种,是在总配额内按国别或地区分给固定的配额,超过规定的配额便不准进口。一般来说,国别配额可以分为自主配额和协议配额两种。

①协议配额(Agreement Quotas),又称"双边配额",是由进口国家和出口国家政府或民间团体之间协议确定的配额。如协议配额是通过双方政府的协议确定的,一般需在进口商或出口商中进行分配；如果配额是双边的民间团体达成的,应事先获得政府许可,方可执行。协议配额是双方协调确定的,通常不会引起出口方的反感与报复,较易执行。

②自主配额(Autonomous Quotas),又称"单方面配额",是由进口国家完全自主,单方面强制规定的在一定时期内从某个国家或地区进口某种商品的配额。这种配额不需征求输出国家的同意。这种配额方式往往由于分配额度差异容易引起某些出口国家或地区的不满或报复。因此,有些国家便采用协议配额,以缓和彼此间的矛盾。

(3)进口商配额(Importer Quotas)。为区分来自不同国家和地区的商品,在进口商品时进口商必须提交原产地证明书。实行国别配额可以使进口国家根据它与有关国家或地区的政治经济关系(即国家或企业、个人的收支状况,比如国民生产总值、社会总产值、企业的产量与效益、个人的收入与支出等)分配给予不同的额度。配额的份额有的是进口国单方规定的,也有的是由进出口双方协商规定的。如果有针对性地规定在一定时期内只从某些国家或地区进口某种商品的配额,则称"选择性配额"；若并非专对某些国家或地区,而是对所有来源国家或地区都分别确定一个不同的具体限额,则称"分配限额"。

2. 关税配额

关税配额是一种进口国限制进口货物数量的措施。进口国对进口货物数量规定一定的限额,对凡在某一限额内进口的货物可以适用较低的税率或免税,对于超过限额后进口的货物则适用较高税率或一般的税率或征收附加税或罚款。

(二)自动出口配额限制(Voluntary Restriction of Export)

自动出口配额制又称"自动限制出口",它也是一种限制进口的手段。所谓"自动出口配额制"是出口国家或地区在进口国的要求或压力下,自动规定某一时期内(一般为3~5年)某些商品对该国的出口限制,在限定的配额内自行控制出口,超过配额即禁止出口。

自动出口配额制一般有非协定的出口配额和协定的出口配额两种形式。非协定的自动出口配额不受国际协定的约束,而是出口国迫于来自进口国方面的压力,自行单方面规定出口配额,限制商品出口。协定的自动出口配额即进出口国双方通过谈判签订"自限协定"或"有秩序销售协定"。在协定中规定有效期内某些商品的出口配额,出口国应据此配额实行出口许可证制或出口配额签证制,自行限制这些商品的出口。

(三)进口许可证制度(Import License System)

进口许可证制度是指一国为加强对外贸易管制,规定某些商品的进口需由进口商向进口国有关当局提出申请,经过审查批准获得许可证后方可进口的一种制度安排。进口许可证制度是国际贸易中的一种数量限制措施,作为一种非关税措施,是各国管制贸易特别是进口贸易的常用做法。

各国实施的进口许可证制度通常分为两种:一是自动进口许可证制度,即把进口许可证毫无数量限制地签发给进口商,也就是说,凡是列入许可证项下的商品清单中的货物,进口商只要申请,就可进口。自动进口许可证通常用于统计目的,有时也用于监督目的,为政府提供可能损害国内工业的重要产品的进口情况;二是非自动进口许可证,也称为"特种进口许可证",对列入特种进口许可证项下的商品,进口商必须向有关当局提出申请,经逐笔审核批准并发给许可证后,才能进行进口。通常情况下,非自动进口许可证是与数量限制结合使用的,即进口国主管当局或按照商品来源的国别和地区,或按进口商申请的先后,在总的进口限额中批准给予一定的额度,取得进口配额的进口商取得进口许可证才能进行进口。

(四)汇价低估(Exchange Rate Undervalued)

汇价低估是指低估本币价值,有意识地使本国货币对外币贬值。汇价低估,提高了进口产品的价格,其经济效应类似于对进口产品征收了相应的关税,起着限制进口的作用。

在一国的进口需求弹性较大而国外的出口供给弹性较小的情况下,汇价低估对一国外汇收支的平衡是有利的,也有利于保护本国民族工业的发展。但是,汇价低估对进口的限制是隐蔽的和无选择性的。它在限制了本国需要限制的产品如高档消费品等最终产品进口的同时,也限制本国急需的技术设备和原材料的进口,妨碍了本国经济的发展。汇价低估还会形成对民族工业的过度保护,使本国产品成本的降低和质量的提高失去国际竞争的刺激。

(五)外汇管制(Foreign Exchange Control)

外汇管制是指一国政府通过法令对国际结算和外汇买卖实行限制来平衡国际收支和维持本国货币的汇价的一种制度安排。外汇与对外贸易关系密切,若对外汇进行管制,进口商和消费者就不能自由兑换外汇,也就不能自由进口。

(六)进口押金制(Advanced Deposit)

进口押金制又称"进口存款制"。在这种制度下,进口商在进口商品时,必须预先按进口金额的一定比率和在规定的时间,在指定的银行无息存入一笔现金,然后才能进口。这样就增加了进口商的资金负担,影响了资金的流转,从而起到了限制进口的作用。

(七)歧视性政府采购(Discriminatory Government Procurement Policy)

歧视性政府采购政策,是指国家制定法令,规定政府机构在采购时必须优先购买本国产品,从而导致对国外产品产生购买歧视的做法。

(八)国家垄断(State Monopoly)

国家垄断也称"国营贸易",是指在对外贸易中,某些商品的进出口由国家直接经营,或者把这些商品的进出口垄断权给予某些组织。经营这些受国家专控或垄断商品的企业,称为"国营贸易企业"。国营贸易企业一般为政府所有,但也有政府委托私人企业代办。

(九)专断的海关估价

海关为了征收关税,确定进口商品价格的制度称为"海关估价制"(Customs Valuation)。有些国家根据某些特殊规定,提高某些进口货物的海关估价,以此来增加进口货的关税负担,从而阻碍商品的进口,就成为专断的海关估价。用专断的海关估价来限制商品的进口,采取这种方式的国家以美国最为突出。

(十)技术性贸易壁垒(Technical Barriers to Trade-TBT)

技术性贸易壁垒是指进口国通过颁布法律、法令和条例,对进口商品建立各种严格、繁杂、苛刻而且多变的技术标准、技术法规和认证制度等方式,对外国进口商品实施技术、卫生检疫、商品包装和标签等标准,从而提高产品技术要求,增加进口难度,最终达到限制外国商品进入和保护国内市场的目的。

(十一)最低限价(Minimum Price)

最低限价是指进口国对某一商品规定最低价格,进口价格如低于这一价格就征收附加税。例如,规定钢材每吨最低限价为320美元,进口时每吨为300美元,则进口国要征收20美元的附加税,以抵消出口国的补贴或倾销。这一最低限价往往是根据某一商品生产国在生产水平最高的情况下生产出的价格而定出的。

(十二)企业社会责任标准"SA8000"

"企业社会责任标准"是 Social Accoutability 8000 的英文简称,是全球首个进行道德规范的国际化标准。其宗旨是确保供应商所供应的产品,皆符合社会责任标准的要求。SA8000 标准适用于世界各地、任何行业、不同规模的公司。其依据与 ISO9000 质量管理体系及 ISO14000 环境管理体系一样,皆为一套可被第三方认证机构审核的国际标准。我国产品的比较优势主要体现在低廉的劳动力成本上,如果实行严格的劳工标准与企业社会责任标准,人力成本的提高是无疑的。例如,如果企业按 SA8000 标准或者一些跨国公司自行制定的标准执行,某些劳动密集型生产商的平均人力成本会上升 50%～100%,生产成本的上升对发展中国家企业的打击将是灾难性的,无异于将发展中国家的产品逐出国际市场。

【例5】 日前,记者从国家质量监督检验检疫总局获悉,"海尔"洗衣机对《家用洗衣机 Erp 法规草案》的三条修改意见提案均被欧盟采纳,成为取得对该草案提出修改意见"话语权"的唯一中国企业。据记者了解,欧盟 Erp 指令原为 Eup 指令(2009 年欧盟委将其升级为 Erp 指令),是继 WEEE、ROHS 指令之后,欧盟另一项主要针对能耗的技术壁垒指令,即"能耗产品生态设计要求指令"。该指令聚焦于产品对资源能量的消耗和对环境的影响,侧重对耗能产品从整个生命周期进行规范。通常情况下,Eup 指令会对洗衣机产品出口造成影响,它要求产品从设计开始,一直到生命周期结束,都必须遵循绿色环保的要求,这就使得很多不达标企业被淘汰出局。

国际标准委员会的专家告诉记者,欧盟的这种家电法案的制定或修改一般只有世界顶尖级的检测检验机构或技术水准达到世界一流的企业才能参与进来。此次,欧盟能够采纳"海尔"洗衣机的修改提案,是对"海尔"洗衣机技术研发实力的认可。比如,我们所熟知的双动力、不用洗衣粉,以及最新的复式系列,这些产品及技术都在国际上具有超前的领先性,是中国制造的骄傲。同时,自 2006 年"海尔"洗衣机全球总工吕佩师成为亚洲首位 IEC 国际电工委员会专家组专家起,"海尔"洗衣机的专家组就开始与欧美的专家共同参与制定全球洗衣机行业的通用国际标准。比如,今年2月份刚刚出炉的 IEC60456 国际洗衣机标准中,就充分融入了"海尔"洗衣机专家组的智慧。

"为了更好地参与国际标准及法案的制定,海尔洗衣机已成立了专门的实验中心,用于研究新技术、新材料、新工艺等,并与全球顶尖企业展开跨界合作,将技术研发水平提升到一个新的高度。""海尔"洗衣机全球总工吕佩师在接受记者采访时说。

国家质量监督检验总局相关负责人也表示:作为取得对该草案提出修改意见"话语权"的唯一中国企业,"海尔"洗衣机提出的修改意见都被采纳,也代表了中国在应对技术性贸易壁垒方面的能力上的进步。通过采访,记者看到,伴随着在技术领域的不断突破,"海尔"洗衣机在拥有全球洗衣机行业绝对话语权的同时,也带动了整个中国制造国际地位的提升。我们也希望能有更多的中国企业能像"海尔"一样,成为中国制造的骄傲。

第三节 鼓励出口与出口管制措施

一、鼓励出口措施的含义

鼓励出口措施是指出口国家的政府通过制定和执行经济、行政和组织等方面的措施(包括出口信贷、出口信贷国家担保制、出口补贴、经济特区等措施),以促进本国商品的出口,开拓和扩大国外市场。

二、鼓励出口措施的种类

(一)出口信贷(Export Credit)

它是一个国家的银行为了鼓励商品出口,加强本国商品的国际竞争能力,对本国出口厂商或外国进口厂商提供的贷款。出口信贷利率一般低于相同条件下资金贷放的市场利率,利差由国家财政补贴,并与国家信贷担保相结合。

出口信贷按借贷关系可以分为卖方信贷和买方信贷两种:

1. 卖方信贷

卖方信贷是出口商的联系银行向出口商(卖方)提供的信贷,出口商可以利用这笔资金向外国进口商提供延期、分期付款的商业信用。

贷款程序一般是进出口商签订商品买卖合同后,买方先支付一部分定金,通常为货款的10%~15%,其余货款在出口商全部交货后的一段时间内陆续偿还,比如每半年或一年支付一次,包括延付期间的利息。出口商将用从进口商手中分期收回的贷款陆续归还银行贷款。

卖方信贷的程序

①出口商(卖方)以延期付款方式与进口商(买方)签订贸易合同,出口大型机械设备(如图8-1所示)。

②出口商(卖方)向所在地的银行借款,签订贷款协议,以融通资金。

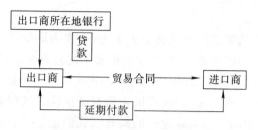

图 8-1 卖方(出口商)信贷程序图

③进口商随同利息分期偿还出口商的货款后,出口商再偿还银行贷款。

2.买方信贷

买方信贷是指由出口商国家的银行向进口商或进口商国家的银行提供信贷,用以支付进口货款的一种贷款形式。其中,由出口方银行直接贷给进口商的,出口方银行通常要求进口方银行提供担保;如由出口方银行贷款给进口方银行,再由进口方银行贷给进口商或使用单位的,则进口方银行要负责向出口方银行清偿贷款。目前,我国国内银行提供的买方信贷分为两种,一种是用于支持本国企业从国外引进技术设备而提供的贷款,这种贷款习惯上称之为"进口买方信贷";另一种是为支持本国船舶和机电设备等产品的出口而提供的贷款,这种贷款称之为"出口买方信贷"。这两种买方信贷的利率、期限、偿还期等都不相同(如图8-2所示)。

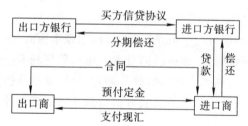

图 8-2 买方(进口商)信贷程序图

进口买方信贷有两种形式:一种是由出口商国家的银行向进口商国家的银行提供一项总的贷款额度,并签订一项总的信贷协议,规定总的信贷原则。进口商欲进口技术设备而资金不足需要融资时,可向国内银行提出出口信贷要求,银行审查同意后,按总的信贷协议规定,向出口商国家的银行办理具体使用买方信贷的手续。

另一种是不需签订总的信贷协议,而是在进出口商签订进出口商务合同的同时,由出口商国家的银行和进口商国家银行签订相应的信贷协议,明确进口商品的贷款由国内银行从出口国银行提供的贷款中支付,贷款到期由国内银行负责偿还。

直接贷给进口商(买方),这种买方信贷的程序与做法是:

①进口商(买方)与出口商(卖方)签订贸易合同后,进口商(买方)先缴相当于货价15%的现汇定金。现汇定金在贸易合同生效日支付,也可在合同签订后的60天或90天支付。

②在贸易合同签订后至预付定金前,进口商(买方)再与出口商(卖方)所在地的银行签订贷款协议,这个协议是以上述贸易合同作为基础的,若进口商不购买出口国设备,则进口商不能从出口商所在地银行取得此项贷款。

③进口商(买方)用其借到的款项,以现汇付款形式向出口商(卖方)支付货款。

④进口商(买方)对出口商(买方)所在地银行的欠款,按贷款协议的条件分期偿付。

直接贷给进口商(买方)银行,其做法与程序如下:

①进口商(买方)与出口商(卖方)洽谈贸易,签订贸易合同后,买方先缴合同价款15%的现汇定金。

②签订合同至预付定金前,买方的银行与卖方所在地的银行签订贷款协议,该协议虽以前述贸易合同为基础,但在法律上具有相对独立性。

③买方银行以其借得的款项,转贷予买方,使买方以现汇方式向卖方支付货款。

④买方银行根据贷款协议分期向卖方所在地银行偿还贷款。

⑤买方与卖方银行间的债务按双方商定的办法在国内清偿结算。

买方信贷的贷款原则

①接受买方信贷的进口商所得贷款仅限于向提供买方信贷国家的出口商或在该国注册的外国出口公司进行支付,不得用于向第三国支付。

②进口商利用买方信贷,仅限于进口资本货物,一般不能以贷款进口原料和消费品。

③提供买方信贷国家出口的资本货物限于本国制造的,若该项货物系由多国部件组装,本国部件应占50%以上。

④贷款只提供贸易合同金额的85%,船舶为80%,其余部分需支付现汇,贸易合同签订后,买方可先付5%的定金,一般须付足15%或20%现汇后才能使用买方信贷。

⑤贷款均为分期偿还,一般规定半年还本付息一次。还款期限根据贷款协议的具体规定执行。

⑥还款的期限对富国为5年,中等发达国家为8.5年,相对贫穷国家为10年。

买方信贷与卖方信贷的不同点:

①借款人不同。卖方信贷的借款人是承包商(卖方);买方信贷的借款人是业主(买方)委托的银行(借款银行)。

②担保情况不同。卖方信贷是业主委托银行依据工程总承包合同直接给承包商开出还款保函或信用证;买方信贷是借款银行与中国进出口银行签订借款协议,然后由第三家金融机构(银行、保险公司或所在国家财政部)再进行担保。

③付款方式不同。卖方信贷相当于工程总承包合同项下的分期付款。建设期工程承包企业从中国进出口银行贷款是人民币,业主的还款是外汇,买方信贷对承包商来讲就是现汇项目。

④融资风险管理情况不同。卖方信贷存在利率风险(中国进出口银行的人民币贷款利率每年按中国人民银行公布利率情况进行调整)、汇率风险(人民币有升值的可能性,如果发生,企业将难以承受)、收汇风险(对于非承包商责任业主和担保银行到期不还款,中国出口信贷保险公司赔付率为90%,剩余10%要由承包商承担);买方信贷对承包商来讲不存在上述风险,或上述风险发生对企业影响不大(出现不还款情况,承包商要协助银行和保险公司追讨)。

⑤对企业财务状况影响程度不同。卖方信贷是承包企业的长期负债,且需要找信誉好、有实力的单位为贷款提供担保,所以对企业的财务压力很大;买方信贷不存在上述问题。

⑥前期开拓工作量不同。卖方信贷的融资条件是由承包商直接与业主谈判,所有融资条款都在工程总承包合同中明确(如贷款条件、保函格式、信用证格式等);买方信贷是由承包商自行协调和安排业主指定的借款银行与中国进出口银行谈判从而签订贷款合同,安排业主指定的担保金融机构与中国进出口银行和中国出口信用保险公司谈判担保条件(保函格式)。

⑦前期工作周期和投入不同。卖方信贷项目融资条件的谈判、收汇保险和信誉担保单位的落实,都由承包商自己完成,所以一般情况下工作周期较短,前期费用投入较少;买方信贷的融资、担保、保险条件由中国进出口银行和中国出口信用保险公司与各方商定,承包商要从中斡旋,并承担相应的公关协调费用。

⑧对项目的控制程度不同。卖方信贷的融资条件以及商务条款、技术条款确定后,承包商顺理成章地与业主签订工程总承包合同;买方信贷则存在业主公开招标的可能性。

⑨业主对卖方信贷和买方信贷的倾向不同。卖方信贷业主委托一家金融机构提供担保还款即可,操作简便。而且融资条件双方可讨论变通(如利息可计入合同总价中等),业主一般倾向使用卖方信贷的方式融资;买方信贷业主要委托两家金融机构介入,工作难度大,银行费用高,既要支付担保费,又要支付转贷费。

(二)出口信贷国家担保制(Export Credit Guarantee System)

出口信贷国家担保制是国家为了扩大出口,对本国出口商或商业银行向国外进口商或银行提供的信贷,由国家设立专门机构出面担保。具体内容如下:

其一，风险与金额。包括政治风险和经济风险，其承保金额分别为合同金额的 85%～95%和 70%～85%。

其二，担保对象主要包括出口商和出口银行。

其三，担保期限有短期与中、长期，费用一般都不高。

(三) 出口补贴(Export Subsidy)

出口补贴又称"出口津贴"，是一国政府为降低出口商品价格，增加其在国际市场的竞争力，在出口某商品时给予出口商现金补贴或财政方面的优惠待遇。出口补贴有直接补贴和间接补贴两种形式。

直接补贴是指政府在商品出口时，直接付给出口商的现金补贴。其目的是为了弥补出口商品的国际市场价格低于国内市场价格给出口商所带来的损失。有时候，补贴金额还可能大大超过实际的差价，这时就包含出口奖励的意味。这种补贴方式以欧盟对农产品的出口补贴最为典型。据统计，1994 年，欧盟对农民的补贴额总计高达 800 亿美元。

间接补贴是指政府对某些商品的出口给予财政上的优惠。如退还或减免出口商品所缴纳的销售税、消费税、增值税、所得税等国内税，对进口原料或半制成品加工再出口给予暂时免税或退还已缴纳的进口税，免征出口税，对出口商品实行延期付税、减低运费、提供低息贷款、实行优惠汇率以及对企业开拓出口市场提供补贴等。其目的仍然在于降低商品成本，提高商品的国际竞争力。

世界贸易组织中的《补贴与反补贴协议》将出口补贴分为禁止性补贴、可申诉补贴和不可申诉补贴三种。

禁止性补贴是不允许成员国政府实施的补贴行为，如果实施，有关利益方可以采取反补贴措施。

可申诉补贴指一成员国所使用的各种补贴如果对其他成员国国内的工业造成损害，或者使其他成员利益受损时，该补贴行为可被诉诸争端解决。

不可申诉补贴即对国际贸易的影响不大，不可被诉诸争端解决，但需要及时通知成员的补贴行为。实施不可申诉补贴的主要目的是对某些地区的发展给予支持，或对研究与开发、环境保护及就业调整提供援助。

补贴在很大程度上可以被利用为实行贸易保护主义的工具，从而成为国际贸易中的非关税壁垒。在国内行政法律制度上，授予利益的行政行为不会构成违法行为而受到法律追究，但在国际贸易中，对国内相关人采取的利益行为可能构成对其他成员方贸易商的不利，补贴可以影响国际市场的货物流向，补贴经常被作为刺激出口或限制进口的一种手段。

目前，共有 25 个 WTO 成员对 428 种农产品使用出口补贴。包括：澳大利亚、巴西、保加利亚、加拿大、哥伦比亚、塞浦路斯、捷克、欧盟、匈牙利、冰岛、印度尼西亚、以色列、墨西哥、新西兰、挪威、巴拿马、波兰、罗马尼亚、斯洛伐克、南非、瑞士、土耳其、乌拉圭、美国、委内瑞拉。

欧盟的补贴几乎涉及所有的产品分类;南非、土耳其次之,东欧国家的补贴范围也较广。从出口补贴使用的分布上看,使用较多的产品依次包括:水果和蔬菜、其他奶产品、牛肉、禽肉、粗粮、其他农产品、蔬菜油、乳璐、糖、小麦和面粉。

(四)外汇倾销(Exchange Dumping)

外汇倾销是利用本国货币对外贬值的机会,向外倾销商品和争夺市场的行为。

一些国家之所以搞外汇倾销,这是因为本国货币贬值后,出口商品用外国货币表示的价格降低了,从而提高了该国商品在国际市场上的竞争力,有利于扩大出口;而因本国货币贬值,进口商品的价格上涨,则削弱了进口商品的竞争力,限制了进口。

外汇倾销需要一定的条件,主要是本国货币对外贬值速度要快于对内贬值速度以及对方不进行报复等。本国货币对外贬值,可以起到提高出口商品竞争能力和降低进口商品竞争能力的作用。因为,货币贬值意味着本国货币兑换外国货币的比率降低了,在价格不变的情况下,出口商品用外国货币表示的价格降低,故提高了出口商品竞争能力;反之,进口商品用本国货币表示的价格则提高,故降低了进口商品的竞争能力。因此,本国货币贬值可以起到扩大出口和限制进口的作用。

外汇倾销产生的效应:

其一,外汇倾销中的本币贬值会降低本国出口产品的价格水平,从而提高出口产品的国际竞争力,扩大出口。

如1987年6月至1994年6月,美元与日元的比价由1美元=150日元下跌到1美元=100日元,美元贬值了33.3%。假定一件在美国售价为100美元的商品出口到日本,按过去汇率折算,在日本市场售价为15000日元,而美元贬值后售价为10000日元。

这时候出口商有三种均对自身有利的选择:(1)把价格降至10000日元,增强出口商品在价格上的优势,在保持收益不变的情况下大大增加了出口额。(2)继续按15000日元的价格在日本市场出售该商品,按新汇率计算,每件商品可多收入5000日元(合50美元)的外汇倾销利润,出口额不变。(3)在10000～15000日元间酌量减价,这样既有一定的倾销利润,又会扩大出口额。

其二,外汇倾销使外国货币升值,提高了外国商品的价格水平,从而降低进口产品在国内市场上的竞争力,有利于控制进口规模。

仍以上述例子为证:如按过去1美元=150日元的比价,一件在日本售价为15000日元的商品出口到美国值100美元,而美元贬值后同一商品在美国的售价就为150美元,这必然给日本厂商带来不利。

外汇倾销应具备的条件：

值得注意的是，外汇倾销不能无限制和无条件地进行，只有在具备以下条件时，外汇倾销才可起到扩大出口的作用。

其一，货币贬值的程度要大于国内物价上涨的程度。一国货币的对外贬值必然会引起货币对内的贬值，从而导致国内物价的上涨。当国内物价上涨的程度赶上或超过货币对外贬值的程度时，出口商品的外销价格就会回升到甚至超过原先的价格水平，即货币贬值前的价格水平，因而使外汇倾销不能进行。

其二，其他国家不同时实行同等程度的货币贬值。当一国货币对外实行贬值时，如果其他国家也实行同等程度的货币贬值，这就会使两国货币间的汇率保持不变，从而使出口商品的外销价格也保持不变，以致外汇倾销不能实现。

其三，其他国家不同时采取另外的报复性措施。如果其他国家采取提高关税等报复性措施，那也会提高出口商品在国外市场上的价格水平，从而抵消货币贬值的作用。

举例说明外汇倾销对扩大出口和抑制进口的作用。

甲国货币 A 与乙国货币 B 正常汇率为 1 元 A 兑换 10 元 B，乙国出口某种商品到甲国的单价为 10 元 B，用甲国货币 A 标价为 1 元 A（其他费用不考虑）。

如果乙国宣布货币 B 对外贬值，汇率变为 1 元 A 兑换 20 元 B，该商品出口标价仍然为 10 元 B，用甲国货币 A 标价为 0.5 元 A。其价格比原来降低了一半，就会扩大乙国该产品向甲国的出口。

同理，如果乙国从甲国进口某商品，在正常汇率下，甲国出口该商品到乙国的单价为 1 元 A，用乙国货币表示为 10 元 B。

当乙国货币 B 对外贬值，汇率变为 1 元 A 兑换 20 元 B 后，该商品用甲国货币为 1 元 A 不变，用乙国货币表示为 20 元 B，价格翻了一番，从而抑制了乙国向甲国的进口。

(五)建立经济特区

1.自由港(或自由贸易区)(Duty—Free Zone)

自由港是指经主权国家海关批准，在其海港、机场或其他地点设立的允许外国货物不办理进出口手续即可连续长期储存的区域。

2.保税区(Bonded Area；The Low—Tax；Tariff—Free Zone；Tax—Protected Zone)

保税区亦称"保税仓库区"。这是一国海关设置的或经海关批准注册、受海关监督和管理可以较长时间存储商品的区域。这是经国家批准设立的、海关实施特殊监管的经济区域。

保税区的功能定位为"保税仓储、出口加工、转口贸易"三大功能。保税区具有进出口加工、国际贸易、保税仓储商品展示等功能，享有"免证、免税、保税"政策,实行"境内关外"运作方式,也是我国对外开放程度最高、运作机制最便捷、政策最优惠的经济区域之一。

保税区能便利转口贸易,增加有关费用收入。运入保税区的货物可以进行储存、改装、分类、混合、展览以及加工制造,但必须处于海关监管范围内。外国商品存入保税区,不必缴纳进口关税而且可以自由出口,业主只需交纳存储费和少量其他费用,但如果要进入关境则需交纳关税。各国的保税区都有不同的存储时间规定,逾期货物未办理有关手续,海关有权对其拍卖,拍卖后扣除有关费用后,余款退回货主。

根据现行有关政策,海关对保税区实行封闭管理,境外货物进入保税区,实行保税管理;境内其他地区货物进入保税区,视同出境。同时,外经贸、外汇管理等部门对保税区也实行较区外相对优惠的政策。

综合保税区是设立在内陆地区具有保税港区功能的海关特殊监管区域,实行封闭管理。它是目前我国开放层次最高、政策最优惠、功能最齐全的海关特殊监管区域,也是我国开放金融、贸易、投资、服务、运输等领域的试验区和先行区。其功能和税收、外汇政策按照《国务院关于设立洋山保税港区的批复》的有关规定执行。即:国外货物入区保税,货物出区进入国内销售按货物进口的有关规定办理报关手续,并按货物实际状态征税;国内货物入区视同出口,实行退税;保税区内企业之间的货物交易不征增值税和消费税。该区以国际中转、国际采购、国际配送、国际转口贸易和保税加工等功能为主,以商品服务交易、投资融资保险等功能为辅,以法律政务、进出口展示等服务功能为配套,具备生产要素聚散、重要物资中转等功能。

3. 出口加工区(Export Processing Zone)

出口加工区指一个国家或地区为利用外资、发展出口导向型工业、扩大对外贸易而设立的以制造、加工或装配出口商品为主的特殊区域。其作用可归结为:

(1)吸引大量外资。为促进技术引进和产品产量、质量的提高,加速产品的升级换代创造了条件。

(2)扩大出口,增加了外汇收入。通常利用进口原材料和元件的典型装配式工业,外汇收入可占出口额的30%~40%。

(3)增加了就业机会,缓解了所在国和地区的大量失业问题。

(4)提高了生产技术水平和经营管理水平,促进了各类人才的成长。

(5)通过内联和技术、人才的扩散,带动和促进国内其他地区经济的发展。

出口加工区是国家划定或开辟的专门制造、加工、装配出口商品的特殊工业区,也是经济特区的形式之一。常享受减免各种地方税收的优惠。出口加工区一般选在经济相对发达、交通运输和对外贸易方便、劳动力资源充足、城市发展基础较好的地区,多设于沿海港口或国家边境附近。世界上第一个出口加工区为 1956 年建于爱尔兰的香农国际机场。中国台湾的高雄在 60 年代建立出口加工区。以后，一些国家也效法设置出口加工区。中国在 80 年代实行改革开放政策后，沿海一些城市开始兴建出口加工区。出口加工区又称"加工出口区"。其狭义是指某一国家或地区为利用外资、发展出口导向型工业、扩大对外贸易，以实现开拓国际市场、发展外向型经济的目的，专为制造、加工、装配出口商品而开辟的特殊区域，其产品的全部或大部供出口。广义出口加工区还包括自由贸易区、工业自由区、投资促成区和对外开放区等。出口加工区有单类产品出口加工区和多类产品出口加工区之分，后者除加工轻纺工业品外，还加工生产电子、钢铁、机械、化工等产品。

出口加工区由自由贸易区发展而来。在加工区内，鼓励和准许外商投资具有国际竞争力的加工企业，并提供多种方便和给予关税等优惠待遇，比如企业可免税或减税进口加工制造所需的设备、原料和辅料、元件、半成品和零配件；生产的产品可全部免税或减税出口；对企业可以使用较低的国内捐税，并规定投产后在一定年限内完全免征或减征税收；所获利润可自由汇出国外；向企业提供完善的基础设施，以及收费低廉的水、电及仓库设施等。

世界出口加工区始于 20 世纪 50 年代初。60 年代以来，在亚洲、南美洲的发展中国家迅速兴起。截至 80 年代中期，全世界约有 40 个国家建立了 170 多个出口加工区，其中马来西亚 22 个、菲律宾 16 个、印尼 9 个、中国台湾省有高雄、楠梓、台中等 3 个，其绝大部分都取得了显著效果。

4. 自由边境区（Free Perimeters）

自由边境区早期亦称"自由贸易区域"，为自由港区的一种形式。它是在与邻国接壤的边远省或边境城市中划出来的专供对邻国自由进出货物的地区。是指在本国的边境省、市地区或地带划定某一地段，按自由贸易区或出口加工区的优惠措施，吸引国内、外厂商投资，以开发边远地区经济的自由区域。它划在国境之内、关境之外（如香港、澳门），从邻国输入的货物只要不逾越关境进入内地，一般不征关税。但有时对少数几类货物征收少量关税。

设置自由边境区可以繁荣边境贸易，特别是在一些国家荒僻的边远地区与内地交通不便地区，设立自由边境区便于当地从邻国获得必需的物资供应。有些拉丁美洲国家设置边境区，利用从邻国输入的设备和原料，建立和发展边远地区的工业，以满足当地消费的需要。自由边境区的产品大多在区内留用，发展边境地区经济。自由边境区的优惠期限较短，一般在边境地区经济发展起来以后就会逐步取消优惠待遇。

自由边境区主要分布于北美洲的墨西哥与美国边境地区（有 11 个自由边境区）。凡自由边境区内使用的机器、设备、原料和消费品，都可免税或减税进口。但商品从该区运入海关管制区须照章纳税。20 世纪 70 年代以来，自由边境区重视发展出口加工业和转口贸易,实行工贸结合。如墨西哥的"边境客户工业区",实质上为出口加工工业区。

5. 过境区(Transit Zone)

过境区又称"中转贸易区"。是沿海国家为了便利邻国的进出口货运,开辟某些海港、河港或边境城市作为货物过境区,过境区对过境货物简化通关手续、免征关税或只征小额的过境费用。过境货物一般可在过境区内作短期储存、重新包装,但不得加工。

除了上述鼓励出口措施以外,世界各国还纷纷采用鼓励出口的组织措施,这主要包括,设立专门组织,研究制定出口战略;建立商业情报网络,提供商业情报服务;组织贸易中心和贸易展览会;组织贸易代表团出访和接待采访;组织出口商的评奖活动等。

二、出口管制措施概述

出口管制是指一些国家从其本身的政治、军事和经济利益出发,通过国家法令和行政措施,对本国出口贸易实行的管理和控制。

(一)出口管制的对象

需要实行出口管制的商品一般有以下几类:

1. 战略物资和先进技术资料

战略物资和先进技术资料如军事设备、武器、军舰、飞机、先进的电子计算机和通讯设备、先进的机器设备及其技术资料等。对这类商品实行出口管制,主要是从"国家安全"和"军事防务"的需要出发,以及从保持科技领先地位和经济优势的需要考虑。

2. 国内生产和生活紧缺的物资

其目的是保证国内生产和生活的需要,抑制国内该商品价格的上涨,稳定国内市场。如西方各国往往对石油、煤炭等能源商品实行出口管制。

3. 需要"自动"限制出口的商品

这是为了缓和与进口国的贸易摩擦,在进口国的要求下或迫于对方的压力,不得不对某些具有很强国际竞争力的商品实行出口管制。

4. 历史文物和艺术珍品

这是出于保护本国文化、艺术遗产和弘扬民族精神的需要而采取的出口管制措施。

5. 本国在国际市场上占主导地位的重要商品和出口额很大的商品

对于一些出口商品单一、出口市场集中,且该商品的市场价格容易出现波动的发展中国家来讲,对这类商品的出口管制,目的是为了稳定国际市场价格,保证正常的经济收入。比如,欧佩克(OPEC)对成员国的石油产量和出口量进行控制,以稳定石油价格。

(二)出口管制的形式

1. 单方面出口管制

单方面出口管制指一国根据本国的出口管制法案,设立专门机构对本国某些商品出口进行审批和颁发出口许可证,实行出口管制。以美国为例,美国政府根据国会通过的有关出口管制方案,在美国商务部设立外贸管制局,专门办理出口管制的具体事务,美国绝大部分受出口管制的商品出口许可证都由这个机构办理。

2. 多边出口管制

多边出口管制指几个国家政府,通过一定的方式建立国际性的多边出口管制机构,商讨和编制多边出口管制的货单和出口管制的国别,规定出口管制的办法,以协调相互间的出口管制政策和措施。1949年11月成立的输出管制统筹委员会即巴黎统筹委员会,也叫"巴统组织",就是一个典型的、国际性的多边出口管制机构。

(三)出口管制的程序

对出口受管制的商品,出口商开展进出贸易时必须向贸易管理局申领出口许可证。

由出口商向商务部提出申请,经商务部出口管理署审批后发给其允许向某个特定国家出口某种商品的许可证。对于尖端技术和战略物资,大多数国家的出口商都必须事先取得特种许可证。它与单项有效许可证的不同之处在于,它更为优惠一些,包含内容多,常常可以代替若干单项有效许可证的作用。因此在一些情况下,为了简化申领这种许可证的手续和时间,出口商可以一次申请获得多次使用的出口许可证,而不必每次申请。许可证常用形式有以下几种:

1. 分销许可证

这是特种许可证中最重要、最常用的一种形式。美国出口商出口大多数技术和商品,都需逐项向美国政府申请单项有效许可证。但这种许可证一般效率很低,无论是出口金额、数量、收货人都有限制,费工费时。而分销许可证则是为了方便美国出口商实现国际销售计划和销售网络而采取的优惠办法。它至少可以代替25个单项有效许可证使用。一次申请,可多次出口多种产品给不同的外国分销商或最终用户,对一些大公司,一个分销许可证则可代替几千个单项有效许可证。美国《1988年综合贸易法》规定,允许采用分销许可证对中国出口。1988年初,中美双方草签了有关协议,目前美国又单方面宣布暂停执行此协议。

2. 综合经营许可证

该许可证允许出口商把某些技术及有关的商品(包括军事上使用的技术),由国内的企业出口到经批准的外国子公司、附属机构或合营企业。但这些公司或企业须与出口商有长期的、确定的关系,而且它们必须不在受到严格出口管制的国家。

3. 项目许可证

这是指对一个较大的工程扩建或新建项目所需出口的商品和技术进行一揽允诺出口许可的一种许可证(例如发电厂、化工厂、矿山开发等)。又如海外的外国航空公司使用的是美国制造的飞机,则为其航行所需的备件、飞机维修设备等均可申请采用该程序进行出口。项目许可证的有效期一般为1年,但还可在到期后申请顺延1年。凡同一项目中所需的商品以及有关的技术资料,即使它可能涉及几种不同的产品和不同的技术领域,也可以使用同一项目许可证。

4. 服务供应许可证

这是批准美国出口商或制造商出口备件或替换件给外国设备用户的一种许可证。美国政府将其列入特种许可证范畴的原因,主要是考虑到出口整机、成套设备同出口替换零部件的不同特点,从而区别对待以提高效率,更好地为用户提供售后服务。凡是对已出口的机器、设备提供售后服务所需的零部件、替换件,只要证实确为美国公司在外国的分公司、子公司或在外国的生产制造商生产,均可申领该项许可证。

该许可证的有效期为1年,经批准可延长2年。3年后,如原许可证的交易仍在继续进行,且仍符合该许可证所规定的条件,可申领新证。除了涉及核装置等有特殊限制者外,凡适用于申请有效许可证出口的商品,均可申请提供服务的许可证出口或转口。

目前,此程序适用于大多数西方国家,对向S和Z类国家组则不采用该许可证出口。对中国有一定金额的限制,只有7.5万美元以下的零部件出口才适用该程序。此外,对中国出口,一般需要就原设备使用的工厂或基地提供专门的报告和文件,以使美国政府确信它们需要进口该种零部件,才能满足生产要求。

【例6】 2012年2月,国家发改委正式发文(发改办经贸[2012]274号)原则同意设立盐城综合保税区。2008年12月,国务院正式批准设立广西凭祥综合保税区。河南省人民政府2010年11月3日对外公布,郑州新郑综合保税区获得国务院批准,规划面积为5.073平方公里。这是中国中部地区迄今为止设立的第一个综合保税区。北京天竺综合保税区于2009年7月29日通过国务院联合验收组的验收,正式封关运作。

1990年6月,经中央批准,在上海创办了中国第一个保税区——上海外高桥保税区。2007年8月28日,苏州工业园综合保税区顺利通过国家九部委联合验收。重庆(寸滩)保税港区是我国首个内陆保税港区,也是首个同时拥有空港和水港的保税港区。重庆西永综合保税区位于重庆市沙坪坝区西部新城的西永镇和陈家桥镇,重庆西永综合保税区是我国规划面积最大的综合保税区,于

2010年2月26日正式挂牌成立。

天津保税区于1991年5月12日经国务院批准设立。位于天津港港区之内,开发面积5平方公里,是我国华北、西北地区唯一的,也是中国北方规模最大的保税区。作为高度开放的特殊经济区域,保税区具有国际贸易、现代物流、临港加工和商品展销四大功能,享有海关、税收、外汇等优惠政策。海口综合保税区位于老城经济开发区。它和保税港区一样,是我国目前开放层次最高、优惠政策最多、功能最齐全、手续最简化的特殊开放区域。这是我国继苏州工业园、天津滨海新区和北京天竺综合保税区之后设立的第四个综合保税区,也是首个在省会城市设立的综合保税区。

综合保税区是经国务院批准,以虚拟港口为依托,设立在特定区域内,具有保税港区功能的海关特殊监管区域,由海关参照《中华人民共和国海关保税港区管理暂行办法》进行管理,执行保税港区的税收和外汇政策,即叠加了保税区、保税物流园区、出口加工区相关的税收和外汇管理政策。

绥芬河综合保税区于2009年4月21日经国务院批准设立。广西钦州保税港区于2008年5月29日获国务院批准设立。福田保税区于1991年5月28日经国务院批准成立,1993年2月18日隔离围网设施通过海关总署验收。深圳市沙头角保税区,于1987年12月25日经深圳市人民政府批准创办,并于1991年5月28日由国务院正式批准设立。它位于深圳经济特区东部的沙头角,东北接华南最大国际中转港、盐田港,南接通住香港的沙头角口岸,西通梧桐山隧道与深圳市区相连。现规划区内工业用地27万平方米,生活用地15万平方米,是中国创办最早的保税区。

青岛保税区是具有"境内关外"特性,实行"免证、免税、保税"等特殊政策的自由贸易区,是山东省及沿黄河流域唯一的保税区。青岛保税区于1992年11月19日经国务院批准成立,地处风光秀丽的沿海开放名城青岛市,总规划面积2.5平方公里,1993年3月28日经海关总署验收正式开关运营。参照国际上自由贸易区惯例,国家和地方政府在海关、外汇、外贸、税收、行政等方面赋予青岛保税区一系列特殊优惠政策,具有国际贸易、进出口加工、保税仓储、物流分拨、商品展示等特殊功能,是目前中国内地对外经济开放度最高、运作最灵活、政策最优惠的特殊经济区域之一。盐田港保税区于1996年9月27日经国务院批准成立,烟台保税区于1992年设立。

2010年10月18日,国务院设立成都高新综合保税区。宁波保税区于2002年1月,经国务院批准,以土地置换方式建立了保税区南区,面积为0.4平方公里。保税区具有进出口加工、国际贸易、保税仓储、商品展示等功能。2002年6月,国务院批准设立浙江宁波出口加工区,规划面积3平方公里。两区享有"免证、免税、保税"政策,实行"境内关外"运作方式,是中国内地对外开放程度最高、运作机制最活、政策最优惠的特殊经济区域之一。西北地区第一个综合保税区——西安综合保税区于 2011 年 2 月 14 日正式获得国务院批准设立。

2011 年 8 月 29 日,国务院正式下发《国务院关于同意设立武汉东湖综合保税区的批复》。2011 年 6 月 13 日,经国务院批准,中国最大的陆路口岸——阿拉山口口岸正式获准建设综合保税区,这是新疆首个综合保税区。

复习思考题

1. 简述关税的特点和作用。
2. 名义保护关税和有效保护关税的区别是什么?
3. 试按关税的征收标准对关税进行分类。
4. 简述非关税措施的含义及种类。
5. 简述鼓励出口措施的种类。
6. 简述出口管制的含义及其常用形式。

第九章　关贸总协定与世界贸易组织

世界贸易组织(World Trade Organization,WTO)是一个基于规则的、由成员驱动的组织。它的所有决议都由成员国政府制定,其规则也都出自于各成员国的协商或谈判,因此可以从以下角度来看待WTO。

它是一个致力于贸易自由化的组织,是政府间展开贸易协议谈判的论坛,为贸易争端的解决提供了场所。它依据一套贸易规则体系运作。从本质上说,WTO只是供成员国政府间设法解决他们所面临的贸易问题的场所。

WTO成立于1995年1月1日,但它并非真的如此年轻。如果作为一个贸易体系,WTO实际上已经存在了近半个世纪,这要追溯到其前身——关税与贸易总协定。

第一节　从关贸总协定到世界贸易组织

一、关贸总协定的建立和发展

(一)GATT的概念与宗旨

1. GATT的概念与特征

关税与贸易总协定(General Agreement on Tariffs and Trade,GATT),简称"关贸总协定",它是关于调整和规范缔约国之间对外贸易政策和国际经济贸易关系等方面的相互权利与义务的国际多边协定,与世界银行、国际货币基金组织并称为"国际经济体系三大支柱",有"经济联合国"之称。

GATT作为世界贸易体制历史发展中的一个特定产物,具有3个典型特征:

(1)临时性。GATT从1948年正式生效到1995年正式退出世界贸易历史舞台,它所扮演的角色尽管囊括了多边贸易规则的制定推动者、8轮多边贸易谈判的组织与协调者、贸易争端的斡旋与调停者、WTO的孕育者等多种角色,但"临时"、"替代"的色彩始终伴随着GATT的产生与发展的全部过程。

(2)契约性。GATT的诞生标志着世界多边贸易体系开始形成,而这个体系运转的立足点就是参加进来的多国共同签署的一个有约束力的多边契约。被称之为"缔约方"的 GATT 的所有缔约国之间保持着一种类似合同当事人间的法律权利和义务的平衡关系,使世界多边贸易逐步走向自由化的预设目标。

(3)开放性。GATT 的成长与发展不仅归功于其对缔约方加入的开放,还取决于它对谈判和讨论议题的开放。从 1947 年第 1 轮谈判的 23 个创始缔约国到 1994 年第 8 轮谈判的 123 个参与方,GATT 的缔约队伍发生了从量到质的变化,加入关贸总协定已成为全球各个国家和地区进入世界经济贸易大家庭的共同追求目标。在越来越多缔约方的参与努力下,GATT 主持谈判的议题也从最早的降低关税、消除贸易壁垒逐步扩展至包括货物贸易、服务贸易、与贸易有关的投资措施、与贸易有关的知识产权等多个领域。这种开放、包容与发展的直接结果之一,就是 1995 年 WTO 正式诞生。

2. GATT 的宗旨

GATT 在其序言中提出:"缔约国各国政府,认为在处理它们之间的贸易和经济事务的关系方面,应以提高生活水平、保证充分就业、保证实际收入和有效需求的巨大持续增长、扩大世界资源的充分利用以及发展商品生产与交换为目的。希望达成互惠互利协议,这一目标导致成员间大幅度地削减关税和其他贸易障碍,取消国际贸易中的歧视待遇以对上述目的作出贡献。"不过事实上,总协定成立时就在很大程度上由美国控制。随着西欧、日本经济的迅速发展,经济实力对比发生了重大变化,总协定才又逐步成为美国、西欧共同市场、日本之间较量经济实力和争夺市场的场所。所以,总协定素有"富人俱乐部"之称。但是,随着第三世界的壮大和发展中国家缔约国数目逐渐增加,这种状况正在不断改善。虽然在总协定中,谈判的主要对手仍然是美国、西欧和日本等,但发展中国家在总协定中的发言权逐步增加,它们的利益也受到一定程度的重视,并能争取享受有利于发展中国家的优惠待遇。

(二)GATT 的建立和临时适用议定书

1. GATT 签署背景

1930 年 6 月,美国国会通过了有史以来最严厉的贸易保护法案——《斯姆特—赫利关税法》(Smoot Hawley Tariff Act),修订了 1125 种商品的进口税率,其中 890 种商品的税率被提高,平均进口税率由原来的 38% 提高到 60%。由此引发了一场关税报复战:加拿大将 16 类美国商品的关税税率提高了 30%;意大利对美国汽车征收 100% 的关税;英国对凡歧视其商品的国家一律征收 100% 的关税。面对关税不断升级的混乱局面,当时唯一的国际组织——国际联盟并没有发挥任何实质作用。1932 年的世界贸易总额降至 1929 年的 1/3,世界工业生产萎缩了约 30%。

1932 年,竞选美国总统的罗斯福以走出大萧条、重振美国经济为主要目标,提出世界贸易自由化。其当选后,从 1934 年起,开始在互惠基础上同主要贸易伙伴举行双边削减关税的谈判。1941 年,美、英签署的《大西洋宪章》中,提出通过双边和多边谈判来削减关税以寻求国际经济合作。如主张每个国家都有权要求它的合法贸易不因别国过度的关税、配额或限制性的单边或双边实践而遭受扭曲或损害。这种合作的思想迎合了当时的社会需求,各国希望建立一个国际贸易组织(International Trade Organization,ITO)。1947 年 11 月 11 日,联合国"贸易与就业会议"上,各国代表就美国提交的建立《国际贸易组织宪章》草案(即《哈瓦那宪章》①)展开讨论。该草案虽然得到了当时 56 个国家代表的同意,但建立 ITO 的努力还是以失败告终,不过美、英、法等 23 个国家(包括中国)达成了 123 项关税减让协议(涉及 5 万多种商品),并与《国际贸易组织宪章》中的贸易政策部分一起汇编成《关税与贸易总协定》,于 1947 年 10 月 30 日签署,后被人们称为《GATT1947》。

2.《GATT1947》临时适用议定书

为使《GATT1947》按预期在 1948 年 1 月 1 日正式投入运行,让各签署国尽快享受到削减关税的好处,美国联合英国、法国、比利时、荷兰、卢森堡、澳大利亚和加拿大等 8 国于 1947 年 11 月 15 日签署了《关税与贸易总协定临时适用议定书》,宣布从 1948 年 1 月 1 日起临时适用关贸总协定。1948 年又有包括中国在内的 15 个国家签署了该议定书,这 23 个国家就成为 GATT 的创始缔约方。各缔约方还约定 ITO 成立后,以《宪章》的贸易规则部分取代 GATT 的有关条款。

GATT 以"临时"的形式正式生效,它的目的是期待日后 ITO 宪章生效后能自动成为其宪章的组成部分。但 ITO 始终未能建立,GATT 不得不"临时"适用了 40 多年,直至 WTO 成立。因此,从法律上讲,GATT 至今还未正式生效。GATT 的条约具有法律效力是依据《关贸总协定临时适用议定书》,GATT 缔约国只是根据这一议定书签署加入 GATT 议定书才适用于 GATT。

《GATT1947》共 4 个部分 38 条。最初只有 3 个部分,第 1 部分包括最惠国待遇和关税减让表;第 2 部分是实质性规则,包括国民待遇、反倾销和反补贴、海关估价、取消数量限制等内容;第 3 部分主要是程序性规定。第 4 部分是 1965 年增加的,涉及发展中国家的特殊需要。针对《GATT1947》的 4 个部分,临时适用议定书规定:

澳大利亚联邦、比利时王国(宗主国本土)、加拿大、法兰西共和国(宗主国本土)、卢森堡大公国、荷兰王国(宗主国本土)、大不列颠及北爱尔兰联合王国(宗

---

① 《哈瓦那宪章》草案的主要内容包括:就业与经济活动、经济发展与振兴、贸易政策规则、限制性商业惯例、政府间商品协定以及有关国际贸易组织建立的相关规则。其中,贸易政策部分已被 1948 年 1 月 1 日生效的《关税与贸易总协定》广为吸收。

主国本土)和美利坚合众国政府,同意1948年1月1日和该日之后:

(1)临时适用关税与贸易总协定的第1部分和第3部分。

(2)在不违背现行立法的最大限度内临时适用该协定的第2部分。但是所有上述政府必须在不迟于1947年11月15日签署本议定书。

(3)上述政府应于1948年1月1日或在其后联合国秘书长收到这种适用通知之日起30天期满时对其宗主国本土以外的任何领土临时适用总协定。

(4)本协定书在联合国总部开放签字。于1947年11月15日之前,供未于本日签署本议定书的本议定书第1款中所列的任何政府签字。于1948年6月30日之前,供未于本日签署本议定书的联合国贸易和就业大会筹备委员会第2次会议结束时通过的最后文件的任何签字国政府签字。

(5)适用本议定书的任何政府可自由地撤回这种适用。这种撤回应于联合国秘书长收到该撤回的书面通知之日起60天期满时生效。

(6)本议定书正本应交联合国秘书长保存,秘书长将向一切有关政府提供本议定书的核对无误的副本。为此,诸位代表,在他们送交的全权证书经审核无误后签署了本议定书。1947年10月30日订于日内瓦,正本1份,英文和法文本均为有效。

从以上条款可以看出,GATT的第1部分和第3部分必须无例外地适用,而临时适用议定书规定的"现行立法"条款(即第2部分须"在不违背现行立法的最大限度内"临时适用)表明,如果国内法的规定与GATT第2部分的规定有抵触,国内法优先,这种规则也被称为"祖父条款"。该条款使那些不能完全遵守总协定第2部分的国家在"临时"性的基础上遵守总协定的规定,而不需要改变其现有的国内立法。

(三)GATT作用和局限性

1. GATT的8轮谈判

尽管GATT严格来说只是一个法律文本,对缔约国不构成强有力的约束,但其围绕关税等贸易问题进行了8次多边贸易谈判(表9-1所示),使多边贸易体制得到不断强化,缔约国数量由最初的23个创始缔约国发展到123个缔约国,影响力日渐强大。

表9-1 GATT的贸易谈判

届次	年份	谈判地点/谈判名称	主要议题	参加国
1	1947	日内瓦	关税	23
2	1949	安纳西	关税	13
3	1951	托奎	关税	38
4	1956	日内瓦	关税	26
5	1960~1961	日内瓦(狄龙回合)	关税	26

续表

届次	年份	谈判地点/谈判名称	主要议题	参加国
6	1964~1967	日内瓦(肯尼迪回合)	关税、反倾销措施	62
7	1973~1979	日内瓦(东京回合)	关税、非关税措施及框架协议	102
8	1986~1994	日内瓦(乌拉圭回合)	关税、非关税措施、规则、服务、知识产权、争议解决、纺织品、农业、WTO的建立等	123

(资料来源：WTO. Understanding the WTO. 5th Edition[M]. 2011.)

这8次谈判成果丰硕，为世界经济做出了卓越贡献：

第1轮谈判于1947年4月至10月在瑞士的日内瓦举行。23个缔约方就123项双边关税减让问题达成协议，涉及商品45000项，影响到100亿美元的贸易额，使发达国家54%的进口商品平均降低关税35%。GATT也随谈判的成功和临时适用议定书的签订而临时生效。这轮谈判虽然是在关贸总协定草签和生效之前进行的，但人们习惯上将其视为关贸总协定的第1轮多边贸易谈判。

第2轮谈判于1949年4月至10月在法国的安纳西举行。这次谈判主要是为了确定新加入GATT的10个国家的权利与义务问题而安排的，谈判总计达成147项关税减让协议，达成了约5000项商品的关税减让，使应税进口值达5.6%的商品平均降低关税35%。

第3轮谈判于1951年在英国的托奎举行。这轮谈判的重要议题之一是讨论奥地利、西德、韩国、秘鲁、菲律宾和土耳其的加入问题；共达成150项双边协议及约8700项关税减让成果，关税水平平均降低26%。由于缔约方增加，GATT缔约方之间的贸易额已超过当时世界贸易总额的80%。

第4轮谈判1956年1月至5月在日内瓦举行。这轮谈判达成近3000项商品的关税减让成果，使关税水平平均降低15%，但所达成的关税减让只涉及25亿美元的贸易额。

第5轮谈判于1960年9月在日内瓦举行。这轮谈判由当时的美国副国务卿道格拉斯·狄龙倡议，后被称为"狄龙回合"。这轮谈判达成4400项商品的关税减让成果，使应税进口值达20%的商品平均降低关税20%，关税减让涉及49亿美元的贸易额，但农产品和一些敏感性商品被排除在协议之外。

第6轮谈判于1964年5月至1967年6月在日内瓦举行。这轮谈判由当时的美国总统肯尼迪倡议，又称"肯尼迪回合"。这轮谈判将大约6万种工业品平均降低关税35%，涉及贸易额400亿美元。谈判首次涉及了非关税壁垒的内容，通过了GATT产生以来的第一个反倾销协议，这意味着GATT开始从单纯的关税减让谈判发展到包括非关税壁垒的谈判。这轮谈判还规定了对发展中缔约方的特殊优惠待遇，并吸收波兰参加，开创了"中央计划经济国家"参加GATT的先例。

第7轮谈判在当时的美国总统尼克松倡议下，GATT部长级会议在日本的东京召开，会议通过了"东京宣言"，并宣布第7轮多边贸易谈判开始。谈判原本由于是在日内瓦举行而被命名为"尼克松回合"，但此后不久，尼克松因"水门事件"而下台，这轮谈判改称"东京回合"。此轮谈判在1973年9月开始，至1979年4月结束。这轮谈判取得的成果是，从1980年起的8年内，关税削减幅度为33%，减税范围除工业品外，还包括部分农产品，关税减让和约束涉及3000多亿美元贸易额，9个发达国家工业品平均关税从7%下降到4.7%；通过了一系列关于削减非关税壁垒的协议；达成了有关进一步给予发展中缔约方优惠待遇的条款。

第8轮谈判是1986年9月在乌拉圭的埃斯特角城举行的GATT部长级会议上决定的，故称"乌拉圭回合"。这场旨在全面改革多边贸易体制的新一轮谈判，经过7年多的艰苦努力，于1994年4月15日在摩洛哥的马拉喀什结束。这轮谈判使发达缔约方和发展中缔约方平均降税1/3，发达缔约方工业品平均关税水平降为3.6%左右，减税商品涉及贸易额达1.2万亿美元，近20个产品部门实行零关税，纺织品的配额限制在10年内取消。GATT扩大到服务贸易、知识产权和与贸易有关的投资措施协议，达成了包含近40个协议和决定的最后文件，其中包括首次达成的农产品贸易协议和服务贸易协议，但最重要的协议是《建立世界贸易组织的协议》。

在上述8轮谈判中，第1轮和第8轮最为重要：第1轮谈判不仅为GATT的签订提供了保证，而且创下了大规模多边关税和贸易谈判的成功先例。第8轮谈判是GATT发展进程中最重要的一轮多边贸易谈判，无论从规模、参加方数目、还是从议题内容和涉及面来看，都大大超过GATT设立以来的所有多边贸易谈判，特别是签署了《建立世界贸易组织的协议》，这也是对20世纪40年代联合国贸易与就业会议建立国际贸易组织(ITO)目标的圆满完成。

2. GATT的作用与贡献

GATT存续的48年间，活动涉及的领域不断扩大，从货物贸易扩展到服务贸易以及和贸易有关的投资领域，缔约方不断增多，由最初的20多个国家增加到120多个国家。

GATT对国际贸易的影响日益加强，主要表现在：

(1)促进了战后国际贸易的快速增长。战后世界贸易规模增长迅速。1945~1960年年均增长6%；1960~1970年年均增长8.2%；1970~1973年年均增长8%；1973~1979年年均增长4.5%；1979~1988年年均增长4%；从1945~1988年总体上年均增长近5%，这与GATT所作的努力是分不开的。一方面，GATT各缔约方通过多边贸易谈判，在互惠互利的基础上大幅度削减了关税，促进了国际贸易的增长。其中，前7个回合的谈判使发达国家的平均关税从1948年的

36%下降到5%,发展中国家和地区的平均关税同期下降到13%,"乌拉圭回合"更进一步削减了关税水平,有些甚至削减至零。另一方面,GATT通过限制和消除各种非关税壁垒和相关措施来达到促进贸易自由化的目的。如"肯尼迪回合"中第一次包括非关税壁垒的内容,"东京回合"中非关税壁垒的谈判开始占重要地位,"乌拉圭回合"也将"非关税措施"列入议题。在农产品方面也取得了重大进展,使农产品非关税进口限制措施全部关税化,将原来30%以上受制于配额或者进口限制的农产品改成了关税调节式的农产品。

(2)促进了战后世界经济的增长。战后世界经济增长迅速,其中世界贸易的增长远远超过了世界生产的增长。据统计,1963~1988年,世界贸易量增长了275%,世界生产只增长了150%,可见世界贸易是世界经济增长的引擎。这可以从以下几个方面进行理解。首先,国际贸易会促进市场范围的扩大,参加国通过国际专业化分工,使资金、人才、技术等资源得到有效配置,促进劳动生产率的提高,进而促进贸易各方的经济增长;其次,国际贸易会带来规模经济利益,一国国内市场相对来说是狭小的,出口扩大克服了国内市场狭小的矛盾,生产规模可以扩大以实现经济规模,即生产达到平均单位成本最小的规模,从而提高了产品的利润率,节约了资源;第三,一国出口的扩大意味其进口能力的提高,而许多进口货物尤其是先进的技术设备往往对本国的经济增长有着重要意义,能提高进口国的技术水平,促进产业结构升级;第四,进行国际贸易使本国企业参与世界市场的竞争,会促进国内出口产业以及相关产业降低成本、改进质量,从而促进国内产业的发展。此外,进行国际贸易还有利于国内市场的发育和完善。总之,国际贸易会带来动态利益,即随着贸易的发展,通过一系列的动态转换过程,把经济增长传递到国内各经济部门,带动国民经济的全面增长。而GATT致力于贸易自由化以促进世界贸易的发展,因此在世界经济的迅速增长中发挥了重要作用。

(3)为缔约方提供了对话和谈判的场所。GATT为缔约方提供了一个论坛,为他们解决贸易争端、消除误会提供了必要的场所,缓解了缔约方之间的矛盾,减少了贸易纠纷,对战后国际贸易体系的稳定和发展具有重要作用。磋商、调解和争端解决是解决缔约国间贸易争端的主要方法,也是GATT的一项根本性工作。缔约方的多数争端都由双方磋商解决,当他们无法通过磋商方式解决时,就由有关理事会成立专家小组来解决。

(4)形成了一套有关国际贸易改革的规则。GATT确定的各项基本原则以及在历次多边贸易谈判中所达成的一系列协定,形成了一套指导各缔约方制定贸易政策的行动准则。这些规则是各方处理它们之间贸易关系的依据。例如,GATT中最重要的基本原则之一"最惠国待遇"原则,要求所有缔约方都有义务在实行和管理进出口关税和非关税方面相互实施给予相当于对任何国家的优惠待遇,各方都处于同等地位并分享降低贸易壁垒所带来的利益。"国民待遇"原则要求一旦商品进入市场,它们的待遇不能低于相应的国内生产的商品;"关税减让"原则是各缔约方彼此间作出互惠与平等的让步,这些都较为有效地抑制了关税水平的普遍上升。取消进口数量限制也是 GATT 的一个重要原则。按照 GATT 的规定,各缔约方对本国工业只能通过关税加以保护,至于进口限额及许可证制度等保护措施均在禁止之列。GATT 要求在国际贸易中实行开放、公平和无扭曲的竞争,制定了"反倾销守则"和《反倾销法》,反对各国政府在外国市场上的倾销行为,保证了国际贸易在正常秩序下进行。一旦缔约方之间发生贸易摩擦或纠纷,GATT 确立了解决缔约方之间争端的磋商调解机制,通过磋商来保持缔约方之间权利与义务的平衡,寻求当事各方均能接受的争端解决方法。

总之,在 GATT 所确定的各项基本原则下,逐步形成了一整套指导国际贸易的准则和行为规范,为国际贸易的稳定发展奠定了法律基础。此外,GATT 还关注发展中国家的利益,特别是"肯尼迪回合"之后,使发展中国家享受了较多的优惠,鼓励发展中国家参与多边国际经济组织,加快发展中国家开放市场的进程,同时让发展中国家在开放中也享有一些好处。GATT 所取得的成绩为加强全球国际经济贸易事务的协调管理增强了信心,为 WTO 的创立奠定了基础。

(5)增强了国际贸易领域的透明度和国际经贸信息的交流。透明度原则是关贸总协定的基本原则之一,它增强了缔约国经贸政策的透明度,使各缔约国相互了解彼此的经济贸易状况,宏观上有利于各国政府的决策,微观上有利于各国进出口商公平竞争。此外,关贸总协定还通过举办培训班、出版国际贸易刊物、刊发专题研究资料、提供出口市场的信息、提供销售技术和服务,从而在一定程度上推动了国际经贸信息的交流与人才的培养。

3. GATT 局限性

尽管关贸总协定在推动国际贸易的发展上起了重要的作用,但由于其产生背景的特殊性,发展过程中不可避免地存在着局限性。

(1)法律地位低。GATT 就其名称看,仅仅是一个协定、一个合同,而非正式的具有国际法主体资格的国际组织。参加的国家和地区只能被称为"缔约方",而不能被称为"成员"。这种非正式的法律地位,妨碍了其功能的发挥和正常活动的开展。同时,GATT 的临时性也决定了其法律地位是非常低的,它只不过是一个各缔约方行政部门之间的临时约定,缔约方可以保留在参加 GATT 之前现行有效的与 GATT 相冲突的法律。因此,GATT 对于各国通行的贸易保护主义做法往往采取回避和退让的方针。其农业条款就是一个典型的例子:它允许缔约方实行农业补贴和进口限制,从而使 GATT 农产品贸易体系从一开始就偏离了自由贸易的轨道。此外,作为监督 GATT 的实施,调解与解决缔约方贸易争议的国际组织机构的设立也是没有法律依据的。GATT 文本第 25 条

第九章　关贸总协定与世界贸易组织

第1款也只是提到,"为了实施本协定内涉及联合行动的各项规定,为了从总体上推动本协定的运行并促进其目标的实现,各缔约国代表应当随时集会。本协定提到缔约方联合行动者,一律称为缔约方全体"。除此之外,没有关于组织机构事项的其他规定。作为 GATT 最早也是唯一保留下来的机构是借用联合国经济及社会理事会为筹备设立国际贸易组织而设立的"临时委员会"的秘书班子。虽然后来国际贸易组织未能成立,但该秘书班子却被保留下来,并为 GATT 提供服务,之后发展为 GATT 的秘书处。至于 GATT 的其他机构的设置也都是按需而办,以致 GATT 逐步演变成为一个事实上的国际组织。

(2) 效率低,管理上存在漏洞。正是由于 GATT 法律地位的不足,使其在执行决议方面的效率低下和对缔约国的管理上存在很多问题。例如,在对缔约方的争端解决上,GATT 由于只是一个临时性的多边贸易协定,并没有专门的争端解决机构和系统的争端解决规定,有关争端解决的规定主要集中在第22和23条。虽然如此,GATT 在解决争端方面还是起了相当重要的作用。据 GATT 专家约翰·H·杰克逊(John·H·Jackson)统计,GATT 从1948～1985年处理了250起纠纷。然而,随着国际贸易保护主义和大国经济霸权主义的盛行,法律地位低下的 GATT 在处理争端方面的疲软无力日渐暴露出来。在 GATT "协商一致"规则约束下,专家组审理案件必须经争端当事方同意,审理报告须由 GATT 理事会以"共识"方式通过。按"共识"程序,在 GATT 理事会会议上,应诉方总能轻易阻碍报告的通过,也就是在很大程度上赋予了它们否决权,这对于 GATT 专家组裁决模式的运行构成了极大的威胁。在这种争端解决机制下,审议争端案的专家小组的成立也是采取"协商一致"的原则。这样一来,专家小组成立就会受到"协商一致"原则的影响。比如,争端双方(尤其是明知自己违反了 GATT 协定的一方),就会阻挠或拖延专家组的成立,使争端迟迟不能进入专家组审议程序。因为,按照规定,只要有一方不同意,就达不到"协商一致"的要求,专家组的成立就会被拖延下来。更为重要的是,专家组的审议报告的通过也是遵循"协调一致"的原则。当专家组审议结束将报告提交大会时,各缔约方(尤其是败诉的一方)行使否决权很容易阻挠报告的通过。这种"协调一致"表决机制的弊病,使得专家组的报告常常无果而终,不了了之,严重影响 GATT 解决争端的权威性及行事效率。

GATT 对缔约方也缺乏必要的检查和监督手段。例如,相关条款规定,一国以低于"正常价值"的办法,将产品输入另一国市场并给其工业造成"实质性损害和实质性威胁"就是倾销。而"正常价值"、"实质性损害和实质性威胁"都难以界定和量化。这很容易被一些国家加以歪曲和用来征收反倾销税。又如,当进口增加对国内生产者造成严重损害或严重威胁时,允许缔约方对特定产品采取紧急限制措施。由于未规定如何确定损害和如何进行调查与核实,对"国内生产者"也没有下定义,对保障条款的实施、检查和监督造成了困难。

(3)管辖范围难以满足时代的需要。一方面,由于 GATT 产生时所处经济发展阶段的客观限制,造成其管理对象主要是货物贸易和关税减让。而且货物贸易中的农产品和纺织品长期游离在外,少数国家实行数量限制使农产品和纺织品出口国家遭受重大损失;另一方面,战后经济的迅速发展,使服务贸易的增长速度大大超过了货物贸易的增长速率,并且在经济发展中呈现出更积极的作用,知识产权转移在国际经济发展中的作用也大大加强,这种局面使 GATT 难以胜任"调整和规范缔约国之间对外贸易政策和国际经济贸易关系"的职责。乌拉圭回合所进行的服务贸易等范围的谈判本身更加暴露了 GATT 的局限。

(4)"灰色区域措施"和区域贸易集团威胁着 GATT 体制。关税的不断降低,使缔约方运用关税手段限制进口的难度越来越大,一些缔约方纷纷绕开 GATT,利用"灰色区域措施"来限制进口。所谓"灰色区域"是指 GATT 对出口补贴、进口限制等非关税措施只做了原则上的规定,并没有明确详细的约束规定,因而某些国家会绕过或歪曲总协定的规定,采取一系列"灰色区域措施",其主要表现为"自动出口限制协议"、"有秩序的销售协议"等。如总协定第 16 条第 3 款规定,一方面要求各国尽力避免采取农产品出口补贴措施,另一方面却又允许各国使用出口补贴来保持自己的出口在世界出口总量中的合理份额。而各国所占出口份额的合理与否,以及评价标准,则是一个很不明确的"灰色区域",关贸总协定从未对此做出任何评估和确认,这样就为发达国家滥用出口补贴来争夺国际农产品市场提供了法律空隙。这些"灰色区域措施"往往具有歧视性,违背了 GATT 非歧视的基本精神,对 GATT 体制产生了巨大的威胁。

当代区域贸易集团的发展也对多边贸易体制形成了冲击。区域贸易集团早在 16 世纪中叶就已出现,在二战后区域贸易集团获得了超乎寻常的发展。目前,通知 WTO 的区域贸易协定已达 160 个,全球经济正处于"区域主义"与"全球主义"平行发展的时期。区域贸易集团的发展使各缔约方不再轻易妥协,进而导致多边谈判停滞不前。在乌拉圭回合的谈判过程中,欧共体在农产品谈判中的强硬立场几乎使乌拉圭回合夭折。而其他区域性的贸易集团如东盟、南方共同市场等,无一不是在多边贸易谈判中协调立场增加其自身的发言权。发展中国家在多边谈判过程中也是一再强调协调立场以与发达国家进行公平对话。此外,区域贸易集团"对内实行贸易自由,对外则采取贸易限制"的政策,铸造了全球贸易的"堡垒",严重背离了 GATT 多边贸易体制中的最惠国待遇原则。例如:区域贸易集团对内取消关税,对外则采取相同的税率或高于集团成员方的税率。这对区域外缔约方产品进入区域内必将造成关税上的阻碍。1994 年 11 月 17 日,IMF 在关于国际贸易政策的报告中指出,北美自由贸易协定的消极作用之一就是东亚地区在劳动密集型产品出口方面"大都面临着美国高关税和顽固不化的非关税壁垒的阻碍,而在出口钢铁和电子设备时,中国、韩国、马来西亚和新加坡等国也遇到了美国相当严重的贸易壁垒的阻碍"。

GATT的上述局限性,决定了其无法适应新形势的需要,新的、更完善的多边贸易体制必将代替关贸总协定。

二、世界贸易组织的形成与发展概况

(一)WTO的形成

由于GATT是临时性的、松散的国际机构,为更好地协调世界贸易,各国仍致力于建立一个规范的世界性贸易组织,于是在GATT的最后一次谈判——乌拉圭回合中,众多参与方提出建立WTO的建议。1990年初,意大利首先发起倡议,7月,欧共体以12个缔约国的名义正式向"乌拉圭回合"体制职能小组提出倡议,加拿大、美国等也表示了支持;12月,本次谈判的布鲁塞尔部长会议正式责成职能小组负责"多边贸易组织协议"的谈判。最终,职能小组于1993年11月形成《多边贸易组织协议》(后更名为《世界贸易组织协议》)。1994年4月15日,104个参加方政府代表在摩洛哥的马拉喀什部长级会议上签署了该协议,标志着成立WTO的决定被顺利通过。1995年1月1日,WTO正式运作,负责管理世界经济和贸易秩序,总部设在瑞士的日内瓦莱蒙湖畔。1996年1月1日,与GATT并行1年后,WTO正式取代了GATT。我国于2001年正式加入该组织。

(二)WTO的发展概况

WTO是具有法人地位的、独立于联合国的永久性国际组织。其服务范围涵盖货物贸易、服务贸易以及知识产权贸易。在调解缔约成员间的争端方面具有较高的权威性,与国际货币基金组织(IMF)、世界银行(WB)并称为"世界经济发展的三大支柱"。目前,WTO已经发展成为一个庞大的国际组织,据WTO官方网站显示,到2012年5月10日,正式成员数量已经达到155个。

1. 标识和官方语言

图 9-1 WTO 的标识

(资料来源:WTO. Understanding the WTO. 5th Edition)

1997年10月9日,WTO启用新的标识(图9-1)。该标识由6道向上弯曲的弧线组成,上3道和下3道分别为红、蓝、绿3种颜色。该标识意味着充满活力的WTO在持久和有序地扩大世界贸易方面将发挥关键作用。6道弧线组成的球形表示世贸组织是不同成员国家和地区组成的国际机构。标识有动感,象征着WTO充满活力。该标识的设计者是新加坡的杨淑女士,她的设计采用了中国传统书法的笔势,6道弧线带有毛笔书法起笔和收笔的韵率。

根据WTO的规定,它的官方语言为英文、法文和西班牙文,这3种语言的文本为正式文本,具有法律效力。中文译本仅供参考,不具有法律效力。收录英文、法文、西班牙文文本的意义在于,当与世贸缔约国发生争端的时候,这些文本中的条文是可以直接援引适用的,具有正式的法律效力。收录了中国入世法律文件的中文译本,以便不习惯阅读外语的读者学习、掌握世贸规则。

2.目标和途径

WTO有3个层次的目标,分别是:

(1)基本目标:国际贸易的可靠性。要使消费者和生产者相信,他们能够可靠地得到他们在所需要的制成品、配件、原材料和服务等方面越来越多的选择机会;要使生产商和出口商相信,外国市场对他们开放。

(2)具体目标:建立一个完整的、更具活力和永久性的多边贸易体制,以巩固原来的GATT为贸易自由化所作的努力和"乌拉圭回合"多边贸易谈判的所有成果。为实现这些目标,各成员国应通过互惠互利的原则,切实降低关税和其他贸易壁垒,在国际贸易中消除歧视性待遇。

(3)最终目标:建立一个繁荣、安全和负责任的经济世界,促进成员国人民的福祉。WTO的决议在全体成员国家一致同意的基础上作出,并需经成员国国会的批准。

WTO通常运用管理贸易规则作为贸易谈判的场所,解决贸易争端、审议各国贸易政策,通过技术援助和培训项目帮助发展中国家制定贸易政策,通过与其他国际组织合作等途径达成这些不同层次的目标。

3.宗旨和职能

根据《马拉喀什建立世界贸易组织协议》(Marrakesh Agreement Establishing the World Trade Organization,以下简称《建立WTO协议》),其宗旨是提高生活水平、保证充分就业、大幅度稳步增加实际收入和有效需求。扩大商品和服务的生产与贸易。按照可持续发展的原则,有效地运用世界资源,寻求既保护和维持环境,又符合不同发展水平国家的各自需要和利益的发展方式,尤其是确保发展中国家特别是最不发达国家在国际贸易增长中获得与其经济发展需要相适应的份额。这一宗旨和GATT1947基本一致,并强调要保护环境、保护发展中国家和最不发达国家的利益。

根据《建立WTO协议》第3条规定,其职能是:

(1)促进协议和多边贸易协定的执行、管理、运作,进一步促进各协议目标的实现,并为诸边贸易协议提供实施、管理和运作的体制。

(2)为各成员处理与本协议各附件有关的多边贸易关系提供谈判场所。如果部长会议作出决定,世贸组织还可为各成员的多边贸易关系的进一步谈判提供场所,并提供执行该谈判结果的体制。

(3)应管理实施协定附件2有关争端解决的规则与程序的谅解。

(4)管理实施附件3的贸易政策评审机制。

(5)应和国际货币基金组织与国际复兴开发银行(即世界银行)及其附属机构进行适当的合作,以更好地协调制定全球经济政策。

4.组织机构

WTO设有部长级会议、总理事会、理事会、委员会、贸易谈判委员会、秘书处和总干事等机构,依照权力和级别高低可分为4层(如图9-2所示)。

第1层:最高权力机构——部长级会议。它是WTO的最高决策机构,由所有成员方主管商务、外经贸的部长、副部长级官员或其全权代表组成,至少每2年召开一次会议。

第2层:3种形式的总理事会。它是WTO的常设决策机构,在部长会议休会期间承担部长会议的各项职能,由所有成员方的代表组成,并向部长级会议报告工作,定期召开会议。其主席由发达成员方和发展中成员方轮流担任,任期一般为1年。

第3层:3组总理事会的附属机构。分别为3个附属理事会(货物贸易理事会、服务贸易理事会及与贸易有关的知识产权理事会)、专门委员会和管理诸边协议委员会,负责向总理事会报告。

第4层:处理具体议题的委员会和其他机构。它们是在货物贸易理事会和服务贸易理事会下设立的负责各贸易领域具体议题的许多附属机构,如市场准入委员会、农业委员会等。

WTO根据需要还设立了一些临时性机构,通常被称为"工作组"。其任务是研究和报告有关专门事项,并最终提交相关理事会或总理事会决定。此外,WTO还设立了由总干事领导的秘书处,编制为500人。总干事由部长级会议任命,部长级会议明确总干事的权利、职责、服务条件和任期。总干事任命秘书处人员并确定其职责和服务条件。

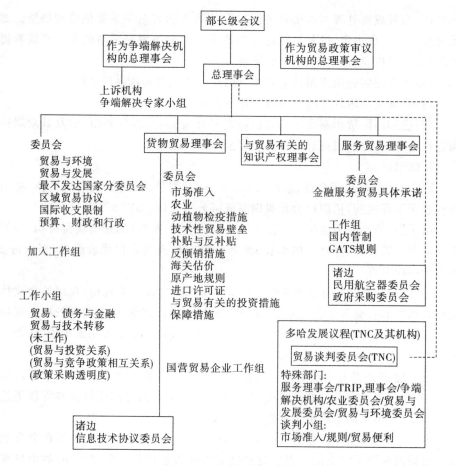

图 9-2 WTO 的组织机构

(资料来源:卜伟:《国际贸易与国际金融》,北京:清华大学出版社,2009 年。)

(三)WTO 与 GATT 的联系与区别

1. WTO 与 GATT 的联系

WTO 继承了 GATT 所倡导的许多原则和基本精神,包括宗旨、职能、基本原则及规则等。并根据自身的特点,扩大了自身的权利和义务范围,发挥着更大的调解国际贸易的作用。

(1)WTO 继承和发扬了 GATT 的合理内核。WTO 的宗旨、职能和基本原则是在 GATT 所确立的宗旨、职能和基本原则的基础上发展起来的。如 GATT 所追求的提高生活水平、保证充分就业、提高实际收入和有效需求、扩大对世界资源的充分利用等内容,已经被 WTO 全部继承下来。WTO 正沿着 GATT 所创设的全球贸易自由化的轨道加速前进。

(2)WTO 继承了 GATT 的成员构成与组织机构。依据 WTO 章程第 11 条的规定,GATT1947 的缔约方如受该章程和多边贸易协定的约束并且作出了货物贸易和服务贸易的减让表或义务表,应成为 WTO 的创始会员国。非 GATT 的缔约方,在接受 WTO 章程之前,应首先完成加入 GATT 的谈判。由此可见,就成员国资格而言,WTO 对 GATT1947 的缔约方进行了继承。WTO 章程还规定,GATT 秘书处应成为 WTO 的秘书处,WTO 部长级会议接替 GATT 缔约国全体的职能。因此,WTO 在组织结构和管理职能上是关贸总协定的继续。

(3)GATT 的有关条款是 WTO 有关条款的重要组成部分,WTO 对 GATT 的法律规范进行了继承。GATT1947 及其实践中形成的一系列法律制度,并不因 WTO 的产生而废止,相反,GATT 的一整套法律原则、规则、制度和机制构成了 WTO 法规体系的重要组成部分。战后近 50 年的时间内,GATT 确立了一系列确保国际贸易自由化、公平贸易和市场准入的多边贸易原则,如取消数量限制原则、国民待遇原则、最惠国待遇原则、市场准入原则、透明度原则、给予发展中国家和最不发达国家优惠待遇原则等。GATT 还建立和完善了许多部门法律制度,如关税减让制度、反倾销制度、反补贴制度、海关估价制度、贸易技术壁垒制度等。此外,GATT 还创设了一些机制,如保障机制、争端解决机制、贸易政策审查机制等。可以说,GATT 创设了一整套推动全球贸易自由化的法律框架,没有 GATT 几十年的法制建设进程和实践的丰硕成果,就不会有如今 WTO 相对完善的法规体系。

2. WTO 与 GATT 的区别

GATT 作为国际组织已不再存在,取而代之的是 WTO。不过 GATT 作为协议仍然存在,但已不再是国际贸易的主要规则,而且已被更新。经过修改,GATT 已成为 WTO 协议的一部分。更新后的 GATT 与《服务贸易总协定》(GATS)和《与贸易有关的知识产权协议》(TRIPS)并列,形成一套单一的规则,并使用单一的争端解决体制。因此,虽然 WTO 是在 GATT 的基础上发展起来的,但它与 GATT 有着实质性的差别。

(1)机构性质及法律地位不同。WTO 是具有国际法人地位的常设性国际组织,具有良好的法律基础,其协议是永久性的。GATT 只是以"临时适用"的多边贸易协议形式存在,从未得到成员国立法机构的批准,不是正式的国际组织,因而不具有法人地位,这是两者的本质区别。WTO 拥有"成员",GATT 拥有"缔约国",这就说明了这样一个事实,即从正式角度讲 GATT 只是一个法律文本。

(2)管辖范围不同。WTO 的管辖范围涉及货物贸易、服务贸易以及与贸易有关的知识产权、投资等领域,而 GATT 处理的主要是货物贸易问题。

(3)争端解决机制不同。WTO 设立了专门的争端解决机构,确立了对争端的自动强制管辖权。争端解决采用"反向协商一致"的原则,就是在争端解决机构审议专家组报告或者上诉机构报告时,只要不是所有参加方都反对,就视为通过,并且裁决具有自动执行的效力。同时,明确了争端解决和裁决实施的时间表,增加了上诉程序,规定了争端解决各个阶段的时限,加强了对裁决的执行力度,扩大了管辖权,使其调整范围包括 WTO 协议所涉及的贸易关系的任何领域的争端,从而使这一体制的作用得到了前所未有的强化。与 WTO 不同,GATT 的争端解决机制广泛运用在协商基础上的工作组和专家组程序,争端解决的手段包括双边和多边磋商、斡旋、调解、工作组、专家组、其他双方同意的办法、理事会决定、主席裁决等。机制虽然兼具外交特点和法律程序,但更多地依赖外交手段,缺乏应有的法律地位和组织保障,是各国政治、经济实力起较大作用的权力导向型的争端解决机制。GATT 的争端解决程序遵循协商一致的原则,专家组的成立及其报告的通过必须经过理事会的一致同意,如果没有全体一致的同意就不能通过,因而缺乏必要的强制力,经常导致被申诉方拖延专家组成立的时间或者败诉方阻挠专家组报告通过的情况。GATT 对争端的解决也没有规定时间表。在乌拉圭回合谈判中,这一机制被作为一个重要的议题展开谈判。在此次谈判中,美、欧关于加强争端解决机制司法性的主张占据了主导地位,尤其是美国提出的"反向协商一致"原则,基本上使争端解决裁定自动生效。经过反复协商谈判最终形成了由 27 条条文和 4 个附件组成的《关于争端解决规则与程序的谅解》,这成为 WTO 争端解决机制赖以建立的基本法律渊源。

第二节　WTO 法律框架与基本原则

一、WTO 的法律框架

WTO 具有国际法人资格,这赋予它在行使职能时拥有必要的法定权力(如在成员方范围内订立契约、获得财产、处置财产和提起诉讼等)和一定的特权及豁免权(任何形式的法律程序豁免,财产、金融、货币管制豁免,所有的直接税、关税以及公务用品和出版物的进出口限制豁免等)。其法律框架由《建立 WTO 协议》及其 4 个附件组成(如图 9-3 所示)。

《建立 WTO 协议》是一份法律文件,规定了 WTO 的范围、职能、组织机构、与其他组织的关系、地位、决策等,内含 4 个附件。

附件 1 围绕货物、服务和知识产权等做出了相关规定。其中,附件 1A 是货物贸易多边协议,包括 1994 年关税与贸易总协定(即 GATT1994)、农产品协议、实施卫生与植物卫生检疫措施的协议、纺织品与服装协议、技术性贸易壁垒协议、与贸易有关的投资措施协议、关于履行 1994 年关税与贸易总协定第 6 条的协议、关于履行1994年关税与贸易总协定第7条的协议、装运前检验协议、原产地规则协议、进口许可程序协议、补贴与反补贴措施协议、保障措施协议。附件1B为服务贸易总协议(General Agreement on Trade in Service,GATS),由协定条款本身、部门协议和各成员的市场准入承诺单三大部分组成,分别就成员方的金融服务、自然人流动、基础电信等方面做出了相关规定。附件1C阐述的是与贸易有关的知识产权协定(Agreement on Trade – Related Aspects of Intellectual Property Rights,TRIPS),其主要条款有一般规定和基本原则,关于知识产权的效力、范围及使用标准,知识产权的执法,知识产权的获得、维护及相关程序,争端的防止和解决,过渡安排,机构安排、最后条款等均作出规定,其主要内容是提出和重申了保护知识产权的基本原则,确立了知识产权协定与其他知识产权国际公约的基本关系。

附件2是关于争端解决规则与程序的谅解(Understanding on Rules and Procedures Governing the Settlement of Disputes,DSU),简称《争端解决谅解》。它是在关贸总协定1979年通过的《关于通知、磋商、争端解决和监督的谅解》的基础上修改的,有27条条文和4个附件,其宗旨是为争端寻求积极的解决办法,保障多边贸易体系的可靠性和可预见性。主要条款有范围和适用、管理、总则、磋商、斡旋、调解和调停、专家组(设立、职权范围、组成、职能、程序)、多个起诉方的程序、第三方、寻求信息的权利、机密性、中期审议阶段、专家组报告的通过、上诉机构、争端解决机构决定的时限、对执行建议和裁决的监督、补偿和中止减让、多边体制的加强、涉及最不发达国家成员的特殊程序、仲裁、非违反起诉等条款。规定了争端解决的范围、实施及管理、争端解决的原则精神,以保证世界贸易组织规则的有效实施为争端解决的优先目标、解决争端的方法、严格争端解决的时限、实行"反向协商一致"的决策原则、禁止未经授权的单边报复、允许交叉报复。该谅解的附件1为《由本谅解涉及的各个协议》,附件2为《各有关协议中的专门或附加的规则和程序》,附件3为专家组解决争端的《工作程序》,附件4为《专家审议小组》,附件4规定了专家审议小组的组成、工作规则及程序。

附件3是贸易政策审议机制(Trade Policy Review Mechanism,TPRM)。其目的是通过对各成员的全部贸易政策和做法及其对多边贸易体制运行的影响进行定期的集体审议和评估,促进所有成员更好地遵守多边贸易协议和适用的诸边贸易协议项下的规则、纪律和承诺。并通过深入了解各成员的贸易政策和实践,实现其更大的透明度而使多边贸易体制更加平稳地运作。WTO建立了贸易政策审议机构(TPRB),负责TPRM的运作,对各成员的贸易政策进行定期审议,规定的审议频率为在世界贸易市场份额中居前4名的成员每2年审议1次,居前5～20名的成员每4年审议1次,其他成员每6年审议1次,最不发达国家成员可以有更长的审议间隔时间。

附件4是诸边贸易协议。包括民用航空器协议、政府采购协议、国际奶制品协议及国际牛肉协议,其中,国际奶制品协议和国际牛肉协议已于1997年12月31日终止。

附件1、2和3作为多边贸易协议,所有成员都必须接受。附件4为诸边贸易协议,仅对签署方有约束,WTO的成员可以自由选择是否加入。

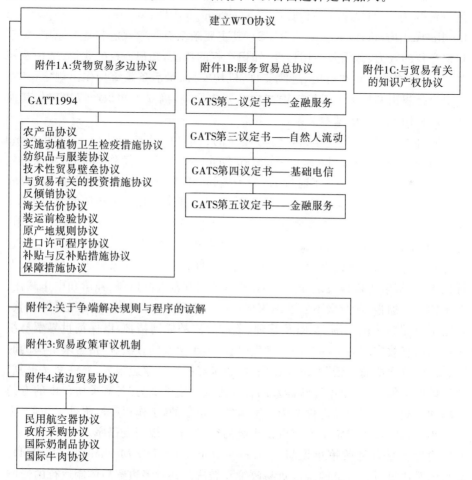

图 9-3　《马拉喀什建立 WTO 协定》的法律框架

注:"国际奶制品协议"和"国际牛肉协议"已于1997年底终止。

(资料来源:世界贸易组织秘书处:《贸易走向未来世界贸易组织WTO概要》,北京:法律出版社,1999年。)

二、WTO 的基本原则

WTO的基本原则并不是在某一个文件中专门规定的,而是体现在WTO的各个法律文件中,并由学者总结出来的。它是对 GATT 基本原则的继承、发展和完善,体现在 GATT1994、服务贸易总协定及各次谈判达成的一系列协定中。主要有以下几类:

(一)非歧视原则

非歧视原则也称"无差别待遇原则",指一成员方在实施某种限制或禁止措施时,不得对其他成员方实施歧视性待遇。根据这一原则,WTO 成员一方根据公约或条约规定的某种理由采用限制或制裁措施,这些限制或制裁措施必须同样适用于 WTO 的其他所有成员方,否则,就构成对某些成员方的歧视。该原则涉及关税削减、非关税壁垒的消除、进口配额限制、许可证颁发、输出入手续、原产地标记、国内税负、出口补贴、与贸易有关的投资措施等领域。非歧视原则包括最惠国待遇原则、国民待遇原则和互惠原则。

1. 最惠国待遇原则

最惠国待遇原则指在各成员方贸易中,任一成员方在货物贸易、服务贸易和知识产权领域给予第三方(无论是否为 WTO 的成员)的优惠待遇,必须立即并无条件地给予其他各成员方。该原则具有 4 个特点:

(1)自动性,这体现在"立即并无条件"上。例如,A 国、B 国和 C 国均为 WTO 成员方,当 A 国把从 B 国进口的汽车关税从 20% 降至 10% 时,这个 10% 的税率同样要适用于从 C 国等其他 WTO 成员方进口的汽车上。

(2)同一性,指当一成员给予其他国家的某种优惠,自动转给其他成员方时,受惠标的必须相同。如当 A 国给从 B 国进口的汽车以关税优惠,则自动适用于 C 国等其他成员方(只限于汽车,而不能是其他产品)。

(3)相互性,指任一成员既是给惠方,又是受惠方。即在承担最惠国待遇义务的同时,享受最惠国待遇权利。

(4)普遍性,指最惠国待遇适用于全部进出口产品、服务贸易的各个部门和所有种类的知识产权所有者和持有者。

2. 国民待遇原则

国民待遇原则指一成员在对待其他成员的产品、服务或服务提供者、知识产权所有者或持有者的待遇不低于对待本国同类产品、服务或服务提供者、知识产权所有者或持有者的待遇。也就是把外国的商品当作本国商品对待,把外国企业当作本国企业对待。其中,"不低于"是指外国产品或服务、服务提供者或知识产权所有人应享有与本国同类产品或相同服务、服务提供者或知识产权所有人同等的待遇,但若一成员方给予前者更高的待遇(超国民待遇),也不违背国民待遇原则。其目的是为了公平竞争,防止歧视性保护,实现贸易自由化。但是,某成员对本国产葡萄酒征收 5% 的消费税,而对进口葡萄酒征收 20% 的消费税,这就违反了国民待遇原则。

3. 互惠原则

两国互相给予对方以贸易上的优惠待遇,有 3 种实现方式:

(1)成员方双边对等互惠减让关税,其成果按最惠国待遇再适用于其他成员方。

(2)多边谈判并提供互惠。例如,肯尼迪回合中确立的"划一减税规则"要求各成员方均按同等比例削减关税。

(3)交叉性多边互惠,是指某领域中的减让同另一领域中的减让实现互惠。如在乌拉圭回合中,发展中国家要求发达国家在纺织品、热带产品等方面作出让步,发达国家则要求发展中国家在服务贸易和知识产权保护等方面作出让步。各方适当让步,从而在互惠互利的基础上达成众多协议。

(二)贸易自由化原则

贸易自由化原则指通过限制和取消一切妨碍和阻止国际贸易开展与进行的所有障碍,包括相关法律、法规、政策和措施等,促进贸易的自由化发展。该原则主要是通过关税减让、取消非关税壁垒来实现的。以 GATT1994 为例,它要求各成员逐步开放市场,其第 2 条"减让表"、第 11 条"一般取消数量限制"要求其成员降低关税和取消对进口商品的数量限制,以允许外国商品进入本国市场与本国产品进行竞争。

(三)透明度原则

透明度原则指成员方应公布其制定、实施的与贸易有关的法律、法规、政策、做法和所参加的有关国际协议及其有关的变化情况(如修订、增补和废除等)。不公布的不得实施,同时,还应将其变化的情况通知 WTO。其主要目的是为了防止成员间进行不公开的贸易,从而造成歧视的存在,同时便于贸易商了解相关的政策措施和法律规定,提高市场的可预见性,促进贸易的稳定发展。透明度原则也是互惠的,要求各成员彼此都要公开有关的法律、政策和规章。它还有一项非常重要的作用,就是为贸易政策的审议机制提供了依据。

(四)公平竞争原则

公平竞争原则又称"公平贸易原则",指成员方应避免采取扭曲市场竞争的措施(尤其是倾销和补贴),在货物贸易、服务贸易和与贸易有关的知识产权领域,创造和维护公开、公平、公正的市场环境。例如,出口倾销和出口补贴一直被认为是典型的不公平贸易行为。而 WTO 通过制定《反倾销协议》、《补贴与反补贴措施协议》允许进口成员方征收反倾销税和反补贴税,抵消出口倾销和出口补贴对本国产业造成的实质损害。与此同时,为防止成员方出于保护本国产业的目的,滥用反倾销和反补贴措施,造成公平贸易的障碍,《反倾销协议》、《补贴与反补贴措施协议》还对成员实施反倾销和反补贴措施规定了严格的条件和程序。包括如何认定进口产品正在倾销或享有补贴,如何认定倾销或享有补贴的进口产品正在对本国产业造成实质性损害或构成实质性损害威胁,以及发起调查、收集信息、征收反倾销或反补贴税等方面应遵循的程序。

复习思考题

1. GATT 与 WTO 有什么联系与区别?
2. WTO 的宗旨和职能是什么?
3. WTO 有哪些基本原则?这些基本原则的主要含义是什么?

Ⅱ 国际金融

第一章　国际收支与储备

　　国际收支是国际经济领域的一个基本问题,一般被视为国际金融研究的逻辑起点。国际收支平衡与否直接关系到一国的货币汇率,对外贸易政策以及整个国民经济的运行,国际收支平衡是各国政府宏观经济调控的最终目标之一(事实上却常常难以实现)。然而,各国经常出现国际收支失衡的情况。通常国际收支顺差会增加该国的国际储备,国际收支逆差则会减少该国的国际储备。国际收支和国际储备是国际金融的重要组成部分。国际收支和国际储备情况既是一国经济实力的象征,也是一国提高其世界地位必须考虑的重要方面。本章主要介绍国际收支和国际收支平衡表的内容、国际收支失衡的原因、后果以及调节措施和调节理论以及国际储备的概念与作用、国际储备的构成、国际储备管理的原则、理论以及我国国际储备管理等有关问题。

第一节　国际收支导论

一、国际收支概述

(一)国际收支概念的演化

　　"国际收支"的概念最早出现在 17 世纪。当时,由于信用很不发达、国际资本流动稀少,"国际收支"的含义只是简单地指一个国家对外贸易需要结算的差额。随着社会经济的发展,国与国之间的政治、经济、文化等方面的交往和联系日益密切,随之而来的便是国与国之间的债权债务关系。于是,"国际收支"的含义逐渐扩大,凡是对外进行的货币收付行为的交易都属于国际收支的范畴。

　　狭义的"国际收支"概念是:一国与他国在政治、经济、文化、科学技术等各种交往中不可避免地引发货币收付行为,一国将一定时期内的各种对外货币收付加以系统记录,即为该国的国际收支。狭义的"国际收支"概念是建立在现金收付基础之上的,它基本等同于一国的外汇收支。根据这个定义,国际收支仅仅反映在统计期内以货币来进行收付结算的那部分国际债权债务,但不包括在国际贸易、国际信贷和国际投资活动中经常涉及的尚未到期而并不需要在当期结算或清偿的那部分交易。另外,那些不涉及货币收付的交易(用机器设备或技术专利去海外进行直接投资、开展补偿贸易等)以及实物援助或捐赠等无偿转移,当然也不包括在内。狭义的"国际收支"概念有其产生的时代背景,当时,国际资本流动的规模很小,根据官方清算协定的安排采用记账及冲抵方式来结算的易货贸易也不是经常发生的,而单方面转移支付或无偿转移支付更是偶尔才会出现的。

第二次世界大战后,由于国际经济形势的变化,广泛采用的是广义的"国际收支"概念。其定义如下:国际收支是指一个国家(或地区)在一定时期内所有由于对外政治、经济、文化往来和对外债权债务结算而引起的货币收支的总和。广义的"国际收支"把无偿援助、补偿贸易等不具有外汇收支的经济交易活动都包括在内。它是狭义概念的进一步发展和完善,更能准确反映一国对外国际往来的实际情况。

国际货币基金组织对国际收支所做的定义是:"国际收支是特定时期的统计报表,它系统记录某经济实体与世界其他经济实体之间的经济交易,其中包括:其一,商品、服务和收益方面的交易;其二,该经济实体所持有的货币性黄金和特别提款权的变化,以及它对其他经济实体债权债务关系的变化;其三,无偿的单方转移,以及会计意义上为平衡尚未抵消的上述交易所规定的对应项目"。

国际收支涉及的内容相当广泛,不仅反映一国的对外经济、贸易、金融活动水平和国际融资能力,而且反映该国的经济发展水平、经济实力和国际竞争力。正因为如此,国际收支既是一国对外经济交易关系的缩影,又是一国国际地位的反映。为了正确理解国际收支概念的内涵,我们应从以下四个方面加以把握:

第一,"国际收支"是一个流量概念。当涉及这一概念时,总要指明是属于哪一段时期的。这一报告期可以是一年,也可以是一个季度或一个月,完全根据分析需要和资料来源的可能性来确定,各国通常以一年为报告期。

第二,国际收支所反映的内容是经济交易,也就是经济价值从一个经济单位向另一个经济单位的转移。它可分为如下五种类型:(1)金融资产与商品和劳务之间的交换,即商品和劳务的买卖。例如,国际贸易中支付外汇获得外国商品和劳务;(2)商品和劳务与商品和劳务之间的交换,如双边贸易中的易货贸易;(3)金融资产之间的交换,如国际证券筹资;(4)无偿的、单向的商品和劳务转移,如国际实物捐赠;(5)无偿的、单向的金融资产转移,如国际赠款。

第三,国际收支所反映的经济交易必须是在该国居民与非居民之间发生的。所谓"居民",是指在一个国家(或地区)的居住期限达一年以上的经济单位。否则,该经济单位就被称为"该国(或该地区)的非居民"。具体来说,一国居民包括:其一,一般政府。一国居民不仅包括中央、州(省)与地方政府,而且包括其驻外使、领馆和军事设施,即大使馆、领事馆和被派驻使领馆的国民均被视为本国居民;其二,在领土内居住的个人。永久居住在一个国家的个人,无论持有哪国国籍,均被视为居民,如移民、逗留时期在一年以上的留学生、旅游者等。其三,服务于个人的私人非盈利机构。其四,领土内的工商企业。所有在本国领土运营的企业被归类为居民,即使它们部分或全部为外国人所有。本国企业在外国的分公司和子公司被归类为非居民。除以上四类之外,像联合国、世界银行和国际货币基金组织等官方国际组织属于任何国家的非居民,但是,这些机构的雇员只要在所在国居住一年以上,就是该所在国的居民。

第四,国际收支是一个时事后的概念。定义中的"一定时期"一般是指过去的一个会计年度,所以它是对已经发生事实进行的记录。

(二)国际收支与国际借贷

人们容易混淆国际收支与国际借贷这两个概念。国际借贷是指一个国家或地区在一定日期内对外资产和对外负债的汇总记录,它反映的是某一时点上一国居民对外债权债务的综合情况。国际借贷与国际收支两者不能混为一谈,两者在概念上既有联系,又不尽相同。

1.国际借贷与国际收支的联系

在非现金结算条件下,国家间的经济交往总是先形成债权债务关系,如商品、劳务和资本的输出输入等。两国在未进行结算前,输出国形成对外债权,输入国形成对外债务,这种关系就是国际借贷关系。国际借贷关系一经结算即告消失。但在结算过程中却引起国际收支的发生,债权国会得到外汇收入,债务国会支出外汇,这就分别形成两个国家的国际收支。可见,国际借贷是产生国际收支的直接原因。但有时,国际收支又反作用于国际借贷,因为国际收支的某些变化会引起国际借贷活动的展开。

2.国际收支与国际借贷的区别

国际收支与国际信贷的区别主要表现在以下几个方面:

(1)从两者发生的时间上看。国际借贷表示一国在某一特定的时点上(如某年某月某日)的对外债权债务余额,一般为官方结算项目的年末数字,它代表对外经济活动中的一种"存量";而国际收支则表示一国在某一时期(如某年某月某日至某年某月某日)的对外经济活动的综合情况,一般为该时期国际借贷清算结果的累积额或发生额,它代表对外经济活动中的一种"流量"。

(2)从两者包含的内容来看。国际收支包括政治、经济、文化等往来所产生的全部国际经济交易的收入与支出,而国际借贷只反映对外债权债务的关系。在国际经济交易中,赠予、侨民汇款、战争赔款等这些无偿、单方面转移项目内容是属于不发生国际信贷关系的无偿交易,因而不属于国际借贷范围,但却包括在国际收支中。因此,国际收支反映的国际经济交易比国际借贷要广泛得多。

(3)从两者的内在关系来看。国际收支是人为地将国际经济交易的外汇收入支出加以综合、记录,以考察本国对外经济现状,因而它可以看作国际借贷活动的结果。而国际借贷则是国际经济交易活动本身引起的债权债务关系,因此它是国际收支的原因。国际借贷在先,国际收支在后。它们从不同角度反映了同一国际经济交易活动的内容,是同一事物的两个侧面。

二、研究国际收支的意义

随着国际经济交易活动的日益密切,国家与国家间的政治、经济、文化、军事联系日益广泛,世界各国越来越重视对国际收支状况的研究。一个国家的国际收支状况也反映这个国家经济实力的强弱和他们的经济发展趋势。可以说,分析各国的国际收支状况,能更加理解世界经济发展的趋势、国际资本的流向、国际贸易的动态;能更加重视本国的国际贸易在国际市场上的地位,对外经济活动的相互联系、相互影响过程以及经济实力与经济发展水平;能更好地为调整本国的经济结构,为制定正确的国内外政策找到一定的客观依据。研究国际收支的意义主要表现在以下几个方面:

(一)国际收支是世界各国国民经济的重要组成部分

国际收支是一国国民经济的重要组成部分。以中国为例,1998年,外贸进出口总额是3239.3亿美元,2011年达到36420.6亿美元,分别占国内生产总值的31.8%和48.6%。国际收支出现的问题会直接影响到一国的国内经济发展。外贸依存度已越来越成为各国所重视的宏观经济管理目标之一。开放度越大的国家,国际收支的波动对国民经济的影响越大。

(二)国际收支决定了一国在国际金融领域中的地位和实力

一国国际收支的大小可以反映该国经济活动的范围和经济发展的趋势,也可以反映该国在世界经济中所处的地位和发挥的作用。例如,有的大国,军事、经济实力并不薄弱,但需从外国进口大量先进技术和设备,还要进口大量粮食,从而造成该国对发达国家的贸易连年逆差。在这里,可以看出该国在世界市场上竞争力不强,同发达国家相比,其科技水平也有相当差距。同时,从进口粮食也可以看出该国农业生产比较落后。有的国家工农业发达、经济实力较强,但能源短缺、依赖进口。有的国家经济比较落后,但能源资源丰富。这两类国家经济实力虽不相当,但在国际经济交易中,后者却占一定优势,贸易收支往往有大量顺差。世界各国也非常注意该国国际收支的规模和变化趋势。中国的国内生产总值的1/3是通过对外贸易实现的,1988年中国国民经济发展对外贸的依存度已经达到33.8%,中国已与227个国家和地区建立了经贸关系,国际贸易实力的提高增强了中国在全球贸易事务中的发言权。2001年11月,中国正式加入世界贸易组织,这进一步提高中国在国际事务中的实力和地位。但入世后中国所面临的外贸环境和金融环境都会发生巨大的变化,因而中国的国际收支也会发生很大的变化并呈现出新的特点。

(三)一国国际收支的变化会对世界经济产生关联影响

一国国际收支的变化不仅会对该国国民经济产生重大影响,也会对世界经济产生关联影响。以美国和日本为例,美国巨额的国际收支逆差和日本的巨额顺差导致日元对美元的汇率的不断升值。1995年4月19日,达到1美元兑换79.75日元的新纪录,引起了全球的金融体系的混乱。以美元或是日元作为主要储备货币的国家有喜有忧,对世界经济发展的预测各有不同,也引起了世界经济的动荡不安。

(四)国际收支是国际金融学科的重要研究对象

国际收支是分析一国对外金融关系和国内经济状况的重要依据。国际收支情况的好坏对汇率的影响很大,在宏观经济中,会使各国政府根据实际情况改变经济政策;在微观经济中,会增加企业的经营风险。因而,国际收支是各国政府制定政策和企业开展经营活动的主要依据,也是国际金融的重要研究对象和学习起点。

第二节　国际收支平衡表

一、国际收支平衡表的概念和编制原则

(一)国际收支平衡表的概念

概括地说,国际收支平衡表是将一定时期内一国的国际经济交易按照适于经济分析的需要编制出来的统计报表。具体而言,国际收支平衡表是一国遵照国际货币基金组织关于国际收支的定义,根据本国的国际经济交易内容和范围设置账户和项目,并按照复式簿记原理对一定时期内的国际经济交易全面系统地加以记录,对每笔交易进行分类、汇总而编制出来的分析性统计报表。国际收支平衡表集中地反映出该国一定时期内的国际收支状况,总括地揭示出该国对外经济运行的正常与否,是政府进行宏观决策和管理的重要依据。

(二)国际收支平衡表的编制原则

1. 复式记账原则

国际收支平衡表是按照"有借必有贷,借贷必相等"的复式簿记原理来系统记录每笔国际经济交易的。把全部对外经济交易活动分为借方、贷方和差额三栏,分别反映一定时期内各项对外经济活动的发生额。国际收支平衡表的借方反映的是一切支出项目(如财物、劳务和资产的增加,负债的减少等);贷方反映

的是一切收入项目(财物、劳务和资产的减少,负债的增加等)。总的来说,凡是引起本国从国外获得外汇收入的交易记入贷方,凡是引起本国对国外有外汇支出的交易记入借方;凡是引起本国外汇供给的交易记入贷方,凡是引起本国外汇需求的交易记入借方。表中每一项目的借方和贷方往往是不等的,这样会出现差额,记入"差额"栏。由于每笔经济交易同时记入有关项目的借方和贷方,数额相等,因此,国际收支平衡表的借方与贷方总额在形式上是相等的。复式记账法是国际会计的通行准则,其要点有:第一,任何一笔交易发生,必然涉及借方和贷方两个方面,即有借必有贷,借贷必相等。第二,所有项目可分为资金来源项目和资金运用项目两大类。资金来源项目(比如出口)的贷方表示资金来源(收入)增加,借方表示资金来源减少。资金运用项目(比如进口)的贷方表示资金占用(支出)减少,借方表示资金占用增加。第三,凡有利国际收支顺差增加或逆差减少的资金来源增加或资金占用减少均记入贷方;反之,凡有利国际收支逆差增加或顺差减少的资金占用增加或资金来源减少均记入借方。

2. 权责发生制原则

国际收支平衡表交易的记录时间应以所有权转移为标准,这同样也是基本的会计原则。

3. 市场价格原则

国际收支平衡表是按照交易的市场价格记录的。

4. 单一记账货币原则

国际收支平衡表的所有记账单位要折合为同一货币。记账货币可以是本国货币,也可以是其他国家货币。比如,我国国际收支平衡表的记账货币是美元(外国货币),美国国际收支平衡表的记账货币也是美元(本国货币)。

二、国际收支平衡表的基本内容

各国在国际收支平衡表的账户设置和分类上有众多细微差别,根据国际货币基金组织规定的方法和内容,国际收支平衡表包括经常项目、资本项目和平衡项目三大项。

(一)经常项目

经常项目也称"经常账户",是指对实际资源在国际的流动行为进行记录的账户。是国际收支平衡表中最重要的账户。它包括以下四种账户:货物、服务、收入与经常转移。

1. 货物

货物包括一般商品、用于加工的货物、货物修理、各种运输工具在港口购买的货物以及非货币黄金。其中,最主要的是商品的输出入。货物是国际收支中最重要的项目,其收支额的大小直接关系着经常项目的顺差或逆差。人们在分析国际收支状况的时候,经常用它代替经常项目。按照国际货币基金组织的规定,货币的进口和出口应该在货币的所有权从一居民转移到另一居民的时候记录下来。进出口价格均以各国海关统计为准,以离岸价格(F.O.B)计价。在现实中,大多数国家的国际贸易统计对出口商品以离岸价格计价,对进口商品以到岸价格(C.I.F)计价。因此,在编制国际收支平衡表时,对进口商品的统计,要在到岸价格的基础上扣减运费、保险支出,将这些扣除数分别计入劳务支出项目。由于这种扣除往往采取估算的办法,因而会与实际情况有出入。

2. 服务

服务是经常账户的第二大项目,它包括运输、旅游以及在国际贸易中越来越重要的其他项目:通讯、金融、计算机服务、专有权征用和特许以及其他商业服务。

3. 收入

收入项目是1933年正式从服务项目中单独列出的,包括居民和非居民的两大类交易:

(1)职工报酬,就是支付给非居民职工的工资、薪金和其他福利。

(2)投资收入,包括居民固定持有国外金融资产或承担对非居民负债造成的收入或支出。投资收入包括直接投资收入,证券投资收入和其他形式的投资收入,其中,其他形式的投资收入是指其他资本如贷款所产生的利息。应注意的是,资本损益是不作为投资收入记载的,所有由交易引起的现已实现的资本损益都包括在金融账户下面。

4. 经常转移

经常转移是指资金在国际移动以后不产生债权债务关系的外汇收支。由于转移收支是单方面的,资金转移后不产生归还或偿付问题,所以又称"单方面转移收支"。经常转移主要包括政府间无偿的经济、军事援助、战争赔款、捐款以及侨民的汇款、奖学金、赠予款项等。

(二)资本和金融项目

资本和金融项目指的是对资产所有权在国际流动行为进行记录的账户。它包括资本账户和金融账户两大部分。

资本账户包括资本转移和非生产、非金融资产的收买和放弃。资本转移主要涉及固定资产所有权的变更以及债权债务的减免。非生产、非金融资产的收买和放弃是指各种无形资产如专利、版权、商标、经销权以及租赁和其他可转让合同的交易。

金融账户包括引起一个经济体对外资产和负债所有权变更的所有交易,根据投资类型或功能,金融账户可以分为直接投资、证券投资、其他投资、储蓄资产四类。与经常账户不同,金融账户各个项目并不是按借贷方总额来记录的,而是用净额来计入相应的借方或贷方。

1. 直接投资

直接投资的主要特征是投资者对另一经济体的企业拥有永久利益,这一永久利益意味着直接投资者和企业之间存在着长期的关系,并且投资者对企业经营管理施加相当大的影响。直接投资可以采取在国外直接建立分支机构的形式,也可以采用购买国外企业一定比例以上股票的形式。

2. 证券投资

证券投资的主要对象是股本证券和债务证券。对于债务证券而言,它可以进一步划分为期限在一年以上的长期债券、货币市场工具和其他派生金融工具。

3. 其他投资

其他投资是一个剩余项目,它包括所有直接投资、证券投资和储备资产未包括的金融交易。

4. 储备资产

储备资产包括货币当局可随时动用并控制在手的外部资产。它可以分为货币黄金、特别提款权(SDR)、在基金组织的储备头寸、外汇资产和其他债权。

(三)错误和遗漏项目

由于国际收支平衡表采用复式记账法,所以所有账户的借方总额和贷方总额应该是相等的。但是由于不同账户的资料来源不一、记录时间不同、一些人为因素(如虚假报出口),造成结记账时出现净的借方或是贷方余额,这时就需要人为设置一个抵消账户,数目与上述余额相等而方向相反。错误与遗漏账户就是这样一种抵消账户。简单地说,由于从事国际交往的行为主体成千上万,统计时难免发生差错,因此,一切统计上的误差均归入错误和遗漏账户。另外,有些不方便处理的项目有时也会放在这个账户里。

总之,国际收支平衡表将一国全部对外经济交易活动划分为借方、贷方和差额三项,分别反映一定时期内各项对外经济活动的外汇发生额。

三、记账实例

IMF 提供了国际收支平衡表的标准构成,但由于各国对外交往内容方面存在差异以及分析问题的不同,各国编制的国际收支平衡表的具体格式也有所不同。一般来说,各国国际收支平衡表的编制有三个步骤:

第一,设置项目,以便对各种性质互异的交易进行数额汇总。项目的设置可粗可细,完全依据一国各种交易的重要性、数据来源和分析的需要,但必须具有区别于其他项目的某种特性。基于此特性,它对某些经济因素不同于其他项目,或者某些经济因素对它会产生不同于其他项目的影响。

第二,对各个项目进行归类,使其分属于不同的两个或多个账户。将一个国际收支平衡表划分为几个账户,完全根据一国经济分析的需要。各国可以按照自己认为与分析本国国际关系某个问题有关的那些特征,设立两个或两个以上的账户。最基本的做法是将国际收支平衡表划分为经常账户以及资本和金融账户。

第三,将各个项目与账户进行有序排列。下面举例说明国际收支平衡表是如何编制的,假设甲国和其他国家共发生了6笔经济交易。

【例1】 甲国企业出口价值100万美元的设备,这一出口行为导致该企业在海外银行存款相应增加。

我们知道,出口伴随着资本流出形成海外资产增加。对于出口行为来说,它意味着本国拥有的资源减少,因而应记入贷方。对于资源流出这一行为来说,它意味着本国在外资产的增加,因而应记入借方。如果不考虑账户的具体内容,可简单记为:

借:资本流出 100 万美元
  贷:商品出口 100 万美元

进一步来看,这一资本流出实际上反映在该企业海外资产的存款增加中,而这属于金融账户中的其他投资项目。因而,考虑归类的项目,这一笔交易更准确记录是:

借:本国在外国银行的存款 100 万美元
  贷:商品出口 100 万美元

【例2】 甲国居民到外国旅游花费了30万美元,这笔费用从该居民的海外存款中扣除。

借:服务进口 30 万美元
  贷:在外国银行的存款 30 万美元

【例3】 外商以价值1000万美元的设备投入甲国,兴办合资企业。这笔交易记为:

借:商品进口 1000 万美元
  贷:外国对甲国的直接投资 1000 万美元

【例4】 甲国政府动用外汇库存40万美元向外国提供无偿援助,另提供相当于60万美元的粮食药品援助。这笔交易可记为:

借:经常转移 100 万美元
  贷:官方储备 40 万美元
    商品出口 60 万美元

【例5】 甲国某企业在海外投资所得利润为150万美元。其中,75万美元用于当地的再投资,50万美元购买当地商品运回国内,25万美元调回国内结售给政府以换取本国货币。这笔交易可记为:

借:进口 50 万美元
   官方储备 25 万美元
   对外长期投资 75 万美元
贷:海外投资利润收入 150 万美元

【例6】 甲国居民动用其在海外存款 40 万美元,用以购买外国某公司的股票。这笔交易可记为:

借:证券投资 40 万美元
贷:在外国银行的存款 40 万美元

上述各笔交易可编制成一完整的国际收支账户。

表1-1　6笔交易构成的国际收支账户　　　　　　　单位:万美元

项目	借方	贷方	差额
商品贸易	1000+50	100+60	−890
服务贸易	30	—	−30
收入	—	150	+150
经常转移	100	—	−100
经常账户合计	1180	310	−870
直接投资	75	1000	925
证券投资	40	—	−40
其他投资	100	30+40	−30
官方储备	25	40	+15
资本与金融账户合计	240	1110	+870
总计	1420	1420	0

四、国际收支平衡表的分析

国际收支平衡表是一种非常特殊的账户,通过对它的分析,可以了解一国国际经济交往的概况。因此,国际收支平衡表是各国政府重要的政策分析工具和制定政策的依据。

(一)分析国际收支平衡表的意义

1. 国际收支平衡表是研究各国经济发展状况和趋势的重要工具

一国的国际收支平衡表综合记录了该国一定时期内由对外政治、经济、文化、教育、技术往来等引起的对外收支状况,是一国对外经济活动的缩影,它不仅能够反映一国对外经济交往的规模、特点和该国在国际经济活动中的地位,而且能够反映该国经济结构的性质、经济活动的范围和经济发展的趋势。

2. 国际收支平衡表是一国制定对外经济贸易政策主要依据之一

其一,一国国际收支状况是影响该国汇率变动的一个重要因素。研究有关国家的国际收支状况,有助于掌握其货币汇率的变动情况和趋势,有助于一国调整其进出口贸易规模和国别以及资金借贷的计价货币等。其二,一国国际收支状况会直接影响该国的对外贸易和金融管理的政策,分析有关国家的国际收支平衡表,有助于预知相关国家的外贸政策与金融管制的政策变动,因而有助于预先采取相应的措施,减少损失。

(二)国际收支平衡表的分析方法

国际收支平衡表内各个项目反映了各种不同的经济活动,而且各项目之间也存在着一定的联系,因而若要全面掌握一国对外经济情况,就需要对该国的国际收支平衡表进行全面的、系统的分析。分析国际收支平衡表的基本方法有:

1. 逐项分析

国际收支平衡表内每个项目都有其独特的内容,分别反映了不同的经济活动,因此应逐项分析。贸易收支不仅反映了一国进出口的数量,而且反映了一国的产业结构、产品质量和劳动生产率状况。反映了该国产品在国际市场上的竞争力。经常项目差额在国际收支中具有举足轻重的作用,常常被当作制定国际收支政策和产业政策的重要依据,国际经济协调组织也经常采用这一指标对成员国经济进行衡量。如果一国经常项目为顺差,其国际收支就处于有利地位;相反,则需要靠别的项目来弥补。另外,经常项目差额也是影响一国汇率变动的主要因素。资本和金额项目差额能反映一国资本市场的开放程度和对外融资能力,也在一定程度上反映了一国的经济实力,能够对一国货币政策和汇率政策的制定与调整提供有益的借鉴。

2. 综合分析

国际收支平衡表的各个项目不仅反映各种不同的经济活动,而且项目之间存在着相互联系。根据复式记账原则,在国际收支中一笔贸易流量通常对应着一笔金融流量,因此,经常项目中实际资源的流动和资本与金融项目中资产所有权的流动是同一问题的两个方面。一般而言,经常项目差额决定资本与金融项目的流动方向和储备项目的增减。在不考虑错误与遗漏项目时,经常项目的余额必然对应着资本与金融项目在相反方向上的数量相等的余额,也就是说,经常项目余额与资本与金融项目余额之和等于0。当经常项目出现顺差时,则会引起资本的流出;当经常项目出现赤字时,必然对应着资本与金融项目的相应盈余。

在分析一国的国际收支平衡表时,要注意顺差和逆差产生的具体原因。同样是国际收支顺差,可能是由经常项目的顺差大于资本与金融项目的逆差形成的,也可能是由资本与金融项目大于经常项目的逆差形成的,或者是由经常项目的顺差加上资本与金融项目的顺差共同形成的。第一种情况表明该国的国际收支处于良好状态,第二种情况只能表明该国际收支暂时存在顺差,但是顺差的局面能否长期维持取决于该国能够成功地利用国外资本,第三种情况则需要注意顺差主要是由哪些具体项目形成的。

3. 对比分析

分析国际收支平衡表还必须运用对比分析的方法。对比分析包括横向对比和纵向对比。一个国家在一定时期的国际收支状况并不是孤立存在的,它既会受到历史上不同时期的国际收支状况的影响,也会受到他国的国际收支状况的制约,还会影响到本国未来的国际收支状况以及他国的国际收支状况,有必要进行横向对比和纵向对比。横向对比是在分析一国国际收支状况时,参照相关国家的国际收支平衡表,从而了解该国的国际经济地位和相关的国家的国际收支状况。纵向对比是将一国某段时期的国际收支平衡表进行连续分析,掌握其长期的国际收支变化规律和发展趋势。

附 录

表1-2　　　　中国国际收支平衡表(2011年)　　　　单位:亿美元

项目	行次	差额	贷方	借方
一、经常项目	1	2017	22868	20851
A.货物和服务	2	1883	20867	18983
a.货物	3	2435	19038	16603
b.服务	4	−552	1828	2381
1.运输	5	−449	356	804
2.旅游	6	−241	485	726
3.通讯服务	7	5	17	12
4.建筑服务	8	110	147	37
5.保险服务	9	−167	30	197
6.金融服务	10	1	8	7
7.计算机和信息服务	11	83	122	38
8.专有权利使用费和特许费	12	−140	7	147
9.咨询	13	98	284	186
10.广告、宣传	14	12	40	28
11.电影、音像	15	−3	1	4
12.其他商业服务	16	140	323	183
13.别处未提及的政府服务	17	−3	8	11

续表

项目	行次	差额	贷方	借方
B.收益	18	−119	1446	1565
1.职工报酬	19	150	166	16
2.投资收益	20	−268	1280	1549
C.经常转移	21	253	556	303
1.各级政府	22	−26	0	26
2.其他部门	23	278	556	277
二、资本和金融项目	24	2211	13982	11772
A.资本项目	25	54	56	2
B.金融项目	26	2156	13926	11770
1.直接投资	27	1704	2717	1012
1.1 我国在外直接投资	28	−497	174	671
1.2 外国在华直接投资	29	2201	2543	341
2.证券投资	30	196	519	323
2.1 资产	31	62	255	192
2.1.1 股本证券	32	11	112	101
2.1.2 债务证券	33	51	143	91
2.1.2.1(中)长期债券	34	50	137	88
2.1.2.2 货币市场工具	35	2	5	4
2.2 负债	36	134	265	131
2.2.1 股本证券	37	53	152	99
2.2.2 债务证券	38	81	113	32
2.2.2.1(中)长期债券	39	30	61	32
2.2.2.2 货币市场工具	40	51	51	0
3.其他投资	41	255	10690	10435
3.1 资产	42	−1668	1088	2756
3.1.1 贸易信贷	43	−710	0	710
长期	44	−14	0	14
短期	45	−695	0	695

续表

项目	行次	差额	贷方	借方
3.1.2 贷款	46	−453	61	513
长期	47	−433	8	441
短期	48	−20	53	73
3.1.3 货币和存款	49	−987	501	1489
3.1.4 其他资产	50	482	526	44
长期	51	0	0	0
短期	52	482	526	44
3.2 负债	53	1923	9602	7679
3.2.1 贸易信贷	54	380	454	74
长期	55	6	8	1
短期	56	374	447	73
3.2.2 贷款	57	1051	7343	6292
长期	58	130	538	408
短期	59	920	6805	5884
3.2.3 货币和存款	60	483	1719	1237
3.2.4 其他负债	61	10	86	76
长期	62	−15	24	39
短期	63	24	61	37
三、储备资产	64	−3878	10	3888
3.1 货币黄金	65	0	0	0
3.2 特别提款权	66	5	5	0
3.3 在基金组织的储备头寸	67	−34	6	40
3.4 外汇	68	−3848	0	3848
3.5 其他债权	69	0	0	0
四、净误差与遗漏	70	−350	0	350

(资料来源：国家外汇管理局网站)

注：1.《国际收支手册》第 4 版中规定国际收支账户分为：(1)经常账户。(2)资本和金融账户。(3)储备账户。(4)错误和遗漏账户。《国际收支手册》第 5 版中规定是将储备资产列在资本和金融账户中。我国 2011 年的国际收支平衡表是将储备资产作为一大类账户的。

2.本表计数采用四舍五入原则。

第三节 国际收支的不平衡问题

一、国际收支失衡

(一)几个相关概念

1. 国际收支平衡与国际收支均衡

对于开放经济而言,一国的对外经济活动与国内经济活动室密切相关,所以,除了考察浅层次的国际收支平衡概念之外,还要研究深层次的国际收支均衡的问题。后者是将国际收支流量置于一国国民经济系统之中,以国际收支流量与内部经济的其他变量的协调作为国际收支均衡的定义,除了国际收支平衡外,还包括了国内充分就业和物价稳定等条件。所谓"国际收支均衡",是指国内经济处于充分就业和物价稳定的自主性国际收支平衡。它是一国达到福利最大化的综合政策目标。

国际收支均衡概念的提出,是基于政府当局制定国际收支调节政策的需要,因此,要从政策角度把握这一概念。不同类型的国家对经济目标的侧重点不同,故国际收支均衡的具体表述和界定也有不同。发达国家侧重经济稳定,也就是注重充分就业和物价稳定,而发展中国家则更加注重经济发展或增长。国际收支均衡这一外部目标是附属于内部目标的,是为内部目标而实现的,国际收支的调节政策不仅要实现国际收支平衡,还要实现国际收支均衡。

2. 国际收支平衡与国际收支失衡

由于国际收支平衡表是根据复式簿记原理编制的,一笔国际经济交易将会产生金额相同的一笔借方记录和一笔贷方记录,故借方总额和贷方总额最终必然相等。尽管某个项目或某些项目会出现借方金额大于贷方金额,或贷方金额大于借方金额的情况,但这些赤字额或盈余额必然会由于其余项目的盈余额或赤字额抵消。然而,这种平衡仅仅是形式上的平衡。

为什么会有国际收支不平衡呢?为了深入理解国际收支失衡的含义,在国际收支的理论研究中,按交易发生的动机的不同可将所有交易分为自主性交易和补偿性交易。

(1)自主性交易,也叫"事前交易",指经济主体纯粹出自经济上的目的而自主进行的交易。例如,商品和劳务输出与输入、政府间的贷款和投资及私人直接投资等,具有自发性和分散性特点。在国际收支平衡表中的经常项目、资本和金融账户项目中的长期资本项目以及部分短期资本项目就属于此交易。

(2)补偿性交易,也叫"调节性交易",这类交易是在国际收支的自主性交易各项目发生缺口时,为了弥补这个缺口而进行的交易。例如,为了弥补国际收支逆差,一国货币当局向外国政府或国际金融机构借款、动用官方储备等等。补偿性交易具有集中性和被动性等特点。

国际收支平衡是指自主性交易的平衡,国际收支失衡亦是指自主交易的失衡。当自主性项目贷方余额大于借方余额时,则国际收支出现了盈余;反之,则国际收支出现了赤字。如果一定时期自主性交易能自动平衡,则意味着国际收支达到实质性平衡;反之,一个国家或地区自主性交易失衡,需要通过补偿性交易才能实现国际收支平衡,这只是形式上的平衡,是一种暂时的、不稳定平衡。当然,就具体项目而言,国际收支失衡还应该涉及贸易收支失衡、经常项目失衡、基本项目失衡、官方结算项目失衡和综合项目失衡。因此,必须分清失衡的项目和性质,才能对国际收支失衡的概念有一个全面的理解。

(二)国际收支失衡的口径

一般而言,各国政府和国际经济组织都将国际收支平衡表作为金融运行良好的指标,而把国际收支不平衡作为政策调整的重要对象。但是,我们不能仅仅依据国际收支不平衡的定义进行"对症下药",还需要以定量分析为基础,即按照国际收支不平衡的口径进行政策决断。按照人们的传统习惯和国际货币基金组织的做法,国际收支不平衡的口径可以分为以下4种:

1. 贸易收支差额

贸易收支差额即商品进出口收支差额。这是传统上用得比较多的一个口径,即使在战后出现的许多新的国际收支调节理论中,也有几种将贸易收支作为国际收支的代表。实际上,贸易账户仅仅是国际收支中的一个组成部分,绝不能代表国际收支的整体。但是,对某些国家来说,贸易收支在全部国际收支中所占的比重相当大。因此,出于简便,我们仍然可将贸易收支作为国际收支的近似代表。

2. 经常项目收支差额

经常项目包括贸易收支、无形收支(即服务和收入)和经常转移收支。前2项构成经常项目收支的主体。虽然经常项目的收支也不能代表全部的国际收支,但它综合反映了一个国家的进出口状况(包括无形进出口,如劳务、保险、运输等),因而被各国广泛使用,并被当作制定国际收支政策和产业政策的重要依据。同时,国际经济协调组织也经常采用这一指标对成员国经济进行衡量。例如,国际货币基金组织就特别重视各国经常项目的收支状况。

3. 资本和金融账户差额

资本和金融账户差额是国际收支分析中另一个重要依据。它是该账户下直接投资、证券投资和其他投资交易及储备资产的交易差额。资本和金融账户差额具有2个方面的分析作用。

其一，通过资本和金融账户余额可以看出一个国家资本市场的开放程度和金融市场的发达程度，对一国货币政策和汇率政策的调整提供有益的借鉴。一般而言，资本市场开放的国家资本和金融账户的流量总额较大。由于各国在利率、金融市场成熟度、本国经济发展程度和货币价值稳定程度等方面存在较大的差异，资本和金融账户差额往往会产生较大的波动，要保持这一余额为零是非常困难的。

其二，资本和金融账户之间具有融资关系，所以资本与金融账户的余额可以折射出一国经常账户的状况和融资能力。根据复试记账原则，在国际收支中一笔贸易流量通常对应着一笔金融流量，因此经常账户中实际资源的流动与资本和金融账户中资产所有权的流动是同一个问题的两个方面。在不考虑错误与遗漏因素时，经常账户中的余额必然对应着资本和金融账户在相反方向上的数量相等的余额，也就是说，经常账户余额与资本和金融账户余额之和等于零。当经常账户出现赤字时，必然对应着资本和金融账户的相应盈余，这意味着一国利用金融资产的净流入为经常账户赤字融资。影响金融资产流动的因素很多，这些因素主要是影响国内和国外各种资产的投资收益率与风险的各种因素。例如，利率、各种其他投资的利润率、预期的汇率走势和税收方面的考虑，以及政治风险等因素。

但是，资本和金融账户与经常账户之间的融资关系，随着近年来国际金融一体化的发展也逐渐发生了变化。主要表现在：一是资本和金融账户为经常账户提供融资能力受到诸多因素的制约。例如，在很难吸引外资流入的情况下，势必通过资本和金融账户中的官方储备项目进行融资，一国的储备数量总是有限的，所以这种融资也是受限的。即使提供融资的主要是外国资本（如资本和金融账户中的直接投资、证券投资和其他投资），那么这种融资也受到稳定性和偿还性的制约。因为资本流动并不是稳定的，特别是国际上还存在大量以短期投机为目的的游资，一国经济环境的变化、国际资本市场的供求变动，乃至突发事件等因素都可能导致资本大规模流出国境。此外，利用外资必然面临偿还问题，如果因为各种因素对借入资金使用不当，就会产生偿债困难，从而蕴含了发生债务危机的可能性。所以，为了规避和防范金融风险，维护本国金融稳定，政府也会限制资本和金融账户的这一融资作用。二是资本和金融账户不再被动得由经常账户决定，资本流动存在独立的运动规律。近几十年来，资本流动的规模越来越大，发展十分迅速，形式特别复杂，越来越脱离实物经济，表现出自身相对独立的运动规律，对开放经济的运行产生了特别重要的影响。三是在资本和金融账户与经常账户的融资关系中，债务和收入因素也会对经常账户产生影响，因为资本流动会造成收入账户的响应变动，并通过债务支出进而影响到经常账户的恶化。

4. 综合账户差额或总差额

综合账户差额是指经常账户与资本和金融账户中的资本转移、直接投资、证券投资、其他投资账户所构成的余额,也就是将国际收支账户中的官方储备账户剔除之后的余额。由于综合差额必然导致官方储备的反方向变动,所以可以用它来衡量国际收支对一国储备造成的压力。

当一国实行固定汇率制(即本币与某一种外币保持固定比价)时,总差额的分析意义更为重要。因为,国际收支中的各种行为将导致外国货币与本国货币在外汇市场上的供求变动,影响到两个比重比价的稳定性。为了保持外汇市场上的价格不发生变动,政府必须利用官方储备介入市场以实现供求平衡。所以,综合差额在政府有义务维护固定汇率制度时是非常重要的。而在浮动汇率制度下,政府原则上可以不动用储备而听任汇率变动,或者使用储备调节的任务有所减轻,所以这一差额在现代的分析意义上略有弱化。但是,这一概念比较综合地反映了自主性国际收支的状况,是全面衡量和分析国际收支状况的指标,具有重大意义。

从上述介绍可以看到,国际收支不平衡的衡量口径有许多种,不同的国家往往根据自身情况选用其中一种或是若干种,来判断自己在国际交往中的地位和状况,并采用相应的对策。比如,某个国家的经常账户连年发生巨额赤字,而资本和金融账户则连年盈余。这样的国家虽然综合账户处于平衡,但从长期看,国际收支状况不容乐观。因为,长年的经常账户赤字反映了该国产业的国际竞争力低下,国际收支的长久平衡没有坚实的基础,眼前的平衡是依靠外资来维持的,所以,它极可能存在严重的外汇短缺和结构性国际收支不平衡。

如果一国出现了国际收支不平衡,就需要采取措施来纠正,但是,除了知道国际收支失衡的数量之外,我们还需要分析国际收支不平衡的类型,才能做到标本兼治。

二、国际收支失衡的类型

国际收支失衡的原因多种多样,根据发生的原因不同,我们将其分为以下几种:

1. 季节性、偶然性失衡

由于生产和消费有季节性变化,一个国家的进出口也会随之而变化,因而造成国际收支季节性失衡。例如,出口产品结构以农产品为主的国家或地区,在农业生产时需要进口农业机械、化肥、农药及燃料等,而在收获季节大量农产品出口,这些国家或地区的国际收支常常表现为季节性失衡,变化十分明显。一些短期的、非确定性的或偶然因素引起的国际收支失衡叫"偶然性失衡"。例如,洪灾、震灾等自然灾害,以及外部市场因素的变化所引起的国际收支失衡等等,这种失衡程度一般较轻、持续时间不长,且带有可逆性。在固定汇率制下,只要动用官方储备就能够调整;在浮动汇率制下,市场汇率的波动就可以将其纠正,一般都不需要采取政策措施。

2. 周期性失衡

周期性失衡指由于经济周期的波动而引起的国际收支失衡。在市场经济国家,由于商业周期的影响,使经济频繁出现萧条、复苏、繁荣和衰退四个阶段,在周期的不同阶段,一国的总需求、进出口贸易和收入等受到影响而引发国际收支失衡。例如,在经济繁荣时期,各国资源能够得到充分利用,生产加快、出口增加、资本流入加速,从而使国际收支发生顺差;反之,国际收支会出现逆差。当今世界,随着全球化进程的深入发展,世界各国的经济关系日益紧密,从而引起世界性的经济周期,使各国国际收支出现周期性失衡。

3. 货币性失衡

货币性失衡指因一国币值发生变动而引发的国际收支失衡。一国发生通货膨胀或通货紧缩引起货币价值变动,从而使该国物价水平与他国比较发生相对变动,由此引起国际收支失衡。例如,当一国物价普遍上升或通胀严重时,产品出口成本提高,在国际市场上竞争力下降,使出口受到抑制,而进口受到鼓励,在其他条件不变的情况下,其经常项目收支便会恶化,造成国际收支逆差。

4. 收入性失衡

收入性失衡是一个笼统的概念,统指一国经济条件、经济状况的变化引起国民收入变动从而产生的国际收支不平衡。引起国民收入相对快速增长的原因是多样的,可以使周期性的、货币性的,或者是劳动生产率的提高等各个方面。一般而言,当一国经济快速发展,经济增长率提高,国民收入较快增加时,则国内总需求随之增加,进口增加,从而易造成国际收支逆差。不过,若一国经济增长,国民收入增加主要是由劳动生产率上升或出口增加所致,则国民收入的上升也可能伴随着顺差。

5. 结构性失衡

结构性失衡指一国的产业结构不能适应世界市场的变化而发生的国际收支失衡。世界各国由于自然资源和其他生产要素禀赋的差异而形成一定的国际分工格局,这种格局随要素禀赋和其他条件的变化而变化,任何国家都不能永远保持既定的比较利益。如果一国的产业结构不能随国际分工格局的变化而得到及时调整,便会出现结构性国际收支失衡。例如,随着国际市场的变化,产品的质量、性能、款式等得到不断创新,如果该国的生产结构不能随着形势的变化而加以调整,那么就会失去原来的贸易竞争优势;另外,一些发展中国家产业结构单一、出口产品的需求收入弹性低,或出口需求的价格弹性高而进口需求价格弹性低等等,同样会引起国际收支失衡。

6.投机、保值性失衡

投机、保值性失衡是指在浮动汇率制下因汇率变动而产生的获利机会和风险带来的国际收支失衡。投机、保值性失衡均产生于短期资本流动。在短期资本流动中,投机性资本流动和保值性资本流动占很大的比重。投机性资本流动和保值性资本流动均对汇率的变动非常敏感,前者是为了投机牟利,而后者是为了资本保值而实施的资本逃避。投机性和保值性短期资本流动具有数量大、突发性的特点,20世纪90年代表现尤其突出,往往构成一国国际收支不平衡的重要原因。

从上面的分析可知,引起国际收支失衡的原因很多,只有认清国际收支失衡的原因以及对经济和社会发展影响的程度,才能采取恰当的手段加以调节,追求国际收支均衡,以实现经济发展目标。

三、国际收支失衡的经济影响

一国的宏观经济目标包括经济增长、物价稳定、充分就业和国际收支平衡,在国内外经济相互影响的情况下,一国国际收支失衡,势必会影响到国内经济。不论国际收支赤字还是盈余,它们的持续存在都会通过各种传递机制对国内经济产生或大或小的不利影响,妨碍国内经济目标的实现。

当一国出现国际收支逆差对一国经济的影响表现为以下几个方面:其一,不利于对外经济交往。存在国际收支持续逆差的国家会增加对外汇的需求,而外汇的供给不足,会促使外汇汇率上升,本币贬值,本币的国际地位降低,可能导致短期资本外逃,从而对本国的对外经济交往带来不利影响,资本的外逃也会造成本国资金的紧张,引起利息率的上升,会影响到商品市场的需求。其二,如果一国国际收支因出口收入不足以弥补进口支出出现长期性赤字,那就意味着出现对国外产品的净需求,本国的国民收入就会下降,失业就会增加。而且当一国长期处于逆差状态,不仅会严重消耗一国的储备资产,影响其金融实力,而且还会使该国的偿债能力降低,如果陷入债务困境不能自拔,这又会进一步影响本国的经济和金融实力,并失去在国际的信誉。如20世纪80年初期爆发的国际债务危机在很大程度上就是因为债务国出现长期国际收支逆差,不具备足够的偿债能力所致。

当一国国际收支出现长期或者巨额盈余时,也会对一国经济带来不利的影响,具体表现在:其一,持续性顺差会使一国所持有的外国货币资金增加,或者在国际金融市场上发生抢购本国货币的情况,这就必然使本国货币需求量增加,由于市场法则的作用,本国货币对外国货币的汇价就会上涨,不利于本国商品的出口,对本国经济的增长产生不良影响。同时,持续性顺差会导致一国通货膨胀压力加大。因为,如果国际贸易出现顺差,那么就意味着国内大量商品被用于出口,可能导致国内市场商品供应短缺,带来通货膨胀的压力。另外,出口公司将会出售大量外汇兑换本币收购出口产品,从而增加了国内市场货币投放量,带来通货膨胀压力。如果资本项目出现顺差,大量的资本流入,该国政府就必须投放本国货币来购买这些外汇,从而也会增加该国的货币流通量,带来通货膨胀压力。而且,一国国际收支持续顺差容易引起国际摩擦,而不利于国际经济关系的发展,因为一国国际收支出现顺差也就意味着世界其他一些国家因其顺差而出现国际收支逆差,从而影响这些国家的经济发展,他们要求顺差国调整国内政策,以调节过大的顺差,这就必然导致国际摩擦。例如,20世纪80年代以来越演越烈的欧、美、日贸易摩擦就是因为欧共体国家、美国、日本之间国际收支状况不对称之故。

相对于国际收支顺差而言,由于一国国际收支赤字造成国内经济的萎缩,就业不足,带来国际储备的枯竭,故各国对此更为重视。而国际收支顺差对一国的压力相对轻一些。但是从长期来看,当一国国际收支持续不平衡时,无论是顺差还是逆差,都会给该国经济带来危害,政府必须采取适当的调节,尽可能保持国际收支的均衡状态,以使该国的国内经济和国际经济得到健康的发展。

第四节 国际收支不平衡的调节

一、国际收支不平衡的自动调节机制

国际收支不平衡的自动调节是国内经济变量变动对国际收支的反作用过程。下面我们选择几个重要的机制加以介绍。

1. 货币——价格机制

货币——价格机制的较早阐述者是18世纪英国哲学家和经济学家大卫·休谟,其论述被称为"价格——现金流动机制"。货币——价格机制与价格——现金流动机制的主要区别是货币形态。在休谟的时代,金属铸币参与流通,而在当代,则完全是纸币流通。不过,这两种机制论述的国际收支自动调节原理是一样的。

当一个国家国际收支发生逆差时(顺差情况正好相反),意味着对外支付大于收入,货币外流。在其他条件既定下,本国物价水平下降,由此导致本国出口商品相对便宜、进口商品相对昂贵、出口相对增加、进口相对减少,贸易差额因此得到改善。货币——价格自动调节机制的过程可描述如下(如图1-1所示)。

图 1-1　货币价格自动调节机制过程图

上述过程描述的是国内货币存量与一般物价水平变动对国际收支的影响。货币——价格自动调节机制的另一种表现形式是汇率水平变动对国际收支的影响。当国际收支发生逆差时,对外支出大于收入,外汇的需求大于外汇的供给,本国货币贬值,由此引起本国出口商品相对下降,进口商品价格相对上升,从而出口增加、进口减少,贸易收支得到改善。这一过程可描述如下:

图 1-2　货币价格自动调节机制的另一种表现形式

2. 收入机制

当国际收支逆差时,对外支付增加,国民收入水平下降。国民收入下降引起社会总需求下降,进口需求下降,从而贸易收支得到改善。收入机制的自动调节过程可描述如下:

图 1-3　收入机制的自动调节过程图

国际收入下降不仅能改善贸易收支,而且能改善经常项目收支和资本项目收支。国民收入下降会使对外国劳务和金融资产的需求都程度不同地下降,从而整个国际储备得到改善。

3. 利率机制

利率机制与货币——价格机制和收入机制一样,也是在自由经济的假定下存在的。当国际收支发生逆差时,本国货币的存量相对减少,利率上升;而利率上升,表明本国金融资产的收益率上升,从而对本国金融资产的需求相对上升,对外国金融资产的需求相对减少,资金外流减少或资金内流增加,国际收支改善。

4. 国际收支不平衡自动调节的局限

国际收支的调节存在一定的局限。其一,只有在纯粹的自由市场经济中,自动调节才能产生理论上所描述的作用。现代经济中的各种干扰会使自动调节机制的作用下降甚至失效。譬如,在国际收支发生逆差时,国家如果要通过扩大国内信贷刺激国内经济发展,就不会降低货币供给,利率水平也不会上升,从而资金不会流入本国。其二,典型的国际收支自动调节需要金本位制下才能发挥作用。在信用货币本位下,当国际收支出现逆差、本国货币减少时,货币当局只要发行纸币就能避免国内货币存量减少,从而阻止物价和收入下降;反之亦然。其三,在国际收支逆差时,国际的自动调节往往以紧缩国内经济为代价,这会造成国内的就业、产出下降,影响内部均衡的实现和经济发展。

二、国际收支不平衡的政策调节工具

如前所述,在现代经济中,国际收支自动调节机制的作用被大大削弱了,这就需要政府出面,对市场进行干预,以便实现国际收支平衡。政府对国际收支进行调节的手段多种多样,基本上可以分从需求角度进行的调节、从供给角度进行的调节、融资政策以及各种政策之间的搭配。

1. 支出转换型政策

支出转换型政策是指不改变社会总需求和总支出而改变需求和支出方向的政策,主要包括汇率政策、补贴和关税政策以及直接管辖。所谓"改变方向",是指将国内支出从外国商品和劳务转移到国内的商品和劳务上来。本国货币的贬值、对进口商品和劳务课以较高的关税,都会使进口商品和劳务的价格相对上升,从而使居民将一部分支出转移到购买进口替代品上来。汇率和关税政策是通过改变进口商品和进口替代品的相对价格来达到支出转换的目的的,而直接管制则是通过改变进口品和进口替代品的相对可获得性来达到支出转换目的的。直接管制包括外汇管制、进口许可证管制等等形式。国际经济组织和经济学理论多半不赞成采用直接管制,但在国际收支发生困难时,发达国家和发展中国家都程度不同地采用过直接管制。

2. 支出增减型政策

支出增减型政策是指改变社会需求或支出总水平的政策,主要包括财政政策和货币政策。这类政策通过改变社会总需求或总支出水平,来改变对外国商品、劳务和金融资产的需求,达到调节国际收支的目的。财政政策是政府利用财政收入、财政支出和公债对经济进行调控的经济政策,它的主要工具包括财政收入政策、财政支出政策和公债政策。货币政策是中央银行通过调节货币供应量与利率来影响宏观经济活动水平的经济政策,它的主要工具是公开市场业务、利率以及法定准备率。财政政策与货币政策都可以直接影响社会总需求,由此调节内部均衡;同时,社会总需求的变动又可以通过边际进口倾向影响进口和通过利率影响资金流动,由此调节外部均衡。紧缩性的财政政策和货币政策具有压低社会总需求和总支出的作用。当社会总需求和总支出下降时,对外国商品、劳务和金融资产的需求也相应下降,从而使国际收支逆差得到改善。反之,扩张性的财政政策和货币政策具有增加社会总需求和总支出的作用。当社会总需求和总支出增加时,对外国商品、劳务和金融资产的需求也相应增加,从而国际收支逆差增加。

3. 融资型政策

融资型政策简称"融资政策",主要包括官方储备的使用和国际信贷便利的使用。从一国宏观调控角度看,它主要体现为国际储备政策。对外部不平衡调控的首要问题往往是:"融资还是调整"。因为,如果国际收支不平衡是临时性的、短期性的冲击引起的,就可以用融资方法弥补,避免调整的痛苦;如果是由中长期因素导致的,那么就势必要运用其他政策进行调整。融资政策与调节社会总需求的支出政策之间具有一定的互补性与替代性。比如,当国际收支发生逆差时,一国政府既可以采取支出政策来加以调节,也可以采用融资的办法或两者相结合的办法来加以调节。反之,较多使用支出调节,便可较少使用资金融通。总之,融资政策是在短期内利用资金融通的方式来弥补国际收支赤字、实现经济稳定的一种政策。

4. 供给型政策

供给型政策简称"供给政策",主要包括产业政策和科技政策。产业政策和科技政策旨在改善一国的经济结构和产业结构、增加出口商品和劳务的生产、提高产品质量、降低生产成本,以此达到改善国际收支的目的。供给政策的特点是长期性,在短期内难以有显著的效果,但它可以从根本上提高一国的经济实力和科技水平,从而为实现内部均衡和外部均衡创造条件。

5. 道义与宣示型政策

道义与宣示型政策是指政府在经济和行政手段之外所采取的、没有强制约束力的收支调节政策。譬如,政府的指导谈话、发言等。道义与宣示型政策的效果一方面取决于政府号召力和公信力的大小;另一方面也与国际收支不平衡的持续性有关,长期的收支不平衡不可能仅仅通过道义和宣示手段来消除,而必须配合经济本身的调整。

三、国际收支调节理论

国际收支调节理论,是国际金融学的重要组成部分。最早的国际收支调节理论,可追溯到18世纪的休漠的物价——现金流动机制学说。到本世纪,在微观经济学和宏观经济学的基础上,出现了众多的国际收支调节理论。现在我们分别加以介绍。

1. 国际收支调节的弹性分析法(弹性论)

弹性论(Elasticity Approach)主要是由英国剑桥大学经济学家琼·罗宾逊(Joan. Robinson)在马歇尔微观经济学和局部均衡分析方法的基础上发展起来的。它着重考虑货币贬值取得成功的条件及其对贸易收支和贸易条件的影响。

(1)关于弹性的基本概念。价格变动会影响需求和供给数量的变动。需求量变动的百分比与价格变动的百分比之比,称为"需求对价格的弹性",简称"需求弹性"。供给量变动的百分比与价格变动的百分比之比,称为"供给对价格的弹性",简称"供给弹性"。在进出口方面,就有4个弹性,它们分别是:

进口商品的需求弹性(Em),其公式为:

Em=进口商品需求量的变动率/进口商品价格的变动率

出口商品的需求弹性(Ex),其公式为:

Ex=出口商品需求量的变动率/出口商品价格的变动率

进口商品的供给弹性(Sm),其公式为:

Sm=进口商品供给量的变动率/进口商品价格的变动率

出口商品的供给弹性(Sx),其公式为:

Sx=出口商品供给量的变动率/进口商品价格的变动率

从上述4个公式可见,所谓"弹性",实质上就是一种比例关系。当这种比例关系的值越高,我们就称弹性越高;反之,比例关系的值越低,就称弹性越低。

(2)马歇尔－勒纳条件(Marshall-Lerner Condition)。货币贬值会引起进出口商品价格变动,进而引起进出口商品的数量发生变动,最终引起贸易收支变动。贸易收支额的变化,最终取决于两个因素。第一个因素是由贬值引起的进出口商品的单位价格的变化;第二个因素是由进出口单价引起的进出口商品数量的变化。马歇尔－勒纳条件研究的是在什么样的情况下,贬值才能导致贸易收支的改善。现举例说明,在这个例子中,我们假定中国为本国,美国为外国,人民币汇价从＄1/￥7贬值到＄1/￥8,由此引起出口商品美元单价和出口数量变化的一组数据。

表1-3 不同弹性条件下贬值对出口收入(美元)的影响

	出口商品的国内单价(￥)	汇率(￥/＄)	出口商品的外币单价(＄)	出口数量(个)	出口的外币收入(＄)	价格变动率	出口数量变动率
0	7	7	1	10000	10000	—	—
1	7	8	0.875	11000	9625	14.29%	10%
2	7	8	0.875	12000	10500	14.29%	20%

从上表中看到,在第1种情况下,人民币从＄1/￥7贬值到＄1/￥8,折算成美元的出口商品单价相应从1美元下降到0.875美元。由于价格的下降,我们假定出口数量从10000个增加到11000个,但是,出口的美元收入不但没有增加,反而从10000美元下降到9625美元。只有在第2种情况下,出口数量从10000个增加到12000个时,出口的美元收入才从10000美元增加到10500美元。这个例子说明,当出口数量的变动率小于贬值引起的价格变动率时(出口需

求弹性小于1,第1种情况),出口的美元收入不能增加;而当出口数量的变动率大于贬值引起的价格变动率时(出口需求弹性大于1,第2种情况),出口的美元收入才能增加。

马歇尔－勒纳条件是指:货币贬值后,只有出口商品的需求弹性和进口商品的需求弹性之和大于1贸易收支才能改善,也就是贬值取得成功的必要条件是:

$$Em+Ex>1$$

(3)贬值与供给反应——J曲线效应。在实际经济生活中,当汇率变化时,进出口的实际变动情况还要取决于供给对价格的反应程度。即使在马歇尔－勒纳条件成立的情况下,贬值也不能马上改善贸易收支。相反,货币贬值后的头一段时间,贸易收支反而可能会恶化。为什么贬值对贸易收支的有利影响要经过一段时滞后才能反映出来呢?这是因为,其一,在贬值之前已签订的贸易协议仍然必须按原来的数量和价格执行。贬值后,凡以外币定价的进口,折成本币后的支付将增加;凡以本币定价的出口,折成外币的收入将减少。换言之,贬值前已签订但在贬值后执行的贸易协议下,出口数量不能增加以冲抵出口外币价格的下降,进口数量不能减少以冲抵进口价格的上升。于是,贸易收支趋向恶化;其二,即使在贬值后签订的贸易协议,出口增长仍然要受认识、决策、资源、生产等周期的影响。至于进口方面,进口商有可能会认为现在的贬值是以后进一步贬值的前奏,从而加速订货。

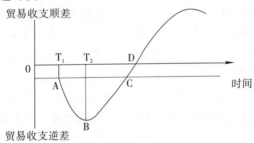

图 1-4　J 曲线效应

在短期内,由于上述种种原因,贬值之后有可能使贸易收支首先恶化。过了一段时间以后,待出口供给(这是主要的)和进口需求作了相应的调整后,贸易收支才慢慢开始改善。出口供给的调整时间,一般被认为需要半年到一年的时间。

贬值后贸易收支的变化过程可以用曲线描述出来,如图1-4所示。一国国际收支原本处于逆差状态,对应 T_1 时刻的点 A。为改善国际收支,本币发生一次性贬值,由于此时的协议仍按原数量进行,但结算的价格发生了变化,所以贸易收支恶化,逐渐发展到点 B。此后,出口供给和进口需求开始向改善贸易收支的方向调整,贸易收支得到改善。以时间为横轴,贸易收支余额为纵轴,贸易收支变化的曲线呈J形。因此,贬值对贸易收支改善的时滞效应,被称为"J曲线效应"。

(4)贬值对贸易条件的影响。贸易条件(Term of Trade)又称"交换比价",是指出口商品单位价格指数与进口商品单位价格指数之间的比例,用公式表示:

$$T = Px/Pm$$

其中,T 为贸易条件,Px 为出口商品单位价格指数,Pm 为进口商品单位价格指数。贸易条件表示的是一国对外交往中价格变动对实际资源的影响。当贸易条件 T 上升时,我们称该国的贸易条件改善,它表示该国出口相同数量的商品可换回较多数量的进口;当贸易条件 T 下降时,我们称该国的贸易条件恶化,它表示该国出口相同数量的商品可换回较少数量的进口。因此,当贸易条件恶化时,实际资源将会流失。

贬值带来相对价格的变化,它究竟是改善还是恶化贸易条件,取决于进出口商品的供求弹性。如果:

SXSm>EXEm,贸易条件恶化;

SxSm<ExEm,贸易条件改善;

SxSm=ExEm,贸易条件不变。

上述结论是同这样 4 种假定情况有关的:(1)在供给弹性趋于无限大时,以本币衡量进口价格上涨,出口价格不变,以外币衡量进口价不变出口价下降,贸易条件将恶化;(2)在供给弹性无限小时(等于 0 时),进口价格不变,出口价格上升,贸易条件可以改善;(3)当需求弹性趋于无限大时,出口价格上升,进口价格不变,贸易条件可以改善;(4)当需求弹性无限小时,出口价格不变,进口价格上升,贸易条件可以改善。需要指出的是,货币贬值对贸易条件的上述影响,是理论推导的结果,它有待更充分的实证检验。事实上,货币贬值对贸易条件的影响,在不同的国家是不一样的,很难作出一般的判断。一般来说,贬值或使一国的贸易条件不变,或使一国的贸易条件恶化,贬值改善一国贸易条件的例子是极其罕见的。

2. 国际收支调节的吸收分析法(吸收论)

吸收论(Absorption Approach)又称"支出分析法",它是当时在国际货币基金组织工作的西德尼·亚历山大(Sidney Stuart Alexander)在凯恩斯宏观经济学的基础上于 1952 年提出的。它从凯恩斯的国民收入方程式入手,着重考察总收入与总支出对国际收支的影响,并在此基础上,提出国际收支调节的相应政策主张。

按照凯恩斯的理论,国民收入与国民支出的关系可以表述如下:

国民收入(Y)=国民支出(E)

在封闭经济的条件下:

国民支出(E)=消费(C)+投资(I)=国民收入(Y)

在开放经济条件下,把对外贸易也考虑进去,则:

国民收入(Y)＝消费(C)＋投资(I)[出口(X)－进口(M)]

移动恒等式两边,得

$$X-M=Y-C-I=Y-(C+I)$$

上式中,X－M为贸易收支差额,以此作为国际收支差额的代表。C+I为国内总支出,也就是国民收入中被国内吸收的部分,用A来表示。由此,国际收支差额实际上就可由国民收入(Y)与国内吸收(A)之间的差额来表示。设国际收支差额为B＝X－M,则有:

$$B=Y-A$$

当国民收入大于总吸收时,国际收支为顺差;当国民收入小于总吸收时,国际收支为逆差;当国民收入等于总吸收时,国际收支为平衡。这表明,国际收支差额取决于总收入和总吸收的高低对比。

进一步可以将总吸收写成国民收入的函数,有

$$A=\bar{A}+aY$$

其中,$\bar{A}$为自发性吸收,即无论国民收入多少都必定存在的国内吸收(如基本的生活消费);a为边际吸收倾向,即每增加1单位收入所带来的国内吸收增加数量。可以看到,随着国民收入的上升,国内吸收也会上升。由前两式可以得到:

$$B=(1-a)Y-\bar{A}$$

由上式可知,根据吸收论,国际收支的差额取决于总收入的高低、边际吸收倾向的大小以及国内自发性吸收的高低。由于国内自发性吸收比较难以调整,因此,吸收论主张的国际收支调节路径是改变总收入与边际吸收倾向的,也就是实施支出转换政策与支出增减政策,用支出增减政策来调节总收入,用支出转换政策来改变边际吸收倾向,从而改变总吸收最终达到总收入和总吸收相等,国际收支平衡。

3.国际收支调节的货币分析法(货币论)

货币论(Monetary Approach)的创始者主要是美国芝加哥大学和英国伦敦经济学院的哈里·约翰逊(Herry. Johnson)和他的学生雅各布·弗兰柯(Jacob. Frenkel)。货币论的出现同60年代在美国兴起的货币主义学说有关系,它是建立在货币主义学说基础上的。它是从货币的角度,来考察国际收支失衡的原因并提出相应的政策主张的。

(1)货币论的假定前提。货币论有3个基本假定:

①在充分就业均衡状态下,一国的实际货币需求是收入和利率等变量的稳定函数。

②从长期看,货币需求是稳定的,货币供给变动不影响实物产量。

③贸易商品的价格是由世界市场决定的,从长期来看,一国的价格水平和利率水平接近世界市场水平。

(2)货币论的基本理论。在上述各项假定下,货币论的基本理论可用以下公式表达:

$$MS = MD$$

其中,MS 表示名义货币的供应量,MD 表示名义货币的需求量。从长期看,可以假定货币供应与货币需求相等。

$$MD = pf(y \cdot i)$$

其中,P 为本国价格水平,f 为函数关系,y 为国民收入,i 为利率(持有货币的机会成本),pf(y·i)表示对名义货币的需求;pf(y·i)表示对实际货币存量(余额)的需求。

$$MS = m(D + R)$$

其中,D 指国内提供的货币供应基数,也就是中央银行的国内信贷或支持货币供给的国内资产;R 是来自国外的货币供应基数,它通过国际收支盈余获得,以国际储备作为代表;m 为货币乘数,指银行体系通过辗转存贷创造货币、使货币供应基数多倍扩大的系贰货币基数又称"强力货币"。若将 m 忽略,可得:

$$MS = D + R$$
$$MD = D + R$$
$$\triangle R = \triangle MD - \triangle D$$

上述第 6 式,是货币论的最基本方程式。这个方程式告诉我们:第一,国际收支是一种货币现象;第二,国际收支逆差,实际上就是一国国内的名义货币供应量(D)超过了名义货币需求量。由于货币供应不影响实物产量,在价格不变的情况下,多余的货币就要寻找出路。对个人和企业来讲,就会增加货币支出,以重新调整它们的实际货币余额;对整个国家来讲,实际货币余额的调整便表现为货币外流,即国际收支逆差。反之,当一国国内的名义货币供应量小于名义货币需求时,在价格不变的情况下,货币供应的缺口就要寻找来源。对个人和企业来讲,就要减少货币支出,以使实际货币余额维持在所希望的水平;对整个国家来说,减少支出维持实际货币余额的过程,便表现为货币内流,国际收支盈余;第三,国际收支问题,实际上反映的是实际货币余额(货币存量)对名义货币供应量的调整过程。当国内名义货币供应量与实际经济变量(国民收入、产量等)所决定的实际货币余额需求相一致时,国际收支便处于平衡。

(3)货币论的政策主张。货币论的政策主张,归纳起来有以下几点:

第一,所有国际收支不平衡,在本质上都是货币的,因此,国际收支的不平衡,都可以由货币政策来解决。

第二,所谓"国内货币政策",主要指货币供应政策。因为,货币需求是吸入、利率的稳定函数,而货币供应则在很大程度上可由政府操纵。因此,膨胀性的货币政策(使 D 增加)可以减少国际收支顺差,而紧缩性的货币政策(使 D 减少)可以减少国际收支逆差。

第三,为平衡国际收支而采取的贬值、进口限额、关税、外汇管制等贸易和金融干预措施,只有当它们的作用是提高货币需求,尤其是提高国内价格水平时,才能改善国际收支,而且这种影响是暂时的。如果在施加干预措施的同时伴有国内信贷膨胀,则国际收支不一定能改善,甚至还可能恶化。

总之,货币论政策主张的核心是:在国际收支发生逆差时,应该注重国内信贷的紧缩。

(4)对货币论的评价。对货币论的评价可以分三个方面来进行:

一是对它的假定前提进行评价。货币论认为货币需求是收入和利率的稳定函数,但如果它不是稳定的,那么国际收支就不能仅仅从货币供应的变化中预测出来。另外,货币论假定货币供应对实物产量和收入没有影响,也不尽切合实际。

二是对它政策主张的基本含义进行评价。货币论认为:国际收支逆差的基本对策是紧缩性的货币政策。这个政策结论的一个重要前提是价格不变,通过紧缩性货币政策来消除货币供应大于货币需求的缺口。然而,事实上,当名义货币供应大于货币需求时,价格必然会上升,从而名义货币需求也会上升。在这种情况下,降低名义货币供应,在价格刚性的条件下,只能导致实际货币余额需求的下降;另外,货币论还提出当采用贬值来改善国际收支时,必须结合紧缩性的货币政策。因此,无论从哪个方面看,货币论政策主张的含义或必然后果,就是以牺牲国内实际货币余额或实际消费、投资、收入和经济增长来纠正国际收支逆差的。这一点,曾受到许多国家,尤其是发展中国家经济学家的严厉批评。

三是对它的理论意义进行评价。货币论的最重要的贡献是从开放经济的角度把货币供应的来源区分为国内部分和国外部分,从货币主义的角度为国际收支的分析提供了崭新的视角,从而为国际收支调节提供了一项新的可能选择。

第五节 国际储备

国际储备是国际收支平衡表中的一个主要项目,它在一国国民经济中起着重要作用,特别在调节国际收支平衡,保持内部与外部平衡中意义重大。

一、国际储备的概念与作用

（一）国际储备的概念

国际储备（International Reserve），指一国货币当局为平衡国际收支和维持本国货币汇率的稳定以及用于紧急国际支付而持有的为各国普遍接受的一切资产。

世界银行对国际储备所下的定义是：一国货币当局所占有的那些在国际收支出现逆差时，可以直接或通过有保障的机制兑换成其他资产，以稳定该国汇率的资产。

（二）国际储备的特点

第一，它必须是官方所持有的资产。非官方机构、企业和个人等持有的资产都不能包括在国际储备资产中。也正是基于这一点，国际储备通常又被称为"官方储备"。

第二，它必须具有普遍接受性。作为国际储备的资产，必须为世界各国普遍接受，否则它也就不能用来弥补国际收支逆差、维持汇率的稳定了。

第三，它必须具有充分的流动性。只有具有充分的流动性，才能在发生国际收支困难时，迅速地动用这些资产予以弥补。

具体哪些资产构成国际储备，是随着历史的发展而不断发展的。第二次世界大战前，黄金和可兑换成黄金的外汇构成了各国的储备资产。二战后，IMF又先后为会员国提供了两种资产形式，用以补充各会员国的储备资产。目前，国际货币基金组织会员国的国际储备资产包括四种类型，即黄金储备、外汇储备、在 IMF 的储备头寸和特别提款权。

（三）国际储备的作用

1. 弥补国际收支逆差

这是一国持有国际储备的首要作用。当一国发生国际收支逆差时，可以通过动用外汇储备、减少在 IMF 的储备头寸和特别提款权持有额或在国际市场上出售黄金来弥补国际收支逆差所造成的外汇供求缺口，从而使国内经济免受调整政策产生的不利影响，有助于国内经济目标的实现。当然，一国的储备是有限的，它应付国际收支困难的能力也是有限的。对于暂时性的国际收支失衡可以动用国际储备来平衡，而不必采取调整国内经济的措施，从而使国内经济免受外部冲击。对于长期的、根本性国际收支困难，虽然动用国际储备不能从根本上解决问题，但它可以起到一种缓冲的作用，减轻采取紧急的调整措施对国内经济造成的冲击，同时为政府赢得一定的时间，有步骤地进行国际收支的调整。

2. 充作干预资产，维持本国货币稳定

一国持有储备的多少表明了一国干预外汇市场和维持汇率稳定的实力强

弱。国际储备资产可用于干预外汇市场,影响外汇市场上的外汇供求,从而将汇率维持在一国政府所希望的水平。一国拥有雄厚的国际储备不仅为当局客观上提供了干预资产,而且还通过增强国外市场人士心理上对本国货币的信心,维持了本币在外汇市场的坚挺走势。

3. 作为偿还外债的保证

一国在必要时,可将其外汇储备通过兑换或直接用于支付对外债务。因此,国际储备可充作偿还外债的保证,它的多少成为衡量一国对外资信的一个重要指标。国际金融机构和银行在提供贷款时,通常要事先调查借款国偿还债务的能力。一国持有的国际储备状况是资信调查、评价国家风险的一个重要指标,它的多少成为衡量一国对外资信的重要指标。

二、国际储备的构成

（一）黄金储备（Gold Reserves）

黄金储备是指一国货币当局持有的货币性黄金（Monetary Gold）,也就是一国货币当局作为金融资产所持有的黄金。任何企业和个人等所持有的各种形式的黄金是非货币性黄金,并不属于黄金储备的范畴。在典型的国际金本位制度下,黄金是最重要的国际储备资产形式,它执行世界货币的职能,充当国际支付的最后手段。在二战后的布雷顿森林体系下,黄金仍是货币汇率的基础,保有一般支付手段的职能,因此,仍是很重要的国际储备形式。但是,其在国际储备资产中的比重却在不断下降。这是因为,黄金的开采量受自然条件的限制,黄金日渐难以满足世界贸易和国际投资的扩大对国际储备的需要,而且持有黄金储备不仅不能生息还要支付仓储费,它的收益率较低,再加上从20世纪70年代中期以来,国际货币基金组织实行黄金非货币化政策,也就是货币当局将其持有的黄金拍卖,而使货币用途的黄金转为非货币用途的黄金。虽然如此,黄金并未失去其国际储备的身份,主要原因是黄金本身是有价值的实体,长期以来一直被人们认为是一种最后的支付手段,它的贵金属特性使它易被人们所接受。由于黄金市场的存在,各国货币当局可通过向该市场出售黄金获取外汇,以平衡国际收支差额。所以,目前,世界上并没有一个国家完全放弃和废除黄金储备。

（二）外汇储备（Foreign Exchange Reserves）

外汇储备是一国货币当局持有的对外流动性资产,其形式主要为国外银行存款（包括能索取这些存款的外币票据和凭证）与外国政府债券。二战后外汇储备增长很快,在世界国际储备总额中所占的比重越来越大,进入20世纪80年代后已成为国际储备中最主要的储备资产形式。这不仅表现在它所占的比重远远超过了其他类型的国际储备资产形式,更为重要的是,外汇储备在实际中使用的频率最高、规模最大。

外汇储备是由各种能充当储备货币(Reserve Currency)的外币资产构成的。一种货币能充当储备货币,必须具备3个基本特征:其一,必须是可兑换货币,能够自由地兑换为其他货币(或黄金);其二,必须被各国普遍接受,能随时转换成其他国家的购买力,或偿付国际债务;其三,内在价值相对稳定。在国际金本位制度下,英镑代替黄金执行国际货币的职能,是当时最主要的储备货币。在20世纪30年代,美元崛起,与英镑共享主要储备货币的地位。二战后,由于美元是唯一在一定条件下可兑换为黄金的货币,处于"等同"黄金的地位,因此,成为各国外汇储备中最主要的储备货币。从20世纪60年代开始,由于美元危机的不断爆发,其作为储备货币的功能相对下降,马克、日元等储备货币地位却不断上升,从而形成储备货币多元化的局面。欧元产生后,取代了马克和法郎,成为外汇储备中非常重要的储备币种。

(三)在 IMF 的储备头寸(Reserve Position in the Fund)

在 IMF 的储备头寸,亦称"普通提款权"(General Drawing Rights),是指会员国在 IMF 的普通资金账户中可自由提取和使用的资产。会员国在 IMF 的储备头寸包括:

其一,向 IMF 认缴份额中25%的黄金或可兑换货币部分。按照 IMF 的规定,会员可自由提用这部分资金,无需特殊批准。因此,它可以作为会员国的储备资产。

其二,IMF 为满足会员国借款需要而使用掉的本币。按照 IMF 的规定,会员认缴份额的75%可用本币缴纳。IMF 向其他会员提供某种货币的贷款,会产生该货币发行国对 IMF 的债权。一会员国对 IMF 的债权,该会员国可无条件地提取并用于国际收支。

其三,IMF 向该会员借款的净额,也构成该会员对 IMF 的债权。对大多数会员来说,在 IMF 储备头寸的3个构成部分中,以第1部分为最多。

(四)特别提款权(Special Drawing Rights,SDRs)

特别提款权是 IMF 为弥补会员国国际储备的不足,在1969年9月正式决定创造的一种储备资产形式。它是 IMF 根据份额多少无偿分配给会员国的、可用来归还 IMF 贷款和会员国政府之间偿付国际收支赤字的一种账面资产。由于它是会员国原有的普通提款权以外的提款权利,故称"特别提款权"。这种无形货币与其他储备资产形式相比,有着明显的区别,表现在:

第一,它不具有内在的价值,是 IMF 人为创设的一种账面资产。

第二,特别提款权只能在 IMF 及会员国政府之间使用,可同黄金、外汇一起作为储备资产,并可用于会员向其他会员换取可兑换货币外汇,支付国际收支差额,偿还 IMF 的贷款,但任何私人企业不得持有和运用,不能直接用于贸易与非贸易支付。

第三，它是由 IMF 根据份额的大小向会员国政府无偿分配的。

IMF 从 1970 年开始向会员分配(亦即所谓"发行")SDRs，先后发行了 6 次，共计达 214 亿。其分配的办法是：按照会员向基金组织缴付的份额，成正比例关系，进行无偿分配。基金组织已分配而尚未使用的 SDRs，构成会员国际储备资产的一部分。在特别提款权创立时，以黄金表示其代表的价值量，1 特别提款权的金平价等同于当时美元的金平价，即 0.888671 克纯金，但它不能兑换为黄金，因而也被称为"纸黄金"(PaperGold)。从 1974 年 7 月 1 日起，IMF 决定将特别提款权的定值与黄金脱钩，而改为以一篮子 16 种货币定值。1980 年 9 月 18 日起，又改为以美元、原西德马克、日元、法国法郎和英镑定值。这 5 种货币在特别提款权中的比重，每 5 年调整一次。在 1996 年 1 月，美元在 SDR 中的比重为 39%，德国马克为 21%，法国法郎为 18%，日元、英镑各为 11%。欧元诞生后，国际货币基金组织对特别提款权的定值币种和比重作出了相应的调整。在 2001 年 2 月，美元在 SDR 中的比重调整为 45%，欧元比重为 29%，日元比重为 15%，英镑的比重为 11%。

在理解国际储备概念时，注意不要将其与国际清偿能力(International Liq-uidity)混同。国际清偿能力的内容实际上广于国际储备，可定义为一国为弥补国际收支赤字融通资金的能力。因此，一国的国际清偿能力，除包括该国货币当局持有的各种形式的国际储备资产之外，还包括该国政府在国外筹措资金的能力，也就是向外国政府或中央银行、国际金融组织和商业银行借款的能力。因此，可以说，国际储备仅是一国具有的现实的对外清偿能力，而国际清偿力则是该国具有的现实的和潜在的对外清偿能力之和。就不同类型的国家来说，它们所拥有的国际清偿力的类型可能有很大的差别。一般而言，发达国家所拥有的国际清偿力要大于发展中国家所拥有的国际清偿力。

三、国际储备管理

国际储备管理是指一国政府及货币当局根据一定时期内本国国际收支状况及经济发展的要求，对国际储备规模的适度化、结构的最优化及储备资产运用高效化等方面所进行的调节与控制。一般讲，国际储备管理主要集中于国际储备的总量管理(水平管理)和结构管理 2 个方面。

(一)国际储备的总量管理

一国的国际储备应该维持在一个怎样的水平，又应该以怎样的速度增长，这不仅对于该国的经济乃至世界经济都有重大的意义，可见确定一国的国际储备额是相当重要的。一国的国际储备过少会降低该国在世界的信用评级，不能满足对外贸易及经济往来的需求，降低一国的支付水平。长期维持一个低水平的国际储备额度，会导致一国的贸易环境恶化，甚至会发生国际支付危机，引起一国内外经济的失衡。

国际储备也并非越多越好，因为，外汇储备的增加带来的平衡国际收支和稳定汇率能力的增加是以持有外汇的成本作为代价的。这些成本主要表现在：第一，国际储备代表一国对外国资源拥有一定的购买力，而持有这部分资本作为国际储备就意味着放弃了使用这部分资本的机会，也就是说，存在一个持有资本的机会成本。第二，国际储备影响着本国的货币投放量，外汇储备较大可能导致通货膨胀。第三，持有外汇会有汇率波动的风险，有可能因为汇率的波动而蒙受损失。所以国际储备应当有一个适度的规模。

确定国际储备规模应该考虑以下几点因素：

1. 经济开放度和国民经济对外依赖度

经济开放程度越大，对外资的依赖程度也相应越大，需要用到国际储备进行调节的量也越大。因为国际储备的首要作用是调节国际收支，所以贸易状况往往极大地影响着国际储备。

2. 外汇管制程度

外汇管制的目的在于改善国际收支逆差、维持汇率稳定和集中外汇资金。一国的外汇管制是严格还是宽松影响到一国的国际储备多少。一般来说，一国外汇管制严格，国家直接控制外汇能力强，需要的国际储备的量就少，反之则多。

3. 外汇政策与汇率制度

一国的汇率政策影响着该国的国际储蓄。在实行固定汇率的国家，需要维持汇率的对外不变，需要较多的国际储备用于在外汇市场上平衡供求。在实行浮动汇率的国家，若是采取稳定汇率的政策，国际储备的需求较多；若是采取放任的汇率政策，则需要的国际储备量就相对较少。

4. 本国货币的国际地位

本国货币的国际地位是指如果一国的货币处于储备货币的地位，则该国不需要太多的国际储备，只需要增加本国对外国的负债来弥补国际收支逆差。

5. 借用外国资金的能力

理论上来说，一国在国际金融市场上筹措外国资金的能力越强，其所需要的国际储备就越少。但是，一国在国际金融市场融资的能力又跟一国的国际储备多少有关，所以这两点实际上是相互依存的。

（二）国际储备结构的管理

1. 国际储备结构管理的基本原则

一国所持有的国际储备不仅在水平上要适度，而且还需要拥有一个合理的储备结构。概括地说，国际储备结构管理的基本原则是统筹兼顾各种储备资产的安全性、流动性与盈利性。

安全性原则是指储备资产有效、可靠和价值稳定。因此，一国货币当局在确定储备资产存放的国家和银行,以及币种和信用工具的选择时,应充分考虑储备货币发行国和国际金融中心所在国的外汇管制情况、储备币种的稳定性和银行的资信状况等。

流动性原则是指储备资产应具有较高的变现能力,一旦有对外支付和干预市场需要时,能随时转化为直接用于国际支付的支付手段。由于各种储备资产的流动性不同,各国货币当局应根据各种资产的流动性合理安排短期、中期、长期的投资,以保证储备资产具有充分的流动性。

盈利性原则是指在具备安全性和流动性的基础上,应尽可能地使储备资产增值、创利。储备资产的安全性、流动性与盈利性原则往往是互相排斥,且具有负相关关系的。储备资产的安全性与流动性越高,其盈利性往往越低;而盈利性较高的资产往往风险较大,流动性较差。考虑到国际储备的特殊作用,一国货币当局持有国际储备资产,应始终把安全性和流动性放在第1位,而把盈利性放在第2位,也就是说,要在安全性与流动性得到充分保证的前提下,求得足够高的盈利性。

2. 国际储备结构管理的内容

国际储备的结构管理不仅包括具体确定黄金储备、外汇储备、在 IMF 的储备头寸和特别提款权在国际储备中的比重,也包括外汇储备的币种结构管理以及外汇储备资产形式的选择。在 IMF 的储备头寸和特别提款权这2种国际储备资产是一国不能主动增减和进行调整的,因而国际储备结构的管理主要是指黄金储备与外汇储备的结构管理、外汇储备的货币结构管理与外汇储备资产形式的结构管理3个方面。但自《牙买加协定》推行黄金非货币化以来,外汇储备的数量大幅增加,已成为国际储备中各国最重要的一种资产形式。在浮动汇率制下,汇率的频繁波动使各国外汇储备的风险加大。因此,为防范外汇风险和提高外汇储备的价值,加强外汇储备结构的管理就成为国际储备结构管理的重要内容。

(1)黄金储备与外汇储备的结构管理。在当代,黄金由于不能直接用于国际支付,且金价波动较大,而使其流动性和安全性较低,此外,持有黄金既不能生息又需缴高仓储费,因而盈利性也较差。故此,许多国家对黄金储备采取了保守的数量控制政策。除了数量控制之外,黄金储备的管理还有买卖的决策和买卖时机选择2个方面。国际市场上黄金的供求,受主要储备货币的汇率、国际金融市场的利率、世界通货膨胀的状况,以及国际政治局势等因素的影响。因此,一国货币当局对本国黄金储备不宜作过多的调整。外汇储备在国际储备中居于绝对优势地位,其本身又有流动性和安全性的优势,盈利性一般也高于黄金储备。这使许多国家货币当局采取了减少或基本稳定黄金储备而增加外汇储备的政策。

(2)外汇储备的币种结构管理

外汇储备币种结构就是指储备币种的选择以及其在外汇储备中所占比重的

确定。储备币种结构的管理在遵循"安全性、流动性和盈利性"的前提下,还应考虑以下原则:

①储备币种结构应尽可能地与一国国际贸易结构和国际债务结构相匹配。这可以使该国在一定程度上避免兑换风险,节约交易成本,保证储备使用的效率。

②储备币种应与干预外汇市场所需要的货币保持一致。外汇储备的一个重要职能就是干预外汇市场,维持汇率的稳定,因此,一国所持有的储备币种的选择应与干预外汇市场所需的外汇相一致。

③应考虑各种不同货币的盈利性。由于各种货币的汇率、利率和通货膨胀率等存在着差异,导致不同币种的收益率不同,所以外汇币种的选择在充分考虑安全性和流动性的前提下,还应考虑各种货币的盈利性。

(3)外汇储备资产形式的结构管理

外汇储备资产形式结构管理的目标是确保流动性和盈利性的恰当结合。由于国际储备的主要作用是弥补国际收支逆差,因而在流动性和盈利性中,各国货币当局更重视流动性。按照流动性的高低,外汇储备资产可分为三个部分:

①一级储备,流动性最高,但盈利性最低,包括在国外银行的活期存款,外币商业票据和外国短期政府债券等。其中,在国外银行活期存款,可随时开出支票进行对外支付,流动性最高。由于储备货币发行国一般都有发达的二级市场,短期政府债券和商业票据容易变现。但是,这些流动性很高的资产的盈利性却是非常低的。鉴于这种情况,货币当局需要根据季节或特定时期短期对外支付的需要安排一定数量的一级储备,但要控制其在外汇储备资产中所占的比重。

②二级储备,盈利性高于一级储备,但流动性低于一级储备,如 2~5 年期的中期外国政府债券。二级储备是在必要时弥补一级储备不足以应付对外支付需要的储备资产。准确预测短期对外支付的金额是难以完全做到的。任何一国货币当局必须持有一定数量的二级储备。

③三级储备,盈利性高于二级储备,但流动性低于二级储备,如外国政府长期债券。此类储备资产到期时可转化为一级储备。如提前动用,将会蒙受较大损失。一国货币当局可根据对外债务的结构持有一定数量的三级储备,可提高持有外汇储备资产的盈利性。

由于持有储备的主要作用就是进行对外支付和干预外汇市场,因此,一级储备的盈利性虽然最低,但一国货币当局仍必须保有足够的这类资产。除此之外,为了应付一些难以预期的偶发性变动,还必须持有一定数量的二级储备,剩余的部分才可考虑进行长期投资。当然,国情不同,各国货币当局持有上述三级储备的结构也就互不相同。一般说来,国际收支逆差国须在其储备资产中保留较大比重的一级储备,而顺差国则保留较小比重的一级储备和较大比重的三级储备。

第一章 国际收支与储备

复习思考题

1. 国际收支和国际借贷是两个相同的概念吗？试比较两者的异同。
2. 怎么分析国际收支平衡表？
3. 国际收支失衡的经济影响是什么？你认为我国应保持怎样的国际收支状况比较适宜？
4. 试总结各派国际收支调节理论的前提调节和核心内容的异同。
5. 简述国际储备结构管理的基本原则。

第二章 外汇与汇率

第一节 外汇的种类与作用

一、外汇的概念

"外汇"(Foreign Exchange)是"国际汇兑"的简称。它是各国从事国际经济活动不可或缺的媒介和外汇市场上交易的标的物。通常对外汇下的定义是:外汇是以外币表示的,用于国际结算的一种支付手段,体现着一种债权债务关系的清算。在本节中我们将分别从动态和静态、狭义和广义的角度对外汇的概念做更进一步的分析。

(一)动态的外汇

动态意义上的外汇是指通过银行等金融机构把一国货币兑换成另一国货币的一种活动和行为,外汇表现为这样的一种汇兑过程。"汇"是货币异地的转移,而"兑"则是货币之间进行转换的行为。"汇"和"兑"就是把一国的货币兑换成另一国的货币并以买卖外汇方式来清偿国际债权与债务的一种专门性的经营活动或清算行为。

国际贸易和金融的发展,必然会导致各国彼此之间的债权债务关系,而国际上的这种债权债务关系的清偿,要将本国货币兑换成外国货币。这种兑换往往是由银行来办理的。银行按照一定的兑换比率将各国的货币相互兑换,然后利用国际信用手段化解一国因经济交往所产生的债权债务关系。因此,通过银行之间的外汇买卖汇兑了各国之间的货币,并清偿了国际债权债务关系的业务,就是动态外汇的含义。例如,中国某进出口公司向美国的 AAA 公司出口土特产,售价 20 万美元,启运后,总公司开出以 AAA 公司为付款人的票面金额 20 万美元的汇票,并将其卖给中国银行,换得相应人民币,中行将汇票寄给 AAA 公司所在地银行,由其向 AAA 公司收 20 万美元,所得货币款项记入中行在该银行开立的存款账户上。这一过程就是国际汇兑,是外汇的动态含义。

第二章 外汇与汇率

(二)静态的外汇

静态的外汇是指外国货币或以外国货币表示的能用来清算国际收支差额的资产。而这种意义上的外汇又分为狭义的外汇和广义的外汇。

1. 狭义的外汇

狭义的外汇是指以外币表示的可用于国际之间结算的支付手段。从这个意义上讲,只有存放在国外银行的外币资金,以及将对银行存款的索取权具体化了的外币票据才构成外汇,主要包括:银行汇票、支票、银行存款等。这就是通常意义上的外汇概念。例如,美元(USD)、英镑(GBP)、欧元(EUR)、日元(JPY)等外国现钞和铸币。它们是人们在日常生活中经常使用的货币,是外汇的重要组成部分和一般表现形式。但并不是所有国家的现钞和铸币都是外汇,只有不受限制地能够自由兑换的外国货币才是真正意义上的外汇。

2. 广义的外汇

广义的外汇是指一切用外币表示的资产。国际货币基金组织(IMF)对外汇的定义:"外汇是货币行政当局(中央银行、货币管理机构、外汇平准基金及财政部)以银行存款、财政部国库券、长短期政府证券等形式所保有的在国际收支逆差时可以使用的债权。其中包括由中央银行及政府间协议而发生的在市场上不流通的债券,而不管它是以债务国货币还是以债权国货币表示。"

在国际收支出现逆差时可以使用的债权,除外汇外,还包括政府间协议所规定的而不发生在市场上流通的债权,并不过问本国货币还是外国货币。还有一点值得注意的是国际货币基金组织分配给会员国的特别提款权(Special Drawing Rights,简称 SDR)。根据国际货币基金组织金融计划和运作处提供的资料说明,SDR 是国际货币基金组织于 1969 年创设的一种储备资产和记账单位,亦称"纸黄金",最初是为了支持布雷顿森林体系而创设,后称为"特别提款权"。最初每特别提款权单位被定义为 0.888671 克纯金的价格,也是当时 1 美元的价值。随着布雷顿森林体系的瓦解,特别提款权现在已经作为"一篮子"货币的计价单位。成员国拥有的特别提款权可以在发生国际收支逆差时,用来向基金组织指定的其他会员国换取外汇,以偿付国际收支逆差或偿还基金组织贷款。特别提款权还可与黄金、自由兑换货币一样充作国际储备。用特别提款权作为统一的计价单位时,国际货币基金组织的各成员国货币和特别提款权之间的折算比例,也就体现了各成员国货币的汇率情况。同时也能更好地反映一国货币的综合汇率。

(三)我国的外汇规定

我国 2003 年颁布的《中华人民共和国外汇管理条例》中对外汇的形式做出了明确的说明,即外汇是指下列以外币表示的可以用于国际清偿的支付手段和资产:

一是外汇货币,包括纸币、铸币;

二是外币支付凭证,包括票据、银行存款凭证、邮政储蓄凭证等;

三是外币有价证券,包括政府债券、公司债券、股票等;

四是特别提款权;

五是其他外汇资产。

二、外汇的种类

外汇种类的划分主要有以下三种分类标准:

(一)根据外汇可否自由兑换

根据外汇可否自由兑换,外汇主要可以分为自由兑换外汇和记账外汇:

1. 自由兑换外汇

自由兑换外汇(Free Foreign Exchange),是指在国际结算和国际金融市场上,不需要货币发行国的批准,就可以自由兑换成其他国家货币的货币。换言之,凡是在国际经济与贸易交往中可以自由兑换并自由转让的外币,均称为自由兑换外汇。一般来说,一国的货币要成为自由兑换外汇必须具备三个条件:第一,在本国国际收支中对资金的转移不受任何限制;第二,不可采取双重汇率制度和歧视性货币政策;第三,在另一国的要求下,可以随时赎回对方国家经常项目中结存的本国货币。

2. 记账外汇

记账外汇(Foreign Exchange of Account),又称"协议外汇"或"双边外汇",是指在两国政府间签订的贸易协议或支付协议中使用的外汇,只能用于两国之间的经济贸易往来收支的结算。这种外汇未经货币当局的批准,不能自由兑换成其他国家的货币。其特点是:它用于两国之间协定范围内的交易,一般采用记账的方式;记账外汇可以是本国的货币、外国货币或第三国的货币;不可以转让第三国使用。

(二)根据外汇来源的不同

根据外汇来源的不同,外汇主要分为贸易外汇和非贸易外汇:

1. 贸易外汇(Trade Foreign Exchange)

出口商品赚取外汇,进口商品支付外汇,这种由进出口贸易所引发的外汇收支,就是贸易外汇。贸易外汇的收入是一国外汇的主要来源,贸易外汇的支出就是一国外汇的主要用途。

2. 非贸易外汇(Non-trade Foreign Exchange)

由非商品贸易的往来所引发的外汇收支,主要包括劳务外汇、旅游外汇和侨民外汇等,统称为非贸易外汇。随着世界服务贸易的发展,非贸易外汇对一国的外汇来源和用途有着重要的影响。

(三)根据外汇交割日期的差异

根据外汇交割日期的不同,外汇主要分为即期外汇和远期外汇:

1. 即期外汇

即期外汇(Spot Foreign Exchange)又称"现汇",是指外汇买卖成交之后,在两个营业日交割完成的外汇。根据支付凭证的不同,可分为电汇、信汇和票汇。

2. 远期外汇

远期外汇(Forward Exchange)又称"期汇",是指外汇买卖合同签订后,双方约定在未来某一时间办理交割手续。远期外汇,通常是由国际贸易结算中的远期付款条件引起的。远期外汇的用途主要有:避免国际贸易中收付的汇率风险;套利并锁定远期汇率风险;外汇银行外汇头寸的调整;进行外汇投机。

三、外汇的特点

外汇不同于一般而言的外币。外汇与外币的区别主要体现在如下几个方面:形式不同,外汇可以外币形式也可以是其他形式,外币仅指货币;价格不同,外汇牌价中,外汇买入价高于外币现钞价;可兑换性不同,外汇可自由兑换,外币在一些国家中不一定能换成外汇。因此,一国货币要想成为被广泛接受和运用的外汇,必须具备以下几个特点:

(一)普遍接受性

普遍接受性就是外币在国际经济往来中被广泛接受和使用。这一特点决定了一个国家的货币要成为外汇,必须以国际通用和被他国居民接受为前提条件。外币和外币所代表的有价金融资产能够自由地在本国银行账户上和外国银行账户上转入或转出,才能承担国际支付手段,在国际结算中被广泛运用。

(二)自由兑换性

外汇的自由兑换性是指能够自由兑换成其他国家的货币或购买其他信用工具以进行多边支付的性质。由于各国或地区的货币制度不同,外汇管理制度存在差异,一国的货币一般不能在另一国流通。为了清偿由于对外经济交易而产生的单方面转移,被各国普遍接受为外汇的货币必须是能够不受限制地按照一定比例兑换成别国货币。例如,美元可以自由兑换成英镑、欧元等其他国家或地区的货币,所以美元对美国以外的其他国家来说就是一种外汇。我国人民币由于不能自由兑换成其他国家的货币,所以它对中国以外的其他国家来说不能成为外汇,而仅仅是一种外币。外汇的这一特点使得它的购买力可以在国际转移,实现其支付手段,从而使国际债务得以清偿。

(三)可偿还性

可偿还性,即这种外币资产是可以保证得到偿付的。一个国家的货币偿付能力能够得到保证,这实际上反映了该国具有相当规模的生产能力和出口能力,或者该国丰富的自然资源正是其他国家所缺乏的;反之,如果一国的经济规模较小而且是低效率的,自然资源贫乏,其出口产品在国际市场上缺乏竞争力,那么该国货币的偿付能力往往得不到保证。在多边清算中,如果外汇的支付凭证在国外得不到偿付,就不能用作本国对第三国债务的清偿。因此,外币或外币资产在国外不能保证偿付就不是外汇。例如,空头支票、遭拒付的汇票等就不能视为外汇。

四、外汇的作用

外币与本币一样,是国民经济建设中不可缺少的重要资源。同时,它作为国际结算的支付手段,也是国际经济往来中不可缺少的工具。随着国际经济、政治、文化交往的发展,外汇在促进国际贸易和国际经济合作方面发挥着重大的作用。

(一)促进国际经济、贸易的发展

用外汇清偿国际债权债务,不仅能节省运送现金的费用,降低风险,缩短支付时间,加速资金周转,更重要的是运用这种信用工具,可以扩大国际信用交往,拓宽融资渠道,促进国际经贸的发展。外汇的各种凭证在国际贸易中的运用,会使国际贸易中的进出口商之间信用接受成为可能。一旦出口商同意进口商延期付款,则可以开出远期汇票融资,从而扩展了资金融通的范围,加速资金的周转,促进了国际贸易的发展。

(二)调剂国际资金余缺

世界经济发展不平衡导致了资金配置不平衡。有的国家资金相对过剩,有的国家资金严重短缺,客观上存在着调剂资金余缺的必要。而外汇充当国际支付手段,通过国际信贷和投资途径,可以调剂资金余缺促进各国经济的均衡发展。外汇既能有效地填补外汇短缺国家的资金缺口,又能使外汇盈余的国家向其他国家进行投资,这样就解决了国际资金供求的不平衡。

(三)衡量国际经济地位的标准

外汇代表一国的国际购买力,代表一国所拥有的外币债权。外汇越多意味着该国越有实力干预国际金融市场,增加本国商品在国际市场流通的速度、规模和范围,提高该国的国际经济地位。外汇与国际收支的关系十分密切,当一国国际收支出现持续顺差时,外国对本国债务增多,外汇市场将产生供过于求的现象,本国国际储备中的外汇储备也会相应的增加,本国货币对外国货币的比值将随之提高;反之亦然。

(四)外汇是一个国家国际储备的重要组成部分,可以平衡国际收支

外汇是一国国际储备的重要组成部分,其作用之一就是矫正国际收支出现的暂时性失衡。同时,外汇作为一国对外的债权,能够购买外国商品和劳务。国

家可以运用相应的外汇政策干预本国的经济活动,进行宏观调控。此外,外汇储备跟国家黄金储备一样,作为国家储备资产,一旦国际收支发生逆差时可以用来清偿债务。

第二节 外汇汇率与汇率制度

一、汇率

所谓汇率,又叫汇价、兑换率、外汇牌价、外汇行市、外汇汇率,是一国货币折算为另一国货币的比率。汇率又是一种价格,即用一国货币单位表示的另一国货币单位的价格,或外汇市场上买卖外汇的价格,所以人们习惯称其为汇价。由于世界各国货币的币值不一,因此两国货币进行兑换,必须按照相应的比例,即根据一定的兑换率进行兑换。在外汇市场上,必须把汇率写出来,所以又称外汇牌价。银行总是把汇率作为外汇买卖的标准,所以商业上通常又把它叫做外汇行市。

汇率是外汇买卖的折算标准。所谓外汇买卖就是通过银行用本国货币按汇率购买外汇,或将外汇按汇率兑换成本国货币。

汇率是怎样形成的呢?

汇率的形成是商品生产和国际经济交往发展的必然结果。我们知道,货币发展的历史和现实说明,各国的货币总是国家化的,各国货币的名称不同、币值也不一样。可是人类社会发展史却说明,随着商品生产的发展,商品交换又必然国际化,这就出现了矛盾,而商品交换发展的内在规律必然要求采取相应的措施解决这种矛盾。随之出现的解决办法就是:各国货币之间进行相应的折算和兑换。这样外汇汇率就应运而生了。

二、直接标价法和间接标价法

一个国家的外汇汇率表示是以本国货币表示外国货币的价格,还是以外国货币表示本国货币的价格要依据国情和国际形势而定。也就是说,折算两国货币间的价格,首先要确定用哪个国家本位币作为折算标准。这种表示方法称为外汇汇率的标价方法,也叫外汇的挂牌方法。由于折算标准不同,外汇汇率的标价方法也不一样。现在,国际上广泛使用的外汇汇率标价方法有两种:一种是直接标价法;另一种是间接标价法。

(一)直接标价法

所谓直接标价法,又称应付标价法(或付出标价)。就是直接用本国货币来表示外国货币的价格(即一种外国货币的价格直接用本国货币表示出来),或者说就是以一定单位(1、100、10000、100000 等)的外国货币作为标准,折算成若干单位的本国货币来表示。这种直接标价法的特点是:外国货币的数额固定不变,在折算等于多少本国货币的数额时,本国货币的数额则随着外国货币和本国货币币值的对比变化以及外币供求条件的变化而变动。要是一定数额的某外国货币,可以比以前兑换更多数额的本国货币,这说明该外国货币币值上升、本国货币币值下降,在国际金融领域人们称这种情况为外汇汇率比以前高了;反之,如果一定数额的某外国货币,只可兑换比以前更少数额的本国货币,这说明该外国货币币值下降、本国货币币值上升,在国际金融领域人们称这种情况为外汇汇率比以前低了。由此,我们可以得出这样的结论:直接标价法表示的外汇汇率,其高低同本国货币对外价值的高低成反比例变化。这也就是说,应付标价比以前高了,这反映本国货币币值下降;应付标价比以前低了,这反映本国货币币值上升。如果说,本国货币的币值同本国货币数额成反比例变化;那么,应付汇率是一个可变量,并且随着两国货币币值的变化而增减。现在,国际上许多国家的货币都对美元和英镑采用直接标价法。

从近现代来讲,各国货币都是对美元采取直接标价法。以同年 5 月 16 日和 6 月 12 日纽约行市的对比来说,除英镑外,后来则是美元(外国货币)币值上升、其他多国货币(本国货币)币值下降,这称为"外汇汇率",后来(即 6 月 12 日)提高了。直接标价法表示的外汇汇率,其高低同本国货币对外价值的高低成反方向变化。再以英镑(本国货币)来说,后来(即 6 月 12 日)便是美元币值下降、英镑币值上升,这称为外汇汇率后来跌落了。直接标价法表示的外汇汇率,其高低与美元(外国货币)对外价值的升降则成正比。(有时美元对英镑也采取直接标价法。)

(二)间接标价法

间接标价法,又称"应收标价法"(或收进标价)。同直接标价法相反,所谓"间接标价法",就是用外国货币来表示本国货币的价格(即本国货币的价格用一种外国货币表示出来),或者说就是以一定单位(1、100、10000、100000 等)的本国货币作为标准,折算成若干单位的外国货币来表示。间接标价法的特点是:本国货币的数额固定不变,在折算等于多少外国货币的数额时,外国货币的数额则随着本国货币和外国货币的币值的对比变化以及本国货币供求条件的变化而变动。要是一定数额的本国货币,可以比以前兑换更多数额的外国货币,则说明本国货币币值上升,外国货币币值下降,在国际金融领域人们称这种情况为外汇汇率比以前高了;反之,如果一定数额的本国货币,只可兑换比以前更少数额的外国货币,则说明本国货币币值下降、外国货币币值上升,在国际金融领域人们称这种情况为"外汇汇率比以前低了"。由此,我们可以得出这样的结论:间接标价法表示的外汇汇率与直接标价法相反,其高低同本国货币对外价值的高低成正方向变化,这也就是说,应收汇率比以前高了,这反映本国货币币值上升;应收汇率比以前低了,这反映本国货币币值下降。如果说,本国货币的币值同本国货币数额成反比例变化;那么,应收汇率的高低则同本国货币数额的多少也成反比例变化。如果说,间接标价法表示的汇率,其涨跌与本国货币对外价值的升降成正比,那么,与外国货币对外价值的升降则成反比。

在国际上,不管外国货币或本国货币的币值怎样变动,间接标价法总是以固定整数的本国货币来折算成若干单位的外国货币,即本国货币的数额是一个不变量,而外国货币的数额则是一个可变量,并且该数额随着两国货币币值的变化而增减。现在,国际上英镑和美元对各国的货币汇率表示几乎都采取间接标价法。

例如,1989年5月16日纽约行市为:

1 美元=1.7305 瑞士法郎

1989年6月12日纽约行市为:

1 美元=1.7465 瑞士法郎

就美元对瑞士法郎汇率的这种变化来说,外国货币瑞士法郎数额前后对比,后来增多,这表明本国货币美元币值上升,外汇汇率提高。以间接标价法表示的汇率的高低同本国货币的对外价值的高低成正方向变化,即汇率提高,反映美元(本币)币值上升;而汇率跌落,则反映美元(本币)币值下降。

纵观以上两种标价方法,就对各种货币换算的结果来讲,两者在实质上是无原则差别的。但由于这两种标价方法所采取的折算方式的不同,币值升降变化方向同汇率高低变化是完全相反的。因此,在分析汇率高低变化时,必须说明所用的标价方法,以免概念混淆,造成方法和结论之间的矛盾与错误。

三、汇率的种类

外汇汇率,是两种货币所代表的实际价值的对比,是外汇买卖时本国货币对外国货币的折算标准,是外汇理论中的核心问题。外汇汇率不仅是货币理论上的重要问题,而且也是外汇业务方面的重要实务问题。不论从理论上还是从实际上来说,外汇汇率的种类都是很多的。从不同的角度、根据不同的标准,外汇汇率可分为不同类别。

(一)从国际货币制度的演变来区分

1. 固定汇率

固定汇率是指一国货币同他国货币的兑换比率基本固定的汇率。制定汇率的基础是货币的含金量。对比两种货币的含金量来制定出两种货币之间的汇率水平。汇率的波动限制在一定的幅度之内。

在固定汇率制度下以其汇率是否起中心作用又可分为：

(1)中心汇率。它是指外汇市场动荡时期，一国货币不以自己的含金量与别国货币的含金量的对比来制定汇率，而是另行根据其他因素来制定的汇率。通过各种调节、管制手段，要求市场汇率围绕所制定的这种汇率波动。由于这种汇率不是通过含金量折算的，但又企图起中心作用，故称为中心汇率。在欧洲货币体系内也规定了中心汇率：一种是各成员国货币对欧洲货币单位的中心汇率；另一种是成员国货币彼此间的双边中心汇率。

(2)干预汇率。它是指有关方面通过有关的政策措施来加以控制的汇率。

2.浮动汇率

它是"固定汇率"的对称。浮动汇率就是指一国货币同他国货币的兑换比率，并不基本固定，而是由外汇市场的供求关系自发决定的汇率。

在浮动汇率制度下，以其汇率是否由政府采取干预措施又可分为：

(1)自由浮动，也称"清洁浮动"。它是管理浮动的对称，是指货币当局对本国货币和外币的汇率不采取任何干预措施，完全听任外汇市场的供求情况自动决定。这是理论上的划分，其实有关国家更是直接或间接地对外汇汇率加以干预的，不加干预而完全自由浮动的汇率是不多见的。

(2)管理浮动。它是指各国政府要对汇率进行种种干预，以使汇率向着有利于本国的方向浮动。

浮动汇率以其汇率浮动的方式来区分，可分为：

(1)单独浮动。它是联合浮动的对称。这就是指其汇率是根据外汇市场供求关系的变化来单独决定浮动。

(2)钉住单一货币。有些国家通常使本国货币钉住某发达国家的货币。现在有近50%的第三世界国家使本国货币钉住美元、英镑、法国法郎等单一货币。

(3)钉住一篮子货币。有些国家使本国货币与一篮子货币挂钩。比如沙特阿拉伯、阿联酋长国等货币与特别提款权挂钩。

(4)联合浮动，又称"共同浮动"或"集体浮动"。它是指一些经济关系密切的国家组成集团，在成员国货币之间实行固定汇率制度，同时对非成员国货币则实行共升共降的浮动汇率。

(二)从制定汇率的不同方法来区分

1.基本汇率

基本汇率，就是本国货币对关键货币的汇率。所谓"关键货币"，就是具有这样一些条件的某国货币：在国际贸易方面使用最多；在外汇买卖方面占有的比重最高；在外汇储备方面具有重要的地位；可以自由兑换；在国际结算方面是普遍可以接受的国际通货。基本汇率一般只是内部掌握的问题。现在，世界上大部分国家普遍是将本国货币同美元的汇率作为基本汇率。

2. 套算汇率

套算汇率又称"交叉汇率"。套算汇率,就是指两种货币通过各自对第三种货币的汇率算得相互之间的汇率。当基本汇率制定出来以后,就可以通过这一基本汇率套算出对其他国家货币的汇率。因此,也可以说,套算汇率就是通过基本汇率套算出来的对别的货币的汇率。哪一种汇率是通过套算办法制定的,这只由内部掌握,通常是不对外标明的。在制定汇率时为什么要区分基本汇率与套算汇率呢?这主要是因为国际上货币的种类很多,不可能时时都按其实际价值来一一单独计算相应的汇率水平。在国际金融市场上,由于供求规律的作用,某一国货币的汇率是基本上反映了其实际价值的,因此,是可以以简便方法套算的。一个国家制定的汇率表里所反映的各种外币间的比价,应该同国际市场相一致,这才有利于防止来自国外的套汇活动。

(三)从对外汇与汇率管理的宽严程度来区分

1. 官方汇率

官方汇率又称"清定汇率"。官方汇率,就是指一国货币当局(财政部、中央银行、外汇管理局或指定的外汇专业银行)规定的、并要求一切外汇交易以此作为标准的汇率。有的国家的货币规定有含金量,其官方汇率便根据其含金量的对比来确定;有的国家的货币没有规定含金量,其官方汇率则根据两国物价对比或参照别国汇价进行套算而确定。执行官方汇率的国家,官方汇率就是实际汇率,一般没有外汇市场汇率。实行计划经济的国家大都如此。

官方汇率从其种类来区分又可分为:

(1)单一汇率。"多种汇率"的对称。单一汇率,就是指一国政府对本国货币同另一国货币的兑换只规定一种汇率。不管是贸易交易或者是非贸易交易,只要是同一种外币,均按所规定的一种汇率水平进行折合结算。

(2)多种汇率。又称"复汇率"。多种汇率,就是指一国政府对本国货币同另一国货币的兑换规定一种以上的汇率。比如,规定两种不同的汇率,有的国家规定了官方结算汇率和非官方结算汇率;有的国家规定了出口交易汇率和进口交易汇率;有的国家规定了商业交易汇率(贸易汇率)和非商业交易汇率(非贸易汇率或金融汇率)。再比如,规定两种以上不同的汇率,有的国家规定进口汇率、出口汇率和非贸易交易汇率;有的国家规定了不同的进出口商品使用不同的汇率。

2. 市场汇率

市场汇率就是指资本主义国家间自由外汇市场买卖外汇的实际汇率。现在,有的国家不再规定官方汇率,即便有官方汇率那也常常只是形式。而实际外汇交易均按市场汇率进行,汇率完全根据市场供求状况而定。因此,这些国家基本上是市场汇率。当然,政府会尽量加以干预,如果政府的各种干预手段都不见成效,那就可能出现货币贬值。

（四）从外汇资金的用途来区分

1. 贸易汇率

贸易汇率，就是指用于进出口贸易贷款及从属费用方面结算的汇率。实行贸易汇率主要是为了奖励出口和限制进口，以推动本国出口贸易的发展，进而改善国际收支。

2. 金融汇率

金融汇率，就是指适用于资金移动、旅游事业等非贸易收支方面的汇率。二战后，资金流动量空前增长，资金流动的投机活动严重。有些国家，为了控制或鼓励资金在国际上的有效移动，改善国际收支状况，以发展本国的经济，规定了金融汇率。

（五）从银行买卖外汇来区分

1. 买入汇率

又称"买入价"或"出口汇率"（因为银行的客户主要是出口商）。买入汇率就是指银行向同业或客户买入外汇时所使用的汇率。在采用直接标价法时，外币折合本国货币数额较少的那个汇率即为买入价；在采用间接标价法时，外币折合本国货币数额较多的那个汇率为买入价。

2. 卖出汇率

又称"卖出价"或"进口汇率"（因为银行的客户主要是进口商）。卖出汇率就是指银行向同业或客户卖出外汇时所使用的汇率。在采用直接标价法时，外币折合本国货币数额较多的那个汇率即为卖出价；在采用间接标价法时，外币折合本国货币数额较少的那个汇率即为卖出价。买入汇率与卖出汇率都是从银行买卖外汇的角度来讲的。买入汇率较便宜，卖出汇率较贵，这二者之间有个差额。银行通过外汇买卖得到的这个差额，便是银行赚得的收益（即银行买卖外汇的费用和利润）。买入汇率与卖出汇率的平均数，称为中间汇率或中间价。即（买入汇率＋卖出汇率）÷2＝中间汇率。由于运送外币现钞要花费一定的运费和保险费（需要把外币现钞运到各发行国），所以，银行在收取外币现钞时要稍低于买入外汇汇率，而在卖出外币现钞时却和外汇卖出价相同。

（六）从买卖对象不同来区分

1. 同业汇率

同业汇率，就是指银行和银行之间买卖外汇的汇率。这种汇率决定于外汇市场上的外汇供求状况。一般来说，同业汇率买卖之间的差价是很小的。

2. 商人汇率

商人汇率，就是指银行对顾客买卖外汇的汇率。商人汇率主要依据同业买卖价再加以适当的增（卖出价）减（买入价）幅度来制定。于是，银行对顾客买卖外汇之间的差价常常总是要超过银行同业外汇买卖间的差价。银行对顾客卖出信汇或票汇,一般均根据电汇卖出价来计算;而买入外汇,则按不同外汇的买价来计算。

(七)从外汇市场开、收时间来区分

1. 开盘汇率

开盘汇率,就是指外汇市场在每个营业日开始营业时进行外汇买卖的汇率。

2. 收盘汇率

收盘汇率,就是指外汇市场在每个营业日外汇买卖结束时所报出的汇率。现在,伦敦外汇市场的营业时间为当地时间 9:00～17:00,纽约外汇市场的营业时间按伦敦时区计算是 14:25～19:30,伦敦的后半截交易时间和纽约的一部分交易时间重叠。香港外汇市场的收盘时间正值伦敦市场的开盘时间,在时差上恰好填补了纽约收市后和伦敦开市前的空档。这样,对于电讯设备传递信息如此迅速、世界各外汇市场联系如此密切的今天,一个外汇市场的开盘汇率必然受到上一时区外汇市场收盘汇率的影响。尽管开盘汇率和收盘汇率只隔几个小时,但是随着各种条件的变化和各方面的发展,彼此间的影响必将加深,汇率波动的趋势必将更易动荡。

(八)以外汇买卖交割时间来区分

1. 即期汇率

即期汇率又称现汇汇率。即期汇率就是指在外汇买卖双方成交后,当天或两天之内办理交割的外汇交易所使用的外汇汇率。关于即期外汇,看起来似乎是同时支付,并无风险。其实,因为各国清算制度的技术原因,常常只能在一天之后才知道是否已经支付,所以,这也会承担一定的信用风险。再者,欧洲与美洲有 5～6 小时的时差,美元付款比欧洲要迟几小时,所以有时就会遇到营业时间结束的情况。

2. 远期汇率

远期汇率,就是指买卖远期外汇时所使用的汇率。即事先由买卖双方签订合同,约定在未来一定时期办理交割的远期外汇交易所使用的汇率水平。远期汇率,是一种预约性的外汇买卖汇率水平。其期限一般为 1 个月到 12 个月,即一年期内的远期外汇汇率。还有一年期以上的远期汇率,则叫超远期汇率。远期外汇交易要求到交割的期限时,由协议双方按原约定的汇率、币别、金额办理钱汇两清,不受汇率变动的影响。这种远期买卖的汇率,照理应和即期汇率相同,但是,实际上远期汇率常常不是高于即期汇率,就是低于即期汇率,有时两者又相等。外汇银行通常只规定出即期汇率,而远期汇率则是用远期汇率同即期汇率相比的差额来表示,这种差额,称为远期差价。远期差价,在外汇市场上通常是用"升水"、"贴水"或"平价"的方式来表示。这种"升水",是表示远期汇率比即期汇率贵;这种"贴水",是表示远期汇率不如即期汇率贵;这种"平价",是表示远期汇率与即期汇率相等。发生"升水"与"贴水"的因素是很多的,一般来说多取决于两种货币的利差与汇价的变动趋势。要是甲种货币的利率高于乙种货币的利率,那么,甲币对乙币的远期汇率就会发生"贴水";反之,就会发生"升水"。如果,某种货币的汇价趋涨,远期汇率就会发生"升水";反之,则会发生"贴水"。由于国际外汇市场有两种不同的标价方法,因此,表示远期汇率的方式也就不一样。比如,按直接标价法表示:远期差价如是"贴水",那么即期汇率减"贴水"便是远期汇率,远期差价如是"升水"那么即期汇率加"升水"便是远期汇率。比如,按间接标价法表示:远期差价如是"升水",那么即期汇率减"升水"便成为远期汇率,远期差价如是"贴水"那么即期汇率加"贴水"便成为远期汇率。当然出于标价方法的不同,具体计算上应该不一样,但是对"升水"与"贴水"的概念理解则是一致的。

四、汇率制度

汇率制度又称"汇率安排",是指一国货币当局对本国汇率变动的基本方式所作的一系列安排或规定。传统上,按照汇率变动的幅度,汇率制度被分为固定汇率制和浮动汇率制两大类型。

(一)固定汇率制度

固定汇率制度是指以两国货币的含金量作为制定汇率的基础,汇率只在很小的范围内上下波动的汇率制度。从19世纪中后期金本位制在西方主要国家确定一直到1973年止,世界各国的汇率制度,基本上都属于固定汇率制度。在这一期间各国货币制度先后经历了金本位制和不兑现纸币流通制度。因此,固定汇率制度也经历了金本位制下的固定汇率制度,第二次世界大战前和第二次世界大战中的汇率制度及布雷顿森休体系下的固定汇率制度。

1. 金本位制下的固定汇率制度

在金本位制下,黄金可以自由铸造成金币,每一单位金币都有法定的含金量,金币可以自由流通,并自由输出入,银行券可以自由兑换成金币或黄金。因此,货币含金量成为各国确定货币汇率的基础,两国货币间的比价(汇价)即法定平价或铸币平价就是两国货币含金量之比。在国际金本位制下,外汇市场的现实汇率同法定平价并不总保持一致的水平,因为实际汇率要受外汇供求关系的影响,从而产生波动。但是汇率的波动是有限的,受黄金输送点的限制,当汇率的波动超过黄金输送点的上限或下限时,外汇的交易就会被黄金输送所代替;当一国外汇汇率出现上升趋势并越过黄金输出点时,黄金就将开始外流(因为国内客户这时宁愿以本币向本国货币当局兑换黄金来清偿外国债务,而不愿用高价购买外汇来清偿债务)。而黄金的外流又减少对外汇的需求,外汇需求量的下降缓和了外汇汇率上升的状况,这样使汇率不致超过法定平价与黄金运输费之和,即不超出黄金输出点的范围。相反,如果当外汇汇率下跌并跌至黄金输入点以下时,黄金则开始内流(因为这时国内客户宁愿用外国货币向其国家货币当局兑换黄金,以输入黄金形式来收回国外债权,而不愿用贬值的外汇换取本国货币以收回外国债权),这又使外汇汇率不致低于法定平价减去黄金运输费之差,即低于黄金输入点范围。

因此,在金本位制下,汇率总是围绕着铸币平价在黄金输送点的上下限内波动,是一个比较固定的汇率。

2.纸币流通制度下的固定汇率制度

(1)各货币集团的固定汇率制度。随着金本位制的崩溃,纸币流通的货币制度开始实行。在纸币流通制度下,一般纸币的金平价是由政府公布的,两国法定的本国纸币的金平价成为汇率的判定基础。但是,由于在纸币制度下纸币不能自由兑换黄金,政府发行货币也不受黄金拥有量的限制,所以各国常由于过量发行货币,造成通货膨胀,使纸币的金平价同它表示的实际黄金量相背离,从而导致汇率不稳。因此,为保持汇率的相对稳定,产生了一些以各资本主义大国为核心的、相互独立的货币集团或货币区,具有代表性的有英镑集团、美元集团和法郎集团。各货币集团对其集团内部成员作了一些规定,这些规定是:①区内各国或地区的货币对其轴心国货币保持固定比价;②集团内各种货币之间可以自由兑换,即资金在集团内部的移动不受限制,但集团内部各国之间的贸易清算要使用轴心国货币;③集团内各国黄金外汇储备部分地或全部地由轴心国保管。这些规定的目的,是在货币集团内保持固定的汇率制度。

(2)"布雷顿森林体系"下的固定汇率制度。由于货币集团内实行的固定汇率制,实际上是一种钉住汇率制度,它不能维持各货币集团之间汇率的稳定。因此,为了避免这种国际金融领域的混乱局面,1944年布雷顿森林会议通过了"国际货币基金组织协定","协定"规定:国际货币基金组织成员国要以黄金、美元为基准来确定对外平价,美元与黄金直接挂钩,其他国家货币与美元挂钩,并与美元建立固定比价关系。因此,以美元为中心的固定汇率制度开始实行。

①美元与黄金直接挂钩,是指国际货币基金组织成员国均必须承认美国政府于1944年7月1日规定的官价4盎司黄金=35美元,并协助美国维持黄金的官价水平,以稳定黄金的官价。美国政府则承担各国政府或中央银行按官价向美国用美元兑换黄金的义务。实际上这种美元与黄金的直接挂钩就是指美元等同于黄金。

其他国家的货币与美元挂钩,是指其他国家的货币与美元必须保持一个固定的比价关系。根据美国政府规定的1美元=0.888671克黄金的美元金平价,要确定其他国家货币的金平价与美元金价的比价关系,并且这一比价不得随意变动,其波动幅度只能在货币平价加减1%之内。

这种双挂钩的国际货币制度,使美元处于国际货币体系的中心地位,充当国际储备,其他国家的货币则都依附于美元。因此,"布雷顿森林体系"下的汇率制度,是各国货币与美元挂钩的固定汇率制度。

②随着60年代美国国际收支不断出现巨额的逆差,美元大量外流,美元逐渐丧失了其对外兑换黄金的能力。例如,1953年美国第二次经济危机后,美国国际收支逆差高达39亿美元,工业产值下降了10%点多,黄金储备下降更多。1960年10月,西方主要金融市场出现了大规模抛售美元,抢购黄金的风潮。为挽救美元危机,美国政府采取了一系列措施,如1962年美国政府与14个西方主要工业国家签订了"互换安排",组成"十国集团",筹集美元贷款等。虽然依靠其他国家的支持应付了此次美元的危机,但不能彻底解决美元的危机。

1968年3月,美国黄金储备下降到121亿美元,对外负债进一步加重,国际收支进一步恶化,外汇市场再次掀起抛售美元抢购黄金的风潮。各国也要求向美国兑换黄金以弥补损失。为此,美国政府被迫停止了1盎司黄金=35美元的官价,并实行黄金双价制,即允许外国中央银行按官价向美国兑换黄金,市场上黄金价格则按供需情况自由浮动,不再进行干预。

1971年美国又连续发生两次美元危机,由于美国国际收支状况不断恶化,美国国内资本不断外流,国际贸易出现巨额逆差,美国终于在1971年8月1日在黄金储备锐减的情况下宣布对外停止兑换黄金,以美元为中心的固定汇率制度基本上土崩瓦解了。

1971年12月,"十国集团"(由美国、英国、加拿大、前联邦德国、法国、意大利、荷兰、比利时、瑞典、日本组成)通过"史密森协议"扩大了汇率波动幅度的界限,即各国货币对美元汇率的波动幅度由原来不超过平价的±1%,扩大到±2.25%,固定汇率制得以维持了一年多。但由于各国货币与美元挂钩的基础已不存在,维持与美元固定汇率的客观性已丧失,最终在1973年2月,美国被迫第二次宣布美元贬值10%后,整个资本主义国家的货币不得不与美元脱离固定比价关系,"布雷顿森体体系"彻底瓦解。

虽然"布雷顿森林体系"结束了,但"布雷顿森林体系"下的固定汇率制在战后对世界经济和金融的发展发挥了积极作用。它稳定了第二次世界大战后国际金融出现的混乱、动荡局面,为国际贸易活动提供了一个正常的外部环境。汇率将近稳定了30年,为国际结算和国际借贷提供了有利条件,促进了国际贸易的发展,由于汇率的相对稳定,减少了外汇投机对国际金融市场带来的不利影响。

3. 金本位制下与纸币本位制下的固定汇率制的异同之处

金本位制下的固定汇率制与纸币流通体制下的固定汇率制的共同之处在于:

①各国对本国货币都规定了金平价。

②中心汇率都是按两国货币之间的金平价之比来确定的,且市场汇率的波动有一定的限度。因此,汇率基本上是稳定的。

两者的不同之处主要表现在：

①金本位制下,金平价是由两国货币的含金量决定的,其中心汇率是由两国货币的金平价之比而自行确定,且汇率的波动不超过黄金输送点上下限。由于金平价是不变的,因此各国间的汇率能保持真正的稳定。

②在纸币流通体制下,由于固定汇率制是通过人为建立起来的,即通过"布雷顿森林协定"规定的"双挂钩"而建立的。中心汇率是各国当局通过虚设的金平价来制定的,因此当一国国际收支出现根本性失衡时,金平价可由国际货币组织予以变更,因此在纸币流通条件下,固定汇率制实际上是可调整的钉住汇率制。

(二)浮动汇率制度

1. 浮动汇率制的概念及形成

随着固定汇率制度的崩溃,世界主要货币汇率进入了浮动汇率制度的时代。

浮动汇率制是指一国货币对外不再规定黄金平价,汇率的波动不再受上下波动幅度的限制,而是按外汇市场外汇供需情况的变化而自由波动的一种汇率制度。在这种汇率制下,各国中央银行不向维持固定汇率制度下所规定的法定比价,而是让汇率自动调节,上下浮动。

在浮动汇率制度下,汇率的变动主要是由一国国际收支状况所引起的外汇供需关系的变化来决定。一国中央银行不再直接对货币汇率进行干预,而是通过各种政策来调节国际收支,对外汇供求进行间接地影响,进而使汇率发生变化。在浮动汇率制度下,固定汇率制度下所具有的法定升值和法定贬值的现象已不存在,汇率的变化是通过某种货币的汇率在市场上的上浮或下浮表现出来的。例如:在纽约外汇市场上,对日元外汇供应大于需求时,则日元汇率将下跌,即日元外汇汇率下浮,当对日元的供应小于需求时,则日元汇率将上升,即日元外汇汇率上浮。

2. 浮动汇率制的类型

浮动汇率制度按不同的标准,可以划分为不同的类型:

(1)以政府是否对汇率采取一定的干预措施,可分为自由浮动和管理浮动。

自由浮动,是指各国政府都不采取任何形式的干预,汇率的浮动完全由外汇市场上的外汇供需关系来决定的汇率制度。因此,自由浮动是完全自动的,亦称清洁浮动。但实际上,各国政府都不同程度地对外汇进行直接或间接的干预。

管理浮动是指各国政府为使汇率朝着有利于本国经济发展的方向浮动而采取一些措施间接影响汇率波动的汇率制度。常见的措施有:政府在外汇市场上进行外汇买卖,调整本国银行利率或贴现率等,管理浮动亦称为肮脏浮动。

(2)以汇率浮动的形式区分,可分为单独浮动、联合浮动、钉住单一货币浮动、钉住一篮子货币浮动。

单独浮动是指一国货币不与其他国家发生固定联系,其汇率根据外汇市场的供需情况而进行浮动。例如,美元、日元、加拿大元等。

联合浮动也称"共同浮动"。它是指一些国家为了某种共同的需要,组成某种形式的经济联合体(例如欧洲经济共同体),联合体内成员国之间的汇率,按固定汇率形式确定,并规定波动的上下界限,但对于联合体以外的其他国家的汇率,则采取共同浮动的方法,即参加联合浮动的任何一国货币受到冲击时,其余各参加国就采取一致行动,以保持它们货币之间的汇率稳定。

钉住单一货币浮动。有些国家由于历史、地理等方面的原因,其对外贸易、金融往来主要集中于某一工业发达国家,或主要使用某一外国货币。为使这种贸易、金融关系得到稳定发展,免受相互间的货币汇率频繁变动的不利影响,这些国家通常使本国货币钉住该工业发达国家的货币,本国货币汇率随该国货币汇率浮动而浮动,这就是订住单一货币浮动。例如,一些英联邦国家钉住英镑。

钉住一篮子货币浮动,是指一国货币与若干种货币组成的一篮子货币订出固定汇率,并随其汇率的波动而波动。这一篮子货币主要由与本国经济联系最密切国家的货币和对外支付使用最多的货币组成。

3. 浮动汇率制对国际金融的影响

纵观浮动汇率制对国际金融的影响,其利弊是兼而有之的。

浮动汇率制对国际金融有利之处表现在:

①防止国际金融市场游资对硬货币的冲击。在固定汇率制度下,由于汇率不能调整,国际收支顺差国汇率常常呈上升趋势,大量国际游资为了保值或谋取利润,纷纷抢购某种硬通货,从而使硬通货受到冲击,加重国际金融混乱局面。而在浮动汇率制度下,由于汇率是随外汇市场供需关系的变化而变动的,任何一种汇率高估或低估行为,甚至哄抢某种货币都将是毫无意义的。因此,在浮动汇率制度下可以避免或减少游资对硬货币的冲击。

②在浮动汇率制度下,由于各国中央银行没有维持汇率的义务,因而不会因维持本国货币的汇率而出现外汇储备的流失,也不会因维持本国货币的汇率而采取与本国经济目标相左的政策,因而能自由推行本国政策。

浮动汇率制对国际金融除有上述有利之外,也有一些不良的影响,这主要表现在以下几个方面:

①阻碍了国际贸易的正常发展。在浮动汇率制度下,由于汇率随外汇市场供需情况变化而频繁的波动,这就增加了国际贸易和国际投资的风险,因而不利于国际贸易的正常发展和国际资本的正常流动。

②助长投机活动。在浮动汇率制度下,汇率的上下浮动,使国际投机者利用

汇率波动的幅度,大量买进或抛售某种货币,以谋取高额汇差,因而助长了国际投机活动。而外汇市场投机活动的猖獗又加剧了汇率的剧烈波动,影响了外汇交易的正常进行,给国际金融市场带来了混乱。

第三节 汇率的决定基础与影响汇率变动的因素

一、汇率的决定基础

汇率是两种货币的价值之比,汇率决定的基础就是两种货币各自所具有或代表的一定的价值。在不同的货币制度下,各国货币所具有或所代表的价值情况不一样。因此,汇率的决定也有所不同。

(一)金本位制下汇率的决定基础

金本位制是以黄金为本位货币的汇率制度,它包括金币本位制、金块本位制和金汇兑本位制。金币本位制是典型的金本位制,金块本位制和金汇兑本位制是削弱了的、没有金币流通的金本位制。我们一般谈及的金本位制是金币本位制。

在金币本位制下,各国货币一般都规定了每一单位金币法定的含金量,即金平价。同时还规定:金币可以自由铸造和熔化;银行券和辅币可以按其票面价值自由兑换金币;黄金可以自由输入或输出国境。由于金币本位制有这些特点,在对外支付时就有两种方式,或者通过买卖外汇进行结算,或者通过输出、输入黄金进行结算。由于各国金属铸币所包含黄金的重量、成色、单位和名称不同,所以,在国际结算中,无论是用金铸币还是银行券办理支付,都应该折算成一定量的黄金。两国货币的比价就是它们各自含金量的对比,两国货币含金量的比价叫做"铸币平价"(或法定平价)。铸币平价是在金本位制下决定两种货币汇率的基础。

例如:在金币本位制下,英国规定1英镑铸币的重量为123.27447格令,成色为22K,因此1英镑铸币含金量为$123.27447 \times 22/24 = 113.0016$格令。而当时1美元铸币重量为25.8格令,成色为90%,1美元铸币含金量为$25.8 \times 90\% = 23.22$格令。根据含金量对比,两国货币的铸币平价为$113.0016/23.22 = 4.8665$,即1英镑=4.8665美元。

但是,铸币平价只是决定汇率的基础,而不是外汇市场上买卖外汇时所用的实际外汇牌价。正如市场商品价格有时要背离价值一样,市场上实际外汇牌价也要受到外汇供求因素的影响。如果市场上对某一外汇的需求增加,需求大于对这一外汇的供给,则该外汇汇率就要上涨,其水平会高于铸币平价;反之,如果市场上对这一外汇的供给增加,造成这一外汇的供给大于需求,则该外汇汇率就要下跌,汇率水平会低于铸币平价。

但在金币本位制下,汇率的波动不会是漫无边际、毫无约束的,它总是围绕着铸币平价上下浮动,并有一定的界限,这一界限就是黄金输送点。这是因为在金本位制下,黄金、外汇都可作为国际结算的支付手段。当由于汇率的变动,使用外汇结算对交易一方不利时,他将不使用外汇,而直接使用黄金进行结算。因此,在金本位制下,汇率的波动要受黄金输送点的限制。汇率波动的最高界限是铸币平价加运输黄金的费用,称作黄金输出点。汇率波动超过这一界限,黄金就会从国内输出。汇率波动的最低界限是铸币平价减去运输黄金的费用,称作黄金输入点。汇率波动超过这一界限,黄金就会从国外输入。

例如,在第一次世界大战以前,英国和美国之间运送黄金的各项费用(包装费、运输费和保险费)再加上远程中的利息,约为黄金价值的 $0.5\% \sim 0.7\%$,以 1 英镑计算,运送黄金的各项费用加运程利息,约为 0.03 美元。在这种情况下,假定美国对英国有国际收支逆差,则对英镑的需求增加,英镑汇率就会上涨,如果英镑汇率上涨超过 1 英镑=4.8965(4.8665+0.03)美元时,则美国负有英镑债务者,就不会购买英镑外汇以偿付债务,而宁愿在美国购买黄金运往英国以偿付债务。用直接运送黄金的方法偿还 1 英镑的债务,只需 4.8965 美元,因此,汇率波动不会越过黄金输出点(1 英镑=4.8965 美元)。反之,假定美国对英国的国际收支为顺差,英镑的供给就会增加,英镑汇率就会下跌,如果英镑汇率下跌到 1 英镑=4.8365 美元(铸币平价 4.8665 美元减去运送费用 0.03 美元)以下时,则美国持有英镑债权者,就不会在外汇市场上出售英镑,而宁愿在英国用英镑购买黄金运回美国。用运送黄金的方法收回 1 英镑债权,可以换回 4.8635 美元,因此,英镑汇率不会低于 1 英镑=4.8365 美元的水平。

总之,汇率的波动以铸币平价为中心,以黄金输出(入)点为上(下)限。由于黄金运送费用在黄金价值中所占比重较小,所以汇率波动幅度较小,基本是稳定的。

第一次世界大战后,金币本位制瓦解,各国分别实行了金块本位制和金汇兑本位制,金币不再流通,这两种货币制度严重削弱了的金本位制。此时,各国货币虽规定了一定的含金量,决定汇率的基础是货币各自代表的含金量之比,但由于在这两种货币制度下,货币对黄金的可兑换性已大大削弱,汇率失去了稳定的基础。在 1929~1933 年资本主义经济危机的冲击下,金本位制终告彻底崩溃。

(二)纸币流通下汇率的决定基础

金本位制崩溃以后,各国普遍实行了纸币流通制度。受纸币流通规律的支配,纸币所代表的价值量经常变化,很不稳定,因而决定汇率的基础较金本位制时复杂。纸币是作为金属货币的代表而出现的,由于纸币所代表的金属货币具有价值,所以纸币也被称为"价值符号"。

在纸币流通制度实行的初期,各国都参照过去流通中金属货币的含金量,用法令规定每一单位纸币的含金量,即通常所说的"黄金平价"。从表面上看,决定汇率的基础应是纸币的黄金平价,但由于纸币每一单位的黄金平价同金铸币的含金量是不同的,纸币不能自由兑换黄金,发行不受黄金准备的限制,纸币的法定黄金平价常与其实际代表的黄金量出现脱节。当流通中的纸币量超过所需的金属货币量时,其所代表的含金量就会减少,汇率就会产生波动。因此,从货币汇率及货币的本质来分析,纸币流通下的汇率决定基础应该是两国货币各自实际所代表的价值量或纸币所代表的实际价值,即一国货币的对内价值决定其对外价值。汇率作为两国货币间的比价,其波动是由两国货币在外汇市场上的供求状况决定的。外汇供小于求,则以外国货币表示的汇率就高,即本币汇率下跌,外币汇率上升;外汇供大于求,则以外国货币表示的汇率就低,即本币汇率上升,外币汇率下跌。

第二次世界大战后,在"布雷顿森林体系"下,实际上形成的是以美元为中心的固定汇率制。由于美元同黄金挂钩(黄金平价为1美元的含金量是0.888671克,即1盎司黄金官价为35美元),各国货币同美元挂钩,即各国根据本国货币与美元的金平价,制定出本国货币对美元的官方汇率,各国有义务干预外汇市场,使外汇市场汇率的波动幅度不超过官方汇率上下的一定幅度,各国也不得轻易改变其货币的含金量。在这种货币体系下,黄金仍然是最后支付手段。所以,从表面看,黄金仍是决定汇率的基础,但实际上,各国货币汇率围绕黄金平价上下波动范围非常有限,而且是人为强行限制的。

"布雷顿森林体系"崩溃后,国际货币制度进入浮动汇率制度时代。在这种货币制度下,各国政府不再规定本国货币的含金量,不再维持本国货币对外币汇价保持固定汇率,完全听任市场供求力量决定汇率,汇率变动基本上没有涨跌幅度的限制。在浮动汇率制度下汇率是由外汇市场的供求决定的,各国货币间的汇率不再以含金量来确定,而是由货币所代表的实际价值所决定了。

二、影响汇率变动的因素

汇率变动问题是一个极其复杂的问题,影响外汇汇率变动的因素很多,既有国内的因素,又有国外的因素;既有经济因素,又有理论、军事、心理因素。就经济因素来研究,主要有这样几个方面:

1. 经济发展稳定状况

一个国家的经济发展稳定状况,始终是影响该国货币汇率变动的基本因素。一个国家的社会生产力、劳动生产率、经济增长率、国民生产总值的提高不稳定时,该国的货币汇率也就易于变动,难以保持外汇汇率的稳定。反之,一个国家的社会生产力、劳动生产率、经济增长率、国民生产总值的提高比较稳定,经济发展比较协调时,那么该国的货币汇率便较少波动,易于保持外汇汇率的稳定。现在世界上各国的情况,特别是西德、日本、瑞士的经济发展同汇率变动的关系就充分说明了这个道理。

2. 国际收支均衡状况

一个国家的国际收支均衡状况是影响其货币汇率的直接因素。如果一个国家的国际收支发生逆差,为偿还对外债务,逆差国对外币的需求便会增加,逆差国的货币便会过剩,那么这就必然表现为本国货币贱、外国货币贵。如果一个国家的国际收支发生顺差,外国对顺差国货币的需求便会增长,外国货币便会过剩,那么这就必然表现为本国货币贵、外国货币贱。在第二代国际货币制度下,由于国际货币基金组织规定了汇率波动的上下限,再加之有各国家对外汇市场的干预,所以国际收支对汇率的影响表现的比较复杂,似乎有缓冲的余地。但是结果仍然导致货币的贬值或升值。在第三代国际货币制度下,国际收支均衡状况非常明显地影响着汇率的上浮或下浮,比如,美国的国际收支长期发生逆差,尽管还有其他措施使其汇率有时也上浮,但总的来说,则是美元汇率一直疲软;相反,西德、日本的国际收支长期发生顺差,其汇率一直是表现为上浮,因此,人们普遍把西德马克和日元称为"硬货币"。

3. 外汇储备资产状况

一个国家的外汇储备资产状况,对其汇率的变动有着重要的影响。如果一个国家的外汇储备很少或严重不足,就自然表现为对外币需求的增加。这样外币就会贵起来,从而影响外汇汇率的变动。如果一个国家的外汇储备很多,不断在增加,就自然表现为对外币需求的减少,这样外币就会贱下来,从而影响外汇汇率的变动。

4. 货币对内价值状况

一个国家货币对内价值的变动是影响其汇率(对外价值)变动的关键因素。如果一个国家的货币对内贬值了,发生了通货膨胀、物价上涨,那么在这种情况下,即使人为的控制汇率不变,但到后来还是会引起汇率变动,也就是发生本国货币对外贬值。这是因为,高估本国货币的对外价值,便会引起进口增加,出口减少,致使外汇需求增加,结果必然引起本国货币对外贬值。反之,如果一个国家的货币对内升值了,发生通货紧缩,物价下跌。在这种情况下,即便人为的控制汇率不变,但到后来还是会引起汇率变动,即发生本国货币对外升值。这是因为,低估本国货币的对外价值,便会引起进口减少,出口增加,致使外汇供给增加、需求减少,结果必然引起本国货币对外升值。由此可见,一个国家货币对内价值的变动必然影响其汇率的变动。

5. 通货膨胀变动情况

一个国家的通货膨胀变动情况是影响其外汇汇率变动的重要因素。在纸币流通的条件下，资本主义国家由于军事、经济等原因，过量发行本身没有价值的纸币，因而常常发生通货膨胀。现在，资本主义国家的通货膨胀普遍比较严重，有的越来越难以解决。在这样的情况下，有些国家的货币所代表的实际价值量减少的多些，有些国家的货币所代表的实际价值量减少的少些。这种差别反映在各国货币之间的兑换率上，就必然表现为有的汇率在下浮，有的汇率在上浮。假定其他条件基本相同，那么，通货膨胀率高的国家，其货币就可能变得贱些，其汇率就会下浮；相反，通货膨胀率低的国家，其货币就可能变得贵些，其汇率就会上浮。总之，通货膨胀常常通过影响国际收支，进而严重影响着外汇汇率的变动。

6. 国家干预办法状况

一个国家干预办法状况也严重地影响着外汇汇率的变动。如果一个国家在外汇市场上，一方面抛售外国货币，一方面收回本国货币，那么这就可以阻止本国货币汇率下浮和外国货币汇率上浮的局面。如果一个国家在外汇市场上，一方面抛出本国货币，一方面购进外国货币，那么这就可以阻止本国货币汇率上浮和外国货币汇率下浮的局面。国家采取这些办法对外汇市场进行干预，就可引导汇率朝着有利于本国经济发展的方向变动。不过历史和现实都一再说明，虽然国家对外汇市场的干预，在一定条件下的短期之内可能起一定的作用，但是这些治标的办法是绝不可能治本的。

7. 对外贸易政策状况

一个国家的对外贸易政策状况，也对其汇率的变动有着重要的影响。比如，如果一个国家对其进出口贸易的管理状况不好，不符合实际地强调自由进出口政策，那么其汇率就易于波动，而且这种波动可能很严重。如果一个国家对其进出口贸易的管理状况良好，对进口贸易征收高额关税，限期进口用汇，对出口贸易实行免税或补贴，鼓励出口创汇，那么，其汇率就会比较稳定，而且可能有利于推动本国经济的发展。再比如，如果一个国家的对外贸易存在着巨额逆差，那么其汇率便可能疲软；如果一个国家的对外贸易有巨额顺差，那么其汇率就可能坚挺。由此可见，对外贸易政策状况，也会影响汇率的变动。

8. 国家财政政策状况

一个国家的财政政策状况，也对其汇率的变动有着重要的影响。人们常常把财政状况作为预测汇率变动的重要指标。如果一个国家的财政预算出现了巨额赤字，这就是说政府支出已经过度了，通货膨胀和经常项目收支将进一步恶化，那么其汇率会自动下浮。如果一个国家的财政预算状况良好，这就说明国家的经常项目收支比较均衡协调，那么其汇率就可能自动上浮。当然，如果出现了其他条件的变化,则可能出现相反的结果。比如美国曾有过这样的情况:财政赤字多达 2000 亿美元,但其汇率并未因此而下浮。因为,巨额的财政赤字可能会推动利率上升,较高的利率又会推动资金流回,从而成为货币变得坚挺的一个重要因素。

9. 国家货币政策状况

一个国家的货币政策状况,特别是其中的利率政策状况,是影响其汇率变动的重要因素。如果一个国家的利率降低,会引起国内短期资本外流,这些外流资本首先要兑换成外国货币,于是出现外汇市场该国货币的供过于求,那么该国货币的汇率就会表现出疲软。如果一个国家的利率提高,便会引起国际上短期资本内流,这些内流资本首先要兑换成该国货币,于是出现外汇市场上该国货币的供不应求,那么该国货币的汇率就会表现出上扬。近年来,西方各国竞相提高利率,这对稳定其汇率和汇率的上浮,暂时起了一定的作用。

第四节 汇率变动对经济的影响

汇率作为一个重要的经济杠杆,是联结国内外商品市场和金融市场的重要纽带,在开放型经济中发挥着越来越大的作用。一方面,汇率的变动受制于各种因素;另一方面,汇率的变动又会对其他经济因素产生广泛的影响。汇率的变动和调整,影响着各国乃至全球经济的各个方面。了解汇率变动的影响,不论对一个国家制定汇率政策,还是对一个企业进行汇率风险管理等都有极其重要的影响。

一、对国际收支的影响

(一)对进出口贸易的影响

汇率稳定有利于国际贸易的发展。汇率不稳定,波动幅度过大,就会增加国际贸易的风险。因为,在汇率波动情况下,贸易商难以准确计算进出口贸易的成本和收益。

一国货币汇率下浮(货币对外贬值),有利于扩大出口。因为,本国货币汇率下跌,在国际市场上,以外币表示的本国出口商品的价格比外国商品的价格相对低廉,诱发外国居民增加对该国商品的需求;另外,出口后收入的外汇结转兑换成本国货币数额比汇率下浮前增加,从而有助于增加出口。同时,一国货币汇率下浮将抑制进口。因为,本国货币汇率下跌,外币汇率上升,以本币表示的进口商品价格将相对提高。在一定条件下,本币对外币贬值,将有助于进出口贸易收支状况的改善,这是贬值最重要的经济影响,也是一国货币当局实行货币对外贬值或使汇率下浮所考虑的主要原因。但贬值后能否取得预期结果,出口能增加多少,对进口影响如何,还要受到其他多方面因素的影响,诸如国际市场供求状况、商品供求弹性等。而且这种影响往往有一个"时滞",即所谓的"J曲线效应"。

相反,本币汇率上浮(货币对外升值),则不利于出口,而有利于进口。因为本币汇率上浮,该国出口商品在国际市场上以外币表示的价格相对较高,影响国外市场对本国商品的需求;同时,取得的外汇收入折合成本币数额较汇率上浮前减少,这会影响该国商品出口。同时,该国的进口商品折合成本币时,价格相对较低,增加本国居民对进口商品的需求。

(二)对非贸易收支的影响

在其他条件不变的情况下,一国货币汇率下浮(本币贬值),会增加该国非贸易收入。因为,本币贬值以后,外国货币的购买力相对提高,货币贬值国的劳务、交通、旅游等费用都相对便宜,增加了对国外旅游者的吸引力。对其他非贸易收入也是如此。同时,贬值后,国外的旅游和其他劳务开支对本国居民来说相对较高,抑制了本国的对外劳务支出。相反,一国货币汇率上浮(本币升值),会减少非贸易收入。因为外国货币的购买力相对降低,外国居民对本国居民的劳务支出费用比上浮前增加,减少其国外劳务需求,从而减少劳务外汇支出。同时,该国货币升值,刺激本国居民到国外旅游等,增加外汇的流出,即增加非贸易外汇支出。

(三)对国际资本流动的影响

国际资本流动是指货币资本通过在外汇市场的交换,从一个国家转移到另一个国家。它是伴随各国为了达到某种经济目的而进行的国际经济交易而产生的,有输出输入之分。

外汇市场的汇率变动,对长期资本流动影响较小。因为,长期资本的流动主要取决于利润和风险情况。在一国发生通货膨胀的情况下,若该国货币汇率下跌幅度大于通货膨胀幅度,则贬值后的新汇率在扣除通货膨胀因素后,会低于基期汇率。此时,对外长期投资的成本就会上升,其盈利可能受影响,从而会影响投资决策。另一方面,若其他条件不变,则贬值后的外汇购买力相对上升,从而有利于国外资金流入货币贬值国进行投资。

外汇汇率变动对短期资本流动有较大影响。当本国货币贬值时,国内资金持有者或外国投资者,为了防范汇率变动的损失,就要把本国货币在外汇市场上兑换成其他货币,进行资本逃避,从而导致资本外流。同时,将使外国在本国的投资者因持有以该国货币标值的资产价值下降而调走在该国的资金。这不仅使该国国内投资规模缩减,影响其国民经济发展,而且由于对外支出增加,将恶化本国的国际收支。反之,如果本国货币汇率上升,则对国际资本流动产生相反影响。

二、对物价和国内经济的影响

汇率代表着一国货币的对外价值。一国货币对外价值的变化必然会影响货币的对内价值,从而影响国内的物价水平。

货币贬值,即本币汇率下跌,将给国内物价带来不利影响,使通货膨胀压力增大。这种影响来自两方面,一是通过贸易收支改善的乘数效应,引起需求拉上的物价上涨;二是通过提高国内生产成本推动物价上升。因为,货币贬值后的直接结果是进口商品以本币表示的价格上升,其中消费品部分会直接引起零售物价上涨;进口原材料、中间产品和机器设备等资本品价格的上升,则会造成国内生产中使用这些进口资本品的生产成本提高,从而推动生产出来的商品价格上升。特别是在一国进口商品需求价格弹性较小的情况下,货币贬值造成的物价上涨压力更为明显。同时,与进口商品处于竞争地位的本国商品其价格也会受进口商品价格上涨的带动而上涨。由于货币贬值会加剧通货膨胀的压力,故利用货币贬值来促进出口,应选择在国内物价水平相对稳定,通货膨胀率较低的时候。

相反,货币升值可能起到平抑国内物价水平的作用,但当一国经济处于萧条时期,本币汇率上升会加剧国内通货紧缩。

另外,汇率变动对国内经济的影响还表现为对国民收入、资源配置、收入分配、财政收支和货币供给等方面的影响。

三、对外汇储备和国际经济关系的影响

储备货币的汇率变动,会影响一国持有该储备货币的实际价值。若某种储备货币的汇率下跌,持有这种货币作为国际储备的国家就要遭受损失,而发行该种储备货币的国家就转嫁了货币贬值的损失从而减少了债务负担。若某种储备货币汇率上涨,则持有该种储备货币的国家就会得到汇率上涨的收益,而发行该种储备货币的国家则增加了债务负担。

因此,在储备货币多元化的条件下,各国应确定适度的储备规模,保持合理的币种结构,采取灵活的营运措施。在生息、安全、流动和有利的条件下,应随时掌握和预测外汇市场上各种货币汇率变化以及利率变化的情况,运用各种操作技术,及时调换各种货币,力争多收入利息和得到汇率上涨的收益。在发挥外汇储备作用的同时,应尽量回避风险,获得收益,减少汇率变动对储备货币价值的不利影响。

由于主要发达国家的货币起储备货币和计价支付手段的作用,因此,这些货

币汇率的变化对世界各国,特别是发展中国家经济的影响很大。其一,作为国际储备货币的发达国家货币贬值,至少在短期内不利于他国的贸易收支,可能引起贸易战、汇率战,并影响世界经济;其二,主要发达国家的货币一般充当国际计价手段、支付手段和储备手段,其汇率变动会引起国际金融领域的动荡;其三,主要货币汇率的不稳定还会给国际储备体系和国际金融体系带来较大的影响。

汇率变动对一国经济的各个领域都会产生影响,其影响程度视各国的经济情况不同而异,这主要取决于以下条件:

第一,一国的对外开放程度。对外开放程度较大,本国经济发展对外部依赖较强,进出口贸易总额占国民生产总值比重较大的国家,汇率的变化对该国经济的影响程度就较大,反之则较小。

第二,一国经济多样化状况。汇率对经济多样化、出口商品多样化国家的经济影响相对较小,对经济单一、出口商品结构单一的国家影响就较大。

第三,与国际金融市场的联系程度。与国际金融市场联系密切的国家,参加多种形式的外汇交易,而且交易数额大,流动性强。汇率变动对这些国家的经济影响较大。反之影响较小。

第四,货币的兑换性。由于自由兑换货币经常与其他货币发生兑换,因此,汇率变动对这些国家的经济影响较大,而对货币非自由兑换的国家影响就较小。

此外,由于各国对经济的干预政策和外汇管理政策不同,汇率变动对各国经济所产生的影响和作用也是不同的。

第五节 人民币汇率

人民币是中国的法定货币,人民币汇率是指人民币对外币的比价。人民币汇率采用直接标价法,多数情况下以100单位外币折合人民币来表示。现行的人民币汇率体制以人民币对美元的汇率为基准汇率。人民币与其他货币之间的汇率通过各自与美元的汇率套算而来。表2-1为中国银行公布的2012年4月9日人民币外汇牌价(单位:每100外币兑换的人民币数额)。我国现行的人民币汇率制度是以市场供求为基础的、单一的、有管理的浮动汇率制。

表2-1 中国银行公布的人民币外汇牌价(日期2012年4月9日)

货币名称	现汇买入价	现钞买入价	现汇卖出价	现钞卖出价	人民币汇率中间价	中行折算价
英镑	996.86	966.08	1004.86	1004.86	999.61	999.61
港币	81.06	80.41	81.37	81.37	81.15	81.15
美元	629.41	624.37	631.94	631.94	630.21	630.21

续表

货币名称	现汇买入价	现钞买入价	现汇卖出价	现钞卖出价	人民币汇率中间价	中行折算价
瑞士法郎	683.76	662.65	689.26	689.26	—	684.68
瑞典克朗	92.74	89.88	93.48	93.48	—	93.07
新加坡元	498.2	482.82	502.2	502.2	—	499.16
挪威克朗	108.05	104.71	108.92	108.92	—	108.21
丹麦克朗	110.44	107.04	111.33	111.33	—	110.55
日元	7.7312	7.4925	7.7933	7.7933	7.7336	7.7336
加拿大元	629.28	609.86	634.34	634.34	632.07	632.07
澳大利亚元	646.21	626.26	651.4	651.4	647.98	647.98
欧元	821.66	796.29	828.26	828.26	823.46	823.46
澳门元	78.75	78.08	79.05	79.05	—	78.82
菲律宾比索	14.7	14.24	14.81	14.81	—	14.74
新西兰元	513.8	—	517.93	—	—	514.1
泰国铢	20.27	19.65	20.44	20.44	—	20.34
卢布	21.18	—	21.35	—	—	21.32
韩国元	—	0.5348	—	0.5799	—	0.5571

(资料来源:中国银行网站)

一、人民币汇率机制的历史回顾

1948年12月1日,中国人民银行成立,并发行全国统一货币——人民币。人民币通过兑换各解放区原来流通的货币而进入流通领域。

(一)1949年至1952年期间,采用物价对比法

1949年1月18日,我国开始对外发布人民币对美元的外汇牌价,但因当时通货膨胀严重,各地物价水平不一致,各地人民币的外汇牌价都是根据当地情况公布的,直至1950年7月8日,随着经济秩序的逐步恢复和全国统一财经制度的建立,人民币汇率才实行全国统一汇率,由中国人民银行总行公布。建国初期,根据当时的经济状况,在"统制对外贸易"的原则下,根据"发展生产,繁荣经济,城乡互助,内外交流,劳资两利"的经济政策,为恢复和发展国民经济,鼓励出口,增加外汇收入,我国制定了"奖出限入,照顾侨汇"的汇率政策。"奖出"即奖励出口,保证75%~80%的大宗出口商获得5%~15%的利润;"限入"即限制奢侈消费品进口,并照顾华侨汇款的实际购买力。因此,在这一时期,人民币汇率主要根据该时期国内外的相对物价水平来制定,并随着国内外的相对物价水平不断进行调整。由于当时国内物价猛涨而国外物价稳定甚至下跌,汇率大幅度波动,期间汇率调整达52次之多。

在此阶段,由于是处在封闭的计划经济体系下,虽然人民币汇率被严重高估,但其负面影响并未表现出来。

(二)1953 年至 1972 年期间,采用稳定的汇率方针

从 1953 年起,我国进入社会主义建设时期,国民经济实行高度集中的计划经济体制,国内物价趋于全面稳定,对外贸易开始由国营公司统一经营,而且主要产品的价格也纳入国家计划。在当时,人民币汇率主要用于非贸易外汇兑换的结算上,按国内外消费物价对比,汇率已适当照顾侨汇和其他非贸易外汇收入。为了维护人民币的稳定,促进内部核算和有效编制计划,人民币汇率在原定汇价的基础上,参照各国政府公布的汇率水平,只有在外国货币升值或贬值时,才做相应的调整。并且,计划经济本身要求对人民币的汇价采取基本稳定的政策,以利于企业内部的核算和各种计划的编制和执行。同时,由于以美元为中心的固定汇率制度的确立,各国之间的汇价在一定程度上也保持了相对稳定。再加上我国同西方工业国家的直接贸易关系和借贷关系很少,因此,西方各货币汇率变动对我国人民币汇率几乎没有影响。在国内物价水平趋于稳定的情况下,我国进行新中国成立以来的首次币制改革。1955 年 3 月 1 日,开始发行新人民币,新旧人民币折合比率为 1∶10000。自采用新人民币后,1955 年至 1971 年,人民币对美元汇率一直是 1 美元折合 2.4618 元新人民币。1971 年 12 月 18 日,美元兑黄金官价宣布贬值 7.89%,人民币汇率相应上调为 1 美元折合 2.2673 元人民币。这一时期人民币汇率政策采取了稳定的方针,即在原定汇率的基础上,参照各国政府公布的汇率进行调整,逐渐同物价脱离。但这时国内外物价差距扩大,进口与出口的成本悬殊,于是外贸系统采取了进出口统负盈亏、实行以进口盈利弥补出口亏损的办法,人民币汇率对进出口的调节作用减弱。

(三)1973 年至 1979 年期间,原则上采用钉住货币篮子的汇率制度

1973 年 3 月以后,"布雷顿森林体系"彻底解体,西方国家普遍实行了浮动汇率制。为了避免西方国家通货膨胀及汇率变动对我国经济的冲击,并保持对主要贸易伙伴货币汇率的相对稳定,促进对外经贸活动的正常开展,我国从 1973 年开始频繁地调整人民币对外币的汇率(仅 1978 年人民币对美元的汇率就调整了 61 次),并开始采用钉住"一篮子货币"的定值方法。该方法的具体计算方法为:选择若干有一定代表性、与我国贸易相关性较大的、可自由兑换的货币,根据这些货币在国际外汇市场上加权平均汇率的变动情况来调整人民币汇率水平。在 1973 年至 1984 年期间,篮子中的货币和权数做了 7 次调整。由于采用钉住货币篮子的汇率制度,国际外汇市场上主要货币的波动也就会影响到人民币汇率水平。如 1973 年至 1980 年美元兑主要工业国家货币大贬值的过程中,美元兑人民币亦大幅度贬值,从 1973 年的 1 美元=2.46 元人民币,下跌到 1979 年 1 美元=1.49 元人民币,美元兑人民币贬值了 39.2%,人民币汇率高估

现象趋于严重。

这种"钉住汇率制"的汇率安排在很大程度上抵御或减少了国际汇率波动对我国货币的影响,保持了人民币汇率的相对稳定,有利于对外经济贸易企业的成本核算、利润预测及减少汇兑风险。但这种方式脱离了直接的物质基础和货币购买力原则,反映的只是人民币与篮子货币的相应变动情况,而不是人民币本身价值量的变动情况。不过,由于我国一直实行的是社会主义计划经济体制,对外封闭,直至20世纪80年代初,国家外汇基本上处于零储备状态,外贸进出口也主要局限于社会主义国家,且大体收支平衡,尽管人民币汇率被严重高估,但并未带来明显的消极影响。

(四) 1980年至1994年期间,采用以出口换汇成本为依据确定人民币汇率

在1980年至1994年期间,人民币持续大幅度贬值,其主要原因是汇率调整的主要依据——全国出口换汇成本在不断上升。国内每一次物价大幅度上涨都会导致人民币贬值。

20世纪70年代后期,人民币汇率出现严重高估,长期以来的贸易与非贸易单一汇率制度已无法适应进出口贸易发展的要求,特别是对扩大出口不利,且由于我国物价一直由国家计划规定,长期没有变动,许多商品价格偏低,形成了国内外市场价格相差悬殊且出口亏损的状况,这也使得人民币汇价不能同时照顾到贸易和非贸易两个方面。为了改革外贸体制,促进出口,平衡外汇收支,国务院决定从1981年起实行两种汇价制度,也就是除继续保留人民币的公开牌价之外,另外制定内部贸易结算价。这就是1981年至1984年所实行的"双重汇率制"或"汇率并轨制"。在此期间,对外公布的官方牌价为1美元=1.50元人民币,主要适用于非贸易外汇的兑换和结算,且仍沿用原来的一篮子货币加权平均的计算方法;对内的内部结算价为1美元=2.80元人民币,主要适用于进出口贸易及贸易从属费用的结算。

两种汇价的实行,虽然对促进对外贸易起到了一定的积极作用,但人民币汇价高估的状态仍未得到改变。而内部结算价在一定程度上也影响了非贸易部门的积极性,并增加了外贸企业的政策性亏损,加重了国家的财政负担。为了适应对外经济发展和外贸体制进一步改革的需要,改变人民币汇率高估的状况,1985年1月1日起,我国对人民币汇率进行了必要调整,取消了贸易外汇内部结算价,重新恢复单一汇率制,采用出口换汇成本计算出来的贸易汇价1美元=2.80元人民币。从1986年1月1日起,人民币汇率放弃钉住一篮子货币的做法,改为管理浮动。其目的是使人民币汇率适应国际价值的要求,且能在一段时间内保持相对稳定。

进入20世纪80年代中期以后,我国物价上涨速度加快,而西方国家控制通货膨胀取得一定成效。在此情况下,我国政府有意识地运用汇率政策调节经济

第二章 外汇与汇率

与外贸,对人民币汇率作了相应的持续下调。1995年8月21日,人民币汇率调低至1美元=2.90元人民币;10月3日调低至1美元=3.00元人民币;10月30日又调至1美元=3.20元人民币;1986年7月5日,人民币汇率再度大幅调低至1美元=3.7036元人民币;1989年12月16日,人民币汇率又一次大幅下调,由此前的1美元=3.7221元人民币调至当日的1美元=4.7221元人民币。自1991年4月9日起,我国开始对人民币官方汇率实施有管理的浮动运行机制。国家对人民币官方汇率进行适时适度、机动灵活、有升有降的浮动调整,改变了以往阶段性大幅度调整汇率的做法。这一阶段的特点是,我国的外汇管理机关根据我国改革开放与发展的状况,特别是对外经济活动的要求,参照国际金融市场主要货币汇率的变动情况,对公布的人民币官方汇率进行适时适度、机动灵活、有升有降的浮动调整。

事实上,自1986年随着全国性外汇调剂业务的全面展开,人民币汇率再次形成了统一的官方牌价与市场调剂汇价并存的新双轨制。而且,当时全国各地的外汇调剂市场,在每一时点上,市场汇率水平不尽相同。这种官方汇率与市场汇率并存的多重汇率制度一直延续到1993年底。其间,外汇调剂市场的汇率形成机制,经历了从开始试办时的官方定价到由市场供求决定的过程。

(五)1994年至2005年期间,实行人民币钉住美元的汇率机制

从1994年1月1日起,我国实行人民币汇率并轨,将之前的官方汇率和调剂市场汇率合并,实行单一汇率,人民币对美元的汇率为1美元=8.70元人民币,同时,取消了外汇收入指令性计划,取消外汇留成和上缴,实行银行结汇、售汇制度,禁止外币在境内计价、结算和流通,建立统一的银行间外汇交易市场,改革汇率形成机制。

1994年我国开始实行人民币在经常项目下"有条件"的可兑换,并削除了国际货币基金组织规定中的绝大多数限制,如歧视性货币措施或多重汇率安排等,而且绝大多数经常项目交易的用汇和资金转移也不再受到限制。1996年12月1日我国接受了国际货币基金组织第八条款,所有正当的、有实际交易需求的经常项目用汇都可以直接对外支付,这就实现了人民币自由兑换的重要一步。

汇率并轨且人民币大幅贬值后,人民币进入缓慢升值阶段,从1994年初的1美元兑8.7元人民币的历史最高点涨到1997年的1美元兑8.3元人民币左右,四年升值幅度为4.6%,平均每年升值约1.15%。自1997年东南亚金融危机以来,我国实际上实行的是钉住美元的固定汇率制度,人民币兑美元基本维持在8.28元上下1‰的幅度范围内波动。在这种汇率机制下,人民币与美元保持了基本固定的稳定汇率关系。

但这一汇率政策的缺点在于,人民币的强弱主要取决于美元的强弱,美国的经济政策和经济周期的变化通过美元对中国经济产生较大影响。

二、人民币汇率的现状

（一）人民币汇率的现状

为建立和完善我国社会主义市场经济体制，充分发挥市场在资源配置中的基础性作用，建立健全以市场供求为基础的、有管理的浮动汇率制度，中国人民银行于2005年7月21日发布了关于完善人民币汇率形成机制改革的公告。

人民币汇率形成机制改革的内容为：自2005年7月21日起，我国开始实行以市场供求为基础、参考一篮子货币进行调节、有管理的浮动汇率制度。人民币汇率不再单一钉住美元，而是选择若干种主要货币，赋予相应的权重，组成一个货币篮子。同时，以市场供求为基础，参考一篮子货币计算人民币多边汇率指数的变化，对人民币汇率进行管理和调节，维护人民币汇率正常浮动，保持汇率在合理、均衡水平上基本稳定，促进国际收支平衡，维护宏观经济和金融市场的稳定。

中国人民银行于每个工作日闭市后公布当日银行间外汇市场美元等交易货币对人民币汇率的收盘价，作为下一个工作日该货币对人民币交易的中间价格。例如，2005年7月21日19时，美元对人民币交易价格调整为1美元兑8.11元人民币，作为次日银行间外汇市场上外汇指定银行之间交易的中间价，外汇指定银行可自此时起调整对客户的挂牌汇价。现阶段，每日银行间外汇市场美元对人民币的交易价仍在人民银行公布的美元交易中间价上下千分之三的幅度内浮动，非美元货币对人民币的交易价在人民银行公布的该货币交易中间价上下一定幅度内浮动。中国人民银行将根据市场发育状况和经济金融形势，适时调整汇率浮动区间。同时，中国人民银行负责根据国内外经济金融形势，以市场供求为基础，参考篮子货币汇率变动，对人民币汇率进行管理和调节，维护人民币汇率的正常浮动，保持人民币汇率在合理、均衡水平上的基本稳定，促进国际收支基本平衡，维护宏观经济和金融市场的稳定。

（二）人民币汇率的特点

1. 以市场供求为基础

外汇市场的供求状况及汇率水平是决定人民币汇率水平的主要因素。

2. 单一的汇率

各外汇指定银行根据中国人民银行公布的汇率中间价及规定的浮动幅度范围，自行确定对外挂牌的汇率，该汇率适用于所有外汇与人民币间的结算与兑换。

3. 有管理的汇率

尽管人民币汇率变化是以市场供求关系为基础、以参考一篮子货币来调节，但是这些变化必须在中国政府可控的范围内进行，对于人民币汇率制度改革转轨时期更是如此。这样才能够保持人民币汇率在合理、均衡水平上的基本稳定，才能减少国内企业及民众可能面临的汇率风险。

4. 浮动汇率

这包括两方面内容：一是中国人民银行每日公布的市场汇率是浮动的；二是各外汇指定银行对外挂牌买卖外汇的汇率可在中国人民银行公布的市场汇率及规定的浮动幅度范围内浮动，参考一篮子货币进行调节，其中最为重要的是"参考"两字。也就是说，人民币汇率水平在以国内市场供求关系为基础的同时，要参考国际金融市场主要货币汇率的变化。这种变化通过世界主要货币（如美元、欧元、日元等）一篮子加权来反映。这样，既可以通过人民币汇率水平的变化来调整与他国之间进出口贸易的关系，也可以减少国际金融市场主要货币之间的波动对国内宏观经济的影响。在这次改革后，人民币不再单独钉住美元，而开始参考一篮子货币，这有利于形成有弹性的人民币汇率生成机制，减小人民币对其他主要货币的汇率波动，缓解国际收支失衡的巨大压力，并有利于实施独立自主的货币政策，淡化人民币"兑"美元的矛盾。从长远战略来看，人民币汇率形成新机制的建立，将有利于推进人民币汇率安排的市场化改革进程，最终为人民币在资本项目下实现完全可兑换创造条件。

复习思考题

1. 外汇的作用有哪些？
2. 如何理解汇率的概念和形成方式？
3. 影响汇率变动的因素有哪些？
4. 汇率如何对物价和国内经济产生影响？
5. 简述现阶段人民币汇率制度的内容和特点，并分析其存在的问题。

第三章 外汇交易与外汇市场

第一节 外汇交易

外汇交易是指在不同国家(地区)的可兑换货币间进行买卖兑换的行为。也就是以约定汇率将一种货币转换为另一种货币,并在确定日期进行资金交割。这种交易既包括国际金融市场通过现代通讯设备进行的批发性买卖行为,也包括银行等金融机构柜台交易的买卖行为。外汇交易所体现的外币运动,实质上反映了国际有形贸易、无形贸易和资本投资中商品、劳务与资本在国际上的运动。浮动汇率时期,外汇交易还具有满足贸易商、投资人避免汇率风险的作用。由于对未来汇率变动趋势及幅度的预测不同,许多外汇交易具有投机性质。

一、外汇交易概述

(一)交易货币

无论使用何种外汇交易方式,其交易数额均以某国货币表示。各种各样的外汇交易和其他金融活动,经常碰到许多种货币名称。为准确简易地表示各国货币名称,1970年联合国欧洲经济委员会提出制定一项用于国际贸易金融业务和信息交换货币代码的要求。1973年,国际标准化组织技术委员会制定了一项适于贸易、商业和银行使用的货币和资金代码,产生了国际标准 ISO4217 三字符货币代码。1978年2月,联合国贸发会议和欧洲经济委员会将三字符货币代码作为国际通用的货币代码或货币名称缩写向国际社会推荐。ISO4217 货币代码的三个字符,前两个表示货币所属国与地区,第三个字符表示货币单位。如美元为 USD,人民币为 CNY,欧元为 EUR,英镑为 GBP 等。

(二)交易时间

每个外汇交易市场都使用外汇市场的"开市"和"收市"概念,但这并非意味着外汇交易者只能在开市后、收市前交易。所谓开市、收市仅表明单个外汇市场何时营业、何时收市。就全球外汇市场而言,即使一个市场收市,外汇交易仍可继续在其他市场进行。由于时差原因,全世界外汇市场的交易或顺承相连或相互交错,使亚太地区、欧洲地区和北美地区外汇市场能实现 24 小时连续交易。

参照北京时间,每天上午 4:00,亚太地区惠灵顿开市;欧洲则在下午开市,先是法兰克福 14:30 开市,1 小时后伦敦开市;晚 20:20 纽约开市直到第二天凌晨 03:00 收市,构成一天 24 小时持续交易,如表 3-1 所示。

表 3-1　全球主要外汇市场开市与收市时间一览表(北京时间)

地区城市外汇市场	开市时间	收市时间
伦敦	15:30(夏令)或 16:30(非夏令)	23:30(夏令)或次日凌晨 00:30(非夏令)
纽约	20:20(夏令)或 21:20(非夏令)	次日凌晨 03:00(夏令)或 04:00(非夏令)
东京	8:00	15:30
巴黎	15:00(夏令)或 16:00(非夏令)	22:00(夏令)或 23:00(非夏令)
苏黎世	16:00	24:00
新加坡	9:30	16:30
中国香港	9:00	16:00
惠灵顿	4:00(夏令)或 5:00(非夏令)	12:00(夏令)或 13:00(非夏令)

(资料来源:新浪财经)

外汇交易者应特别关注的时间有:早上亚洲市场开盘,下午欧洲市场开盘,晚上纽约市场开盘和次日凌晨纽约市场收盘。其中交易量最大、最活跃、最繁忙的时段当属欧洲当地时间下午 1:00~3:00。届时,伦敦、纽约、法兰克福、芝加哥都同时开市,这是顺利成交巨额交易的时间段。在一个交易周中,交易者应关注周一早上悉尼市场的开盘,它是外汇行情承上启下者;关注周五晚纽约外汇行情,它是美国众多经济数据的公布者;关注周六凌晨纽约收盘价格,它决定了下周汇市走势。

(三)外汇交易的参与者

1. 外汇指定银行(Specialized Foreign Exchange Bank)

外汇指定银行也称为"外汇银行",指由各国央行指定或授权经营外汇业务的商业银行。是外汇市场的主要经营机构,承担着大部分外汇交易,如与进出口商或其他外汇供求者的零售交易,与其他外汇指定银行及央行的批发交易。

2. 外汇经纪人(Broker)

外汇经纪人旧称"跑街"或"捐客"。是指专门为外汇买卖双方介绍交易以获取佣金的中间商人。他们一般须经中央银行批准,才能取得营业资格。外汇银行虽然拥有从事国际金融业务的雄厚人才实力和丰富的经验,但外汇市场交易信息量大且瞬息万变,因此要随时掌握最新信息,迅速达成交易,对业务广泛的商业银行来说难度很大。但外汇经纪人专门从事外汇交易服务,且大多拥有庞大的信息网络,相互间联系紧密。借助他们,银行可以以有利的价格更快速地完成交易。西方国家商业银行间大笔的外汇买卖,大多通过外汇经纪人来完成。外汇经纪人只赚取一定比例的佣金,与外汇买卖活动无直接利害关系。因此,可以获得商业银行信任。

3. 中央银行(Central Bank)

中央银行是外汇市场参与者,在必要情况下也是干预者。正常情况下,由中央银行来调控本币汇率水平。当外汇市场上货币汇率发生剧烈波动时,中央银行就通过买入或卖出外汇来干预市场,以稳定本币汇率。在干预无效,外汇市场爆发货币危机时,还可以暂时关闭外汇市场,暂停各种外汇交易。但若国际金融投机者所能鼓动(投机者本身拥有的资金也许有限,但当其冲击某个或某些国家外汇市场已形成一定声势时,可能影响或带动比这些投机者所拥有的外汇资金多许多倍的资金,从而对市场产生的冲击可能相当大)的资金规模超过中央银行可能动用的外汇资金(包括本国外汇储备和必要时借入的外汇资金)时,有关中央银行也可能放弃干预,如1992～1993年欧洲货币体系危机和1997年亚洲金融危机中,英国、意大利等欧盟国家和泰国、印度尼西亚、菲律宾等国的中央银行就曾出现这样的局面。

4. 出口商、进口商和其他外汇供求者

出口商、进口商是外汇市场的主要供求者。出口商出口收汇兑换成本币与进口商进口所需付汇,都要借助外汇市场。其他外汇供求者指因运输、保险、旅游、留学、单方面汇兑、国际有价证券买卖、外债本息收付、国际投资等非贸易活动而产生的外汇供求者。此外,还有贴现商、外汇交易商、跨国公司、外汇投机者等参加外汇交易。上述当事人是外汇市场上的最终供求者。其行为有时对外汇市场产生很大影响。但他们通常只能接受银行报价,并按照报价与银行交易外汇。他们不是价格的提供者和维持者,而是价格的接受者(Market Taker)。

(四)外汇交易的规则

在外汇交易中,存在一些约定俗成的习惯和做法,最后逐渐被外汇交易员们认定为规则,在外汇交易中使用。这里列举交易中几种主要的规则:

1. 外汇交易报价

外汇交易报价是外汇交易双方兑换货币成交的价格。理解时把握以下三个概念:

(1)双价制:银行报价时对每种货币应同时报出买入价(Bid Price)和卖出价(Offer Price),即所谓"双价制"。

(2)大数与小数:汇价由两部分构成,也就是大数(Big Figure)和小数(Small Figure)。大多数汇价,小数点后第二位前的数据值为大数,之后的数据值为小数,如美元兑港币 USD/HKD 为 7.8010/50,其中 7.80 为大数,10/50 为小数。仅有少数几个汇价的整数部分为大数,小数部分为小数,如美元兑日元 USD/

JPR 为 110.30/50,其中 110 为大数,30/50 为小数。一个交易日内,外汇市场波动不大,外汇交易员为节省时间,尽力求简,只报最后两位数,让对方明了即可。

(3)以美元为准:外汇交易员的报价需以美元为中心,也就是几乎全部外汇交易均采用以某种货币对美元的买进或卖出形式进行,除非有特殊说明。

2.使用统一标价方法

汇率标价方法有直接标价法、间接标价法之分。为使交易迅速顺利进行,交易各方使用统一标价方法。除英镑、澳大利亚元、新西兰元和欧元采用间接标价法,其他交易货币一律采用直接标价法。

3.交易额通常以 100 万美元为单位

如交易中 One Dollar 表示 100 万美元,Four Dollar 表示 400 万美元,如交易额低于 100 万美元,应预先说明,然后再报具体金额。

4.交易双方必须恪守信用

双方须共同遵守"一言为定"原则和"我的话就是合同"的惯例,一经成交不得反悔、变更或要求注销。

5.交易术语规范化

迅速变化的汇率要求交易双方以最短时间达成交易。交易员为节省时间常使用简语行话,如买入可用 Bid、Buy、Pay、Taking、Mine,卖出可用 Offer、Sell、Giving、Yours 等,我卖给你 200 万美元,可用 Two Yours。

(五)外汇交易员职责

交易室内的交易员均为精通专门业务的技术人员。主要包括首席交易员(Chief Dealer)或外汇部经理、高级交易员(Senior Dealer)、交易员(Dealer)、低级交易员(Junior Dealer)、实习生(Trainee)与头寸管理员(Position Clerk)等。责任分别为:

其一,首席交易员或外汇部经理是交易室政策制定者,对交易总体负责:包括编制和监督交易室的盈利计划,决定一定时期交易战略并监督实行。其指导思想自始至终影响着交易室的交易方式。首席交易员是联系资金部经理与交易员的中间纽带,发挥对上负责、对下管理的作用。其作用举足轻重,其水平代表整个银行的交易与管理水平。

其二,高级交易员具体负责大宗交易。高级交易员在首席交易员指挥下,贯彻实施交易战略、管理货币头寸并监督管理交易员;直接向其他银行与客户报价,密切与外汇经纪人的联系;直接负责每个交易员的头寸盈亏,具体安排交易规模与期限,随着市场情况调整头寸;最后向首席交易员汇报。

其三,交易员和低级交易员直接负责掌握头寸或分管数量较少的货币,在交易额度内给予高级交易员以支持;实习生与头寸管理人员则具体负责提供头寸即时动态,把交易单输入电脑、接拨电话或操作交易。由于交易员分为不同级别,首席交易员要根据交易员的水平、资历、经验等方面考核,分配给每个交易员一定的交易限额,此限额由敞口交易限额和亏损交易限额两部分构成,它为控制交易风险制定严格的数量限制。交易室是一个有明确分工的有机整体,任何一个交易室的成员都是在其权限额度范围内有效而紧张地工作。

二、外汇交易的目的

(一)国际贸易结算的需要

国际贸易结算需要是外汇交易的最初动因。出口商要将其出口所获外汇(若计价货币不是本币)兑换成本币,用于扩大再生产;进口商要用本币购买进口商品所需的外汇,以支付进口货款。长期以来,我国人民币不可自由兑换。这就决定了我国对外贸易结算须如上述安排进行。随着我国经济的发展,人民币已被一些周边国家接受作为与我国进行贸易结算的货币。在这样的情况下,我国企业可以不必进行外汇交易了。

(二)避免国际贸易结算的汇率风险

国际贸易中,进出口商从签约到实际收付款项需一定的时间。在此期间,进出口双方要承担计价货币和本币汇率变动的风险。若进出口商能在签约后,立即与外汇指定银行办理远期或掉期外汇买卖、或外汇期权交易,分别按预约价格向银行买进或卖出期汇,就可控制成本和利润,避免汇率风险。

(三)国际投资的需要

一国投资者要在国外投资,就需要将其持有的本币转换为东道国货币。这些投资者要汇回投资收益或撤回投资,则要把东道国货币兑换成本币。

(四)金融投机的需要

外汇市场汇率频繁变化,可能给外汇投机者带来盈利或损失。他们通过预测不同外汇市场的汇率变化,争取"贱买贵卖"以投机获利。

(五)中央银行干预外汇市场的需要

本币汇率剧烈变动可能影响国家的经济发展。当本币汇率变动可能脱离政府的目标区间时,政府就将动用本币或外汇直接进入外汇市场进行交易,以调整本币与外汇的供求关系,稳定本币汇率,保护本国经济发展。

三、世界主要外汇交易系统

随着国际金融一体化和信息系统的网络化,各金融中心的联系越来越紧密。为满足广大外汇交易者需要,通讯与信息系统越来越灵敏、及时、便捷。目前,运用最广泛的有两个系统,就是路透交易系统和德励财经资讯系统。

(一)路透交易系统

路透社终端由英国路透新闻社推出,利用分散在全球各地和金融中心的新闻记者,广泛采集有关政治、经济、金融、贸易等信息,通过卫星、交易机,以最快捷的速度向用户提供服务。

路透交易系统(Reuter Dealing System)是一部高速电脑系统,操作十分简便,主要包括控制器、键盘、荧光屏和打印机等。用户将自己的终端机和路透交易机连接后,交易员只需启动机器,通过键盘输入自己的终端密码,即可与对方银行联系。

全世界参加路透交易系统的银行有数千家,每家银行都有一个英文代号,如中国银行总行代号为 BCDD。交易员若想与某银行交易,在键盘上输入对方银行代号,叫通后即可询价、还价。交易员可同时与 2~4 个交易对手询价,并择优成交。若与交易对手在议价中更改价格或其他项目,按动"介入"键便可重新控制对话。对话完毕,双方交易过程全部显示在终端机荧屏上,交易完毕即可打印出来。它是双方交易的唯一文字记录和重要的合同依据。

外汇交易员可通过路透社资讯系统终端机获得多项信息:

1. 即时信息

遍布全球的路透社记者将即时政治、财经、商品等新闻汇集到路透社编辑中心,再输送到各地终端。用户只需在自己的键盘上敲出预定代号,即可在屏幕阅读信息。路透终端信息内容丰富,可提供 7000 个版面,如"各国国内利率版面"、"国际利率版面"、"外汇市场汇率版面"、"各国经济版面"、"商业动态和商品行情版面"、"国际政治新闻版面"、"国际金融新闻版面"等。

2. 即时行情

路透终端的即时汇率版面,为交易员即时显示世界各大银行外汇买卖的参考价。由参加路透社报价系统数百家银行通过终端输入,而后由电脑自动选有价值的报价显示在屏幕上。用户只需按下所需代号,屏幕即可显示最新汇价。此汇价只作为参考价,不是市场交易实际汇价。

3. 市场走势

路透系统有许多高级经济学家、银行家、金融专家和分析专家负责每天撰写汇率评论和走势分析,然后输入路透电脑中心。用户可利用键盘调出所需内容作参考。

4. 技术图表分析

路透社为用户提供图表终端机,绘出技术图表帮助用户技术分析。路透交易系统简易高效,可依市场汇率变动即时把握机会。

(二)德励财经资讯系统

德励财经资讯系统(Telerate System)隶属美国道·琼斯公司,1969 年创设电子化金融信息市场,以即时同步方式提供全球最新经济金融信息。其资讯来自全球 1900 余家银行、证券交易所及商品交易中心。主要服务有:

1. 货币汇价和经济新闻

货币汇价和经济新闻提供汇率、利率、黄金、证券和期货等即时同步报价。提供美联社全球性新闻服务。

2. 市场评论和图表走势

市场评论和图表走势提供1900家银行及其他专门金融机构的市场分析。有了这些先进设备,交易员可快速有效地进行交易,了解随时影响市场的政治、金融、经济及突发事件、谣言等最新信息,获得最新行情报告。

四、外汇交易程序

(一)银行同业间的交易程序

一般由银行内部资金部门或外汇交易室通过路透交易系统、德励财经资讯系统、电传和电话完成。以路透交易系统为例,交易员可通过交易机键盘输入某银行英文代号,呼叫该银行,一叫通后荧光屏就显示双方交易内容,如询价、报价、买进、卖出、余额等。交易对话打印出来便为交易原始凭证或交易合约。

一笔交易成交后,交易员需根据交易内容填写交易单,并在头寸登记表记录交易头寸,作为清算机构进行资金清算和会计处理的凭证;头寸登记表可帮助交易员掌握头寸和盈亏变化,便于事后核查。随着电脑系统在金融领域的广泛应用,银行的交易室已采用先进的电脑风险管理系统,实现"无纸化"操作。交易员无须填写交易单和头寸登记表,联网的交易系统可自动记录每一笔交易,显示交易头寸和盈亏情况。各级交易主管能通过该系统随时了解其下属交易员交易情况,更为有效地规避风险。

(二)通过外汇经纪人的交易程序

银行根据自身需要或客户订单要求,通过路透交易系统或电传、电话直接呼叫,请经纪行报价后,银行当即决定买入或卖出货币,交易便告成功。然后,交易商通知该笔交易与哪家银行达成,双方互相交付货币。有时,银行或客户订下买卖基准,通过电话、电传以订单形式交给经纪行,经纪行根据众多订单要求,把买方或卖方订单结合起来,以电传形式通知买卖双方,确认并开出该笔交易的佣金收取通知单。

(三)交易清算是最重要环节

银行同业间交易与经外汇经纪人交易的最重要环节都是交易清算,也就是交易双方各自按对方要求,将卖出货币及时解入对方指定账户进行账务处理。交易达成,交易单送交清算机构后,清算人员首先审核交易单内容,查看交易内容与所附交易记录是否吻合。核对无误,清算人员将交易逐笔输入清算系统,制作交易证实书发送交易对手。交易证实书应包括该笔交易的详细内容,包括交易银行名称、汇价、买入卖出金额、起息日、双方账户行等。

清算机构也会收到交易对手送达的交易证实书，需同交易单核对。如两者有出入，应立即向交易室查询，随后再向交易对手查询。清算人员根据交易进行相应账务处理、调拨资金、发挥风险监控作用。清算机构通过汇总、统计所有外汇交易头寸，能了解各项资金变化、是否有异常情况，及时将资金风险状况反馈给交易室。先进的电脑风险管理系统能使交易系统和清算系统连为一体，提高资金清算和会计处理效率，随时反映资金和风险变化情况。

第二节　外汇市场和汇率折算

一、外汇市场

(一)外汇市场的定义

外汇市场(Foreign Exchange Market)是专门从事外汇买卖、外汇交易和外汇投机活动的系统。从狭义的角度看，外汇市场应该是一个从事上述活动的有形场所。但是，随着电子信息技术的发展和 IT 网络的广泛运用，目前世界上的外汇交易活动是由无数的机构(银行、外汇经纪、客户等)通过计算机网络来进行外汇的报价、询价、买入、卖出、交割、清算等得以展开的，这些活动往往不是集中在某一特定的有形场所进行，它是由无数的机构和个人遵循一定的规则从事外汇交易所构成的一个系统，这就构成了广义的外汇市场。

(二)外汇市场的构成要件

国际外汇市场的运作非常活跃，其构成要件分别为：市场工具、市场参加者、市场组织形式。

1. 市场工具

外汇市场的工具就是外汇，国际货币基金组织对外汇的定义是：外汇是货币行政当局(中央银行、货币机构、外汇平准基金组织或财政部)以银行存款、财政部库存、长短期政府债券等形式所保有的在国际收支逆差时可以使用的债权。

从上述对外汇的解释不难看出：

(1)外汇必须是以外币表示的国外资产，而用本国货币表示的信用工具和有价证券是不能视为外汇的。

(2)外汇必须是能够兑换为其他支付手段的外币资产，也就是用可兑换货币表示的支付手段，而不可兑换货币表示的支付手段是不能视为外汇的。

(3)外汇必须是在国外能得到补偿的债权，而空头支票和拒付的汇票是不能视为外汇的。

2. 市场参加者

从外汇交易的主体来看,外汇市场主要由下列参加者构成:

(1)外汇银行。外汇银行是指由各国中央银行或货币当局指定或授权经营外汇业务的银行,它通常是商业银行。在中国,中国银行是专业性的外汇银行,现在,许多商业银行也获得了经营外汇业务的授权。

(2)外汇交易商。外汇交易商是指从事外国汇票买卖的交易公司或个人。外汇交易商多数是信托公司、银行等兼营机构,也有专门经营外国汇票交易业务的公司和个人。他们利用自己手中的资金买卖外汇票据,从中赚取价差。

(3)外汇经纪人。外汇经纪人本身并不实际持有外汇,他们的职能是连接起外汇买卖双方,安排双方进行交易,发挥中介桥梁的作用,通过促成交易,从中收取中介费。外汇经纪人须经所在国的中央银行批准才能营业。

(4)中央银行。中央银行是发行的银行、银行的银行、政府的银行,其本身并不是营利性的。作为商业银行的监管部门和货币政策的制定者与执行者,中央银行需要维护本国货币汇率的稳定,当外汇市场的汇率波动超出一定的范围时,中央银行往往会通过商业银行和外汇经纪人抛出或买进外汇来干预汇率。

(5)外汇投机者。不同的货币在不同的外汇市场、不同的时点其汇率是有差异的,外汇投机者就是利用这种差异,从事买空卖空、套利套汇活动,以获取利润的公司和个人。

(6)外汇实际供应者和实际需求者。进出口商、国际投资者、跨国公司和跨国旅游者是进行跨国交易或活动的经济主体,他们需要买进外汇或售出外汇,因此,这些机构和个人就成为外汇市场上外汇的实际供应者和需求者。

(三)国际外汇市场的种类

1. 按交易对象不同,分为批发性和零售性外汇市场

前者指外汇银行同业的交易场所或网络,通常有最小成交额的限制;后者指外汇银行与客户之间的外汇交易场所或网络,它无最小交易额限制,但其交易有时比较零碎。

2. 按其内涵理解划分,分为广义的和狭义的外汇市场

前者指所有办理国际货币兑换或交易的场所或网络;后者指银行同业进行的国际性外汇交易的场所或网络。

3. 按有无固定的交易场所,可分为无形外汇市场与有形外汇市场

前者又称"银行(国际)外汇市场",它没有固定的交易场所和开盘、收盘时间,而由从事国际外汇交易的银行和经纪人,通过电讯网络与交易对象联系,以完成外汇国际交易。这类外汇交易在伦敦、纽约、东京、苏黎世、香港、新加坡和悉尼等地最为活跃。后者又称为"交易所(国际)外汇市场",它有固定的交易场所,也称"定点交易",买卖双方作为交易所会员在规定时间内进场交易。这种组

织形式主要存在于欧洲大陆国家(瑞士除外),以巴黎、法兰克福、阿姆斯特丹、米兰等地最为典型。目前,这种定点交易正逐步被无形市场交易取代。

4. 按外汇市场管制程度,分为自由外汇市场、平行市场与外汇黑市

自由外汇市场指政府、机构和个人可以买卖任何国际流通的货币且不限兑换数量的外汇市场。汇率随行就市。这种市场主要存在于外汇管制宽松的发达国家,其政府介入的主要目的在于稳定其本币汇率。平行市场(Parallel Market)又称"替代市场"(Alternative Market),它是对受管制的官方市场的一种替代或补充,但政府默许这种市场的存在。这种市场的汇率水平能反映外汇的实际供求状况,政府可以以此为参考,对官方汇率进行微调。外汇黑市(Black Market)是指一些发展中国家由于政府限制或法律禁止外汇交易而产生的非法外汇交易市场。其存在往往在不同程度上影响官方外汇市场的正常运行,政府通常要采取措施予以取缔。

5. 按交易类型,可划分为现汇、期汇、外汇期货、外汇期权等市场

发达国家外汇市场除开办各项外汇交易外,还不时推出创新业务,而发展中国家则随本国经济和金融发展,逐步开放外汇交易种类。

(四)外汇市场的特点

1. 外汇市场是全球规模最大的市场

至2004年6月,全球外汇市场日成交额达1.85万亿美元,当今世界上没有任何其他市场可以与之比拟。

2. 无形市场成为市场的主体形态

随着先进技术的广泛运用,世界各国间外汇交易都通过现代化通信工具办理,形成以各外汇市场为中心、以全球为整体的统一市场,外汇交易也由局部地区扩展到全球交易。

3. 外汇银行是市场交易主体,中央银行是市场的最终操纵者

95%以上外汇交易发生在银行间,外汇银行集散了巨额外汇资金。中央银行则根据调控本币汇率的需要,参与外汇市场交易,是外汇市场的最终操纵者。

4. 外汇批发业务是外汇市场的主要业务

外汇银行为了自身业务开展和规避风险的需要,彼此间进行频繁而大量的外汇批发业务。外汇批发业务在全球外汇交易中占了绝大多数比重。

5. 外汇市场已超越了附属于贸易结算的地位,有着更为深刻的意义和作用

当前,由于贸易引起的外汇交易仅占全部外汇交易约1%~2%,大部分外汇交易是由银行轧平头寸、国际资本流动及外汇投机所引起的。这就意味着外汇市场已成为快速传播金融风险的一个重要载体。

6. 外汇市场具有空间的统一性

各国外汇市场间已形成了一个迅捷、发达的通讯网络,不再囿于某国国界或

某一地区之内,日益显示出全球统一市场的特征。

7.分布在全球各地的外汇市场在交易时间上具有继起性

外汇市场是一个 24 小时全天候的连续市场。

（五）外汇市场的作用

1.调剂货币种类,满足国际支付要求

在各种国际经济交往中,当事国家或企业、个人往往需要多种外币办理结算、投资、借贷或偿还,而自身未必持有足够多的外币,外汇市场可满足当事者用自己持有的货币兑换所短缺外汇的需求。

2.形成货币汇率

在各项外汇交易中,外汇银行很自然地成为交易的中枢。银行间外汇批发交易中形成的收盘汇率,成为外汇银行各自办理外汇零售业务的汇率基础。主要外汇市场的汇率直接影响其余外汇市场,影响有关国家以至世界经济的发展。因此,除通过法律、行政、经济等手段外,直接参与外汇市场交易,就成为各国中央银行干预本币汇率的重要方式。

3.促进资金的国际转移

世界上大多数国家的货币都不是国际通行货币。但各国间经济贸易往来却在迅速发展。这就有巨额资金需要办理国际转移。外汇市场可使外汇需求者能较容易地换得其所需的足够的外汇,从而促进资金的国际转移,使国际结算、投资和利润回收、借贷及偿还等顺利进行。

4.防范汇率风险

恰当地运用外汇市场多种交易方式,可以在很大程度上规避或防范汇率风险。

5.给外汇投机提供了一定的场所

外汇投机者也是外汇市场的重要参与者,他们都通过买卖外汇以期赚取差价收入。一般来说,外汇市场上的汇率波动越大,这些投机者获取暴利的机会也越多。外汇市场有利有弊,管理者应从本国国情出发,认真分析产生上述作用的条件,以求能有针对性地采取相关措施,趋利避害。作为发展中国家,对外开放其国内外汇市场应十分慎重。

二、全球主要外汇市场

（一）伦敦外汇市场

伦敦外汇市场是一个典型的无形市场,没有固定的交易场所,只是通过电话、电传、电报完成外汇交易。

在伦敦外汇市场上,有 600 多家外汇银行机构参与外汇交易,这些外汇银行机构包括本国的清算银行、商人银行、其他商业银行、贴现公司和外国银行,这些外汇银行参加伦敦外汇银行公会,由伦敦外汇银行公会负责制定外汇交易的规则和收费标准。

1979年10月,在英国取消外汇管制之前,伦敦外汇市场上的外汇交易需要通过经纪人来进行,当时,约有250多个指定经营商作为外汇经纪人,他们与外币存款经纪人共同组成外汇经纪人与外币存款经纪人协会。在取消外汇管制后,外汇银行间的外汇交易就不一定通过外汇经纪人了。

伦敦外汇市场的外汇交易分为即期交易和远期交易。汇率报价采用间接标价法,交易货币种类众多,最多达80多种,经常有三四十种。其中,交易规模最大的为英镑兑美元的交易,其次是英镑兑欧元、瑞士法郎和日元等。交易处理速度很快、工作效率高。伦敦外汇市场上外币套汇业务十分活跃,是外汇交易量最大的外汇市场。其交易时间为北京时间17:30至次日凌晨1:30,或16:30至次日凌晨0:30(冬令时时间)。由于伦敦外汇市场的交易时间和纽约外汇市场的交易时间的衔接重合,因此,每日北京时间21:00至次日凌晨1:00是各主要币种波动最为活跃的时间段。

(二)纽约外汇市场

纽约外汇市场是日交易量仅次于伦敦外汇市场的国际外汇市场,是一个无形市场。外汇交易通过现代化通讯网络与电子计算机进行,其货币结算都可通过纽约地区银行同业清算系统和联邦储备银行支付系统进行。目前,占全球90%以上的美元交易最后都是通过纽约的银行间清算系统进行结算的。因此,纽约外汇市场是美元的国际结算中心。

美国政府不实施外汇管制,不限制经营外汇业务,不指定专门的外汇银行。因此,在法律上,所有的美国银行和金融机构都可以经营外汇业务。但实际上,纽约外汇市场的参加者主要是商业银行,包括50余家美国银行和200多家外国银行在纽约的分支机构、代理行及代表处。

纽约外汇市场上的外汇交易分为三个层次:银行与客户间的外汇交易、本国银行间的外汇交易以及本国银行和外国银行间的外汇交易。其中,银行同业间的外汇买卖大都通过外汇经纪人办理。纽约外汇市场有8家经纪商,虽然有些专门从事某种外汇的买卖,但大部分还是从事多种货币的交易。外汇经纪人的业务不受任何监督,对其安排的交易不承担任何经济责任,在每笔交易完成后向卖方收取佣金。

虽然纽约外汇市场的交易非常活跃,但其交易主要与金融期货市场相关,以美元结算的国际贸易制度使得该市场所发生的和进出口贸易相关的外汇交易量较小。

纽约外汇市场是一个完全自由的外汇市场,汇率报价同时采用直接标价法(指对英镑)和采用间接标价法(指对欧元和其他国家货币),便于在世界范围内进行美元交易。交易货币主要是欧元、英镑、加拿大元以及中南美洲、日本等国货币。其交易时间为北京时间 20:20 至次日凌晨 3:00 或 21:20 至次日凌晨 4:00（冬令时间）。

（三）巴黎外汇市场

巴黎外汇市场由有形市场和无形市场两部分组成。巴黎外汇交易所是有形市场的载体，每天公布官方外汇牌价，外汇对法郎汇价采用直接标价法。除此之外，还有大量的外汇交易是在交易所外进行的，主要是由交易双方通过电话直接进行买卖，或者是通过经纪人进行买卖。

在巴黎外汇市场上，名义上所有的外币都可以进行买卖，但实际上，在欧元出现之前，在巴黎外汇市场标价的只有美元、英镑、德国马克、里拉、荷兰盾、瑞士法郎、瑞典克朗、奥地利先令、加拿大元等 17 种货币，且经常进行交易的货币只有 7 种。

原则上，所有银行都可以以中间人身份为它自己或客户进行外汇买卖，但实际上，巴黎仅有较大的 100 家左右银行参加日常的外汇交易活动，约有 20 名外汇经纪人，参与大部分远期外汇交易和交易所外的即期交易。巴黎外汇市场的营业时间为北京时间 16:00 至 23:00 或 15:00 至 22:00（夏令时间）。

（四）东京外汇市场

东京外汇市场是一个无形市场，交易者通过现代化通讯设施联网进行交易。东京外汇市场的参加者可分为五类：一是外汇专业银行，即东京银行；二是外汇指定银行，指可以经营外汇业务的银行，共 340 多家，其中日本国内银行 243 家，外国银行 99 家；三是外汇经纪人 8 家；四是日本银行；五是非银行客户，主要是企业法人、进出口企业商社、人寿财产保险公司、投资信托公司、信托银行等。

在东京外汇市场上，银行同业间的外汇交易可以通过外汇经纪人进行，也可以直接进行。日本国内的企业、个人进行外汇交易必须通过外汇指定银行进行。汇率有两种：一是挂牌汇率，包括了利率风险、手续费等的汇率。每个营业日上午 10 点左右，各家银行以银行间市场的实际汇率为基准各自挂牌，原则上在同一营业日中不更改挂牌汇率；二是市场连动汇率，以银行间市场的实际汇率为基准标价。

东京外汇市场的交易品种比较单一，主要集中在日元兑美元和日元兑欧元。日本作为出口大国，其进出口贸易的收付较为集中，因此具有易受干扰的特点。交易时间约为北京时间的 8:00 至 15:30。

（五）苏黎世外汇市场

瑞士苏黎世外汇市场是一个历史悠久的外汇市场，在国际外汇交易中处于重要地位。这一方面是由于瑞士法郎是自由兑换货币；另一方面是由于"二战"期间瑞士是中立国，外汇市场未受战争影响，一直坚持对外开放。其交易量原先居世界第四位,但近年来被新加坡外汇市场超过。

在苏黎世外汇市场上,外汇交易是以场外交易形式由银行自己通过电话或电传进行的,并不依靠经纪人或中间商。由于瑞士法郎一直处于硬货币地位,汇率坚挺稳定,并且瑞士作为资金庇护地,对国际资金有很大的吸引力,同时,瑞士银行能为客户资金严格保密,吸引了大量资金流入瑞士。所以,苏黎世外汇市场上的外汇交易大部分是由于资金流动而产生的,只有小部分是出自对外贸易的需求。其营业时间是北京时间16:00至24:00。在该市场上,采用直接标价法,以美元来表示外币价格,银行之间的外汇交易也使用美元与其他外汇的汇率,不以瑞士法郎为媒介货币。瑞士银行、瑞士信贷银行和瑞士联合银行,是苏黎世外汇市场的中坚力量。此外,瑞士国家银行(中央银行)、外国银行在苏黎世设立的分支机构、国际清算银行以及经营国际金融业务的各种银行等均是该外汇市场的积极参与者。

(六)新加坡外汇市场

新加坡外汇市场是在20世纪70年代初亚洲美元市场成立后,才成为国际外汇市场的。这是一个场外交易的市场,交易时间是新加坡时间8:00至15:00,由于新加坡地处欧、亚、非三洲交通要道,时区优越,上午可与香港、东京、悉尼进行交易,下午可与伦敦、苏黎世、法兰克福等欧洲市场进行交易,中午还可同中东的巴林进行交易,晚上同纽约进行交易。根据交易需要,一天24小时都同世界各地区进行外汇买卖。因此,新加坡外汇市场迅速发展为世界第四大外汇市场,日平均交易量仅次于东京外汇市场。新加坡外汇市场除了保持现代化通讯网络外,还直接同纽约的CHIPS系统和欧洲的SWIFT(环球银行金融电信协会)系统连接,货币结算十分方便。新加坡外汇市场的参加者由经营外汇业务的本国银行、经批准可经营外汇业务的外国银行和外汇经纪人组成。其中,外资银行的资产、存放款业务和净收益都远远超过本国银行。

新加坡外汇市场的大部分交易由外汇经纪人办理,并通过他们把新加坡和世界各金融中心联系起来。交易币种以美元为主,占交易总额的85%左右。大部分交易都是即期交易,掉期交易及远期交易合计占交易总额的1/3左右。汇率均以美元报价,非美元货币间的汇率通过套算求得。

(七)中国香港外汇市场

中国香港外汇市场是20世纪70年代以后发展起来的国际性外汇市场。自1973年香港取消外汇管制后,国际资本大量流入,经营外汇业务的金融机构不断增加,外汇市场越来越活跃,逐渐发展成为国际性的外汇市场。

香港外汇市场的交易属于场外交易,交易者通过各种现代化的通讯设施和IT网络进行外汇交易。

香港外汇市场的参加者主要是商业银行和财务公司。该市场的外汇经纪人有三类:当地经纪人,其业务仅限于香港本地;国际经纪人,是20世纪70年代后将其业务扩展到香港的其他外汇市场的经纪人;香港本地成长起来的国际经纪人,指业务已扩展到其他外汇市场的香港经纪人。

20世纪70年代以后,随着香港自由市场经济的发展以及国际化程度的深化,港币与英镑脱钩与美元挂钩,美元成为该市场交易的主要外币。香港外汇市场上的交易可以划分为两大类:一类是港币和外币的兑换,其中以与美元兑换为主;另一类是美元兑换其他外币的交易。香港外汇市场的交易时间为北京时间9:00至16:00。

三、汇率折算与进出口报价

在对外经济交往中,外汇的进出口报价和汇率的折算是开展国际贸易和国际金融实务的基本技能之一。熟练掌握汇率折算与外汇报价方法,有助于提高从事外经贸与金融实务的实际工作能力。

(一)即期汇率下的汇率折算与进出口报价

即期汇率下的汇率折算包括直接标价汇率与间接标价汇率之间的折算、各种货币之间的汇率套算,以及进出口商品的本外币报价。

1. 直接标价汇率与间接标价汇率之间的相互折算

直接标价汇率是以本币数量表示基准单位外币的价格,不直接表明单位本币兑换外币的数量。间接标价汇率是以外币数量表示基准单位本币的价格,也不直接表明单位外币兑换本币的数量。也就是说,各国无论是采用直接或间接标价法都不能同时双向报价,但在对外经贸实务中有时需要同时用本外币双向报价。直接报价汇率与间接报价汇率之间的相互折算,实质是将每单位外币兑换本币的数量折算为每单位本币兑换外币的数量或相反,以便本外币同时双向报价。

(1)直接标价与间接标价汇率的中间价相互折算。直接标价与间接标价汇率中间价的相互折算,是以1除以外币对某种货币的中间价,就是该种货币对外币的中间价,反之,也相同。

设香港外汇市场某日美元对港币的中间价为:US$1=HK$7.7970,则港币对美元的中间价报价为:HK$1=1/7.7970=US$0.1283。对同期香港进出口贸易而言,设标价10美元的进口商品港币报价为77.97港元,标价10港币的出口商品美元报价则为1.283美元。

(2)直接标价与间接标价汇率的买入价与卖出价相互折算。直接标价法的买入与卖出价折算间接标价法的卖出价与买入价,是以1除以直接标价法的买入价与卖出价成为间接标价法的买入价与卖出价,反之,也相同。

设香港外汇市场某日美元对港币的直接标价汇率为:US$1=

HK＄7.7920/7.8020,则同期香港外汇市场港币对美元的间接报价汇率为：HK＄1＝US＄1÷7.8020/1÷7.7920＝US＄0.1282/0.1283

需要特别指出的是,由于直接标价法中买入价在前,卖出价在后,间接标价法中卖出价在前,买入价在后,因而,以1除以直接标价法的卖出价应成为间接标价法中位置在前的卖出价,以1除以直接标价法的买入价应成为间接标价法中位置在后的买入价。

2．不同种货币之间的汇率套算

(1)本币对A国货币与A国货币对B国货币的汇率,折算为本币对B国货币或B国货币对本币的汇率。上述货币之间的汇率套算可用同边相乘法计算。同边相乘法是将本币对A国货币和A国货币对B国货币汇率的买入价和卖出价分别相乘,套算本币对B国货币汇率的方法。设伦敦外汇市场英镑对美元和美元对瑞士法郎的汇率分别为：

£1＝US＄1.4530/40,US＄1＝SF1.5110/20

运用同边相乘法套算英镑对瑞士法郎的汇率,是将英镑对美元买入价与美元对瑞士法郎买入价的乘积,作为英镑对瑞士法郎汇率的买入价;将英镑对美元卖出价与美元对瑞士法郎卖出价的乘积,作为英镑对瑞士法郎汇率的卖出价。即：

£1＝SF1.4530×1.5110/1.4540×1.5120＝SF2.1955/84

(2)本币对A国货币与本币对B国货币的汇率,折算为A国货币对B国货币或B国货币对A国货币的汇率。上述货币之间的汇率套算可用交叉相除法计算。交叉相除法是将本币对A国货币汇率和本币对B国货币汇率的买入价和卖出价分别交叉相除,套算A国货币对B国或B国货币对A国货币汇率的方法。设纽约外汇市场美元对瑞士法郎和美元对港币的汇率分别为：

US＄1＝SF1.5110/20,US＄1＝HK＄7.7990/7.7998

运用交叉相除法套算瑞士法郎对港币的汇率,是将美元对港币的卖出价除以美元对瑞士法郎买入价的商,作为瑞士法郎对港币汇率的买入价;将美元对港币买入价除以美元对瑞士法郎卖出价的商,作为瑞士法郎对港币汇率的卖出价。即：

SF1＝HK＄7.7990÷1.5120/7.7998÷1.5110＝HK＄5.1581/5.1620

不同种货币之间汇率套算的上述两种方法并非固定不变,可相互转换使用。以上例为例,同样可以使用同边相乘法套算瑞士法郎对港币的汇率。具体可先将美元对瑞士法郎的汇率转换为瑞士法郎对美元的汇率,即 SF1＝US＄1÷1.5110/1÷1.5120＝US＄0.6614/0.6618,然后再运用同边相乘方法计算得出瑞士法郎对港币的汇率为：

SF1＝HK＄0.6614×7.7990/0.6618×7.7998＝HK＄5.1582/5.1620

(3)本币与未挂牌外币之间的汇率折算。当本币与某国货币汇率未在外汇市场直接挂牌,而本国与该国贸易又需要以两国货币汇率折算报价时,就需要通过套算途径折算两国货币的汇率。具体方法可先确定本币与某种世界主要货币的中间价,再从国际外汇市场查找世界主要货币对未挂牌货币的中间汇率,再以本币对世界主要货币的中间价与世界主要货币对未挂牌货币的中间价,套算本币与未挂牌货币的汇价。

例如,香港出口商应西班牙进口商要求分别报出口商品的港币与西班牙比塞塔(PTS)两种货币价格,由于香港外汇市场无港币与比塞塔的挂牌汇价,可先找出香港外汇市场港币对英镑的挂牌中间价,设£1=HK$12.28,再查询伦敦外汇市场同期英镑对比塞塔的挂牌中间价,设£1=PTS180,则按交叉相除法套算的港币与比塞塔之间的中间价为:

$$HK\$1=180\div12.28=PTS14.66, PTS1=12.28\div180=HK\$0.0682$$

3.进口商品不同报价货币的折算

在对外贸易中,以不同外币标价的进口商品通常需要将其折算为同种货币,以便进行价格比较。

(1)进口商品不同的报价货币折算为本币价。同种进口商品以不同的外币报价,可按即期汇率统一折算为本币,才能比较何种外币具有报价优势。设某种进口商品以瑞士法郎报价为100SF,以美元报价为33US$,同期瑞士法郎对人民币的卖出价为:SF1=RMB2.9933,美元对人民币的卖出价为:US$1=RMB8.2720,则该进口商品的瑞士法郎报价折算的人民币为299.33元,该进口商品的美元报价折算人民币为272.98元,美元报价具有价格优势。

(2)进口商品不同报价货币折算为同一外币。同种进口商品以不同的外币报价无法比较价格高低,可按照即期汇率折算为同种外币后比较何种货币具有报价优势。以上例为例,设美元对瑞士法郎的中间价为:US$1=SF2.5691,则将瑞士法郎报价折算为美元为:SF100÷2.5691=US$38.92,与直接以美元报价的US$33比较,美元报价更具有价格优势。

4.本外币之间报价折算的买入与卖出价使用惯例

凡是将本币折算为外币或将外币折算为本币,需要按照通用惯例使用买入价与卖出价。

(1)本币折算外币的报价应使用买入价。由于出口商出口收取外汇后出售给银行是按银行的买入价兑换本币,相应本币折算外币的报价也应当使用买入价。设香港外汇市场美元对港币的汇率为:US$1=HK7.7890/910,则香港出口商价值10万港币的出口商品以美元报价,应按美元对港币的买入价折算为:(1÷7.7890)×100000=US$12838.6。

(2)外币折算本币的报价应使用卖出价。由于进口商进口对外支付外汇时向银行购买外汇是按银行的卖出价兑换本币,相应外币折算本币的报价也应当使用卖出价。设按上述汇率,香港进口商将美国出口商报价 100 美元的商品折算成港币价格为:$100 \times 7.7910 = HK\$779.1$。

(3)外币折算外币按国际外汇市场牌价折算。不论是直接标价法还是间接标价法表示的汇率,均将外汇市场所在国的货币视为本币,再按本币折算外币用买入价,外币折算本币用卖出价计算。

上述汇率买入价与卖出价的使用惯例,不仅适用于即期汇率下本币与外币之间的汇价折算,同样也适用于远期汇率下本币与外币之间的汇价折算。

(二)远期汇率下的汇率折算与进出口报价

远期汇率下的汇率折算包括本币对外币与外币对本币远期汇率之间的折算、按远期实际汇率折算出口报价等。

1. 本币对外币的远期汇率与外币对本币的远期汇率折算

当外汇市场无外币对本币直接挂牌的远期汇价时,可借助已挂牌的本币对外币的即期汇率与远期汇率来折算。本外币之间远期汇率折算的公式为:

$$L = P/(S \times F) \tag{3-1}$$

式中,L 为外币对本币的远期汇率升贴水点数,P 为本币对外币的远期汇率升贴水点数,S 为本币对外币的即期汇率,F 为本币对外币的远期汇率。设纽约外汇市场美元对瑞士法郎间接标价的即期汇率为:$US\$1 = SF1.6030/40$,3 个月远期汇率美元对瑞士法郎贴水 140/135 点,计算瑞士法郎对美元 3 个月远期汇率点数。按上述公式可知:

$P = 0.0140/135$;$S = 1.6030/40$;$F = 1.6030 - 0.0140/1.6040 - 0.0135 = 1.5890/1.5905$(在间接标价法中,本币贴水要分别从外汇买入价与卖出价减去贴水点数),再将上述数值分别代入公式,计算以直接标价表示的瑞士法郎对美元 3 个月远期汇率的升水点数为:

$0.0140/(1.6030 \times 1.5890) = 0.0055$;$0.0135/(1.6040 \times 1.5905) = 0.0053$

经相互换位后,瑞士法郎对美元的 3 个月远期升水点数为 53/55,以间接标价表示的瑞士法郎对美元的 3 个月远期汇率为 $SF1 = US\$0.6287/0.6293$。

2. 按远期贴水实际汇率折算出口报价

出口商对外贸易如以远期贴水货币为计价货币,延期结算收汇时则将面临汇兑损失的风险。因而,出口商的出口商品应以贴水后的实际远期汇率折算报价,以减少贴水损失。

设瑞士某设备生产商向美国出口设备,如即期付款价格为 $US\$2000/台$,现进口商要求出口商以瑞士法郎报价,并在发货后 3 个月付款。如纽约外汇市场美元对瑞士法郎的即期汇率为:$US\$1 = SF1.6030/40$,瑞士法郎 3 个月远期贴水 140/135 点,则美元对瑞士法郎 3 个月的远期实际汇率为 US＄1＝1.6030＋0.0140/1.6040＋0.0135＝SF1.6170/1.6175。由于美元对瑞士法郎升水,如果出口设备价格按瑞士法郎的即期汇率报价,而 3 个月后收汇再按瑞士法郎的实际贴水汇率汇兑,出口商必定遭受汇率的贴水损失。因而,出口商应将瑞士法郎的贴水额加入货价,按照 3 个月贴水后美元对瑞士法郎的实际远期汇率,将美元折算成瑞士法郎报价。依照买入价与卖出价的使用规则,在纽约外汇市场本币折算外币应按买入价计算,该设备出口商出口设备的报价为：US＄2000×1.6175＝SF3225。

3.进口商品以硬币和软币同时报价,远期汇率是接受软币加价幅度的高限

从出口商角度看,出口商品以硬币报价转嫁汇率风险不易为进口商接受,而以软币报价结算又会使自己遭受汇率风险损失,因而,其要将计价结算货币远期贴水损失加入出口商品的价格中。但从进口商角度说,进口商品以软币报价的加价幅度不能超出软币远期汇率的贴水点数,否则,进口商宁愿通过购买远期外汇来支付货款成本更低。设某国进口商从瑞士进口手表零件,货到后 3 个月付款。出口商报价为每件 100 瑞士法郎,同期苏黎世外汇市场美元对瑞士法郎即期中间汇率为：US＄1＝SF2.0000,3 个月远期中间汇率为：US＄1＝SF1.9500,如果出口商按作为软币的美元报价不能超出瑞士法郎对美元的 3 个月远期汇率,即 SF100/1.9500＝US＄51.3,如果每件出口商品报价高于 US＄51.3,即高于进口商按 3 个月远期汇率购买 100SF 的成本,那么其宁可直接购买远期外汇支付货款。

第三节　即期和远期外汇交易

一、即期外汇交易

(一)即期外汇交易的概念

即期外汇交易也叫"期外汇买卖"、"现汇交易"(Spot Transaction),是指在外汇买卖成交后 2 个营业日内按成交时的市场汇率进行交割(Delivery)的外汇业务。这里所说的工作日不包括节假日,如遇节假日,按国际惯例顺延一天。

即期外汇交易在成交后就办理收付,一般而言,银行不会承担什么风险。不过为慎重起见,银行通常只是同那些资信可靠的大客户办理巨额即期外汇业务,对资力较薄弱的银行或客户,则在成交金额上加以限制。如果金额较大,银行往往要对方应付的款项收妥才可办理支付。

即期外汇买卖的作用主要有：

其一,即期外汇买卖可以满足临时性的付款需要;

其二,即期外汇买卖可以调整各种外汇的头寸比例,以避免汇价带来的风险;

其三,即期交易时,银行报价快速,便于捕捉市场信息。

(二) 即期外汇交易的交割日

所谓"交割"是指买卖双方履行交易契约,进行钱货两清的行为。在外汇买卖中,也就是购买外汇者付出本币,出售外汇者付出外汇的行为。

在即期外汇交易中,交割在成交后的两个营业日内进行的做法已成为一种惯例。而营业日是指两个结算国银行都营业的工作日。通常情况下结算国是指外汇交易实际发生的两国,就是交易中的货币发行国。而交易国是进行该笔外汇交易的外汇市场所在国。例如,在伦敦市场用日元买美元,结算国是美国和日本,交易国是英国。

交割日又称为"结算日"或"起息日",是进行资金交割的日期。通常也就是售汇人交付外汇、收取本币;购汇人交付本币收取外币的时间。两个营业日是指两个结算国同时营业的两个工作日。一般大多数外汇市场都规定在第二个营业日进行交割。两个营业日不等于日历上的两天。

两个营业日的确定方法有:

其一,在交割日内如果遇上任何一方银行休假,那么外汇交割时间顺延。如:中国、美国时差16小时,同一时间的美国星期三是中国的星期四,若在这期间有异国是节假日,就需要顺延。

其二,周末进行的交割需要顺延。国际外汇市场业务买卖实行5天工作制,周五为周末,这一天交易的外汇需顺延到下周进行交割。

其三,交割不跨月。外汇买卖业绩按月统计,按月报表,交割期顺延不跨月;如顺延跨月,则交割往前推到当月最后一个工作日。例如:在中国某年4月28日星期四,两个工作日则交割为4月29日及5月8日,该笔业务只能在4月29日进行交割。

即期外汇交易随着交易市场和币种不同,其交割日期也不尽相同。即期外汇交易的交割有以下3种类型:

1. 标准交割日

标准交割日指在成交后第二个营业日进行交割。在世界一些主要的外汇市场,如伦敦、纽约、法兰克福、巴黎等地,即期外汇的交割是在两个营业日内进行的。这是因为,国际货币的收付除了要考虑时差因素的影响外,还需要对交易的细节进行逐一的核对,并发出转账凭证等。

2. 次日交割

次日交割指在成交后第一个营业日进行交割。如港元对日元、新加坡元、马来西亚林吉特、澳大利亚元就是在次日交割。

3. 当日交割

当日交割指在买卖成交当日进行交割。如港元对美元的即期交易就是在当日进行交割的。

例如,甲银行在3月5日将100万美元售与乙银行,并订明汇率是1美元合0.5英镑,二日后交割。如果3月7日是假日,那么在3月8日,甲银行主动将100万美元拨入乙银行指定的银行账户,而乙银行也在当日将50万英镑拨入甲银行所指定的银行账户,交割即告完成。

如上所述,客户如出于贸易付款需要时,应当把握好时机,尽量使付款日和起息日吻合,就是说要提前两个工作日与银行做交易。当然,由于某些国家在时差上的原因,也可以要求购买第二天起息的货币。

(三)即期外汇交易的外汇报价

即期外汇交易是外汇市场上最普通、最常见的交易,而即期外汇交易的报价是达成交易的基础。即期外汇交易中行使的汇率是即期汇率。即期汇率是外汇市场的基础汇率,因此,即期汇率的确定无论对银行,还是对客户均具有重要的影响。一般来说,外汇银行在制定即期汇率时应注意如下原则:

其一,应在基本汇率的基础上,通过与其他外汇市场的相应汇率进行套算来确定3种货币的汇率,以便使制定出来的汇率与3地外汇市场保持基本一致;

其二,任何货币的汇率,均应分别制定买入价、卖出价;

其三,在交易过程中,银行应根据市场动态和自身的头寸情况,适时调整买入汇率与卖出汇率,从而在调节外汇资金的供求和自身头寸的基础上扩大银行的外汇业务。外汇头寸是指外汇银行或外汇交易持有的某种外汇余额,分为多头头寸、空头头寸和平头头寸。多头头寸是指外汇买入额大于外汇卖出额;空头头寸是指外汇买入额小于外汇卖出额;平头头寸是指外汇买入额等于外汇卖出额。

外汇交易员报价时应该注意的问题:报价行的外汇头寸、市场的预期心理、询价者的交易意图、各种货币的风险特征和短期走势。

例如,在法兰克福外汇市场汇价为:1美元=1.5629/39德国马克。某银行外汇余额不足(出现空头头寸),应补进美元,则报价为:1美元=1.5632/41德国马克,买价高于市场价,刺激客户或同行业卖出美元;而卖出价高于市场汇价,阻止别人买入,从而补足头寸。某银行外汇余额盈余(出现多头头寸),则报价为:1美元=1.5625/35德国马克。

(四)即期外汇交易的程序

外汇市场开张后,主导汇率行情的权威银行及其竞争伙伴一般将以前一天的收盘汇率作为当日的开盘汇率。一般各主要国家的银行都首先办理世界主要货币同本国货币的外汇买卖,然后才办理别的主要货币的买卖。在外汇市场,一些客户在查询某种货币的美元标价汇率时,有时会被告知该种货币美元标价的参考汇率。参考汇率在外汇市场上往往是"该日已停止该种外汇的买卖业务";或者是"该日由于某种原因,现不办理该种外汇的买卖"的同义词,因此,客户不能将参考汇率误认为是即期交易汇率。

外汇即期交易一般多为银行同业拆借,金额较大,双方完全凭信用,无需担保,一般都是通过电话等电讯方式成交。下面便是一笔通过路透社交易系统成交的一笔典型的即期交易。通过它可以看出即期外汇交易的一般程序。

成交日为 8 月 11 日。

A:HIH1SPOTDM2.(即 A 银行向 B 银行要美元兑德国马克的即期价格,交易额为 200 万美元)

B:1.5950/60.(报价,即 1 美元=1.5960/1.5960 德国马克)

A:AT50.(击中 50)

B:OK,DONE.(好,成交)

NOW CONFIRM,AT 1.5950 WE BUY 2 MIOUSDAGAST DEM VA1. UE13/AUG. CITI BK NYK FOR MY USD WHERE IS YOUR DEM.(证实:在 1.5950 水平,我们买进 200 万美元兑马克,起息日为 8 月 13 日,请你把美元汇到花旗银行纽约我的账上,你的马克账户行在哪儿?)

A:DEUTSCHE BANK FF1. TNANKS ALOT BIBI.(请把马克付到德意志银行法兰克福,谢谢,再见!)

二、远期外汇交易

(一)远期外汇交易的概念和功能

1.远期外汇交易的概念

远期外汇交易又称"外汇期货交易"、"期汇交易"(Forward Transaction),它是指在外汇买卖成交时,双方以合同形式约定交易币种、金额、汇率和交割期限,以待将来按约定的时间办理交割的一种外汇交易。例如,1991 年 3 月 1 日,英国凯伦公司与米德兰银行签订一份购买 500 万 3 个月远期美元交易合同,约定交割汇率为 1 美元=0.6 英镑,该笔交易的交割期为 6 月 1 日。届时无论美元与英镑的市场汇率如何变化,交易双方都必须按合同条款履行责任,也就是米德兰银行支付凯伦公司 500 万美元,凯伦公司则须支付 $500 \times 0.6 = 300$ 万英镑给米德兰银行。交割完毕即意味着这笔远期交易的结束。

远期外汇交易的期限通常有 1 个月、2 个月、3 个月、6 个月、9 个月和 12 个月等多种,其中外汇市场上最常见的是 3 个月期的。

远期外汇买卖可分为固定日期交割和择期交割2种形式：

固定日期交割的远期外汇买卖，其交割日一经确定，必须按时实现，不得提前和推后，买卖双方均无权更改交割日期。

择期外汇买卖是交割日不固定的远期外汇买卖，择期的含义也就是客户可在将来某一段时间通常是一个半月内在任何一天，按约定的汇率进行交割。例如，某进出口商在签订购买商品合同后，一时还确定不了将来的收付款日期，比如只能大致定在1991年3月左右。为稳定进口成本，该进出口商就可购买远期外汇。可以同银行做一个择期外汇买卖，把交割日期定在3月1日至31日之间。一旦择期买卖合约成交后，买方即可按照约定的远期汇率，从3月1日至3月31日的任何一天均可根据进口付款的要求，随时通知银行在2个工作日后交割。

2. 远期外汇交易的功能

远期外汇交易是在国际经济贸易的不断发展和国际货币制度的变革过程中产生并发展起来的。它的产生适应了当代世界经济发展的需要，也适应了各国进出口商、外汇银行及其有关机构、团体希望保值避险或牟利投机的需要。因此，在当代国际外汇市场上，远期外汇交易的规模发展迅速，它已同即期外汇交易一样，成为最基本、最主要的外汇交易形式之一。

(1)进出口贸易商可以防止汇率变动的风险。由于任何一项国际商品交易，从签订合同到债务的清算，一般总是要经过一段时间。对于进口商来说，在此期间若外汇汇率上升，则意味着他将付出更多的本国货币购买定量的外汇，也就是所付增加；对于出口商来说，若在此期间，外汇汇率下降，他所能得到的以外币标价的货款折算成本币的数额则比汇率下降以前少，也就是所得减少。为了避免这种汇率变动带来损失的可能性，进出口商均有必要预先固定汇率。以确知并稳定未来的收支金额，而通过远期外汇买卖则可达到这一目的。

(2)可使资金借贷者避免其国外投资或所欠国外债务到期时因汇率变动而蒙受损失。因为，在国际债权债务得以清算以前，无论对于债权方还是债务方而言，外汇汇率的变动都可能导致他们的实际所得减少或所付增加。因此，双方都有固定未来结算日汇率的要求，远期外汇交易的开展为这一要求提供了可能性。

(3)可使外汇银行通过平衡其外汇头寸而达到避免汇率变动风险的作用。国际贸易商和资金借贷者利用远期外汇交易，将汇率变动的风险转嫁给了外汇银行，外汇银行为了避免这一风险，也必须通过远期外汇的买卖综合平衡其外汇头寸。例如，当远期外汇"超买"时，则需抛出这一部分期汇；若远期外汇"超卖"时，银行就需要补进同额的期汇，这样就可以平衡外汇银行的外汇头寸，避免汇率变动的风险。

(4)外汇投机交易必须以远期外汇交易市场的存在为基础。当外汇投机者预期未来一定时期某种货币的汇率变动程度与该时期这种货币的远期汇率存在差异时,就会通过买进或卖出其期货而从中获利。

(二)远期汇率的挂牌方法

远期外汇汇率是远期外汇交易中所使用的汇率,它是在即期外汇汇率的基础上形成的。远期汇率高于即期汇率的差额,被称为"升水"(Premium);远期汇率低于即期汇率的差额,被称为"贴水"(Discount);远期汇率与即期汇率持平的情况称为"平价"(Par)。

在远期外汇市场,远期汇率的标价方法也有2种:一种是直接标出实际的远期外汇汇率;另一种则是以远期外汇汇率与即期外汇汇率的差额,也就是升水或贴水的形式表示。

例如,当即期汇率1美元=125.35/125.45日元时,1个月美元远期外汇为升水0.15/0.20日元时,直接标价的美元对日元的远期汇率可表示为:

即期汇率1美元=125.35/45日元

1个月美元期汇升水0.15/0.20日元

如果是美元远期外汇贴水0.15/0.20日元,那么直接标价的美元对日元的远期汇率表示为:

即期汇率1美元=125.35/45日元

1个月美元期汇贴水0.20/0.15日元

再如,当即期汇率为1英镑=1.7700/10美元时,3个月的美元远期外汇升水是0.61/0.66美分时,则间接标价的英镑对美元的远期汇率表示为:

即期汇率1英镑=1.7700/10美元

3个月美元期汇升水0.0066/0.0061美元

如果是美元远期外汇贴水0.61/0.66美分,那么间接标价的英镑对美元的远期汇率表示为:

即期汇率1英镑=1.7700/10美元

3个月美元期汇贴水0.0061/0.0066美元

(三)远期汇率的确定方法

汇率的标价方法不同,计算远期汇率的方法也不同。

在直接标价法下,

远期汇率=即期汇率+升水额

远期汇率=即期汇率-贴水额

在间接标价法下,

远期汇率=即期汇率-升水额

远期汇率=即期汇率+贴水额

使用刚才的例子计算直接标价法和间接标价法2种标价情况下的远期汇率如下：

1. 直接标价法(东京外汇市场)

美元远期外汇升水时,美元兑日元的1个月远期汇率为：

$$1 \text{ 美元} = (125.35 + 0.15)/(125.45 + 0.20)$$
$$= 125.50/125.65 \text{ 日元}$$

美元远期外汇贴水时,美元兑换日元的1个月远期汇率为：

$$1 \text{ 美元} = (125.35 - 0.20)/(125.45 - 0.15)$$
$$= 123.15/125.30 \text{ 日元}$$

2. 间接标价法(伦敦外汇市场)

美元远期外汇升水时,英镑兑美元的3个月远期汇率为：

$$1 \text{ 英镑} = (1.7700 - 0.0066)/(1.7710 - 0.0061)$$
$$= 1.7634/1.7649 \text{ 美元}$$

美元远期外汇贴水时,英镑兑美元的3个月远期汇率为：

$$1 \text{ 英镑} = (1.7700 + 0.0061)/(1.7710 + 0.0066)$$
$$= 1.7761/1.7776 \text{ 美元}$$

当远期外汇升水或贴水的数额一致时,计算升水或贴水后的远期汇率的买卖差价应该相等。例如,当1个月远期美元兑日元的升水或贴水为0.15/0.20时,计算升水或贴水后的远期汇率的买卖差价都是0.15日元(125.50/125.65,125.15/125.30)。因此,在直接标价的情况下,减去贴水的数字,在间接标价的情况下,减去升水的数字时,都应将大的数字放在前面。

影响远期外汇汇率升降的因素十分复杂。两国利率的差异、货币的供求关系、人们对货币的心理预期而产生的投机活动及两国的政治、经济形势变化都会对远期汇率产生很大的影响。但其中绝大部分因素对远期汇率产生的影响都难以进行精确的定量计算,比较容易进行定量分析的是由两国间利息高低差异引起的远期汇率变化。

假定影响远期汇率变化的其他因素不变,远期汇率、即期汇率和利率的大致关系是：远期汇率和即期汇率的差异,决定于两国的利率水平,并大致与利息差异保持平衡。一般情况下,若A国的利率高于B国的利率,则以B国货币表示的A国货币的期汇汇率与其现汇汇率相比应为贴水；若B国利率高于A国利率,则以B国货币表示的A国货币的期汇汇率与其现汇汇率相比应为升水。例如,美元利率比德国马克高3%,则以德国马克表示的美元期汇汇率应低于现汇汇率约3%,英镑利率低于美元利率4%,则以美元表示的英镑的期汇汇率应高于现汇汇率约4%。一种货币对另一国货币的期汇汇率的贴水率或升水率等于两国利率之差,一般称为"利率平价"。设A国的利率为I_a,B国的利率为I_b,A

国的现汇汇率为 R_s,远期汇率为 R_f,远期汇率升水或贴水率为:

$$F=(R_f-R_s)/R_s$$

(正值为升水率,负值为贴水率)

则达到利率平价的条件为:

$$F=I_b-I_a$$

即 $(R_f-R_s)/R_s=I_b-I_a$

$$R_f=(I_b-I_a)R_s+R_s \qquad ①$$

在已知一种货币的现汇汇率和两国的利率时,由①公式便可计算出该种货币的远期汇率及贴水、升水率。

例如,美元的利率为10%,德国马克的利率为4%,美元兑德国马克的现汇汇率为1美元=1.75德国马克,则美元与德国马克的期汇汇率约为:

$$Rf=(4\%-10\%)×1.75+1.75=1.645(马克/美元)$$

美元的贴水率 $=(1.645-1.75)/1.75=-6\%$

第四节 套汇和套利交易

一、套汇交易

(一)地点套汇

在通常情况下,各外汇市场的汇率是通过基本汇率的套算而确定的,因而同种货币的汇率一般都能保持基本一致。然而,这并不意味着在任何时点上、任何地点上外汇市场同种货币的汇率都永远均衡。实际上,由于外汇交易在地域上的广泛性和时间上的延续性,各个外汇市场的外汇供求关系不断变化,并导致汇率的经常上涨或下降,从而使各个外汇市场也不可避免地会不时出现短暂的汇率差异,这种差异就构成了地点套汇的前提条件。

地点套汇,就是利用2个或3个不同地点外汇市场之间某种货币的汇率差异,分别在这几个外汇市场上一面买进一面卖出这种货币,从中赚取汇率差额利益的外汇交易。地点套汇的主要形式有直接套汇与间接套汇2种。

1. 直接套汇(Direct Arbitrage)

直接套汇又称"两地套汇",是指外汇交易者在2个不同地点外汇市场上某种货币汇率出现差异时,同时在这2个市场买贱卖贵,从中赚取差价利润的交易行为。例如,某日纽约市场汇价为1美元=145日元,东京市场为1美元=143日元,套汇者在纽约市场上按145日元的价格买进一笔日元,然后立即在东京市场上以143日元的价格卖出,换回美元,这样每一美元可赚毛利2日元。

2.间接套汇(Indirect Arbitrage)

间接套汇又称"三地套汇",它是指套汇者利用3个以上不同地点的外汇市场,在同一时间内存在的货币汇率差异,同时在这些市场上买贱卖贵,套取汇率差额收益的交易行为。

例如,假设某日某一时刻,纽约、法兰克福、伦敦三地市场的外汇行市如下:

纽约市场:1美元＝1.9100/1.9110德国马克

法兰克福市场:1英镑＝3.0790/3.0800德国马克

伦敦市场:1英镑＝1.7800/1.7810美元

根据以上3个市场外汇行市,若套汇者以100000美元进行"三地套汇",则可首先在纽约市场以1美元＝1.9100德国马克的汇价卖出100000美元,买进191000德国马克;同时,在法兰克福市场上以1英镑＝3.0800德国马克的汇价卖出191000德国马克,买进62013英镑;同时又在伦敦市场以1英镑＝1.7800美元的汇价卖出62013英镑,可买回110383美元。如不考虑套汇费用,则该套汇者通过间接套汇可获利10383美元。

间接套汇的前提是三地市场的汇率不均衡、存在差价,但是如何迅速判断三地市场的汇率是否均衡呢？在外汇实务中,常用的判断方法主要有2种:

(1)套算比较法。这是通过几个市场汇率套算,判断市场之间是否有差价存在的方法。如上例中:

纽约市场:1美元＝1.9100德国马克

根据法兰克福和伦敦两市场的汇率套算,结果为:

1美元＝1.7303德国马克

套算结果表明,三地市场之间存在汇率差异,可以套汇。

(2)汇价积数判断法。这是将各市场汇率均换成统一标价法下的汇率,通过连乘所得积数来判断是否存在价差的方法。如果各市场的应付汇率(或应收汇率)的连乘积数不为1,则表明各市场汇率不均衡或有价差,可以套汇;如果积数等于1,则表明各市场汇率均衡或无差价,不可套汇。如上例中,我们可以将三市场的汇率重组如下:

纽约市场:1美元＝1.9100德国马克

法兰克福市场:1德国马克＝0.3247英镑

伦敦市场:1英镑＝1.7800美元

$1.9100 \times 0.3247 \times 1.7800 = 1.1039 \neq 1$

结果表明:三市场汇率不均衡,可以套汇。

目前,由于通讯设备先进、交易手段发达、信息灵便,各地外汇市场之间的货币汇率差异日趋缩小,地点套汇的机会一般情况下不多,至于间接套汇的机会更为难得。在间接套汇中,三地外汇市场上货币汇率之间出现差异总是偶然的、暂时的,通过套汇交易,这种差异很快就会拉平,从而使套汇机会消失。

(二)时间套汇(Time Arbitrage)

时间套汇又称"掉期交易",就是在买进或卖出即期外汇的同时,卖出或买入同额远期外汇的互换交易。交易的目的,是以避免外汇汇率变动的风险和保值为主,而不是为了获利。

例如,若一家法国公司需要 100000 英镑用于投资,预计 3 个月后即可收回,假定当时英镑对法郎的即期汇率为 1 英镑＝6 法国法郎,则该公司可用 600000 法国法郎买进 100000 英镑现汇。但若 3 个月后英镑对法国法郎的汇率下降为 1 英镑＝5.5 法国法郎,则届时该法国公司收回的 100000 英镑只相当于 550000 法国法郎,比预先投资额减少了 50000 法国法郎。为了避免这种损失,法国公司便在买进 100000 英镑现汇的同时,卖出 100000 英镑的 3 个月期汇。假定远期外汇市场上 3 个月期的汇率为:1 英镑＝5.999 法国法郎,那么无论 3 个月后英镑汇率的下跌程度如何,公司都肯定可以将 100000 英镑兑回 599900 法国法郎,只承担 100 法国法郎的汇率差额损失,从而在汇率方面保证了投资安全。在进行掉期交易中,为了避免汇价变动风险而付出的可确定的代价或损失叫做"掉期成本"。一般来说,掉期成本的高低是影响有关交易者所获利润多少的重要因素之一,从而也是交易者确定是否有必要进行掉期交易的一个重要依据。

二、套利交易(Interest Arbitrage)

套利交易,简称"套利",是指投资者或投机商利用两个国家短期投资利率的差异,将资金从利率低的国家调往利率高的国家,以赚取更高的利润。例如,伦敦市场英国政府发行的国库券年利率为 15％,纽约市场美国政府债券年利率为 13％,两个市场利率相差 2％。投资者将其美元资金兑换成英镑,调到伦敦市场买进 3 个月期英国政府国库券,可比用美元购买美国政府债券多得 2％的利息收益。为了防止投资期间汇率变动的风险,投资者往往在进行套利交易的同时,办理掉期交易。套利者在用美元买进英镑对英国政府国库券投资之时,预先再卖出 3 个月远期英镑,换回美元,只要掉期交易及套利交易整个开支费用不超过 2％的利息收益,套利者是有利可图的。

进行套利活动,在考虑金融市场之间利率差额的同时,必须考虑外汇市场即期外汇汇率与远期外汇汇率之间的差额。因为,即期外汇汇率与远期外汇汇率之间的差额是同两国短期利率的差额接近的。如果即期汇率与远期汇率的差与两国短期利率的差一致,套利活动就无利可图了。

应该看到,由于通讯设备的日益完善,目前各外汇市场已与国际卫星通讯网络紧密地联系起来,电子计算机也被应用在外汇交易上,外汇市场和外汇交易已日趋全球化,而以前由于地区不同和时差所造成的汇率差几乎已不存在。因此,以上的几种套汇方式早在多年以前便不再被交易员们所重视和使用,已逐渐被新出现的交易方式所取代。例如,利息套汇已被掉期取代,时间套汇则被期权代替,所谓的"两地和三地套汇"被目前人们称之为"现期套汇取代",这说明国际金融市场在不断地发展、交易方式正在日益更新。

第五节 外汇掉期、期权和期货交易

一、外汇掉期交易

(一)掉期交易的概念

掉期交易又称"时间套汇",是交易者在买入或卖出即期外汇的同时,卖出或买入同额远期外汇的互换交易。掉期交易的目的主要在于避免外汇汇率变动的风险,轧平外汇头寸,而不是为了套汇。

掉期交易有以下几个特点:一是买卖同时进行;二是买卖某种货币的数额相等;三是交易的期限不同。凡符合这三个条件的,都可视为掉期交易。例如,某公司向国外借入一笔瑞士法郎,想把它转换为美元使用,或将暂时未用的部分转换为美元存款。与此同时,为了防止瑞士法郎将来升值,蒙受大的汇率损失,造成还款上的被动,就可以做一个掉期买卖。也就是卖出即期瑞士法郎,买进即期美元;买进同额远期瑞士法郎,卖出相应数量的远期美元。到时就可以防范瑞士法郎转换成美元后,可能发生的美元贬值损失。

(二)掉期交易的功能

其一,可降低筹资成本。筹资者在筹资时只需要考虑采用所能借取低成本的资金方式,其后再通过调换转为最终需要的货币,不必过多考虑其他限制。

其二,有助于筹资者对冲货币风险。

其三,掉期交易的运用,可使外汇银行通过掉期交易进行外汇头寸和外汇资金的结构调整,也可通过掉期交易的运用获得利润,还可解决外汇合约的延期问题。

外汇银行为了业务的顺利开展和避免汇率变动所带来的损失,需要不断地调整银行的外汇资金构成以及外汇头寸。而调整的方向是使银行的外汇头寸和外汇资金构成向同一方向同步变化。就是说银行在外汇头寸为多头时,要有相应增加的外汇资金补进,为空头时,要有相应减少的外汇资金抛出。如果外汇头寸和外汇资金能够同步向同一方向变化,那么调整外汇头寸也就调整了外汇构成,调整外汇构成也就调整了外汇头寸。在多头时卖出外汇,是调整过剩的外汇资金;在外汇资金不足时买进外汇,则是调整外汇头寸的空头。然而实际上,外汇头寸与外汇资金往往并不同步向同一方向变化,外汇头寸多时,外汇资金并不马上增加,相反,空头时,外汇资金也不马上减少。

例如,当银行议付 100000 美元的出口跟单 90 天远期汇票后,外汇头寸马上有了 100000 美元的多头,但实际上银行将汇票寄到代理行,代理行再从进口商处收回 100000 美元到议付行至少需要 90 天的时间,银行账户出现多头时,外汇资金并不马上增加。同样,如果银行卖出 100000 美元的远期外汇,那么外汇头寸马上出现 100000 美元空头,但 100000 美元外汇资金则在几个月后交割时才减少。

因此,在调整外汇头寸,进行外汇交易时,还必须考虑外汇资金的流动情况;而调整外汇资金,进行外汇交易,也须考虑外汇头寸的情况。又如,当银行有 100000 美元的多头,而外汇资金又不足 100000 美元时,调整外汇头寸不能以即期外汇交易的方式卖出美元,而只能采用远期外汇交易的方式。如果银行的外汇资金用于业务需要 100000 美元,而这时银行账户上无头寸,买进 100000 美元的即期外汇虽可补充业务资金的不足,那么会使平衡的外汇头寸变为多头,对银行的外汇头寸管理不利。在此情况下,银行运用掉期交易便能解决这一问题,就是在买进 100000 美元现汇时,卖出 100000 美元期汇,使外汇资金和外汇头寸都达到平衡状态。

掉期业务除了在银行同业之间使用外,也在银行对客户之间的交易时使用,其中,比较多的是用于解决外汇预约的延期问题。例如,某出口企业向银行预约了 500000 美元 3 个月期外汇交易(银行买,出口商卖)。但由于进出口企业之间衔接不良,3 个月后出口企业不能如期预约交易,因而,希望银行能将预约交易延期 3 个月执行,这时银行一般做法是,卖给出口企业 500000 美元的现汇,同时买入 3 个月同额期汇,也就是进行掉期交易。通过掉期交易,出口企业解决了延期的问题。

(三)掉期交易的程序

掉期交易最常见的是即期对远期的交易,其过程如下:

一个顾客向一家银行询价后,该银行报出美元兑马克 3 个月掉期价为(USD/DEM Spot Price):1.6550/60

Swap Points:125/128

从而,可以算出该银行直接标价下的远期价格(Forward Outright Price):1.6675/1.6688

如果该顾客想做先买后卖,那么就说:

We Buy/SEII USD I MIO.

也就是说,即期、远期分别在 1.6560 与 1.6675 水平成交;相反,若先卖后买,则在 1.6650 与 1.6688 水平成交。

二、外汇期货交易

(一)外汇期货交易的概念

外汇期货交易是金融期货的一种。它是在有形的交易市场,通过结算所(Clearing House)的下属成员清算公司(Clearing Firm)或经纪人,根据成交单位、交割时间标准化的原则,按固定价格购买与出卖远期外汇的一种业务。

外汇期货交易的主要特点是:

其一,在有组织的市场,通过公开叫价方式进行交易;

其二,期货合约采用标准化形式,也就是除价格是交易时确定的外,其余各项如货币币别、交易金额、清算日期、交易时间等均已作了明确规定;

其三,期货交易只限于交易所的会员之间,非会员要进行买卖必须通过经纪人收取佣金。合约到期时实际交付的金额很少,通常不到交易额的 1%。

外汇期货是本世纪 70 年代初浮动汇率制度取代固定汇率制度的产物。1972 年 5 月 16 日,芝加哥商品交易所(CME)成立国际货币市场分部,推出包括英镑、加拿大元、德国马克、日元、瑞士法郎、荷兰盾、墨西哥比索在内的 7 种外汇期货合约,开始了外汇期货交易。

外汇期货适应了人们对变化不定的汇率进行套期保值的需要,因此,很快被金融界和企业界接受,发展成为三大主要金融期货之一。

(二)外汇期货交易的功能

1. 减少或消除汇率的不利变动可能给投资者带来的损失

任何企业和个人,都面临着汇率变动的风险,尤其是在当今如此频繁剧烈的汇率变动下,他们迫切需要寻找理想的回避汇率风险的金融工具,他们可以通过金融期货市场进行外汇期货套期保值,将风险转移给愿意承担该风险的投机者,以最大限度地减少因汇率变动造成的损失。

2. 价格发现机制

期货交易所是一个完全由供求法则决定的自由市场,它将众多的影响供求关系的因素集中于交易场内,并通过公开喊价竞争,将众多因素反映在一个统一的交易价格上,期货交易起到了价格晴雨表的作用,它记录了世界范围内各种因素对所交易的外汇价格的影响。由于现货市场和期货市场都受同种经济因素影响和制约,外汇期货价格与现货价格在走向上是一致的。因此,两市场之间的价格相关关系可以使套期保值者和投机者利用外汇期货价格来衡量相关外汇期货的近远期价格发展趋势。另外,由于外汇期货市场存在着大量投机因素,会增加外汇市场价格的波动。

(三)外汇期货交易合同

外汇期货合同是期货交易所制定的标准化的外汇远期合约,除价格外,其他内容都有统一规定,就是交易单位、币种、交易时间、交割时间和交割地点等内容是标准化的。这与外汇远期合同不同,外汇远期合同是交易双方协商决定的,内容根据需要而定。

下面以芝加哥国际货币市场上市的德国马克期货为例,对外汇期货合约的内容作具体介绍。芝加哥国际货币市场德国马克期货合同如表3-2所示。

表3-2 芝加哥国际货币市场德国马克期货合同

交易单位	125000德国马克
最小变动价位	1点(0.0001)
每日价格最大波动限制	开市(芝加哥时间早7:20~7:30)限价为150点,7:35后无限价
合约月份	1月、3月、4月、6月、7月、9月和现货月份
交易时间	芝加哥时间早7:20,下午2:00,到期合同最后交易截止为上午9:16
最后交易日	从合同月份第3个星期往回数的第2个工作日上午9:16
交割日期	合同月份的第3个星期三
交割地点	由清算所指定的货币发行银行

(资料来源:新浪财经)

在芝加哥国际货币市场上市的其他外汇期货合同除交易单位、最小变动价位、每日价格最大波动限制外,其他内容与德国马克期货相同。如表3-3所示。

芝加哥国际货币市场上的外汇期货合同都是以美元来计价的,就是以每单位外币折合若干美元来报价的,并采取小数的形式,小数点后一般是4位数(日元也是4位数,但实际上省略了前2位。如0.4728实际上是0.004728)。如美元对德国马克的汇率为1美元=2.05德国马克,则德国马克期货报价为0.4838美元,就是1德国马克=0.4838美元。

最小变动价位是指当供求因素发生变动时合同价格最少应变动的数额,通常用点来表示。1点为1%的0.01,即0.0001。德国马克期货合同的最小变动价位为1点,则其报价单位为0.0001美元/德国马克,1个交易单位价值为125000德国马克×0.0001美元/德国马克=12.5美元。也就是说,德国马克期货合同价格变动1点,其价值变化为12.5美元。除澳大利亚元和加拿大元期货合同外,其他期货合同的最小变动价值都是12.5美元。

表 3-3 芝加哥国际货币市场其他外汇期货合同

币种	交易单位	最小变动价位	每日价格最大波动限制
日元	12500000 日元	0.01 点(12.5 美元)	150 点
澳大利亚元	100000 澳元	1 点(10 美元)	150 点
加拿大元	100000 加元	1 点(10 美元)	150 点
英镑	62500 英镑	2 点(12.5 美元)	400 点
瑞士法郎	125000 瑞士法郎	1 点(12.5 美元)	150 点
法国法郎	250000 法国法郎	0.5 点(12.5 美元)	500 点

(资料来源:新浪财经)

芝加哥国际货币市场实行每日价格变动限制,目的在于防止价格变动幅度过大而给交易者带来太大损失,以此维持市场的稳定性。扩充性的每日价格限制是:在连续两天某货币的期货合同都以同方向变动的正常限价收市时,第 3 天的限价将是平常限价的 15%,第 4 天将是 200%,第 5 天不实行价格限制,第 6 天恢复正常限价。不同交易所、不同国家的外汇期货合同有可能内容不完全相同,但主要内容都基本相同,不同的是细节方面的内容。

(四)外汇期货交易的程序

交易所外汇期货交易都通过公开叫价拍卖的程序来确定价格,大体上其标准化指令执行程序如下所述:

客户首先要选定下达何种指令,是限价指令、市场指令还是停止价指令等等。限价指令,特指只能在客户指明价格水平上或比该价格更好的价格成交的指令,在下达这类指令时,客户应标明一个具体的价格水平;市场指令,这类指令下达到交易池时,场内出市代表是迅速以接到指令时的最好价格成交,在这类指令下达时,客户无须指明价格,只需表明买卖合约的商品品种、交收月份、数量及交易方向;停止价指令,也称"止蚀指令"或"止损指令",是当市场达到指定价格水平时即转为市价指令执行的指令,多用于对冲在手合约以达到减少损失或保持既得利益的目的。

客户通过电话向经纪人发出买入或卖出的指令,经纪人利用电话、传真或计算机将指令传给交易大厅内代表,指令单加盖时间戳记后立即由指令传递员传递给相应交易池的场内经纪人,在每个指定进行不同外汇期货合同交易的交易池内,场内经纪人通过公开叫价执行委托。各交易池内交易所职员记录下每笔已完成的交易价格变动情况,并输入计算机控制中心。计算机接收到所有交易池的交易数据后立即在电子显示板上显示外汇期货交易的最新数字,并通过高速电传机向全世界主要新闻媒介及私人报价系统使用者传递交易数字信息。场内经纪人在买卖指令完成后,还须在交易卡及原有戳记指令单上记录每笔交易的详细情况,完成交易确认后通知最初的经纪人,再由其告知客户。

(五)外汇期货套期保值

利用外汇期货交易确保外币资产或负债免受汇率变动带来的损失就是外汇期货套期保值。外汇期货套期保值有2种基本形式,即空头套期保值和多头套期保值。

1.空头套期保值

有某种外币收入的美国保值者和有美元支出的非美国保值者可以通过出售该种货币(非美国保值者的本币)期货合约保值。

【例1】 美国某出口商向加拿大出口一批货物,价值500000加元,以加元结算,3个月后收回贷款。为防止3个月后加元汇率下跌,该出口商卖出5份3月期加元期货合约,价格为0.8450美元/加元,面值100000加元,希望把货款固定在424450美元的水平上。

(1)若3个月后加元果然贬值,其结果如表3-4所示。

表3-4 3个月后加元贬值后的结果

现货市场	期货市场
3月1日 现汇汇率:1加元=0.8490美元 50000加元折合42450美元 (500000加元×0.8490美元/加元)	3月1日 卖出5份3月期加元期货合同,面值1000000加元 价格0.8490美元/加元,价值424450美元 (5×100000加元×0.8490美元/加元)
6月1日 现汇汇率:1加元=0.8460美元 500000加元=423000美元 (500000加元×0.8460美元/加元) 损失424500−423000=1500美元	6月1日 买回5月3个月期加元期货合同 1加元=0.8450美元,价值422500美元 (5×100000加元×0.8450美元/加元) 盈利424450−422250=1950美元

在不计保值费的情况下净盈利为1950−1500=450美元,实际收回美元423000+1950=424950美元。不但没有损失,反而略有盈余。

(2)若3个月后,加元汇率不降反升,则结果如表3-5所示。

在不计保值费的情况下,保值者(美国出口商)实际收回美元为425000+50=425050美元,若不做套期保值,则出口商会获得500美元的好处。可见套期保值只能使保值者的收益相对稳定,却不会获得额外好处。如表3-5所示。

表3-5 3月后加元升值后的结果

现货市场	期货市场
6月1日 现汇汇率:1加元=0.8500美元 50000加元折合425000美元 (500000加元×0.8500美元/加元) 盈利425000−424500=500美元	6月1日 买回5份3月期货合同价格为0.8498美元/加元 价值4249000美元 (5×100000加元×0.8498美元/加元) 损失424900−424450=450美元

【例2】 加拿大某进口公司从美国进口一批货物,价值3000000美元,3个月后支付货款。为避免美元升值,该进口公司决定做空头套期保值。若3个月

后美元果然升值,则结果如表 3-6 所示。

在未计保值费的情况下,实际成本为 3981300 加元－375038.46 加元＝3606261.6 加元。由于做了套期保值,实际成本基本上排除了汇率波动的干扰。

表 3-6 3 个月后美元升值后的结果

现货市场	期货市场
当前情况 现汇汇率:1 美元＝1.212 加元,则 3 个月后有价值 3000000×1.212＝3636000 加元的货款要支付	当前情况 3 个月期期货价:1 加元＝0.8250 美元 卖出 36 份 3 月期加元期货合同 每份面值 1000000 加元 价值为 36×1000000×0.8250＝2970000 美元
3 个月后 现汇汇率:1 美元＝1.3271 加元 支付 3000000 美元货款需 3000000×1.3271＝3981300 加元	3 个月后 3 个月期期货价为:1 加元＝0.7465 美元 买回 36 份 3 月期加元期货 价值 36×100000×0.7465＝2687400 美元
成本增加 3981300－3636000＝345300 加元	盈利 2970000－2687400＝282600 美元 折合 375038.46 加元(282600×1.3271)

2.多头套期保值

有某种外币支出的美国保值者和有美元收入的非美国保值者可以通过购买该种外币(非美国保值者的本币)期货合约保值。

【例 3】 美国进口商从德国购进价值 125000 马克的货物,1 个月后支付。为防止德国马克升值而使进口成本增加,该进口商从芝加哥国际货币市场买进 1 份 1 月期德国马克期货,面值 125000 德国马克。若 1 个月后马克汇率果然上升,则结果如表 3-7 所示。

在未计算保值费的情况下,净损失 1625－1500＝125 美元,实际成本为 51425－1500＝49925 美元,达到了保值的目的。

如果马克汇率不升反降,那么期货市场的损失可由现货市场上的盈利来抵消。

表 3-7 1 个月后马克升值后的结果

现货市场	期货市场
当前情况 现汇汇率:1 马克＝0.3984 美元, 价值 125000 德国马克折合美元成本为 125000×0.3984＝49800 美元	当前情况 购进 1 份面值 125000 德国马克的期货合约, 价格 1 马克＝0.4010 美元, 价值 1×125000×0.4010＝50125 美元
1 个月后 现汇汇率:1 马克＝0.4114 美元, 则 125000 德国马克折合 125000×0.4114 ＝51425 美元	1 个月后 卖出 1 份面值 125000 德国马克的期货合约, 价格为 1 马克＝0.4130 美元, 价值 1×125000×0.4130＝51625 美元
成本增加:51425－49800＝1625 美元	盈利 51625－50125＝1500 美元

【例 4】 4 月 10 日,日本某出口公司向美国出口一批电器,价值 300 万美元,6 月 20 日收回。由于汇率走势不明朗,该公司决定利用外汇期货实行套汇

保值。该公司在期货市场买入 33 份 6 月期日元期货。若 2 个月后日元升值,结果如表 3—8 所示。

在不计保值费的情况下,实际货款 4.0650 亿日元＋0.098373 亿日元＝4.16373 亿日元,达到了保值目的。

若日元贬值,现货市场的盈利会被期货市场抵消,则最后结果依然能使实收金额基本维持在预定水平上。

表 3-8 2 个月后日元升值后的结果

现货市场	期货市场
4 月 10 日 现汇汇率:1 美元＝138.80 日元 300 万美元可折合 4.1640 亿日元	4 月 10 日 购进 33 份 6 月期日元期货合同 每份面值 12500000 日元,价格 0.007204 美元/日元
6 月 10 日 现汇汇率:1 美元＝135.50 日元 300 万美元可折合 4.0650 亿日元	6 月 10 日 卖出 33 份未交割的 6 月期日元期货合约 每份面值 12500000 日元,价格 0.007380 美元/日元
损失 9900000 日元	盈利(0.007380－0.007204)×12500000×33＝72600 美元 可折合 72600×135.50＝9837300 日元

3. 交叉货币套期保值

外汇期货市场上一般只有各种外币对美元的合约,很少有 2 种非美元货币之间的期货合约。在发生 2 种非美元货币收付的情况下,就要用到交叉货币保值。

所谓"交叉货币保值"是指利用一种外汇期货合约为另一种货币保值。

【例 5】 5 月 10 日,德国某出口公司向英国出口一批货物,价值 5000000 英镑,9 月份以英镑进行结算,当时英镑对美元汇率为 1 英镑＝1.2 美元,德国马克对美元汇率为 1 美元＝2.5 马克,则英镑和德国马克汇率为 1 英镑＝3 马克。9 月期的英镑期货合约正以 1 英镑＝1.1 美元的价格进行交易,9 月期的马克期货正以 1 马克＝0.4348 美元的价格进行交易,这意味着人们认为 9 月份英镑对德国马克的现汇汇率应为 1 英镑＝2.53 马克,就是英镑对德国马克贬值。为了防止英镑对德国马克汇率继续下跌,该公司决定对英镑进行套期保值。由于英镑对德国马克的期货合约不存在,出口公司无法利用传统的期货合约来进行套期保值。但该公司可以通过出售德国马克对美元的期货合约和买进英镑对美元的期货合约达到保值的目的。具体操作过程如下:

5 月 10 日,出售 80 份英镑期货合约(5000000 英镑÷62500 英镑＝80),每份合约面值 62500 英镑,价格 1 英镑＝1.1 美元。购进 120 份德国马克期货合约(5000000 英镑×3 马克/英镑÷125000 马克＝120),价格 1 马克＝0.4348 美元。

9 月 10 日,英镑对德国马克的现汇汇率为 1 英镑＝2.5 马克,则现货市场上损失(3 马克/英镑－2.5 马克/英镑)×5000000 英镑＝2500000 马克。期货市场上 9 月期英镑期货价格为 1 英镑＝1.02 美元,9 月期德国马克期货价格为 1 马克＝0.5 美元,出口公司对冲其在期货市场上的头寸,购回 80 份英镑期货,卖出 120 份德国马克期货。在英镑期货市场上的盈利为(1.1 美元/英镑—1.02 美元/英镑)×62500 英镑×80 份＝400000 美元,在德国马克期货市场上的盈利为(0.5 美元/马克—0.4348 美元/马克)×125000 马克×120 份＝978000 美元。期货市场上的盈利共计 1378000 美元。当时,德国马克对美元现汇汇率为 1 美元＝1.8500 马克,所以,1378000 美元可折合成 2549300 德国马克。在不计保值费的情况下,现货市场上的损失可由期货市场的盈利完全抵消且还有 49300 马克的盈利。

三、外汇期权交易

(一)外汇期权交易的概念

所谓"期权",是交易的买方(或卖方)签订买或卖远期外汇合约,并支付一定金额的保险费后,在合约的有效期内或在规定的合约到期日前,有权按合约规定的汇价行使自己购买(或出卖)远期外汇的权力,并进行实际的货币交割。但这种权力并不是平等的,买方(或卖方)也可以在有效期内或合约到期日根据情况放弃买卖外汇的权力,让合约到期而自行作废。这种拥有履行购买(或出卖)远期外汇合约选择权的外汇交易,就是外汇期权交易。

购买期权的一方称为"买方",出售期权的一方称为"卖方"。如果期权给予买方以在特定日期按特定价格购买相关资产的权利,就是看涨期权;如果期权给予卖方以在特定日期按特定价格出售相关资产的权利,就是看跌期权。

必须强调的是,期权的卖方在买方要求行使权利时,有义务交收相关的金融资产,但期权给予买方的只是一种权利,而不是一种义务。买方可自由选择行使或放弃行使期权赋予的权利。

外汇期权交易产生于 1982 年 11 月,地点是加拿大的蒙特利尔股票交易所的美元对加元的期权交易。之后,外汇期权交易获得了迅速发展,目前,外汇期权交易的对象主要是 6 种货币的 5 种外汇期权合约,它们是美元对英镑、美元对欧元、美元对瑞士法郎、美元对日元和英元对加拿大元。

(二)外汇期权交易的种类

1. 按期权的行使方式划分的外汇期权有美式期权和欧式期权 2 种基本类型

(1)美式期权是指期权买方可以在合约到期日之前的任何一天行使选择是否履约的权力。

(2)欧式期权是指期权买方只能在合约到期日行使选择是否履约的权力。

在上述 2 种基本类型之外,还有一些变化类型,例如,在 OTC 场外市场上,还有百慕大式期权和亚式期权:百慕大式期权可以在到期日之前的某些特定的日期行使权利;亚式期权则是按某一特定时期内相关资产的平均价值,而不是其最终价值计算盈亏。

2. 按合约的标的不同划分为外汇现货期权和外汇期货期权

外汇现货期权是指合约的标的是实际货币。

外汇期货期权是指合约的标的若是货币期货合约。

(三) 外汇期权费

外汇期权费又称"期权价格"、"保险费"等，是指市场上买卖期权的价格或费用。一般来说，期权价格是由期权市场的供给和需求决定的，它反映出买卖双方对这一权利做出的估价。外汇期权费主要决定因素有 3 个：内在价值、时间价值和波动率。

1. 内在价值

内在价值是指立即履行期权合约时获得的利润。

对于看涨期权而言，如果标的物(指期权交易的相关金融工具)的市场价格超过期权的行使价格，则期权的买方就可能行使其权利而获利，这时看涨期权就具有内在价值，它等于市场价格减去行使价格，也可以说期权处于实值状态。反之，如果标的物的市场价格低于期权的行使价格，此时行使期权无利可图，反而亏损，故期权持有人会放弃期权。因此，内在价值为零，也就是说期权处于虚值状态。当标的物市场价格等于行使价格时，内在价格也为零，此时期权处于平值状态。

2. 时间价值

时间价值，又称"外在价值"，是指期权价格超出期权内在价值的部分。

由于在到期时的期权价格是绝对超不出其内在价值的，故拥有期权并无特别优势。只有期权未到期时，相应金融工具的市场价格才有可能向有利方向变动，这时期权才具有时间价值。如对于看涨期权，如果还有一段时间才到期，这期间市场价格有上升的可能，则买方所支付的价格就会超过该期权当时的内在价值，以补偿卖方的风险，所以时间价值又可视为"风险补偿费"。在到期前任何时间，实值期权的期权价格由内在价值和时间价值构成，而平值或虚值期权的价格无内在价值，仅由时间价值构成。

3. 波动率

波动率是指价格波动的幅度，也是影响期权费的一个重要因素，它和时间价值相辅相成。因为，时间愈长，波动的幅度加大，期权的卖方承担的风险就越大，因而索要的期权费也越高；而对期权买方而言，汇价波动幅度越大，期权向有利方向变动的可能性就越大，期权的时间价值也越高。所以，波动率越大，期权价格越高，时间价值越大；反之，波动率越小，期权价格越低，时间价值越小。

(四) 外汇期权交易的程序

与期货交易所一样，期权交易所一般也实行会员制，会员在交易所内拥有席位，只有他们才可以在场内直接进行交易。因此，非会员想要进行期权交易必须通过经纪公司。

顾客将买卖期权的定单下达给经纪公司之后,经纪公司马上将定单传给其在交易所内的经纪人。经纪人接到定单后,立即按定单指令与交易所内其他会员进行交易。

为保证市场的连续性,大多数交易所设有称为"造市者"(Market Makers,在香港一般称为庄家)的会员。一般每种期权都有一个或几个造市者,他们负责在经纪人询价时,立即报出该期权的买价和卖价。造市者所报出的卖价总是大于买价,中间的差额就是价差,交易所一般对价差的上限都有规定。例如,期权价格低于 0.50 美元的,价差不得超过 0.25 美元;期权价格在 10～20 美元的,价差不得超过 0.75 美元等。造市者的存在保证了买卖定单不加延迟地以某一价格成交,增强了市场的流动性。造市者本身也可以从价差中赚取利润。

下达给经纪人的定单有很多是限价定单,只有遇到合适的价格时才能成交。如果无法成交,经纪人可以将定单转给定单记录员,他们会将定单上的指令输入计算机中,这样一旦价格达到限价水平,定单就可以成交。

当期权的买方选择行使权利时,他必须在通知日前向其经纪人声明。经纪人接到声明后通知期权清算所会员进行清算,该会员于是对清算所下达行使指令。期权清算所在拥有同样期权的空头头寸的会员中随机选择一个,该被选中的会员再从同样期权的卖方中按事先确定的程序,如先进先出法挑选某一个履约,如果是看涨期权,那么卖方按行使价格卖出相关资产;如果是看跌期权,那么买方按行使价格买进相关资产。在期权的相关资产是期货合约的情况下,如果看涨期权的买方行使权利,那么他除了按行使价格买入该相关期货合约外,还可以从卖方获得期货合约价格超过行使价格的现金值;如果看跌期权的买方行使权利,那么他除了按行使价格卖出该相关期货合约外,还可以从卖方获得行使价格超过期货合约价格的现金值。

复习思考题

1. 简述外汇交易的种类以及外汇市场的作用。
2. 如何对进口商品的不同货币报价进行折算比较?
3. 相比于远期外汇交易,外汇期权交易有哪些优点?
4. 举例说明出口商如何利用套期保值防范外汇风险。
5. 在一个时期,美国金融市场上美元定期存款年利率为 10%,英国金融市场上,英镑定期存款年利率为 12%。假定当前即期汇率为 GBP1＝USD2.0000。试问:美元远期汇率是升水还是贴水?升水(或贴水)率是多少?

第四章 外汇风险及其管理

对于参加涉外经济活动的主体而言,在从事对外贸易、对外投资、国际资金借贷等活动的过程中,通常会在国际范围内收付大量的外汇或者拥有大量以外币记值的债权和债务。由于每2种不同货币之间往往存在一种兑换的比率关系,也就是汇率作用机制,一旦汇率发生变化时,一定数量的某种外汇兑换成本国货币的数量在不同时期兑换的结果可能大不相同,具有很大的不确定性。这种不确定性,自20世纪80年代以来变得更加突出。随着布雷顿森林体系的解体,自1973年开始,西方主要的发达国家逐步推行了浮动汇率制度,在这种制度体系下汇率的变化主要是随着外汇市场供求关系的变化自动调整、自由上下浮动,这种调整与浮动变化不仅越来越频繁,而且强弱变化趋势越加难以预料。因此,面对国际挑战,在新的经济金融环境条件下把握外汇风险的内涵、形成机理、经济影响以及进行有效地外汇风险管理,便成为涉外经济主体的当务之急。

第一节 外汇风险及其管理概述

一、外汇风险的概念

外汇风险的内容极其广泛,但是就其具体应用而言有广义和狭义之分。广义的外汇风险包括汇率风险、利率风险、信用风险、流动性风险、经营风险以及国家风险等;狭义的外汇风险仅指汇率风险。在进行理论研究以及具体的实务操作过程当中人们所说到的外汇风险,通常是指这里所表述的狭义外汇风险类型即汇率风险。因此,我们在本章节中所讲述的内容也紧跟实务和理论界的研究步伐,从狭义外汇风险内容所包括的范围来讲述有关外汇风险的一系列相关问题。

外汇风险(Foreign Exchange Risk),也称为"汇率风险"(Exchange Rate Risk)、"汇兑风险"(Exchange Risk)或者"外汇暴露"(Foreign Exposure),是指经济主体在国际经济、金融、贸易等活动中,以外币计值的资产和负债、收入和费用,以及未来的经营活动预期可望产生的现金流量的本币价值,因为汇率变动而可能带来意外损失或者获得意外收益的可能性。由外汇风险定义我们可以清楚地看出外汇风险所体现出来的是一种不确定性，而且这种不确定性会给外汇持有人带来2种截然相反的结果：要么遭受损失，要么获得意外收益。

由于涉外经济主体在参与相关的国际经济、金融等活动的过程当中，难免会碰到以外币记值交易的问题，而且有些时候相关货币资金的收付也不是当期（即期）就会实现的，资金交付往往都会有一定的延后期（远期支付）。即使到期能够很顺利的收到规定数量的外币，涉外经济主体还面临着本币和外币之间的兑换，其兑换结果受到上述延后期期间汇率变动的巨大影响。如果该期间汇率变动方向对该涉外企业是不利的，那么该企业所得到的兑换本币价值将会面临一定程度的损失。在此过程中该涉外经济主体面临着相当程度的外汇风险。

由此，我们就可以很清楚地看出构成外汇风险的主要因素有3个：外币、本币、时间间隔。如果没有2种不同货币之间的兑换，那么也就不存在汇率波动所引起的外汇风险产生的物质基础。同样的，汇率的波动总是和一定的时间间隔相对应的，如果没有相应的时间间隔也就不可能产生汇率的波动幅度变化，而且该时间间隔越长，汇率波动幅度可能越大，由此而带来的外汇风险也就可能越大。

例如，2011年6月份中国某汽车进出口公司与美国福特汽车公司签订汽车进口合同，双方约定合同以美元计价，合同价值为100万美元，交割期为3个月（2011年9月份中国公司进行货款支付）。假定交易达成当天的汇率水平为￥6.80/$1.00，而到交割日由于美元升值汇率水平变为￥7.20/$1.00。按照交易日汇率水平计算，中国进出口商只要拿680万元人民币就可以兑换到100美元用以支付进口货款，但是到交割日真正支付货款时，按照市场汇率水平，中国进口商却要支付720万元人民币才能兑换到100万美元。相比于交易日，该进口商要多支付40万元人民币才能兑换到相应数量的美元。在此案例中由于合同收付款以美元计价结算，而对美国福特汽车公司而言本币就是美元，不涉及货币兑换问题，即使存在时间间隔它也不会面临外汇风险，3个月前或者3个月后收到的都是100万美元本币款项。而对于中国公司就不同了，因为它要支付的是美元，所以其要将本币——人民币兑换成美元，而且有3个月的时间间隔期，在这段时间内汇率极可能会发生很大变动，因此中国公司会面临外汇风险。在此案例中，中国公司面临的是风险损失。从此案例我们可以看出外汇风险是不同货币间的兑换和时间间隔共同作用的结果。

二、外汇风险成因

依据狭义外汇风险定义，我们知道外汇风险是源自汇率波动所造成的收益或损失的不确定性，因此说引起汇率波动的因素也就是引起外汇风险产生的因

第四章 外汇风险及其管理

素并不过分。就当前主流学派观点来说,汇率的波动主要受宏观经济政策及其所引起的宏观经济变量的影响。这些因素主要包括汇率制度、会计制度、战争等突发事件、他国危机的蔓延和宏观政策等等[①]。

就汇率制度而言,世界历史上曾经出现过的汇率制度主要有固定汇率制度和浮动汇率制度2种主要形式。在固定汇率制度下,汇率波动比较规范,波动幅度也很有限,且在汇率真正发生波动之前经济主体能够比较容易的对其波动进行预测,从而采取有效的应对策略,这可以在很大程度上降低经济主体经营活动的不确定性,减小涉外经济主体所面临的外汇风险。但是,在浮动汇率制度占据主导地位的情况下,各国政府对汇率的管制放松了,汇率变动随行就市,而且汇率波动幅度一般也没有严格的限制,这在一定程度上加大了主要货币之间的汇率波动幅度,从而在一定程度上加剧了外汇风险。

所谓"会计制度",就是一国财务主管部门发布的,具有法律效力的,在全国通行的会计核算准则和规范。各个主权国家可以根据本国经济体制特征和企业经营管理的需要制定相应的会计制度。涉外经营企业同样也适用本国所做出的会计制度安排,但是这当中有一个问题值得我们注意,那就是涉外企业外币债权债务在本国财务报表中的转换体现问题。因为,涉外企业在编制相关财务报表或者报告的过程当中要将外币债权或者债务转化成本币来表示。但是,怎么转换,汇价水平怎么确定以及选择哪个汇率作为转换汇率,这些都是受特定会计制度制约的。从某种层面我们可以认为会计制度的运用决定了外币债权债务转换为本币表示的结果,因此,会计制度会引发外汇风险的产生。

战争等突发事件对一国所造成的影响主要来自2个方面:一方面会破坏一国的基础设施等方面的实体建设,给国内民众造成苦难;另一方面会对一国的经济金融体制建设产生不良影响。综合两方面的影响分析,突发事件会给受害国在国际上造成不良影响,从而造成该国货币兑换世界上主要货币的汇率水平发生剧烈波动,从而产生很大的外汇风险。

随着国际经济全球化、一体化进程的加快,国际经济、金融危机在全球范围内会得以迅速蔓延,产生危机的迅速传递机制。这些危机所带来的影响既有显性的也有隐性的,其中对汇率波动的影响是比较隐性的,不易于观察的。但是,一旦发生汇率波动危机,往往就会给一国带来极大的损害,产生外汇风险危机,严重的可能导致国家破产。

一国的宏观政策主要涉及货币政策和财政政策2个主要方面。我们常说的货币政策,主要是指中央银行为实现其特定的经济目标而采用的各种控制和调

[①] 单忠东、綦建红:《国际金融》,北京大学出版社,2011年。

节货币供应量或信用量的方针和措施的总称,包括信贷政策、利率政策和外汇政策。货币政策有效实施的结果就是对全社会的货币供给量和信用总规模产生预期的影响。所谓"财政政策",指的是政府变动税收和支出以便影响总需求进而影响就业和国民收入的政策。变动税收是指改变税率和税率结构。变动政府支出指改变政府对商品与劳务的购买支出以及转移支付。财政政策的实施同样会对社会的货币供应量产生巨大的影响。综合2种政策考虑,我们可以看出它们有1个共同特点,那就是对全社会的货币供应量都能产生比较显著的影响,而货币之间兑换比率的变动是受货币供应量影响的,因而这两种政策都会从不同程度上对本币汇率产生一定的影响,严重的可能引起汇率的剧烈波动,从而导致汇率风险的发生,造成外汇风险暴露。

三、外汇风险的经济影响

外汇风险对国民经济的影响主要包括宏观和微观2个层面。就宏观层面而言,外汇风险主要涉及一国的国际收支、物价水平、国际竞争力水平、国际贸易条件、外汇储备以及社会就业水平等总量方面的因素;从微观层面看,其主要对涉外企业的营运活动、资金流通、经营效益、税收以及经营成本和战略选择等个体方面的因素产生影响。考虑到社会的关注度和应用的范围,此部分主要分析外汇风险对经济的微观层面所产生的影响。

涉外经济主体在日常的经营活动过程当中其资金往来往往会涉及2种及2种以上的货币,而到相关结算环节或者会计期末难免会对不同种货币进行本币化核算。由于汇率波动的频繁和幅度上的相对无限制,使企业暴露于多种外汇风险之中。这些外汇风险会对涉外经济主体的经营活动产生深远的影响。

(一)对涉外经济主体经营效益产生影响

当今国际经济社会,全球范围内汇率波动极为频繁,涉外经济主体经营活动所期望的本币现金流量和以外币计价的各种资产和负债的价值经常会因为汇率的频繁和无预期波动而发生巨大的变化,这种变化的结果可能会对企业产生积极影响使企业获得额外收益,但同时也可能产生相反的结果,使企业蒙受额外损失。因此,涉外经济主体要想经营活动产生预想的效果,达到预期的经营效益水平,就要了解和预测外汇风险,提高外汇风险管理水平,这样才可能使预期收益得以实现,同时避免风险损失的发生。

(二)对涉外企业长远经营战略的影响

企业的经营战略包括人力资本、物力资源和财力资源的合理有效配置,以及采购、生产、仓储、销售等一系列活动的总体安排。这一系列的资源配置和安排活动均会涉及资金的流动和分配问题。涉外企业如果预期或者现实情况指明汇率波动有利于涉外企业的资金运营或者有利于国外分支机构经营效率的提升,那么该企业就会采取大胆的、冒险的、具有开拓精神的海外经营战略,不断扩大海外经营规模,在海外开发新产品、新市场等等。相反,如果汇率预期朝着不利于其在海外经营活动开展的方向变化时,该企业就会采取保守的、谨慎性的海外经营战略,尽量避免在多国开展经营活动,缩小海外市场、海外融资规模等等。这些战略的采取会对企业的经营效益产生巨大的影响。

(三)对涉外企业税收和成本的影响

纵观世界各国,我们看到各国税收法案一般都规定:对涉外企业已经发生的外汇损失可以享受税收减免政策,已经实现的外汇收益应当构成当期的应税收入,所以因汇率波动所造成的涉外企业的额外收益和额外损失会对企业的税收征收额度产生相反的作用。另外,很多涉外企业在全球范围内寻求原料、劳动力供给地,在这过程当中会涉及不同种货币之间的兑换、支付结算问题,一旦汇率发生不利于涉外企业的波动,就会造成原料采购成本、劳务成本支付等各方面成本费用的大幅度增加,从而对该企业的经营活动产生巨大的经营成本压力,严重的可能使该企业放弃相关的经营活动。

四、外汇风险的类型

外汇风险的类型依据划分的标准不同而有很大的差异。有些依据外汇交易的性质,将外汇风险划分为金融性风险和商业性风险;有些按照外汇风险内涵将其划分为时间风险和价值风险;有些依据外汇风险存在的状态,将外汇风险分为买卖风险、交易结算风险和评价风险;有些依据面临风险的主体不同,将外汇风险分为国家外汇风险、企业外汇风险、银行外汇风险,个人外汇风险等等。但是,就目前国际范围内比较流行的分类方法是按照风险发生的时间——结账时、报账时、未来时,将外汇风险划分为交易风险、转换风险和经济风险[①]。在本章节我们所参考的是狭义外汇风险的概念,同时为了紧随世界主流模式,我们对外汇风险分类也采取该种时间分类方式,并对这些风险类型进行简要介绍。

(一)交易风险(Transaction Exposure)

交易风险是指在以外币计价的交易中,由于外币和本币之间以及外币和外币之间汇率的时间性波动,使交易者蒙受损失的可能性。其中,这些交易风险主要涉及以下几项:第一,在商品和劳务的进出口交易中,如果汇率在支付或收进外币货款时较合同签订时上升或下降了,进口商或出口商就会付出或收进更多或更少的本国货币或其他外币;第二,在资本输出输入过程中,如果外汇汇率在外币债权债务清偿时较债权债务关系形成时发生下跌或上涨,债权、债务人就会

[①] 阙澄宇:《国际金融》,第 3 版,大连:东北财经大学出版社,2007 年。

收回或付出相对更少或更多的本币或其他外币;第三,外汇银行在中介性外汇买卖中持有外汇头寸的多头或空头,也会因汇率变动而可能蒙受损失。

在实务运作当中,交易风险又可以划分为外汇买卖风险和交易结算风险 2 种主要类型。

1. 外汇买卖风险

外汇买卖风险又被人们称为"金融性风险",该种风险的发生源于本币和外币之间的反复兑换。这种风险会伴随外汇的买进和卖出而存在。其中,经营外汇买卖业务的银行主要承担的就是这种外汇风险类型。银行外的企业主体则主要是因为外汇借贷行为以及伴随外汇借贷而进行的外贸业务交易而产生此种风险类型。

例如,一家中国本土银行在一个营业日内,先从外汇市场买进 100 万美元,然后又在外汇市场卖出 90 万美元,则该银行进行这 2 笔外汇交易后还剩下 10 万美元多头头寸,这种多头头寸在未来期限卖出时就会因为汇率水平的变化而产生盈亏风险。假说在交易当天汇率水平为￥6.80/＄1.00,则银行卖出 10 万美元能得到 68 万元人民币,如果在未来期限进行外汇卖出操作时,汇率水平变为￥5.80/＄1.00,那么该银行卖出同样数量的美元外汇,收到的人民币数量是 58 万元,相比交易当天卖出亏损 10 万元人民币,这就是该银行所面临的外汇买卖风险所造成的损失金额。

2. 交易结算风险

交易结算风险常常被人们称为"商业性外汇风险",它主要是指以外币计价进行贸易以及非贸易业务活动的一般企业所承担的外汇风险类型,是伴随着外币记值的商品以及劳务买卖活动而发生的,从事进出口业务的企业是面临这种风险的主要企业类型。交易结算风险主要是基于企业交易未来结算活动所面临的使用汇率的不确定性而产生的。从事进出口业务的企业从签订商品和劳务的进出口交易合同到最后的价款支付或者说债权债务的清偿,通常都会有一定的间隔期,而在这段间隔期间内,汇率可能会发生巨大的波动。这样一来,企业未来能够收到或者支付出去的价款本币数量就存在很大的不确定性,合同中的未结算金额就成为承担外汇风险的受险头寸部分。

例如,英国某汽车 A 公司在 2011 年 6 月份向美国某汽车销售商 B 公司出口一批价值 1000 万美元的汽车,双发约定合同金额以美元计价结算,结算日期在 2011 年 10 月份。如果在合同签订当天汇率牌价为＄2.0/£1.0,那么合同金额转换为英镑则为 500 万英镑,如果到了结算日汇率牌价变为＄2.5/£1.0,那么该 A 公司将收到的 1000 万美元兑换成英镑则变为 400 万英镑。相比签订合同日,该公司损失了 100 万英镑的经营收入。这就是进出口企业所面临的交易结算风险类型的实际案例。

一般认为,进出口商在签订进出口合同时,只要合同货币(计价结算货币)为非本国货币,不管是交易对手方的本国货币或者第三国货币,该进出口商均面临一定的交易结算风险。

(二)转换风险(Translation Risk)

转换风险,又称"会计风险"(Accounting Risk)或者"折算风险"(Conversion Risk),是指跨国企业在一定时点为了编制统一的会计报表,而将以外币记值的债权债务或者说海外分公司的财务报表项目用母公司的货币进行折算或者合并报表时,由于不同时点间汇率的变动而产生的账面上的损益差异。这种风险与交易风险不同,它一般不涉及资金的现实流动,发生折算损失也只是账面上的损失,但是它却会影响跨国公司对股东和社会大众所公布的报表数值,可能会引导社会对该公司经营业绩和效益产生不良评判,从而导致其股价或者后续利润的下跌以及融资方面的困难,给公司的后续经营产生不良的影响。外汇会计风险受制于母公司的会计制度规定,不同国家会计制度准则所导致的会计风险大小是不同的。跨国公司在合并报表时,为了将外国分支机构的资产、负债、收入、费用等项目合并进本国货币账户内,必然要将这些外币表示额用本国货币重新表述,而这种重新表述行为必然要受到该国国内会计准则的制约和监督,从而可能导致风险的发生。

例如,美国 A 跨国公司某年在英国的分公司 B 的往来账户中拥有 100 万英镑的固定存款余额,假定年初汇率水平为 \$2.0/£1.0,则该笔英镑存款余额的美元价值为 200 万美元,到了期末 A 公司要进行财务报表合并工作,假如此时,汇率水平变为 \$1.5/£1.0,则该笔英镑存款的美元入账价值变为 150 万美元,账面损失为 50 万美元。根据美国财务会计核算准则制度安排,该笔损失可以计入母公司的收益损失或者通过一个备抵账户直接来冲销股东权益。

很多人认为,既然外汇折算风险只是一种账面上的损失,在后期可能得到弥补,那么就不必太过在意对这种风险的关注或者防范,其实这是一种误解。既然会计风险会对公司经营产生一些负面影响,我们就得采取应对策略对其加以防范和监督,使公司营运保持稳定。

(三)经济风险

经济风险(Economic Risk)又被人们称为"经营风险"(Operating Risk),是指由于意料之外的汇率波动引起公司或者企业在未来一定期间的计划收益或者现金流量发生变化的一种潜在风险。对于经济风险的定义有两个需要注意的方面:其一,经济风险所针对的是意料之外的汇率波动,意料之中的汇率波动不会给企业带来经济风险;其二,它所针对的是未来一定期间的计划收益或者现金流量,经济风险并不包括汇率变动对企业全部收益的影响。

经济风险从内涵上来讲是一种关于风险发生的几率分析,是企业从整体上进行风险预测和分析的一个过程。对于企业来说,经济风险的影响一般比交易风险和折算风险更大,这在于折算风险和交易风险的影响是一次性的,而经济风险的影响则是长期性的,它对企业在国内以及国外的经营行为和投资绩效均会产生影响。[①]

五、外汇风险的预测

基于外汇风险会给涉外经济主体带来较严重的影响,那么要是能够提前对外汇风险有所了解和预期就会在很大程度上减轻外汇风险可能带来的损失,因此在全球范围内各国专家、学者和相关人员都在积极的寻求针对外汇风险的预测方法。有关外汇风险预测方法的研究至今,其预测方法类型已不胜枚举,现就这些预测方法中应用比较广泛和成熟的几种主要方法进行简单介绍。

(一)图表曲线分析法

关于汇率变动风险的图表曲线分析法,就是根据汇率变动在过去一段时间内的表现情况,有条理地做出图表纪录,借助图表和曲线,通过观察过去时间段内的汇率波动表现,来预测将来一定时间内汇率的可能变动趋势。从一定意义上说,虽然这种对趋势的预测并不是绝对可靠的,但是通过长时间的观察,我们会发现汇率波动的态势确实具有一定的周期性或者说具有不断重现的表现方式,所以在一定概率水平下,我们相信这种预测的极大准确性,从而使该种方法对汇率的变动进行预测成为可能。

例如,我们观察 2011 年 3 月 24 日到 2012 年 3 月 8 日这期间人民币兑美元汇率中间价的变动情况列表(表 4-1)和图示(图 4-1)如下:

表 4-1 人民币兑美元汇率中间价变动表

日期	2011-03-24	2011-06-02	2011-08-11	2011-10-20	2011-12-29	2012-03-08
数值	656.25	648.86	639.91	636.52	631.57	632.35

通过观察表 4-1 中的汇率变动时间序列数据和图 4-1 所示的汇率波动状态曲线图形,我们很容易就能感觉出在此期间内人民币兑换美元处于不断升值的兑换趋势当中,也就是说一定量的美元所兑换的人民币数量在此期间的前后比较中,其数量变得越来越少,人民币处于升值状态,美元处于贬值状态。那么,我们可以根据这些数据和图形进一步预计在此后一段时间内该种变动趋势能够进一步持续下去,在这种趋势预期下人们会愿意更多的持有以人民币计值的资产,同时更多的持有以美元计值的负债,进而获得该种汇率变动趋势所带来的好处,规避汇率不利变动所带来的损失,从而降低他们所面临的外汇风险水平。

---

① 杨胜刚、姚小义:《国际金融》,北京:高等教育出版社,2009 年。

图表曲线分析法的最大优势就是直观、清晰且易于理解,特别是对于中小客户或者个人实盘买卖特别有用,他们可以从中获得一些关于市场走势的一般感觉和预期。当然,这种方法也有其致命的弱点,那就是逻辑性不强且受制于个人的主观判断,而且这种直观性的预测方式准确度不是很高,要和其他预测方法结合使用才能达到最好的效果。

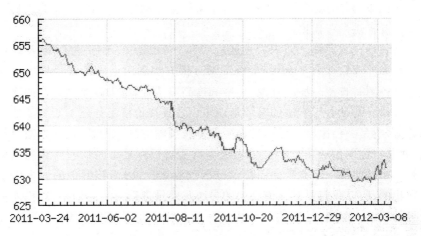

图 4-1　人民币兑美元汇率中间价变动曲线图

(资料来源:国家外汇管理局网站)

(二)计量经济学的分析方法

计量经济学的分析方法是数理统计当中常用的一种技术性分析方法,这种方法其实质是在传统的图表分析基础上增加了很多量化性的研究分析方法,在一定程度上来揭示和预测事物变化发展趋势,从而有利于相关应用主体提前做好应对变化的对策及措施安排。该种分析方法的有效运用要求相关人员对计量经济学的知识体系有一个深刻的理解和揣摩,而且对相应的专业水平有很高的要求,一般大型的风险管理机构和投资、咨询服务机构会聘请专业的技术人员来进行相应方面的计量经济学分析工作。由于篇幅有限和侧重点的原因,在此处我们对该种方法也只是做一个简单的介绍,让读者有一个大体的了解。

运用计量经济学分析方法进行外汇风险预测问题的分析研究一般分为如下几个主要步骤来进行:[①]

第一步,根据研究主题以及期望的测算目标,搜集、调查和整理相关的资料数据。

第二步,分析所整理的资料,确定变量、参数以及方程形式,判定相关变量之

[①] 单忠东、綦建红:《国际金融》,北京大学出版社,2011年。

间的相互关系,经过数据运算和检验,确定有关参数的数值,建立计量经济模型。

第三步,对建立的模型进行相关检验,把获得的历史数据进行模型代入,获得运算的结果,再将模型运算结果和已经发生的经济现象数值进行比较,从而测定该模型的误差水平,对模型做出相应的调整,以期使模型达到更好的预测水平。

第四步,利用已经确立的模型对未来汇率变动进行预测,从而为人们的相关经济活动提供参考依据。

随着现代数理统计知识的发展进步和分析方法的不断完善,以及现代计算机技术和计算软件的普及,计量经济学分析方法利用不同的计量模型对外汇风险进行预测时日益凸显出其及时、准确度高等特性,越来越受到人们的青睐和重视。计量经济学分析方法的有效运用可以发现在价格走势之下所隐藏的根本变动趋势,它是一种比较全面而又准确的分析预测方法。但是,这种方法也有其缺陷,并非很完美的分析、预测工具,因为有些时候在某个时期起作用的模型拿到另外一个时期不一定能得到同样的分析预测效果,因为模型中的居多因素是不断变化的,所以我们要对该模型中的参数与变量进行适时的调整,这样才能达到预想的效果。因此,对于这种分析方法我们同样应该谨慎运用,不可对其盲目推崇。

(三)主观分析法

关于外汇风险预测方法中的主观分析法是指依靠人们的经验判断以及借助于人们的感性和理性来对事物的变化发展及其规律做出自己的观点阐述和预测,由此可见这种分析方法在很大程度上受制于人们的思维以及理性及其知识水平。关于外汇风险的主观分析方法有很多种,这里我们向读者简要介绍一种比较流行的主观分析方法,那就是德尔菲分析法。

所谓"德尔菲分析法",又称为"专家分析法",这种最负盛名的预测分析方法首先由美国的兰德公司开发使用。它是一种集中众人之智慧进行准确预测的分析方法。在分析预测过程中该方法利用多轮匿名函询调查来得到有关事物未来变动的相关判断信息。在这种方法中其主要的做法有以下几点:其一,进行专家访谈,在此基础上形成关于事物未来变化发展趋势信息的一般调查表;其二,调查者制作一般调查表,让专家对调查表中的各个项目进行自己所认为的重要性程度的判断和预测,并及时收回调查表;其三,调查的组织者对收回的调查表进行整理和统计分析,并将包含了上一轮分析结果和说明事项的调查表重新返回给专家,以此再次征求他们对事物变化发展趋势的预测意见。这样不断循环地进行调查,直到专家们的意见趋向于一致化,最后得出一个统一性的、前后比较一致的分析预测意见和结论。

这种方法的准确性主要依赖于专家组的分析预测水平和各个成员的理性分

析,因此对组织调查者的能力要求比较高,选择组成分析预测的智囊团成员很重要,成员组成基本决定了预测的正确性水平。但是,该种方法也有其巨大的缺陷,可能耗时比较多,当最后能真正得出一致性的结论时市场趋势可能已经发生改变,时效性不够强。所以,这种分析方法是择机进行运用的,一般多用作对长期趋势进行预测和分析。

六、外汇风险的管理

外汇风险管理是涉外经济主体经营管理活动的重要组成部分,它是指外汇资产或者负债的持有者,通过风险的识别、衡量、控制等程序,来预防、规避、转移或者消除涉及外汇业务经营中的风险,从而在一定程度上减少或避免经营活动中可能发生的经济损失,实现风险项下的收益最大化或者在收益一定的情况下尽量减轻风险水平。这当中主要涉及以下内容:

(一)外汇风险管理的原则

涉外经济主体的外汇风险管理的主要目标在于减少汇率波动所带来的现金流量的不确定性,控制或者在一定程度上消除经营活动可能面临的汇率波动所带来的不利影响。为了在更大程度上保证实现这一目标,外汇风险管理过程中必然要遵守一些共同的指导思想或者原则。这些原则就包括:趋利避害,实现收益最大化原则;全面重视原则;管理多样化原则等等。

1. 趋利避害,实现收益最大化原则

该原则要求涉外主体对外汇风险管理的成本和收益进行精确的计算,在确保外汇风险目标得以实现的前提条件下,付出最少的成本,获得最大的收益。这一点是涉外主体进行外汇风险管理的出发点和基石,也是选择外汇风险管理战略和方法的准绳。外汇风险的管理从本质上来说是对风险的转移和分摊安排,如果进行管理的成本高于进行该管理所能减少的损失金额,那么该种管理就是失败的。涉外主体进行外汇风险管理一定要迎合企业整体的盈利目标。

2. 全面重视原则

所谓"全面重视原则"就是要求涉外主体对其经营活动过程当中出现的外汇风险的所有受险部分都给予高度的重视。外汇风险有不同的类型,不同涉外主体类型在不同时期所面临的外汇风险类型差异很大,影响也各异。因此,涉外主体就要对其所面临的外汇风险保持清醒的头脑,对外汇风险进行准确的预测,及时把握风险的动态变化情况及其整体变动,做到成竹在胸,采取全盘策略安排,避免重大人为损失的发生。

3. 管理多样化原则

该原则要求涉外主体灵活多样地进行外汇风险管理。涉外主体一般均具有不同的经营范围、经营模式以及不同的管理层作风等,还有就是其所面临的外汇种类、外币波动性、外币头寸、外汇风险的大小、外汇管理政策、金融市场发达程度等等均不相同。因此,在进行外汇风险管理过程中就要求涉外主体对具体问题进行具体分析,针对变化了的情况和条件选择适宜的外汇风险管理方法,进行灵活多样的外汇风险管理。这样才能在更高程度上保持外汇风险管理的有效性。

(二) 外汇风险管理程序

在外汇风险管理总体目标的指引下,为了有效开展外汇风险管理工作,一般涉外主体均会制定相关的风险管理流程,以避免工作的遗漏和操作上的失误带来更大的风险损失。这些流程主要包括以下内容:

1. 风险的识别

风险识别的程序要求涉外主体尽可能地去识别各种可能减少其经营活动所能产生的现金流的外汇风险。各类涉外主体在其经营活动过程当中可能会面临不同种类的外汇风险,他们必须根据自己的业务活动性质以及相关要求判别可能面临的风险状况和水平,有针对性的采取相关管理政策。

2. 风险的衡量

该程序要求涉外主体在识别出各种风险类型后,运用各种计算方法对不同类型的外汇风险进行计算和评价,以衡量各种外汇风险发生的可能及其可能带来的潜在损失程度。从而为涉外主体进行风险管理方法的选择奠定基础。

3. 风险管理方法的选择

这一程序就是要求涉外主体选择适宜的管理方法,以达到最有效的实现其所设定的外汇风险管理目标。当今世界,汇率波动异常频繁,外汇风险有逐步扩大趋势,涉外经济主体深受其害,从而产生了迫切的外汇风险管理需求。随着金融工程以及金融创新活动的开展,不断有新型的管理工具和方法得以创建,有关外汇风险的管理方法和工具越加丰富。每一种方法和工具都有其自身的优缺点和特别针对性,这就要求涉外主体根据自身所面临的风险状况和承受能力做出最优的和最适合自己的选择。

4. 风险管理活动的实施

在整个的外汇风险管理活动过程当中,风险管理活动的实施可以说是具有决定性意义的一步,其实践性特别强。在该环节中,通过具体的任务安排,落实所选定的外汇风险管理方法,对涉外主体内部的业务结构、资金结构、进出口类别等事项进行相关的调整,同时还得积极寻求外部合作伙伴,在相关金融交易市场寻求交易对手,签订相关金融产品交易合同,以期达到转移和分摊风险的目的。

5. 对外汇风险管理活动实施进行监督和信息反馈并给予调整

涉外主体必须对外汇风险管理方法实施后的效果进行监督和信息反馈,依据不同评测方法对管理方法的效果做出判断,选择最优化的方案。而且,外汇市场变化莫测,没有哪一种风险管理方法可以一直持续地进行有效管理,所以,涉外主体必须根据变化了的情况和信息反馈的结果对外汇风险管理方法做出适当性的调整,以便能够更加充分的防范外汇风险。

(三)外汇风险管理战略

外汇风险管理战略是指导经济主体进行外汇风险管理的总体方针、规划和策略形式,是涉外主体在外汇风险管理中所体现出来的指导思想和基本态度。不同类型的经济主体受多方面因素的影响,可能采取不同的外汇风险管理战略,但是主要的管理战略类型包括3大类:

1. 完全避险的管理战略

采取该种战略的涉外经济主体属于风险厌恶者类型,他们一贯追求全心全意的进行生产经营活动,不希望自身的经营活动受到汇率波动风险的影响。他们试图对其经营活动过程中所出现的所有外汇风险一律进行套期保值运作,保证生产经营活动的绝对安全,实现生产和风险的有效隔离。他们不期望获得汇率有利波动所带来的收益,也不希望自己暴露在外汇风险损失之中。这种战略虽然在很大程度上确保了企业生产经营活动的安全,但是该种策略的成本较高,而且享受不到汇率波动所能带来的收益。该战略一般适宜于以稳健经营为目标的大企业公司或者商业银行采用。

2. 消极的管理战略

采取这一战略的涉外经济主体属于风险爱好者类型,他们对经营活动过程中所面临的外汇风险采取听之任之的态度,既不否定也不肯定。这种"无为而治"的策略往往会带来2种结果:第一,如果风险变动对其有利,则获取风险报酬;第二,如果风险变动对其不利,则承担风险损失,这2种可能性的概率简单看来各为50%。采取这一战略的经济主体深信市场的调节力量,认为利率平价和购买力平价能对市场运作产生巨大影响和有效作用,汇率的波动具有暂时性。因此,其对经济的实质性影响不大。这种类型的管理战略具有很大的随机性,要慎重使用。[1]

3. 积极的管理战略

积极的管理战略其内涵要义是指涉外经济主体积极的预测汇率波动走势,并根据不同的走势情况对不同的风险类型采取不同的措施加以管理,以期达到既避免外汇风险造成的损失,又能够谋取风险收益的目的。采取该种策略的主体,要么是以牟取暴利为目的的投机者,要么是平衡外汇风险敞口头寸的套期保

---

[1] 师玉兴:《国际金融》,北京:对外经济贸易大学出版社,2002年。

值者。有效采取该战略要求涉外主体具有较强的预测汇率变动方向的能力,同时市场上要有可供交易的对象和交易对手存在,因此,对主客观条件要求均比较严格。现实中,我们可以看到大部分涉外经济主体均采用这种风险管理战略,在保证稳健经营的基础上又能获得营业外收益。

第二节　企业外汇风险管理

外汇风险管理活动是一种控制和转移风险、降低企业未来现金流量的不确定性以及价值损失可能性的管理活动。这种管理活动需要采取多种手段和安排,且每一种手段安排均会涉及人力、物力、财力的投入和分配。因此,在一定意义上说,外汇风险管理活动也是一种投资活动,这种投资活动是在此刻投入一定的本金,以期得到未来时间内的现金流量不受损失的回报收益。涉外经营的企业主体在其经营活动过程当中会受到交易风险、经济风险以及会计风险的影响,针对不同的外汇风险类型,企业会采取不同的风险管理方法。那么在面临不同风险时,企业该怎么选择有效的风险管理方法,其标准就是对成本和收益进行核算,选择成本最小且收益最大化的方法。

一、交易风险管理

(一)选择货币法

在国际贸易或者国际金融活动过程当中,不免会涉及交易货币的币种选择问题。以何种货币作为合同的计价货币对交易双方来说都是一个相当关键的问题,选择何种货币进行计价实际上就比较明确地界定了外汇风险由谁承担。使用不同的货币计价交易,就意味着企业将会承担不同的外汇风险,且这种风险水平在很大程度上受货币币种的影响。可以毫不夸张地说,外汇风险的大小在选择计价货币时或者交易货币时就已经决定了。所以,在进行相关活动时选择有利于自身的计价或者交易结算货币对避免承担外汇风险起着关键的作用,这当中主要涉及以下方法类型:

1.本币计价法

在国际市场进行相关国际活动时,如果能够选择本国货币作为交易计价、结算货币,可以使经济主体避开货币之间的兑换问题,从而可以将承担外汇风险的可能完全转移出去。但是,该方法的实施有一个很重要的前提条件,那就是交易对手可以接受这样的交易条件。一般来说,一些国际储备货币发行国在国际贸易活动过程当中比较容易采取本币计价交易法,而其他类型的大部分国家的企业在参与国际活动中,能否以本币计价交易则要取决于对手方在谈判中的地位和条件,谁占优势谁就有决定权。

2. 选择可自由兑换货币

选择可以自由兑换的货币作为交易计价、结算货币,一方面有利于外币资金的调拨和运用,另一方面也有利于迅速转移货币的汇率波动风险。运用可自由兑换货币时,一旦汇率产生不利方向的大变动,涉外经济主体可以立即将其兑换成另外一种有利的货币类型,从而转移外汇风险。但是,世界上可自由兑换的货币类型并不多,主要是美元、欧元、英镑等,所以该方法的操作一般会受到很大的限制。

3. 选择硬币收入,软币付出

涉外经济主体在参与国际经济活动过程当中,出口收汇应尽量选择硬币作为计价交易货币,进口用汇则尽可能选择软币作为计价交易货币。所谓"硬币"(Hard Money)是指信用好、汇率稳定且具有升值趋势的货币;而"软币"(Soft Money)是指那些信用差、汇率不稳定且趋于贬值的货币。采取该种收入与支付方式,不但可以使企业避免外汇风险损失,还可以获得汇率波动所带来的额外收益。但是,硬币与软币的界定是相对的,不同时期,软币和硬币的对应关系可能发生改变。因此,这种方法的采用要求涉外经济主体对汇率波动趋势有比较准确的预测,以便于能更好地区分软币和硬币。这种方式不能完全避免外汇风险。

4. 采用软硬币搭配使用的方式

当交易双方在计价交易货币类型的选择上各持己见不相让步且双方实力相当不相上下而无法达成协议时,这时可以采取对半折中的方法,甚至可以采用几种货币的组合方式,以多种货币对外报价,这种方式尤其适用于大型设备的进出口贸易活动中。

5. 选择综合货币单位计价结算

在当前的国际经贸活动过程当中,普遍使用的综合货币单位是特别提款权,特别提款权(special drawing right,SDR)是国际货币基金组织创设的一种储备资产和记账单位,亦称"纸黄金(Paper Gold)"。因为它是国际货币基金组织原有的普通提款权以外的一种补充,所以称为"特别提款权"。它是基金组织分配给会员国的一种使用资金的权利。会员国在发生国际收支逆差时,可用它向基金组织指定的其他会员国换取外汇,以偿付国际收支逆差或偿还基金组织的贷款,还可与黄金、自由兑换货币一样充当国际储备。但由于其只是一种记账单位,不是真正货币,使用时必须先换成其他货币,不能直接用于贸易或非贸易的支付。还有另外一种综合货币单位是欧洲货币单位,这种综合货币单位在现代已不多用。此种综合货币单位的定值是由多种货币或者说是由"一篮子"货币加权平均得到其价值的,因为,组成"一篮子"货币的各种货币类型其价值升降的方向和幅度各不相同,其相互作用有时候能够冲销彼此的升降力量,从而使国际交易总价值保持在比较稳定的状态。

(二)货币保值法

1. 黄金保值法

随着浮动汇率制度的普遍实施,汇率波动越来越频繁,参与国际贸易与国际金融活动的涉外经济主体所承受的外汇风险越来越大。由于黄金属于不可再生而且比较稀缺的资源,其价值比较稳定,所以在签订交易合同时,交易双方往往约定以黄金的市场价格来保值。也就是在签订合同时,交易双方按当时的黄金市场价格将合同所约定的支付货币计价价值转换为若干盎司的黄金。待实际支付日到来,再将约定的若干盎司黄金,按此时的黄金市场价格转换为合同货币。若黄金市场价格上升,则支付货币金额相应增加,反之则减少货币支付。这种保值方式在固定汇率制度下使用比较广泛且很有效,现在已不多用。

2. 硬币保值法

采用该种保值方式是指在交易活动过程中,交易双方在签订合同时规定以某种硬币作为保值货币,以某种软币作为计价结算货币。按照签订合同时的汇率水平将合同金额转换为一定数量的硬币数值,待到货款支付日,按支付日的汇率水平再将硬币折算为软币来进行支付结算。该种保值方式的关键在于硬币的选择上,如果选择不当所造成的损失可能更大。所以,在运作过程当中必须相当慎重,不可草率行事。

3. 用"一篮子"货币保值

运用"一篮子"货币进行保值是货币保值条款的常用方式,其运作原理和硬币保值法基本类似。它和硬币保值法的最大区别就是该种方式不是用一种硬币来进行保值,而是用一组货币组成的"货币篮子"来进行保值的。在篮子内软硬币进行合理搭配,其汇率变动有升有降,其升降作用机制可以互相抵消,从而可以将外汇风险水平降低以及限制在一定水平内。运用"一篮子"货币保值时,在签订合同日,按照当时的汇率水平将合同款项分别折算为各保值货币,待到款项支付日,再按此时的汇率水平将各保值货币金额折算为支付货币金额进行支付结算。在实际运作当中,这种货币篮子中的组合货币的选择非常重要,直接决定了保值的效果。

4. 物价指数保值法

物价指数保值法是最近几年流行起来的保值方式。其运作机理是以某种商品或者商品组合的价格指数或者直接以消费者价格指数(CPI)来进行保值。在签订合同时,交易双方在合同中明确列示条款注明以某种类型的价格指数作为保值基准,且在签订合同当日注明当时的该类物价指数水平,待到支付结算日,再次核算支付结算日该种物价指数的水平,将该水平与合同标明水平进行比较,从而对合同金额进行相应调整以完成合同金额的支付结算。这种保值运作方式的有效性取决于指数类型的选择。

第四章 外汇风险及其管理

(三)利用外汇市场与货币市场业务消除外汇风险

1. 即期合同法(Spot Contract)

所谓"即期合同"是一种合同交割日期比较短的合约安排,一般自合同签订日起2个营业日内便会进行合同金额的清算交割。具有即期外汇债权或者债务的公司可以通过与经营外汇业务的银行签订出卖或者购买外汇的即期合同来消除外汇风险,这就是即期合同法在防范外汇风险中的运用。

例如,中国某A公司从美国B公司进口一批产品,合同金额为1000万美元,双发约定在合同签订之日起2天后进行合同金额的支付结算,那么为了防范美元汇率变动的风险,A公司在签订进口合同当日可以与国内经营外汇业务的银行,比如说中国银行签订一笔即期外汇买卖合同,约定2天后进行即期外汇买卖合同的履约。则到2天后,A公司可以用从中国银行购得的美元来对B公司进行货款支付。操作流程如图4-2所示。

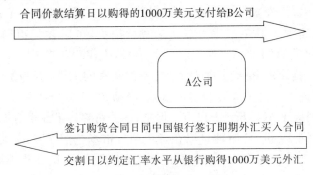

图4-2　A公司操作流程图

可见通过如上合同安排,A公司固定了美元的汇率水平,通过创造相反的资金流动,A公司有效防范了外汇风险。但是值得注意的是,在利用即期合同法消除外汇风险时,支付合约货款的日期必须要和外汇买卖合约的清算交割日期相互吻合或者说相一致,否则会影响该方法的运用效果。

2. 远期合同法(Forward Contract)

拥有远期外汇债权或者债务的企业可以与经营外汇业务的银行签订买卖远期外汇的合约来消除外汇风险。

我们知道外汇风险的形成主要源于不同种货币之间的兑换和结算时间的间隔2个方面的因素。任何防范风险的措施安排一般都是通过改变这2种因素的作用机制来有效控制和消除外汇风险的。企业通过签订远期外汇买卖合同,将结算时间从未来转移到现在,而且在规定的时间内有效实现了本币与外币的冲销,在将来结算时点上只涉及同种货币的反响流动,从而能够消去全部外汇风险。远期外汇合同是和即期外汇合同相对应的1种合同形式,从一定意义上说是对即期合同不足方面(主要指时间上的限制)的优化。

3. 货币期货合同法

随着金融创新的不断演进和发展,越来越多的创新性金融产品得以产生和有效运用。在金融期货市场上,企业按照一定的标准化准则安排借助于专门的期货公司作为代理人与清算公司或者经纪人签订货币期货合同,也能达到防范外汇风险的目的。所谓"货币期货",是指以货币汇率为标的物的期货合约,又称"外汇期货",用来回避汇率波动风险。货币期货是适应各国从事对外贸易和金融业务的需要而产生的,目的是借此规避汇率风险。企业通过购买货币期货合同可以用来有效规避外汇风险损失。

例如,中国某进口商从英国进口一批商品,合同金额为 100 万英镑,双方约定货款结算间隔期为 6 个月,假定在签订合同日汇率水平为￥12.0/￡1.0,则在此时进行支付中国进口商要花去 1200 万元人民币。若该进口商预测英镑汇率在未来将会上涨,假设 6 个月英镑货币期货合同的交割比价也为￥12.0/￡1.0,则该中国进口商为了避免汇率上涨所造成的损失,可以在货币期货市场买进 6 个月的英镑期货合同 10 份(假定在期货市场,人民币买英镑期货的每一个标准单位为 10 万英镑)。待到 6 个月时,英镑汇率真的上涨,变为￥15.0/￡1.0,那么中国公司为了支付 100 万英镑的货款,必须拿 1500 万人民币来兑换,相比签订合同时,损失了 300 万元人民币。但是,该公司签订了 6 个月期的人民币购买英镑期货合同 10 份,此时他可以在货币期货市场按照￥15.0/￡1.0 的汇价水平将该货币期货合同卖出,不计算相关费用支出等等,则在货币期货市场,该公司可以盈利 300 万美元,该部分盈利刚好可以对冲该进口商在现货市场上的损失,从而达到防范外汇风险的目的。

我们可以看出,利用货币期货市场进行外汇风险防范的前提条件是现货市场和期货市场变化具有很强的趋同性,如果这种趋同性质不复存在,那么利用货币期货市场防范外汇风险的功能便会大受影响,运作不当的时候可能会产生更大的风险损失。

4. 外汇期权合同法

期权合同其实质是一种关于权力的买卖合约。外汇期权(Foreign Exchange Options)也称为"货币期权",指合约购买方在向出售方支付一定期权费(Premium)后,所获得的在未来约定日期或一定时间内,按照规定汇率买进或者卖出一定数量外汇资产的选择权。外汇期权是期权的一种,相对于股票期权、指数期权等其他种类的期权来说,外汇期权买卖的标的资产是外汇,也就是期权买方在支付一定数额的期权费后,有权在约定的日期内或者到期日按照双方事先约定的协定汇率和金额同期权卖方买卖约定的货币,同时权利的买方也有权选择不执行上述买卖合约。企业通过购买外汇期权合同也能有效防范外汇

第四章　外汇风险及其管理

风险。

例如,美国 A 公司从英国 B 公司买进一批产品合同金额为 100 万英镑,假定在签订合同时汇率水平为 \$2.0/£1.0,若此时支付货款,则美国公司需付出 200 万美元,现在合同双方约定,合同信用期限为 6 个月(则美国公司可以在 6 个月后才付款),假说双方严格按照合同约定履行合约内容,此时美国相关机构预测英镑在未来时间内升值趋势明显,则美国 A 公司为了防范汇率风险损失可以在期权市场以 \$2.50/£1.0 的汇率水平购买 100 万英镑的期权合同,假定期权费为 10 万美元。则当 6 个月到期时,若市场汇率真的上升,变为 \$3.0/£1.0,那么若按市场汇价购买 100 万英镑则需要 300 万美元,因为该美国公司购买了购买英镑的期权合同,此时他选择行权,按 \$2.50/£1.0 得汇价水平购买 100 万英镑,此时所需金额为 250 万美元,相比不购买期权合同,该公司节省 50 万美元,再减去期权费 10 万美元,则该公司净节省 40 万美元。

同样,拥有未来外汇收入的企业也可以采用同样的方式,以购买外汇期权合同来防范外汇风险。

5. 掉期合同法

掉期合同法是指具有远期外汇债权或债务的公司,在与银行签订卖出或买进即期外汇合约的同时,再同相关银行签订买进或卖出相应外汇的远期合约,以有效防范外汇风险的一种方法。

掉期的方法与套期保值法的区别在于:套期保值是在已有的一笔交易基础上所做的反方向交易,而掉期则是 2 笔反方向的交易同时进行。掉期交易中 2 笔外汇买卖的币种、金额相同,买卖方向相反,交割日不同。这种交易常用于短期投资或短期借贷业务可能带来的外汇风险的防范上。

外汇掉期可分为"即期对远期"的掉期和"远期对远期"的掉期。

例如,我国 A 公司现筹措到 100 万美元的货币资金,在美国订购 100 万美元的商品,信用期为 3 个月,双方严格按照合同约定履行合约,假设此时国际金融市场上美元与英镑汇率水平为 \$2.0/£1.0,3 个月远期水平为 \$2.5/£1.0,那么为了获得差价收益防范美元汇率波动风险,A 公司可以与银行签订按照汇率 \$2.0/£1.0 的水平以 100 万美元购买 50 万英镑的即期外汇合同,与此同时按照 \$2.5/£1.0 的汇率水平与银行签订卖出 50 万英镑的 3 个月远期合同。远期合同到期,A 公司可以获得 125 万美元的美元收入,相比 100 万美元初始投资,得到额外收益 25 万美元,从而以此额外收益来冲销可能发生的美元汇率波动所造成的风险损失。

同样,外汇持有者可以在买进或卖出一种货币的远期合同时,卖出或买进该货币较长时期的远期,来减少和规避外汇风险。

6. 借款法

借款法是指具有未来期间外汇收入的企业通过向国内经营外汇业务的银行借入与其未来收入金额相同、期限相同、币种相同的贷款，以达到融通资金、改变外汇风险中的风险时间结构，从而实现有效防范外汇风险目的的一种方法。

例如，中国 A 企业向美国 B 企业出口一批产品，合同金额为 100 万美元，信用期为 6 个月，双方严格按照约定信用期执行合同，则 A 公司面临美元外汇风险，若未来时间内美元汇率发生巨大波动，则 A 公司处于很高的风险水平。那么，该 A 公司为了防范 6 个月期间内美元汇率下跌的风险，则 A 公司可以在签订出口合同时利用借款法从国内某家银行借入 100 万美元的 6 个月期贷款，并将这借入的 100 万美元作为现汇卖出，获得本币资金用于生产经营活动之中。待 6 个月期限一到，该 A 公司可以用从 B 公司取得的 100 万美元归还期初借入的 100 万美元贷款。在此期间，如果美元发生严重贬值，该 A 公司也不会受到多大的损失，其风险防范成本只是借入的 100 万美元 6 个月期的利息费用。

可见，使用借款法不仅改变了外汇风险的时间结构因素而且改变了外汇风险构成要件的货币之间的兑换因素。在未来期间所对应的只是一笔等额的外汇流出和外汇流入，因此，该种防范外汇风险的办法是非常有效的。

7. 投资法

投资法的运作条件适宜于有未来期间外汇支付，而且现在手中持有闲置资金的公司来运作。其具体内容是指公司将这笔未来期间进行支付的闲置资金向银行购买即期外汇，并将购买的外汇资金投放于该外汇的某一市场进行投资运作，在投资到期时，连同外汇资金本金和利息一并收回从而用于支付外汇资金的资金管理过程。

在该种风险管理模式下，外汇资金投资运作的主要对象有规定到期日的银行定期存单、银行承兑票据、国库券和商业票据等等[1]。对于采用该方法进行外汇风险防范的公司而言，其主要目的也就是改变外汇风险的时间结构。

例如，中国某 A 公司为了从美国 B 公司进口一批价值 1000 万美元的原材料按照当时的汇价水平￥7.0/＄1.0 筹备了 7000 万元的本币资金，但是在签订合同日 B 公司给中国 A 公司提供了 6 个月的信用期，因此，A 公司手头存在 7000 万元的人民币闲置资金，而且面临 6 个月到期时的美元汇率波动风险。此时，A 公司可以与国内某银行签订即期外汇买卖合同，以￥7.0/＄1.0 的汇价水平将 7000 万元人民币换回 1000 万美元资金，并将这笔美元资金投资于美元货币市场（一般来说，少于 1 年期的投融资市场被称为"货币市场"）的 6 个月期投

---

[1] 刘舒年：《国际金融》，北京：对外经济贸易大学出版社，2005 年。

资品种,待到期日,该 A 公司收回美元本金和利息,用以支付美元货款。通过改变外汇风险的构成因素以有效防范外汇风险的产生。

投资法和借款法都能通过改变外汇风险的时间结构,从而有效地转移和消除风险。但是两者之间也存在很大的区别,那就是投资法是将未来的支付转移到了现在,而借款法则是将未来的收入转移到了现在。

8. BSI 法和 LSI 法

BSI 法和 LSI 法是属于外汇风险管理的综合性方法。

所谓"BSI"就是借款—即期合同—投资(Borrowing—Spot—Investing)的英文首字母缩写形式。在企业拥有未来期间外汇应收账款的条件下,为了能够有效防范未来期间收到的外汇资金免受汇率波动所造成的巨大的换汇损失,该企业可以采取 BSI 法对该应收款项进行外汇风险管理。其具体操作是,在签订合同时,双方约定一个信用期,出口企业根据信用期安排以及合同价款向银行借入与该信用期相同的、金额与合同金额相同的、相同币种的外币借款,同时将该借款以即期合同方式卖给银行换回本币,这样一来就可以有效地消除全部外汇风险。与此同时,将该换回的本币存入银行或者进行投资,以获得一定的收益来抵补为了防范外汇风险所发生的相关费用支出。

在企业没有闲置资金的情况下,企业拥有未来期间应付外汇账款时,企业应该从银行借入能够购买应付外汇金额所需的本币数量,然后再与银行签订一份即期外汇购买合同购买这一定量的外币,并将该数量外币投资于该外币货币市场。等到期时,收回投资本金和利息,用以支付外币价款。同时,用获得的利息收入抵补防范风险操作的相关费用支出。

例如,美国某 A 公司从英国 B 进口一批产品,价款为 100 万英镑,信用期为 6 个月,则该美国公司有一笔未来期限的应付外币账款,其面临着英镑汇率波动的外汇风险,假设签订合同时汇价水平为 \$1.5/£1.0,则该 A 公司可以以该汇价水平为基准从本土某银行借入 150 万美元,期限为 6 个月,然后该公司又与某经营外汇业务的银行签订一份即期外汇买卖合同,以借得的 150 万美元购得 100 万英镑,再将购得的英镑投资于英镑货币市场,投资期限为 6 个月,待到投资到期,收回本金和利息用以支付英镑价款,同时还可以抵补一部分的费用支出。

综上所述,我们可以看出,BSI 法在应对外汇风险时,其针对应收、应付外币账款的情形操作是不同的,在应对应收外币账款情形时,其借入的是外币,而在应对应付外币账款情形时,其借入的是本币,这一点读者在实务操作中一定要注意有效区别。

LSI 是提早收付—即期合同—投资(Lead—Spo—Tinvesting)的英文缩写形式。

在企业拥有应收外汇账款的前提下,企业可以征求对手方的意见,请求对手方同意在企业给予其一定折扣的情况下提前支付合同货款,这样外币账款及时收回消去了一定的时间风险,同时将收回的外币账款通过与银行签订即期外汇买卖合同换回本币以此来消除价值风险或者说货币风险,再将换回的本币进行投资运作,获得的投资收益可以用于抵补折扣损失。

例如,中国某出口企业向美国某公司出口一批产品,合同价款为1000万美元,价款60天后支付。假如现在中国国内普遍预期美元汇率在这段时间内下行趋势明显,则该中国公司会面临很大的美元汇率波动造成风险损失的可能性,为了防止损失的真实发生,则中国公司可以与美国公司商量,让他在即期支付合同价款,同时给予其一定的折扣安排。该请求获得美国公司同意。中国公司在收到折扣后的美元价款后,可以与外汇业务银行签订即期外汇买卖合同,将该数量的美元卖给银行获得人民币收入,同时将获得的人民币收入进行投资运作,获得收益,以期抵补折扣损失。这种运作可以有效地防范该公司所面临的外汇风险。

若企业有外汇应付账款项目,则他仍然可以利用LSI方法进行外汇风险的防范,其运作过程是:第一,从银行借入一笔与外币金额等价的本币借款;第二,与银行签订即期外汇买卖合同,购买所需支付的外币金额;第三,以购得的外币提前支付款项,并获得一定的折扣。简化而言,其过程就是先借款,再签订即期合同,然后进行提早支付,缩写形式可以是BSL(Borrowing—Spot—Lead),出于国际传统的称谓,该形式仍以LSI简写形式来进行表述。

(四)运用营运策略进行交易风险防范

1.提前或者延后外汇收付

提前或延后(Lead & Lag)外汇收付,是指企业根据对未来期间汇率波动所做的预测,对企业在未来期间内所应该支付和收回的外汇款项进行提前或者延期结算的方式安排来减少或者消除交易风险。通常所遵循的原则是:在预期外汇汇率将要上升时,拥有外汇债权的企业应该延期收汇,拥有外汇债务的企业应该提前付汇;在预期外汇汇率将要下跌时,拥有外汇债权的企业应该提前收汇,拥有外汇债务的企业应该延后付汇。其操作情况如表4-2所示:

表4-2 提前或者延后外汇收付

公司地位 \ 汇率波动	预期外币升值 预期本币贬值	预期外币贬值 预期本币升值
债权位置企业	延后收汇	提前收汇
债务位置企业	提前付汇	延后付汇

提前或者延后外汇收付的方法看起来很简单,但是在操作上却有很多的障碍,实施起来比较困难。这主要表现在以下3个方面,其一,它要受到合同中既

定的支付条款的限制,临时调整资金的收付会增加结算成本;其二,它会打乱业已形成的资金安排,带有一定的风险,而且它附带一定的机会成本;其三,相当一部分国家对这种运作模式会加以限制。因此,这种运作方式在现实中并不多见,一般只是在跨国公司内部各子公司之间使用较多。

2. 平衡策略

所谓"平衡策略"就是拥有外币债权或债务的企业,在一定期限内创造一个与存在的外汇风险相同币种、相同金额、相同期限的资金反向流动来对外汇风险进行平衡冲销。

例如,中国某出口企业向美国某公司出口一批货物,合同价款为1000万美元,信用期限为3个月,双方严格按照合同条款执行合约内容,则该中国公司面临着美元汇率下跌的风险损失。那么,为了采取平衡策略应对这种风险,该中国企业可以在即期设法进口同等美元金额的货物,信用期也为3个月,从而使3个月后的应收与应付美元外汇账款相互抵消,进而消除外汇风险。

就一般情况而言,一个国际经营性质的公司对每笔交易所造成的应收或应付外币账款进行"完全平衡"(Perfect Matching)操作来防范外汇风险一般是很难实现的。只有当它所生产的产品能够在全球范围内以任何一种货币计价向任何地区销售或者它能够从任何国家以任何货币计价购得相关商品时,这种"完全平衡"(Perfect Matching)操作才能勉强实现。一个跨国经营的公司采取平衡策略来有效应对外汇风险时,还有赖于公司内部的采购部门、销售部门和财务部门的通力合作。在金额较大的、存在着一次性的外汇风险的贸易往来中比较适宜采用平衡法来防范外汇风险。

二、转换风险的管理

在讨论转换风险之前,我们有必要对转换风险中涉及的2个关键因子有1个具体认识,这2个因子就是功能货币和报表货币。所谓"功能货币"就是在子公司所处的经济环境中,用来运营和实现经常性收支的货币;而报表货币则是母公司编制财务报表时所使用的货币类型,其实也就是母公司所在国的本位币。转换风险之所以产生就源于这2个因子之间所存在的转换矛盾有些时候难以协调。

企业管理转换风险不外乎有3种作为:其一,调整资金流量;其二,签订远期合同;其三,风险冲销。而有关转换风险的管理方法发展到现在已经多种多样,比如说调整资产负债表结构法、外汇货币市场避险法、债务互换法、利用外汇远期合约或者期货以及期权合约保值法、利率互换法、货币互换法等等。限于篇幅以及考虑到目前国际范围内的应用广泛性,这里主要介绍远期合约的套期保值法和资产负债表保值法。

(一)远期合约对转换风险的套期保值法

跨国公司在涉外经营过程中,在经营末合并海外子公司的经营报表时,不免会面临未来期间的折算风险,那么该跨国公司可以通过采用远期合约的方式对该折算风险进行套期保值。

例如,美国某 A 跨国公司在英国设有一家分公司 B,而且在经营年初,预计该 B 子公司能够在本年度带来 1000 万英镑的收益,而且该收益全部用于子公司未来年限的投资。虽然这当中,不涉及外币的实际支付以及货币之间的兑换,没有产生相关实质性风险的可能性或者说条件,但是作为跨国公司 A 来说,其转换风险确是实实在在的存在着。假设该 A 公司,在年度期末采用现行汇率法对报表进行合并计量。同时,假设在该年度,B 公司的利润按照加权平均的英镑价值折算。如果期初,汇价水平为 \$1.5/£1.0,且该价值在一年期间内保持不变,那么预期的 B 子公司收益折合美元价值为 1500 万美元。但是,A 公司采用现行汇率法,其期末合并报表时使用的汇价水平不一定等于期初的加权汇价水平,因此,其面临着英镑贬值的折算风险。为了对这一折算风险进行套期保值,该 A 公司可以在期初卖出一份 1000 万英镑的远期合约,假设此远期的汇价水平等于期初即期汇价水平 \$1.5/£1.0。假设到了期末,英镑真的贬值,期末的即期汇率为 \$1.2/£1.0,若该 A 公司在没有进行套期保值的情况下,其折算回来的收益价值为 1200 万美元,但是因为其进行了套期保值操作,那么该 A 公司可以按照即期的汇价水平 \$1.2/£1.0 买进 1000 万英镑再以 \$1.5/£1.0 的汇价水平履行远期合约,由于买进的汇价水平低于卖出的汇价水平,该 A 公司将会从中获得差价收益,从而可以抵补折算损失。当然,这种远期合约的收益水平到底有多大是由年末的即期汇价水平所决定的。抵补程度的大小,取决于汇价水平的变动和进行套期保值的相关费用支出。

当然,采用远期合约的套期保值方式并不是完美无缺的,这主要源于以下几个方面的原因:其一,期初的预期收益预测可能不准确,从而导致套期的不完全或者出现过度套期操作,这样可能产生更大的风险损失。其二,会使会计信息变得扭曲。进行远期合约套期保值操作时,所面对的汇价水平和进行会计折算时所使用的汇价水平标准是不同的,而且套期的收益或者损失和折算的收益或者损失的税收对待也是不同的,从而可能造成会计信息的不完备、不准确等等,扭曲真实会计信息的表达和传递。其三,当前在国际范围内,能够进行远期合约操作的货币种类是有限的,所以有些货币的折算风险可能无法通过远期合约来进行套期保值操作,即使能通过一些中间货币的转换或者衔接来进行远期合约操作,但因为这样运作起来其成本费用太高,一般也是不可取的。其四,造成交易风险的增加。这一点主要来源于远期合约的履行是要进行实实在在的外汇买卖交易的,而折算风险只是一种纸面上的体现,其损益只是在字面上来进行表达的,所以这当中的巨大差异就导致了交易风险的增加。

(二)资产负债表保值法

通过对资产负债表所载明的相关项目的调整来实现资产负债的配比,以此来对折算风险进行管理,是涉外企业对折算风险进行管理的常用方式。这一方式的操作要点是保证资产负债表上各种功能货币所表示的受险资产与受险负债的额度尽量一致,以便使其折算风险头寸(受险资产与受险负债之间的差额)为零。这样的目标一旦实现,则不管汇率水平怎么变动,均不会给涉外经济主体带来折算风险损失。

这种方式的有效运作,主要涉及以下几点:

其一,弄清楚资产负债表中各账户、各科目上的各种外币的规模水平,并明确综合折算风险头寸的大小也就是头寸额度。

其二,根据风险头寸的性质确定受险资产或者受险负债的调整方向。不考虑其他因素的影响,如果以某种外币表示的受险资产大于受险负债,则需要减少受限资产或者增加受险负债,或者两者同时进行;反之,则进行相反的操作。

其三,确定对哪些账户、哪些科目进行调整,并实施具体的操作安排。

在以上各步的操作中,第三步的运作相对来说,是比较困难的,这主要是因为对有些账户或者科目的调整可能会对其他账户或者科目的收益或者流动性产生不良的影响,造成新的其他性质的风险,比如说市场风险、经营风险以及流动性风险等等。因此,从这一意义上来说,通过资产负债表保值的方法对折算风险进行管理是以牺牲企业的经营绩效为代价的。所以,在决定对相关账户和科目进行调整以前,一定要认真权衡和分析,这样才能保证调整的有效性和将调整操作所伴随的风险降到最低水平。

三、经济风险的管理

经济风险涉及生产、销售、原料供应以及厂址的选择、公司的财务安排等各个方面,因此,有关于经济风险的防范和管理也主要从这几方面进行展开。

(一)经营多元化

经营多元化战略是涉外经济主体防范经济风险的常用方式,它主要是指涉外经济主体在全球或者是国际范围内分散它的生产、销售以及原料来源地等等。采取该战略一方面可以使企业面临的经济风险在国际范围内得以分散,而且能够促使风险收益和风险损失相互弥补,形成风险的内部自行防范机制;另一方面,企业可以根据实际变动情况,主动、灵活地去采取措施,迅速调整经营战略,使企业的销售、生产以及原料来源等各方面受到的经济风险影响程度达到最小,从而将经济风险带来的损失降到最低水平。

(二) 财务多样化

财务多样化策略的有效运作，一般要求企业内部采购、销售、财务等部门的积极有效配合。财务多样化的具体内涵是指企业在国际金融市场尽可能地以多种货币形式来寻求资金来源和资金的运用，也就是要尽可能的实现筹资多元化和投资多元化的有机统一。其主要内容包括：其一，资产债务的有机匹配；其二，业务经营的分散化；其三，融资的分散化；其四，营运资本管理的多样化。通过这些制度性安排，企业就能够实现不同货币管理之间的有效配比，使将来可能产生的外汇风险相互抵消一部分，从而降低风险损失水平。

第三节 银行外汇风险管理

在全球化的国际经济、金融市场中，由于各个国家的经济金融发展水平、金融开放程度、银行规模以及银行经营管理水平等各方面均存在巨大的差异，因此，各家银行在外汇市场上的参与程度是有很大差异的，有些银行机构可能从不参与外汇市场，而有些银行则可能是外汇市场的积极参与者。就第2种类型的银行机构而言，其主要的外汇业务类型有外汇存贷款业务、外汇投融资业务、提供中介服务性质的代客外汇买卖业务以及自营性的外汇买卖业务等等。银行在进行这些业务活动过程中不免都会受到各种外汇风险的影响，因此，加强对银行外汇风险的管理，积极探索银行外汇风险管理方式成为全球化背景下一项重要的任务。这一任务的进行也是迎合《巴塞尔新资本协议》关于提高银行风险管理水平的内在要求。以下部分就对银行外汇风险的一些主要管理方式进行简要的介绍，以便让读者对银行外汇风险管理有一个大概的了解和掌握。

一、资产负债"配对"管理

对外汇资产负债进行配对(Matching)管理，主要指的是通过对外汇资产、负债的到期时间、币种、利率、结构等因素进行匹配优化，来尽量减少由于经营外汇存贷款业务以及外汇投融资业务等各方面所需要进行的外汇买卖活动，从而避免外汇风险损失的发生。其主要内容涉及以下几个方面：

(一) 到期日的匹配

该方式要求经营外汇存贷款业务以及外汇投融资业务的银行，在经营活动开展过程中应该尽可能地保证在未来任何一个时点上到期的资产恰好可以抵付到期的负债。因此，银行在经营过程中需要按照不同币种分别统计和报告其对应资产和负债的余额以及到期日的匹配情况，对相关账户的现金流量进行管理，对各币别所对应的到期日不搭配的资产和负债进行相应的调整，必要的时候可以对资产超额的部分进行融资,对负债过多的部分进行投资安排,以达到有效配对的目的,从而能够有效的防范外汇风险。

(二)币别的匹配

银行在进行存贷款业务以及投融资业务活动的过程当中,应该尽可能地做到借款、用款、还款币别的统一。简单而言就是,银行筹集到什么种类货币就贷放什么货币;贷款归还收到什么货币,筹资合同到期时银行便付出什么货币;银行筹集到什么货币,就进行该币别的相关投资,到期收回该币别的投资本息,用以偿还期初的筹资。

(三)外币资产与负债的利率匹配

银行筹集外币资金一般是按照伦敦市场银行同业拆放利率(LIBOR)为基准来计算利息的,因此,银行对筹集到的这部分外币资金的运用(比如说进行贷款)就也应该参照这一利率计算方式,就是按浮动利率计收利息,并且根据市场利率的变动情况对这一利率水平进行不定期的调整,以尽可能减少外币资产与负债之间利率水平的差异,从而规避利率风险。

(四)对外汇资产与负债的期限结构进行合理的调整

在银行业务经营管理过程中,若出现短期外汇负债长期使用的情况时,则应当增加长期性的外汇存款,压低长期外汇贷款水平,从而提高资金的流动性水平。当出现长期性质的外汇负债短期化使用的时候,此时则不能盲目的增加长期外汇贷款水平,而应该调整负债的结构,通过外汇负债的增量调节来增加低成本负债。对于这一调整方式,银行机构要特别注意,不可盲目操作。

二、外汇头寸风险防范

银行在代客买卖以及自营买卖外汇的过程当中,总是会出现买进与卖出相同币别的外汇额度不等的情况,出现外汇多头头寸或者空头头寸,在这种情况下银行便面临着外汇头寸风险。因此,积极寻求外汇头寸风险防范管理方法就成为银行外汇业务经营稳定性的有效保障。

(一)即期外汇头寸和远期外汇头寸的管理

即期外汇头寸管理所遵循的原则是:即期外汇出现多头时要及时抛出,出现即期空头时要及时地进行补进。以避免汇率波动风险损失的发生。

针对远期外汇头寸的管理,出现远期外汇头寸超卖现象时应该及时进行超卖部分的补进操作;而当出现外汇远期超买时,则应该及时地将超出部分进行抛出。但是,在远期外汇头寸管理过程中有一点与即期外汇头寸管理不同的地方,我们要特别注意,那就是时间因素。涉及远期外汇交易时,即使买卖的金额、币别相同,但是当到期时间存在差异时还是会涉及资金的调拨问题。因此,在对远期外汇头寸进行管理时,我们的做法是:先到期的头寸要即期抛出,筹措资金进行交割,然后再进行相关的抛补操作,使之与后到期的交割日一致的远期交易实现平衡。

(二)综合外汇头寸管理

银行的日常外汇经营业务所涉及的外币种类多种多样,每种外币均可能存在头寸的管理问题,如果银行对每种外币种类均采取单独的头寸管理,那是很麻烦也是很不经济的,所以,银行一般都是对外币汇率变动进行相关趋势研究,将相关因素变动趋势趋向一致的外币种类进行互补,以达到平衡的目的。比如说澳元和加元的汇率变动趋势趋向一致,那么便可以用澳元多头弥补加元的空头。

银行日常外汇买卖活动,既有远期的,同时伴随有即期的。银行每天所进行的外汇交易涉及的业务量很大,不可能对每笔交易分别加以管理,而且远期头寸和即期头寸的管理是可以进行互补操作的。远期头寸管理要借助于即期头寸管理的帮助,同时即期头寸管理往往也可以看到远期头寸操作的身影。因此,涉及外汇业务的银行机构通常采取"综合外汇头寸表"对综合外汇头寸(即外汇综合差额)进行管理和相关抛补操作,然后再通过掉期交易实现期限上的匹配。

(三)建立多层次的限额管理机制

银行所面临的外汇风险主要源自外汇买卖活动,所以,制定外汇买卖的多层次限额管理机制是银行控制外汇风险的最重要和最有效的方式。这其中包括以下3个方面的内容:

1. 设定日间头寸限额

所谓"日间头寸限额"是指银行在每个营业日内可以持有的外汇头寸的最大限额。日间头寸限额具体又可以分为2类,一是日间交易总敞口头寸限额,其内涵是指在每个营业日的日间交易过程中没有平盘的头寸的最高持有额度,通常采用累计方式进行计算,而且不同币种往往各自设有最大交易额度;二是交易员日间头寸限额,这种限额是指交易员被授权在每个营业日时间内所持有的外汇头寸的最大限额。日间交易总敞口头寸限额的设定一般依据银行的自有资本金额度、外汇交易政策、不同币种的汇价变动趋势、银行的资本金规模和外汇交易种类的风险程度等因素来进行确定。对于交易员日间头寸限额的制定,一般综合考虑交易员的交易级别水平、业绩、经验以及过往的交易历史纪录等各方面因素来进行确定。一般来说,日间交易总敞口头寸限额是每个交易员的交易员日间头寸限额的简单加总。

2. 设定隔夜头寸限额

所谓"隔夜头寸"是指银行交易员在日间交易过程当中所累计的未平盘的且将其保留到次一交易日的头寸。隔夜头寸的主要组成部分包括3方面内容:①日间交易过程中所遗留的未平盘头寸也就是持盘隔夜头寸类型;②夜间交易所形成的开盘头寸;③已经持盘很久而还未进行平盘操作的头寸。一般来说,隔夜头寸的风险敞口要比日间头寸的风险敞口大。因为,银行经营时间一结束,交易员就会下班,此时他们无法及时把握汇率水平的波动,也不可能像在正常的营业时间内那样对汇价水平的波动做出迅速有效的反应,因此,隔夜敞口头寸随时面临亏损的可能。而且其与全球各地外汇市场开场交易时间是有很大差别的,这就进一步加剧了隔夜敞口头寸的损失可能性,加剧了银行外汇敞口头寸的风险水平。考虑到问题的严重性,为了更加有效地控制银行的外汇风险,相关国家的政府部门甚至对银行所持有的隔夜头寸限额做出了法律上的明确规定,通常是其资本金的一定比率。

3. 设定止损限额

外汇市场变幻多端,对汇率水平变动趋势所做出的预测出现错误是在所难免的。为了有效避免这种错误判断所造成的损失进一步扩大,经营外汇业务的银行一般都会设定一个损失限额控制点水平,这一损失限额往往被称为"止损点"。一旦损失金额达到止损点水平,银行交易人员需要立刻对剩下的头寸进行轧平操作,以避免损失的金额进一步增加。这种止损限额一般被分为总体止损限额和交易员止损限额2种类型。

所谓"总体止损限额"是指银行对日常外汇交易所造成的亏损的最大容忍额度。一旦超过这个额度,就会影响银行的正常运营。因此,银行应该综合考虑各方面的因素,针对不同的品种,制定不同的止损限额。一般而言,银行制定总体止损限额是采取时间期限止损限额制定办法的,也就是规定每天或者每月各类外汇交易所造成的亏损额度的最大上限,一旦超过该上限,当天或者该月的该类外汇交易就应该停止,以免损失进一步扩大。

交易员止损限额是指外汇银行所能允许的该行外汇交易人员在进行外汇交易操作中所造成的损失的最大额度。每个交易员的止损限额不能超过总体止损限额。

(四)利用套期保值操作对外汇头寸进行风险防范

1. 远期外汇合约套期保值

经营外汇业务的银行可以借助于远期市场对外汇头寸进行风险防范,实现有效的套期保值操作,从而固定外汇业务经营中的成本和收益。

例如,中国某经营外汇业务的银行在一定期间内从事外汇业务经营,形成了一笔3个月期的100万美元外汇多头头寸,假设当时汇率水平为¥7.0/\$1.0,该银行业务经营管理部门预期3个月后美元汇价水平有明显的下跌趋势,因此,其面临着多头头寸的外汇风险损失可能性,那么该银行在确定头寸产生时可以在外汇远期市场寻求一交易对手,卖出1份100万美元的3个月期远期合同,假设其汇率水平也为¥7.0/\$1.0,那么到3个月后,若美元汇价水平真的下降,假设其为¥6.5/\$1.0,那么如果该银行在期初未进行远期合约操作,则卖出

100万美元只能换回650万元人民币,但是,出于该银行在期初进行了远期外汇合约操作,则其仍然可以按照¥7.0/\$1.0的汇率水平对该笔美元多头头寸进行卖出平仓操作,获得700万元的人民币兑换收入,从而有效地防范了外汇收益可能面临的损失可能性。因为远期合约为非标准化合约,且在场外交易,交易内容一般可以由交易双方自行协商确定,所以灵活性大。但是,流动性却较低,而且面临很大的信用风险,因此,外汇业务银行应权衡使用该种方法。

2. 外汇期货套期保值

当外汇银行存有外汇多头或者空头头寸,在未来期间其有意进行实质性的外汇交割来平冲头寸时,则该外汇业务银行可以借助外汇期货合约来防范这种头寸可能产生的风险。

例如,某美国银行在经营外汇业务过程中形成了100万英镑的多头头寸,假设即期汇率水平为\$2.0/£1.0,则面对这笔英镑多头,该银行面临着英镑汇价水平未来期间下跌的风险损失。假设该银行预期英镑汇价在未来6个月期内有下跌趋势,那么该银行为了有效防范该期间内英镑头寸的汇率水平下跌风险,可以在期初卖出1份100万英镑(假设一个单位合约价值为100万英镑)的6个月期期货合约来防范英镑汇率下跌的风险损失,假说其汇率水平也为\$2.0/£1.0。假设到6个月期末,汇价水平降低到\$1.5/£1.0,那么在即期市场该美国银行出售100万英镑获得150万美元收入,相比期初及时卖出损失50美元,而在期货市场,该美国银行可以按照现行期货价格水平假设为1.5\$/1.0£,买进1份相同的期货合约对之前的卖出合约进行平仓操作。在期货市场该美国银行获得50万美元的收益,恰好可以抵补即期市场交易上的损失,从而有效控制风险。

期货市场是标准化的市场,效率高、操作规范、合约流动性强。但是,出于它的标准化,有时候它并不能实现头寸的完全套期保值,因此,要和其他方式联合使用,才能达到最佳的风险防范效果。

3. 外汇期权套期保值

在银行外汇业务开展过程中,形成的外汇多头或者空头头寸还可以采取期权的方式对其进行套期保值。

例如,中国某家开展外汇业务的银行在外汇业务经营过程中,形成了一笔6个月期的100万美元空头头寸,假设即期汇率水平为¥6.5/\$1.0,那么该银行便面临着未来期间美元汇率水平上升的风险损失。为了有效防范该风险,该中国银行可以买进1份6个月期的美元外汇看涨期权合约,设定行权价为¥6.5/\$1.0,假设到了第6个月期末,汇价水平上升到¥7.0/\$1.0,那么该银行选择行权(在此处为了说明问题的方便我们不考虑期权费因素的影响)。相比于没有购买美元外汇看涨期权,该银行减少了50万元的人民币损失额度,从而有效防范了美元空头头寸所面临的风险。

采用期权合约进行套期保值,成本小,最大损失为期权费,获益性可以趋向无穷大。因此,银行一般较多使用该策略。

三、流动性风险管理

所谓"流动性"(Liquidity)在金融市场层面上来进行理解就是指资产能够在不受损失的情况下以一个合理的价格顺利变现的能力,它指的是一种投资的时间尺度(卖出资产需多长时间)和价格尺度(资产卖出价格与公平市场价格相比的折扣额是多少)之间的关系。银行在从事外汇业务过程中所面临的流动性风险主要有两大类:一是指市场和相关金融工具所面临的流动性风险;另一类是指在外汇现金流量上存在无法轧平的资金缺口所带来的流动性风险。[1]

对于第一种风险类型,银行可以通过分散化的投融资安排来进行化解,使外汇交易品种和金融工具多样化,涉及资本市场和货币市场两个市场的交易类型。这样一来,某几种外汇交易品种或者金融工具交易流动性的恶化就不会使银行陷入流动性危机之中,从而有效降低银行流动性风险。

针对第二种流动性风险,银行可以通过对外汇资产和负债的期限结构进行调整和合理安排,使外汇资产和负债的期限结构以及到期日尽量保持一致。这样就可以在一定程度上使某一特定时期外汇资金缺口出现的可能性降低,从而有效防范外汇流动性风险。同时,银行还可以通过有计划性的调整安排资金收付、控制现金流量、降低现金流量的不确定性等措施来有效防范该种流动性风险。

四、信用风险管理

在银行外汇业务经营过程中所面临的信用风险主要是指交易对手无法履行合约内容给银行造成损失的可能性。因此,针对信用风险银行应该采取有效的应对措施加以管理和控制,以便将风险进行消除或者尽可能地将其降低到最低水平。管理和控制信用风险,银行可以采取如下主要措施:

(一)向客户收取履约保证金

银行通过向交易对手收取一定的保证金,从而在一定程度上来确保合约到期时外汇资金的收付得以实现。该种防范外汇信用风险的方式,主要是在银行代客外汇买卖业务中进行使用。银行在和客户签订外汇交易合约时,根据合约金额、客户以前期间的履约水平、客户资信状况等来确定交易的保证金金额,该

---

[1] 孙刘柳、张青龙:《外汇管理》,上海:格致出版社,2008年。

金额存入客户在银行开立的特约保证金账户,当合约到期客户无法履行交易合约事项给银行带来损失时,银行就可以按照相关规定和程序用特约保证金账户的保证金来弥补客户违约给银行造成的损失。

(二)限额管理制度

限额管理制度主要适用于银行同业间的外汇交易信用风险防范。限额的类型主要包括交易限额、交割限额以及同业拆放限额等类型。

所谓"交易限额"是指每个营业日时间内银行能够给予交易对手的最高交易额度安排,这种额度的制定有赖于交易对手方的资信实力、经营稳定性、财务状况等因素。一般来说,一旦在同一个交易日内,与同一交易对手的交易额度超过该标准,那么,与该交易对手的交易应该立刻停止,以防止风险水平的上涨。

交割限额是指银行在同一营业日内与同一交易对手进行资金收付的最大限额,该限额的确定依据主要是交易对手方的资信水平。目的是为了防范和控制发生在外汇起息日当天因为资金收付过于集中而带来的交割风险水平。

同业拆放限额是指银行所确定的能够给予其他同业组织的外汇资金最大拆出额度。因为同业拆放相当于是一种无担保、无抵押性质的信用贷款,所以风险水平比较高。出于安全性考虑,每家银行均会根据同业的资信状况以及财务水平,确定其拆放额度,并且实时的进行调整,从而有效确保银行的稳定经营和风险的有效防范。

(三)轧差交割和净额结算安排

所谓"轧差交割"和"净额结算"是指银行在业务经营过程中事先就和交易对手签订轧差交割和净额结算协议,对在一段时间内所发生的双边交易只进行差额头寸的交割和结算,而不是对每笔交易都逐个进行全额资金的收付、交割和清算。采用这种方式可以有效降低对手方的信用风险水平。

五、经营风险管理

经营风险是指银行在日常的经营活动过程中,由于管理不善、操作不当或失误以及机器设备运行等出现故障所带来的风险损失可能性。

关于管理不善问题的解决,银行机构可以参考国际银行业执行标准《巴塞尔新资本协议》的相关要求,加强银行管理人员的队伍建设,提升其管理业务水平,加强责任适度性建设,定期对银行经营管理水平进行考核,找出不合规或者出现风险漏洞的管理环节,然后进行措施弥补,以保证管理的高效、合规和安全。

操作不当或失误主要是由于工作人员的疏忽所致,比如说:在资金清算过程中,清算人员延迟收付、收付金额出现错误,以及收付对象错搭等等;交易人员发出的交易指令出现错误,以及交易指令遗漏和延误等均可能产生操作风险损失。因此,银行有必要加强对工作人员的业务操作监管。比如说,在重要操作环节上设立审核稽查制度,并不定期的对交易操作规程和记录进行抽查,同时,加强工作人员的职业道德素质建设,以保证操作的规范性和合法性,防范错误的发生。

针对设备故障等可能带来的风险损失,银行应该积极寻求技术的突破和技术的攻坚,做好技术服务人员的培训和管理工作,及时做好业务的备份和记录工作,并且努力做好应对突发事件的应急机制建设,从而确保在故障发生时,尽量将风险水平降到最低程度。

复习思考题

1. 简述外汇风险的主要构成因素以及外汇风险的主要表现形式。
2. 简述外汇风险管理的原则以及主要的外汇风险管理战略类型。
3. 简要分析银行外汇风险管理中的多层次限额管理机制。
4. 简述企业交易风险管理中的黄金保值法的运作机理。
5. 假定中国 A 公司在 6 个月后必须向美国 B 公司支付合同价款 1000 万美元。那么:

(1) 该 A 公司可以怎么样来运用货币期货合同(外汇期货合同)来对其所面临的外汇风险进行套期保值?

(2) 该 A 公司可以怎么样来运用外汇期权合同来对其所面临的外汇风险进行套期保值?

(3) 比较外汇期货合同和外汇期权合同的异同。

第五章 国际贸易融资

国际融资是指资金在不同国家持有者之间的融通,用以调剂双方的余缺。国际贸易融资是指与贸易直接相关的融资。在整个进出口贸易当中,进出口商都想获得资金融通,这种融资行为可以看作是对国际贸易的金融支持。

第一节 对外贸易短期融资

一、对外贸易短期融资的概念

所谓"对外贸易短期融资",是指与进出口贸易资金融通相关的期限在一年以下的一种对外贸易融资。从事对外贸易的进出口商,在商品的采购、打包、仓储和出运等各个阶段,以及在与商品进出口相关的制单、签订合同、申请开证、承兑和议付等各种贸易环节,都需要从不同的渠道融通资金,加速商品流通和促进进出口贸易的完成,于是产生了对外贸易融资。对外贸易短期融资主要用于满足商品周转快、成交金额不大的进出口所需要的贸易融资,在期限、利率等信贷条件上与国内金融市场上类似的贸易融资无多大区别,也不受某些国际协定的约束。

二、对外贸易短期融资的方式

对外贸易短期融资可以采取不同的方式,具体分析如下:

(一)根据授信人(发放信贷资金对象)的不同,对外贸易短期融资可以分为商业信用和银行信用

1. 商业信用(Commercial Credit)

商业信用是进口商与出口商之间相互提供的信用。通常发生在进口商在收到货物单据后的一段时间内才可以交付货款,或进口商在收到货物单据以前就支付货款,前者是出口商对进口商提供了商业信用,后者是进口商对出口商提供了商业信用。

2. 银行信用(Bank Credit)

银行信用是由银行或其他金融机构向进口商和出口商一方提供信贷资金的

一种信用方式。一般形式为银行对出口商提供以出口商品或发往国外的货物为保证的贷款,银行贴现出口商向进口商签发的汇票,或凭出口商对进口商的债权给予贷款等。

(二)根据受信人(接受信贷资金对象)的不同,对外贸易短期融资可以分为对出口商的融资和对进口商的融资

1. 对出口商的融资

对出口商的融资主要有进口商对出口商的融资和经纪人对出口商的融资两种。

(1)进口商对出口商的融资。作为进口商执行合同的保证,通常形式为预付定金,这种预付款是短期的,一般占成交金额的比重小,只有1%左右,属于一种定金的形式;若进口商预交了定金,出口商收回货款就得到一定的保障。若进口商提前付款的时间较长,金额较大,即为预付性质的融资。

(2)经纪人对出口商的融资。经纪人组织在某些发达国家相当活跃,尤其在初级产品、农产品贸易方面,经理人组织不但是联系买卖双方的桥梁,促成了进出口交易,还在贸易融资方面发挥作用。经纪人对出口商的融资方式通常有无抵押采购商品贷款、货物单据抵押贷款和承兑出口商汇票三种。

①无抵押采购商品贷款。经纪人通常在与出口商签订合同时,便对出口商发放无抵押采购商品贷款。这种贷款一般以出口商签发的期票为担保,在一段时期内出口商必须通过经纪人销售一定的商品,且贷款金额约等于交售给经纪人货价的25%~50%。偿还这种贷款的方法是将这种贷款转为商品抵押贷款。

②货物单据抵押贷款。按货物所在地的不同,此项贷款主要分为出口商国内货物抵押贷款、在途货物抵押贷款、运抵经纪人所在国或预定出售地的第三国的货物抵押贷款。该种贷款通常用于抵付无抵押贷款。

③承兑出口商汇票。在资本有限的情况下,经纪人可以使用承兑出口商汇票的方式来提供融资,出口商持承兑的汇票向银行贴现。经纪人办理承兑收取手续费。

经纪人通过提供融资的方式,可以加强对出口商的联系与控制,在国际贸易中有着不可替代的作用。

(3)银行对出口商的融资。为满足出口商短期资金周转的需要,由当地银行或国外银行(一般是出口商的往来银行)向出口商提供的短期贷款,银行对出口商的融资主要有打包放款、出口押汇和票据贴现。

①打包放款。打包放款也叫"装船前信贷",是银行向出口商提供的从接受国外订货到货物装运前这段时间所需流动资金的一种贷款。目的是解决出口商在安排货物装运之前或者在准备装运时面临的资金短缺问题,支持出口商按期履行合同。银行向出口商提供打包放款的依据是出口商收到的国外订货凭证,

主要包括进口商向出口商签发的信用证、出口成交合同与订单以及表明最终开出信用证的证明等。打包放款通常以进口商开立的不可撤销的信用证为抵押。

打包放款的金额不会是信用证的全部金额，一般不超过信用证金额的90%，放款期限也不超过信用证的有效期，因为放款银行在收到出口商交来的单据后，作为议付行应马上寄到开户行，收到开证行支付的货款后即可扣除贷款本息，其后将余额付给出口商。若信用证过期后客户仍未能提交单据，银行会根据贷款协议的有关规定，要求客户立即归还全部贷款本息。

②出口押汇。出口商在货物发运之后，将货运单据和汇票交给银行作为抵押品，银行根据汇票金额和收款日期扣除邮程和一定的利息后，给予出口商融资并加以结汇的业务，即称为"出口押汇"。汇票到期后，银行将货运单据寄交开证行索回货款价款冲销原垫付资金。

③票据贴现。票据贴现是出口商在票据到期前，将未到期票据出售给银行进行融资的一种特殊融资业务。

2. 对进口商的融资

对进口商的融资主要有出口商对进口商提供的融资和银行对出口商提供的融资两种。

(1)出口商对进口商的融资。出口商对进口商提供的融资通常称为"公司信用"，分为开立账户信用和票据融资两种。

①开立账户信用。开立账户信用是在出口商和进口商订立协议的基础上，当出口商发货后，将进口商应付的融资款借记在进口商的账户下，而进口商则将这笔融资款贷记出口商账户，进口商在规定的期限内支付货款。开立账户信用是种很传统的融资方式，但在当今的对外贸易中仍经常使用，特别是在一些有经常联系、相互信任的进出口商之间，因为这种融资方式手续简单，无须指定付款日期，同时避免银行的额外收费，成本较低。

②票据融资。票据融资是进口商凭银行提交的单据承兑出口商的汇票，或是出口商将单据直接寄交进口商，进口商在一定期间支付出口商的汇票。

(2)银行对进口商的融资。银行对进口商提供的融资主要有承兑信用和放款两种形式。

①承兑信用。承兑信用指银行应进口商的申请，对出口商开出的远期汇票进行承兑，从而向进口商提供信用。在出口商不相信进口商有支付能力的情况下，为了使汇票的付款有保证，出口商有时会提出汇票由银行承兑的条件。承兑行并不负责垫付资金，它所贷出的是自己的声誉，凭此换取承兑手续费。办理承兑的银行不一定是进口商本国的银行，也可以是第三国银行。

②放款。放款主要有透支、商品抵押放款和进口押汇三种形式。透支是指银行允许进口商向银行签发超过其往来账户余额一定金额的支票，应付短期的

资金需要。商品抵押放款是银行应进口商的委托,开立以出口商为受益人的凭货运单据支付现款的信用证,出口商提交货运单据,成为开证银行代付货款的保证。进口押汇是进口商以进口的商品作为抵押,从银行取得融资的业务。开证行和进口商之间需要通过协商,签订有关的进口押汇协议,在这一基础上,开证行在收到出口商通过协议议付行寄来的信用证项下的单据后,向议付行先行付款,然后再根据进口押汇协议及进口商签发的信托收据,将单证交予进口商,进口商凭单提货并将货物在市场上销售后,将贷款连同这一时期的利息交还给开证行。进口押汇操作过程如图5-1所示:

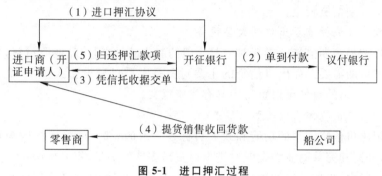

图 5-1 进口押汇过程

第二节 对外贸易中长期融资

一、出口信贷概述

出口信贷是对外贸易中长期信贷的统称,是指一个国家为了鼓励商品出口,加强国际竞争能力,通过对产品出口给予利息补贴并提供信用保险与贷款担保的方法,鼓励本国的银行对本国的出口商或外国的进口商(或其银行)提供利率较低的贷款,以解决本国出口商资金周转的困难,或满足国外进口商支付贷款需要的一种国际信贷方式。

(一)出口信贷的特点

从上述概念可以看出,出口信贷不仅是一种信贷融资方式,而且它还包括信用保险与信贷担保两方面的业务内容,从本质上说,它是一种官方支持的融资方式。具体地说,它具有以下几方面的特点:

1. 利率较低

出口信贷的利率一般低于相同条件贷放的市场利率,利差由国家贴补。目的是加强本国出口企业的竞争能力,削弱竞争对手,扩大本国资本性货物的国外销路。

    2.出口信贷的发放与信贷保险相结合
    由于国际贸易环境复杂多变,进出口商在贸易中存在种种潜在风险,再加上融资金额大、期限长等因素制约,出于盈利目的的私人保险公司往往不愿意为这种信贷提供担保,商业银行也不愿意提供这种信贷,于是设立国家信贷保险机构,如贷款不能收回,信贷保险机构利用国家资金给予赔偿。

    3.贷款用途被严格限定
    国家成立专门发放出口信贷的机构,制定政策,管理与分配国际信贷资金,特别是中长期信贷资金。

    4.投资领域侧重于出口的大型设备
    对外贸易短期信贷的投资对象是一般的制成品、中间产品或原材料,并兼顾出口与进口的需要。而出口信贷的主要对象是大型机械设备或技术,交易金额较大,且在一国的对外出口贸易中具有战略意义。

    (二)出口信贷体系的类型
    各国出口信贷体系的功能和政策目标是一致的,都是通过发挥政策性金融的功能,补充和完善商业性金融对进出口贸易支持的不足,提升本国出口产品的国际竞争能力,贯彻国家的外贸方针政策。但不同国家的出口信贷体系在组织结构、运行机制和规则、业务范围等方面又存在一定的差别。从不同角度看,它们可以划分为以下类型:

    1.根据专门机构的所有权结构划分
    (1)国有制(State—Owned System)。国有制是指出口信贷机构由官方全资拥有,资本金由政府出资,经营资金由政府财政预算拨款和业务收入或客户缴纳的保险费组成。该类机构类型与政府的关系十分密切,通常直接对财政部或对外贸易部负责,由它们指定董事会成员,并在行政管理上、经营规模和业务范围上受到政府更多的控制。如英国、意大利和日本等属于这种类型。
    (2)混合所有制(Mix Ownership System)。出口信贷机构是半官方性质,允许公众参股,也就是由政府和私人公司按比例共同持股的公司。如西班牙、瑞典等属于这种类型。
    (3)私有制(Privately Owned System)。由私人持有100％股权的出口信贷机构。但这种出口信贷机构往往与政府签订协议,实行"双账户"制度,公司账户记录公司自己的商业性业务,政府账户记录公司代表政府协议指定的政策性业务,并得到政府的资金支持。如法国、荷兰和葡萄牙等属于这种类型。

    2.根据专门机构的业务范围划分
    (1)一国只设立单一的官方支持的出口信贷机构,该机构只提供出口信用保险和出口信贷担保业务,出口融资和再融资业务由商业银行提供,出口信贷机构不参与融资业务。

(2)官方出口信贷机构提供出口信贷担保和保险业务,并通过给予贷款银行利息补贴或再融资的方式支持商业银行向出口商发放出口信贷,本身不直接参与贷款。

(3)设立单一的出口信贷机构同时提供融资、保险和担保等多种业务。

(4)一国设立两个(或以上)出口信贷机构,一个机构提供融资服务,另一个机构提供保险和担保业务;或一个机构提供保险业务,另一个机构提供担保业务。

二、出口信贷的基本贷款形式

目前,出口信贷的基本形式有卖方信贷、买方信贷、混合信贷和福费廷业务。现分别讨论如下:

(一)卖方信贷(Supplier's Credit)

1. 卖方信贷的概念

卖方信贷是指出口方银行向本国的出口商(卖方)提供贷款,以支持出口商因向外国进口商赊销大型机器设备等资本品所面临的融资需要。由于出口方银行的信贷资金直接提供给出口商也就是卖方,所以被称为"卖方信贷"。

在卖方信贷中,出口商以延期付款方式向进口商出售资本货物。一般的做法是,在签订出口合同后,进口商先支付5%~10%的定金,在分批交货、验收和保证期满时再分期支付10%~15%的货款,其余的75%~85%的货款,则由出口商设备制造或交货期间向出口方银行取得中长期贷款,以便周转。在进口商按合同规定的延期付款时间付讫余款和利息时,出口商再向出口商银行偿还所借款项和应付的利息。

2. 卖方信贷的程序(如图5-2所示)

(1)出口商(卖方)以延期付款或赊销方式向进口商(买方)出售设备。

(2)出口商办理出口信用保险。

(3)出口商(卖方)向其所在地银行贷款。

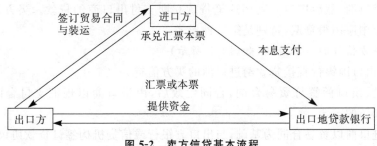

图5-2 卖方信贷基本流程

(4) 进口商(买方)分期偿还出口商(卖方)贷款(包括本金和利息)。

(5) 出口商(卖方)再用进口商(买方)偿还的贷款偿还其从银行取得的贷款。

由于卖方信贷具有政府补贴、支持本国出口性质,贷款具有较大的优惠,所以申请卖方信贷必须符合一定的条件。具体的条件,除国际惯例外,各国还有自己的实际规定。在美国,进出口商签订贸易合同后,进口商先支付合同金额15%的订金,其余货款由进口商向出口商开出延期付款的信用证。如果款项金额较大、期限较长,出口商要向美国专门保险部门申请保险,以保证贷款的安全。出口商凭信用证和保险单向银行办理贷款。期限一般为6个月到5年。交货后,每半年还款一次,并支付利息和费用。在日本,出口信贷是由半官方的输出入银行代表政府进行管理。贷放所需资金分别来自输出入银行和私营金融机构。日本出口商利用卖方信贷出口资本货物,必须事先征得政府的批准,并经过贷款的银行同意后,才可以向国外进口商提供延期付款的便利。同时,还要求进口商提供由第一流银行开具的保函或信用证。

卖方信贷是鼓励出口的一项重要措施,但也有不利之处。在使用卖方信贷时,出口商除要支付贷款利息外,还须进行信贷保险,支付保险费以及贷款承担费和管理费等。出口商一般都将这类费用计入出口货价中,把贷款成本转嫁给进口商,但进口商并不知道每项费用金额具体是多少,通常利用卖方信贷的货价要比现汇支付价高出3%~4%,甚至更高。这种情况使进口商难以判断进口货物的真实价格,不能同国际上其他同类产品进行价格比较。所以,进口商一般不大愿意使用卖方信贷。

(二) 买方信贷(Buyer's Credit)

1. 买方信贷的概念

买方信贷是由出口方银行直接向进口商或进口方银行提供的信贷,以解决进口商购买设备中出现的资金困难。它是由进口商或进口方银行向出口方银行借款。可见,买方信贷有两种方式,一种是出口方所在地银行直接向进口商提供贷款,但要求进口商所在地银行提供担保,然后进口商与出口商以现汇方式结算;另一种是由出口方所在地银行向进口商所在地银行提供贷款,该银行把款项转贷于进口商,然后进口商利用这笔贷款立即支付出口商的贷款。买方信贷在出口信贷中应用很普遍,特别是第二种形式。

2. 买方信贷的基本流程(如图5-3所示)

(1) 出口国银行直接贷款给进口商的买方信贷。

① 进、出口商签订贸易合同,合同生效后,由进口商以现汇支付合同金额15%~20%的定金。

② 进口商以贸易合同为基础,与出口方银行或信贷机构签订贷款协议。

③ 进口商用借来的款项,以现汇方式支付出口商的货款。

④进口商按贷款协议分期偿还出口方银行贷款的本息。

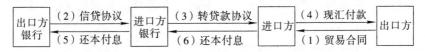

图 5-3　出口国银行贷款给进口商银行的买方信贷的流程

(2)出口国银行贷款给进口方银行的买方信贷。

①进、出口商签订贸易合同,合同生效后,由进口商以现汇支付合同金额15%～20%的定金。

②进口方银行和出口方银行或出口信贷机构签订贷款协议。

③进口方银行将所借的贷款按照协议转贷给进口商。

④进口商以现汇的形式向出口商支付货款。

⑤进口方银行按贷款协议向出口方银行分期偿还贷款本息。

⑥进口方银行和进口商之间的债务由双方商定的办法在国内清偿结算。

3.买方信贷的一般贷款原则

买方信贷的一般贷款原则,主要有以下几个方面:

(1)贷款的使用方向。接收贷款的进口商只能以其取得的贷款,向发放出口信贷国家的出口商、出口制造商或在该国注册的外国出口公司进行支付,不能用于第三国。

(2)贷款购买的标的物。进口商利用买方信贷限于进口资本货物,如单机、成套设备和有关的技术和劳务等,一般不能用于进口原材料和消费品。

(3)资本货物的构成。提供买方信贷国家的资本货物限于是该国制造的,如该项货物系由多国部件组装,则本国部件占50%以上。

(4)现金支付。贷款只提供贸易合同金额的80%～85%,其余15%～20%要付现汇,同时,贸易合同签订或生效时至少要先付5%的定金。

(5)信贷起始日。信贷起始日指偿还贷款的起始日,正式还款日期在信贷起始日后的6个月开始。信贷起始日的确定视不同的标的物而定,一般从交货日期或设备安装调试完毕日开始计算。

(6)最长还款期。正式还款日在信贷起始日后的6个月开始,世界银行公布的Ⅰ类的国家(即富有国家)借款人的最长还款期为5年,Ⅱ类国家为10年。使用电站(核电站)出口信贷的最长还款期限为12年。

(7)本金偿还和利息支付。按等级还款方式,每隔6个月(或不到6个月)偿还一次本金。利息支付的间隔时间不能超过6个月,首次利息支付不得迟于信贷起息日后 6 个月,不得将利息打入本金。

(8)最低利率。一般按商业参考利率加 1% 计算。

(9)当地费用。出口信贷可用于当地费用,如进口商为完成设备进口而必须在本国或第三国购买的商品或劳务,或出口商为完成设备出口而必须购买的商品或劳务等。申请当地费用的最高金额不超过设备合同价款的 15%,Ⅰ类国家当地申请费用仅限于支付保险费和担保费。

4. 买方信贷的贷款条件

买方信贷的贷款条件,主要包括以下几个方面:

(1)买方信贷所使用的货币。各国规定有所不同,一般使用提供买方信贷国家的货币,或使用美元,或提供买方信贷国家的货币与美元共用。

(2)申请买方信贷的起点。为促使大额交易的完成,一般对买方信贷都规定有最低额度申请点,如所购买的资本货物的金额未达到规定起点,则不能使用买方信贷。各国规定的起点不尽相同。

(3)买方信贷利息的计算方法。有的国家一年按 365 天计算,有的则按 360 天计算。国际通用的计息时间为"算头不算尾",就是当天借款当天计息,还款当天不计息。

(4)买方信贷的费用。使用买方信贷通常支付的费用包括利息和管理费。有的国家还要收取承担费和信贷保险费。

(5)买方信贷的用款手续。进口商与出口商银行签订贷款总协议,规定贷款总额,在进口商与出口商达成交易、签订贸易合同须动用贷款时,根据贸易合同向出口国银行申请,经批准后即可使用贷款。但有的国家规定在签订买方信贷协议之外,根据贸易合同,还要签订具体协议。

5. 买方信贷的作用

20 世纪 70 年代以后,由于买方信贷有着卖方信贷无法比拟的优越性,因而受到普遍欢迎并得以迅速发展。

(1)买方信贷对进口方的有利之处。第一,由于在买方信贷条件下,进口商以现汇方式支付货款,因而货价清晰明确,不会掺杂其他因素。第二,进口商能够集中精力谈判技术条款和商务条件,并且进口商对于产品的各项指标更加熟悉,这使得进口商得以在谈判中居于有利地位。第三,办理信贷的手续费用是由买方银行直接付款给出口商银行,与卖方信贷条件下的手续费相比要低很多。

(2)买方信贷对出口商的有利之处。第一,使用卖方信贷时,出口厂商既要组织生产,又要筹集资金,而且要考虑在原始货价之上以何种幅度附加利息及手续费等问题,工作量较大。而在买方信贷条件下,由于进口商是现汇付款,所以出口商可集中精力按贸易合同的规定保证交货和组织生产。第二,因进口商现汇付款,所以买方信贷下出口商收到货款后会立即反映出企业的应收账款入账,有利于出口商资产负债状况的改善,有利于出口商有价证券的上市。第三,出口商收到进口商的现汇付款后,能够加速资金的周转、增加利润、提高竞争力。

(3)买方信贷对银行的有利之处。与其他信贷方式相比,由出口商银行直接贷款给进口商银行的买方信贷的发展最为迅速。一般而言,贷款给国外的买方银行,要比贷款给国内的企业风险小,因为,一般银行的资信要高于企业。因此,出口方银行更愿承做直接贷给进口商银行买方信贷业务。

(三)混合贷款(Mixed Load)

1.混合贷款的概念及类型

混合贷款是出口国政府为了使本国商品更具国际竞争力,将政府贷款、出口信贷混合在一起提供给进口国的一种新型贷款形式。由于政府贷款含有赠款的成分,因而利率比一般出口信贷利率更加优惠,此外政府贷款的使用对较单纯的买方或卖方信贷来说更灵活、使用范围广。混合贷款带有援助性质,用于双边合作项目,有利于促进出口国大型设备和工程项目的出口。

混合贷款大体采用以下2种形式:

①对一个项目的融资,同时提供一定比例的政府贷款(或捐赠)和一定比例的买方信贷(或卖方信贷)。政府贷款(或捐赠)和买方信贷(或卖方信贷)分别签署贷款协议,两个协议各自规定不同的利率、费率和贷款期限等融资条件。

②对一个项目的融资,将一定比例的政府贷款(或赠款)和一定比例的买方信贷(或卖方信贷)混合在一起,然后根据赠与成分的比例计算出一个混合利率。这种形式的混合贷款只签一个协议,其利率、费率和贷款期限等融资条件也只有一种。

2.混合贷款的特点

混合贷款的特点主要包括以下几个方面:

①政府出资部分占一定的比重。一般占贷款金额的30%～50%。

②贷款条件较商业银行贷款条件优惠。混合贷款的综合利率相对较低,一般为1.5%～2.5%,期限最长达30～50年,而金额可达合同金额的100%。

③贷款手续比较复杂。由于混合贷款中含有政府优惠资金,所以对项目的选择、评估和使用等都有一套特定的程序和要求。

(四)福费廷(Forfaiting)

1.福费廷业务的概念及特点

福费廷是出口信贷的一个类型,是除买方信贷和卖方信贷融资外的一种新的中长期的融资方式。所谓"福费廷"也称为"包买票据买断",就是在延期支付的大型设备贸易中,出口商将经进口商承兑的,或经第三方担保的,期限在半年至五六年的远期汇票,无追索权地售予出口商所在地的银行或大金融公司,提前取得现款的一种资金融通形式。

2.福费廷业务的程序

福费廷业务的具体做法如图 5-4 所示:

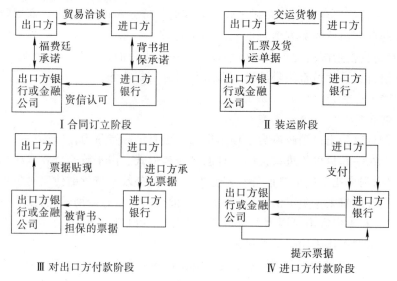

图 5-4　福费廷业务的程序

第一步,进出口商在洽谈贸易时,如欲使用"福费廷",应事先和当地银行或金融机构约定,以便做好各项信贷安排,并且要求进口商承兑的汇票要有进口方银行的担保(担保银行要经出口商所在地银行认可其资信)。

第二步,进出口商签订贸易合同,言明使用"福费廷"。

第三步,出口商发货后,将全套货运单及汇票寄交进口商,进口商则将自己承兑的由银行担保的汇票或本票回寄出口商。单据一般通过银行寄送。

第四步,出口商在取得进口商承兑的、并附有银行担保的远期汇票或本票后,便可根据约定,以无追索权方式,向约定银行或金融公司提出贴现要求。

3.福费廷业务的优点

对进口商来说,福费廷业务手续简便,不像买方信贷那样,要多方联系,多方洽谈。对于不能获得买方信贷的进口方来说,也可以得到中期贸易融资,促使其贸易顺利进行,不过它要承担较高的货价,还要交付一定的保费或抵押品。对包买商(银行或大金融公司)来说,此业务收益率较高,还可以在二级市场上转让所购买的票据,但他要承担各种收汇风险。对担保行来说,它可以获得可观的保费收入,并保留对进口商的追索权,但它也要承担一定风险。对出口商来说,可以用商业信用形式出口商品,既解决资金周转困难,又促成交易;可减少出口商的负债,因为这不能反映在资产负债表中,可以用此进行证券融资;信贷管理、票据托收的费用与风险均转嫁给银行;不受汇率变化与债务人情况变化的风险影响。

4.福费廷业务与一般贴现业务的区别

福费廷与一般贴现的主要区别如表 5-1 所示：

表 5-1　福费廷业务与一般贴现业务的区别

项目	一般贴现	福费廷
贴现票据遭到拒付时有无追索权	银行对出票人有追索权	银行对出票人无追索权
业务中涉及的票据种类	贴现的票据为一般国际贸易往来中的票据	与出口大型成套设备、装备相联系的票据
有无银行担保	无银行担保	由一流大银行担保
收取费用	只按市场利率收取贴息	不仅收取利息，而且还收管理费、承担费和罚款等

5.福费廷业务与保理业务的区别

福费廷与保理业务虽然都是由出口商向银行买断汇票或期票，银行对出口商无追索权，但两者之间还是有区别的。其区别如表 5-2 所示：

表 5-2　福费廷业务与保理业务的区别

项目	一般贴现	福费廷
使用范围	适用于国际贸易的普通商品，金额较小，时间多在一年以下	适用于大型成套设备的出口，交易金额大，付款期限长
是否需要进口商所在地银行对汇票的支付进行保证	不需要	必须履行该程序
是否需要进出口商事先协商	不需要	必须履行该程序
业务内容	综合性业务	单一融资业务

6.福费廷的债权凭证和担保方式

在"福费廷"业务中使用的票据类型如下：

(1)出口商出具的并已被进口商承兑的汇票。

(2)进口商出具的以出口商为收款人的本票。

(3)由进口商往来银行开出的远期信用证项下的已承兑汇票。

(4)由包买商可接受的担保人出具独立保函所保付的、以进口商为付款人的汇票或进口商自己出具的本票。

(5)由包买商可接受的第三者加注了保付签字(Per Aval)的汇票或本票。

担保的形式有 2 种：

(1)保付签字(Aval)，就是担保银行在已承兑汇票或本票上加注"Per Aval"字样，写上担保银行的名称并加签，从而构成担保银行不可撤销的保付责任。

(2)由担保银行出具单独的保函(Letter of Guarantee)，这是一个独立于商品交易合同的法律文件，担保银行对各期票据的到期偿付负有无条件的、不可撤销的担保和经济赔偿责任。

7.福费廷业务的操作对象及其利弊分析

福费廷业务涉及四方当事人:进口方、出口方、担保人和福费廷公司。其办理福费廷业务的成本分析如下:

(1)对进口方来说,它的有利之处体现在能够获得出口方提供的中长期固定利率的贸易融资,且要求提交的单据少、手续简单。但是,其长期占用进口方的信用额度及进口方须承担银行的担保费,还有可能转嫁部分融资费用致使出口商品价格提高。

(2)对出口方来说,它可以加速出口方的资金融通、减少和避免出口收款风险、使手续简便易行和向进口方转嫁部分融资费用。但是,出口方的融资成本较高且很难找到一个使福费廷公司满意的担保方,出口方还必须了解进口国有关商业票据和担保的法律规定。

(3)对担保人来说,它可以获得一笔可观的担保费收入且扩大其在国际市场的影响。但是,一旦进口方不能履行付款责任,担保人担负无条件的还付责任,履行偿付责任后,担保人可以向进口方追索款项,但能否追回则要视进口方的资信情况。

(4)对福费廷公司来说,它的好处在于文件简单、手续方便,债券资产可在二级市场上流通且其收益率较高。但是,其承担出口贸易融资中的所有风险,对出口方的融资无追索权,且福费廷公司必须了解进口国有关商业票据和保函的法律规定。

第三节　国际租赁

一、国际租赁的概念及特点

(一)国际租赁的概念

所谓"租赁",广义上讲是一种以一定费用借贷实物的经济行为,即出租人在一定时期内把租赁物租借给承租人使用,并通过收取租赁费,收回全部或部分投资,承租人则按租约规定分期偿还租赁费以取得租赁物使用权的一种经济活动。国际租赁就是跨国租赁,是指位于不同国家的出租人和承租人之间所建立的租赁关系。

(二)租赁的特点

当代租赁业务作为一种新的融资方式,具有如下特点:

其一,租赁双方是以租赁合同为基础的契约关系。

其二，租赁物的所有权与使用权分离。

其三，融资与融物相结合。

其四，租金分期回流。

(三)租赁的优越性

租赁业务有许多优越性，主要表现在以下几个方面：

其一，它是国际融资的一种新方法。

其二，它是进行国内外销售的辅助渠道。

其三，方式灵活、手续简便。

其四，税收上可获得优惠。

其五，免受通货膨胀和利率变动的影响。

二、国际租赁的形式

(一)金融租赁(Financial Lease)

金融租赁，又称"融资租赁"，是国际租赁业务中使用最多、最基本的形式。它是指一国出租人根据另一国承租人的请求及提供的规格，出租人出资购买相关设备后出租给承租人使用且订立合同，以承租人支付租金为条件授予承租人使用设备的权利。租赁期满后，可以退租、续租或转移给承租人。

1. 金融租赁的主要特征

第一，金融租赁涉及承租人、出租人和供货商三个关系人，并通过国际贸易及租赁合同将三方当事人有机的联系在一起。

第二，由出租人保持设备所有权，承租人在租期内享有设备使用权。

第三，一般情况下，租期内租赁双方无权终止合同，即承租人不能以退还设备为条件而提前终止合同，出租人也不能以市场涨价为由而在租期内提高租金。

第四，设备的所有权和使用权长期分离，且设备的保险、保养、维护等费用及设施过时的风险均由承租人承担。

第五，全额清偿，租金总额等于设备货价加贷款利息、租赁公司管理费和利润，也称为"完全付清"的租赁。

2. 金融租赁的程序(如图5-5所示)

(1)选定设备。

(2)申请租赁。

(3)签订租约。

(4)签订购货协议。

(5)转让购货协议。

(6)交货。

(7)支付货款。

(8)支付租金。

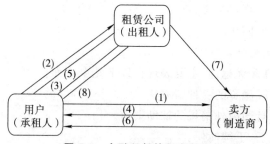

图 5-5 金融租赁的程序图示

3. 金融租赁的形式

金融租赁的形式是多种多样的,一般有直接租赁和转租赁。

(1)直接租赁。是指租赁公司购进设备后,直接出租给用户。

(2)转租赁。是指租赁公司购进设备后,转租给另一家租赁公司,再由该租赁公司转租给承租人的一种租赁形式。目的是为了从其他租赁公司获得资金融通,扩大自己的租赁业务,同时还可以利用各国间关于税务规定的差别获得更多的免税好处。它涉及两个独立的租赁合同,即国际租赁合同和国内租赁合同,可以说是真正的租赁合同。

转租赁具体程序如图 5-6 所示:

①租赁物件的确定。

②申请租赁签订租赁合同。

③签订买卖合同。

④签订地位转让合同。

⑤签订租赁合同。

⑥缴付货款。

⑦向用户发送货物。

⑧按期缴付租金。

⑨按期交付租金。

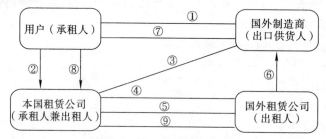

图 5-6 转租赁的具体程序

(二)经营租赁(Operating Lease)

经营租赁也叫"服务性租赁",是一种不完全付清的租赁,出租人除提供融资外,还提供维修、保养、零部件更换等服务,租金包括维修费。

其主要特点包括:

第一,租期较短,一般大大短于设备使用年限。因此,租期内的租金不足以偿付出租人为购买设备的资本支出。

第二,承租人只需预先通知出租人,即可终止租赁合同。也就是出租人一般负责设备的维修和保养。

第三,设备一般由出租人选购然后出租人将各类待出租的设备按不同的租期和支付方式,分别列出租赁费率供承租人选择,且租赁物始终属于出租人所有。

第四,所出租的设备一般属于需要高度保养和管理技术的、技术进步快的、反复使用的机器和设备,如汽车、电子计算机、地面卫星站等。

采用经营租赁对承租人来说有很多的好处:承租人可以短期租赁一项设备,这样就有一个试用设备的机会;能减少设备陈旧的风险;承租人可以利用出租人提供的某些低费用、高质量的服务等。

(三)衡平租赁(Leverage Lease)

衡平租赁也称"杠杆租赁",是指在出租人购买设备时,自己投资20%～40%,其余60%～80%由银行等金融机构提供无追索权的贷款解决,即可享受法律上对该设备100%投资的同等待遇,出租人再以较低的租金将设备出租给承租人。这种租赁方式是20世纪70年代末首先在美国发展起来的、较为复杂的融资租赁,它是金融租赁的一种特殊形式。

1. 衡平租赁的主要特征

第一,衡平租赁至少有三方面的关系人:承租人、出租人和长期贷款人,有时还涉及其他两方面关系人,即物主托管人和契约托管人。

第二,出租人通常以无追索权借入长期货币,以租金和设备作为贷款的抵押,且出租人购买出租的设备至少必须付出设备价格的20%作为其本身的投资。

第三,出租人最多只能将设备价值的80%租给承租人,且对承租人使用设备不能加以任何限制。

第四,出租人可以降低租金向用户出租,但是租金的偿付必须是平衡的,在各个时期所付租金不能悬殊太大。

2. 横平租赁的优点

(1)对出租人而言,以较低的投资获得100%的税收优惠,且保有租赁物的所有权;对出租人所借贷款,贷款人无追索权。

(2)对承租人而言,租赁费远低于一般金融租赁的租赁费,并可获得承租人的一切正常利益。

(3)对贷款人而言,所担风险只是投资设备价款的 60%~80%,并用设备作为担保,且贷款利率固定,因此具有良好的保险性。

(四)回租租赁(Sale and Leaseback Lease)

回租租赁是指出租人从拥有和使用设备的公司买下设备,再将设备返租给原物主继续使用,设备的所有权归出租人,使用权归原物主。原物主则按租赁合同规定,分期支付租金。

回租租赁一般用于已使用过的设备,经过回租,原物主可以得到一笔资金,以改善财务状况,加速资金周转。

(五)综合租赁

综合租赁是指将融资租赁业务与某一贸易方式相结合的租赁形式,可以与补偿贸易、加工装配、包销等贸易方式相结合。从而减少承租人的外汇支出,扩大承租人与出租人之间的贸易往来,促进商品贸易和租赁业务的共同发展。

综合租赁的主要方式包括:

1. 租赁与补偿贸易相结合

在这种方式下,出租人将机器设备等出租给承租人,承租人用租来的资产所生产的产品偿付租金。

2. 租赁与包销相结合

这种方式是出租人把机器设备等租给承租人,承租人所生产的产品由出租人包销,出租人从包销收入中扣除租金。

3. 租赁与加工装配相结合

这种方式是承租人在租赁设备的同时,承揽出租人的加工装配业务,并以这些业务的加工费收入来抵付租金。

三、当代国际租赁业务的发展变化

(一)租赁物的变化

随着生产和科技的发展,国际租赁的领域不断拓宽,经营范围越来越广,租赁物件从生产领域的机器设备扩大到生活领域和其他方面。除了常见的各类工、商、农业设备机械,办公室用设备和数据处理设备,电子计算机、医疗器械、通讯仪器、石油开采设备、运输设备、火车车厢和飞机船舶外,一些价值上亿美元的卫星系统和核发电站等也成为租赁对象。

(二)出租人和承租人的变化

出租方主要由金融机构、制造厂商的附属租赁部门和专营租赁业务的公司构成,因为国际租赁业务往往针对价值高昂的大型长期项目,租赁公司一般以银行或其他金融机构为后盾,增加资金实力,降低风险。由于租赁物品的增加,承租方从生产企业扩大到一般企业、政府、医院、学校及个人。为满足不同种类承租人的需要,各租赁机构积极开展业务活动并向海外扩张势力,以利用国外优惠政策,降低租金,争取更多的客户,扩大成交额。他们在国际租赁市场上相互渗透,或组成多国租赁集团,或依靠国际租赁组织,展开激烈的竞争。

(三)租赁合同内容的变化

国际租赁业务,除作为直接当事人的出租人与承租人外,往往还涉及供货人、贷款机构或租赁设备的维修保养者,其内容复杂、形式多样、有效期较长,影响因素很多。在执行过程中,常常用国际租赁合同规范各方的权利和义务。为了能使一项国际租赁业务得以顺利进行,在签订租赁合同前,承租人应对租赁公司的选择、租赁物件的选定、租赁物件的价格洽谈、租赁期的期限长短、租金支付频率、租金支付方式(预付、后付)、租赁物件的交货期与承租人的生产准备工作的衔接等问题予以慎重考虑。

四、国际租赁程序与国际租赁合同

(一)国际租赁程序

国际租赁业务的基本程序如下:

1. 准备阶段

这一阶段主要是指选定租赁设备,即承租人自选所需租赁物件,并与国外制造商商定设备的型号、品种、规格、价格和及交货期,用户也可以委托国内租赁公司选定设备、探寻价格。

2. 委托阶段

这一阶段主要是指承租人与制造商洽谈妥当后,向租赁公司提出租赁申请,租赁公司审查承租人的财务状况,据此决定是否接受委托。

3. 洽谈阶段

这一阶段主要包括国内租赁公司就用户指定的设备物件与国外制造商洽谈和国内租赁公司与国外租赁公司洽谈,将其购买的设备物件转让给国外租赁公司,并向其提出租赁申请。

4. 签订合同阶段

这一阶段主要是国内租赁公司与国外租赁公司商讨租赁条件,签订租赁合同。

5. 设备引进阶段

这一阶段主要是指租赁公司缴付设备价款后,购进设备,承租人做好报关、运输、提货及检验工作。

6. 支付租金阶段

这一阶段主要包括承租人按期向国内租赁公司缴付租金和国内租赁公司向国外租赁公司缴付租金。

(二)国际租赁合同的内容

近年来,各国租赁公司所采用的租赁条款趋向一致,但尚无为一般出租人均能接受的标准格式。但租赁合同一般包括以下主要条款:

其一,合同当事人的名称与地址。

其二,租赁物件的品名、规格、牌号、数量、技术标准及交货期。

其三,租赁业务的开始日期及合同的有效期。

其四,租金的数额及支付方式。

其五,租赁物件的购买和交货条件。

其六,货物的验收。

其七,进口税、工商税以及其他税款的缴纳。

其八,租赁物件的保管、使用及有关费用。

其九,租赁物件的灭失及损毁。

其十,租赁物的保险。

其十一,租赁保证金。

其十二,违反合同的处理。

其十三,租赁物的维修。

其十四,租赁期满后租赁物件的处理。

其十五,担保人。

其十六,仲裁条款。

(三)租金

1. 租金的构成

出租人向承租人提出的租金一般包括以下项目:

(1)设备的购置成本。即设备的原价加上运费和途中保险费,如有残余值,应该将其排除。

(2)租赁期间的利息费。即为取得设备,租赁公司向银行或其他金融机构筹措资金,所支付的融资成本。

(3)手续费。即租赁合同规定由出租人负责提供各项税款、保险、运费、保养、维修、培训人员等方面的费用,还包括开展租赁业务所发生的其他费用支出。

(4)利润。

2. 租金的计算

租金计算的一般公式如下:

$$租金 = \frac{(租赁物价原价 + 运费等 - 估计残值) + 利息 + 利润 + 手续费等}{租期}$$

在以上公式中,残值是指租赁合同期满时租赁物的市场价值,减去残值有助于减轻承租人的负担。但估计残值是件复杂的工作,要考虑租赁期间设备的陈旧程度、通货膨胀及其他因素,因此很难得出精确的数值。我国的租赁公司在融资性租赁计算租金时,将设备买价全部折算完,不留余值,待合同期满时,由承租人以1元人民币的名义价格买下。

3.租金的支付方法

租金的支付方式多种多样,目前国内外通行的有以下几种支付方式。

(1)等额分期支付法。即承租人定期支付等额租金,租赁期满,出租人完全收回租赁物的本利。从租金支付的时间先后来分,可分为期初等额分期支付法和期末等额分期支付法。

①期初等额分期支付法,规定每次租金均在每期开始日支付,其公式为:

$$\text{期初每次支付租金金额} = \frac{\text{租赁物价价款} \times \text{每期租金率} \times (1+\text{每期租金率})^{n-1}}{(1+\text{每期租金率})^{n-1}}$$

②期末等额分期支付法,规定每次租金均在每期支付期末支付,每次支付的金额为:

$$\text{承租人每次支付的租金(本加利)} = \frac{\text{租赁物价价款} \times \text{每期租金率} \times (1+\text{每期租金率})^{n-1}}{\text{每期租金率} \times (1+\text{每期租金率})^{n-1}}$$

(2)等额付本支付法。即每期平均支付租赁物价本金的租金支付方法。每期应付租金为:

$$\text{第 t 期应付租金} = \text{按第 t 期租赁物价本金未付余额计算的第 t 期应付利息} + \frac{\text{第 t 期租赁物价本金未付余额}}{\text{租金支付次数}}$$

按第 t 期租赁物价本金未付余额计算的第 t 期应付利息 = 第 t 期租赁物价本金未付余额 $\times (1+\text{每期租金率})^{n-1}$ − 第 t 期租赁物价本金未付余额

公式中,n 为每期租金复利次数。

(3)平息支付法。给定一个租金常数,即平息数,通常是由出租人根据每笔租金交易的成交金额、承租人资信、交易货币、租赁期、当时的市场利率水平和租赁物价的性质等因素所表示的每1元租赁成本应付租金数。承租人依此来计算租金总数和每次应付租金额。其计算公式为:

$$\text{承租人每次支付的租金(本加利)} = \frac{\text{租赁物价价款} \times \text{常数(平息数)}}{\text{租金支付次数}}$$

中国国际信托投资公司就采用这种方法。

(4)递延支付法。该方法是为了弥补等额支付法的不足而设立的。在支付租金方面给予承租人一定的宽限期,在宽限期内不需付租。直到预计设备安装结束进入正常生产后的一段时间才开始支付,这种方法适用于一些投产期较长的项目。采用这种方法的好处在于承租人可以将付租时间推后,不必因自有资金不足或经济效益不佳而另外筹资来支付租金,缓解了承租人在租赁期初就要付租的压力。但由于租赁期的延长推迟了出租人的资金回收,增加了其投资风险,一般租金较高,特别是当宽限期的利息加进本金后,按复利计算会进一步加重承租人的负担。

(5)递增支付法。根据租赁物件之预计经济效益的逐步提高,使每期所付租金也同步增加的租金支付方法。

一般来讲,租金支付的间隔时间越短,承租人的成本就越高,反之,就会降低。

复习思考题

1. 简述国际融资的主要途径及各种融资方式的特点。
2. 简述买方信贷与卖方信贷的业务流程。
3. 简述福费廷业务的利弊及其操作流程。
4. 什么是国际租赁?国际租赁的方式有哪些?金融租赁与经营租赁的异同是什么?
5. 开展国际租赁业务对外经贸企业有何现实意义?
6. 计算:某企业欲向某租赁公司租赁一套设备,设备的概算成本为60万元,期限为10年,折现率为6%,以年金法计算,若采用先付法,每期租金为多少?

第六章 国际金融市场

第一节 国际金融市场概述

金融市场是现代经济体系重要的组成部分,其引导资金流向,实现资金由盈余部门向短缺部门流动。如果这种流动由国内扩大至国家之间,则形成国际金融市场。随着世界经济的快速发展、各国金融管制的不断放松以及金融衍生工具的发展,国内金融业已突破国界,国与国之间金融活动的互动愈发活跃,促进了世界经济增长。

一、国际金融市场的含义

国际金融市场,是指资金在国际流动或金融产品在国际进行买卖和交换的场所。根据资金在国际流动的方式,国际金融市场主要由三大市场构成。

(一)外国金融市场

外国金融市场是资金在一国国内金融市场发生跨国流动的部分。比如,外国居民在本国金融市场上的筹资活动。外国金融市场实际上是国内金融市场对外延伸的结果。在外国金融市场上,资金流动主要利用一国国内市场进行。非居民一般使用该市场所在国的货币进行交易,同时受该国金融市场惯例和政策法令约束。

(二)欧洲货币市场

欧洲货币市场是指在某种货币发行国境外从事该种货币借贷的市场。欧洲货币市场资金流动、利用与各国国内金融市场相互独立进行,交易货币也非市场所在国发行的货币。比如,发生在伦敦的美元信贷业务。其基本不受任何一国国内法令约束,该市场是国际金融市场的核心。

欧洲货币市场存在两种类型的交易:在岸交易和离岸交易。由于资金在国际流动牵涉不同国家的交易者,可以从交易者国际角度对国际金融市场进行分类。如果交易中至少有一方是本国所在地居民,可称为"在岸金融市场";如果交易双方都是市场所在国的非居民,可称为"离岸金融市场"。欧洲市场上的在岸交易与离岸交易均存在。比如,英国银行和法国公司在伦敦进行美元存贷业务就是在岸交易;日本银行和德国公司在新加坡进行美元存贷,交易双方均属新加坡非居民,故称"离岸交易"。

(三)外汇市场

由于资金在国际流动的前提要求是作为载体的货币具备可兑换性质。因此,从事货币兑换的外汇市场是国际金融市场的基础。

综上所述,国际金融市场就是以外国金融市场、欧洲货币市场和外汇市场为主构成的相互联系的整体。

按照期限和交易的品种,国际金融市场又可划分为:

1. 货币和资本市场

这种划分方式以期限为依据,通常而言,期限在1年或1年以下的资金融通业务场所为货币市场;期限在1年以上的资金融通业务场所为资本市场。

2. 黄金市场

虽然自1976年开始黄金非货币化进程,但由于与货币的传统联系,黄金市场仍然是构成金融市场的重要组成部分。

3. 金融衍生品市场

伴随着金融创新,金融衍生市场逐渐在国际金融中占据了越来越重要的地位,对国际金融秩序产生了重要影响。

二、国际金融市场发展历程

国际金融市场历经萌芽、形成、扩张、创新等一系列演进过程,现已呈现出全球化、脱离实物经济、证券化等特征。纵观国际金融市场发展史,大致分为以下几个阶段。

(一)萌芽与初步形成阶段

19世纪以前,国际金融市场的产生与初步形成是伴随着国际贸易的发展而逐步形成的。作为为国际贸易提供国际融资服务的一种国际金融业务的场所。这一时期的市场交易主要集中于同实物经济发展紧密联系的国际结算、货币兑换、票据贴现等业务领域,外汇市场成为最早的一种国际金融市场形式。17~18世纪,英国伦敦和欧洲大陆的诸如阿姆斯特丹,相继出现银行、股票交易所和外汇市场。此阶段的国际金融市场还只是国内金融市场的派生和延伸,尚不具备明显的、有别于国内金融市场的体系特征并表现出强烈的从属于实物经济的特点。

(二)国际金融市场涌现阶段

19世纪,源于英国工业革命所带来的欧洲经济快速发展,国际金融业务范围由过去单纯为国际贸易融资得以拓宽,出现国际性的资金借贷市场和直接融资市场。随着国际金融业务在传统国内金融业务中所占比重的上升,区域性国际金融中心出现。凭借发达的国内金融体系、参与国经济基础、政治局面的稳定和健全的管理体制,以及在国际贸易和国际结算中心地位的确立,伦敦、纽约和苏黎世在19世纪末和20世纪初成为当时著名的三大国际金融中心。

(三)国际金融市场的调整阶段

两次世界大战给世界经济造成了巨大破坏的同时,也给世界经济格局调整创造了条件。受战争影响不同,英国作为战争利益损失者,国内经济受到战争的严重破坏,国内资金匮乏严重,其国际金融业务也向受战争影响的市场分流,结果伦敦作为世界最大的国际金融中心让位与纽约。美国成为世界经济霸主和最大的资金供应国,美元取代英镑成为世界主要结算货币。国际性资金借贷和资金筹集活动在战争期间向纽约市场转移,使之成为当时最大的国际资本流动市场。苏黎世国际金融地位进一步提高也源于其未受战争破坏影响,瑞士中立安宁的市场环境和瑞士法郎自由兑换性在战争期间得到维持,进一步加强了苏黎世作为国际金融中心的吸引力,苏黎世黄金市场崛起也在这一期间实现。因此,20世纪初,国际金融中心格局已形成纽约、伦敦和苏黎世各具优势的局面。

(四)欧洲货币市场兴起与发展阶段

东西方冷战升级,美国金融管制措施愈发严格,以及战后欧洲地区经济恢复,促成了美元资金向欧洲市场的聚集。大量欧洲美元的产生促成欧洲货币市场形成,也使欧洲货币市场拥有了离岸金融市场代名词的称谓。离岸金融市场的出现,使国际金融市场发展步入一个告别传统的新阶段,在该市场上实现了资金借贷业务真正国际化。随着70年代两次石油危机形成大量的石油美元,离岸金融市场又出现在石油输出国较为集中的亚洲地区的中东、新加坡、香港和东京等地。这些后起市场的涌现与加勒比海地区簿记型离岸金融市场一起,极大地推动了新型国际金融市场在全球范围内的出现,使之逐渐成为国际金融体系的主流,并促使美国放松金融管制,开办相应的本土离岸金融市场。需要指出的是,东京在此期间凭借日本经济实力提高以及国际交往的日趋扩大,逐步发展成为一个新的国际金融中心,并借助于位于伦敦和纽约之间优越的地理位置,成为全球24小时不间断交易中心不可少的连接点,与纽约、伦敦并称为国际金融市场的"金三角"。

(五)新兴市场崛起与发展阶段

80年代,出现了发展中国家的债务危机,但这并未减少国际投资者对该地区的关注,也未阻止这一地区国际金融市场的发展步伐。全球性放松管制、技术革新、金融创新和筹资证券化浪潮,伴随新兴工业化国家经济的迅速增长,使得新兴国际金融市场崛起。墨西哥、巴西、阿根廷、韩国、菲律宾、泰国、马来西亚、印度尼西亚都是这一阶段的典型代表。这些新兴国际金融市场的崛起,一方面得益于生产、资本国际化的大趋势;另一方面,也在于该市场在工业化初期及开放时期所表现出来的较高的投资回报率。不过,风险与收益总是在国际金融市场上相伴相生的一对因素,新兴市场体系不健全、管理水平低层次,以及市场所在国国内经济结构不合理,都在金融创新加速、金融管制放开与国际游资充斥市场的背景下,成为破坏新兴市场稳定、健康运行的不利因素。90年代以来,墨西哥和东南亚金融危机无一不是这些潜在风险积累到一定程度的爆发。当前,有关发展中国家新兴市场的发展与国际金融市场私人游资的引导已成为国际金融市场研究中的热门课题,市场风险方法以及由此产生的金融工程学研究也成为学术界和金融界人士关注的焦点。

第二节 欧洲货币市场

欧洲货币实际上是指境外货币。欧洲货币市场既包括1年期以内的货币市场,也包含1年期以上的资本市场。

欧洲货币市场前身是20世纪50年代的欧洲美元市场。当时,苏联、东欧国家担心它们在美国的美元资产被冻结,所以将这部分资金转存至英国的银行。而当时英国政府正需要大量资金恢复英镑的地位、支持国内经济发展,所以准许伦敦的各大商业银行接受境外美元存款和办理美元借贷业务。于是,欧洲美元市场便出现了。

一、欧洲美元市场产生原因

具体而言,欧洲美元市场的兴起是一系列因素的结果:

第一,1958年后,美国的国际收支开始出现赤字,并且规模越来越大,美元资金大量流出国外,为欧洲美元市场提供了大量的资金。为了防止国际收支进一步恶化,美国采取了限制资本流出的措施,迫使美国境外居民的美元借贷业务转移到欧洲美元市场上来,美国银行也相应在欧洲市场开设了许多分支机构,这些都刺激了欧洲美元市场的发展。

第二,20世纪70年代后,世界石油两次大幅提价。这一方面使石油输出国手中积累了大量的所谓"石油美元",这些美元大多投入到欧洲美元市场,使该市场上的资金供给非常充裕;另一方面,发展中国家中的非产油国的国际收支纷纷出现赤字,它们都转向欧洲美元市场借入资金以弥补赤字,使该市场上的资金需求也增加了。

第三,欧洲美元市场的发展与这一市场自身的优势也是分不开的。这一优势表现为欧洲美元市场利率的优势。西方学者认为:"把存款人和借款人都吸引到欧洲美元市场上来的关键因素,过去是,现在仍然是欧洲美元市场上存款利率与贷款利率之间的利差比美国本土市场上要小。"

造成欧洲美元市场利率优势的原因是多方面的。第一,在国内金融市场上,商业银行受到存款准备金率以及利率上限等限制,增加了营运成本,而在欧洲美元市场上则无此约束,银行可以自主地提供更具竞争力的利率;第二,欧洲美元市场在很大程度上是一个银行同业市场,交易数额很大,手续费及其他各项服务性费用成本较低;第三,欧洲美元市场上的贷款客户通常都是大公司或政府机构,信誉较高,贷款的风险相对较低;第四,欧洲美元市场的竞争格外激烈,降低了交易成本。例如,在伦敦设立分支机构的外国银行在1967年有114家,而到了1990年,这一数字上升到了451家,如此众多的机构要在同一地点从事国际金融业务,势必造成竞争的加剧从而带来费用的下降;第五,与国内金融市场相比,欧洲美元市场上管制较少,创新活动更快、应用更广,这也对降低市场参与者的交易成本有明显效果。

20世纪60年代开始,欧洲美元市场上交易货币开始延展。除美元之外,有马克、瑞士法郎等币种加入到欧洲美元市场上。同时,该市场在地理上也逐步扩张,亚洲新加坡、香港等地也纷纷出现了对美元、马克等货币进行借贷的市场。这样,原有的欧洲美元市场便演变成为了欧洲货币市场。这里"欧洲"已非地理位置的概念,而是意味着"境外"。所谓"欧洲货币",就是指在货币发行国境外流通的货币,比如欧洲美元、欧洲马克等。而经营欧洲货币业务的银行以及市场,就可称为"欧洲银行"和"欧洲货币市场"。由此可见,欧洲货币市场既有以境外货币为媒介的1年期以内的交易,也有1年期以上的交易,二者分属货币和资本市场的范畴。

进入20世纪80年代,欧洲货币市场的意义又发生了变化。1981年,美国联邦储备银行批准在纽约设立国际银行业务设施,接受外国客户的美元或其他外币存款,并可以免除准备金的规定和利率的限制,亦可对外国人提供信贷。显然,国际银行业务设施具有可以经营非居民业务、不受货币发行国的国内法令管制等特征,属于广义的欧洲货币市场。

二、欧洲货币市场的经营特点

欧洲货币市场按其境内业务和境外业务关系可以分为三种类型。第一种是一体化型,即本国居民参加交易的在岸业务和非居民间进行的离岸交易之间没有严格的分解,境内资金与境外资金可以随时互相转化,伦敦和香港属此类型;第二种是分离型,即将在岸业务和离岸业务分开。分离型市场有助于隔绝国际金融市场的资金流动对本国货币存量和宏观经济的影响。美国纽约离岸金融市场上设立的国际银行设施、日本东京离岸金融市场设立的海外特别账户,以及新加坡离岸金融市场上设立的亚洲货币账户,均属于此类;第三种是走账型或簿记型,这类市场几乎没有离岸业务交易,只是起到了其他金融市场资金交易的记账和划账作用,目的是逃避税收和管制。中美洲和中东的一些离岸金融中心属于此类。

欧洲货币市场是完全国际化的市场,是国际金融市场的主体。由于其经营的是境外货币,具有许多独特的经营特点。

第一,市场范围广阔,不受地理限制,是由现代通讯网络联系而成的全球性市场,但也存在着一些地理中心。这些地理中心一般由传统的金融中心城市发展而来,例如伦敦、纽约、东京等,他们所在的国家经济发达,有充足的资金来源,历史上一直是资金的主要交易场所。这些金融中心具有稳定的经济、政治环境,有良好的通讯和金融基础设施,有熟练的金融业人才,有官方给予的自由经营条件和优惠措施。20世纪60年代以来,巴哈马、巴林、新加坡和香港等若干具有特殊条件的城市形成了新的欧洲货币中心。与老的国际金融中心不同,这些新兴金融中心是利用降低税收、减少管制等一系列优惠措施吸引国际资金在此交易和中转的,从而成为跨国公司、跨国银行的良好避税地。传统的和新兴的国际金融中心在世界范围内大约沟通了2/3的欧洲货币市场的资金。

第二,交易规模巨大,交易品种繁多,金融创新极其活跃。绝大多数欧洲货币市场上的单笔交易金额都超过100万美元,几亿美元的交易也很普遍。欧洲货币市场上交易的币种除美元、日元等传统币种外,还包括瑞士法郎、英镑、加拿大元等币种,以发展中国家货币为交易币种的也不少见,甚至还出现了以特别提款权和欧洲货币为标价币种的交易,这些交易使欧洲货币市场与外汇市场的联系非常紧密。欧洲货币市场上交易品种主要有同业拆借、欧洲银行贷款和欧洲债券。欧洲银行贷款既有固定利率贷款,也有浮动利率贷款,短、中、长期都有,其组织形式主要有辛迪加贷款,或称"银团贷款"。辛迪加贷款是指由若干银行组成银团按共同的条件向借款人提供信贷,具有贷款数额大、期限长、参加银行多的特点。欧洲债券是指在欧洲货币市场上发行并交易的债券。欧洲债券不同于外国债券。所谓"外国债券",是指发行者在外国金融市场上通过该国金融机构发行的以该国货币为面值的债券。在美国发行的外国债券通常被称为"扬基债券",在日本发行的外国债券通常被称为"武士债券"。大多数欧洲债券的发行采用不记名形式,并且有提前赎回的专门条款和偿债基金。欧洲债券发行也常通过辛迪加银团的承购包销,这一辛迪加组成成员除银行外,还包括证券公司等机构。

第三,独特的利率结构。欧洲货币市场利率体系的基础是伦敦银行同业拆放利率,后者同各国利率有一定的联系,但同时也受到欧洲货币市场上供求关系的影响。

第四,由于欧洲货币市场从事的一般是非居民的境外货币借贷,它所受的管制较少。目前,欧洲货币市场的飞速发展已经对国内外经济产生了巨大的影响,但由于它不受任何一国国内法律的管制,也不存在对这一市场专门进行管制的国际法律,这一市场上的风险日益加剧。国际对以欧洲货币市场为核心的国际金融市场的监管采取了以这一市场的主体——商业银行为具体目标的监管方法,并于1975年2月在国际清算银行的主持下,成立了监督银行国际活动的协调机构——巴塞尔委员会,就银行的国际业务制定了一系列规则,其中以1988年通过的《巴塞尔协议》最为重要。在该协议中,最主要的内容是规定了经营国际业务的银行的资本与风险资产的比率至少应达到8%,其中,核心资本与风险资产之比至少为4%。《巴塞尔协议》在各国协调对欧洲货币市场的监管上迈出了重要一步。

三、欧洲货币市场业务

(一)欧洲短期信贷市场

欧洲短期信贷市场是指借贷期限不超过1年的资金借贷市场。该市场形成最早、规模最大,是欧洲货币市场的基础。在欧洲短期信贷市场,绝大多数交易是在银行同业间进行的,因而银行同业市场是欧洲货币市场的主要构成部分。欧洲短期信贷市场的资金来源,主要是银行间存款和跨国公司、其他工商企业、个人以及非银行金融机构的存款,一些国家中央银行的存款也是该市场短期借贷资金的来源。

1. 欧洲短期信贷市场业务

欧洲短期信贷市场的资金运用主要有:

(1)同业放款,即银行之间的短期借款,最短期限为隔夜拆借,最长不超过1年。银行之间的拆放额度可反复使用。拆放利率以伦敦银行同业拆借利率(LIBOR)为基准。

(2)短期商业银行贷款,即银行向企业提供的短期贷款。借款人的资信状况对借款额度、期限、利率均有影响。由于利率多采用固定利率,习惯上借款人先行支付利息,也就是借款时银行先将利息从贷款总额中扣除,再将余额付给借款人,到期时借款人按原来双方商定的贷款额偿还。因此,借款人实际负担的利率高于银行所报利率。

2. 欧洲短期信贷市场特点

(1)期限短。短期资金借贷期限最长不超过1年,1天、7天、30天、90天期的最为普遍。

(2)金额大、起点高。在欧洲短期信贷市场上,每笔借贷资金金额起点为50万美元,一般为100万美元,借贷金额达1000万美元直至1亿美元的交易也时有发生。

(3) 条件灵活、不需担保。借款期限、币种、金额和利率等都可由借贷双方协商确定,灵活方便、选择性强。该市场的参加者多为大银行和企业机构,这种信贷一般不需签订协议,也无需担保,通过电话或电传就可以完成。

(4) 存贷利差小。如前所述,欧洲货币市场存款利率一般高于国内市场,而贷款利率低于国内市场,存贷利差一般为 0.25%～0.5%。然而由于欧洲银行经营成本较低,存贷规模较大,因而在存贷利差较小的情况下还能保持一定的竞争优势和盈利水平。这也是欧洲货币市场能迅速发展的一个主要原因。

(二) 欧洲中长期信贷市场

1. 欧洲中长期信贷市场的概念

欧洲中长期信贷市场是经营期限在 1 年以上的欧洲货币借贷业务的市场。其资金来源主要有:吸收短期存款、发行欧洲商业票据、发行大额银行存单,以及银行系统的分支或总行的资金调拨等。资金贷放的对象包括外国政府、国际组织、跨国公司、中央银行及非银行金融机构、工商企业等。

2. 欧洲中长期贷款的特点

(1) 借贷双方必须签订贷款协议。欧洲中长期贷款的显著特点是期限长、金额大。贷款期限通常为 1～10 年甚至 10 年以上,贷款金额一般为 2000 万美元以上。由于贷款银行的潜在风险大,借贷双方必须签订贷款协议,有时还需借款国政府提供担保。

(2) 大多采用银团贷款形式。银团贷款亦称"辛迪加贷款",是指由数家甚至数十家银行联合向借款人提供贷款。银团贷款有两种形式:一种为直接银团贷款,即参加银团的各成员银行直接向借款人提供贷款,贷款的具体工作由各贷款银行在贷款协议中指定的代理银行统一管理。在这种贷款形势下,各当事人之间的法律关系是十分明确的,各贷款银行同借款人之间构成直接的债权债务关系,但每个贷款银行所承担的贷款义务是各自分开的,而不是连带的。另一种为间接银团贷款,即由牵头银行向借款人贷款,然后由该银行将部分或大部分贷款权转售给参加贷款的银行,它们按各自承担的参加贷款的金额,向借款人提供贷款,贷款工作由牵头银行负责全面组织管理。牵头银行一般为银团中资金雄厚、经验丰富、提供贷款份额较多的银行。在欧洲中长期贷款中,少部分金额小、期限短的贷款一般由一家银行提供,称为"双边贷款",该种贷款利率与附加利率同银团贷款相同,但其余费用或免除或相对较为低廉。

(3) 普遍采取浮动利率计息方法。贷款利率在伦敦银行同业拆放利率的基础上,加一个加息率,并在贷款期限内根据市场利率变化每 3 个月或 6 个月调整一次利率。欧洲中长期贷款中实行浮动利率是借贷双方对国际金融市场利率风险的一种反应。

(4) 贷款资金的使用比较自由。借款人可自由安排贷款资金的用途,不受贷款银行的限制,也不附带任何经济或政治条件,因而,欧洲中长期贷款也被称为"自由外汇贷款"。

3.中长期贷款协议的主要内容

(1)贷款利率。

①基础利率(Basic Rate)。通常以伦敦银行同业拆放利率为基准。20世纪80年代开始,一些欧洲美元贷款也以美元优惠放款利率为基准,该利率是美国商业银行向信誉良好的大企业提供短期放款的利率。

②附加利率(Spread or Margin),亦称"加息率"。伦敦同业拆放利率和美国优惠放款利率均系短期放款利率,故中长期贷款要在此基础上再加收一定的附加利率。附加利率对于银行来说,是衡量银行将资金投放到不同领域、不同层次借款人预期能得到回报的指针。对借款人而言,则是比较银行贷款报价的最直接、最重要的指针。附加利率的高低受资金供求状况、期限长短、借款货币汇率风险程度以及借款人资信状况等许多因素的影响。一般来说,市场资金需求大于供给,附加利率较高;借款期限越长,附加利率越高;借款人资信越差,附加利率越高;借款货币汇率风险大,附加利率高。

(2)各项附加费用。

①管理费(Management Fees),是借款人向牵头行所支付的费用,作为其组织银团、起草文件和与借款人谈判等的报酬。它通常按贷款总额的一定百分比在签订协议时或提用贷款时一次性或多次性支付。管理费主要由牵头银行所得,但牵头银行一般也将管理费的一部分按照参与贷款份额多少分配给银团中的其他贷款银行。

②杂费(Out of Pocket Expense),中长期贷款协议签订前所发生的一切费用,均包括在杂费之中,如差旅费、办公费、律师费等,这些费用由借款人支付给牵头银行,用于贷款协议签订前的准备工作。杂费一般按牵头银行提出的账单一次性支付。

③代理费(Agent Fees),这是借款人支付给代理行的报酬,作为对代理行在整个贷款发放过程期间管理贷款、计收利息和调拨款项等方面的补偿。此项费用一般在贷款总额度的 0.25%~0.5%之间。

④承担费(Commitment Fees)。贷款协议签订后,借款人对未动(提)用的贷款余额所支付费用称为"承担费",目的在于促使借款人积极有效地使用贷款。由于贷款协议签字日期与实际用款日期之间有一定的间隔,在这段时间里,只要借款人提款,贷款银行就必须提供贷款,所以,银行要准备出一定的资金应付借款人的提款,但在未提款前银行却赚不到利息。因此,借款人须按照未提用贷款的金额向贷款银行支付承担费,作为贷款银行承担贷款责任而遭受利息损失的补偿。也就是说,借款人应对已提款项支付利息,而对未提款项支付承担费。承

担费按未提用贷款余额的一定百分比支付。具体做法是,在贷款期内规定有一定时间的承担期,借款人应在承担期内全部提完贷款。如未提完,借款人除对已提的贷款支付利息外,还需对未提用部分支付承担费。承担费按未提用金额和实际天数计算,费率通常为 0.125%～0.25%,有的在贷款协议签订时收取,有的则从签订协议后 1 个月或 2 个月才开始收取。具体计算公式为:

$$承担费 = \frac{未使用贷款额 \times 未使用的实际天数 \times 承担费年率}{365(或360)}$$

由此可见,在办理银团贷款时,不仅要考虑贷款的利率水平,还要考虑到各种费用水平。在贷款协议的谈判中,最关键问题是利率、贷款期限和费用。在当今的银团贷款中,获益最大的是那些控制银团贷款的牵头行,这些银行不是依靠原始的存贷利差赚取利润,而主要是从安排银团或对中、小银行转贷和提供各方面金融服务来获取利益的。

(3)贷款期限。贷款期限是指从借款人借到贷款到本息全部清偿为止的整个期限,包括用款期、宽限期和偿付期。在用款期内,借款人可按规定的提款额提款。宽限期是指借款人无需偿还贷款本金,但要支付已提用贷款的利息的期限。宽限期结束后,就进入了偿付期,开始偿还借款本金。可见,宽限期越长,对借款人越有利。有的宽限期从用款期结束开始计算,至偿付期开始;有的则从贷款协议生效日开始计算,到偿付期开始,这种宽限期计算实际上包括了用款期。

(4)利息期(Interest Period)。利息期有两方面的含义:一是起息期,二是利率调整的周期,如 3 个月或半年根据市场利率实际变动情况调整一次利率。

(5)贷款偿还办法。对借款人而言,宽限期的长短和偿还方法直接影响到贷款的实际使用期限和实际贷款额。中长期贷款偿还本金的办法通常有三种:①贷款到期一次偿还,一般是用于金额不大、贷款期限较短的贷款;②宽限期过后分次等额偿还,即宽限期结束开始偿还本金,每半年等额还本并付息一次,到期还清贷款本息;③逐年分次等额偿还本金,这种方式与前一种方式类似,但无宽限期。例如,某借款人获得一笔 5000 万美元 4 年期的贷款,采用逐年分次等额偿还办法,从第一年起,借款人偿还贷款本金 1250 万美元,并每半年支付一次利息,到第 4 年期满时,借款人还清贷款本息。

(6)提前偿还条款。在贷款期内,借款人根据汇率和利率的变化以及资金状况,有权提前偿还贷款,因为这样可能对他较为有利。如某笔贷款所采用的货币汇率存在上升趋势,若不及时还款可能会给借款人造成很大损失,在这种情况下,根据该条款,借款人就有权要求提前偿还贷款。

(7)货币供应条款,即规定在欧洲货币市场资金供应紧张时,贷款银行有权要求借款人提前偿还贷款。

(8)货币选择条款,即允许借款人以协议规定的贷款货币以外的货币提取贷款。借款人在选择借款货币时应遵循的原则是:借款货币要与资金使用方向相衔接;要与生产产品的出口换汇货币相一致;借款货币最好选择软币,避免选择硬币。但是,由于软币利率一般较高,硬币贷款利率较低,所以要综合考虑利率与汇率之间的关系。若硬币升值幅度小于软币和硬币的利率,则应借入硬币;反之,应借入软币。按此法来选择借款货币,较为粗略,而精细的方法是通过计算"软币贬值率"来确定借款货币的,但此法只适合于固定利率借款。软币贬值率的计算公式为:

$$\text{软币贬值率} = 1 - \frac{1+\text{硬币利率}}{1+\text{软币利率}}$$

如果预测的软币贬值幅度大于根据公式计算出的软币贬值率,则借软币对借款人有利;如果预测的软币贬值幅度小于根据公式计算出的软币贬值率,则借硬币对借款人有利。

例如,假设美元的年利率为9%,欧元年利率为7%,某借款人预期美元在1年后将贬值1%,根据上述公式计算可得:

$$\text{软币贬值率(美元贬值率)} = 1 - \frac{1+7\%}{1+9\%} = 0.0183$$

预期的贬值幅度小于计算所得的结果,所以借硬币即欧元对借款人有利。这里需要说明的是,是否正确地选择借款的货币以降低成本,取决于借款人对汇率预期的准确程度。

(9)费用增加补偿条款。若因贷款市场所在地法令政策变化(如税负、存款准备金增加等,但所得税除外)而使贷款银行贷款成本增加,则应由借款人给予补偿。

(10)违约条款。债务人不能履行贷款协议所规定的各项义务,其中,主要是不能按期还本付息,也就是违约。此时,贷款银行有权停止贷款,追索本息。

(11)交叉违约条款。借款人对本债务以外的任何债务的违约即构成对本债务的违约。这一条款的目的就在于保证贷款人受清偿的地位不受损害。该条款的主要含义是,如果一个借款人对本贷款以外的其他债务违约,虽然对本贷款协议没有违约,但由于上述情况的发生,可以看作对本贷款协议违约,贷款银行有权停止继续发放贷款,追索本息。

(12)消极保证条款。该条款的主要含义是借款人所作出的不做协议所列举的某些行为的保证。如借款人未全部偿付贷款,不得将其资产和收入抵押给他人,除非借款人也为本协议的贷款人提供同性质、同比例的抵押。这一条款与交叉违约贷款的目的一样,也是保证贷款银行清偿地位不受损害。

(13)比例平等条款。这是国际融资交易中常用的条款。它通常与消极保障条款同时使用。该条款的目的是要使贷款银行的权利不次于借款人其他无担保权益的债权人的权利。

(14)使用法律条款。即贷款协议所使用的法律。通常可适用的法律有:借款人所属国法律、贷款银行所属国法律以及国际公法等。

(三)欧洲债券市场

1.欧洲债券和欧洲债券市场

欧洲债券是指借款人在本国境外市场发行的,以发行市场所在国以外的第三国货币为面值的国际债券。欧洲债券的发行人、发行地点和标明面值的货币分属于不同国家,且一般同时在两个以上的国家的市场发行,面值货币主要有美元、英镑、德国马克、瑞士法郎、日元等可自由兑换货币。从事欧洲债券发行和买卖的市场即为欧洲债券市场。同欧洲货币市场一样,欧洲债券市场在地理方位上并不仅限于欧洲,除了伦敦、卢森堡等债券市场外,还包括亚洲、中东等地的债券市场。这一市场是20世纪60年代在欧洲货币市场的基础上发展起来的,首先出现的是以美元为面值的欧洲美元债券,70年代以后以德国马克、日元、英镑以及欧元启动前的ECU和SDR为面值的债券也迅速发展起来。进入20世纪80年代,特别是1982年起至今,欧洲债券的发行量就一直超过外国债券的发行量,从而在规模和重要性方面超过了外国债券市场,在国际债券市场中占据主导地位。

2.欧洲债券市场的特点

欧洲债券市场的迅速发展与其自身的特点是分不开的,这些特点不论是对借款人还是对投资者都具有较强的吸引力。与传统的国际债券相比,欧洲债券市场的主要特点是:

(1)国际性。以一种货币标值的欧洲债券通常同时在不同国家的金融中心发行,因此,具有较强的国际性特征。

(2)发行成本低。欧洲债券基本不受各国金融法令和金融当局的约束和管辖,发行手续简便,无须征得有关国家政府的批准,也不需要注册和说明,发行成本较低。

(3)流动性强和免交税款。欧洲债券市场有一个有效的二级市场,而且大多以不记名方式发行,转让时不需要经过转移登记的手续,债券持有人可以很容易地将债券转让出去,具有较强的流动性;同时,欧洲债券的投资者通常免交利息所得税,因此,欧洲债券在流动性和税收方面对投资者较为有利。

(4)选择性强。发行者在发行方式和条件上有较大的选择余地,灵活自由,而且欧洲债券市场可以发行多种类型、期限、不同币种的债券。筹资者可以根据各种货币的汇率、利率和实际需要进行选择。

3.欧洲债券的种类

欧洲债券市场发源于欧洲货币市场,债券面值以欧洲货币表示,其发行地区遍布各主要金融中心。欧洲债券市场融资工具种类繁多，通常可分为：

(1)固定利率债券(Straight Bond)。即在债券整个期限内利率固定不变，每年按息票金额付息一次，期限多为3~10年的债券。固定利率债券是欧洲债券的传统形式，在利率和汇率相对稳定时较易发行。近年来，固定利率债券发行增速放缓，但仍占优势地位。这类债券又可具体分为：零息债券、双重货币债券等。零息债券是欧洲债券市场20世纪80年代新出现的债券形式，这种债券发行时按面值打很大折扣、不要求发行人定期支付利息、到期一次还本。作为一种长期债券，它的收益不是来自利息，而是债券的增值，并且是到期后实现的。双重货币债券是在1983年推出的一种欧洲债券，它的特点是以一种货币标明面值和支付利息，而到期时以另一种货币偿还本金的债券。两种货币折算的汇率事先确定，因此，可以减少变动的风险。

(2)浮动利率债券。这种债券的利率不固定，通常以LIBOR为基准，每3个月或6个月调整一次，在其基础上再加上一个附加利率。期限通常为5~15年。由于浮动利率债券的收益与市场利率挂钩，其市场价格的波动小于固定利率债券，因此，备受国际投资者青睐。

(3)与股权相联系的债券。该类债券具体又包括可转换债券和附认购权证的债券两种。可转换债券是指债券持有人有权在未来某一时刻将债券转换成某公司股票或其他证券的债券。该种债券兼具股权和债权的特征，与固定利率债券和浮动利率债券的不同之处在于它具有可转化的选择权。可转换债券的优点在于：对于发行者而言，这种债券的换股特权对投资者具有一定吸引力，有助于利息、费用的降低；其次，它有利于解除公司的债务，当债券转换成股票时，公司可以在只是增加股票数目而不发生实际资金支出的情况下解除债务。附认购权证的债券作为一种公司发行的债券，是指债券持有者有权在一定时间按一定价格购买一定数量的股票和债券。它是可转换债券的一种发展方式，不同之处在于债券持有者不能直接用债券兑换股票，而必须另用资金购买。认购权可以与债券分离，在市场上单独出售，其价格依市场利率或股票价格决定。

第三节　国际其他代表性金融市场

按照国际金融市场的期限和交易品种来进行划分，国际金融市场可以划分为货币市场和资本市场、黄金市场和金融衍生工具市场。其中，货币市场的相关内容在介绍欧洲货币市场一节中基本得到体现，本节内容主要介绍股票市场和黄金市场，下节内容则介绍金融衍生工具市场。

一、国际股票市场

(一)国际股票市场形成

国际性的股票交易形成较早,在 20 世纪 20 年代就有了一定的发展,但大规模的交易是在第二次世界大战以后,特别是在 20 世纪 60 年代以后,随着跨国公司的发展而发展起来的。目前,许多国际性大跨国公司的股票都在外国股票市场上交易。虽然学术界对国际性股票市场是否已经形成的认识并不统一,但是股票在国际性市场上的交易量大增是不可争议的事实。国际股票市场的形成和发展是一系列内外部因素发展变化的产物。

首先,国际股票市场是资本输出高度发展的产物。资本输出主要有直接投资和间接投资两种形式。直接投资是直接在国外设立公司;间接投资是购买外国公司的股票。因此,随着资本的大量输出,股票的国际交易量必然增加。

其次,国际股票市场是在国际金融交易自由化的推动下进一步发展起来的。20 世纪 60 年代以后,西方国家银行在外国的分支机构和国际性金融机构大量增加,为股票市场的国际性交易提供了前提条件。跨国公司的迅猛发展,要求能在世界范围内发行和买卖有价证券,这使得国际性的股票交易成为国际金融的主要业务之一。各国金融管制普遍放松,逐步形成了较为宽松的国际金融环境,为开展国际股票交易活动提供了有利的条件。

再次,各国在国际金融市场上的激烈竞争,也促进了国际股票市场的形成。

最后,科学技术的进步,为国际股票市场的形成、发展开辟了广阔的前景。电子计算机和现代通讯技术的发展和广泛应用,使世界范围的信息传递变得更快捷,空间相对变小,增大了股票交易规模,推动了国际股票市场的进一步发展。

(二)国际股票市场股票的交易方式

国际股票的交易内容与国内股票交易内容相类似,也存在着交割、清算、过户等三个方面的内容。这里只介绍国际股票交易的几种主要方式。

1.按股票交割期限分类

股票交割,是指买卖股票的双方,一方付出款项收进股票,另一方交出股票收入现金。按交割的期限分类,股票的交易方式有:

(1)即期交易是指股票成交以后,立即办理交割事宜的股票交易。

(2)当日交易是指股票成交当日办理交割事宜的股票交易,在我国称"T+0"交易。

(3)普通交易是指股票成交之后,从成交日起,在第二个交易日上午办理交割事宜的股票交易,在我国称为"T+1"交易。

(4)约定交易是指股票成交之后,按照双方约定的日期完成交割事宜的股票交易。

(5)例行交易是指买卖双方成交签订契约后,按照规定,定期办理交割事宜的股票交易。这种例行交易的股票交割期限,因不同地区而有所差别。

2.按股票交易性质分类

按股票交易性质分类,股票交易可分为现金交易、证券信用交易、期货交易、期权交易等方式。以下简要介绍这些股票交易的方式。

(1)现金交易。现金交易的特点是:买卖成交以后,买卖双方按有关规定办理交割手续,卖者将股票交付给买者的同时,买者也将现款或支票交付给卖者。

(2)证券信用交易。证券信用交易也称"垫头交易"。这种交易的特征是:买者在市场上购买一定数量的股票,但只需支付部分价款,其余部分价款由交易所的经纪人垫付,而经纪人向购买股票的人索取垫付款项的利息。日后,买者或以现款偿还经纪人,或者是在股票行情适合的情况下,将购进的股票卖出偿还经纪人的垫款。按这种交易方式交易,买者除必须按规定缴纳一定的保证金之外,在尚未完成支付买进股票价款之前,还必须将股票寄存在经纪人处作抵押。在这段时间中,经纪人可以利用这些证券作为抵押,向其他金融机构借入短期资金。这种交易方式投机性强、风险大。

(三)国际股票市场上股票的种类

这里主要介绍当前国际股票市场上有特色的股票类型。总的来说,股票发行与债券发行相互融合,是国际股票市场发展的一个重要特点。国际股票市场上具体的股票种类有:

1.无表决权股票

无表决权股票是近年在国际股票市场上日益盛行的一种股票类型。由于这种股票可以减少来自国外股票持有者对股票发行公司的控制,可以防止国内原股东丧失对公司的控制权,因此,它很适宜于在国际股票市场上发行。无表决权股票允许其投资者参与公司的利润分配,但并不像普通股票持有者那样享有公司事务投票表决权。目前,这种股票的发行者主要来自欧洲大陆国家,如法国、意大利、瑞士、瑞典等国。

2.优先普通股票

优先普通股票是享有获取一定数量固定股利权利的普通股票,其他普通股票持有者必须要在优先普通股股东得到全部应得股利之后才能分享股利。这种股票有利于在国际股票市场上吸引国外投资者。

3.参与分配优先股票

参与分配优先股票是指其持有者在按固定的股息率获得股息之外,还可以参加普通股股东股利分配的股票。发行这类股票的目的在于吸引更多的国外投资者。

4.可转换优先股票

可转换优先股票是指可按发行公司规定的条件,在一定时候转换为公司普通股票的优先股票。

5.可收回优先股票

可收回优先股票是指公司在发行时就规定了公司具有可在未来某个时期、按某个条件把它们买回来的权利的股票。当然,公司所规定的收回期可以是确定的,也可以是不确定的。收回方式可以是以现金收购,也可以是用不同利息率和条件收回的新股票或债券调换。

二、国际黄金市场

(一)世界黄金市场结构

黄金市场可以分为实物黄金市场和黄金期货、期权市场两个部分。前者是买卖金条、金块和金币,后者买卖对黄金的标准合约、要求权。两个市场由套利活动紧密地联系在一起,期货、期权的价格归根结底是由实物黄金市场上的供求关系变化决定的。

1.实物黄金市场的结构和工具

实物黄金主要以金条和金块的形式进行买卖,官方或民间铸造的金币、金质奖章、珠宝首饰也在该市场上买卖。其中,金条的形式有2种,纯度为80%的沙金和经提炼的纯度为99.5%～99.9%的条状黄金。金条市场是黄金批发商(生产商、提炼商、中央银行)同小投资者及其他需求者之间的联系纽带。

实物黄金市场基本是即期市场,为套期保值而作的远期交易是它的补充。交易在室内或场内进行,价格一般由买卖双方决定(但在金价定盘时,代理们一起商定一个价格)。市场参与者由3部分组成,黄金交易商在市场上买入或卖出黄金,经纪人从中牵线搭桥,赚取佣金和价差,并为这些活动融通资金。

与其他投资方式相比,投资和持有黄金有2个缺陷,即巨额的贮藏和安全保管费用,以及持有黄金不能带来利息收入。因此,许多持有大量黄金的机构想通过暂时转让所有权来更好地利用黄金的经济价值。一种方法是在即期市场上售出黄金,然后在未来的某个时期在同一市场上购回,由于金价波动不定,这种方法风险较大。另一种方法是在卖出即期的同时,买入远期进行套期保值交易,该方法可以免受回购前价格上升的影响。这些方法的缺点是必须转让黄金的所有权,而黄金的持有者,尤其是中央银行,则希望在不转让所有权的前提下利用他们的黄金。于是,从20世纪80年代中期开始,黄金贷款市场发展起来了。黄金贷款的贷方可以获得一笔利息(利率通常比普通贷款低),借方可以得到黄金,然后按预约的期限(一般是4～6年,有1～2年的宽限期)把实物黄金还给贷方。另外,还有一种短期黄金贷款市场。在该市场上,黄金交易商有时为了轧平买卖之间的时间差,也向银行借黄金。

由于一些黄金的巨额持有者直接进入即期市场会对价格产生负效应,他们就选择黄金互换的交易方式。黄金互换交易是指黄金持有者把金条转让给交易商,换取货币,在互换协议期满时(一般为12～13个月)按约定的远期价格购回黄金。黄金互换交易也指交易商之间不同成色或不同地点的黄金互换,它可以减少交易成本,满足不同客户的需要和不同市场的需求。

2. 黄金期货、期权市场

黄金期货、期权市场上的交易大多出于投机或保值目的,很少有实物黄金的实际过户。

其中,黄金期货交易是指在合同规定的某个月的某个时间承诺交割或接受和购买特定数额的黄金。期货合同由相关的交易所制定,其价格由竞价达成。期货买卖者可以做一个在同一交割时间的相反交易停止(或放弃)期货交易,指令经纪人冲销原来的合同。没有被任何一方清算的合同被称为"处于未清算状态",这种合同的总和叫做"未清算权益"。市场参与者把未清算权益看作市场状况的指示器。

黄金期权交易是指期权购买者拥有在协议价格(或实施价格)上买卖实物黄金或黄金期货合同的权利。与期货合同不一样,期权是指实施的权利,而不是执行的义务。买入期权的购买者有权从期权签发人处购得黄金,而卖出期权的持有者有权售出黄金。

黄金担保(Gold Warrants)通常是一种黄金期权交易,尤其指买入期权交易。它主要有黄金存贷担保,通常跟采金企业发行的股票或债券有关。

黄金交易工具的创新还有黄金杠杆合同、黄金券、黄金存单等等。

(二)世界主要的黄金市场

1. 金块金条市场

(1)伦敦。伦敦是传统的黄金市场。它由罗斯柴尔德父子公司、莫卡特公司、塞缪尔蒙塔古公司、梅斯韦斯派克和夏普斯皮克公司5个金行为核心组成。伦敦黄金市场曾经由于第二次世界大战爆发在1939年关闭,直到1954年才重新开放。布雷顿森林体系建立后,英格兰银行代理南非储备银行按每盎司35美元的官价在市场上买卖黄金。1960年10月第一次美元危机爆发后,金价猛涨到每盎司45.50美元。为平抑金价,西方七国与美国达成了建立"黄金总库"的协议,英格兰银行代表总库买卖黄金,使金价维持在每盎司35美元。1968年抢购黄金特大风潮爆发后,伦敦黄金市场于3月15日再次被迫关闭,黄金双价制也因此出笼,英格兰银行不再干预金价定盘。为了吸引美国的投资者,伦敦黄金市场建立了一个以美元标价的下午金价定盘。

伦敦黄金市场有14个交易商,是所有世界黄金市场中交易商最多的一个。

自 1968 年起，英格兰银行开始监督伦敦黄金市场，1987 年成立的伦敦黄金市场公会（LBMA）与它一起管理该市场。LBMA 的现货委员会规定"合格交货"的金条纯度为 99.5%，重量为 400 盎司，交货与支付必须在 2 个工作日内完成。伦敦市场的正式营业时间是周一到周五的 9:00~17:00，但交易商通常在 7:15~19:15 进行正式交易。

很大比例的伦敦市场交易量（大约每天 100~200 吨）以金价定盘标价。每天上午 10:30 和下午 3:30，五大金行的代表在罗斯柴尔德父子公司的定盘会议室进行秘密会议，会议由罗斯柴尔德的代表主持，并由他开价，所有参加者通过电话和自己的交易行联系，以获得本公司在该价格上是买进还是卖出，并把决定与主席交流。主席会轧平头寸并变动价格，直到各方都满意（以放下各自桌上的英国国旗为号）。然后，最终确定的价格作为当天的金价定盘公布出去。伦敦黄金价格是世界上最具影响力的价格。几乎所有的其他国家黄金市场，除了以当地价格标价，都以伦敦交易价格标价。

（2）瑞士。尽管瑞士本身没有黄金供给，但由于它提供了特殊的银行制度和辅助性的黄金交易服务体系，为黄金买卖创造了一个既自由又保密的环境，因此，瑞士在世界实物黄金交易中保持了独特的优势。瑞士三大银行——瑞士信贷银行、瑞士联合银行和瑞士银行组成了苏黎世黄金总库。在伦敦黄金市场暂时关闭期间，总库向南非相关组织协商将以前运往伦敦的黄金直接运往苏黎世。在 1991 年，瑞士成为世界上最大的黄金中转站和世界最大的私人黄金存贮中心。

（3）苏黎世。苏黎世黄金总库成员在国际黄金市场上占统治地位，这不仅体现在新黄金提供上，还体现在冶炼黄金上。当然，许多小银行也冶炼、运输黄金，充当生产者和投资者之间的经纪人。大多数苏黎世签发的合同要求实际交割，金融机构也为投资者提供黄金存贮服务。

苏黎世黄金市场没有正式的组织结构。除黄金总库成员外，交易商可以独立地讨价还价。合同一般以美元标价，也可以用其他货币。黄金总库建立在三大银行的非正式协商基础上，不受政府管辖，它作为交易商联合与清算系统的混合体在市场上起中介作用。苏黎世市场无金价定盘制度。银行的个别头寸是不公开的，联合清算系统对银行的不计名头寸进行加总，并每天按这些头寸的变动设定一个价格。这个联合定价被当作苏黎世黄金的官方价格，它对总库的成员具有约束力，也对市场上的其他银行起了指导作用。

（4）香港。香港黄金市场在 1910 年正式开业，从 1974 年 1 月政府撤销黄金进口限制后获得迅速发展，目前是远东主要的黄金分销和结算中心。对于中东和远东的交易者来说，当纽约市场已关闭而伦敦和苏黎世市场还没有开张时，香港是唯一重要的黄金市场。主要代表市场包括香港金银贸易场、香港即期市场等。

（5）纽约。纽约黄金市场是在 1975 年美国撤销对持有黄金的管制后才发展起来的。由于投资者和投机者注重金币和派生的黄金工具的交易，金条从未成为投资的主要目标。纽约黄金市场是采金企业和黄金加工业之间的联系纽带。纽约黄金市场没有正式的组织结构和公开竞价制度，它由进行场外交易的市场交易者组成，买卖没有时间限制。

（6）新加坡。新加坡黄金市场成立于 1969 年，也没有正式的组织结构和公开竞价制度。新加坡市场是伦敦黄金市场和远东其他国家黄金市场之间的转口港。

除上述世界主要实物黄金市场外，在欧洲大陆、印度、中东、远东、中南美洲等地也有一些小市场，这里不作一一介绍。

第四节　国际金融衍生品市场

一、国际金融衍生品市场的产生与发展

20 世纪七八十年代以来，世界各国都出现了金融创新的浪潮。引起金融创新的一般原因包括技术进步、政府管制的逆效应和较高的通胀率等等。从国际金融创新的角度看，它产生的条件有其特殊性，这些条件主要包括：

第一，国际信息传播领域的技术进步。先进技术在国际金融领域的运作体现为计算机的广泛运用，并在一定程度上替代了传统的电讯业。时至今日，通过计算机的终端把各银行联结起来所形成的国际的银行计算机网络，已经成为银行间同业国际金融交易最重要的工具。近年来，国际互联网的飞速发展更是为国际金融活动提供了前所未有的便利机遇。

第二，国际金融市场上存在各种风险。除一国国内金融市场上的利率风险外，国际金融市场上的汇率风险和信用风险也很突出。从汇率风险上看，国际金融市场上的交易者一般都来自不同的国家，防范汇率风险是普遍的需求。尤其是 20 世纪 70 年代实行浮动汇率制以来，汇率的变动频繁而剧烈，刺激了防范汇率风险的新金融工具的出现。从信用风险上看，与国内金融市场相比，国际金融市场，尤其是欧洲货币市场，缺乏较为严格的管制，资金借贷更为容易，蕴含着发生债务危机的可能性。20 世纪 80 年代以来，债务违约事件尤其是发展中国家以政府出面借款的违约事件时有发生，这使得国际金融市场的发展受到重大影响。因此，如何规避乃至解决信用风险也成了市场的迫切需要。

第三，国际金融市场面临的政策因素。各国对资本流出的管制及这一管制

的最终取消是刺激国际金融创新的政策因素。我们知道,英美等国对资金流动及利率的管制是导致欧洲货币市场形成的重要原因,而欧洲货币市场本身就被称为"最成功的国际金融创新"。20世纪70年代以来,西方国家陆续放松了资本管制,导致跨国资本流动数量的增加,使得对新金融工具与融资技术的需求更加强烈了。另外,巴塞尔协议对资本充足率的要求,也使得越来越多的银行通过开发表外业务来寻求利润,因此,规避管制始终是国际金融创新的重要诱因。

第四,统计制度的完善使人们有可能把数字、工程学的方法运用到金融领域,形成新的研究方法,从而为金融新产品和工具的开发奠定了技术上的基础。

国际金融创新包括创造新的金融工具、创造新的交易技术、创造新的组织机构和市场等。其中,最为核心的是国际金融市场上金融工具的创新。由于这种创新是在市场原有金融工具基础之上创造出来的,因此,又被称为"金融衍生工具"或"派生工具"。金融衍生工具在现代国际金融市场上具有非常重要的地位。

二、金融衍生工具种类

对金融衍生工具的分类有多种方式,这里按照合约买方是否具有选择权,将衍生工具分为远期类和期权类两种。对于前者,合约持有人有义务执行合约;而对于后者,合约持有人可以根据当时的市场情况决定执行或放弃合约,换句话说,合约持有人不一定会真的执行合约。

(一)远期类合约

1. 远期合约

远期合约是最简单的衍生工具。远期合约是指买卖双方分别承诺在将来某一特定时间按照事先确定的价格,购买和提供某种商品。它的特点在于虽然实物交割在未来进行,但交割价格已在合约签订时确定,合约的卖方承担了合约到期日向买方提供合约标的物(某种商品或金融产品)的义务,但是卖方并不一定需要目前就拥有这种商品,他可以于合约到期日从现货市场上购入来履行合约。因此,一个高效率的远期市场必须有一个高度流动性的现货市场作为前提。

远期合约中规定了交割时的价格标准,如果这一价格与合约履行时现货市场相同产品的价格不一致,则合约的卖方与买方就会产生相应的损益。如果履行价格(K)低于合约履行时的现货价格(S_T),则合约的买方可以在期货市场上以 K 的价格买入同时将这些产品以 S_T 的价格在现货市场上卖出,从而获得盈利,合约卖方则发生相应亏损。而当 $K > S_T$ 时,买卖双方的盈亏情况则相反。

远期合约交易的优点在于:能根据交易双方的具体需求确定未来交割对象的期限和数量,这不仅规避了价格风险,而且也更能符合各种具体情况。但是,这同时也带来了合约非标准化的缺点,使远期合约的二级市场很难发展起来。因此,远期交易绝大多数是买卖双方直接交易,极少在交易所中进行交易。

2. 期货交易

期货交易实质上是一种标准化的远期交易。在期货合约中,交易的品种、规格、数量、期限、交割地点等都已标准化,唯一要协商的就是价格,标准化大大加强了期货合约的流动性。期货合约这一特点使得合约在到期时只有不到5%的合约最终进行实物交割,绝大多数交易者在此之前就通过购买一份内容相同、方向相反的合约来对冲原合约,避免实物交割。

期货交易的品种既有现实中存在的资产(例如各种外汇期货),也有虚拟的资产(例如股票指数期货),这些交易绝大多数都是在交易所内进行的。国际上著名的期货交易所有国际货币市场(International Monetary Market, IMM)、伦敦国际金融期货交易所(London International Financial Futures Exchange, LIFFE)、纽约商品交易所(COMEX)等。

3. 互换交易

互换交易是指交易双方通过远期合约的形式,约定在未来某一段时间内互换一系列的货币流量的交易。按照交换标的物不同,互换交易可以分为利率互换、货币互换、股权互换、股权——债券互换等几种。

货币互换和利率互换是国际金融市场上最为活跃的互换交易。利率互换是根据交易双方存在的信用等级、筹资成本和负债结构的差异,利用各自在国际金融市场上筹集资金的相对优势,将同一种货币的不同利率的债务进行对双方有利的安排。例如,假定中国银行和美国某银行在国际金融市场上筹资成本如表6-1所示。

表6-1 假定的中国银行和美国银行筹资成本表

筹资成本 筹资主体	固定利率	浮动利率
中国银行	10%	LIBOR
美国银行	12.5%	LIBOR+0.5%
借款成本差额	2.5%	0.5%

(资料来源:姜波克.《国际金融学》,北京:高等教育出版社,2008年。)

如果中国银行需要1亿美元的浮动利率借款,而美国银行需要1亿美元的固定利率借款。这里就有2种选择。第一种选择是,中国银行和美国银行分别按照自己所能获得的利率去借自己所需的款项,那中国银行直接以LIBOR借浮动利率美元,而美国银行直接以12.5%的固定利率借1亿美元。第二种选择则是进行利率互换。因为美国银行在浮动利率借款上有比较优势,因此,让中国银行以10%的固定利率去借1亿美元,而美国银行以LIBOR+0.5的利率去借浮动利率美元。然后,按双方约定的条件进行利息支付的互换,不妨设这一约定条件为中国银行按 LIBOR 利率支付利息给美国银行,美国银行按 11% 的固定利率支付给中国银行,双方再按各自借款的利率支付给提供资金者。这一利率互换的结果如表 6-2 所示。

表 6-2 利率互换的经济效果

中国银行	美国银行
固定利率	固定利率
支付:10%	支付:11%
收到:11%	直接借款:12.5%
收益:1%	收益:1.5%
浮动利率	浮动利率
支付:LIBOR	支付:LIBOR+0.5%
直接借款:LIBOR	收到:LIBOR
收益:0%	亏损:0.5%
净收益:1%	净收益:1%

(资料来源:姜波克:《国际金融学》,北京:高等教育出版社,2008年。)

可以看出,交易双方都从中获益,降低了融资成本,这就是利率互换的收益所在。

货币互换主要是针对不同货币的债务进行互利的交易安排。它的基本思想与利率互换相同,主要是利用筹资者在不同货币资金市场上的比较优势。货币互换的优点在于不仅使互换双方的筹资成本都下降;而且还在一定程度上规避了汇率风险。

(二)期权类合约

1. 期权

期权又称选择权,是指它的持有者在规定的期限内具有按交易双方商定的价格购买或出售一定数量某种金融资产的权利。期权合约大致分为看涨期权和看跌期权两类。前者给予合约持有人在未来某个时间以事先确定的价格购买某一资产的权力,而后者则给予期权购买者以约定价格出售特定资产的权利。合约中的约定价格称为协定价或执行价。按期权执行期不同,期权合约又可分为美式期权和欧式期权。美式期权可以在合约到期前任何一天执行,而欧式期权则只能在到期日当月执行或放弃执行。不过,美式、欧式之称并不为地理概念,许多美国交易所进行欧式期权的交易,反之亦然。

期权的基本特征在于它给予合约持有人的是一种权利而非义务。期权所特有的这一优越性使它不可能像远期合约那样被免费持有,投资者必须支付一定的保险费购买期权合约,保险费即为期权的价格。

每一种期权合约都有两个部位:多头部位的投资者购买期权合约,而空头部位的投资者出售合约。这样,期权合约共有四种基本部位。

①看涨期权多头:看涨期权合约持有者。

②看涨期权空头:看涨期权合约出售者。

③看跌期权多头:看跌期权合约持有者。

④看跌期权空头:看跌期权合约出售者。

四种部位的盈利或亏损取决于合约到期日或执行日基础资产的现货市场价格,这种关系如图6-1所示。图中,K代表合约的执行价,P代表保险费;"+"、"-"代表盈利和亏损。

我们以欧式看涨期权多头为例分析其盈亏变动。当$S_T < K$时,该合约肯定不会被执行,合约持有者可以直接在市场上以更低的价格购买该资产,此时为获得这项期权所缴纳的保险费构成合约持有者的损失。当$S_T > K$时,该合约将被执行,但只有当现货价格与履约价格之间的差异超过保险费时,合约持有人才能获得净利润。现货市场价格越高,这一利润越大。

期权交易始于1973年,是从芝加哥交易所的股票期权开始的,如今期权合约的基础资产已经发展到股票指数、外汇、债务凭证和一般商品。

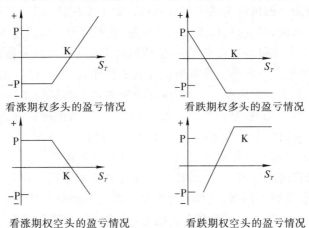

看涨期权多头的盈亏情况　　看跌期权多头的盈亏情况

看涨期权空头的盈亏情况　　看跌期权空头的盈亏情况

图 6-1　期权合约的盈亏情况

2.利率的上限和下限

利率上限是用来保护浮动利率借款人免受利率上涨的风险而设立的。如果贷款利率超过了规定的上线,利率上限合约的提供者将向合约持有人补偿实际利率与利率上限的差额,从而保证合约持有人实际支付的利率不会超过合约规定的上限。

相反,浮动利率贷款人可通过利率下限合约来避免未来利率下降的风险。因为如果利率下降至下限以下,贷款人可得到市场利率与利率下限之间的差额作为补偿。

3. 票据发行便利

这是指银团承诺在一定期限内(5～7年)对借款人提供一个可循环使用的信用额度。在此期限内,借款人得依照本身对资金的需求情况,以自身的名义连续、循环地发行一系列短期票券,并由银团协助将这些短期票券卖给投资者,取得所需资金,未售出而有剩余的部分则由银团承购,或以贷款方式补足借款人所需资金。因此,无论短期票券销售情况如何,借款人仍能按时取得所需数额的资金。利用票据发行便利,借款人能以短期市场利率取得中长期资金,筹资成本低、风险分散,同时使投资者获得较大利润。票据发行便利使得短期货币市场和长期资本市场的界限变得模糊了。

三、国际金融创新的影响

国际金融创新使国际金融市场发生了深刻变化,对世界经济在各个层次上都有深远的影响。

其一,国际金融创新刺激了国际的资本流动,尤其是加强了与实物生产和投资相脱离的金融性资本的流动性。这是因为,首先,国际金融创新为资本规避在国际流动时所遇到的风险提供了有效帮助。如上文所述,相当部分的汇率风险可以通过外汇远期、期货、期权等工具来规避,利率风险可以通过远期利率协议、利率期货、利率上下限等工具来规避,信用风险可以通过股权—债券互换等方法减轻。当然,这些规避方法本身需要比较高的操作技巧,需要付出一定的成本,同时它不能规避所有的风险。其次,国际金融创新提高了资本流动的效率。新的国际金融工具的出现,新的国际金融市场的产生,新的融资方式的采用,都使资本在国际流动的成本大为降低,融资效率显著提高,资本流动更为便捷、灵活。再次,国际金融创新为国际资本流动提供了新的盈利途径。追求利润最大化永远是资本跨国流动的目的,衍生工具的出现为投机者提供了新的舞台。在这一市场上,价格变动更为剧烈,更为重要的是这些交易的杠杆比率很高,投机者基本上可以用较少的保证金来控制大量的合约,这使得它可能的盈亏幅度大大高于一般交易。同时,大多数衍生交易属于表外业务,这使得投资者获得了不影响资本比例的新的盈利途径。在当今的国际金融市场上,相当一部分资金就是为了谋取投机利润而在市场上流动的,国际金融创新对这种类型资金流动的刺激特别显著。

其二,国际金融创新在提供风险管理有效途径的同时,本身的交易风险也非常突出,并已成为影响国际经济稳定的重要因素。仅从衍生工具交易本身来看,这一交易具有很高的杠杆性,可能的盈利与亏损程度都相当大,随着合同标的物价格的变动,合约价值的变动可能几十倍于所缴保证金,这是其他任何市场交易所不具有的特性。这样，金融衍生工具交易在成为风险管理手段的同时，又是最具风险的交易，是国际短期投机资金最活跃的地方。20世纪90年代以来，衍生工具交易已引起一系列的金融动荡。例如，1994年12月，美国加利福尼亚富有的奥兰治县政府，由于从事利率期货交易而亏损17亿美元，不得不申请破产。1995年2月26日，因巴林期货有限公司经理尼克·利森的操作失误，成立于1702年的英国巴林银行损失13亿美元，宣告破产，于1995年3月被国际荷兰集团以6.6亿英镑收购。在不同地区的衍生工具市场以及衍生工具市场与其他金融市场存在密切联系的情况下，衍生工具交易所产生的风险对全球金融体系的稳定带来了巨大威胁。尤其是大量金融衍生工具交易属于表外业务，而表外业务不受银行资本监管比例要求的控制，因此中央银行的监管将更加困难。

复习思考题

1. 简述国际金融市场主要构成。
2. 分析欧洲货币市场的经营特点。
3. 简析国际银团贷款概念及基本运作程序。
4. 衍生金融工具包括哪些种类？为什么它会给国际经济带来很大的冲击？

第七章 国际货币制度

第一节 国际货币体系概述

一、国际货币体系的含义

国际货币体系(International Currency System)就是各国政府为适应国际贸易与国际支付的需要,对货币在国际范围内发挥世界货币职能所确定的原则、采取的措施和建立的组织形式的总称。它是指支配各国货币关系的规则和机构,以及国际进行各种交易、支付所依据的一套安排和惯例。

二、国际货币体系的内容

(一)国际支付原则

一国对外支付是否受到限制,一国货币可否自由兑换成支付货币,本国货币与其他国家货币之间的汇率如何确定,这需要世界及各国货币的汇率制度的确定。

(二)国际收支调节方式

各国政府用什么方式弥补国际收支缺口。确定有关国际货币金融事务的协调机制或建立有关协调和监督机构,确定资金融通机制。

(三)国际货币或储备资产的确定

用什么货币作为支付货币,一国政府应持有何种为世界各国所普遍接受的资产作为储备资产。确定主导货币或国际储备货币,确定国际货币发行国的国际收支及履约束机制。

三、国际货币体系的目标和作用

国际货币体系的目标是保障国际贸易、世界经济的稳定、有序地发展,使各国的资源得到有效的开发利用。其作用是建立汇率机制,防止货币的恶性贬值;为国际收支不平衡的调节提供有利手段和解决途径;促进各国的经济政策协调。

四、划分国际货币体系的标准

（一）货币本位

从货币本位看，国际货币体系可以分为纯粹商品本位（如金本位），纯粹信用本位（如不兑换纸币本位），混合本位（如金汇兑本位）。

（二）汇率制度

从汇率制度看，国际货币体系可分为固定汇率制和浮动汇率制。

五、国际货币体系的发展演变和改革

（一）国际货币体系的发展演变

第一阶段，1880 至 1914 年，国际金本位制度。

第二阶段，1918 至 1939 年，国际金本位制度的恢复时期。

第三阶段，1944 至 1973 年，布雷顿森林体系。

第四阶段，1973 至 1976 年，向浮动汇率制度过渡时期。

第五阶段，1976 年至今，牙买加体系。

（二）国际货币体系的改革

随着以美元为中心的国际货币体系的瓦解，改革国际货币制度成为举世瞩目的重大问题。1972 年 7 月 26 日，国际货币基金组织通过决议，成立一个由发达国家和发展中国家共同参加的国际货币制度和有关问题委员会（即二十国委员会，在十国集团外增加了澳大利亚、印度、巴西、摩洛哥、埃塞俄比亚、阿根廷、墨西哥、扎伊尔、印度尼西亚和伊拉克），讨论国际货币制度的改革问题。但是一直以来各国的分歧较大，因而一直未能达成统一标准。2008 年金融危机的爆发与蔓延使我们再次面对一个古老而悬而未决的问题，那就是什么样的国际储备货币才能保持全球金融稳定、促进世界经济发展。历史上的银本位、金本位、金汇兑本位、布雷顿森林体系都是解决该问题的不同制度安排，这也是国际货币基金组织（IMF）成立的宗旨之一。但此次金融危机表明，这一问题不仅远未解决，而且由于现行国际货币体系的内在缺陷反而愈演愈烈。

理论上讲，国际储备货币的币值首先应有一个稳定的基准和明确的发行规则以保证供给的有序；其次，其供给总量可及时、灵活地根据需求的变化进行增减调节；第三，这种调节必须是超脱于任何一国的经济状况和利益的。当前以主权信用货币作为主要国际储备货币是历史上少有的特例。2008 年金融危机再次警示我们，必须创造性地改革和完善现行国际货币体系，推动国际储备货币向着币值稳定、供应有序、总量可调的方向完善，这样才能从根本上维护全球经济金融稳定。这是因为：

其一，此次金融危机的爆发并在全球范围内迅速蔓延，反映出当前国际货币体系的内在缺陷和系统性风险。

其二,创造一种与主权国家脱钩、并能保持币值长期稳定的国际储备货币,从而避免主权信用货币作为储备货币的内在缺陷,是国际货币体系改革的理想目标。这主要有两个方面的因素:

一是超主权储备货币的主张虽然由来已久,但至今没有实质性进展。

二是超主权储备货币不仅克服了主权信用货币的内在风险,也为调节全球流动性问题提供了可能。由一个全球性机构管理的国际储备货币将使全球流动性的创造和调控成为可能。当一国主权货币不再作为全球贸易的尺度和参照基准时,该国汇率政策对贸易失衡的调节效果会大大增强。这能极大地降低未来危机发生的风险、增强危机处理的能力。

其三,改革应从大处着眼,小处着手,循序渐进,寻求共赢。

重建具有稳定的值基准并为各国所接受的新储备货币可能是个长期才能实现的目标。同时还应特别考虑充分发挥 SDR 的作用。SDR 具有超主权储备货币的特征和潜力。同时它的扩大发行有利于基金组织克服在经费、话语权和代表权改革方面所面临的困难。因此,应当着力推进 SDR 的分配。

SDR 的使用范围需要拓宽,从而才能真正满足各国对储备货币的要求。主要体现在以下几个方面。

一是建立起 SDR 与其他货币之间的清算关系。改变当前 SDR 只能用于政府或国际组织之间国际结算的现状,使其能成为国际贸易和金融交易中公认的支付手段。

二是积极推动在国际贸易、大宗商品定价、投资和企业记账中使用 SDR 计价。这不仅有利于加强 SDR 的作用,也能有效减少因使用主权储备货币计价而造成的资产价格波动和相关风险。

三是积极推动创立 SDR 计值的资产,增强其吸引力。基金组织正在研究 SDR 计值的有价证券,如果该创举能有效推行将是一个好的开端。

四是进一步完善 SDR 的定值和发行方式。SDR 定值的篮子货币范围应扩大到世界主要经济大国,也可将 GDP 作为权重考虑因素之一。此外,为进一步提升市场对其币值的信心,SDR 的发行也可从人为计算币值向以实际资产支持的方式转变,可以考虑吸收各国现有的储备货币以作为其发行准备。

其四,由基金组织集中管理成员国的部分储备,不仅有利于增强国际社会应对危机、维护国际货币金融体系稳定的能力,更是加强 SDR 在国际经济社会中的作用的有力手段。这主要表现在以下两个方面:

一是由一个值得信任的国际机构将全球储备资金的一部分集中起来管理,并提供合理的回报率吸引各国参与,将比各国的分散使用、各自为战更能有效地发挥储备资金的作用,对投机和市场恐慌起到更强的威慑与稳定效果。对于参与各国而言,也有利于减少所需的储备,节省资金以用于本国经济的发展和增长。

二是基金组织集中管理成员国储备,也将是推动 SDR 作为储备货币发挥更大作用的有力手段。

第二节 国际金本位制度

一、金本位制度的历史背景

作为国际货币体系的第一种货币制度,国际金本位制度是以黄金作为国际储备货币或国际本位货币的国际货币制度。世界上首次出现的国际货币制度是国际金本位制度,它大约形成于 1880 年末,到 1914 年第一次世界大战爆发时结束。在金本位制度下,黄金具有货币的全部职能,即价值尺度、流通手段、贮藏手段、支付手段和世界货币五种职能。英国作为世界上最发达的资本主义国家,于 1821 年前后采用了金本位制度。19 世纪 70 年代,欧洲和美洲的一些主要国家先后在国内实行了金本位制,此时,国际金本位制度才大致形成。

金本位制的理论基础是格雷欣(Gresham)提出的"一价定律",即一种特定的货币在相互联系的所有市场上是等价的。英国学者戈逊也于 1861 年较为完整地提出了国际借贷说,即汇率是由外汇市场上的供求关系决定的,而外汇供求又源于国际借贷,汇率变动的原因归结为国际借贷关系中债权与债务的变动。率先实行金本位制的英国当时是世界上最大的工业强国,也是国际资本供给的最主要来源国,伦敦又是最重要的国际金融中心,资本市场业务已十分繁荣,各国同英国的经济往来以及它们之间的大部分商业关系都需要通过英国筹措资金。主观上讲,实行金本位制无疑能降低其交易成本和汇兑风险。

二、金本位制度的概念

金本位制就是以黄金为本位币的货币制度。在金本位制下,每单位的货币价值等同于若干重量的黄金(即货币含金量)。当不同国家使用金本位时,国家之间的汇率由它们各自货币的含金量之比——金平价(Gold Parity)来决定。金本位制于 19 世纪中期开始盛行。在历史上,曾有过三种形式的金本位制:金币本位制、金块本位制、金汇兑本位制。其中金币本位制是最典型的形式,就狭义来说,金本位制即指该种货币制度。

三、金本位制度的内容

（一）用黄金来规定货币所代表的价值，每一货币单位都有法定的含金量，各国货币按其所含黄金重量而有一定的比价。

（二）金币可以自由铸造，任何人都可按本位币的含金量将金块交给国家造币厂铸成金币。

（三）金币是无限法偿的货币，具有无限制的支付手段的特性。

（四）各国的货币储备是黄金，国际的结算也使用黄金，黄金可以自由输出与输入。

四、金币本位制特点

（一）自由铸造

由于金币可以自由铸造，金币的面值与其所含黄金的价值就可保持一致，金币数量能自发地满足流通中的需要。由于黄金可在各国之间自由转移，这就保证外汇行市的相对稳定与国际金融市场的统一。所以金币本位制是一种比较稳定、比较健全的货币制度。

（二）自由兑换

当一种货币的持有人能把该种货币兑换为任何其他国家货币而不受限制时，则这种货币就被称为可自由兑换货币。根据《国际货币基金协定》的规定，所谓自由兑换是指：对国际经常往来的付款和资金转移不得施加限制。也就是说，这种货币在国际经常往来中，随时可以无条件地作为支付手段使用，对方亦应无条件接受并承认其法定价值。不施行歧视性货币政策措施或多种货币汇率。在另一成员国要求下，随时有义务换回对方在经常性往来中所结存的本国货币。即参加该协定的成员国具有无条件承兑本币的义务。由于金币可以自由兑换各种价值符号（金属辅币和银行券），所以金币就能稳定地代表一定数量的黄金进行流通，从而保持币值的稳定，不致发生通货膨胀。

（三）自由输出入

在各国都实行金币本位制的条件下，铸币平价是各国货币比价确定的原则。由于各国政府都规定货币自由铸造、自由兑换与黄金自由输出入的三大政策，各国货币汇率波动的界限受黄金输送点的限制，一般波动不大。由于汇率受到黄金输送点的自动调节，因此不需要任何国际机构进行监督。当时，各国货币可以自由兑换，对外支付也没有任何限制，实行自由、多边的结算，黄金是最后的国际结算手段。各国政府对货币发挥世界货币职能所确定的这些共同原则和采取的共同措施就构成了国际金本位货币体系。由于这些原则与措施具有共同性，从而使国际货币体系具有统一性的特点；另一方面，由于这个国际货币体系并非是在一个公共的国际组织领导与监督下拟定共同的规章后形成的,而是各国自行规定其货币在国际范围内发挥世界货币职能的办法,这样,它又具有松散性的特点。因此,第一次世界大战前的国际金本位货币体系是一个统一性与松散性相结合的国际货币体系。

第三节 布雷顿森林体系

一、布雷顿森林体系的历史背景

在布雷顿森林体系以前(两次世界大战之间)的 20 年中,国际货币体系分裂成几个相互竞争的货币集团。各国货币竞相贬值,动荡不定,以牺牲他人利益为代价解决自身的国际收支和就业问题、呈现出无政府状态。30 年代世界经济危机和二次大战后,各国的经济政治实力发生了重大变化,德、意、日是战败国,国民经济破坏殆尽。英国经济在战争中遭到重创,实力大为削弱。相反,美国经济实力却急剧增长,并成为世界上最大的债权国。从 1941 年 3 月 11 日到 1945 年 12 月 1 日,美国根据"租借法案"向盟国提供了价值 500 多亿美元的货物和劳务。黄金源源不断的流入美国,美国的黄金储备从 1938 年的 145.1 亿美元增加到 1945 年的 200.8 亿美元,约占世界黄金储备总额的 59%,美国由此登上了资本主义世界盟主的地位。美元的国际地位因其国际黄金储备的巨大实力而空前稳固。这就使建立一个以美元为支柱的有利于美国对外经济扩张的国际货币体系成为可能。

美国主张"在很短的一个过渡阶段之后,不允许保护关税、贸易限额以及诸如竞争性货币贬值、多种汇价、双边清算协定、限制货币自由流通措施等各种形式的金融壁垒存在下去"。但当时英镑仍是世界主要储备货币之一,国际贸易当中 40% 左右是用英镑结算,特惠制与英镑区依旧存在,英国在世界上还保持着相当重要的地位。因此,1943 年,美国财政部官员怀特和英国财政部顾问凯恩斯分别从本国利益出发,设计战后国际货币金融体系,提出了两个不同的计划,即"怀特计划"和"凯恩斯计划"。"怀特计划",主张取消外汇管制和各国对国际资金转移的限制,设立一个国际稳定基金组织发行一种国际货币,使各国货币与之保持固定比价,也就是基金货币与美元和黄金挂钩。会员国货币都要与"尤尼它"保持固定比价,不经基金会员国 3/4 的投票权通过,会员国货币不得贬值。而"凯恩斯计划"则从当时英国黄金储备缺乏出发,主张建立一个世界性中央银行,将各国的债权、债务通过它的存款账户转账进行清算。

1944 年 7 月,在美国新罕布什尔州的布雷顿森林蒙特·华盛顿饭店召开的有 44 个国家参加的联合国与联盟国家国际货币金融会议,通过了以"怀特计划"为基础的"联合国家货币金融会议的最后决议书"以及"国际货币基金组织协定"和"国际复兴开发银行协定"两个附件,总称为"布雷顿森林协定",建立了金本位制崩溃后的人类第二个国际货币体系。在这一体系中,美元与黄金挂钩,美国承担以官价兑换黄金的义务。各国货币与美元挂钩,美元处于中心地位,起世界货币的作用。这实际是一种新金汇兑本位制,在布雷顿森林体系中,黄金无论在流通还是在国际储备方面的作用都有所降低,而美元成为这一体系中的主角。但因为黄金是稳定这一货币体系的最后屏障,所以黄金的价格及流动仍受到较严格的控制,各国禁止居民自由买卖黄金,市场机制难以有效发挥作用。伦敦黄金市场在该体系建立十年后才得以恢复。

二、布雷顿森林体系的核心内容

"布雷顿森林体系"建立了国际货币基金组织和世界银行两大国际金融机构。前者负责向成员国提供短期资金借贷,目的是为了保障国际货币体系的稳定;后者是向各成员国提供中长期信贷来促进成员经济复苏。

"布雷顿森林体系"的主要内容包括以下几点:

(一)美元与黄金挂钩

各国确认 1944 年 1 月美国规定的 35 美元一盎司的黄金官价,每一美元的含金量为 0.888671 克黄金。各国政府或中央银行可按官价用美元向美国兑换黄金。为使黄金官价不受自由市场金价冲击,各国政府需协同美国政府在国际金融市场上维持这一黄金官价。

(二)其他国家货币与美元挂钩

其他国家政府规定各自货币的含金量,通过含金量的比例确定同美元的汇率。

(三)实行可调整的固定汇率

《国际货币基金协定》规定,各国货币兑换美元按固定汇率进行。布雷顿森林体系的汇率,只能在法定汇率上下各 1% 的幅度内波动。若市场汇率超过法定汇率 1% 的波动幅度,各国政府有义务在外汇市场上进行干预,以维持汇率的稳定。若会员国法定汇率的变动超过 10%,就必须得到国际货币基金组织的批准。1971 年 12 月,这种即期汇率变动的幅度扩大为上下 2.25% 的范围,决定"平价"的标准由黄金改为特别提款权。布雷顿森林体系的这种汇率制度被称为"可调整的钉住汇率制度"。

(四)各国货币兑换性与国际支付结算原则

《协定》规定了各国货币自由兑换的原则:任何会员国对其他会员国在经常项目往来中积存的本国货币,若对方为支付经常项货币换回本国货币。考虑到各国的实际情况,《协定》作了"过渡期"的规定。《协定》规定了国际支付结算的原则:会员国未经基金组织同意,不得对国际收支经常项目的支付或清算加以限制。

(五)确定国际储备资产

《协定》中关于货币平价的规定,使美元处于等同黄金的地位,成为各国外汇储备中最主要的国际储备货币。

(六)国际收支的调节

国际货币基金组织会员国份额的25%以黄金或可兑换成黄金的货币缴纳,其余则以本国货币缴纳。会员国发生国际收支逆差时,可用本国货币向基金组织按规定程序购买(即借贷)一定数额的外汇,并在规定时间内以购回本国货币的方式偿还借款。会员国所认缴的份额越大,得到的贷款也越多。贷款只限于会员国用于弥补国际收支赤字,即用于经常项目的支付。

三、布雷顿森林体系的作用

布雷顿森林体系有助于国际金融市场的稳定,对战后的经济复苏起到了一定的作用。

(一)布雷顿森林体系的形成,暂时结束了战前货币金融领域里的混乱局面,维持了战后世界货币体系的正常运转

固定汇率制是布雷顿森林体系的支柱之一,不同于金本位下汇率的相对稳定。在典型的金本位下,金币本身具有一定的含金量,黄金可以自由输出输入,汇价的波动界限狭隘。在1929至1933年的资本主义世界经济危机,引起了货币制度危机,导致金本位制崩溃,国际货币金融关系呈现出一片混乱局面时,以美元为中心的布雷顿森林体系的建立,使国际货币金融关系有了统一的标准和基础,混乱局面暂时得以稳定。

(二)促进各国国内经济的发展

在金本位制下,各国注重外部平衡,国内经济往往带有紧缩倾向。在布雷顿森林体系下,各国偏重内部平衡,国内经济比较稳定,危机和失业情形较战前有所缓和。

(三)布雷顿森林体系的形成,在相对稳定的情况下扩大了世界贸易

美国通过赠与、信贷、购买外国商品和劳务等形式,向世界散发了大量美元,客观上起到了扩大世界购买力的作用。固定汇率制在很大程度上消除了由于汇率波动而引起的动荡,这在一定程度上稳定了主要国家的货币汇率,有利于国际贸易的发展。

(四)布雷顿森林体系形成后,基金组织和世界银行的活动对世界经济的恢复和发展起了一定的积极作用

其一,基金组织提供的短期贷款暂时缓和了战后许多国家的收支危机,促进

了支付办法上的稳步自由化。基金组织的贷款业务迅速增加,重点由欧洲转至亚、非、拉等第三世界。

其二,世界银行提供和组织的长期贷款和投资不同程度地解决了会员国战后恢复和发展经济的资金需要。基金组织和世界银行在提供技术援助、建立国际经济货币的研究资料及交换资料情报等方面对世界经济的恢复与发展起到了一定作用。

(五)布雷顿森林体系的形成有助于生产和资本的国际化

汇率的相对稳定,避免了国际资本流动中引发的汇率风险,有利于国际资本的输入与输出,为国际融资创造了良好环境,有助于金融业和国际金融市场的发展,也为跨国公司生产的国际化创造了良好的条件。

四、布雷顿森林体系的缺陷

(一)美元危机是导致布雷顿森林体系崩溃的直接原因

整个国际货币体系以一国(美国)的经济地位为基础,把国际货币体系建立在美国经济地位的基础上,一旦美国经济发生变化,国际货币体系也必然随之动荡,这是布雷顿森林体系的根本缺陷。美元危机与美国经济危机频繁爆发,资本主义世界经济此消彼长,美元危机是导致布雷顿森林体系崩溃的直接原因。

1. 美国黄金储备减少

美国在1950年发动朝鲜战争,海外军费剧增,国际收支连年逆差,黄金储备源源外流。1960年,美国的黄金储备下降到178亿美元,已不足以抵补当时的210.3亿美元的流动债务,出现了美元的第一次危机。60年代中期,美国卷入越南战争,国际收支进一步恶化,黄金储备不断减少。1968年3月,美国黄金储备已下降至121亿美元,而同期的对外短期负债为331亿美元,从而引发了第二次美元危机。到1971年,美国的黄金储备为102.1亿美元,仅占它对外流动负债678亿美元的15.05%。此时,美国已完全丧失了承担美元对外兑换黄金的能力。于是,尼克松总统不得不于1971年8月15日宣布停止承担美元兑换黄金的义务。1973年美国爆发了最为严重的经济危机,黄金储备已从战后初期的245.6亿美元下降到110亿美元。没有充分的黄金储备作基础,美元的信誉遭到了严重的动摇。

2. 美国通货膨胀加剧

美国发动越南战争,财政赤字庞大,不得不依靠发行货币来弥补,从而造成通货膨胀。加上两次石油危机,石油提价而增加支出;同时,由于失业补贴增加,劳动生产率下降,政府支出急剧增加。美国消费物价指数从1960年的1.6%,上升到1970年的5.9%,1974年又上升到11%,这给美元的汇价带来了巨大的冲击。

3. 美国国际收支持续逆差

第二次世界大战结束时,美国利用在战争中膨胀起来的经济实力和其他国家被战争削弱的机会,大举向西欧、日本和世界各地输出商品,使美国的国际收支持续出现巨额顺差,其他国家的黄金储备大量流入美国,各国普遍感到"美元荒"(Dollar Shortage)。随着西欧各国经济的增长,出口贸易的扩大,其国际收支由逆差转为顺差,美元和黄金储备增加。美国由于对外扩张和侵略战争,国际收支由顺差转为逆差,美国资金大量外流,形成"美元过剩(Dollar Glut)"。这使美元汇率承受巨大的冲击和压力,不断出现下浮的波动。

(二)缺乏弹性的固定汇率制度

布雷顿森林体系是一种固定汇率制度安排,汇率波动的范围只有1%。这种制度安排限制了各国利用汇率杠杆来调节国际收支的作用,严重地影响了各国实现宏观经济调节的各种政策作用的发挥。

(三)自身存在着无法克服的难题,即"特里芬难题"

布雷顿森林体系在清偿能力、信心、调整性方面的固有缺陷是导致其解体的根本原因。在这种制度下,美元作为国际支付手段与国际储备手段,发挥着世界货币的职能。一方面,美元作为国际支付手段与国际储备手段,要求美元币值稳定,才会在国际支付中被其他国家所普遍接受。而美元币值稳定,不仅要求美国有足够的黄金储备,而且要求美国的国际收支必须保持顺差,从而使黄金不断流入美国而增加其黄金储备。否则,人们在国际支付中就不愿接受美元。另一方面,全世界要获得充足的外汇储备,又要求美国的国际收支保持大量逆差,否则全世界就会面临外汇储备短缺、国际流通渠道出现国际支付手段短缺。但随着美国逆差的增大,美元的黄金保证又会不断减少,美元又将不断贬值。第二次世界大战后从美元短缺到美元泛滥,就是这种矛盾发展的必然结果。

五、布雷顿森林体系的崩溃

(一)前期预兆

1949年,美国的黄金储备为246亿美元,占当时整个资本主义世界黄金储备总额的73.4%,这是战后的最高数字。1950年以后,除个别年度略有顺差外,其余各年度都是逆差。1971年上半年,逆差达到83亿美元。随着国际收支逆差的逐步增加,美国的黄金储备日益减少。

20世纪六七十年代,美国深陷越南战争的泥潭,财政赤字巨大,国际收入情况恶化,美元的信誉受到冲击,爆发了多次美元危机。大量资本出逃,各国纷纷抛售手中的美元,抢购黄金,使美国黄金储备急剧减少,伦敦金价上涨。为了抑制金价上涨,保持美元汇率,减少黄金储备的流失,美国联合英国、瑞士、法国、西德、意大利、荷兰、比利时八个国家于1961年10月建立了黄金总库,八国央行共拿出2.7亿美元的黄金,由英格兰银行为黄金总库的代理机关,负责维持伦敦黄金价格,并采取各种手段阻止外国政府持美元外汇向美国兑换黄金。

60年代后期,美国进一步扩大了越南战争,国际收支进一步恶化,美元危机再度爆发。1968年3月的半个月中,美国黄金储备流出了14亿多美元,3月14日一天,伦敦黄金市场的成交量达到了350~400吨的破纪录数字。美国没有了维持黄金官价的能力,经与黄金总库成员协商后,宣布不再按每盎司35美元官价向市场供应黄金,市场金价开始自由浮动。

(二)崩溃的标志

1. 美元停止兑换黄金

1971年7月第七次美元危机爆发,尼克松政府于8月15日宣布实行"新经济政策",停止履行外国政府或中央银行可用美元向美国兑换黄金的义务。1971年12月以《史密森协定》为标志,美元对黄金贬值,美联储拒绝向国外中央银行出售黄金。至此,美元与黄金挂钩的体制名存实亡。

2. 取消固定汇率制度

1973年3月,西欧出现抛售美元,抢购黄金和马克的风潮。3月16日,欧洲共同市场9国在巴黎举行会议并达成协议,联邦德国、法国等国家对美元实行"联合浮动",彼此之间实行汇率。英国、意大利、爱尔兰实行单独浮动,暂不参加共同浮动。其他主要西方货币实行了对美元的浮动汇率。至此,固定汇率制度完全垮台。

美元停止兑换黄金和固定汇率制的垮台,标志着战后以美元为中心的货币体系瓦解。布雷顿森林体系崩溃以后,国际货币基金组织和世界银行作为重要的国际组织仍得以存在,并发挥作用。

第四节 牙买加货币体系

一、牙买加货币体系的形成

国际货币基金组织于1972年7月成立一个专门委员会,具体研究国际货币制度的改革问题。该委员会成员由11个主要工业国家和9个发展中国家共同组成。委员会于1974的6月提出一份"国际货币体系改革纲要",对黄金、汇率、储备资产、国际收支调节等问题提出了一些原则性的建议,为以后的货币改革奠定了基础。1976年1月,该委员会在牙买加的首都有金斯敦举行会议,讨论国际货币基金协定的条款,经过激烈的争论,签订了著名的牙买加协定。同年4月,国际货币基金组织理事会通过了《IMF协定第二修正案》,从而形成了新的国际货币体系。

二、牙买加货币体系的核心内容

（一）实行浮动汇率制度的改革

牙买加协议正式确认了浮动汇率制的合法化，承认固定汇率制与浮动汇率制并存的局面，成员国可自由选择汇率制度。同时IMF继续对各国货币汇率政策实行严格监督，并协调成员国的经济政策，促进金融稳定，缩小汇率波动范围。

（二）推行黄金非货币化

协议作出了逐步使黄金退出国际货币的决定。并规定：废除黄金条款，取消黄金官价，成员国中央银行可按市价自由进行黄金交易；取消成员国相互之间以及成员国与IMF之间须用黄金清算债权债务的规定，IMF逐步处理其持有的黄金。

（三）增强特别提款权的作用

主要是提高特别提款权的国际储备地位，扩大其在IMF一般业务中的使用范围，并适时修订特别提款权的有关条款。

（四）增加成员国基金份额

成员国的基金份额从原来的292亿特别提款权增加至390亿特别提款权，增幅达33.6%。

（五）扩大信贷额度，以增加对发展中国家的融资

三、牙买加体系的作用

（一）多元化的储备结构摆脱了布雷顿森林体系下各国货币间的僵硬关系，为国际经济提供了多种清偿货币，在较大程度上解决了储备货币供不应求的矛盾

与布雷顿森林体系下，国际储备结构单一、美元地位十分突出的情形相比，在牙买加体系下，国际储备呈现多元化局面，美元虽然仍是主导的国际货币，但美元地位明显削弱了，由美元垄断外汇储备的情形不复存在。西德马克、日元随两国经济的恢复发展脱颖而出，成为重要的国际储备货币。目前，国际储备货币已日趋多元化，ECU也被欧元所取代，欧元很可能成为与美元相抗衡的新的国际储备货币。

（二）多样化的汇率安排适应了多样化的、不同发展水平的各国经济，为各国维持经济发展与稳定提供了灵活性与独立性，同时有助于保持国内经济政策的连续性与稳定性

在牙买加体系下，浮动汇率制与固定汇率制并存。一般而言，发达工业国家多数采取单独浮动或联合浮动，但有的也采取钉住自选的货币篮子。对发展中

国家而言,多数是钉住某种国际货币或货币篮子,单独浮动的很少。不同汇率制度各有优劣。浮动汇率制度可以为国内经济政策提供更大的活动空间与独立性,而固定汇率制则减少了本国企业可能面临的汇率风险,方便生产与核算。各国可根据自身的经济实力、开放程度、经济结构等一系列相关因素权衡得失、利弊。

（三）多种渠道并行,使国际收支的调节更为有效与及时

多种渠道主要包括运用国内经济政策、运用汇率政策、国际融资和加强国际协调。

1. 运用国内经济政策

国际收支作为一国宏观经济的有机组成部分,必然受到其他因素的影响。一国往往运用国内经济政策,改变国内的需求与供给,从而消除国际收支的不平衡。比如在资本项目逆差的情况下,可提高利率,减少货币发行,以此吸引外资流入,弥补缺口。需要注意的是,运用财政或货币政策调节外部均衡时,往往会受到"米德冲突"的限制,在实现国际收支平衡的同时,牺牲了其他的政策目标（如经济增长、财政平衡等）,因此,内部政策应与汇率政策相协调,才不至于顾此失彼。

2. 运用汇率政策

在浮动汇率制或可调整的钉住汇率制下,汇率是调节国际收支的一个重要工具,其原理是：经常项目赤字本币趋于下跌,本币下跌外贸竞争力增加,出口增加、进口减少,经常项目赤字减少或消失。相反,在经常项目顺差时,本币币值上升会削弱进出口商品的竞争力,从而减少经常项目的顺差。实际经济运行中,汇率的调节作用受到"马歇尔——勒纳条件"以及"J曲线效应"的制约,其功能往往令人失望。

3. 国际融资

在布雷顿森林体系下,这一功能主要由IMF完成。在牙买加体系下,IMF的贷款能力有所提高,更重要的是,伴随石油危机的爆发和欧洲货币市场的迅猛发展,各国逐渐转向欧洲货币市场,利用该市场比较优惠的贷款条件融通资金,调节国际收支中的顺、逆差。

4. 加强国际协调

这主要体现在：其一,以IMF为桥梁,各国政府通过磋商,就国际金融问题达成共识与谅解,共同维护国际金融形势的稳定与繁荣。其二,新兴的七国首脑会议的作用。西方七国通过多次会议,达成共识,多次合力干预国际金融市场,主观上是为了各自的利益,但客观上也促进了国际金融与经济的稳定与发展。

四、牙买加体系的主要特征

第一,浮动汇率制度的广泛实行,这使各国政府有了解决国际收支不平衡的重要手段,即汇率变动手段。

第二,各国采取不同的浮动形式,欧共体实质上是联合浮动,日元是单独浮动,还有众多的国家是钉住浮动,这使国际货币体系变得复杂而难以控制。

第三,各国央行对汇率实行干预制度。

第四,特别提款权作为国际储备资产和记账单位的作用大大加强。

第五,美元仍然是重要的国际储备资产,而黄金作为储备资产的作用大大削减,各国货币价值也基本上与黄金脱钩。

五、牙买加体系的缺陷

第一,在多元化国际储备格局下,储备货币发行国仍享有"铸币税"等多种好处。同时,在多元化国际储备下,缺乏统一的、稳定的货币标准,这本身就可能造成国际金融秩序的不稳定。

第二,汇率大起大落,变动不定,汇率体系极不稳定。其消极影响之一是增大了外汇风险,从而在一定程度上抑制了国际贸易与国际投资活动,对发展中国家而言,这种负面影响尤为突出。

第三,国际收支调节机制并不健全,各种现有的渠道都有各自的局限,牙买加体系并没有消除全球性的国际收支失衡问题。

如果说在布雷顿森林体系下,国际金融危机是偶然的、局部的,那么,在牙买加体系下,国际金融危机就成为经常的、全面的和影响深远的。1973年浮动汇率普遍实行后,西方外汇市场货币汇价的波动、金价的起伏经常发生,小危机不断,大危机时有发生。1978年10月,美元对其他主要西方货币汇价跌至历史最低点,引起整个西方货币金融市场的动荡,这就是著名的1977~1978年西方货币危机。由于金本位与金汇兑本位制的瓦解,信用货币无论在种类上、金额上都大大增加。信用货币占西方各国通货流通量的90%以上,各种形式的支票、支付凭证、信用卡等种类繁多,现金在某些国家的通货中只占百分之几。货币供应量和存放款的增长大大高于工业生产增长速度,而且国民经济的发展对信用的依赖越来越深。总之,现有的国际货币体系被人们普遍认为是一种过渡性的、不健全的体系,需要进行彻底的改革。

第五节　欧洲货币体系与欧元区

一、欧洲货币体系的形成和概况

1950年，欧洲支付同盟成立，这是欧洲货币一体化的开始。

1957年3月，《罗马条约》决定成立欧洲经济共同体。

1958年，《欧洲货币协定》代替欧洲支付同盟。

1969年12月，在海牙举行的欧共体首脑会议决定筹建欧洲经济与货币联盟。

1970年10月，《魏尔纳报告》公布，它为实现欧洲经济与货币联盟规定了一个十年的过渡时期，分三个阶段实现联盟的目标。

1971年3月，达成协议，决定正式实施货币联盟计划。

1972年初，欧共体部长理事会才着手推行货币联盟措施。

1978年4月，在哥本哈根召开的欧共体首脑会议上，提出了建立欧洲货币体系（European Monetary System，EMS）的动议。

同年12月5日欧共体各国首脑在布鲁塞尔达成协议，决定于1979年1月1日建立欧洲货币体系，后因原联邦德国和法国在农产品贸易补偿制度上发生争执，延迟到同年3月13日才正式建立。

1979年3月，在德国总理和法国总统的倡议下，欧洲经济共同体的8个成员国（法国、德国、意大利、比利时、丹麦、爱尔兰、卢森堡和荷兰）决定建立欧洲货币体系（European Monetary System，EMS），将各国货币的汇率与对方固定，共同对美元浮动。在欧洲货币体系成立后的10年内，它的内部固定汇率不断在调整，使它的汇率体制得以生存。1989年6月，西班牙宣布加入欧洲货币体系，1990年10月，英国也宣布加入，使欧洲货币体系的成员国扩大到10个。

二、欧洲货币体系的核心内容

欧洲货币体系实质上是一个固定的可调整的汇率制度。它包括三方面内容：

（一）欧洲货币单位（European Currency Unit，ECU）

欧洲货币单位是当时欧共体12个成员国货币共同组成的一篮子货币，各成员国货币在其中所占的比重大小是由他们各自的经济实力决定的。

（二）建立稳定汇率的机制（Exchange Rate Mechanism，ERM）

欧洲货币体系内部的汇率并非完全固定的，成员国之间货币汇率有一个可波动的范围。每一成员国的货币都与欧洲货币单位(ECU)定出一个中心汇率,这个汇率在市场上的上下波动幅度为正负 2.5%,对英镑来说是 6%。由于马克是欧洲货币体系中最强的货币,马克又是国际外汇市场上最主要的交易货币之一,人们便常常把欧洲货币体系成员国货币与马克汇率的波动,作为中央银行干预的标志。

1. 平价网体系(Grid Parity System)

欧洲货币体系的汇率制度以欧洲货币单位为中心,让成员国的货币与欧洲货币单位挂钩,然后再通过欧洲货币单位使成员国的货币确定双边固定汇率。这种汇率制度被称之为格子体系(或平价网)。

2. 货币篮体系(Basket Parity System)

3. 干预办法

每个成员国把黄金和美元储备的 20%交给欧洲货币合作基金,同时换回相应数量的欧洲货币单位。

(三)建立欧洲货币合作基金

为了保证欧洲货币体系的正常运转,欧共体还于 1973 年 4 月设立了欧洲货币合作基金,集中起成员国 20%的黄金储备和美元储备,作为发行欧洲货币单位的准备。

三、欧洲货币体系的作用

其一,它在很大程度上削弱了美元的霸主地位。

其二,由于欧洲货币体系的平价网体系稳定了汇率,对欧共体国家经济和贸易发展方面都有不可估量的作用。

其三,欧洲货币单位的使用在各个范围内不断扩大,在当时已经成为仅次于美元和德国马克的最主要的储备资产。

四、欧洲货币体系的缺陷

(二)欧洲货币体系各主要成员国的经济发展不平衡

1992 年 9 月中旬,在欧洲货币市场上发生的一场自二战后最严重的货币危机,其根本原因就是德国实力的增强打破了欧共体内部力量的均衡。当时德国经济实力因东西德统一而大大增强,由于马克对美元汇率升高,马克在欧洲货币单位中的相对份额也不断提高。因为欧洲货币单位是欧共体成员国商品劳务交往和资本流动的记账单位,马克价值的变化或者说德国货币政策不仅能左右德国的宏观经济,而且对欧共体其他成员的宏观经济也会产生更大的影响。而英国和意大利经济则一直不景气,增长缓慢,失业增加,他们需要实行低利率政策,以降低企业借款成本,让企业增加投资,扩大就业,增加产量,并刺激居民消费以振作经济。但当时德国在东西德统一后,财政上出现了巨额赤字,政府担心由此引发通货膨胀,引起习惯了低通货膨胀的德国人不满,引发政治和社会问题。因此,通货膨胀率仅为 3.5% 的德国非但拒绝上次七国首脑会议要求其降息的要求,反而在 1992 年 7 月把贴现率升为 8.75%。这样,过高的德国利息率引起了外汇市场出现抛售英镑、里拉而抢购马克的风潮,致使里拉和英镑汇率大跌,这是 1992 年欧洲货币危机的直接原因。

(二)欧洲货币体系汇率机制存在局限性

欧洲货币单位确立的本身就孕育着矛盾。欧共体各成员国的实力不是固定不变的,一旦变化到一定程度,就要求对各成员国货币的权数进行调整。虽规定每隔五年权数变动一次,但若未能及时发现实力的变化或者发现了未能及时调整,通过市场自发地进行调整就会使欧洲货币体系爆发危机。

(三)欧洲货币基金未能建立

五、欧元区的建立

1999 年 1 月 1 日,欧元正式诞生,欧盟 11 国开始采用统一货币。

2000 年 1 月 1 日,希腊加入欧元区。

2002 年 1 月 1 日起,欧元纸币和硬币正式流通。

2002 年 7 月 1 日,欧元取代 12 国的货币正式流通,欧元成为欧元区唯一的合法货币。

2007 年 1 月 1 日,斯洛文尼亚加入欧元区。

2008 年 1 月 1 日,塞浦路斯、马耳他加入了欧元区。

2009 年 1 月 1 日,斯洛伐克加入欧元区。

2011 年 1 月 1 日,爱沙尼亚加入欧元区。

目前欧元区共有 17 个成员国。他们分别是德国、法国、意大利、荷兰、比利时、卢森堡、爱尔兰、希腊、西班牙、葡萄牙、奥地利、芬兰、斯洛文尼亚、塞浦路斯、马耳他、斯洛伐克、爱沙尼亚。欧元已经是 31 个国家和地区的官方货币,27 个国家和地区的官方货币的汇率与欧元挂钩。一些非欧盟国家和地区,比如黑山、科索沃和安道尔,也使用欧元作为支付工具。

在欧盟国家中不愿加入欧元区的有丹麦、瑞典和英国。丹麦在 2002 年举行了关于是否加入欧元区的全民公决,丹麦人选择了不加入欧元区。与瑞典不同的是,丹麦克朗的汇率是盯住欧元的。由于瑞典没有像英国和丹麦那样正式选择退出经济和货币同盟(EMUⅢ),因此理论上必须在某个时间转换为欧元。但是在 2003 年 9 月 14 日瑞典举行的就是否同意瑞典加入欧元区的全民公决中,大多数瑞典公民投了反对票。这样,瑞典成为继丹麦后,第二个决定不加入欧元区国家。而在英国,欧元怀疑论者认为欧元仅仅是形成一个统一的欧洲超级大国的垫脚石,而且英国放弃自行制定利率对英国经济是有害的。相反的观点认为,既然对欧洲国家的出口占英国出口总额的60%以上,消除汇率风险对单一市场是有利的。英国的三个主要政党承诺在决定加入欧元区之前举行全民公决,而民意测验则一直显示大部分人反对加入欧元区。

有些国家使用欧元却不是欧元区成员国的原因:加入欧元区的标准较为严格。首先,每一个成员国削减不超过国内生产总值3%的政府开支;第二,国债必须保持在国内生产总值的60%以下或正在快速接近这一水平;第三,在价格稳定方面,通货膨胀率不能超过三个最佳成员国上年通货膨胀率的1.5%;第四,该国货币至少在两年内必须维持在欧洲货币体系的正常波动幅度以内。

六、欧元的作用

(一)积极作用

第一,欧元作为国际流通和交易货币,具有很好的流动性和实用性,可减少汇率风险,有利于降低换汇和结算成本,节省外汇对冲的费用。在国际贸易方面,在欧元区国家对区外国家的商品与服务进出口贸易中,欧元的使用量大幅上升,大约50%的欧元区对外贸易使用欧元结算。在欧元现金使用方面,欧元在欧盟的一些邻近国家已经顺利地取代了原欧盟各成员国货币。有资料显示,欧元区外的欧元现金流通量大约在200亿~250亿欧元之间,占欧元总流通量的8%。在欧元现金转换过程中,欧盟邻近国家的欧元存款已从380亿欧元增加到520亿欧元。虽然在相当长的时期内美元仍将是外汇市场、石油和飞机等交易市场的主要国际结算货币,但一些石油生产国也开始尝试改用欧元进行石油交易,如伊拉克已改用欧元,伊朗由于近半数进口产品来自欧元区国家,也希望用石油来换欧元。

第二,欧元作为国际结算货币地位的提高,将推动对欧元外汇需求的增加,促进欧元债券市场的发展,引发外汇储备的置换。越来越多的国际借款人使用欧元来进行融资。欧元问世前,只有8%的货币市场工具以欧元区内国家货币定价,欧元问世后,欧元区外的居民发行的交易工具中,约25%是以欧元定价的。由欧元区外居民发行的国际债券中,则有30%左右以欧元定价,而在1999年以前以欧元区内国家货币定价的同类国际债券比例不足20%。到2002年中期,非居民发行的欧元国际债券比2001年初增长33%,占全球国际债券发行量的20%。

第三,欧元作为欧洲单一货币,可以作为许多国家汇率政策中的钉住货币或参考货币。欧元是区域货币一体化的产物,它的形成在很大程度上体现了对固定汇率的回归。此外,欧元产生后,国际范围内大规模的资产组合调整有可能会带来新一轮的国际金融动荡,加上未来可能形成的美元、欧元、日元三极国际货币格局所具有的内在不稳定性,所有这些变化不可避免地将对未来国际汇率制度的改革产生深刻影响。欧元广泛作为被钉住货币,可以使许多国家在汇率制度和汇率安排上减轻对美元的依赖。从欧洲货币体系到欧元的成功运作,这种国际货币合作形式成功地稳定了欧洲国家的名义汇率和实际汇率,减少了成员国之间的通货膨胀差异。欧元将使国际的汇率合作进一步加强。欧洲货币的统一已使国际汇率关系大大简化,美元、欧元、日元之间的汇率关系将成为未来国际汇率制度的核心部分。

第四,欧元将使国际的汇率合作进一步加强。欧元启动后,欧盟作为一个经济整体将拥有雄厚的经济、贸易和金融实力,大大提高了其抗风险能力。与美国比较,欧元11国拥有2.9亿人口,美国为2.68亿。就总体经济实力而言,欧盟已经超过美国,欧盟1996年国内生产总值为8.4万亿美元,占世界总产值的31%,超过美国的7.2万亿美元,在世界贸易中所占份额,美国占19.6%,欧元区占18.6%,美国出口总值占世界贸易出口总值12%,欧盟则占近17%。在经合组织中,欧盟国家的国民生产总值占38%,美国占32.5%左右,日本为20%。就外汇储备方面而言,欧元11国加起来的外汇储备是3200亿美元,而美国的储备金只有640亿美元。从上述的基本数据可见,欧元区可以成为和美国分庭抗礼的"超级大国"。欧元不仅对欧盟的经济一体化进程产生了积极影响,还通过其榜样的力量推动了东亚、拉美、非洲等地区货币合作的加强。这从一个侧面可以看到欧元启动及其正常运行,对于正在酝酿的国际货币体系改革起到了促进作用,有利于推动国际货币的多元化。

(二)消极作用

其一,各国中央政府的货币自主权会被逐渐削弱,因为欧元区的货币政策都是统一由欧洲中央银行制定的,各国政府没有很大发言权。虽然欧洲央行的管理委员会也是由13个成员国的央行行长组成的,不过毕竟每个国家的控制力都被大大削弱,某种程度上将不利于中央集权。

其二,货币一体化和自由流通可能会导致各国汇率以及利率波动,不利于经济的稳定发展。因为不受管制而货币在某一时间段大量流入一个国家,会对该国经济造成不利影响。

其三,当一国出现严重的经济衰退,其他国家可能也会受连累,比如2011年的欧洲债务危机就是由希腊引起的。

七、欧元发展前景

(一)欧元现状

其一,欧元区仍然具有规模优势。一种货币的国际地位主要取决于其所依附的经济体的经济实力、金融市场的发达程度和币值的稳定性。从经济规模看,欧元区仍然是与美国相差较小的第二大经济体,在贸易规模上欧元区远远超过美国,且欧元区成员国仍有扩容空间。从金融市场看,欧元区也具有相当的优势,是全球最大的银行业市场,资本市场仅次于美国。因此,欧元地位仍然有很大的上升空间。

其二,债务问题并非欧元区独有。事实上,欧元遭遇的麻烦在相当程度上与美国在投行、对冲基金和信用评级机构方面的控制权有关。美国、日本等发达国家债务规模与债务比例比欧元区更为严重,但这些机构却选择欧元区最薄弱的国家作为投机、炒作的对象。欧洲国家已经明确提出了建立自身评级机构的计划,一旦美国与日本债务风险凸显,形势将有利于欧元地位的提升。

其三,从国际货币体系的现状看,美元在中长期内的隐患重重,而日元、人民币尚未真正具备挑战美元地位的实力,在此空档期间只有欧元具有相对的实力和价值。而且,本次金融危机爆发以来,国际社会主流意见均认为美元霸权的国际货币体系是危机的罪魁祸首之一,世界各国始终没有放弃削弱美元地位、建立国际金融新秩序的长远计划。与美国争夺国际货币体系话语权,欧洲暂时处于交锋的弱势,但这并不能阻挡欧洲国家的一贯努力。

其四,欧元贬值具有两面性。如果处理得当,欧元适当贬值反而有利于稳定经济、保护欧元。一方面,由于希腊50%以上的出口是对欧元区以外的国家,特别是旅游在希腊出口总额中占了70%,考虑到希腊三分之一的游客来自欧元区以外,欧元贬值将推动希腊出口增加,贸易逆差将明显缩小。希腊债务大多以欧元计值,因此不会出现债务猛增的局面,这也有利于稳定财政。另一方面,欧元贬值会让欧元区的核心国家德国受益。由于该国40%的出口面向欧元区以外的国家,德国经济可能将引领欧元区经济的整体复苏,从而恢复市场对欧元的信心。欧元贬值还将促使欧元区国家加快调整经济增长模式。欧元区经济体只有平衡发展出口和内需,经济发展之路才会走得更可持续,作为该区域统一货币的欧元才有望从根本上摆脱困局。在这方面,作为欧元区核心国的德国必须率先寻求全球和区域贸易平衡的新思路,对依赖出口的经济模式做出改变。

(二)欧元走势

既然过去10年欧元的运转提升了成员国共同抵御经济危机的能力,促进了经济的发展,那么欧元的"国际化"就应该是必然的趋势,欧元区的货币政策和财政政策就要进一步的"去国家化",财力更多地集中到欧洲央行手里。因为,好处是显而易见的。

1. 熨平欧元区内部的资本流动

欧元区内部经济体间发展的不平衡,是欧洲发展的内在动力。德法等西欧国家人口结构老龄化,实体经济已经进入后工业化阶段,在社会结构和资本需求上,互补于西班牙、希腊和东欧国家,这些发展中的欧洲国家需要借贷大量的资本建设本国的基础设施，两方面都需要一个稳定的资本流动环境。

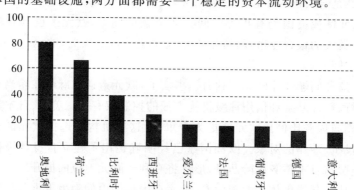

图 7-1　欧洲各国银行对东欧各国借款占本国 GDP 比重(%)
（资料来源：国都证券研究所门户网站）

2. 巩固欧元的国际化地位

这次金融危机前，欧洲的商业银行体系一直恪守《巴塞尔协议》，借贷政策经营稳健，对贷款人的审核严格。危机中，由于欧洲的投资银行一般都有商业银行作为控股股东，资本金的补给很及时。至少，比起深陷财务危机的美国银行系统要对风险的控制有效的多。但是，金融危机发生后，欧元对美元汇率却持续走软，从最高的 1.60 一直跌倒最近的接近 1.25（如图 7-2 所示）。其原因就是美元作为全球储备货币，具有避险职能，享有风险溢价，强势美元成为美国实体经济抵御金融危机的保护伞。

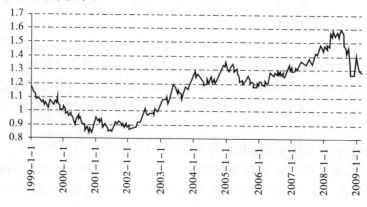

图 7-2　欧元兑美元图

（资料来源：国都证券研究所门户网站）

3. 协调欧元区内国家间的产业和贸易政策

欧元区四个主要经济体中，对外贸易情况的差距很大。由于技术上的优势和产业链全球化，德国的贸易顺差逐步扩大，而法国、意大利在全球化的步伐上显得踌躇,西班牙由于处于工业化和城市化进程中,贸易逆差扩大可以理解(如图 7-3 所示)。因此,把欧元区作为一个整体,实施统一的贸易和产业规划就显得更加符合长期的欧洲利益要求。具体讲,农业补贴政策、高新产业扶持政策、中小企业扶持政策、环境保护政策等都可以在欧元区层面上建立金融协调框架。

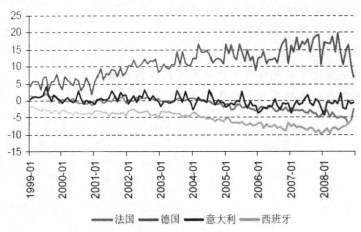

图 7-3　德法意西贸易余额(单位:十亿欧元)

(资料来源:国都证券研究所门户网站)

其实,欧洲早就成立了开发性金融组织,如欧洲投资银行(European Investment Bank),对工业、能源和基础设施等方面促进地区平衡发展的投资项目提供贷款或贷款担保。欧洲复兴开发银行(European Bank for Reconstruction and Development)投资的主要目标是中东欧国家的私营企业和这些国家的基础设施。而一个统一的货币——欧元,对这些目标的实现具有不可替代的作用,一个欧元区统一的财政政策也会给这些开发性金融组织更好的财务支持。

以上的历史使命注定了欧元是一个从"区域化"到"国际化"的货币。英镑是无论如何不能"国际化"的,因为英国经济不可能游离于全球经济之外,独立存在。虽然金融危机使得英国银行体系遭受重创,但是日不落帝国的未来还是要在欧洲一体化的进程中担当一个高端金融市场组织者和融资者的角色,真正融入欧洲世界经济发展的过程中去。如果为了长久的经济发展和人民幸福,牺牲"国家化"的货币目标,也是值得的。

总之,欧元创立至今,不仅推动了欧元区国家经济的融合,而且已经成为重要的国际储备货币,在国际金融体系和金融市场中发挥着重要作用。欧元作为人类历史上的一种创举,经历危机是难免的,欧元区国家必然将从危机中汲取教训,不断推进改革,推动欧元的发展,稳固其在国际货币体系中的地位。

复习思考题

1. 金本位制不能长存的原因是什么?
2. 布雷顿森林体系对于国际市场的影响?
3. 牙买加货币体系存在怎样的缺陷?它对于现今世界经济和金融的影响如何?
4. 欧洲一体化下欧元区债务危机发生的原因和启示是什么?
5. 国际货币制度改革的趋势是什么?

第八章 国际金融组织

第一节 国际金融组织概述

一、国际金融组织的性质

国际金融组织是指从事国际金融管理和国际金融业务活动的超国家性质的金融组织。目前的国际金融组织按地区范围大致可以分为三种类型：

(一)全球性的国际金融组织

成员国分布于全世界，如国际货币基金组织和世界银行集团。

(二)半区域性的国际金融机构

成员国主要来自区域内，但也有区域外的国家参加。如国际清算银行、亚洲开发银行、泛美开发银行、非洲开发银行等。

(三)区域性的国际金融机构

完全由区域内的国家组成，如欧洲投资银行、阿拉伯货币基金、伊斯兰发展银行、西非发展银行、阿拉伯发展基金等。

二、国际金融组织的产生和发展

第一次世界大战结束后，为了处理德国的战争赔款和协约国之间的债务清算及清偿事务，1930年5月，英国、法国、德国、意大利、比利时、日本六国的中央银行和美国的三家大银行组成的银行集团在瑞士巴塞尔成立了国际清算银行(Bank for International Settlements, BIS)，这是最早建立的国际金融组织。

第二次世界大战结束前，为了结束两次世界大战之间国际金融领域的混乱局面，建立一个稳定的国际货币体系，并为各国的经济复兴提供资金，1944年7月，44个国家的300多位代表在美国新罕布尔什州布雷顿森林召开了"国际货币和金融会议"，通过了《国际货币基金组织协定》和《国际复兴开发银行协定》。根据这两个协定，成立了国际货币基金组织和国际复兴开发银行(又称世界银行)。为了完善世界银行的活动，推动其目标的实现，世界银行后来又设立了两个附属金融机构,即国际金融公司(1956年)和国际开发协会(1960年),世界银行及其附属金融机构又统称为世界银行集团。目前,国际货币基金组织和世界银行集团是世界上成员国最多、机构最庞大、活动范围最广泛、影响也最深远的全球性国际金融机构。它们与关税与贸易总协定(GATT,1995年改为世界贸易组织 WTO)共同构成战后国际经济秩序的三大支柱。国际货币基金组织负责货币金融事务,世界银行集团负责财政援助与经济开发事务,关税与贸易总协定负责国际贸易事务。

从20世纪50年代末到70年代,许多国家和地区为了加强本地区的金融合作和发展本地区经济,陆续建立了许多区域性和半区域性的国际金融机构。如欧洲投资银行、泛美开发银行、亚洲开发银行、非洲开发银行、阿拉伯货币基金组织,前苏联、东欧国家的国际经济合作银行和国际投资银行等等。

如此众多的国际金融机构的建立与发展,客观上适应了在生产和资本国际化发展的基础上所产生的经济金融一体化的要求,从而加强了各国政府对世界经济活动的干预以及国际货币合作关系,对整个世界经济的恢复和发展起了一定的积极作用。

三、国际金融组织的作用

(一)积极作用

国际金融机构自建立以来,在加强国际经济合作、推动世界经济发展、稳定国际金融秩序、扩大国际贸易、提供发展基金等方面起到了积极的作用。

1. 加强国际经济协调

国际金融机构经常组织商讨国际经济、金融领域的重大事件,以协调各国间的相互关系。如在20世纪80年代的国际债务重新安排和90年代的金融动荡中,国际货币基金组织和世界银行都起到了相当大的协调作用。

2. 稳定汇率,保证国际货币体系的运转,促进国际贸易的增长

如在布雷顿森林体系下,国际货币基金组织对各国货币的汇率水平以及波动幅度都作了限制,使汇率一直保持在比较稳定的水平,这对保证战后国际货币体系的正常运转和国际贸易的发展都起到了重要作用。

3. 提供融通资金,解决发展中国家的国际收支失衡和经济发展问题

如国际货币基金组织和世界银行集团等组织机构提供的各种贷款,在一定程度上解决了发展中国家资金短缺的问题。

4. 提供国际清偿力,以应对世界经济增长之需

如国际货币基金组织发行的特别提款权,增强了成员国的国际清偿力。

(二)消极作用

当然,目前的国际金融组织也存在着明显不足,具有一些消极作用,主要表

现在以下几个方面：

其一，国际金融组织，尤其是国际货币基金组织和世界银行集团等全球性国际金融组织由于采用以成员国入股方式组成，成员国的地位由出资额决定。因此，这些组织大都处于工业发达国家尤其是以美国为首的西方七国集团的控制之下，而广大发展中国家的意见和建议往往得不到充分反映，更谈不上付诸实施。

其二，国际金融组织制定的贷款条件过于苛刻，使发展中国家从这些机构中获得的贷款有限，而且贷款的条件日趋恶化，如利息率不断提高，汇率波动频繁，加重了发展中国家的债务负担和支付困难。

其三，国际金融组织特别是国际货币基金组织常常干预受款国的经济政策和发展规划，如它们往往要求发展中国家在接受贷款时，必须按照它们的意图调整本国经济，这在一定程度上限制了发展中国家的经济发展。正因为如此，争取在国际金融组织架构中的平等权利已成为广大发展中国家主张建立国际经济新秩序的重要内容之一。

第二节　国际货币基金组织

一、国际货币基金组织的建立及其宗旨

1944年7月1日参加联合国会议的44个国家的代表在美国新罕布什尔州的布雷顿森林召开了联合国货币与金融会议，讨论通过了《国际货币基金协定》(International Monetary Fund Agreement)，决定建立一个国际性常设金融机构，商讨和促进国际货币合作和国际货币稳定，进一步推动国际贸易发展。1945年12月27日，29个国家代表在协定上签字，由于签字国超过了基金成员总数的65％，协定于当日生效，这也宣告了国际货币基金组织(International Monetary Fund, IMF)的正式成立。它于1947年开始营业，总部设在华盛顿。

《国际货币基金协定》第一部分对IMF的宗旨归纳为以下六条：

第一，作为一个永久性的国际金融机构，为国际货币问题的磋商和协作提供便利，从而推动国际货币领域的合作。

第二，促进国际贸易的扩大与平衡发展，从而提高和维持高水平就业和实际收入，开发会员国的生产性资源，并以此作为经济政策的首要目标。

第三，促进汇率稳定，维持会员国间有序的汇兑安排，避免竞争性贬值。

第四，协助在会员国间建立经常性交易的多边支付体系，消除阻碍国际贸易发展的外汇限制。

第五，在有充分保障的条件下，对会员国提供暂时性资金融通，使其增强信心，确保国际收支平衡，而不至于采取有损于本国或国际繁荣的措施。

第六，按照上述目标，缩短会员国国际收支失衡持续的时间，并减轻失衡的程度。

IMF自成立以来，对协定修改过三次，但上述宗旨始终没有改变。由此可见，虽然世界经济和政治格局发生了巨大变化，但是国际货币合作的重要性并未因此而弱化。相反，新成员国的增加，说明随着国际经济关系的发展，经济、贸易和投资往来及相互依赖性的增强，这种国际货币、汇率政策的合作和协调显得尤为重要了。

IMF的宗旨是通过规范成员国在金融政策方面的行为来实现的。根据上述宗旨，基金组织制定了成员必须遵守的行为准则。它要求成员国稳定汇率，维持与其他成员国之间有秩序的汇兑安排，避免竞争性贬值，建立自由的国际支付体系，即实现货币自由兑换并取消外汇管制。遵守这些准则本身并非目的，而稳定汇率、取消外汇管制和实现货币自由兑换的具体目的是要会员国实现充分就业和最大限度地开发生产性资源，这也是第二次世界大战结束时几乎所有国家公认的主要目标。这种新型合作是要一改往日以邻为壑的局面，使本国目标与国际目标一致。

2. 国际货币基金组织的组织机构

按照协定的规定，参加了联合国货币和金融会议并在1945年12月31日前接受成员国席位的国家为创始会员国，共有39个，其他加入基金组织的国家称为其他会员国。截止到2001年8月IMF共有会员国183个。

国际货币基金组织的最高权力机构是理事会（Board of Governors）。理事会由每个成员国按其自行决定的方法委派理事和副理事各一名组成，副理事只有在理事缺席的情况下才有投票权。理事和副理事几乎毫无例外地是各国中央银行的行长或财政部长。理事会推选理事1人为理事会主席。理事会的主要职权是：批准接纳新会员国，修改份额，调整成员国的货币评价，决定会员国退出IMF以及讨论其他有关国际货币体系的重大问题。理事会每年举行一次会议（即IMF年会），必要时可召开特别会议。当出席会议的理事投票权合计数占总投票权的2/3以上时，即达到法定人数。

理事会下设执行董事会（Board of Executive Directors）作为常设决策机构，处理IMF的日常业务，行使理事会所赋予的一切权力。执行董事会应由执行董事组成，由总裁任主席。执行董事会共有24名执行董事，其中持有最大份额的5个成员国为美国、日本、德国、法国、英国各有1名，中国、俄罗斯和沙特阿拉伯各有1名，其余16个名额每两年由其他会员国按国家集团或地区分组选举产生。执行董事按所代表的国家的投票权进行投票，由会员国联合推选的执行董事,则按照这些国家加在一起的投票权进行投票。

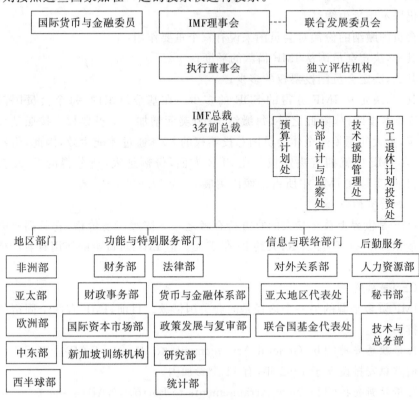

图 8-1 IMF 的组织架构

国际货币基金组织(IMF)执行总裁拉加德 2012 年 3 月 7 日发表声明称,自 2012 年 3 月 22 日起,中国籍雇员林建海将担任 IMF 秘书长一职,接替现任秘书长悉达多·蒂瓦里(Siddharth Tiwari)。

三、国际货币基金组织的资金来源

(一)份额

每一个成员国必须向 IMF 交纳一定的基金份额,这是 IMF 最主要的资金来源,以基金组织所创设的记账单位特别提款权(Special Drawing Right,SDR)表示。份额的多少反映了一个国家在世界经济中的地位。IMF 理事会每隔 5 年就对基金份额调整一次。1997 年、2002 年曾对份额进行调整。截止到 2012 年 4 月 20 日,根据成员国最新承诺,该机构获得成员国增资总额已超过 4300 亿美元。

会员国交纳份额的最初办法是:原规定份额的 25% 要以黄金缴纳,其余 75% 以本国货币缴纳。1978 年 4 月 1 日生效的《协定》第二次修改条文规定,取消份额的 25% 以黄金缴纳的规定,改用 IMF 指定的外汇或 SDR 缴纳,而其余 75% 仍以本国货币缴纳。

会员国缴纳的份额对会员国来说有三个重要作用:

其一,决定会员国从 IMF 借款的额度;

其二,决定会员国投票权的多少;

其三,决定从 IMF 分得的 SDR 的多少。在基金组织内,每个会员国都有 250 票基本投票权,除此之外,每缴纳 10 万美元增加一票投票权。按照基金组织规定,重大问题须经全体会员国总投票权的 85% 通过才能生效,因此,份额足够大,在 IMF 中就拥有决定权。在 SDR 方面,份额越大,所分得的 SDR 就越多。目前,美国在 IMF 中所占份额比例最大,为 17.6%。

(二)持有的黄金

IMF 是世界上黄金最大的官方持有者之一。按照市场价格,它所拥有的黄金数量相当于 21.5 亿 SDR,大约 27 亿美元。但 IMF 对黄金的使用有着严格的限制。

(三)借款安排

IMF 资金来源的另一个途径是向会员国借款。目前,IMF 有两个固定的借款安排。

1. 借款总安排(The General Arrangements to Borrow,GAB)

借款总安排设立于 1962 年,有 11 个参加国。

2. 借款新安排(The New Arrangements to Borrow,NAB)

借款新安排设立于 1997 年,有 25 个参加国和机构。借款新安排规定,当 IMF 没有足够的基金向成员国提供金融援助的时候,或者为了排除危害国际金融体系稳定的潜在危险而急需大量资金时,25 个成员国同意向 IMF 提供贷款。

(四)信托基金

IMF 在 1976 年决定,将它持有黄金总额的 1/6 分 4 年按市价出售,所得利润作为信托基金,向低收入发展中国家提供优惠贷款。

四、国际货币基金组织的业务活动

IMF 的业务活动主要包括汇率监督与政策协调、储备资产创造与管理,以及对国际收支逆差国提供短期资金融通等三个方面。

(一)汇率监督与政策协调

为使国际货币体系正常运转,保持和促进国际金融秩序的稳定和世界经济的增长,国际货币基金组织要求各成员国遵循以下几点:

第一,"努力将各自的经济和金融政策的目标放在实现促进有秩序的经济增长这个目标上,既可实现价格稳定,又适当照顾自身的国情"。

第二,"努力通过创造有序的经济、金融条件以及不致经常造成动荡的货币制度,以促进稳定"。

第三,"避免操纵汇率或国际货币制度来妨碍国际收支的有效调整或取得对其他成员国不公平的竞争优势"。

第四,"奉行与基金组织所规定的原则相一致的汇兑政策"。

在布雷顿森林体系下,会员国改变其货币汇率需事先同 IMF 磋商,并取得其批准。在浮动汇率制度下,会员国调整其货币汇率虽然不需事先征求 IMF 的同意,但 IMF 仍有权对会员国的汇率政策实施监督,并就会员国的内外政策对国际收支、国民经济增长、财政稳定和就业等可能产生的影响进行全面评估。

除对汇率政策进行监督外,IMF 原则上每年还应与各会员国举行一次磋商,对会员国经济、金融形势以及有关经济政策做出评价。这样做的目的在于履行监督会员国汇率政策的职能,了解会员国经济发展状况和所采取的政策举措,从而能够迅速处理会员国提出的贷款申请。从多年的实践来看,IMF 在协调各国政策、稳定国际金融形势,特别是在缓和国际债务和金融危机等方面所起的作用是不可替代的。

(二)储备资产的创造

为解决会员国国际储备资产不足的问题,IMF 在 1969 年的年会上正式通过了"十国集团"提出的创设特别提款权(SDR)的方案,并于 1970 年 1 月正式"发行"。SDR 的分配比例是与会员国在 IMF 的份额成正比的,分配给会员国的特别提款权即成为该国的储备资产。当会员国发生国际收支逆差时,可以动用 SDR 弥补国际收支逆差,也可用于偿还 IMF 的贷款,但不能用于贸易和非贸易支付。

(三)IMF 的贷款业务

IMF 的一个主要业务就是向会员国提供贷款帮助其解决国际收支困难。与世界银行不同,IMF 并不针对具体项目提供贷款。

IMF 自成立以来,曾向会员国提供了多种类型的贷款。IMF 提供的贷款主要有:

1. 普通贷款(Normal Credit Tranches)

普通贷款也称基本信用贷款,是 IMF 为解决会员国暂时性国际收支困难而设立的一种贷款,它也是 IMF 最基本的一种贷款。借取普通贷款的最高额度为会员国所缴纳份额的 125%,贷款期限一般为 3~5 年。IMF 对普通贷款实行分档政策,即把会员国可借取的贷款分为不同的档次,并且对每种档次规定了宽严不同的贷款条件。

储备部分贷款即会员国申请不高于本国份额的 25% 的贷款。IMF 总协定最初规定会员国份额的 25% 是用黄金缴纳,会员国提取这部分贷款实际上是提用缴纳的黄金部分份额,因此这部分贷款又称为黄金档贷款。1978年4月IMF《协定》第二次修订生效后,会员国原以黄金缴纳的25%的份额改用SDR或指定的外汇缴纳,会员国提取这部分贷款仍是有充足保证的,因此称为储备部分贷款。会员国提用这部分贷款是无条件的,无需特别批准,也不需支付利息。

信用部分贷款即会员国申请贷款的额度在其所缴份额的25%~125%之间。信用部分贷款分为四档,每档均占份额的25%。会员国使用完储备部分贷款后,可依次使用第一、二、三、四档信用部分贷款。信用部分贷款是有条件的,而且信用档次越高,条件也越苛刻。

2. 出口波动补偿贷款(Compensatory Financing Facility, CFF)

这种贷款设立于20世纪60年代初期。当会员国因出口收入突然减少或由于世界商品价格波动引起食物进口支出增加而产生国际收支困难时,可向IMF申请此项贷款。

3. 缓冲库存贷款(Buffer Stock Financing Facility)

这是1969年5月为帮助初级产品出口国建立缓冲库存进而稳定价格而设立的一种贷款。此项贷款自1984年以来未再使用过。

4. 石油贷款(Oil Facility)

这种贷款在1974年至1976年间设立,用于解决成员国因石油涨价引起的国际收支失衡。贷款资金由IMF向盈余国家(主要是石油输出国)借入,再转贷给逆差国家。石油贷款于1976年5月结束,共有55个成员国利用这一项目获得了69亿SDR的贷款资金。

5. 中期贷款(Extended Facility)

中期贷款是1974年设立的一项贷款,用以解决会员国较长时期的国际收支逆差。其资金需要量较大,贷款最高额可达份额的140%,期限为4~10年。这类贷款发放条件较为严格。

6. 信托基金贷款(Trust Fund)

信托基金是基金组织于1976年1月设置的,是基金组织用其持有的黄金的1/6(2500万盎司)按市价出售所获得的利润及各国志愿捐款而设立的基金。此项基金以优惠条件向较贫穷的发展中国家提供贷款,有条件获得此项贷款的国家是1973年人均国民收入不超过300特别提款权单位的会员国。信托基金贷款是一项较优惠的贷款,年利率为0.5%,期限5年,每半年还款一次,分10次还清。此项贷款已经结束。

1981年,我国曾获得信托基金贷款3.09亿美元,并于1984年提前还款。

7. 补充贷款(Supplementary Financing Facility)

此贷款设立于1977年8月,总计100亿美元,主要由石油输出国和工业发达国家提供,用于补充普通贷款的不足,加强对国际收支严重逆差的国家提供贷款。当成员国遇到严重的国际收支不平衡,借款总额已达IMF普通贷款的高档信用部分,而且仍需要大数额和更长期限的资金时,可以申请补充贷款。此项贷款现在也不再使用。

8. 扩大资金贷款(Enlarged Access Policy)

此项贷款设立于1981年5月,是在补充贷款承诺完毕,以相同条件向出现国际收支严重不平衡的国家提供的贷款。资金由沙特阿拉伯及少数西方国家提供。贷款额度为1年不超过份额的150%,或3年不超过份额的450%。

五、我国与国际货币基金组织的关系

中国是国际货币基金组织的创始国之一。由于历史的原因,1980年4月才恢复了我国在IMF的合法席位。国际货币基金组织从2005年才开始着手解决增加中国份额的问题。2000年11月17日,基金组织执行董事会专门成立了由包括中国执董在内的13位执董组成的中国特别增资委员会。经多次讨论,委员会于2001年1月3日达成共识,提议将中国在基金组织中的份额由原来的46.872亿特别提款权,提高到63.692亿特别提款权,与加拿大的份额居同一水平,并列第八位。在执行董事会中我国单独选派执行董事,并且该执行董事是IMF临时委员会的成员。亚洲金融危机爆发后,我国通过IMF向有关国家提供了数十亿美元的多边援助和一定数量的双边紧急援助,为有关国家减缓货币贬值压力和经济复苏做出了贡献,受到了国际社会的普遍赞誉。

第三节 世界银行集团

世界银行集团包括世界银行及其两个附属金融机构,这两个附属金融机构分别是国际开发协会(IDA)和国际金融公司(IFC)。其中,世界银行是成立最早、提供贷款最多的国际金融机构。

一、世界银行(World Bank)

(一)世界银行的建立及其宗旨

1. 世界银行的建立

世界银行是国际复兴开发银行(International Bank for Reconstruction and Development,IBRD)的简称,它是1944年布雷顿森林会议后,根据《国际复兴开发银行协定》组建的全球性的国际金融机构。世界银行于1945年12月成立,并于1946年6月开始营业,1947年与国际货币基金组织同时成为联合国独立经营国际金融业务的一个专门机构,总部设在华盛顿,并在纽约、日内瓦、巴黎及东京等地设有办事处。

世界银行与国际货币基金组织有着密切的联系,这种联系体现在以下方面:其一,参加世界银行的国家必须是国际货币基金组织的成员国,但国际货币基金组织的成员国不一定是世界银行的成员;其二,世界银行的贷款与基金组织的贷款是互为补充的,基金组织贷款中的许多缺陷可以从世界银行贷款的有利因素中得到弥补;其三,它们都属于联合国的专门机构;其四,两个机构每年一度的理事会、年会联合召开。

2.世界银行的宗旨

世界银行的宗旨是:

(1)对用于生产目的的投资提供便利,以协助成员国的复兴与开发,并鼓励不发达国家的生产与资源的开发。

(2)通过保证或参与私人贷款和私人投资的方式,促进私人的对外投资。

(3)用国际投资以开发成员国生产资源的方法,促进国际贸易的长期均衡发展和维持国际收支平衡。

(4)在提供贷款保证时,应同其他方面的国际贷款配合。

可见,目前世界银行的主要目的是向成员国尤其是广大发展中国家提供中长期的开发性贷款,资助其兴办特定的长期建设项目,以促进其经济增长与资源开发。

(二)世界银行的组织机构

根据布雷顿森林协定,只有国际货币基金组织的成员国才能够申请加入世界银行。所以,世界银行的组织机构与国际货币基金组织的组织机构大体相同,主要由理事会和执行董事会组成。

理事会是世界银行的最高决策机构。理事会由各成员国选派理事和副理事各一名组成,各成员国一般都委派其财政部长、中央银行行长或其他地位相当的高级官员担任理事或副理事,任期五年,可连选连任。副理事只有在理事缺席时,才有投票权。理事会的主要职权是:批准接纳新成员国;决定普遍增加或调整成员国应缴股金;决定银行净收入的分配以及其他重大问题。理事会通常在每年9月间与基金组织理事会联合举行一次年会,必要时可召开特别会议。在平时,理事会授权执行董事会代行各项职权。

各成员国的投票权大小是根据其持有的股份决定的。与国际货币基金组织相同,每个成员国都享有基本投票权250票,此外,每认缴股金10万美元增加一票。目前美国持有的股份最多,投票权也最多。除有特殊规定,理事会一般事务都可以由简单多数规则通过。

(三)世界银行的资金来源

世界银行的资金主要来自以下4个方面:

1. 成员国交纳的股金

成员国缴纳股金的多少是根据该国的经济和财政力量,并参照它在 IMF 认缴份额的多少来确定的。世界银行成立之初,成员国缴纳的法定股金约 100 亿美元,分为 10 万股,每股 10 万美元,以后经过多次增资,法定认缴股金不断扩大。但是成员国并不是按认缴股金数额一次性缴付,而是分为两个部分:成员国在参加世行组织时先缴付股金的 20%,其中 2% 以黄金或美元缴纳,18% 以本国货币缴纳;其余 80% 则等到必要时才缴纳。随着法定股金的不断增加,实缴股金所占比重不断下降。可见,成员国缴纳的股金并不是世界银行最主要的资金来源。

2. 在国际金融市场上发行债券

向国际金融市场借款,尤其是在国际债券市场上发行中长期债券是世界银行的主要资金来源。世界银行发行的债券期限通常为 2~25 年,利率依国际金融市场行情而定,由于世界银行信誉较高,所以利率通常低于普通公司债券和某些国家的政府债券。20 世纪 60 年代以前,世界银行的债券主要在美国的债券市场上发行,以后随着西欧和日本经济实力的增强,逐渐推广到西德、瑞士、日本和沙特阿拉伯等国家。自 20 世纪 80 年代中期以来,世界银行每年在国际金融市场的债券发行总额都接近或超过 100 亿美元。目前世界银行是各主要资本市场上的最大非居民借款人。除了在国际资本市场上发行债券以外,世界银行也直接向成员国的政府、中央银行等机构发行中、短期债券筹集资金。

中国人民银行与世界银行于 2012 年 4 月 23 日在华盛顿签署了《中国人民银行代理国际复兴开发银行(IBRD)投资中国银行间债券市场的代理投资协议》以及《中国人民银行代理国际开发协会(IDA)投资中国银行间债券市场的代理投资协议》。

3. 出让银行债权

世界银行的主要资金还来源于将贷出款项的债权转售给私人投资者(主要是国际商业银行等金融机构),这样可以迅速收回一部分资金,以扩大世界银行贷款资金的周转能力。这种方式的资金来源,在 80 年代世界银行的业务开展中很普遍。

4. 利润收入

由于世界银行信誉卓著,经营有方,每年均获得大量收益,包括投资收益、贷款收益等。世界银行历年来的业务净收益不分配给股东,除赠与国际开发协会和撒哈拉以南非洲地区特别基金款项外,都留作准备金,作为银行的一个资金来源。

(四)世界银行的主要业务活动

1. 贷款

(1)贷款政策。根据《国际复兴与开发银行协定》规定,世界银行贷款政策遵循以下五个基本原则：

①只向会员国政府以及政府担保的公私机构提供贷款。

②贷款的目的是推动会员国生产性资源的利用。

③所有的贷款必须提供给信誉良好的会员国。

④申请贷款的国家确实不能从其他方面获得融资时，世界银行才考虑发放贷款、参加贷款或提供担保。

⑤世界银行监督贷款的使用过程以保证贷款资金专款专用。

(2) 贷款程序。申请世界银行贷款要遵循严格的程序，并接受世界银行的严格审查和监督。一般来说，世界银行首先要对申请借款国的经济结构现状和前景进行调查，以便确定贷款项目；然后还要派出专家小组对已确定的项目进行项目评估；最后才举行贷款谈判，并签署借款协议、担保协议等有关法律文件。贷款发放以后，世界银行还要求借款人在使用其贷款时，必须注重经济效益等。

(3) 贷款特点。

①贷款期限一般为 15~20 年，通常有 3~5 年的宽限期。

②贷款实行浮动利率，随国际金融市场利率的变化定期调整，但一般低于市场利率水平，银行对贷款收取的杂费很少，一般按年收取 0.75% 的承担费。

③一般与特定的项目相结合。

④贷款程序复杂，审批时间长。借款国从提出项目到最终获得贷款资金通常需要经过以下阶段：提出计划、确定项目、专家审查、审议通过、签订贷款契约、工程项目招标，这个过程一般需要一年到一年半的时间。

⑤通常只向项目所购的货物和服务提供所需的外汇资金，一般为项目总额的 30%~40%，个别项目可达 50%。

(4) 贷款业务的新发展。世界银行在成立初期，贷款主要投向西欧国家，以帮助西欧国家的战后经济复兴。1948 年以后，西欧各国的战后复兴主要依赖于美国的"马歇尔计划"提供的援助，于是世界银行的贷款逐渐转向了亚洲、非洲和拉丁美洲的发展中国家，向它们提供长期开发资金。

世界银行贷款的重点一向是各种基础设施，如公路、铁路、港口、电信和动力设备等，近年来又逐渐增加了对能源开发、农业、公用事业和文教卫生等福利事业的贷款。

2. 投资担保

利用担保或参加私人贷款及其他私人投资的方式，促进外国私人投资，是世界银行的宗旨之一。当私人资本不能在合理条件下获得时，则在适当条件下，运用本身资本或筹集的资金及其他资源，为生产事业提供资金，以补充私人投资的不足。

世界银行在担保以通常投资方式进行的贷款时，向已支而未偿还之贷款额，应按规定的费用率按期征收担保手续费。在世界银行开业的头 10 年内,此项费用率应不低于每年 1%,不高于每年 1.5%。10 年期终了后,如果世行认为准备金已足够充裕,可以降低担保费率时,可以降低对于届时已担保贷款之未偿还部分或新贷款所征收的担保费收费率。担保手续费应由借款人直接付给世行。

(五)我国与世界银行的关系

中国是世界银行的创始国之一。新中国成立后,中国在世界银行的席位长期被台湾当局所占据。1980 年 5 月 15 日,中国在世界银行和所属国际开发协会及国际金融公司的合法席位得到恢复。1980 年 9 月 3 日,该行理事会通过投票,同意将中国在该行的股份从原 7500 股增加到 12000 股。我国在世界银行有投票权。在世界银行的执行董事会中,我国单独派有一名董事。我国从 1981 年起开始向该行借款。

此后,我国与世界银行的合作逐步展开、扩大,世界银行通过提供期限较长的项目贷款,推动了我国交通运输、行业改造、能源、农业等国家重点建设以及金融、文卫环保等事业的发展,同时还通过本身的培训机构,为我国培训了大批了解世界银行业务、熟悉专业知识的管理人才。2008 年 1 月,世界银行批准向贵阳交通项目提供 1 亿美元贷款。该项目总成本约为 2.92 亿美元,通过重点基础设施投资,帮助贵阳市完善城乡路网结构,建立更具可持续性的农村道路维护机制。

2008 年 2 月,世界银行行长佐利克正式任命中国经济学家林毅夫为世界银行副行长兼首席经济学家,这是世行首次任命发展中国家人士出任这一要职。

二、国际开发协会

(一)国际开发协会的建立及其宗旨

国际开发协会(IDA)是世界银行的一个附属金融机构,成立于 1960 年 9 月,同年 11 月开始营业,总部设在华盛顿。我国于 1980 年 5 月恢复在国际开发协会的合法席位。

国际开发协会的宗旨是向欠发达地区的成员国提供条件较宽、期限较长、负担较轻并可用部分本国货币偿还的贷款资金,以促进其经济发展,提高生产力和生活水平。可见,国际开发协会作为世界银行活动的补充,是专门向低收入发展中国家发放优惠长期贷款的国际金融机构。

(二)国际开发协会的组织机构

只有世界银行的成员国才能成为国际开发协会的成员国。国际开发协会的组织机构与世界银行相同,最高决策机构是理事会,下设执行董事会来负责日常业务工作。协会的正副理事、正副执行董事,由世界银行的正副理事和正副执行董事分别担任。经理、副经理也由世界银行行长、副行长兼任。办事机构的各部门负责人也都是由世界银行相应部门的负责人兼任,但协会的会计账簿独立,名义上是独立的机构。

(三)国际开发协会的资金来源

国际开发协会的资金来源主要有4个方面:

1. 成员国认缴的股本

国际开发协会的成员国被分成两组,第一组是高收入的工业化发达国家,约占总数的1/6,第二组为亚洲、非洲和拉丁美洲的发展中国家。协会原定的法定股本为10亿美元,其中第一组国家为7.6亿美元,第二组国家为2.4亿美元。第一组国家的股本额需以黄金或自由兑换的外汇上缴,其余90%可以本国货币上缴。成员国认缴的股本随着成员国的不断增加而进行了多次增资调整。成员国在理事会的投票权大小与其认缴的股本成正比。和其他国际金融机构一样,美国认缴的股本最大,投票权最多。

2. 第一组会员提供的补充资金

由于成员国缴纳的股本不能满足成员国的信贷需要,同时协会又规定不得依靠在国际金融市场发行债券来筹集资金。所以国际开发协会不得不依靠成员国政府不断地提供补充资金,补充资金绝大部分由第一组成员国捐助,此外瑞士和阿拉伯联合酋长国也提供过补充资金。

3. 世界银行从营业收入中拨出的款项

世界银行从1964年起,每年从其业务净收入中拨出一部分款项捐赠给国际开发协会,成为其一部分贷款资金来源。

4. 协会本身的营业收入也是资金来源

由于国际开发协会的信贷十分优惠,所以这部分资金来源数量较少。

(四)国际开发协会的主要业务活动

国际开发协会的主要业务是贷款,但是其贷款只提供给低收入的发展中国家,低收入的标准是不断变化的,最初定为人均GNP在250美元以下。目前按世界银行1990年的最新规定,按1983年美元标准计算,人均GNP在1070美元以下的成员国都有资格获得国际开发协会的贷款,但是实际运作中由于资金来源有限,只有人均GNP在580美元以下的才能获得贷款支持。

2012年4月19日,喀麦隆与国际开发协会(IDA)签署协议,贷款1930万特别提款权(DTS),约合3000万美元,用于实施矿业能力强化项目。

根据国际开发协会的规定,协会的贷款可以提供给成员国的政府或公私法人团体,但实际上协会的贷款只提供给成员国政府。协会的贷款原则和程序与世界银行的做法基本相同,原则上只对借款国具有优先发展意义的项目或发展计划提供贷款。贷款一般用于电力、交通、港口、水利、运输等公共工程部门,以及农业、文教等事业,贷款要与具体项目相联系。但是在某些情况下,协会也提供非项目或规划贷款,条件是借款国制定出具体发展规划,实行必要的经济政策加以支持,并为接受外部资金援助创造条件,同时,外部的资金援助无法运用于特定的项目。

国际开发协会的贷款称为信贷(Credit),以区别于世界银行提供的贷款(Loan)。其主要区别在于协会提供的是最优惠贷款,也称为软贷款,而世界银行提供的是普通条件的贷款,一般称为硬贷款。协会提供的软贷款的优惠条件体现在长期和无息两个方面。贷款期限平均约为38年,并有10年的宽限期。第二个10年每年还本1%,其余各年每年还本3%。还款时可以全部或一部分使用本国货币。软贷款不收利息,只收取0.75%的手续费,对已生效未支用的部分收取0.5%的承诺费。目前国际开发协会是向低收入国家提供优惠贷款的最大多边国际金融机构,差不多占各类机构提供的优惠贷款总额的50%。

协会提供的信贷,最初主要集中在南亚地区,印度为主要借款国,其次是巴基斯坦。但是自20世纪70年代以后,投向撒哈拉以南非洲国家的信贷不断增加。

三、国际金融公司

(一)国际金融公司的建立及其宗旨

由于世界银行对私人企业的贷款须有政府的担保,这在一定程度上限制了银行业务以及成员国私人企业的发展。为了促进对私人企业的国际贷款,在美国国际开发咨询委员会的建议下,世界银行于1954年决定建立国际金融公司(IFC),1956年7月国际金融公司正式成立。我国于1980年5月恢复在国际金融公司的合法席位。

国际金融公司的宗旨是对发展中国家成员国私人企业的发展提供无需政府担保的贷款,促进发展中国家私营经济的增长和国内资本市场的发展。

(二)国际金融公司的组织机构

根据国际金融公司协定的规定,只有世界银行的成员国才能成为国际金融公司的成员国,因此,国际金融公司的组织机构也和世界银行一样,由理事会和执行董事会组成。理事会是最高决策机构,执行董事会负责管理日常业务活动。公司的正副理事、正副执行董事都由世界银行的正副理事和正副执行董事兼任。公司的总经理则由世界银行行长兼任。其余内部机构人员也多数由世界银行的相应机构和人员兼管和兼任。

虽然国际金融公司在许多领域与世界银行集团内部的其他机构协同开展工作,但其在整体上是独立运营的,具有法律和财务上的独立性,并有它自己的章程、股本金等。

(三)国际金融公司的资金来源

1. 会员国认缴的股金

会员国认缴的股金是国际金融公司重要的资金来源,认缴额根据会员国在世界银行的认缴股金而定。会员国投票权的大小也取决于其在 IFC 所持有的股份。IFC 的批准资本为 24.5 亿美元。

2. 借入资金

为了满足业务发展的需要,IFC 还借入大量资金。这是 IFC 重要的资金来源渠道。由于拥有雄厚的会员国缴纳的资本金做后盾,IFC 可以在国际金融市场上通过发行 AAA 债券筹集到其贷款业务所需的大部分资金。此外,公司还向世界银行借款。目前,其贷款业务所需资金的 80% 通过发行债券和私人投资取得,20% 来自于世界银行的借款。

3. 公司盈利

IFC 在提供各项业务时,注重项目的收益,自创立以来,每年都盈利。这也构成了其资金来源的一个方面。

(四)国际金融公司的主要业务活动

1. 融通资金

融资业务是国际金融公司的传统业务,也是最主要的一项业务。目前,国际金融公司向其发展中国家会员国提供多种贷款和投资业务。具体包括:国际金融自有资金贷款股本投资(A 类贷款)、银团贷款(B 类贷款)、准股本投资(C 类贷款)、风险管理和中介融资等。国际金融公司的自有资金贷款又称为 A 类贷款,既有固定利率贷款,也有浮动利率贷款,既可以以主要货币提供,也可以以当地货币提供。这类贷款的期限一般为 7~12 年,在特殊情况下,也可延长期限,有些贷款期限最长可到 20 年。为了确保其他私人投资者的参与,IFC 在进行股本投资时,通常购买一个项目 5%~15% 的股本,投资的比例一般不超过 35%,期限通常为 8~15 年。

2. 其他业务

IFC 帮助发展中国家的私营公司在国际金融市场上筹集资金,还向发展中国家政府和私营企业提供一系列有关私营企业的咨询服务。IFC 向发展中国家政府提供的咨询服务包括商业环境的改善、技术援助、私营化等;对私营企业提供的咨询服务包括公司重组、项目的开发、为中小型企业提供的商业咨询服务、技术援助等。

国际金融公司目前正在为斯里兰卡开发基于"天气指数"的农业保险,以减少水灾和干旱而导致的农民损失,"天气指数险种"将通过预先设定的计算公式来确定天气灾害的偿付金额,此类险种将简化保险公司的理赔确认手续,降低理赔成本,加快保险理赔金的偿付速度。试点项目将使保险覆盖 15000 户小型农户,并在 50000 户农户中普及新险种知识。

第四节　区域性国际金融机构

一、国际清算银行(Bank for International Settlements, BIS)

(一)国际清算银行的建立及其宗旨

国际清算银行是由西方主要国家中央银行合办的国际金融机构,也是世界上第一家国际金融机构。它是根据 1930 年 1 月 20 日签订的海牙国际协定,于同年 5 月由英国、法国、意大利、德国、比利时、日本六国的中央银行以及美国三大商业银行(摩根银行、纽约花旗银行和芝加哥花旗银行)组成的银行集团联合出资成立的,总部设在瑞士的巴塞尔,后来欧洲、亚洲其他各国以及澳大利亚、加拿大和南非的中央银行也相继参加。中国人民银行于 1984 年 12 月 11 日正式加入国际清算银行。

国际清算银行的宗旨是促进各国中央银行的合作,为国际金融活动提供更多的便利,在国际金融清算中充当受托人或代理人。从某种意义上,它履行着"中央银行的银行"的职能。

(二)国际清算银行的组织机构

国际清算银行的最高权力机构是股东大会,股东大会每年召开一次,由各国中央银行派代表参加。股东大会审查通过年度决算、资产负债表、损益表和红利分配办法。股东大会的投票权根据股东认股数按比例分配。

股东大会下设董事会,董事会是国际清算银行的实际领导机构,负责日常的业务和行政工作,董事一般由各成员国中央银行行长担任。董事会选举董事会主席,并任命国际清算银行总裁。第二次世界大战以后,这两个职位一直由一人兼任。董事会下设经理部、货币经济部、秘书处和法律处等部门。

(三)国际清算银行的资金来源

1.股本金

国际清算银行的法定股本为 15 亿金法郎,被分为面值相等的 60 万股,现已发行 517125 股。国际清算银行章程第 7 条规定:"每股 25% 的股本必须在认购时付清,余下部分在以后或由董事会酌情确定的日期待缴。待缴时须提前三个月进行通知。"所以每股实缴金额只是名义价值的 25%。金法郎是 1865 年法国、瑞士、比利时等国成立拉丁货币联盟时发行的一种金币,单位含金量为 0.29032258 克纯金,与 1936 年贬值前的瑞士法郎的含金量相同。金本位制崩溃后,该金币不再流通,但国际清算银行在编制资产负债表时仍以其作为唯一的记账单位,在日常业务中并不使用它。凡是以美元计值的资产与负债均按每盎司纯金价值 208 美元的固定比率(1 金法郎＝1.94 美元)折算成金法郎计价,以其他货币的计价均按市场上对美元的相对价格折算成金法郎。

2. 一些国家中央银行的存款

3. 借款

(四)国际清算银行的主要业务活动

国际清算银行是"中央银行的银行",办理多种国际清算业务。目前全世界有许多国家的中央银行在国际清算银行保有存款账户,各国将一部分外汇储备和黄金存于该行,作为提供贷款的资金保障之一。该行还办理各国政府国库券和其他债券贴现和买卖业务,买卖黄金、外汇或代理各国中央银行买卖。此外,国际清算银行还积极参与国际金融市场活动,是国际黄金市场和欧洲货币市场的重要参与者。

国际清算银行还是各国中央银行进行合作的理想场所。很多国家的中央银行行长每年定期在国际清算银行年会上会面,讨论世界经济与金融形势,探讨如何协调宏观政策和维持国际金融市场的稳定。该行的董事会每月在巴塞尔举行,主要发达国家的中央银行频繁接触,这对协调它们之间的货币政策起到了很重要的作用。另外,国际清算银行还尽力使其全部金融活动与国际货币基金组织的活动协调一致,并与其联手解决国际金融领域的一些棘手问题(例如在 20 世纪 80 年代初国际债务危机中,国际清算银行也提供了大量的贷款,对缓和危机起到了重要作用)。

二、亚洲开发银行(Asian Development Bank,ADB)

(一)亚洲开发银行的建立及其宗旨

亚洲开发银行(简称亚行),是面向亚洲和太平洋地区的半区域性的国际金融机构,它是根据联合国亚洲及太平洋经济与社会委员会(简称"亚经会")的决议,于 1966 年 11 月建立,并于同年 12 月开始营业,总部设在菲律宾的首都马尼拉。

亚行的成员国不限于亚太地区的国家,凡属于联合国亚太经济社会委员会的成员国和准成员国,以及参加联合国或联合国某一专门机构的地区外经济发达国家,均可加入亚行。我国于 1986 年 2 月 17 日恢复在亚洲开发银行的合法席位。

亚行的宗旨是向成员国提供贷款、投资和技术援助,并同联合国及其专门机构进行合作,以协调成员国在经济、贸易和发展方面的政策,进而促进亚太地区的经济繁荣。

(二)亚洲开发银行的组织机构

亚洲开发银行的最高权力机构是理事会,由每个成员国指派理事和副理事各1名组成,理事大多由成员国的财政部长或中央银行行长担任。理事会每年举行1次年会,即亚行理事会年会,商讨重要事项,如接纳新成员、调整银行股本、修改银行章程以及选举董事和行长等。

理事会下设董事会,负责亚行的日常经营活动。董事会由理事会选举产生,任期2年,由12名董事组成,其中本地区成员国选举8名,非本地区成员国选举4名。

亚行的行长由理事会选举产生,并担任董事会主席。行长必须是本地区成员国的公民。行长是亚行的最高行政负责人,负责亚行的日常业务和亚行其他行政官员和工作人员的聘任与辞退。

(三)亚洲开发银行的资金来源

亚行的资金来源由普通基金和特别基金两部分组成。

1.普通基金

普通基金是亚行的最主要资金来源,主要由成员国认缴的股本、向国际金融市场或国家政府的借款以及亚行的营业收入组成。

亚行建立时法定股本为10亿美元,分为10万股,每股1万美元。本地区成员国的应缴股本按照其人口、国民生产总值和进出口额来确定。非本地区成员国的股本根据其对外援助政策和政府对多边开发银行机构的预算拨款,经协商谈判确定。股本分为实缴股本和待缴股本,两者各占一半,实缴股本一半以黄金或可自由兑换外汇来支付,其余以本国货币来支付。待缴股本以黄金、自由外汇或亚行规定的货币缴付。日本是亚行的最大出资者,美国次之,我国居第3位。

借款也是亚行的重要资金来源,亚行通常在主要国际资本市场发行长期债券筹集资金,而且也向成员国政府、中央银行以及其他国际金融机构,甚至还向国际商业银行借款。此外,亚行的营业收入,也构成普通基金来源。

2.特别基金

特别基金主要有3种:

(1)亚洲开发基金,设立于1974年6月,用于对亚太地区的贫困成员国发放优惠贷款。资金主要由发达国家捐赠和一部分实缴股本组成,提供资金最多的是日本、美国、德国、英国等。

(2)技术援助特别基金,设立于1967年,用于为低收入的成员国提供长期低息贷款,以提高其人力资源素质和亚行贷款的使用效率,该基金也是由各国的资源捐赠和从股本中的拨款组成。

(3)日本特别基金,设立于1987年,主要用于以赠款形式对成员国进行技术援助,或者通过单独或联合的股本投资支持成员国私营经济的发展项目,该项基金主要由日本政府出资。

(四)亚洲开发银行的主要业务活动

1. 贷款

向成员国家或地区提供贷款是亚行的主要业务活动。主要有以下分类：

(1)按贷款条件划分,有软贷款和硬贷款。软贷款即优惠贷款,仅仅提供给人均 GDP 按 1983 年美元标准计算低于 670 美元的贫困成员,贷款期限 40 年,不收利息,仅仅收取 1% 的手续费。硬贷款的利率是浮动的。按国际金融市场状况每半年调整一次,期限一般为 10～30 年,含 2～7 年的宽限期。硬贷款的资金主要来自国际资本市场的借款。

(2)按贷款对象划分,有项目贷款和规划性贷款。项目贷款是为成员国的具体建设项目提供的贷款,是亚行的主要贷款方式。项目贷款的贷款程序也要经过项目确定、可行性研究、实地考查评估、签署借贷协议、贷款生效、项目的执行与监督、项目完成后的评价等一系列环节。规划性贷款是对成员国某个需要优先发展的部门提供的贷款,目的是促进成员国产业结构的调整和扩大生产能力。亚行对规划性贷款的执行进程也要实行监督,成员国必须制定详细可行的部门发展规划,贷款的每部分提取都要与发展规划的进程联系在一起。

(3)按贷款主体划分,有单独贷款和联合贷款。单独贷款是由亚行独自提供的贷款;联合贷款是由亚行与其他官方或私人投资者一道为成员国的开发项目或规划提供的贷款。在联合贷款中,官方投资者是主要的合作伙伴,其提供的贷款额度约占联合贷款总额的 70%。

日前,安徽省巢湖流域水环境综合治理项目通过亚洲开发银行的终期评估,一期将获得亚行贷款 2.5 亿美元。预计,一期项目最快 2013 年开工,约 5 年时间完工。

2. 技术援助

为发展中国家成员国提供技术援助,也是亚行的重要业务。技术援助有多种形式：

(1)项目准备技术援助,用于帮助成员国确定贷款项目,以便亚行或其他官方和私人投资者对该项目进行贷款或投资。

(2)项目执行技术援助,用于帮助贷款的使用机构(包括当地的金融机构)提高金融管理能力,以便保证贷款的使用效率。

(3)咨询性技术援助,用于帮助成员国进行有关部门的人员培训,以便正确制定国家总体和部门发展规划及政策。

(4)区域活动技术援助,用于解决区域性发展的重大问题,如举行人员培训班和区域经济发展规划研讨会等。

亚行的技术援助主要是以贷款方式提供资金,也有一部分以赠款或联合贷款的形式提供。

复习思考题

1. 国际清算银行的基本职能和业务是什么？
2. 世界银行集团包括哪几个国际金融机构？
3. 会员国向国际货币基金组织缴纳的份额的重要作用是什么？
4. 国际复兴与开发银行贷款的基本原则和特点是什么？
5. 试述国际金融公司的业务活动。
6. 简述国际金融公司的宗旨。

第九章 国际金融危机与金融监管

第一节 国际金融危机概述

一、金融危机

(一)金融危机的含义

著名国际经济学家查尔斯·金德尔伯格(Charles P. Kindelberger)和雷蒙德·戈德史密斯(Raymond W. Goldsmith)关于金融危机所下的定义:金融危机是全部或者大部分金融指标——短期利率、资产价格、企业破产数和金融机构倒闭数的急剧、短暂和超周期的恶化,是与金融景气相对的一个概念。

货币主义学者迈克尔·博多(Michael Bordo)将金融危机定义为十大因素或十大关系:预期的变动,对某些金融机构资不抵债的担心,试图将不动产或流动性较差的资产转化为货币等等。

布拉德福特·德龙(J. Bradford DeLong)的定义:金融危机是指经济中大量的银行和公司破产或即将破产,当一个正在运营中的银行或公司资不抵债或无力完成各项支付时,危机就爆发了。当金融危机来临时,银行不愿意再向正在运营的公司发放贷款,也可能公司已经破产或即将破产,无法再偿还贷款;而当金融危机发生时,公司不能再对某个项目进行投资,因为银行随时会来催收贷款或者贷款已经延期了。

迈克尔·楚苏多夫斯基(Michael Chossudovsky)的定义:现代金融危机以一个国家的货币贬值为特征,而货币的贬值是在投机者大规模的投机活动冲击下造成的,并且在资本市场和外汇市场同时展开。机构投资者不仅能控制股票价格,而且还能占有中央银行的大量外汇储备,威胁政府的霸权地位,给整个经济造成极大的不稳定。

综上,金融危机是指在金融市场上,由于金融秩序不完善、交易风险管理水平差、市场机制不健全以及国际游资的冲击等原因而引起的动荡现象。其表现为货币市场银根奇紧、资本市场价格暴跌、企业信用破产、银行发生挤兑或停兑、金融机构倒闭等。

(二)金融危机的分类

根据不同的分类标准,金融危机主要有以下几种分类方式:

第一,根据金融危机影响所波及的区域范围,金融危机可以划分为国内金融危机和国际金融危机、区域性金融危机和全球性金融危机。

第二,根据金融危机所研究的对象不同,金融危机可以划分为货币危机、银行危机和债务危机等类型。

第三,根据引起金融危机原因的不同,金融危机可以划分为投机引致的金融危机、货币扩张引致的金融危机、预期引致的金融危机和流动性不足引致的金融危机等类型。

现代金融危机往往是综合性的金融危机,货币危机、银行危机和债务危机常常叠加在一起,导致对整个经济和金融体系的破坏是全方位的、持久的和深入的。

(三)金融危机的特点

第一,金融危机往往肇始于"外部冲击",即对宏观经济体系的外部冲击。

第二,金融危机是经济周期运行中出现的一种金融动荡,并且这种动荡在经济生活中会引起不同程度的带有蔓延性的金融恐慌。这种金融恐慌表现为:资本外逃、外汇市场上出现抛售本币的狂潮、本币大幅贬值、国际储备枯竭等造成国际清偿力严重不足;国内金融市场银根紧缩、金融机构流动性严重缺乏;人们对金融机构丧失信心、大量金融机构因挤兑而接连倒闭;股市和房地产价格狂跌等。

第三,金融危机产生的原因是多方面的,有可能是由经济的周期性波动造成的,也有可能是由于贸易逆差和财政赤字、外债规模超过一国承受能力、金融体系和金融监管制度不完善、国际投机资本恶意冲击等原因造成的。

第四,金融危机对经济会造成巨大的危害。

二、国际金融危机

国际金融危机是指一国所发生的金融危机通过各种渠道传递到其他国家,从而引起国际范围内金融危机爆发的一种经济现象。其具体形式有:国际货币危机、国际债务危机、国际银行危机。

(一)国际货币危机

国际货币危机,即一国货币汇率短时间内出现异常剧烈的波动,并导致相关国家或地区乃至全球性的货币支付危机发生的一种经济现象。

1. 第一代货币危机理论

第一代货币危机理论的代表人物是鲍尔·克鲁格曼(Paul Krugman)、罗伯特·弗勒德(Robert P. Flood)和彼得·M.加伯(Peter M. Garber)。第一代货币危机理论假定政府为解决赤字问题会不顾外汇储备的多少无限制地发行纸币,央行为维持固定汇率制会无限制的抛出外汇直至消耗殆尽。该理论的基础在于当经济的内部均衡与外部均衡发生冲突时,政府为维持内部均衡而采取的特定政策必然会导致外部均衡丧失,这将持续消耗政府外汇,在临界点时,投机者的冲击将导致货币危机。

该理论认为一国的经济基本面决定了货币对外价值稳定与否,决定了货币危机是否会爆发、何时爆发。当一国的外汇储备不足以支撑其固定汇率长期稳定时,该国储备是可耗尽的,政府在内部均衡与外部均衡发生冲突时,政府为维持内部均衡而干预外汇市场的必然结果是外汇影子汇率与目标汇率发生持续的偏差,而这为外汇投机者提供了牟取暴利的机会。第一代货币危机理论认为一国内部均衡与外部均衡的矛盾,即一国固定汇率制面临的问题源于为弥补政府不断扩大的财政赤字而过度扩张的国内信贷。公共部门的赤字持续"货币化",利息平价条件会诱使资本流出,导致本国外汇储备不断减少。在外汇储备减少到某一个临界点时,投资者出于规避资本损失(或是获得资本收益)的考虑,会向该国货币发起投机冲击。由于一国的外汇储备是可耗尽的,政府所剩余的外汇储备在极短的一段时间内将被投机者全部购入,政府被迫放弃固定汇率制,货币危机就此爆发。事实上,由于投机者的冲击,政府被迫放弃固定汇率制的时间将早于政府主动放弃的时间,因此,社会成本会更大。

第一代货币危机理论表明,投机冲击和汇率崩溃是微观投资者在经济基本面和汇率制度间存在矛盾情形下理性选择的结果,并非所谓的非道德行为,因而这类模型也被称为理性冲击模型(Ration Attack Model)。

从该理论的模型分析中可以得出一些政策主张。例如,通过监测一国宏观经济的运行状况可以对货币危机进行预测,并在此基础上及时调整经济运行,避免货币危机的爆发或减轻其冲击强度。避免货币危机的有效方法是实施恰当的财政、货币政策,保持经济基本面健康运行,从而维持民众对固定汇率制的信心。否则,投机活动将迫使政府放弃固定汇率制,调整政策,市场也将借此起到"惩罚"先前错误决策的作用。从这个角度看,资本管制将扭曲市场信号,应该予以放弃。

2.第二代货币危机理论

第二代货币危机理论的主流代表人物是 Maurice Obstfeld、Gerardo Esquivel 和 Felipe larrain。第一代货币危机理论的缺陷在于其理论假定与实际偏离太大,对政府在内、外均衡的取舍与政策制定问题论述上存在着很大的不足。而且经济基本面的稳定可能并不是维持汇率稳定的充分条件,单纯依靠基本经济变量来预测与解释危机,显得非常单薄。20世纪80年代中后期,经济学家开始从经济基本面没有出现持续恶化这一角度解释货币危机,并探讨货币危机爆发的可能性,这就是第二代货币危机理论。这一代理论有2个重要的假定:

(1)在该理论中,政府是主动的行为主体,政府的行为目的是最大化其目标函数,汇率制度的放弃是央行在"维持"和"放弃"之间权衡之后作出的选择,不一定是外汇储备耗尽之后的结果。政府出于一定的原因需要保卫固定汇率制,也会因某种原因弃守固定汇率制。当公众预期或怀疑政府将弃守固定汇率制时,保卫固定汇率制的成本将会大大增加。

(2)引入博弈。在动态博弈过程中,央行和市场投资者的收益函数相互包合,双方均根据对方的行为或有关对方的信息不断修正自己的行为选择,而自身的这种修正又将影响对方的行为。因此,经济可能存在一个循环过程,出现"多重均衡"。其特点在于自我实现(Self－Fulfilling)危机存在的可能性,即一国经济基本面可能比较好,但是其中某些经济变量并不是很理想,由于种种原因,公众当中会发生观点、理念、信心上的偏差,公众信心不足通过市场机制扩散,导致市场共振,从而促使危机自动实现。所以,这类理论模型也被称为"自我实现式"危机模型。

以Obstfeld为首的一些学者在模型中仍然注重经济基本面这一因素,在其理论论述中勾勒出基本经济变量的中间地带。他们认为,在经济未进入该地带时,经济基本面决定了危机爆发的可能性,此时,危机完全不可能发生或必然发生;而当经济处于这一中间地带时,主导因素就变成投资者的主观预期,危机是否爆发就不是经济基本面的变化所能解释的。该理论认为问题的关键仍然在于内外均衡之间的矛盾。政府维持固定汇率制是有可能的,但是成本可能会很高,政府的愿望与公众的预期偏离越大,维持固定汇率制的成本越高。因此,当公众产生不利于政府的预期时,投机者的行为将导致公众丧失信心从而使政府对固定汇率制的保卫失败,危机将提前到来。该理论认为,从这一角度而言,投机者的行为是不公正的,特别是对东道国的公众来说,是不公正的、不道德的。

第二代货币危机理论注重危机的"自我实现"性质,该理论认为仅仅依靠稳健的国内经济政策是不足以抵御货币危机的,固定汇率制的先天不足使其易受投机冲击,选择固定汇率制,必须配之以资本管制或限制资本市场交易。

3. 第三代货币危机理论

1997年下半年爆发的东南亚货币危机引起了学术界的广泛关注,一些学者,例如克鲁格曼(Krugman)认为这次货币危机在传染的广度与深度、转移及对国际收支平衡的影响等方面与以往的货币危机均有显著的区别,原有的货币危机理论对此次货币危机的解释力不足,应有所突破。第三代货币危机理论因此产生。

克鲁格曼认为,这次货币危机对于远在千里之外、彼此联系很少的经济体都造成影响,因此多重均衡是存在的,某些经济体对于公众的信心的敏感度很高,这些经济体的货币危机可能由外部的与自己关联并不大的经济体中发生的货币危机所带来的公众信心问题而诱发。东南亚经济经常账户逆转的原因主要在于危机中货币大幅度贬值和严重的经济衰退所带来的进口大量减少。因此,存在一个转移问题,这是为以往的货币危机理论所忽略的。在以往的货币危机理论中,模型的构造者将注意力放在投资行为而非实际经济上,单商品的假定中忽视了贸易和实际汇率变动的影响。因此,货币理论模型的中心应该讨论由于实际贬值或者是经济衰退所带来的经常账户逆转以及与之相对应的资本流动逆转的需求问题。他认为,这场货币危机的关键问题并不是银行,而在于企业,本币贬值、高利率以及销售的下降恶化了企业的资产负债表,削弱了企业财务状况,这一问题并非银行本身的问题。即使银行重组对金融状况大大恶化了的公司来说也是于事无补的。克鲁格曼在单商品的假定之下,建立了一个开放的小国经济模型,在这一模型中,克鲁格曼增加了商品对进口商品的不完全替代性,分析了贸易及实际汇率变动的影响与效应。总的说来,克鲁格曼在他的第三代货币危机理论中强调以下几个方面。

(1)克鲁格曼提出了金融过度(Financial Excess)的概念。金融过度这一概念主要是针对金融中介机构而言的。在金融中介机构无法进入国际市场时,过度的投资需求并不会导致大规模的过度投资,而是市场利率的升高。当金融中介机构可以自由进出国际金融市场时,金融中介机构的道德冒险会转化成为证券金融资产和房地产的过度积累,这就是金融过度。金融过度加剧了一国金融体系的脆弱性,当外部条件合适时,将导致泡沫破裂,发生危机。

(2)亲缘政治的存在增加了金融过度的程度。这些国家表面上健康的财政状况实际上有大量的隐性赤字存在:政府对与政客们有裙带关系的银行、企业提供各种隐性担保,增加了金融中介机构和企业道德冒险的可能性,它们的不良资产就反映政府的隐性财政赤字。东南亚国家持续了几十年的亲缘政治使国家经济在90年代大规模的对外借款中处于一种金融崩溃的风险之中,这种风险来自于他们采用的准固定汇率贬值的可能性。

(3)类似于东南亚的货币危机关键因素在于企业。由于销售疲软、利息升高和本币贬值,企业的资产负债表出现财务困难,这限制了企业的投资行为。企业的资产负债表出现的财务困难还包括了由前期资本流入所带来的实际汇率变化的影响。这一分析表面看是论述货币贬值对企业乃至整个实体经济的影响,实际上,在危机爆发前投资者的行为函数里可能已经包含了对这种变化的预期,这就加强了他们抛售本币的决心,这也是一种自我实现的现象。

(4)克鲁格曼理论模型表明存在3个均衡,中间均衡是不稳定的,可以不用考虑,另外2个均衡是本国回报率等于外国回报率的高水平均衡及低水平均衡。

在这种低水平均衡上,贷款者不相信本国企业有任何担保,对它们不提供贷款,这一行为意味着实际汇率将可能贬值,实际汇率的不利影响意味着企业的破产,而这又从实际中对先前的悲观态度作出了佐证,形成一种恶性循环。因此,克鲁格曼认为,金融体系在货币危机中发生崩溃并非是由于先前投资行为失误,而是由于金融体系的脆弱性。导致金融体系可能发生崩溃的因素有:高债务因素、低边际进口倾向和相对出口而言大规模的外币债务。

(5)保持汇率的稳定,实际上是一个两难的选择,因为保持汇率的稳定是在关闭一条潜在的引发金融崩溃的渠道的同时打开了另外一个。如果债务较大,杠杆效应较明显,维持实际汇率的成本就是产出的下降,而且这种下降是自我加强的。这对企业而言,仍然会带来相同的不良后果。

(6)克鲁格曼的理论模型分析所蕴涵的政策建议有3部分:

①预防措施。克鲁格曼认为银行的道德冒险并不足以解释危机,一个谨慎的银行体系并不足以保持开放经济不受自我加强式金融崩溃的风险的威胁。而当一国的资本项目可自由兑换时,对短期债务加以限制的作用是不大的,因为短期债务只是众多资本外逃方式下的一种。即使外债全是长期的,如果公众预期将发生货币危机,国内的短期债务的债权人拒绝将信贷延期也会导致汇率贬值,带来企业破产。因此,最好的方式是企业不持有任何期限的外币债务,因为对于金融体系不完善的国家来说,国际融资存在着外部不经济,它会放大实际汇率变动的负面冲击影响,从而导致经济衰退。

②对付危机。克鲁格曼认为对付危机存在两种可能性选择,一是紧急贷款条款,紧急贷款的额度必须要足够大以加强投资者的信心;另一种是实施紧急资本管制,因为这样可以有效、最大限度地避免资本外逃。

③危机后重建经济。克鲁格曼认为应对危机的关键在于恢复企业和企业家的投资能力。可以在私人部门实施一定的计划,以帮助本国的企业家或者培养新的企业家,或者两者同时实施。培养新的企业家有一个迅速有效的办法,那就是通过引进FDI来引进企业家。

4.三代货币危机理论的比较

三代货币危机理论都是在单商品的假定下展开的,研究的侧重面各有不同。

第一代着重讨论经济基本面,第二代的重点放在危机本身的性质、信息与公众的信心上,而到第三代货币危机理论,焦点则是金融体系与私人部门,特别是企业。

第一代货币危机理论认为一国货币和汇率制度的崩溃是由于政府经济政策之间的冲突造成的,这一代理论用来解释70年代末、80年代初的"拉美"式货币危机最有说服力,对1998年以来俄罗斯与巴西由财政问题引发的货币波动同样适用。

第二代货币危机理论认为政府在固定汇率制上始终存在动机冲突,公众认识到政府的摇摆不定,如果公众丧失信心,金融市场并非天生有效的,存在种种缺陷。这时,市场投机以及羊群行为会使固定汇率制崩溃,政府保卫固定汇率制的代价会随着时间的延长而增大。第二代理论应用于实践的最好的例证是1992年英镑退出欧洲汇率机制的情况。

第三代货币危机理论认为危机的关键在于企业、脆弱的金融体系以及亲缘政治,这是东南亚货币危机之所以发生的原因所在。在对于东南亚金融危机的解释上,理论界存在着两种看法:一种认为这并非是新的危机,已有的货币危机理论已经足以解释;另一种则认为已有危机理论无法充分解释,并导致第三代货币危机理论的发展。事实上,这两种观点之间没有本质的分歧,各自从不同的侧重点回答这次危机是否是一次新的危机。前者强调原有两代理论的思路和方法仍适用于本次危机,特别是第二代货币危机理论中既给予基本面以重要地位又承认多重均衡、自我实现式冲击的存在这一模型具有良好的解释力,与此同时他们并不否认东南亚国家危机前的特征与历史上货币危机前的特征的差异。至于后者,他们更强调本次危机发生前的新表现,认为应寻找新的危机的形成和传导机制,用主流方法建立模型,但其建模的方法和对诸如自我实现、多重均衡等核心概念的认识与应用与已有的文献仍然是一致的。

这三代货币危机理论的发展表明,货币危机理论的发展取决于有关货币危机的实证研究的发展和其他相关领域研究工具或建立模型方法的引入与融合。这三代货币危机理论虽然从不同的角度回答了货币危机的发生、传导等问题。但是,关于这方面的研究还远不是三代危机理论所能解决的。例如,这三代危机理论对各种经济基本变量在货币危机积累、传导机制中的作用,对信息、新闻、政治等短期影响投资者交易心理预期因素的研究都显现出很大的欠缺。同时,这三代货币危机理论对于资本管制下货币危机爆发的可能性、传导渠道等均未涉及,其中第三代货币危机理论认为紧急资本管制是应付货币危机的手段之一。

(二)国际债务危机

国际债务危机,是指在国际债权债务关系中,债务国因经济困难或其他原因,不能按照债务契约规定按时偿还债权国的债务本金和利息所引发的危机事件。

根据国际货币基金组织、国际清算银行、世界银行和经济合作与发展组织有关资料的描述,一个国家的国际债务可定义为"对非本国居民以外国货币或本国货币承担的具有契约性偿还义务的全部债务"。一国的国际债务也即该国的外债。但判断一笔债务是否属于国际债务或外债还应具体分析这笔债务的偿还是否直接影响一国的外汇储备。这一定义对国际债务有两个基本的判断:一是债权方必须是非本国居民,对本国居民的负债,包括外币负债均不在国际债务之

第九章 国际金融危机与金融监管

列;二是债务必须具有契约性偿还义务,按此定义国际债务不包括外国直接投资,因为它不是"具有契约性偿还义务"的债务。

国际货币基金组织和经济合作与发展组织计算国际债务的口径大致分为以下几项:其一,官方发展援助。即经合组织成员国提供的政府贷款和其他政府贷款;其二,多边贷款。这项包括国际金融机构(如世界银行、亚洲开发银行等机构的贷款);其三,国际货币基金组织的贷款;其四,债券和其他私人贷款;其五,对方政府担保的非银行贸易信贷(如卖方信贷);其六,对方政府担保的银行信贷(如买方信贷等);其七,无政府担保的银行信贷(如银行同业拆借等);其八,外国使领馆、外国企业和个人在一国银行中的存款;其九,公司、企业等从国外非银行机构借入的贸易性贷款。

根据《新帕尔格雷夫货币金融大辞典》,债务危机(Debt Crisis)是指任何不能按计划还本和(或)付息并由此损害其他债权人财务健康的情况。通常,债务人不能按期履约情形发生后,债权人会接着切断进一步的贷款,从而使最初的情况加剧。如果无力偿还是一个长期情况,它通常会被归结为"无力偿付"(Insolvency)问题。如果它是由暂时的现金短缺造成的(如由于罢工、自然现象或价格的暂时下降等引起的),那么可以将它看成是"流动性不足"(Illiquidity)问题。在高利率的条件下,流动性不足问题可以迅速变为无力偿付问题。

国际债务危机的爆发是国内、国际因素共同作用的结果,但外因往往具有不可控性质,且外因总是通过内因而起作用。因此,从根本上说债务危机产生的直接原因在内因,即对国际资本盲目借入、使用不当和管理不善而导致的结果。具体表现为:

1. 外债规模膨胀

如果把外债视为建设资金的一种来源,就需要确定一个适当的借入规模。因为资金积累主要靠本国的储蓄来实现,外资只能起辅助作用。而且,过多地借债如果缺乏相应的国内资金及其他条件的配合,宏观经济效益就得不到应有的提高,进而可能因沉重的债务负担而导致债务危机。现在国际上一般把偿债率作为控制债务规模的标准。因为外债的偿还归根到底取决于一国的出口创汇能力,所以举借外债的规模要受制于今后的偿还能力,即扩大出口创汇能力。如果债务增长率持续高于出口增长率,就说明国际资本运动在使用及偿还环节上存在着严重问题。理论上讲,一国应把当年还本付息额对出口收入的比率控制在20%以下,超过此界限,借款国应予以高度重视。

2. 外债结构不合理

在其他条件相同的情况下,外债结构对债务的变化起着重要影响。外债结构不合理主要表现有:其一,商业贷款比重过大。商业贷款的期限一般较短,在经济较好或各方一致看好经济发展时,国际银行就愿意不断地贷款,这些国家就可以不断地通过借新债还旧债来"滚动"发展。但在经济发展中一旦出现某些不稳定因素，如政府的财政赤字、巨额贸易逆差或政局不稳等使市场参与者失去信心，外汇储备不足以偿付到期外债时，汇率就必然大幅度下跌。这时，银行到期再也不愿贷新款了。为偿还到期外债，本来短缺的外汇资金这时反而大规模流出，使危机爆发。其二，外债币种过于集中。如果一国外债集中于一两种币种，汇率风险就会变大，一旦该外币升值，则外债就会增加，从增加偿还债务的困难。其三，期限结构不合理。如果短期外债比重过大，超过国际警戒线，或未合理安排偿债期限，都会造成偿债时间集中，若流动性不足以支付到期外债，就会爆发危机。

3.外债使用不当

借债规模与结构确定后，如何将其投入适当的部门并最大地发挥其使用效益，是偿还债务的最终保证。从长期看，偿债能力取决于一国的经济增长率，短期内则取决于它的出口率。所以人们真正担心的不是债务的规模，而是债务的生产能力和创汇能力。许多债务国在大量举债后，没有根据投资额、偿债期限、项目创汇率以及宏观经济发展速度和目标等因素综合考虑，制定出外债使用走向和偿债战略，不顾国家的财力、物力和人力等因素的限制，盲目从事大工程建设。由于这类项目耗资金、工期长，短期内很难形成生产能力，难以创造出足够的外汇，从而造成债务积累加速。同时，不仅外债用到项目上的资金效率低，而且还有相当一部分外债根本没有流入到生产领域或用在资本货物的进口方面，而是盲目过量地进口耐用消费品和奢侈品，这必然导致投资率的降低和偿债能力的减弱。而不合理的消费需求又是储蓄率降低的原因，使得内部积累能力跟不上资金的增长，进而促使外债的进一步增加。有些国家则是大量借入短期贷款在国内作长期投资，而投资的方向主要又都是房地产和股票市场，从而形成泡沫经济，一旦泡沫破灭，危机也就来临了。

4.对外债缺乏宏观上的统一管理和控制

外债管理需要国家对外部债务和资产实行技术和体制方面的管理，提高国际借款的收益，减少外债的风险，使风险和收益实现最圆满的结合。这种有效的管理是避免债务危机的关键所在。其管理的范围相当广泛，涉及外债的借、用、还各个环节，需要政府各部门进行政策协调。如果对借用外债管理混乱，多头举债，无节制地引进外资，往往会使债务规模处于失控状态和债务结构趋于非合理化，它妨碍了政府根据实际已经变化了的债务状况对政策进行及时调整，而政府一旦发现政策偏离计划目标过大时，偿债困难往往已经形成。

5.外贸形势恶化，出口收入锐减

由于出口创汇能力决定了一国的偿债能力，一旦一国未适应国际市场的变化及时调整出口产品结构，其出口收入就会大幅减少，经常项目逆差就会扩大，从而严重影响其还本付息能力。同时巨额的经常项目逆差进一步造成了对外资的依赖,一旦国际投资者对债务国经济前景的信心大减,对其停止贷款或拒绝延期,债务危机就会爆发。债务危机严重干扰了国际经济关系发展的正常秩序,是国际金融体系紊乱的一大隐患,尤其对危机爆发国的影响更是巨大,给经济和社会发展均会造成严重的后果。

国际债务危机对国内投资、通货膨胀、经济增长、金融体系以及社会产生不同程度的影响,具体包括:

1. 国内投资规模会大幅缩减

第一,为了还本付息的需要,债务国必须大幅度压缩进口以获得相当数额的外贸盈余。因此,为经济发展和结构调整所需的材料、技术和设备等的进口必然受到严重抑制,从而造成生产企业投资的萎缩,甚至正常的生产活动都难以维持。第二,债务危机的爆发使债务国的国际资信大大降低,进入国际资本市场筹资的渠道受阻,不仅难以借到条件优惠的贷款,甚至连条件苛刻的贷款也不易借到。同时,国际投资者也会视危机爆发国为高风险地,减少对该国的直接投资。外部资金流入的减少,使债务国无法筹措到充足的建设资金。第三,危机爆发后国内资金的持有者对国内经济前景持悲观态度,也会纷纷抽回国内投资,这不仅加重了国家的债务负担,也使国内投资资金减少,无法维持促进经济发展应有的投资规模。

2. 通货膨胀会加剧

债务危机爆发后,流入债务国的资金大量减少,而为偿债流出的资金却越来越多。资金的流出,实际上就是货物的流出,因为债务国的偿债资金主要是依靠扩大出口和压缩进口来实现的。由于投资的缩减,企业的生产能力也受到影响,产品难以同时满足国内需求与出口的需要。为还本付息,国家将出口置于国内需求之上。另一方面,进口商品中一些基本消费品也大幅减少。当国内市场的货物供应量减少到不能满足基本要求,以至发生供应危机时,通货膨胀就不可避免。此外,在资金巨额净流出、头寸短缺的情况下,债务国政府往往还会采取扩大国内公债发行规模和提高银行储蓄利率等办法来筹措资金。但筹措到的资金相当大一部分是被政府用于从民间购买外币偿还外债,这必然造成国内市场货币流通量增多。由于这部分资金较少用于投资,不具有保值更无增值的效应。这样,在公债到期偿还或储户提款时,国家银行实际并无能力偿还,于是不得不更多地发行利率更高、期限更短的新债券,并扩大货币发行量,在这种情况下,通货膨胀不可避免。

3. 经济增长会减慢或停滞

为制止资金外流,控制通货膨胀,政府会大幅提高利率,使银根进一步收紧,而为偿债需兑换大量的外汇,又使得本币大幅贬值,企业的进口成本急剧升高。

资金的缺乏及生产成本的上升，使企业的正常生产活动受到严重影响，甚至破产、倒闭。投资下降，进口减少，虽然有助于消除经济缺口，但生产的下降势必影响出口的增长。出口若不能加速增长，就无法创造足够的外汇偿还外债，国家的债务负担也就难以减轻。这些都使国家经济增长放慢，甚至会出现较大幅度的倒退。例如，20 世纪 80 年代拉丁美洲爆发债务危机后，其经济发展基本上在原地踏步。整个 80 年代，拉丁美洲国内生产总值累积增长 12.4%，而人均增长为 －9.6%。而亚洲金融危机中深受外债危机困扰的泰国、印度尼西亚与韩国的 1998 年国内生产总值增长率预计值分别为 －5.5%、－14% 与 －2%。

4. 社会后果严重

随着经济衰退的发生，大批工厂、企业倒闭或停工停产，致使失业人口剧增。在高通货膨胀情况下，职工的生活也受到严重影响，工资购买力不断下降，对低收入劳动者来说，更是入不敷出。失业率的上升和实际工资的下降使债务国人民日益贫困化，穷人队伍越来越庞大。另一方面，因偿债实行紧缩政策，债务国在社会公共事业发展上的投资经费会越来越少，人民的生活水平也会日趋恶化。因此，人民的不满情绪日增，他们反对政府降低人民的生活水平，反对解雇工人，要求提高工资。而政府在债权银行和国际金融机构的压力下，又不得不实行紧缩政策。在此情况下，会导致民众用游行示威甚至暴力的方式表示对现状的极度不满，从而导致政局不稳和社会动乱。

5. 对国际金融体系的影响

债务危机的产生对国际金融体系运作的影响也是十分明显的。首先，债权国与债务国同处于一个金融体系之中，一方遭难，势必会牵连另一方。债权人若不及时向债务国提供援助，就会引起国际金融体系的进一步混乱，从而影响世界经济的发展；其次，对于那些将巨额贷款集中在少数债务国身上的债权银行来说，一旦债务国倒账，必然使其遭受严重损失，甚至破产；第三，债务危机使债务国国内局势急剧动荡，也会从经济上甚至政治上对债权国产生不利影响。在这种情况下，债权人不得不参与债务危机的解决。

(三) 国际银行危机

国际银行危机，是指由于国际银行业出现信用危机，从而导致地区性或全球性银行也出现经营困难甚至发生银行破产的一种经济现象。

1. 银行危机(Banking Crises)的定义

1997 年 11 月，国际货币基金组织在其出版物《国际资本市场》中关于银行危机的定义是：银行业危机是许多银行面临严重的流动性或清偿力问题或两种问题兼而有之的情况。

1998 年 3 月，德米尔古斯-肯特(Asli Demirgüç-Kunt)和德特拉吉亚彻(Enrica Detragiache)在《国际货币基金组织工作人员论文》(IMF Staff Papers)

第 45 卷第 1 期发表"发展中国家与发达国家银行危机的决定因素"(The Determinants of Banking Crises in Developing and Developed Countries)一文，他们认为，只要符合下列 4 个条件之一的就可定义为银行危机：其一，银行系统的不良贷款比率超过 10%；其二，援救成本至少超过国内生产总值的 2%；其三，银行部门的问题导致银行系统被大规模国有化；其四，大量的银行挤兑或紧急措施如存款冻结，延长银行假期，或政府采取对所有存款进行担保的措施等。

1998 年 5 月，国际货币基金组织在其出版物《世界经济展望》中关于银行危机的定义是：银行业危机是由于实际或潜在的银行运行障碍或违约导致银行中止其负债的内部转换，或迫使政府提供大规模援助进行干预以阻止这种局势发生。

1999 年 6 月，卡明斯基(Graciel L. Kaminsky)和雷因哈特(Carmen M. Reinhart)在《美国经济评论》(the American Economic Review)第 89 卷第三期上发表了题为"双生危机——银行与国际收支问题的原因"(The Twin Crises: The Causes of Banking and Balance of Payments Problems)的论文，在该论文中是这样定义银行危机的：其一，发生了银行挤兑，并导致银行被关闭、合并或接管；其二，没有发生挤兑、关闭、合并或接管，但是出现了政府对某家或某些重要金融机构（这里指的是银行）的大规模援救。

综上，银行危机的实质是，由于各种原因导致银行的流动性或清偿力的过度丧失所带来的市场失败。其界定标准是：其一，依靠自身的资源难以支付到期债务；其二，出现了大规模的银行挤兑(Bank Runs)；其三，大量银行倒闭；其四，政府大规模强制性援救。只要这四种情况中的任何一种出现了，就应该认定发生了银行危机。

2. 银行危机成因的理论解释——金融脆弱性理论

(1)早期的金融脆弱性理论。金融脆弱性理论的最早期版本是货币脆弱性理论。马克思(Marx)认为，货币在产生的时候就已经具有特定的脆弱性。在商品经济中，货币的脆弱性表现在 3 个方面：一是商品的价格经常背离其价值；二是货币的购买力总是处于不断的波动之中；三是货币支付手段的职能有可能导致债务链的断裂。因而，货币的脆弱性是与生俱来的。针对 1873 年前后经济危机中银行大量倒闭的现象，马克思又提出银行体系内在脆弱性假说，从信用制度的角度来分析银行的脆弱性，认为银行体系加速了私人资本转化为社会资本的进程，为银行信用崩溃创造了条件。

索尔斯坦·凡勃伦(Thorstein Veblan)在 1904 年出版了《工商企业理论》(the Theory of Business Enterprise)一书，在该书中提出金融不稳定的概念。他认为：一方面，证券交易的周期性崩溃在于市场对企业的估价依赖于并逐渐脱离企业的盈利能力；另一方面，资本主义的经济发展最终导致社会资本所有者的缺位,结果其本身存在周期性动荡因素,这些因素主要集中在银行体系中。

凯恩斯从货币职能和特征的角度也分析了货币的脆弱性。在货币需求理论中,凯恩斯认为,货币可以作为现时交易之用,也可以作为贮藏财富之用。人们愿意用不生息或生息很少的方式而不用产生利息的方式持有财富,是因为货币能够用于现货交易,在一定限度内,值得为它所具有的流动性牺牲利息。此外,相信未来利率将高于现在市场利率的货币持有者,愿意保持现金。上述原因会使一部分人保存货币,持币待购或持币不购,这将打破货币收入和货币支出的平衡关系,造成买卖脱节,供求失衡,供给不能自动创造需求,最终将导致有效需求不足,工人失业,经济危机便不可避免,金融危机也随之发生。

费雪(Fisher)是最早开始对金融脆弱性机制进行较深入研究的经济学家之一,通过总结前人的研究成果,他认为金融体系的脆弱性与宏观经济周期密切相关,尤其与债务的清偿紧密相关,是由过度负债产生债务——通货紧缩过程而引起的。他指出:银行体系脆弱性很大程度上源于经济基础的恶化,这是从经济周期角度来解释银行体系脆弱性的问题。债务——通货紧缩理论对1873～1879年美国经济不景气、1929～1933年全球性经济大萧条具有很强的解释意义。

(2)现代金融脆弱性理论。现代金融脆弱性理论的代表人物是海曼·明斯基(Hyman Minsky)和克瑞格(J. A. Kregel)。他们研究的是银行信贷市场上的脆弱性,所不同的是前者是从企业角度研究,而后者是从银行角度研究。

企业角度的金融脆弱性理论。1982年,明斯基在"金融不稳定性假说——资本主义过程与经济行为(the Financial Instability Hypothesis: Capitalist Process and the Behavior of the Economy)"一文中最先对金融脆弱性问题做了比较系统的解释,形成了"金融不稳定性假说",即"金融脆弱性假说"。他对资本主义繁荣和衰退的长期(半个世纪)波动情况进行了分析,他认为在延长了的繁荣期中就已播下了金融危机的种子。这个50年的长周期以20年或30年的相对繁荣期开始,在繁荣期,贷款人受经济形势驱使而使信贷越来越容易获得,而工商企业必然利用这一宽松环境进行积极的借款。明斯基把借款公司按其金融状况分为三类:第一类是保值性的借款企业(Hedge-Financed Firm);第二类是投机性的借款企业(Speculative-Financed Firm);第三类是庞齐借款企业(Ponzi Financed Firms)。在经济出现繁荣形势的诱导和追求更高利润的驱动下,金融机构逐渐地放松了贷款条件,而借款企业受宽松的信贷环境的鼓励,倾向于采取更高的负债比率。越来越多的企业显现出风险较高的两种金融状况,即投机性和庞齐性,而保值性企业的数量减少。经历了一个长经济周期的持续繁荣阶段之后,经济形势开始走向反面。此时,经济已为衰退做好准备,任何引起生产企业信贷中断的事件,都将引发生产企业拖欠债务和破产,企业反过来又影响金融部门,导致银行破产。一旦经济中出现引起信贷中断的不利事件,银行就会不愿向经济中的生产部门提供新贷款,并产生从金融部门开始的多米诺骨牌效应。经济由此开始处于长期的周期性下降阶段,并且只有再过50年,才能完全恢复。明斯基给出解释这种金融脆弱性的两个主要原因:一个是代际遗忘解释(Generational Ignorance Argument),是指由于上一次金融危机已经过去很久,一些利好事件推动着金融业的繁荣,贷款人对眼下利益的贪欲战胜了对过去危机的恐惧。因为人们认为当前资产价格的上涨趋势将持续下去,于是推动了更多的购买。此外,银行的道德风险将代际遗忘的时间大大缩短。另一个是竞争压力解释(Rivalrous Pressure Argument),是指银行出于竞争的压力而做出许多不审慎的贷款决策。在经济高涨期,借款需求巨大,如果个别银行不能提供充足的贷款,就会失去顾客。很少有银行能承受这种损失,因此每家银行都向其顾客提供大量贷款,而不顾及最终的累积性影响。由于从借款开始高涨到最终的结账日,期间的间隔可能很长,以至于发放贷款的银行从来不会因为他们自己的行为后果而直接遭受损失。

银行角度的金融脆弱性理论——安全边界说。格雷厄姆(B. Graham)和多德(D. L. Dodd)认为,利息承诺的收益保障是安全边界的最全面衡量手段。安全边界的作用在于,提供一种保护,以防不测事件使得未来不能有良好记录。商业银行的信贷决定还主要是遵守所谓的摩根规则(JP Morgan Rule),即是否贷款主要看借款人过去的信贷记录,而不用过多关注未来预期。但凯恩斯认为,人们极其缺乏决定长期投资项目收益的知识,因此借款人过去的信用记录没有太大意义。他认为商业银行的贷与不贷偏好依照惯例或其他金融机构的普遍看法,以及参照其他银行正在贷款给什么项目。经济扩张、安全边界与信用记录权重的相互配合,使他们都变得很自信,没有发现信用风险敞口正在扩大,于是产生了金融脆弱性。借款人与商业银行的经历类似,只是有个假设条件,即企业所投资的项目将会产生足够的利润用来还本付息。在向银行借款时,企业的这个假设条件并没有基础。然而,随着时间的推移,实际情况越来越多的验证甚至超过预期,使借款人对自己当初的投资充满信心。但这种实际情况有时并不是真实的,正如凯恩斯所指出的,这种繁荣并不是企业的真实能力,仅仅是由于投资在一个扩张的环境中而已。明斯基认为,人们生活在一个不确定的世界里,当前对未来的看法影响着资本性资产的价格,所以融资条件的形成机制常常是由正的、失衡的反馈所控制。由于扩张期的投资预测错误很难被发现,借款人和银行都变得非常有信心,安全边界就被不断地降低。金融脆弱性正是建立在安全边界的变化上,即那些缓慢的、不易察觉的行为对安全边界进行侵蚀,由此产生金融脆弱性。当安全边界减弱到最低程度时,即经济现实略微偏离预期时,借款企业为了兑现固定现金收入流量承诺,也不得不改变已经计划好了的投资行为。这意味着企业将拖延支付,或另找贷款,若不能实现,就只能推迟投资计划,或变卖投资资产。随之,将开始经历费雪提出的债务——通货紧缩过程。凯恩斯认为,在不能准确预测未来的情形下,假定未来会重复过去,也是一个好的选择。因此,注重以前信贷记录的摩根规则有其合理性,也可认为金融脆弱性具有内在性。克瑞格认为,即使银行和借款人都是非常努力的,但这种努力也是非理性的,对于金融脆弱性也无能为力,这是资本主义制度理性运作的自然结果。

  信息不对称角度的金融脆弱性理论。米什金(Mishkin)认为,由于存在信息不对称所导致的逆向选择(Adverse Selection)和道德风险(Moral Hazard),以及存款者的"囚徒困境"可能引起的存款市场上的银行挤兑,银行等金融机构具有内在的脆弱性。借款人与金融机构间的信息不对称。斯蒂格利茨(Stiglitz)和韦斯(Weiss)的研究表明,在信贷市场上,逆向选择和不当激励总是存在的。从历史经验来看,最容易诱使金融机构陷入困境的是那些在经济繁荣的环境下可能产生丰厚收益,但一旦经济形势逆转便会出现严重问题的投资项目,而这些项目很难用通常的统计方法来做出准确预测。米什金用债务契约的道德风险解释了这一现象。他认为,约束借款人和贷款人之间的契约即债务契约,是一种规定借款人必须定期向贷款人支付固定利息的合约,当企业有较多的利润时,贷款者收到契约性偿付款而不需知道公司的利润。只有当企业不能偿还债务时,才需要合约贷款者来审查企业的盈利状况,而此时已对银行资产质量构成了威胁。虽然贷款人可以通过限制性契约等手段来约束借款者,但并不能预防所有的风险活动,借款者总能找到使限制性契约无法生效的漏洞。存款人与金融机构间信息不对称。由于存款者对银行资产质量信息缺乏充分了解,存款者无法辨别他们的存款银行究竟是否功能健全。在存款基础稳定的条件下,金融机构可以保证足够的流动性以应付日常提款,但是一旦发生任何意外事件,由于金融机构要根据"顺序服务原则"行事,存款者便有强烈的冲动首先要去银行加入挤兑的行列。如果在他们提款时,金融机构资金耗尽,无力支付,他们便不能及时收回全部存款。由此,存款者个体行为理性的结果是导致集体的非理性,这正是博弈论的经典例证"囚徒困境(the Prisoner's Dilemma)"所说明的结论。这意味着在市场信心崩溃面前,金融机构是非常脆弱的。戴蒙德(Diamond)和帝伯维格(Dybvig)提出的银行挤兑模型也很好地说明了这个问题。

  戴蒙德和帝伯维格在1983年发表的"银行挤兑、存款保险与流动性(Bank Runs,Deposit Insurance,and Liquidity)"一文中提出了著名的D-D模型,并论述在金融市场上有可能存在多重均衡。他们指出对银行的高度信心是银行部门稳定性的源泉,银行系统的脆弱性主要源于存款者对流动性要求的不确定性,以及银行资产流动性的缺乏。在此研究基础上,杰克林(Jacklin)和巴塔查亚(Bhattacharya)研究了由于生产回报不确定性带来的银行体系的脆弱性,明确提出了可能引起挤兑的因素。

第二节 当代频发的国际金融危机

一、发展中国家的债务危机

债务危机一般用以下几个指标来衡量：

1. 外债的总量指标

外债的总量指标是对外债承受能力的估计，反映外债余额和国民经济实力的关系。主要指标又有外债余额与国内生产总值的比率，也称"负债率"，一般不得超过10%；外债余额与出口商品和劳务的外汇收入额的比率，也称"债务率"，一般不得超过100%。

2. 外债负担的指标

外债负担的指标是对外偿债能力的估计，反映当年还本付息额与经济实力的关系。主要指标有外债还本付息额/出口商品、劳务的外汇收入额，也称"偿债率"，一般参照系数是20%；当年外债还本付息额与当年财政支出的比率，一般不得高于10%。

3. 外债结构指针

外债结构指针是在既定的外债规模条件下，衡量外债本身内部品质的指针。主要通过债务内部各种对比关系反映举债成本，并预示偿还时间和偿还能力，旨在降低借款成本，调整债务结构，分散债务风险。主要指标有种类结构、利率结构、期限结构和币种结构。如果一国外债负担超过了上述警戒线或安全线，就表明该国发生了债务危机。

(一) 20世纪80年代发展中国家债务危机简介

发展中国家的债务危机起源于20世纪70年代，在80年代初爆发。从1976~1981年，发展中国家的债务迅速增长，到1981年外债总额积累达5550亿美元，以后两年经过调整，危机缓和，但成效并不很大，到1985年底，债务总额又上升到8000亿美元，1986年底为10350亿美元，到1989年，所有发展中国家的债务余额已高达1.262万亿美元，发展中国家债务余额与当年出口额的比率高达187%，其中撒哈拉以南非洲国家的这一比率更是高达371%，到1990年，发展中国家的债务总额已经达到1.341万亿美元。

拉丁美洲地区占全部债务的比重最大，约为1/3，受债务困扰严重的主要是巴西、墨西哥、阿根廷、委内瑞拉、智利和印度等国。1989年，应偿还的债务本金和利息占出口收入额的比重仍在40%以上，远远超过国际公认的20%的警戒线，它们的债务总额占国民生产总值的比重也仍然超过50%。而且，对于这些重债国来说,它的债务 70% 以上是欠国际私人商业银行的贷款,因而还本付息的负担十分沉重。在外债负担最为沉重的国家当中,还有位于撒哈拉南部的非洲国家,这是世界上最为贫穷的地区。它们的外债总额与南美主要债务国相比虽然不大,在 80 年代末仍不到 1300 亿美元,而且其中约 70% 是官方贷款,但是它们的外债总额几乎与国民生产总值相等。

严重的债务危机无论对于债务国,还是对于发达国家的债权银行,乃至整个国际社会,都形成了巨大的压力。包括国际金融组织在内的有关各方为解决债务危机提出了许多设想和建议,包括债务重新安排、债务资本化及证券化等。尽管众多措施对缓解债务危机产生了一定的效果,但国际债务形势仍然十分严重,债务危机还远远没有结束。

(二)20 世纪 80 年代发展中国家债务危机的形成原因

这次国际债务危机的形成,应从债务国国内的政策失误和世界经济外部环境的冲击两方面加以分析。债务国国内经济发展战略的失误和外债管理方针的不当,使外债规模的膨胀超过了国民经济的承受能力,这是危机爆发的内因。而世界经济的衰退以及储备货币国国内的宏观经济政策引起的国际金融市场动荡等,则是诱发债务危机的外部原因。

1. 债务危机爆发的内因

(1)盲目借取大量外债,不切实际地追求高速经济增长。20 世纪 70 年代的两次石油危机使石油输出国手中积累了大量的"石油美元",使国际金融市场资金充裕,利率很低。于是很多国际收支逆差的国家在国际金融市场借取了大量资金,在世界范围内平衡了国际收支。但是其中的一些发展中国家却认为国际金融市场永远可以依靠,特别是一些产油国,急于求成的追求工业化和高速度,过高地估计了本国的生产能力和出口创汇能力。这样,当世界经济转入严重衰退,石油价格大跌,国际金融市场利率急剧上升时,贷款便难以按期偿还。

(2)国内经济政策失误。许多债务国自 20 世纪 70 年代以来,一直采取扩张性的财政政策和货币政策。进入 80 年代后,国际金融市场利率水平开始快速上升,世界贸易也处于停滞状态,这时主要债务国家没有采取适当的汇率和外汇管制措施,造成一系列严重的后果。

(3)所借外债未形成合理的债务结构。外资只能作为内资的补充,对外资的过分依赖必将造成不良后果,陷入债务危机的主要国家无不是在国际资金市场蓬勃发展之时借入了超出自身偿还能力的大量贷款,而且未形成合理的债务结构,即债务的期限结构、利率结构、来源结构等。如在期限结构上,世界银行公布的 17 个重债国均出现债务短期化趋势,即短期债务比重迅速上升。

(4)所借外债没有得到高效利用。重债国的外债资金使用效率低,未能把外债资金有效地用于生产性和创汇盈利性项目,而是将外债资金投向规模庞大而不切实际的长期建设项目,有的项目最终没有形成任何生产能力,显然不能保证外债资金投资项目的收益率高于偿债付息率,这样,在世界经济环境突变之时难以应付,无法如期偿还债务。

2. 债务危机爆发的外部经济条件

(1)20世纪80年代初以发达国家为主导的世界经济衰退。1979年的石油价格大幅上涨,诱发了世界经济的衰退。以美国为首的发达国家为了转嫁国内危机,纷纷实行严厉的贸易保护主义政策,利用关税和非关税贸易壁垒减少进口,使发展中国家的出口产品价格,尤其是低收入国家主要出口的初级产品的价格以及石油价格大幅下降。由此,发展中国家的出口收入突然下降,于是他们的偿债能力自然要下降,债务危机也就在所难免。

(2)国际金融市场上利率和美元汇率的上升。1980年,美国为克服国内经济严重的滞胀,实行了紧缩货币和扩张财政的宏观经济政策,致使国内金融市场利率水平大幅度提高,从而吸引了大量国际资金流向美国,同时还形成美元汇率的大幅攀升。其他主要发达国家为了避免国内资金大量外流,也不得不相应提高其利率水平,从而形成世界范围的利率水平大幅上升。发展中国家的外债多数为浮动利率的商业性贷款,国际金融市场利率水平的上升大大加重了其偿债负担。同时,由于所借债务主要是美元债务,高利率形成的美元汇率上升,也必然会对债务国形成不利影响。

总之,国际债务危机的产生有着多方面的原因。从根本上说,这是世界经济多种矛盾发展激烈的结果,是长期以来国际经济发展不平衡造成的。国际债务危机的爆发对国际金融市场的正常运转产生了严重干扰,尤其是国际商业银行在管理上面临一场新的挑战。

(三)20世纪80年代发展中国家债务危机的解决办法

如何还债,是国际金融市场正常运行的焦点问题。面临严重的债务危机,各债务国、债权国的政府、商业银行和国际金融机构都采取了一系列缓和债务危机的措施:

第一,国际债务危机爆发后,引起国际金融界的巨大震动,在墨西哥宣布无力偿还债务的数天之内,国际社会就采取了一系列紧急措施,如美国政府连续提供近30亿美元的贷款,国际清算银行提供了近10亿美元的过渡性贷款,主要债权国的出口信贷机构也同意对墨西哥增加20亿美元的贷款。此外,世界银行和一些国际性开发银行,也为债务国提供了相当数量的援助性贷款,同时国际货币基金组织着手制定大规模的援助性贷款计划。对墨西哥的挽救计划成为此后几十个债务国重新安排到期债务的样板。在国际货币基金组织的协调下,由债权国银行、债权国政府和债务国政府共同协商,重新安排到期债务,即修改原贷款协议,延长偿还债期。官方间债务的重新安排,一般通过"巴黎俱乐部"或国际援助财团进行,而欠商业银行的债务则由国际货币基金组织带头进行,这就是最初的援助措施。其意义是有助于债务国暂时渡过难关,但紧缩性的政策使债务国的生产和生活水平急剧下降。国际货币基金组织提供的金融挽救计划不是解决问题的根本途径,反而会使债务危机愈演愈烈,最终失去控制,然后通过连锁反应,波及全球。

第二,到1985年下半年,发展中国家的债务问题又紧张起来。1985年10月,在国际货币基金组织的年会上,美国财政部长贝克提出了解决中等收入水平的主要债务国债务问题的"贝克方案"。方案包括三个要素:一是在债务国中实行全面的宏观经济和机构改革,允许市场力量和私人企业在经济中发挥更大作用,鼓励更多的国内储蓄和投资,减少预算赤字,使贸易和金融自由化。二是要求在三年内净增商业贷款200亿美元,为债务国启动经济提供新的周转资金。三是发挥国际货币基金组织在大力协调债务问题中的主要作用。另外,贝克方案还提出了一些建立在金融市场基础之上的长期性债务缓解措施,如债务资产化、债权交换和债务回购等建议。"贝克方案"强调了必须实现债务国长期的经济增长,不能单纯依靠紧缩经济来平衡国际收支,这在当前不失为解决债务问题的途径之一。但这个计划缺少具体的措施,一时难以完全实现,而且1985年发展中国家的外债总额将近1万亿美元,单就利息支出就达1000亿美元,贝克的数字无异于杯水车薪,不能使债务国真正摆困境。

第三,美国财政部长布雷迪于1989年3月提出新的减债方案,即"布雷迪计划"。该计划认为国际债务问题是债务国偿付能力的危机,而非暂时的资金失灵。故其强调债务本金和利息的减免,并提出应由国际货币基金组织和世界银行以及债权国政府为消减债务本金和利息提供资金支持。另外,债务国和债权银行之间的债务减免交易条件必须得到国际货币基金组织和世界银行的批准。或者是在减债协议达成之前,先要获得国际货币基金组织和世界银行的贷款保证。"布雷迪计划"的初步尝试是成功的,但是,不可能所有的重债国都能得到"布雷迪计划"的援助,计划所能提供的资金毕竟有限,并且有的国家难以满足"布雷迪计划"所要求的进行国内稳定调整、实现经济增长的前提。以上方案和办法只能说是解决债务危机的短期对策,对缓解债务问题的确能起到积极作用,但债务问题并没有得到彻底解决。展望债务危机的前景,问题的解决仍然取决于能否有一个长期有利的国际经济环境,以及债务国能否成功地执行国内的经济调整计划,另外,还取决于能否有充足的外部资金流入以支持债务国实现持续的经济增长。只有具备这三个条件,才能真正恢复债务国的清偿能力,从而使债务危机得到彻底解决。

二、"投机性冲击"与国际货币危机

20世纪80年代以来,随着全球资本市场一体化程序的逐步加快,国际资本流动得到空前发展,国际资本流动规模日益扩大,流动速度越来越快,蕴含的风险也越来越大。大量基本不受各国监管当局和国际金融组织监控的私人短期资本熟练地运用着各种最新的金融工具和交易方式,凭借高超的交易技术,在国际金融市场上自由流动,寻求获利机会。国际资本的这些新特征使得国际金融市场的动荡经常发生,投机性冲击频繁发生,且冲击的潜在力度和持续时间不断增加。1997年爆发的亚洲货币危机更表明,由投机冲击造成的货币危机有可能进一步深化成为全面的金融危机和深刻的社会危机。

(一)短期国际资本流动与投机性冲击

国际投机资本随着国际资本市场规模的扩大、流动速度的加快以及流动范围的扩展而不断发展。投机者根据对汇率、利率、证券价格、金价或特定商品价格变动等的预期,在较短时间内突然大规模进行买空卖空等交易,大幅度改变资产组合,并通过影响其他资产持有人的信心,导致供求不平衡的市场价格面临更大的变动压力或导致市场价格的更大不稳定,以创造获取短期高额利润的机会。这种突发性的扰乱市场行为即投机性冲击。金融创新的一些成果,现代化的电子计算机技术及发达的信息与通讯技术,以及自由调动资金的金融管理体制,也为国际游资的投机性冲击提供了便利。

国际投机性资产对攻击一个国家或同时攻击一些国家的货币有特别的偏好,对固定汇率制度或有管理的汇率制度进行的投机性冲击或货币投机性冲击是最常见的。一般而言,在固定或钉住汇率制条件下,一旦国内出现通货膨胀或经济萧条和持续的经常账户逆差,政府关于汇率固定的承诺就失去可靠性。因为货币贬值的压力很强,政府若勉强维持目标汇率,将使国际储备不断枯竭。如果投机者对经济基本面因素有较正确的预期(即完全预期),必然会对未来汇率的大幅度贬值提前做出反应。如提前以当前的固定汇率购入外汇,在某一时刻市场上的投机者一致抛售本币,抢购外汇,就形成了对该国固定汇率制的投机冲击,随着羊群效应的扩大,政府储备会迅速耗尽,于是固定汇率制崩溃,汇率大幅度贬值。由于有固定汇率或政府维持汇率固定的承诺,实际上货币投机性冲击的风险是很小的。故投机风潮一旦掀起,规模都是相当巨大且志在必得,所涉及的货币一般是在劫难逃。

(二)投机性冲击的立体投机策略

投机者利用各类金融工具的交易(即短期交易、远期交易、期货交易、期权交易、互换交易等)同时在各类市场(如外汇市场、证券市场以及各类衍生品市场)做全方位的投机,构成了立体投机策略。

典型的投机性冲击策略中用得最多的一种是对冲基金,对冲基金即投机性的投资公司,其目的是利用各种金融和衍生工具来建立激进获利的资产组合。对冲基金的本质在于持有某种商品的多头是因为投机者认为它的价格会上涨,而持有空头则是认为其价格会下跌,如果投机者确实对自己的判断有把握,就会借钱来做多或做空,或两个都做。据总部设在波士顿的一家咨询调查公司公布的报告显示,1990年对冲基金为1500家,资本总额不过500亿美元,而到1998年,对冲基金约4200家,资本总额超过3000亿美元。对冲基金有一些鲜明的特点:第一,经常脱离本土在境外活动;第二,在市场交易中的负债比率非常高,往往从银行借入大大超过其资本数量的资金进行投机活动;第三,大量从事衍生金融工具交易。由于衍生交易中只要少量的大大低于合约名义价值的保证金就可以进行交易,故对冲基金又获得了远远超出其实力的对市场的控制力;第四,多为私募,因而与互助基金和养老基金相比,受监管较少,无需进行严格的信息披露;第五,属于跨行业、跨地区和跨国界的投资基金。这些特点使得对冲基金的投机性特别强,成为在国际金融市场上兴风作浪的急先锋。

(三)20世纪90年代以来典型的投机性冲击与金融危机

布雷顿森林体系崩溃后,在世界范围内掀起了放松管制、强化市场机制、推动经济自由化和金融深化的浪潮。相应的,国际金融市场日益自由化和全球一体化,加之现代化通讯手段和计算机网络技术的应用,金融衍生工具和交易手段层出不穷,国际资本流动更得到了空前的发展。在投机性冲击频频发生的情况下,90年代国际金融领域发生了影响范围广、程度深的三次大的金融危机:欧洲货币危机、墨西哥金融危机和亚洲金融危机。

1. 欧洲货币危机

该危机发生于1991年。当年12月《欧洲联盟条约》在荷兰签署(也称《马斯特里赫特条约》,简称《马约》),欧共体各国向着货币一体化方向迈出了关键一步。《马约》就货币联盟制定的目标是统一货币、建立欧洲中央银行。加入欧洲货币体系的欧共体成员国货币之间实行联合浮动汇率制,创立了欧洲货币单位(ECU),并制定了各成员国货币与ECU的法定中心汇率。于是,各成员国之间形成固定汇率制度,对外则实行联合浮动。在欧洲货币危机发生之前,德国状况好于其他国家,德国马克属于硬货币。经济状况好转使德国马克在欧洲货币单位中的比重上升,而英国、意大利因经济发展状况欠佳,其货币在欧洲货币单位中的比重下降。德国马克升值,意味着欧洲货币单位也在升值,英镑、意大利里拉、芬兰马克、西班牙比赛塔、葡萄牙埃斯库多等均存在不同程度的币值高估,欧洲货币体系内部力量已经失衡。在外汇市场上弱币沽压增大时,德国又提高了利率,结果导致英镑、意大利里拉、法国法郎、西班牙比赛塔等货币被大规模抛售,这些货币面对着巨大的贬值压力,这给国际投机者提供了机会。投机性冲击出现于1992年下半年,最早遭受冲击的货币是芬兰马克和瑞典克朗。芬兰和瑞典当时都不是欧洲货币体系的成员国,但他们都希望加入,并将本国货币与ECU中心汇率相联系。在投机性冲击下,芬兰迅速放弃了固定汇率,芬兰马克于9月8日大幅贬值,瑞典政府则坚决保卫克朗,将短期利率提高到年率500%,最终击退了投机性冲击。同时,英镑和里拉也持续遭到冲击。9月11日欧洲货币体系同意里拉贬值7%,尽管德国中央银行花费了240亿马克支持里拉,但3天之后,里拉还是退出了欧洲货币体系。此时英格兰银行为保卫英镑已损失数十亿美元,但在9月16日还是被迫允许英镑自由浮动。法国法郎也遭受投机性冲击,但通过法德两国的共同干预,以及法国大幅度提高利率,使法郎币值得到回升。1993年8月,作为欧洲货币单位的构成货币,除德国马克和荷兰盾之外,其他货币汇率波动幅度扩大到15%(原定为2.25%),欧洲货币体系处于半瓦解状态。欧洲货币危机加剧了西欧各国经济的衰退,证券市场也走向低迷。

2.墨西哥金融危机

正当欧洲联盟进行调整恢复时,1994年底,中美洲的墨西哥爆发了更为严重的金融危机。墨西哥在1982年发生债务危机以后,在IMF的监督下实行了全面的经济市政和改革政策,紧缩经济并大幅度削减财政赤字。1987年重新固定比索与美元的汇率,1989年1月改为爬行钉住汇率制,1991年12月又变为移动目标区域汇率制,并逐步扩大比索允许波动的范围。这一系列经济改革措施收到一定成效,国民经济稳步回升,墨西哥地区逐步发展成为世界上经济最具活力的地区之一。但是到了1994年1月1日,墨西哥的恰帕斯省发生了暴乱。紧接着2月4日美联储将联邦基金利率提高25个基点(由3%升至3.25%),这引起全球加息的风潮。此后,美国曾4次提高官方利率,利率提高给墨西哥金融市场带来很大压力,因为短期资本很可能为寻求高利率而抽逃。之后的日子,墨西哥国内政治局势也日趋紧张,在内交外困下,比索贬值的预期和传闻不断加强,资本纷纷外逃。1994年12月20日墨西哥政府被迫宣布新比索对美元汇价的干预上限放宽至15%,其目的是将新比索币值稳定在一定幅度内,并允许每天上浮0.0004新比索。这一举措引起了资本市场恐慌,外资大规模撤出,股市暴跌。中央银行的干预措施使市场利率急剧上升,同时国家外汇储备不断降低。12月30日墨西哥政府不得不宣布比索贬值。然而贬值后的新汇率立即受到投机性冲击,墨西哥政府不得不转而实行浮动汇率制。此后的经济状况和政治局势使外国投资者极度恐慌,资金继续外逃,银行受到挤兑,经济陷入危机。在浮动汇率下比索持续贬值,到1995年,比索在外汇市场上连创新低,股票市场价格也持续下降。墨西哥金融危机一直持续了两年,在国际社会的援助下,墨西哥经济在1997年刚刚恢复元气。

3. 亚洲金融危机

金融危机似乎成了难治的瘟疫,1997年又降临亚洲,东南亚"四小虎"的泰国、马来西亚、印度尼西亚、菲律宾和东亚"四小龙"之一的韩国都发生了较为严重的金融危机。新加坡、中国台湾和香港特区以及日本也受到金融危机不同程度的打击。在80年代和90年代初,东南亚各国加快金融自由化的步伐,形成快速的经济增长,被称为"东南亚奇迹"。但进入90年代中期以后,劳动力成本的上升使产品的国际竞争力有所下降,一些国家出现经常账户的逆差。由于不能够及时地提升产业结构,提高产品竞争力,继续涌入的外部资金及国内投资普遍形成泡沫经济和房地产投资过热。以泰国为例,1996年的外债余额已达900亿美元,其中短期外债就高达400亿美元,超过其1997年初的外汇储备水平。另外,由于投资过热,特别是房地产投资过度,1997年初泰国金融机构的坏账已超过300亿美元。于是公众及外国投资者对泰国的经济状况和金融秩序开始担忧,货币贬值的预期不断凝聚。国际投机者也不断积蓄能量,准备进行大规模的投机性冲击。1997年2月,以索罗斯为首的国际对冲基金开始接连地对泰铢发动攻击,从4月下旬开始,对冲基金开始大量抛售泰铢,买入美元,这一行为引起市场广大投资者的跟风。泰国中央银行不惜血本入市干预,经过反复较量,只有200多亿美元外汇储备的泰国中央银行终感力不从心。1997年7月2日,泰国宣布泰铢和美元脱钩,实行浮动汇率制,放弃了自1984年以来实行了13年的固定汇率制,泰铢随即开始大幅度贬值,泰铢兑美元汇率当即下跌了20%。国际炒家冲击泰铢的手法是直接打压现货,基本策略是先在资金市场上借钱,然后在现货市场大肆抛售,并引起其他投资者的跟风,中央银行进行干预,运用外汇储备,买入本币,同时提高本币利率,增加投机资金的成本,但提高利率会对本币股市产生较大负面影响。而中央银行一旦抵挡不住货币贬值,投机基金所借的钱已变得十分便宜,则它自然就赚钱了。泰国的金融危机迅速波及周边国家和地区,菲律宾、马来西亚、印度尼西亚,连曾被国际评级机构誉为最能防御外来冲击的新加坡货币也未能幸免,在3个月内贬值13%。10月以后,危机扩散到韩国,韩元对美元大幅度贬值,同时韩国经济也陷入深度经济危机。

可以看出,国际游资在三次危机中均扮演了"点燃导火索"的角色,并在危机发展中起到了推波助澜的作用。据推算,1996年全球短期资本的存量达7.2万亿美元,每天游资到金融资本市场上寻找投机机会的资本数额就有1万多亿美元。1992年,国际大炒家索罗斯在英镑投机中净赚20亿美元;1990~1994年,流入墨西哥证券市场的短期资本占流入资本总额的75%;亚洲金融危机中,国际游资更是兴风作浪,仅在香港证券市场股指期货上就获得上百亿美元投机收益。

三、2008年以来美国引发的世界金融危机

(一)美国金融危机演变阶段

第一阶段:次贷危机阶段(2007年6月~2008年初)。房地产泡沫破灭导致次贷危机爆发。此阶段损失主要是房地产泡沫破灭导致与次级债相关的直接损失。标志性事件是2007年4月6日,贝尔斯登旗下两只基金因次级抵押债券严重亏损,成为最先倒掉的一批基金。2007年底和2008年初主要金融机构纷纷爆出严重亏损,美联储向金融市场注资,并加大降息力度。爆发次贷危机的直接原因是美国实施紧缩政策,美国房价快速回落,大量借款人违约,导致次级债危机爆发。深层次原因是美国家庭滥用美元信用进行了过度消费。

第二阶段:债务危机阶段(2008年3月~9月)。次贷危机升级为债务危机,主要表现为次级贷、次级债损失向衍生证券、优级债、信用卡等环节延伸。主要事件就是华尔街五大投行中,贝尔斯登破产,雷曼公司申请破产保护,美林证券被美国银行接管,高盛和摩根士丹利转型为银行控股公司,房利美、房地美被政府接管。危机升级的直接原因是次贷损失产生链条式反应,其"骨牌效应"引发衍生证券跌价,优质债、信用卡债、企业债等发生全面债务偿付危机。CDO、CDS等衍生证券跌价,巨额债务拖垮贝尔斯登、"两房"、雷曼、美林和AIG等大型金融投资机构。经济恶性循环,房价不断下跌,导致除次级债外的优质债、信用卡债、企业债等全面出现偿付危机,高达25%的行业利润难以维持,金融危机迅速扩散。深层次原因是金融机构的过度扩张。2002~2007年,金融行业未偿债务从10万亿美元增加到16万亿美元。

第三阶段是信贷危机阶段(2008年2季度~3季度)。由于心理恐慌和信用缺失的传导,次贷危机开始向全面信贷危机演变。信贷紧缩才是美国经济陷入危机的推动力量,次贷危机爆发后,发达经济普遍出现信贷紧缩。2008年2季度以来,美国信贷危机日益加剧,10月初美联储宣称信贷危机恶化,主要表现在:一是信贷大幅萎缩。2008年2季度,家庭和金融业借款仅增长1.3%和6.6%,低于近10年两位数的增速。据Dealogic统计,前9个月企业贷款减少40%。二是企业短期融资困难。商业票据市场规模从去年夏天的2.2万亿美元萎缩到1.6万亿美元。三是贷款和债券价格急跌,企业融资成本剧增。9月投资级债券价格下跌7%,垃圾债券跌幅创20年最高记录。四是商业银行大量卷入。截至6月底,列入美国联邦存款保险公司"有问题名单"的银行数高达117家,15家商业银行已破产。信贷危机恶化的标志性事件是2008年9月25日全美最大的储蓄贷款银行华盛顿互惠银行成为美国历史上倒闭的最大规模银行。至此,由次贷问题兆始经过整个金融链条的不断扩散和升级,信贷危机实际上已经形成了美国金融体系的系统性危机。

第四阶段是向全球金融危机升级阶段(2008年9月中旬以来)。美国金融危机的不断升级和蔓延,引发全球金融风暴。美国金融机构把高风险的次级抵押贷款打包成金融衍生品,出售给全球投资者,使本应在一个区域内发生的房贷危机,迅速通过多种途径向国际市场输出,演变成一场波及全球金融市场的飓风。在2008年9月前,次贷危机的全球影响基本限制于与次贷相关的直接损失。2008年9月,随着雷曼兄弟等大型机构倒闭,全球骤然面临金融危机的巨大风险。一方面欧洲、亚洲等诸多金融机构受到巨大的波及和冲击,由于与美大型金融机构盘根错节,英国、瑞士金融机构损失惨重,亚洲的印度、韩国银行金融业也受到较大冲击。另一方面美国金融危机还通过影响投资者信心影响全球股市。美国标准普尔公司2月公布的数据显示,由于美国次贷危机冲击以及投资者担心世界经济增长放缓,1月全球股市损失高达5.2万亿美元。10月,根据摩根士丹利公布的国际资本主要全球股指的市值损失数据显示,过去12个月全球股市市值蒸发愈12.4万亿美元,其中超过约4.6万亿美元是在雷曼兄弟破产后三周蒸发的。10月全球股市"黑色一周"蒸发6万亿美元。最后,通过影响全球房价引发房地产泡沫国家的金融危机。在房地产方面,美国房地产出现了"自1933年以来住宅价格的最大跌幅"(罗奇),7月房价同比下降7.1%;英国8月份平均房价下跌5.3%,跌幅为7年来最大;丹麦、爱尔兰和冰岛等欧洲国家也纷纷步美国后尘;新兴经济体也一样,如越南胡志明市的房价同比跌幅达到五成。金融危机的发生,将使已经低迷的全球房市更加举步维艰,纷纷加入下跌的行列。

除次贷直接损失外,全球金融危机对其他国家的影响也逐渐显露。由于包括美国、欧洲在内的发达国家房地产普遍存在泡沫(欧洲一些国家的房地产泡沫比美国还要严重),新兴市场房地产价格也普遍虚高,全球房地产市场进一步调整,美国金融危机继续发展,引发全球金融海啸。

(二)美国金融危机对世界经济的影响

由美国次贷危机引发的全球性金融危机,给全球金融市场带来了巨大冲击,信心、信用危机严重影响了世界经济的正常运行,并逐渐影响到实体经济,发达国家经济体陷入衰退边缘,发展中国家普遍受到波及,未来新兴经济体受打击的程度可能要甚于发达经济体,世界经济未来增长前景堪忧,世界经济出现衰退的可能性显著增加。

1.金融危机给全球金融市场带来巨大冲击

美国次级债及其衍生品已经形成了全球性的市场,持有者遍及全世界。美国大型金融机构也往往发展为跨国公司。因此,次贷危机所带来的金融动荡并不局限于美国本土,各国股市、债市、汇市及各类相关衍生品市场等也随之产生联动,形成席卷全球的金融风暴。随着雷曼兄弟公司的破产、美林证券被收购,美国经济陷入了"百年一遇"的金融危机中,令全球金融市场感到惶恐不安。新的金融危机发生后,美国和世界其他地区主要股市都出现了罕见的抛售浪潮,各大股指深幅下挫。而随着危机向实体经济蔓延,全球股市又遭遇了新一轮暴跌。尽管美国联手世界六大央行向金融市场注入巨资,防止金融危机的进一步恶化和蔓延,其他各国政府也纷纷出台措施挽救市场。但是,要使市场短期内恢复到金融危机发生之前的水平,可能性并不大。雷曼兄弟破产只是美国次贷危机深化的开始,救市举措"治标不治本",且可能引发新问题。美房市下滑未止,危机在源头上没有解决,市场信心难以稳定,另外,经过量级更大的金融"地震",全球金融市场格局可能发生根本改变,流动性过剩很可能被流动性短缺所替代,上升市场被下降市场所替代,全球金融市场受到巨大冲击。

2. 信心、信用危机严重影响世界经济正常运行

美国次贷危机逐步演化为一场信心危机和信用危机,危及实体经济。全球性心理恐慌不断传播和扩散,银行体系不敢借贷,信用紧缩空前加剧。华尔街五大投行相继破产或转型,美国商业银行也逐渐被卷入危机的浪潮,次贷危机在转为金融衍生品危机之后,向银行信用危机转变。金融衍生品危机总体属于虚拟经济领域,距离实体经济有一定的距离。而银行信用危机则属于实体经济领域的危机。1929年美国经济大萧条的经历说明,如果美国银行体系出现大的问题,多半会酿成经济危机。

3. 实体经济受到波及,发达国家经济体陷入衰退边缘

美国经济疲软,世界经济也将随之陷入低迷。不仅是美国经济将出现衰退,所有G7国家的经济都处于衰退之中或接近于衰退边缘。2009年二季度,日本经济已收缩3%,为2001年以来之最。同期欧元区则收缩0.2%,主要经济体出现负增长。金融危机进一步向实体经济蔓延,发达经济体的就业、收入、消费、投资、出口等基本面将进一步被波及。

4. 加大世界经济衰退和全球性大萧条的风险

次贷危机继续向纵深发展,正在严重破坏国际金融体系的正常运行秩序。次贷危机对实体经济的影响继续扩散,由于发达国家金融领域普遍出现信用和信心危机,企业从资本市场直接融资规模缩水,商业银行普遍的惜贷行为使工商业实体经济活动失去金融支持。经济全球化造成的世界各国经济周期同步性将放大次贷危机对全世界实体经济的拖累风险。资本市场和房地产市场资产价格大调整严重打击经济信心,使世界经济的复苏可能进一步推迟。

5. 发展中国家普遍受到波及,未来新兴经济体受打击的程度可能要甚于发达经济体

随着全球经济形势不断恶化,新兴经济体增长动力明显减弱,各项指标均显示经济运行在减缓。亚洲新兴经济体增长速度明显减弱。高通货膨胀压制了私

人消费,同时,由于经济前景看淡,投资增长明显放慢。

美欧金融形势恶化,雷曼等金融机构频频出事,美欧基金掀起赎回潮,新兴市场成为各路基金的"提款机",其股市波幅更大,一些国家货币面临贬值压力。美欧经济滑向衰退、需求萎缩,使新兴市场出口下降、产能过剩,经济增长更为困难。

6.全球物价开始回落,全球性通货紧缩风险加大

国际能源、原材料价格持续高位运行将难以为继,可能会出现下降势头。近几年,在全球经济高速增长带动下的需求大幅提高、美元贬值和市场投机等因素的作用下,国际原油、粮食和铁矿砂等基础能源、原材料价格出现大幅飙升。但是,市场环境已经发生根本变化,国际能源、原材料的美元价格持续高位运行将难以为继。金融危机的蔓延,暂时遏制了过去连续多年商品价格有涨无跌的势头。其一,全球经济减速必然会在相当程度上抑制需求的增长,甚至可能产生需求的下降。其二,随着国际原油价格的剧烈波动,国际投机力量内部分歧将日益扩大并可能激化。而信贷——债务紧缩也可能使投机资金大幅萎缩,收缩的流动性将使市场的投机资金来源受到影响。另外,由于金融危机引起信贷信用紧缩在全球传播,国际资本流向随之改变,新兴经济体未来将面临日益加大的输入型流动性收缩和通缩压力。

四、欧洲债务危机

(一)欧洲债务危机概述及现状分析

欧洲债务危机即欧洲主权的债务危机,是指在2008年金融危机发生后,希腊等欧盟国家所发生的债务危机。随着希腊的主权债务占GDP比重不断增加,其主权债务违约的可能性也不断加大,市场投资者对希腊主权债务的投资意愿下降以及对希腊经济增长预期不断下滑,2009年12月8日全球三大评级公司下调希腊主权债务评级。

2010年起,欧洲其他国家也开始陷入危机,希腊已非危机主角,整个欧盟都受到债务危机困扰。随后,德国、法国等欧元区的龙头国都开始感受到危机的影响,因为欧元大幅下跌,加上欧洲股市暴挫,整个欧元区正面对成立十一年以来最严峻的考验,有评论家更推测欧元区最终会以解体收场。希腊财政部长称,希腊在2010年5月19日之前需要约90亿欧元资金以度过危机。但是欧洲各国在援助希腊问题上却迟迟达不成一致意见,2010年4月27日,标普将希腊主权评级降至"垃圾级",危机进一步升级。

2011年10月8日,三大评级机构之一的惠誉宣布,鉴于欧洲主权债务危机的加剧和经济增长过慢,决定调低意大利和西班牙两国主权债务评级,评级展望均为负面。同时,再次确认葡萄牙信用评级为BBB—,展望为负面。此外,穆迪

警告称,已将比利时本币和外币债券评级列入负面观察名单,并表示,可能会下调比利时评级。这是继希腊评级被降之后,国际评级机构扎堆对欧盟经济体的又一次猛攻,金融市场再次风声鹤唳。

面对愈演愈烈的欧洲债务危机,国际社会也给出了积极地施救信号。欧洲国家领导人、国际货币基金组织、世界银行、中国等都对有效应对欧洲债务危机伸出了援助之手,以此来确保欧元区的经济稳定,提升市场投资者的信心,重振世界经济。

2011年7月22日,欧盟召开欧洲峰会,就希腊救助问题进一步达成共识,欧元区领导人一致同意统一向希腊提供1000亿欧元新融资。欧盟峰会草案显示,暂定将欧洲金融稳定机构(EFSF)的期限从7.5年延长至最少15年,将EFSF贷款利率下调至3.5%。草案就新的希腊救助达成一致意见,并称,EFSF将能够通过向政府提供贷款来对金融机构进行资本重组,EFSF相关条款也适用于爱尔兰和葡萄牙,EFSF可以入市干预二级市场,干预程度取决于欧洲央行的注入。草案还显示,民间领域参与第二轮希腊救助的三个方案依然继续接受讨论,民间领域参与第二轮希腊救助的三个方案为回购债务、展期、互换。

(二)欧洲债务危机产生的原因

1. 外部原因:金融危机是欧洲债务危机的外部诱因

一方面,金融危机直接重创了冰岛和中东欧的经济和资产负债表。另一方面,自2007年夏天次贷危机爆发以来,无论在发达国家还是发展中国家都普遍采取了货币与财政双宽松的刺激政策,实行高赤字预算。这在一定时期内有效地抑制了全球经济下滑;但与此同时,由于大规模举债,各国政府的债务负担大大提高,特别是对欧洲一些由于人口结构等因素本来就债台高筑的国家更是雪上加霜。欧洲主权债务危机正是在这种特殊的背景下既偶然又必然地爆发了。

金融危机中政府倍加杠杆化操作使债务负担加重,金融危机使得各国政府纷纷推出刺激经济增长的宽松政策,高福利、低盈余的希腊无法通过公共财政盈余来支撑过度的举债消费。全球金融危机推动私人企业去杠杆化而政府增加杠杆。希腊政府的财政状况原本处于一种弱平衡的境地,由于国际宏观经济的冲击,更加恶化了其国家集群产业的盈利能力,使其公共财政现金流呈现出趋于枯竭的恶性循环,债务负担成为不能承受之重。评级机构煽风点火,不断调低主权债务评级,助推危机进一步蔓延。全球三大评级机构不断下调上述四国的主权评级。2011年7月末,标普已经将希腊主权评级从2009年底的A-下调到了CC级(垃圾级),意大利的评级展望也在2011年5月底被调整为负面,继而在2011年9月份和10月初标普和穆迪又一次调了意大利的主权债务评级。葡萄牙和西班牙也遭遇了主权债务评级被频繁下调的风险。评级机构对危机起到了推波助澜的作用,这也可成为危机向深度发展的直接性原因。

2. 内部原因

(1)经济增长放缓和社会福利居高不下的矛盾无法调和。欧盟的经济增长呈现放缓,各成员国内部的财政负担加大,欧洲社会是长期的高福利社会,各政党之间为了赢得选民的选票当选,通常承诺公众社会福利的大幅度提升,政党间的争斗导致政府的财政负担进一步加大,成为此次危机的直接原因。

从欧盟内部来讲,既有神圣的日耳曼、罗马帝国(西欧地区)与拜占庭帝国(东欧地区)之间的问题(同属希腊罗马基督教文化,但政治制度不同导致经济发展道路不同),也存在南欧和北欧之间的问题。对于欧元区来讲,主要的矛盾体现在南北欧问题上。天主教在与百姓共同生活的一千年来,变得稍具灵活性,而新教是一个忠于圣经的严格的教派,所以信新教的北欧人比南欧人更严谨有序,再加上地理和气候因素,把这两种文化的人群捆绑在同一个货币体系下,必然会带来以下南北欧格局:北欧制造,南欧消费;北欧储蓄,南欧借贷;北欧出口,南欧进口;北欧经常账户盈余,南欧经常账户赤字;北欧人追求财富,南欧人追求享受。

(2)欧盟各成员国经济发展不均衡造成了"强国恒强,弱国愈弱"的趋势。欧盟经济长期由德国、法国两大经济体主导和领航,PIIGS 五国(葡萄牙、意大利、爱尔兰、希腊、西班牙)既没有经济发展的基础动力,又没有主导的支柱产业,在整个欧盟经济中处于边缘化的状态。但弱国也要跟上整个联盟的发展步伐,只有通过应用财政政策调控工具,来拉动就业和经济增长,才能做到指标上不掉队。这种内部经济发展的不均衡成了此次危机发生的间接原因。

以旅游业和航运业为支柱产业的希腊经济难以抵御危机的冲击。在欧盟国家中,希腊经济发展水平相对较低,资源配置极其不合理,以旅游业和航运业为主要支柱产业。一方面,为了大力发展支柱产业并拉动经济快速发展,希腊对旅游业及其相关的房地产业加大了投资力度,其投资规模超过了自身能力,从而导致负债水平大幅提高。2010 年服务业在希腊 GDP 中占比达到 52.57%,其中旅游业约占 20%,而工业占 GDP 的比重仅有 14.62%,农业占 GDP 的比重更少为 3.27%。加上 2004 年举办奥运会增加的 91 亿美元赤字,截止 2010 年希腊政府的债务总量达到 3286 亿欧元,占 GDP 的 142.8%。另一方面,从反映航运业景气度的波罗的海干散货运价指数(BDI)看,受金融危机影响从 2008 年底开始航运业进入周期性低谷,景气度不断下滑。航运业的衰退对造船业形成了巨大冲击。由此看出,希腊的支柱产业属于典型的依靠外需拉动的产业类型,这些产业过度依赖外部需求,在金融危机的冲击面前显得异常脆弱。

以出口加工制造业和房地产业拉动经济增长的意大利在危机面前显得力不从心。意大利经济结构的最大特点是以出口加工为主的中小企业(创造国内生产总值的 70%)为主导。2010 年意大利成为世界第 7 大出口国(出口总额 4131

亿欧元,占世界出口额比重为 3.25%),主要依靠出口拉动的经济体极易受到外界环境的影响。金融危机的爆发对意大利的出口制造业和旅游业冲击非常大,2009 年,其出口总量出现大幅下滑,之后有所回升,但是回升的状况还主要依赖于各国的经济复苏进程。随着世界经济日益全球化和竞争加剧,意大利原有的竞争优势逐渐消失,近 10 年来意大利的经济增长缓慢,低于欧盟的平均水平。

依靠房地产和建筑业投资拉动经济增长的西班牙和爱尔兰经济本身存在致命缺陷。建筑业、汽车制造业与旅游服务业是西班牙的三大支柱产业。由于长期享受欧元区单一货币体系中的低利率,使得房地产业和建筑业成为西班牙近年经济增长的主要动力。从 1999 年到 2007 年,西班牙房地产价格翻了一番,同期欧洲新屋建设的 60% 都发生在西班牙。房地产业的发展有效推动了西班牙失业率的下降。2007 年,西班牙失业率从两位数下降到了 8.3%,在全球金融危机席卷下,房地产泡沫的破灭导致西班牙失业率又重新回到了 20% 以上,其中,25 岁以下的年轻人只有一半人拥有工作,另外西班牙的高失业率也存在体制性因素,就业政策不鼓励招收新人。而海外游客的减少对西班牙的另一支柱性产业——旅游业也造成了巨大的打击。爱尔兰一直被誉为欧元区的"明星",因为其经济增速一直显著高于欧元区平均水平,人均 GDP 也比意大利、希腊、西班牙高出两成多,更是达到葡萄牙一倍左右。但爱尔兰在 2010 年底同样出现了流动性危机,并接受了欧盟和 IMF 的救助,究其原因主要是爱尔兰的经济主要靠房地产投资拉动。2005 年,爱尔兰房地产业就已经开始浮现泡沫,且在市场的推波助澜下愈吹愈大。2008 年,爱尔兰房价已经超过所有 OECD 成员国房价,在次贷危机的冲击下,爱尔兰房地产价格出现急速下跌,同时银行资产出现大规模的缩水,过度发达的金融业在房地产泡沫破裂后受到了巨大打击,爱尔兰高速运转的经济受到重创,从此陷入低迷。

工业基础薄弱,而主要依靠服务业推动经济发展的葡萄牙经济基础比较脆弱。葡萄牙在过去十几年中最为显著的一个特点是服务行业持续增长,这与其他几个欧元区国家极其相似。2010 年,葡萄牙的农林牧渔业只创造了 2.38% 的增加值,工业创造了 23.5% 的增加值,而服务业创造的增加值达到了 74.12%(受大西洋影响而形成温和的地中海天气以及绵延漫长的海岸,这些得天独厚的自然条件使得葡萄牙旅游业得以很好的发展)。近几年葡萄牙开始着手进行经济结构的转型(从传统的制造业向高新技术行业转型),汽车及其零部件、电子、能源和制药等高新技术行业得到了一定的发展。政府在扶持高科技企业发展上面投入了大量资金,而这些资金通常都是通过低息贷款来实现。美国金融危机的爆发,导致融资成本随之飙升,从而使葡萄牙国内大部分企业受到冲击,影响到整个国民经济。

总体看来,PIIGS 五国属于欧元区中相对落后的国家,他们的经济增长更多依赖于劳动密集型制造业的出口和旅游业的发展。随着全球贸易一体化的深入,新兴市场的劳动力成本优势吸引全球制造业逐步向新兴市场转移,南欧国家的劳动力优势不复存在。而这些国家又不能及时调整产业结构,使得经济发展在危机冲击下显得异常脆弱。

(3)欧盟实行单一的调控经济政策变量。财政政策和货币政策是一个国家调控经济的两个重要的政策变量。但欧元区采用统一的货币政策,各成员国只能极致地应用财政政策这一个工具来调节本国的经济。为了促进经济增长和就业,各成员国均有扩大财政开支的倾向。欧元区也没有制定统一的财政政策的制度框架,缺乏对成员国的财政状况的有效约束机制和惩罚机制。为了尽快走出经济困境,各个成员国难免各自为政。财政政策和货币政策不能同时使用的矛盾是此次危机发生的根本原因。

(4)人口结构不平衡:逐步进入老龄化。人口老龄化是社会人口结构中老年人口占总人口的比例不断上升的一种发展趋势。随着工业化和城市化步伐的加快,各种生活成本越来越高,生育率不断下降,老年人口在总人口中的占比不断上升。最快进入老龄化的发达国家是日本,日本的劳动力人口占总人口的比重从上世纪90年代初开始出现拐点,随之出现了日本经济的持续低迷和政府债务的不断上升。我们判断从二十世纪末开始,欧洲大多数国家人口结构也开始步入快速老龄化。这主要有三个方面原因:长期低出生率和生育率、平均预期寿命的延长、生育潮都促使人口大规模步入老龄化。首先,从主要国家出生率(每1000人中出生的婴儿数)和生育率(每位妇女平均生育孩子个数)看出,欧盟国家的婴儿出生率和生育率近年来低于绝大部分地区,成为仅次于日本的出生率降低最快的区域。其次,1996~2010年欧盟国家人口出生时平均预期寿命从76.1岁上升至79.4岁。美国联邦统计局预计,到2050年欧盟国家人口出生时平均预期寿命将达到83.3岁。最后,由于二战后生育潮人口已经开始接近退休年龄,并且人口出生率逐步下降,欧元区人口年龄结构从正金字塔形逐步向倒金字塔形转变,人口占比的峰值从1990年的25~29岁上移至2007年的40~44岁,而且这一趋势仍在进行,自此以后老龄化问题将进一步恶化。

第三节 "巴塞尔协议"全球金融监管

一、"巴塞尔协议"体系的形成

20世纪70年代以来,全球经济一体化的趋势不断加强,金融领域的创新活动日渐活跃,促使各国金融当局纷纷调整了对银行业的监督管理政策。在国内,一方面放松过严的金融管理政策,扶持本国金融业的发展,以适应日趋激烈的国际银行业竞争;另一方面,不断修改和完善金融立法,谋求建立一种新的监管法规体系来保证激烈竞争中的银行业经营的稳定。在国际上,跨国银行开始扮演越来越重要的角色,为了避免银行危机的连锁反应,统一国际银行监管的建议被提上了议事日程。

1974年,德国赫斯塔特银行和美国富兰克林国民银行的倒闭,最终使得银行监管的国际合作从理论认识上升到了实践层面。次年2月,来自比利时、加拿大、法国、德国、意大利、日本、卢森堡、荷兰、瑞典、瑞士、英国和美国的代表聚会瑞士巴塞尔,商讨成立了"巴塞尔银行监管委员会"。"巴塞尔协议"体系就是由巴塞尔委员会成员国的中央银行在瑞士巴塞尔达成的若干重要协议的统称。其实质是为了完善与补充单个国家对商业银行监管体制的不足,减轻银行倒闭的风险与代价,该协议是对国际商业银行联合监管的最主要形式,并且具有很强的约束力。

(一)《巴塞尔协议》简介

1975年9月,即赫斯塔特银行和富兰克林国民银行倒闭的第二年,第一个巴塞尔协议出台。这个协议的核心内容是针对国际性银行监管主体缺位的现实,突出强调了两点内容:任何银行的国外机构都不能逃避监管;母国和东道国应共同承担的职责。

经过8年的酝酿和实践,1983年5月,巴塞尔委员会通过了《银行国外机构的监管原则》,它是1975年版本的修改版,也是前一个协议的具体化和明细化。比如说它明确了母国和东道国的监管责任和监督权力,分行、子行和合资银行的清偿能力、流动性、外汇活动及其头寸各由哪方负责等,由此体现"监督必须充分"的监管原则。该协议的两个基本思想是:任何海外银行都不能逃避监管;任何监管都应恰如其分。

上述两个协议的总体思路都是"股权原则为主,市场原则为辅;母国综合监督为主,东道国个别监督为辅"。两者对清偿能力等监管内容都只提出了抽象的监管原则和职责分配,并未能提出具体可行的监管标准。各国对国际银行业的监管都是各自为战、自成体系,充分监管的原则实际上没有得到具体体现。

1988年7月,巴塞尔委员会在总结了几个方面的意见之后,通过了《关于统一国际银行的资本计算和资本标准的协议》(简称《巴塞尔协议Ⅰ》)。《巴塞尔协议Ⅰ》对《巴塞尔协议》的内容进行了大幅度的修改,使之更加适合银行业的监管实践,体现了巴塞尔协议的实质性进步。

(二)《巴塞尔协议Ⅰ》的主要内容和目标

《巴塞尔协议Ⅰ》主要针对的是信用风险和市场风险,旨在通过实施资本充足率标准来强化国际银行系统的稳定性,消除因各国资本要求不同而产生的不公平竞争。

该协议主要有四部分内容:资本的分类;风险权重的计算标准;1992年资本与资产的标准比例和过渡期的实施安排;各国监管当局自由决定的范围。体现协议核心思想的是前两项。一是资本的分类,也就是将银行的资本划分为核心资本和附属资本两类,对各类资本按照各自不同的特点进行明确界定。二是风险权重的计算标准,报告根据资产类别、性质以及债务主体的不同,将银行资产负债表的表内和表外项目划分为0、20%、50%和100%四个风险档次。有了风险权重,报告所确定的资本对风险资产8%(其中核心资本对风险资产的比重不低于4%)的标准目标比率才具有现实意义。

《巴塞尔协议Ⅰ》反映出报告制定者监管思想的根本转变,其主要的目标是:

1. 使监管者的视角从银行体外转向银行体内,使得监管者的意愿更加具体化

此前的一系列协议对于银行防范风险的资本金要求并没有做出多少有实际意义和可行性的规定。但是《巴塞尔协议Ⅰ》将从外围的监管变为从问题的核心入手,直指主要矛盾和矛盾的主要方面,在资本标准及资产风险两个方面都对银行提出了明确的要求。

2. 监管重心转移到对银行资本充足性的监控

《巴塞尔协议Ⅰ》出台之前各国对资本金做的规定并没有针对资本的内涵和外延做出明确说明,也没有明确地给出银行总资本和核心资本的计量标准,这使得许多银行可以轻易地逃避监管。《巴塞尔协议Ⅰ》则对银行资本充足性做出了具体的要求,使得监管者的工作重心落到了实处。

3. 促使银行强化内部资本管理机制的建设

资本金监管的生命力在于它突破了单纯追求资本金数量规模的限制,建立了资本与风险两位一体的资本充足率监管机制。这表明报告的制定者真正认识到资本是防范风险、弥补风险损失的防线,因而必须将其与风险的载体有机相连。资本的保障能力随资产风险权重的不同而异,体现出协议的动态监管思想。

4. 通过实施资本充足率标准来强化国际银行系统的稳定性

《巴塞尔协议Ⅰ》表明监管者真正认识到国际银行体系健全和稳定的重要性,各国银行的监管标准必须统一。这种安排考虑到了银行的国别差异,以防止国际银行间的不公平竞争。

《巴塞尔协议Ⅰ》的推出意味着资产负债管理时代向风险管理时代过渡。由于监管思想的深刻、监管理念的新颖、考虑范围的全面以及制定手段和方法的科学合理,这个协议成了影响最大、最具代表性的监管准则。此后围绕银行监管产生的核心原则或补充规定等,都是在该协议总体框架下所进行的补充和完善。尽管巴塞尔委员会并不是一个超越成员国政府的监管机构,发布的文件也不具

备法律约束力,但各国的监管当局都愿意以该协议的原则来约束本国的商业银行。

(三)《巴塞尔协议Ⅰ》的主要不足之处

尽管1988年的《巴塞尔协议Ⅰ》在监管思想和理念上较之以前有了大幅度的进步,但随着金融领域竞争的加剧与金融创新的日新月异,《巴塞尔协议Ⅰ》的主要不足之处也逐渐地显现出来。主要表现在以下方面。

1. 对银行业面临的风险理解显得比较片面,忽略了市场风险和操作风险

虽然1995年的修订加入了有关市场风险的条款,但是协议中突出强调的还是信用风险,而且信用风险的判断过于简单化,对信用风险的划分也不细致,实际上拥有不同资本量的银行所面临的风险是不一样的;针对市场风险的规定过于笼统,缺乏可操作性;对于破坏性极大的操作风险,相关的考虑更是接近空白。

2. 存在某些歧视性政策

对非OECD成员国的风险权重歧视问题仍然存在,对企业风险权重的歧视与国家风险权重歧视交织在一起。这一方面造成国与国之间巨大的风险权重差距,致使信用分析评判中的信用标准扭曲为国别标准;另一方面则容易对银行产生误导,使其对OECD成员国的不良资产放松警惕,相应扩大了这些国家银行的经营风险。

3. 对金融形势的适应性问题

国际银行业近年来在金融创新、控制资本方面的努力受到旧协议很大的限制。旧协议从一开始就注意到了表外业务的潜在风险,也提出了对照表内项目确定表外资产风险权重的做法,但随着金融新业务的推出和银行组织形式的更新,旧协议的涵盖范围和监管效果都难让人满意。

4. 全面风险管理问题突出

旧协议已经在1997年形成了全面风险管理的理念和基本框架,但并未对其内容作详尽的阐释,更未提出切实、可行的方法,因而对于信用风险、市场风险和操作风险的全面管理还停留在理论上论证、方法上探索的阶段。此外,在旧协议中银行始终处于被动地位,银行危机的产生主要由借款人的风险引起,银行风险的规避取决于监管当局对其资本金的计提方法和计提数量的监督,并不注重当事人主体能动作用的发挥,也没有对银行提出如何适应市场以及如何主动接受市场约束的问题。

二、巴塞尔协议的补充完善

随着金融领域的竞争尤其是跨国银行间的竞争日趋激烈化,金融创新的日新月异,银行的业务趋于多样化和复杂化,银行规避管制的水平和能力也大为提高。这些新情况的出现又使得1988年制定的《巴塞尔协议Ⅰ》难以解决银行实践

中出现的诸多新情况、新问题。例如,随着衍生金融品种及其交易规模的迅猛增长,银行业越来越深地介入了衍生品种的交易,或是以资产证券化和控股公司的形式来逃避资本金管制,并将信用风险转化为市场风险。这使得巴塞尔委员会认识到,尽管《巴塞尔协议 I》的执行已经在一定程度上降低了银行的信用风险,但以金融衍生工具为主的市场风险却经常发生。这说明,仅靠资本充足率已不足以充分防范金融风险。

为应对这些新挑战,巴塞尔委员会又对协议进行了长时期、大范围的修改与补充。例如,1995 年 4 月,巴塞尔委员会对银行某些表外业务的风险权重进行了调整,并在 1996 年 1 月推出《资本协议关于市场风险的补充规定》。该规定认识到,市场风险是因市场价格波动而导致表内外头寸损失的风险,包括交易账户中受到利率影响的各类工具及股票所涉及的风险、银行的外汇风险和商品风险,它们同样需要计提资本金来进行约束。《补充规定》提出了两种计量风险的办法:标准法和内部模型法。但鉴于当时条件的限制,所提出的计算方法又不够具体和完善,因而并未得到广泛运用。

1997 年 7 月,全面爆发的东南亚金融风暴更是引发了巴塞尔委员会对金融风险的全面而深入的思考。从巴林银行、大和银行的倒闭到东南亚的金融危机,人们看到,金融业存在的问题不仅仅是信用风险或市场风险等单一风险的问题,而是由信用风险、市场风险外加操作风险互相交织、共同作用造成的。1997 年 9 月推出的《有效银行监管的核心原则》是巴塞尔委员会历史上推出的又一项重大原则性规定,表明巴塞尔委员会已经确立了全面风险管理的理念。尽管这个文件主要解决监管原则问题,未能提出更具操作性的监管办法和完整的计量模型,但它为此后巴塞尔协议的完善提供了一个具有实质性意义的监管框架,为新协议的全面深化留下了宽广的空间。新协议重头推出并具有开创性内容的三大支柱是:最低资本要求、监管部门的监督检查及市场约束,都在《核心原则》中形成了雏形。至此,巴塞尔委员会事实上已成为银行业监管国际标准的制定者。

1999 年 6 月,巴塞尔委员会推出了《新巴塞尔资本协议》(《巴塞尔协议 II》)第一个征求意见稿。新协议提出了一个能对风险计量更敏感,并与当前市场状况相一致的新资本标准,明确将市场风险和经营风险纳入风险资本的计算和监管框架,并要求银行对风险资料进行更多的公开披露,从而使市场约束机制成为监管的有益补充。2001 年推出的《新巴塞尔资本协议》第二个和第三个征求意见稿更是对第一稿的充实与完善。2002 年 10 月 1 日,巴塞尔委员会发布了修改资本协议建议的最新版,同时开始新一轮调查,亦即第三次定量影响测算(QIS3),评估该建议对全世界银行最低资本要求的可能影响。

2004 年 6 月 26 日,10 国集团的央行行长一致通过《资本计量和资本标准的国际协议:修订框架》,即《巴塞尔协议 II》的最终稿,并决定于 2006 年底在 10 国集团开始实施。此后,25个欧盟成员国、澳大利亚、新加坡和中国香港等发达国家和地区也表示将利用新协议对国内商业银行进行监管,部分发展中国家如南非、印度、俄罗斯等也表示将采取积极措施克服困难实施新协议。

三、《巴塞尔协议Ⅱ》

(一)《巴塞尔协议Ⅱ》产生的主要目的

《巴塞尔协议Ⅱ》是在总结了旧协议种种不足的基础上产生的,可以说新协议的诞生是国际金融市场发展到今天的必然选择。新协议克服了旧协议考虑片面等缺陷,全面考虑了商业银行经营业务时的三种风险:信用风险、市场风险和操作风险,根据各项资产的风险权重来决定资产充足率标准。并从仅仅对资本充足率的单一监管扩展为多个维度的监管,使得新协议的资本分配方法对风险更加敏感,对市场和监管机构更加透明。

从这个意义上说,《巴塞尔协议Ⅱ》产生的主要目的有以下几点。

1. 促使银行建立科学有效的全面风险管理体系

由于银行业务结构和经营环境的变化,银行间的竞争日趋激烈,再加上金融创新的迅速发展,银行越来越需要更加全面和系统的框架来应对金融风险日趋复杂化的事实。新协议顺应了这种需求,建立起全面的资本监管框架,将信用风险、市场风险和操作风险共同纳入资本充足率的约束之中。与之相应,银行势必需要建立全面综合的风险管理系统,对自身面临的各种风险进行一体化分析和度量,并对各种风险合理配置资本。

2. 鼓励银行不断改进风险管理方法、提高风险管理技术

在满足有关条件的前提下,采用内部评级法来科学计量借款人的违约概率、债项的违约损失率以及风险暴露值,由此确定借款人及债项的信用等级、风险定价及资本准备要求。同样,对于市场风险和操作风险新协议也提出了多种可供选择的风险度量方法,并且鼓励银行利用内部模型估测风险水平。这种安排实质上是要建立一个监管资本要求随风险管理水平递减的激励机制,激励银行不断改进风险评估技术,投入更多的资源,提高风险模型对银行风险状况的敏感度,以便确定更加经济的资本水平,降低经营成本。

3. 将银行内部风险控制和外部监管有机结合

监管当局作为一种外部监管机构,要重点检查和评估商业银行决策管理层是否充分了解、重视和有效监控银行所面临的各种风险,是否已经制定了科学、稳健的风险管理战略与内部控制系统。监管当局应主动介入银行风险管理过程,对银行内部风险管理系统有效性进行评估和检查,履行其理应尽到的监督责任。

4.加大市场约束力度,督促银行充分客观地披露资本和风险方面的信息

新协议力图借助市场纪律提高商业银行经营及风险的透明度,强化市场和社会公众的监督力量,确保市场对银行经营的约束效果。新协议提出了全面信息披露的理念,对商业银行的信息披露范围、内容、要点及方式都做出了明确的规定。通过这些规定和约束,力图构建起一个银行自律、当局监管和市场约束相辅相成的全方位的银行风险控制体系。

(二)《巴塞尔协议Ⅱ》的三大支柱

1.最低资本要求

《巴塞尔协议Ⅱ》的第一支柱是最低资本要求,主要包括3个基本要素:监管资本的定义、风险加权资产和资本对风险加权资产的最低比率。在计算资本比率时,市场风险和操作风险的资本要求乘以12.5(即最低资本比率8%的倒数),再加上针对信用风险的风险加权资产,就得到分母,即总的风险加权资产。分子是监管资本,两者相除得到资本充足比率的数值。总的资本充足性比率不得低于8%,二级资本仍然不得超过一级资本,即限制在一级资本水平的100%以内。

(1)信用风险:委员会提出,允许银行在计算信用风险的资本要求时,从两种主要的方法中任择一种,第一种方法是根据外部评级结果,以标准化处理方式计量信用风险。第二种方法是采用银行自身开发的内部评级体系,其中又有初级法与高级法之分,但选择内部评级法计算信用风险的资本要求必须经过银行监管当局的正式批准。

银行资本金充足率的要求,源于银行作为货币经营商和能够吸收活期存款的高风险性和高负债率。由于资本充足比率的提高会影响银行的收益,因此商业银行总是倾向于持有较少的自有资本,具有低资本金的偏好,这在一定程度上导致资本充足性管制的失效。实施内部评级法,对于风险管理能力强的银行,可以减少风险加权资产,降低银行的资本金要求,提高银行在国内和国际市场的竞争能力。而对于风险管理能力弱的银行,则会提高其资本比例,增加经营成本,有效地制约了银行过度追求规模扩张的盲目性。

(2)市场风险:由于金融市场的价格波动和竞争日趋复杂和激烈,美国的银行业率先推出金融创新产品,诸如利率互换、货币互换、期权、期指交易,以适应金融业和大公司资产负债管理的需要,并对冲由于利率变动或汇率变动可能引起亏损的交易敞口,以期达到避险保值的目的。同时衍生工具的大量使用使得商业银行面临巨大的潜在市场风险,而且由于分业界限的日渐模糊,商业银行经营重点的转移,也使得市场风险正日益成为商业银行最重要的风险之一。

1996年,巴塞尔委员会推出的《资本协议关于市场风险的补充规定》对市场风险的识别和度量起到重要的指导作用。《补充规定》提出了两种计量市场风险的办法:标准法和内部模型法。标准法是将市场风险分解为利率风险、股票风

险、外汇风险、商品风险和期权的价格风险,然后对各类风险分别进行计算并加总;内部模型法也就是基于银行内部VaR模型的计量方法,这是将借款人分为政府、银行、公司等多个类型,分别按照银行内部风险管理的计量模型来计算市场风险,然后根据风险权重的大小确定资本金的数量要求。

(3)操作风险:从新资本协议来看,在第一支柱要求所覆盖的风险领域中,特别值得关注的就是该协议率先将操作风险纳入风险管理框架,并且要求金融机构为操作风险配置相应的资本金水平。应当说,这既是近年来国际金融界日益注重操作风险管理实践的一个总结,同时也对操作风险的管理提出了新的要求,使得金融机构的风险管理面临新的压力。计算操作风险资本包含三种方法:基本指标法;标准法;高级计量法(AMA)。这三种方法在复杂性和风险敏感度方面渐次加强。委员会鼓励银行提高风险管理的复杂程度并采用更加精确的计量方法。

2. 监管部门的监督检查

《巴塞尔协议Ⅱ》的第二支柱是监管部门的监督检查。这是巴塞尔委员会针对银行业风险管理制定的监督检查的主要原则、风险管理指引和监管透明度问责制度,以及如何处理银行账户中利率风险、操作风险和信用风险等有关方面(包括压力测试、违约定义、剩余风险、贷款集中风险和资产证券化)的指引。

监督检查的目的是,不仅要保证银行有充足的资本来应对业务中的所有风险,而且还鼓励银行开发并使用更好的风险管理技术来监测和管理风险。监管当局应评价银行如何按自身的风险轮廓确定资本需求,并在必要时进行干预。这样做的目的是在银行和监管当局之间形成有效的对话机制,以便在发现问题时可以及时、果断地采取措施来降低风险和补充资本。

第二支柱特别适合于处理以下三个主要领域的风险:第一支柱涉及但没有完全覆盖的风险(例如贷款集中风险);第一支柱中未加考虑的因素(例如银行账户中的利率风险、业务和战略风险);银行的外部因素(例如经济周期效应)。第二支柱中更为重要的一个方面是对第一支柱中较为先进的方法是否达到了最低的资本标准和披露要求进行评估,特别是针对信用风险IRB框架和针对操作风险的高级计量法的评估。

委员会为此还制定了监督检查的四项基本原则:银行应具备一整套程序,用于评估与其风险轮廓相适应的总体资本水平,并制定保持资本水平的战略;监管当局应检查和评价银行内部资本充足率的评估情况及其战略,监测并确保银行维持监管资本比率的能力,若对检查结果不满意,监管当局应采取适当的监管措施;监管当局应鼓励银行资本水平高于监管资本比率,应该有权要求银行在满足最低资本要求的基础上,另外持有更多的资本;监管当局应尽早采取干预措施,防止银行的资本水平降至防范风险所需的最低要求之下,如果银行未能保持或补充资本水平,监管当局应要求其迅速采取补救措施。

3. 市场纪律

第三支柱——市场纪律是对最低资本要求(第一支柱)和监督检查(第二支柱)的补充。委员会通过建立一套完整的信息披露要求以达到促进有效遵守市场纪律的目的,第三支柱主要涵盖了"适用范围、资本结构、风险敞口与评估以及资本充足率"四个领域,巴塞尔委员会就每一领域都制定了具体详细的披露要求。

巴塞尔委员会关于信息披露和市场约束的理念由来已久,其核心思想体系随着协议而改变,从旧巴塞尔协议的外挂式发展到新巴塞尔协议的内嵌式。在旧协议中,信息披露和市场约束只是作为监管制度的附属部分,而在新巴塞尔协议中则被作为三大支柱之一列入了主体框架之中。委员会认为,共同的披露框架是将银行风险暴露告知市场的有效途径,并为增强可比性提供了一致、合理的披露标准。

四、《巴塞尔协议Ⅲ》

2007年,由美国次贷危机引发的全球金融危机,给国际社会造成巨大的恐慌。这场全球性的金融海啸,给世界带来巨大损失,各大经济体出现不同程度的经济衰退,这次金融危机的产生和发展深化,充分暴露出此前的银行业监管体系中存在的诸多不足。旧有的银行业监管规则中,对于核心资本充足率的要求过低,使得银行体系难以抵御突如其来的全球性金融系统风险,原本认为可以有效分散风险的衍生金融工具,在此次金融危机中并未能发挥其效能,反而在某种程度上对风险的进一步扩散起到了推波助澜的作用。此前,美国银行业监管者就提出了回归于最为原始也是最为有效的监管规则,即强调提高银行业的核心资本充足率,以使银行体系有充分的自有资金应付可能出现的系统性金融风险。

为避免全球信贷危机重演,在经历了艰苦的谈判与斡旋之后,2010年9月,27国央行在瑞士最终一致通过了最新的银行业监管协议——《巴塞尔协议Ⅲ》,这份协议大幅度地提升了监管者对于银行一级核心资本的最低比例要求,是金融危机之后全球银行业监管体系改革所取得的最大成绩。

该协议更强调银行自身内部控制与管理、监管审查过程与市场纪律,并且引入内部评级法评定信用风险,首次引入与操作风险相关的资本要求的《巴塞尔协议Ⅱ》,新通过的《巴塞尔协议Ⅲ》显然更关注银行的资本质量与抗周期性风险的能力,包括逆周期资本监管指标、杠杆率和流动性指标的规定,都明显反映出全球央行对此次全球金融危机形成与发展的原因进行了认真的反思。

由于此前核心资本充足率的标准极低,这次调整意味着大量的银行需要进行大规模的资本金补充,并提升对于放贷和投资所需要留出的资本拨备标准,这无疑将大幅降低银行赖以获利的杠杆率,削弱其盈利能力,并对短期股价表现形成不利影响,因而遭不少国家的银行反对。

《巴塞尔协议Ⅲ》大幅提升了对于银行业的一级核心资本充足率的要求水平。新的标准要求银行在8年内,分阶段将普通股构成的一级资本要求提升至7%,一级资本充足率的标准则设定为6%,其中,银行需保留不低于银行风险资产额2.5%的资本缓冲资金,如未能达到要求,银行派息、回购股票以及发放奖金等行为均将受到严格限制。与此同时,协议还要求银行保有0～2.5%的逆周期监管资本,以有效防范在经济繁荣时期过度放贷而产生大量的隐性坏账风险,并帮助银行在经济下行周期抗击亏损,这一规则虽然未能达成最终一致,但却显示出银行监管业者更加重视加强银行体系在顺周期下的资本缓冲储备,这无疑为未来进一步的金融监管规则修订指明了方向。

此次《巴塞尔协议Ⅲ》的制定对于欧美乃至中国的银行业有着颇不一致的影响。其中,欧洲银行业由于其监管规则最松,在金融危机后没有进行大规模的资本补充,此次受到的影响最大,在欧洲商业银行中一级资本充足率最高的为德意志银行的10.8%,该行已表示将增发98亿欧元的股票来避免由于资本短缺而带来的负面影响,其他的大型银行也将面临巨大的资本补充要求,不过由于《巴塞尔协议Ⅲ》的实施期限长达8年,有充分的缓冲时间,因此短期内对于市场的冲击将不明显。据计算,美国的24家银行中有包括花旗和美洲银行在内的7家银行面临一级资本充足率不足的问题,这一比例显著小于欧洲地区,不过一些小型银行的压力或许会更大。而中国的银行业由于此前银监会多次提高监管指标,因此新的《巴塞尔协议Ⅲ》在统一标准方面并未对中国的银行业产生重大影响,但银监会如果在这一规则之上再制定更为严格的资本充足率标准,并提高不良资产的拨备计提水平,中国的银行业也仍然会需要在未来的一段时间进行大规模的资本补充。

无论如何,《巴塞尔协议Ⅲ》的最终通过标志着全球银行业乃至整个金融监管体系发生了重大变革,银行体系的健康与具备充足的抵御风险能力,将会大幅度的降低由于金融体系的单一问题而引发系统性金融危机的可能,而这也正是应对未来金融危机所不可或缺的重要条件。在这种意义上,银行业者付出短期的阵痛,而换来长时间的稳定发展,无疑也是银行业者所希望看到的局面。

复习思考题

1. 什么是国际金融危机?它的具体表现有哪些?
2. 20世纪末发展中国家的债务危机产生的原因主要有哪些?
3. 简述2008年由美国蔓延至全球的金融危机产生的主要原因。
4. 新巴塞尔协议的三大支柱是什么?

主要参考文献

国际贸易参考书目：

[1]国彦兵.西方国际贸易理论历史与发展[M].杭州：浙江大学出版社，2004.

[2]杜扬.国际理论与实务[M].北京：机械工业出版社，2008.

[3]姜文学，邓立立.国际经济学[M].大连：东北财经大学出版社，2009.

[4]赵宗博.国际贸易概论[M].青岛：中国海洋大学出版社，2008.

[5]薛荣久.国际贸易[M].北京：对外经济贸易大学出版社，2009.

[6]胡俊文.国际贸易[M].北京：清华大学出版社，2006.

[7]卜伟.国际贸易[M].北京：清华大学出版社及北京交通大学出版社，2006.

[8]陈同仇，张锡嘏.国家贸易[M].北京：对外经济贸易大学出版社，2005.

[9]刘庆林，孙中伟.国际贸易理论与实务[M].北京：人民邮电出版社，2004.

[10]马克思，恩格斯.马克思恩格斯全集：第4卷[M].北京：人民出版社，1962.

[11]秉强.世界经济概论[M].大连理工大学出版社，2007.

[12]张幼文，金芳.世界经济学[M].上海：立信会计出版社，2006.

[13]喻志军.国际贸易理论与战略[M].北京：企业管理出版社，2006.

[14]蔡玉彬.国际贸易理论与实务[M].北京：高等教育出版社，2008.

[15]黎孝先.国际贸易实务[M].北京：对外经济贸易大学出版社，2010.

[16]任丽萍.国际贸易理论与实务[M].北京交通大学出版社，2008.

[17]林康.跨国公司与跨国经营[M].北京：对外经济贸易大学出版社，2000.

[18]薛荣久.国际贸易[M].北京：对外经济贸易大学出版社，2003.

[19]卢进勇，杜奇华.国际经济合作[M].北京：对外经济贸易大学出版社，2006.

[20]毕红毅.跨国公司经营理论与实务[M].北京：经济科学出版社，2006.

[21]陈同仇，薛荣久.国际贸易[M].北京：对外经济贸易大学出版社，2003.

[22]卢进勇,杜奇华.国际经济合作[M].北京:对外经济贸易大学出版社,2004.

[23]黄晓玲.中国对外贸易概论[M].北京:清华大学出版社,2009.

[24]邵渭洪,孙敏.国际服务贸易理论与政策[M].上海财经大学出版社,2010.

[25]沈大勇,金孝柏.国际服务贸易:研究文献综述[M].北京:人民出版社,2010.

[26]高永福.WTO与反倾销、反补贴争端[M].上海人民出版社,2001.

[27]卜伟,叶蜀君.国际贸易与国际金融[M].北京:清华大学出版社,2009.

[28]胡国松.国际贸易与国际金融[M].北京:石油工业出版社,2008.

[29]史美麟,居明华.国际贸易与国际金融[M].上海:华东理工大学出版社,2007.

[30]Www.mofcom.gov.cn(中国商务部网站).

[31]Www.cacs.gov.cn(中国贸易救济网).

[32]WTO. Understanding the WTO. 5th Edition[M].WTO,2011.

[33]龚生雄.从GATT到WTO[M].武汉测绘大学出版社,2000.

[34]田忠法.WTO通览[M].上海三联书店,2003.

[35]王文先.WTO规则与案例[M].北京:清华大学出版社,2007.

[36]张锡嘏.国际贸易[M].北京:对外经济贸易大学出版社,2006.

[37]陈东林.中国加入世贸组织三百问[M].上海三联书店,2000.

[38]冯于蜀.国际贸易体制下的关贸总协定与中国[M].北京:中国对外经济贸易出版社,1992.

[39]肖德.论世界贸易组织在国际经贸关系发展中的作用[M].北京:中国经济出版社,2002.

[40]王怀宁.入世:世界上没有免费的午餐——机遇、挑战与对策[M].北京:中国审计出版社,2000.

[41]沈木珠.国际贸易法研究[M].北京:法律出版社,2002.

[42]高尔森.南开国际经济法论文集(续集)[M].天津人民出版社,1997.

[43]叶全良.国际商务与保障措施[M].北京:人民出版社,2005.

[44]杨长海.区域贸易集团与GATT/WTO多边贸易体制研究[D].苏州大学学位论文集,2002.

[45]胡祖光.走进WTO[M].杭州:浙江摄影出版社,2002.

[46]陈亚平.WTO与农产品贸易法律制度[M].广州:华南理工大学出版社,2006.

[47]卜伟.国际贸易与国际金融[M].北京:清华大学出版社,2009.

[48] 刘伟. 中国总经理工作手册第 FL 卷[M]. 北京:中国言实出版社,2003.

[49] 赵应宗. 国际贸易学教程[M]. 合肥:中国科学技术出版社,2007.

[50] 黎学玲. 中国涉外经贸法[M]. 北京:人民法院出版社,2004.

[51] 刘笋. 国际贸易法学[M]. 北京:中国法制出版社,2000.

[52] 姚利民. WTO 概论[M]. 北京:科学出版社,2005.

[53] 王涛生. WTO 规则解析与应用[M]. 长沙:国防科技大学出版社,2006.

[54] 傅夏仙. WTO 与中国经济:对入世后我国相关产业的分析[M]. 杭州:浙江大学出版社,2004.

[55] 吴兴光. 世界贸易组织法概论[M]. 北京:中国对外经济贸易出版社,2003.

[56] 刘承宪. 世界贸易组织概论[M]. 沈阳:辽宁大学出版社,2008.

国际金融参考书目:

[57] 单忠东,綦建红. 国际金融[M]. 北京大学出版社,2005.

[58] 阙澄宇. 国际金融(第 3 版)[M]. 大连:东北财经大学出版社,2010.

[59] 杨胜刚,姚小义. 国际金融[M]. 北京:高等教育出版社,2005.

[60] 师玉兴. 国际金融[M]. 北京:对外经济贸易大学出版社,2002.

[61] 刘舒年. 国际金融[M]. 北京:对外经济贸易大学出版社,2004.

[62] 孙刘柳,张青龙. 外汇管理:理论与实务[M]. 上海:格致出版社,2008.

[63] 刘园. 金融风险管理[M]. 北京:首都经济贸易大学出版社,2010.

[64] 吴丽华. 外汇业务操作与风险管理[M]. 厦门大学出版社,2003.

[65] [美]国际货币基金组织. 国际金融手册(第 5 版)[M]. 罗平译,北京:中国金融出版社,1994.

[66] [美]国际货币基金组织. 世界经济展望各期[M]. 北京:中国金融出版社,2008.

[67] 何璋. 国际金融[M]. 北京:中国金融出版社,1997.

[68] 钱荣堃,陈平,马君潞. 国际金融[M]. 成都:四川人民出版社,2006.

[69] 孙刚,路妍,齐佩金. 当代国际金融体系演变及发展趋势[M]. 大连:东北财经大学出版,2004.

[70] 谢群,李玉曼,王立荣. 国际金融[M]. 北京:经济科学出版社,2010.

[71] 姜波克. 国际金融新编(第 4 版)[M]. 上海:复旦大学出版社,2008.

[72] 刘舒年,温晓芳. 国际金融[M]. 北京:对外经济与贸易大学出版社,2006.

[73] 辛清. 国际金融学[M]. 北京:经济管理出版社,2007.

[74] 冯宗宪. 国际金融[M]. 北京:中国人事出版社,1996

[75]陈威.国际金融[M].重庆大学出版社,1997

[76]王立中.外汇汇率学与实务[M].北京:中国经济出版社,1992

[77]程建林.外汇基础知识[M].北京:机械工业出版社,1992

[78]陈岱孙,厉以宁.国际金融学说史[M].北京:中国金融出版社,1991

[79]刘攀.国际金融学[M].大连:东北财经大学出版社,2009.

[80]杨帆.人民币汇率制度历史回顾[J].北京:中国经济史研究,2005(4).

[81]魏秀敏.国际金融[M].大连理工大学出版社,2009.

[82]朱箴元.国际金融[M].北京:中国财政经济出版社,2009.

[83]汪洪涛.新编国际金融[M].上海:复旦大学出版社,2009.

[84]朱海洋.国际金融[M].上海交通大学出版社,2008.

[85]姜波克.国际金融新编(第4版)[M].上海:复旦大学出版社,2008.

[86]叶蜀君.国际金融(第2版)[M].北京:清华大学出版社,2009.

[87]信誉红.国际金融学[M].北京:中国经济出版社,2005.

[88]迟国泰.国际金融(第5版)[M].大连理工大学出版社,2011.

[89]王晓光.国际金融[M].北京:清华大学出版社,2011.

[90]陈信华,殷凤.国际金融学[M].上海财经大学出版社,2004.

[91]姜波克.国际金融新编[M].上海:复旦大学出版社,2008.

[92]于研.国际金融[M].上海财经大学出版社,2011.

[93]陈雨露.国际金融(第4版)[M].北京:中国人民大学出版社,2011.

[94]陈长民.国际金融[M].北京:中国人民大学出版社,2010.

[95][美]克鲁格曼,[美]奥博斯法尔德.国际经济学理论与政策(第8版)[M].黄卫平等译,北京:中国人民大学出版社,2011.

[96]卜伟.国际贸易与国际金融[M].北京:清华大学出版社,2009.

[97]刘舒年.国际金融[M].北京:对外经济贸易大学出版社,2005.

[98]郑建明,潘慧峰.国际融资与结算[M].北京师范大学出版社,2008.

[99]谢琼.国际金融[M].北京理工大学出版社,2010.

[100]辛清.国际金融学[M].北京:经济管理出版社,2007.

[101]韩玉珍.国际金融[M].北京:对外经济贸易大学出版社,2002.

[102]姜波克.国际金融学[M].北京:高等教育出版社,2008.

[103]杨胜刚.国际金融[M].北京:高等教育出版社,2007.

[104]陈岱孙.国际金融学说史[M].北京:中国金融出版社,1998.

[105]郑甘澍.国际金融[M].北京:高等教育出版社,2006.

[106]刘舒年.国际金融[M].北京:中国金融出版社,2005.

[107][美]罗伯特·特里芬.黄金与美元危机——自由兑换的未来[M].北京:商务印书馆,1997.

[108] 李若谷. 国际货币体系改革与人民币国际化[M]. 北京:中国金融出版社,2009.

[109] [美]卡尔·E·瓦什. 货币理论与政策[M]. 陈雨露译,北京:中国人民大学出版社,2001.

[110] [美]劳伦斯·H·怀特. 货币制度理论[M]. 李扬译,北京:中国人民大学出版社,2004.

[111] 卜伟,叶蜀君,杜佳,刘似臣. 国际货币与国际金融[M]. 北京:清华大学出版社,2011.

[112] 师玉兴. 国际金融[M]. 北京:对外经济贸易大学出版社,2002.

[113] 姜波克. 国际金融新编[M]. 上海:复旦大学出版社,2001.

[114] 师玉兴,温晓芳. 国际金融概论[M]. 北京:中国财政经济出版社,2003.

[115] 丁育生,郑妮妮. 国际金融业务[M]. 北京:对外经济贸易大学出版社,1997.

[116] 闫冰. 国际金融[M]. 北京:中国金融出版社,2004.

后 记

本教材的编写是在安徽大学、安徽三联学院,安徽外国语学院以及安徽大学江淮学院相关专业众多教师的合作和努力下完成的,编写人员均为具有丰富教学经验的老师和教学工作者。安徽大学国际贸易专业和金融专业的部分研究生协助导师积极参加了本教材的编写和研究,也为教材出版做了很多工作。教材编写的人员分工情况是:

统编:夏英祝(教授)、郑兰祥(教授)

撰写:

Ⅰ 国际贸易

第一章　夏英祝　邵婉迪(安徽大学国际贸易硕士研究生)

第二章　夏英祝　刘颖(安徽大学国际贸易硕士研究生)

第三章　李玲娣(安徽三联学院经法系讲师)

第四章　夏英祝　李倩(安徽大学国际贸易专业硕士研究生)

第五章　夏英祝　王颖(安徽大学国际贸易专业硕士研究生)

第六章　袁敏华(安徽外国语学院国商系讲师)

第七章　叶留娟(安徽外国语学院国商系讲师)

第八章　郭美荣(安徽外国语学院国商系讲师)

第九章　宫能泉(安徽外国语学院国商系讲师)

Ⅱ 国际金融

第一章　郑兰祥　程跃玲　李玲(程跃玲、李玲均为安徽大学金融专业研究生)

第二章　郑兰祥　李玲　何源　张婧(李玲、何源、张婧均为安徽大学金融专业研究生)

第三章　郑兰祥　白玉静　何源(白玉静、何源均为安徽大学金融专业研究生)

第四章　夏英祝　杨春雨(安徽大学国际贸易专业硕士研究生)

第五章　夏英祝　李倩（安徽大学国际贸易专业硕士研究生）
第六章　王力（安徽三联学院经法系讲师）
第七章　陈春霞（安徽外国语学院讲师）
第八章　张丽丽（安徽三联学院经法系讲师）
第九章　曾荣芝（安徽外国语学院　讲师）

编者
2012 年 6 月 16 日